2024年度中国石油和化工行业人工智能技术发展大会论文集

刘文岭　主编

中国石化出版社
·北京·

内容提要

本书精选了由中国石油和化工自动化应用协会主办，中国石油和化工自动化应用协会人工智能分会承办，中国石油西南油气田分公司、中国石化西南油气分公司、西南石油大学、电子科技大学、成都理工大学等单位协办的“2024年度中国石油和化工行业人工智能技术发展大会”录用的论文64篇，包括智能地球物理、智能地质与钻完井、智能油气开采、智慧油气田建设、非常规油气资源智能勘探开发、智能油气管网及无人机、机器人与智能工业控制系统、人工智能新技术新应用8个部分，较全面地反映了目前我国石油和化工行业人工智能技术研究与应用水平和主要进展，对进一步深化我国石油和化工行业数字化转型智能化发展将起到借鉴和指导作用。

本书可供从事石油和化工行业的科研人员与高等院校相关专业师生参考。

图书在版编目(CIP)数据

2024年度中国石油和化工行业人工智能技术发展大会论文集/刘文岭主编．—北京：中国石化出版社，2024. 7.
— ISBN 978-7-5114-7620-3

Ⅰ. F426. 7-39
中国国家版本馆CIP数据核字第2024AR8073号

中国石化出版社出版发行
地址:北京市东城区安定门外大街58号
邮编:100011　电话:(010)57512446
发行部电话:(010)57512575
http://www. sinopec-press. com
E-mail:press@ sinopec. com
北京艾普海德印刷有限公司印刷
全国各地新华书店经销
*
787毫米×1092毫米 16开本 36印张 795千字
2024年7月第1版　2024年7月第1次印刷
定价:368.00元

编委会

前　言

近年来，伴随着计算机软硬件技术的升级，并行计算、云计算的实现，大数据与机器学习得以迅猛发展。以大数据与人工智能驱动的第四次工业革命（工业4.0）席卷全球各行各业。人工智能的快速发展正在推动石油和化工行业加速数字化转型智能化发展。中国石油和化工自动化应用协会以引领行业各个专业领域信息化、自动化、数字化转型智能化发展为己任，在推动我国石油和化工行业科技进步、促进行业科学发展中发挥着非常重要的作用。为了迎接行业人工智能新的科技浪潮，推进我国石油和化工行业数字化转型智能化发展，中国石油和化工自动化应用协会于2022年5月23日成立了人工智能分会。

人工智能分会汇聚了国内石油和化工行业人工智能科技领域的各路精英，搭建了我国石油和化工行业人工智能技术交流、合作、共享和促进发展的平台。人工智能分会第一届理事会以总会“为会员服务、为行业服务、为政府服务；推动石油和化学工业科技进步，促进行业数字化转型智能化安全平稳绿色健康持续科学高质量发展”的宗旨为准绳，积极履行职责，致力于发挥好分会的协调纽带作用、科技交流平台建设作用和技术引领促进作用，为“产学研用”搭桥，为学术技术交流搭台，探索建立合作共享新机制，努力为石油和化工行业数字化转型智能化发展作出积极贡献。

为了进一步推动我国石油和化工行业数字化转型智能化发展，深入探讨我国石油和化工行业人工智能新技术、新方法，展览展示新成果、新产品、新装备，展望行业智能化发展新目标、新趋势，2024年5月23日至25日，由中国石油和化工自动化应用协会主办，中国石油和化工自动化应用协会人工智能分会承办，中国石油西南油气田分公司、中国石化西南油气分公司、西南石油大学、电子科技大学、成都理工大学等单位协办的“2024年度中国石油和化工行业人工智能技术发展大会”，在成都采取线上线下相结合的方式胜利召开。来自石油和化工行业的油田、高校、科研院所、企事业单位和专业技术公司的行业领域专家、人工智能专家汇聚一堂，共同描绘我国石油和化工行业数字化转型智能化发展的宏伟蓝图，谋划AI赋能石油和化工生产的技术路径和策略，本次大会具有深远的意义，是我国石油和化工行业数字化转型智能化发展过程中的一件大事。

会议征文得到了石油和化工行业技术人员和院校师生的积极响应，共收到论文90余篇，通过专家评审，筛选出64篇优秀论文结集出版。本论文集包括智能地球物理、智能地质与钻完井、智能油气开采、智慧油气田建设、非常规油气资源智能勘探开发、智能油气管网及无人机、机器人与智能工业控制系统、人工智能新技术新应用8个部分，较全面地反映了目前我国石油和化工行业人工智能技术研究与应用水平和主要进展。我们相信，通过本次会议交流和论文结集出版，对进一步深化行业人工智能技术研究与应用将会起到借鉴与指导作用，必将带动行业人工智能技术研究与应用向更深层次发展，进而推进我国石油和化工行业数字化转型智能化发展。

我们希望本书收集的论文对相关的科技工作者和院校师生有一定的参考和借鉴作用。书中如有不妥之处，敬请广大读者批评指正。

目录

智能地球物理

智能地质与钻完井

智能油气开采

智慧油气田建设

非常规油气资源智能勘探开发

智能油气管网

无人机、机器人与智能工业控制系统

人工智能新技术新应用

智能地球物理

基于多视图深度特征聚类的叠前地震反射模式分析方法

马菀荻[1]　蔡涵鹏[2]

（电子科技大学资源与环境学院，四川 成都　611731）

摘　要：常规地震反射模式分析方法是利用地震数据计算不同的地震属性进行聚类分析，利用了地震波在地下不同介质之间的折射和反射现象，但会在计算过程中损失数据大部分原始特征，无法精确地进行反射模式分析。本文在叠前反射模式分析方法基础之上，提出一种基于多视图深度聚类的叠前地震反射模式分析方法。该方法首先根据先验知识选择不同地震属性做多视图输入，同时利用多道地震数据做补充信息，减少叠前数据的信息丢失问题；然后将多视图数据加权融合，再利用注入注意力模块的深度学习网络提取融合视图的深度特征，将数据的属性特征和结构特征结合，提高模型的鲁棒性和可靠性；最后利用 SOM 网络对所得深度特征进行聚类分析。实际数据测试证实了研究方法能够更有效地刻画河道的分布规律。

关键词：深度学习；多视图聚类；注意力模块；反射模式分析

0　引言

目前地震反射模式分析主要分成地震属性的地震反射模式分析以及基于波形分类的地震反射模式分析。在地震反射模式的研究中，部分学者通过人为定义特征进行提取，再根据这些特征进行聚类、分析从而完成地震反射模式分析[1-2]。由于特征提取和聚类的隔离优化方式可能会导致次优结果，部分学者在叠前地震反射模式分析中同时完成特征提取和聚类[3]。Xu 等利用自编码器和卷积自编码器提取深度特征并融合，并使用 KL 散度计算聚类损失，最后输出聚类结果并分析，有效地使用了深度学习提取到数据的深度特征并完成了聚类分析[4]。Li 等[5]利用正演生成带有标签样本的河道模型训练 CNN 模型，再对目标工区进行预测，有效增加了训练样本数量，提高了分类的准确率，能够适应复杂结构下的河道识别。在实际数据的应用过程中，经过处理后得到的叠后数据的信噪比高、数据量小，但会在计算过程中损失数据大部分原始特征，无法精确地反映实际地层结构。叠前数据相较于传统的地震勘探数据，具有更高的分辨率和精度。然而叠前数据数据量大、维度高这些特点也同样的为后续的处理过程增加了难度。因此，如何充分利用叠前信息进行特征提取是关键。

在现实生活中，事物的描述或展示往往可以通过不同角度体现。利用多个视图进行聚类的方法效果普遍更好，可以更全面地描述和理解数据的结构，从而获得比单一视图更好的效

作者简介：马菀荻，女，硕士在读，电子科技大学资源与环境学院，电子信息专业，主要从事地震信号智能处理方面的研究，Email：1159478007@ qq. com。

果。现有的多视图聚类方法包括多核学习是通过整合不同视图的特征来表示学习数据模型。Xia 等[6]将多视图聚类问题建模成一个多个无向图来挖掘任务，提出了一种关联矩阵分解算法，从多个图形中提取公共信息，并过滤掉无关信息。联合聚类根据不同视图之间的相互关系将不同视图的信息融合起来，再进行聚类；集成聚类考虑到不同的聚类算法可能在不同的数据集上表现更好，因此将它们组合起来可能会产生更好的聚类结果；特征融合将来自不同视图或数据源的特征进行合并或融合，可以通过多种方式实现，包括简单的拼接、加权平均、串联、乘积等。因此，多视图的使用为叠前信息的处理提供了思路。

深度学习方法可以对大数据进行降维处理并提取不同属性之间的深度特征从而更好地完成聚类工作，对数据进行更准确的分析和识别。为此，本文针对叠前地震反射模式分析的需求，基于多视图深度聚类的特点和优势，提出一种基于多视图深度聚类的叠前地震反射模式分析方法。根据先验知识选择不同地震属性做多视图输入，同时利用多道地震数据做补充信息，利用注入注意力模块的优化深度学习网络提取融合视图的深度特征进行聚类分析。对多视图的构建方式能够有效保留视图之间的相关性，减少重要信息的丢失，优化后的深度学习网络充分结合数据的属性特征和结构特征，因此本文方法能够有效提高模型的鲁棒性和可靠性，增强聚类效果。

1 方法理论

传统的地震反射模式分析方法通过对人为定义的地震属性做聚类，这类方法对叠前数据中有效信息的提取不够完整。为了克服这一局限性，本文提出了基于多视图深度特征聚类的叠前反射模式分析方法。根据先验知识，在地震记录中提取出部分地震属性。将计算得到的多种属性作为数据来源，对其提取不同视角的内容作为多视图输入。使用多道地震数据做补充，提取不同角度信息可有效减少叠前数据的信息丢失问题。因此，基于多视图深度特征聚类的叠前反射模式分析可以看作是传统叠前反射模式分析的补充。

结合传统多视图聚类中特征融合思想，先将不同视图数据加权融合，再利用注入注意力模块的深度学习网络提取融合视图的深度特征，将数据的属性特征和结构特征结合，提高模型的鲁棒性和可靠性，很好地克服传统方法对数据学习不彻底的问题，最后利用 SOM 网络对所得深度特征进行聚类分析。该方法的工作流程如图 1 所示。首先，对地震属性选择不同视角作为多视图输入，然后融合属性学习深度特征，最后对深度特征进行聚类并对聚类结果进行分析和解释。

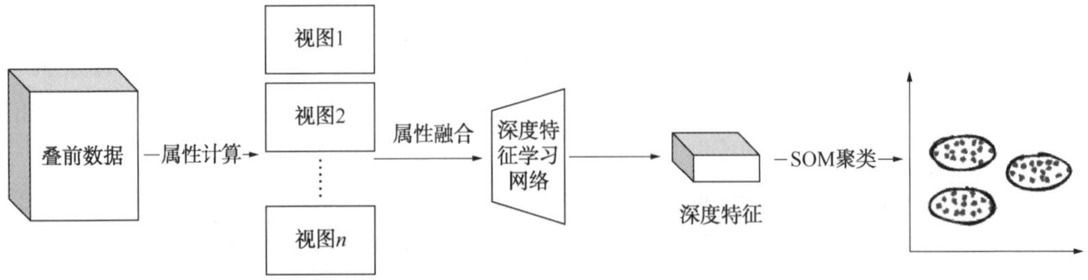

图 1　提出的基于多视图深度特征聚类的叠前地震反射模式分析方法的工作流程

1.1 多视图选择

根据先验知识，在多视图的选择过程中，我们根据以下几种方式构建视图：

(1) 纹理属性，选取纹理属性的对比度和同质性。首先，构建灰度共生矩阵，对目标窗口内像元灰度的空间分布依据方向和距离进行统计，得到的矩阵反映了区域内灰度的分布以及关联。由于本方法中使用的叠前地震数据具有四个方向的维度，在生成灰度共生矩阵的时候，也可以从多个方向进行计算。选择沿着联络测线、主测线、联络测线-主测线 45°夹角、联络测线-主测线 135°夹角和时间共六个统计方向计算。

对比度反映某个位置及其领域在地层结构方向上的变化程度的对比情况，纹理沟纹越深，其对比度越大，视觉效果越清晰。反之，对比度小，则沟纹浅，效果模糊。灰度共生矩阵 **G** 中远离对角线的元素值越大，对比度值越大。同质性反映纹理沿着地层结构方向上变化的均匀程度，其值大则说明图像纹理的不同区域间缺少变化，局部非常均匀。

(2) 多视角信息，在对上面提到的地震属性从不同角度提取信息，从而增强特征表示的鲁棒性并减少叠前数据的信息丢失。本文选取每个道的 0°、180°和 90°、270°邻近道信息作为补充，如图 2 所示。

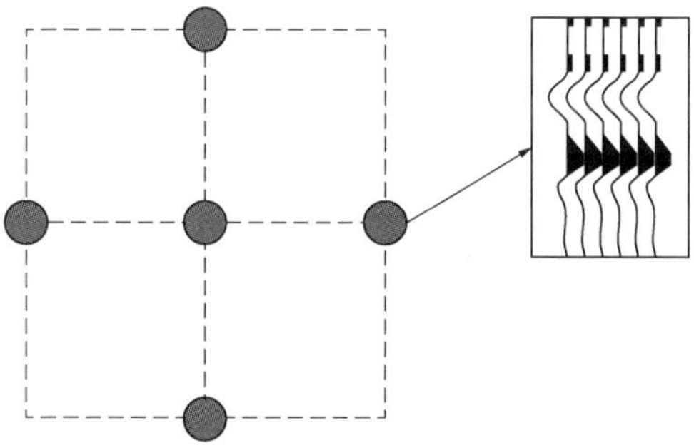

图 2 对每一道的多角度补充方式

其中，图 2 表示对每一道地震数据做多视角补充的地震道方位，同时每一个地震道都有一个由时间和角度组成的二维信息，对每一道信息求深度特征并拼接起来表示最终的深度特征。如图 3 所示为不同视角的数据切片展示。

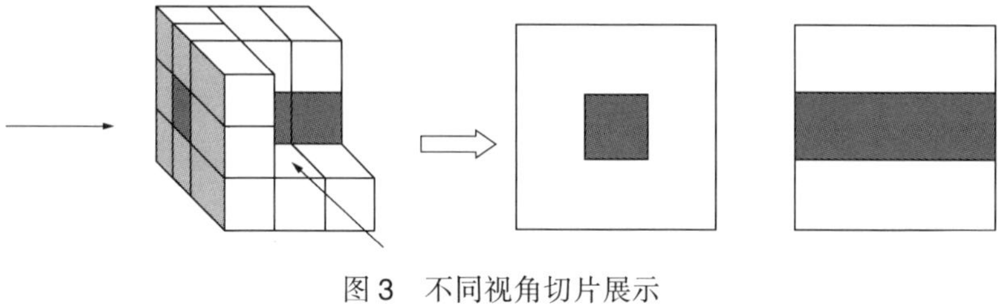

图 3 不同视角切片展示

1.2 多视图深度特征聚类

1.2.1 多视图深度特征学习网络

1. CBAM 注意力模块

注意力模块通过对输入数据的不同部分分配不同的权重，使模型能够在处理数据时更加专注于重要的部分，从而提高模型的性能和效率。CBAM 结合了通道注意力机制和空间注意力机制，以提高神经网络对图像的理解和表征能力。本模块的输出是将通道注意力模块和空间注意力模块的输出按元素相乘得到的，以便于同时考虑通道间的关系和空间间的关系，从而获得更加准确和丰富的特征表示，提高模型的性能和泛化能力。

CBAM可以用以下公式表示：

$$F' = M_C(F) \otimes F$$

$$F'' = M_s(F') \otimes F'$$

式中：F是特征图；M_C和M_s分别表示基于通道的和基于空间的注意力；$\otimes$表示逐元素相乘；F'和F''分别表示进行了通道注意力和空间注意力后的输出特征图。CBAM模块的输入和输出大小相同。

2. 深度特征学习网络

此网络采用的是自编码器网络的构成思想。自编码器可以学习将输入数据有效地编码成隐藏层表示，并从中还原出与原始数据相似的重构数据。当损失函数最小化时，编码器被迫学习到能够提供最有效的输入数据表示的特征。这意味着编码器得到的深度特征应该能够保留输入数据的重要信息，同时丢弃不必要的信息，从而有助于生成重构数据。网络结构由多个卷积层构成，逐层提取深度特征，加入CBAM模块对于编码部分得到的深度特征将属性特征和结构特征充分结合，使特征更具适应性和泛化能力，从而提高模型的鲁棒性和可靠性。

1.2.2 SOM聚类

自组织映射神经网络用于寻找数据的聚类中心，属于无监督学习算法。SOM网络不需要预先提供聚类数量，类别的数据由网络自动识别出来。它的基本思想是：将距离小的个体集合划分为同一类别，而将距离大的个体集合划分为不同的类别。算法流程如表1所示。

表1 SOM算法流程

SOM算法流程
输入：地震数据 $X = \{x^1, x^2, \cdots, x^m\}$，$X \in R^n$。
输出：SOM无监督聚类结果。
主程序：
a）确定神经网络的结构，包括网格的大小以及每个神经元的初始权重；
b）从训练数据集中随机选择一个输入样本；
c）对于选定的输入样本，计算它与每个神经元之间的欧氏距离，选取距离最近的神经元作为获胜神经元(Winner)；
d）更新获胜神经元及其邻近神经元的权重，使它们更好地匹配当前输入样本；
e）重复步骤c到步骤d，直到达到最大迭代次数为止；
f）训练完成后，可以使用SOM网络对新的输入样本进行分类、聚类或可视化

1.2.3 聚类评价指标

1. *DBI*

*DBI*是一种聚类效果评价指标，它考虑了簇内的紧密度和簇间的分离度。*DBI*的计算基于簇之间的平均距离和簇内样本之间的平均距离。*DBI*越小，表示聚类效果越好。设有k个簇，簇i的中心点为C_i，簇i的样本点集合为S_i，σ_i是簇i内所有样本点到簇中心C_i的平均距离(簇内紧密度)，$d(C_i, C_i)$是簇i和簇j的中心点C_i和C_j之间的距离(簇间分离度)。

2. 轮廓系数(*SC*)

它结合了簇内数据点的密度和簇间数据点的分离程度，其取值范围在[-1,1]之间。轮廓系数越接近1，表示簇内距离紧密而簇间距离相对较远，聚类效果较好；越接近-1，表示簇内距离较松散，不同簇之间的距离较近，聚类效果较差；接近 0，表示簇内外距离相近，说明聚类效果不明显。

2　实验分析

在实际数据的验证中，首先将叠前数据进行线性叠加得到叠后数据，计算 RMS 属性，选取目标窗口，如图 4 所示。之后计算纹理属性中的对比度和同质性作为不同视图，如图 5 中(a)和(b)所示。再利用滑动窗口思想，每个地震道的属性数据用邻近道叠加表示。将不同视图加权融合得到融合特征输入注入卷积注意力模块的深度学习网络得到每个道的深度特征，选择其中一个深度特征展示，如图 6 所示。对学习到的深度特征滤波后做聚类，结果如图 7 所示。可以看到，河道分支情况和细小河道在图 7 聚类结果中刻画更清晰。

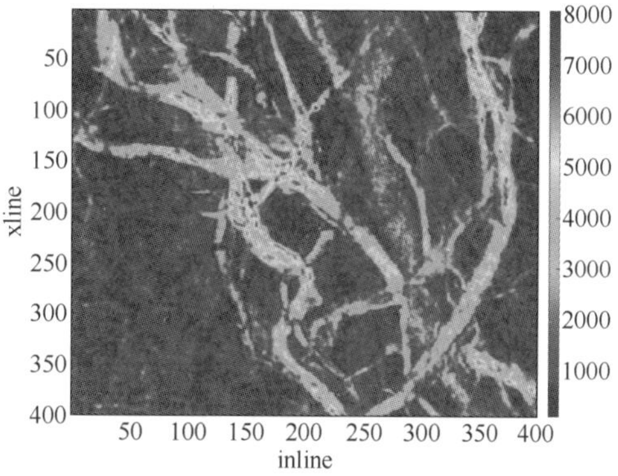

图 4　实验中目标窗口均方根振幅切片

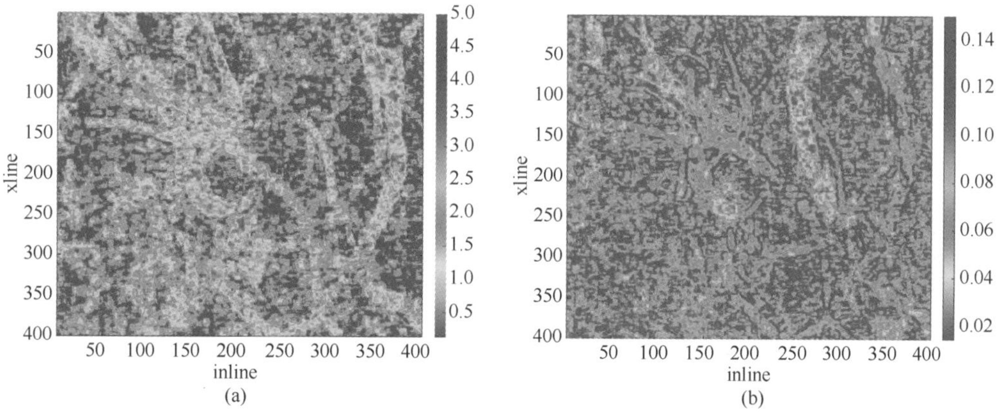

图 5　不同统计方向纹理属性图(a)对比度图(b)同质性图

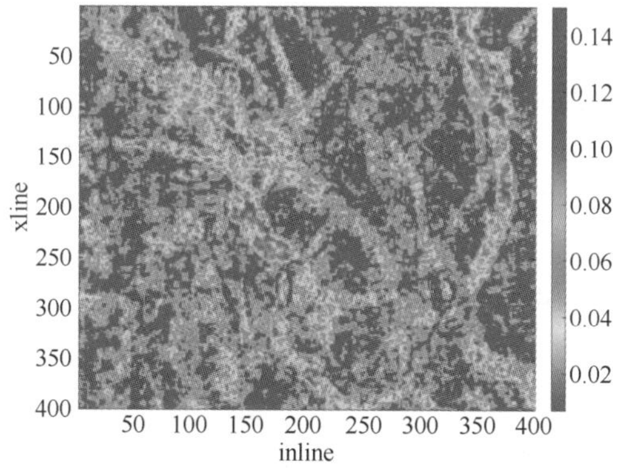

图 6　部分深度特征学习结果

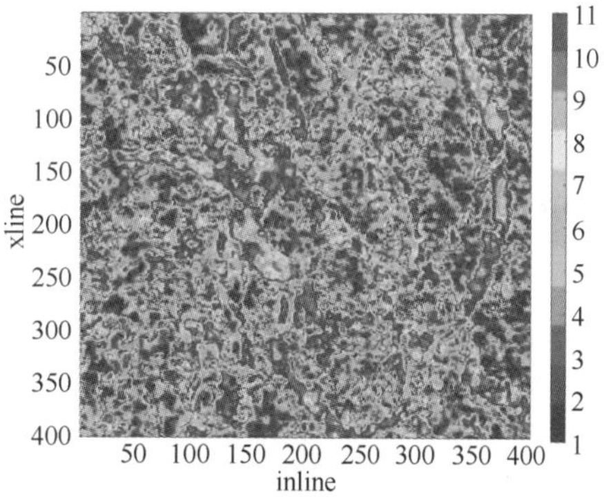

图 7　多视图深度特征 SOM 聚类结果

如图8所示，注入注意力机制的多视图深度聚类算法的 *DBI* 系数比通过均方根振幅聚类和选取单个属性聚类的 *DBI* 系数都要小，*SC* 系数更接近1，表明类内相似度更高，类间样本差异度更大，聚类的结果越有效。

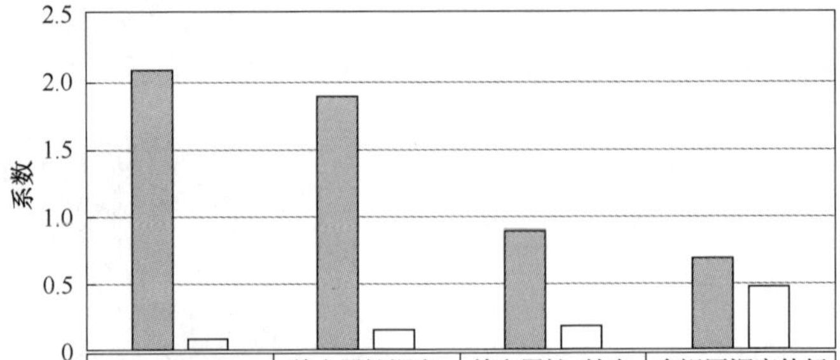

	单个特征输入	单个属性深度特征输入	单个属性+补充视图	多视图深度特征聚类
■ *DBI*	2.0894	1.8924	0.9068	0.6965
□ *SC*	0.1036	0.1735	0.1912	0.4885

图8　不同输入数据聚类结果评价指标

3　结论

本文提出了一种新的基于多视图的叠前地震反射模式分析方法，能够有效地结合多视图信息，同时缓解多视图特征融合时，可能会丢失一些视图之间的相关性或重要信息的难题，充分结合数据的属性特征和结构特征，提高模型的鲁棒性和可靠性，学习到叠前数据中更有效的特征信息。实验数据测试结果表明，研究方法能够有效学习叠前数据中蕴含的大量有效信息，更好地刻画河道边缘和河道分支情况。

参 考 文 献

[1] 宋承云. 多维地震信号反射模式分析方法研究[D]. 成都：电子科技大学，2017.

[2] 邹修懿. 无监督机器学习叠前地震反射模式分析[D]. 成都：电子科技大学，2023.

[3] 岳越华. 基于端到端深度聚类的叠前地震反射模式分析方法研究[D]. 成都：电子科技大学，2023.

[4] Dong S，Xu H，Zhu X，et al. Multi-view deep clustering based on autoencoder[J]. Journal of Physics：Conference Series，2020，1684(1)：012059.

[5] Li H，Yang W，Zhang X，et al. 3D CNN for channel identification in seismic volume[C]. Second International Meeting for Applied Geoscience & Energy. Houston，Texas，2022：1855-1859.

[6] Xia R，Pan Y，Du L，et al. Robust Multi-View Spectral Clustering via Low-Rank and Sparse Decomposition[J]. Proceedings of the AAAI Conference on Artificial Intelligence，2014，28(1).

基于空间结构与联合稀疏表征的地震低频模型建立

张明星　高夏雨　冯清雨　于子琳　王峣钧

（电子科技大学资源与环境学院，四川 成都　611731）

摘　要：在地震反演中，一个可靠的低频初始模型对于反演结果的精确性至关重要。但是地震数据的频带有限，虽然地震数据具有很好的横向连续性特征，但是传统的地震资料的频带范围在10Hz以下很少，大部分都是中频信息，而测井曲线的低频和高频很丰富，在建立低频模型时需要使用测井数据来补充低频信息。在常规反演中，最常用的还是使用插值法来建立低频模型。虽然插值法使用了测井曲线进行插值，可以得到丰富的低频信息，但是插值方法需要以假设地下的空间变化是连续和相邻位置的属性值相差不大为前提，是一种从空间距离上的近似方法，没有考虑地层的横向变化和测井数据的垂向差异性，一旦已有的测井曲线质量较差时，就会导致初始模型出现牛眼效应，和真实地下特征不符合。因此本文从地震数据的横向连续性特征和测井曲线的垂向差异性出发，在建立低频模型时，考虑使用联合字典的方式引入地震数据的横向连续性特征和测井曲线的垂向差异性，通过建立一个类反演的迭代过程，最终解决插值建立低频模型时容易出现的牛眼效应和横向连续性不强的缺点，建立一个更加可靠的低频模型。

关键词：低频模型；横向连续性；牛眼效应；联合稀疏表征

0　引言

在地震反演过程中，低频模型的建立是一个关键步骤，它涉及对未知地区的地下地质结构的初步估计和表示。低频模型为反演过程提供了一个起始点，反演算法会利用地震数据不断更新和优化模型，以便于更加精确地反映真实的地下结构。低频模型的质量对于地震反演结果的精度和可靠性至关重要，一个好的低频模型可以加快反演过程，减少所需要的迭代次数，并提高最终结果的准确度[1-4]。

国内外对于低频模型的建立，进行了大量的研究。Pedersen-Tatalovic 指出在缺失低频信息的情况下，定量存储性质评估具有很大的不准确性，地震数据中缺失的低频信息可以利用测井曲线进行插值的方法进行补偿。对于0~8Hz以上，尤其是2~8Hz频率范围的波阻抗信息有明显改善[5]。

如今稀疏表征技术作为一种较强数学逻辑性的机器学习方法，也越来越广泛地应用在地球物理勘探领域。由于地下地层的沉积过程是相对稳定的，同一工区的储层参数具有

作者简介：张明星，男，1998年6月生，2022年获成都信息工程大学工学学士学位，现为电子科技大学电子信息专业硕士研究生，主要从事稀疏表征与初始模型建立方法的研究。E-mail：2875474358@qq.com。

一定程度的一致性和横向连续性，这为稀疏表征技术应用于初始模型的建立提供了合理性的依据，所以我们可以通过少量的已有的测井数据学习到最具有代表地层特征的字典集合，该字典集合可以近似等于全工区的稀疏字典集合，通过合理的稀疏重构可以得到具有真实地层特征的整个工区的数据。在地震反演方面，She 等(2018)则使用字典学习的方式从测井数据中学习得到过完备字典，并以这一字典稀疏表示的地下参数代替特定数学模型参数作为正则化项，从而进一步克服地震反演问题的病态性，使得 AVO 反演能够更好地适应各种地质条件[6]。Wang 等则将联合稀疏表示的方法应用在地震反褶积方法上，实现了高分辨率的反射系数反演，并能较好地揭示薄层[7]。同时在物性参数预测的应用上，刘超(2022)从测井曲线出发，结合相关地质背景，使用联合字典方法学习得到地下弹性参数与物性参数间的关系，通过得到的联合字典与地震反演框架相结合，实现孔隙度的预测[8,9]。

实践和模型证明，本文提出的基于空间结构和联合稀疏表征的低频模型建立方法是有效的，可以在消除插值法出现的牛眼效应的基础上，进一步增强和证实地层的符合的横向连续性，并且和真实的测井数据能够进行吻合，能够有效地降低反演的迭代次数和提升反演的准确性。

1 方法原理

基于空间结构和联合稀疏表征的低频模型建立

假设我们的重构低频模型公式为：

$$\hat{\boldsymbol{m}}=\boldsymbol{D}_w\boldsymbol{\alpha} \tag{1}$$

重构地震数据的公式为：

$$\hat{\boldsymbol{S}}=\boldsymbol{D}_{sei}\boldsymbol{\alpha} \tag{2}$$

那么我的建立的低频模型误差为：

$$\boldsymbol{m}_{RES}=|\boldsymbol{m}-\hat{\boldsymbol{m}}| \tag{3}$$

假设真正的低频模型可以由训练的字典进行完美重构：

$$\begin{gathered}\boldsymbol{m}_1=\boldsymbol{D}_w\tilde{\boldsymbol{\alpha}}\\ s.t.\ |\boldsymbol{m}-\boldsymbol{m}_1|\leqslant\varepsilon\end{gathered} \tag{4}$$

那么我们重构的低频模型 $\boldsymbol{m}_1$ 可以近似地等于真实的低频模型，那么通过真实的低频模型和使用基于联合字典求解出的低频模型的误差为：

$$\boldsymbol{\sigma}=|\boldsymbol{m}_1-\hat{\boldsymbol{m}}|=|\boldsymbol{D}_w(\tilde{\boldsymbol{\alpha}}-\boldsymbol{\alpha})|=\boldsymbol{D}_w|(\tilde{\boldsymbol{\alpha}}-\boldsymbol{\alpha})| \tag{5}$$

由于稀疏表征算法是一个不稳定的算法，每次求解的稀疏系数是有差别的，采用反演过程中的迭代求解思路，使用多次迭代求解得到一个稳定的稀疏系数。

插值的低频模型是从考虑空间距离的结构上引入先验的知识插值得到的，其低频模型中含有特定的空间结构信息和先验信息。将具有空间特征的插值低频模型引入我们的稀疏表征的迭代过程中作为约束项，引入测井曲线的空间结构信息。其目标函数为：

$$
\pounds\left(\boldsymbol{m},\ s\boldsymbol{\alpha}^{i}\right)=\left\{\begin{array}{l}\sum_{i}^{n}\|\boldsymbol{D}_{p}\boldsymbol{\alpha}^{i}-\boldsymbol{R}_{p}^{i}\boldsymbol{m}\|+\sum_{i}^{n}\|\boldsymbol{D}_{s}\boldsymbol{\alpha}^{i}-\boldsymbol{R}_{s}^{i}\boldsymbol{m}\|+\sum_{i}^{n}\|\boldsymbol{D}_{R}\boldsymbol{\alpha}^{i}-\boldsymbol{R}_{R}^{i}\boldsymbol{m}\|+\\ \eta\sum_{i}^{n}\|\boldsymbol{m}-\boldsymbol{m}_{0}\|+\lambda\sum_{i}^{n}\|\boldsymbol{D}_{sei}\alpha^{i}-\boldsymbol{R}_{S}^{i}\|+\lambda\|\boldsymbol{m}^{i}-\boldsymbol{m}\|\end{array}\right\} \tag{6}
$$

对上面的目标函数，先通过已知道的地震数据得到一个初始的稀疏系数，然后将其进行迭代求解，最终计算出真正正确的稀疏系数，通过该稀疏系数重构出含有正确的低频模型。

2 实验测试

2.1 合成数据测试

先将本方法应用于 Marmousi 模型数据来验证方法的有效性。首先根据 marmousi 模型的三个弹性参数数据，利用正演过程和子波合成一个 marmousi 模型的地震数据。图 1 为对 marmousi 真实模型进行低频滤波后的模型图。

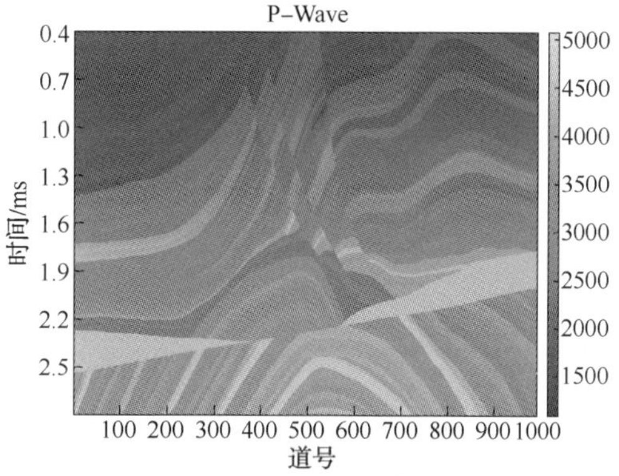

图 1 marmousi 模型纵波低频模型剖面图

然后从 1000 道的地震数据和模型数据中随机抽取 20 道井数据和相应的地震数据，作为已知的测井曲线和地震数据，以此来训练联合字典，训练得到地震数据和测井曲线的联合字典进行该方法的低频模型建立。建立的低频初始模型如图 2 所示。

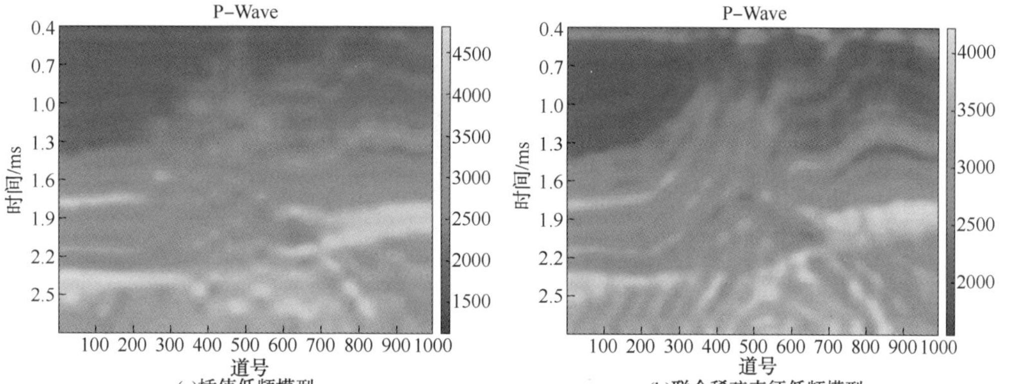

(a)插值低频模型　(b)联合稀疏表征低频模型

图 2 模型反演结果

由图 2 的中低频模型可以看出，插值法建立的低频模型对于层位的反演不明显，并且对于一些竖向的特征不能准确地反映出来，在竖向上的横向连续性不强，细节不显著的特点。但是联合字典方法中，呈现更好的横向特征，以及对于竖向的连续性特征和细节信息得到了很好的解决，与真实的低频模型更为贴切。但是与真实的低频模型相比，还是有一些更为细节和不强烈的信息不能真实地反映出来。

为了验证本方法建立低频模型的有效性，对插值和联合稀疏表征建立的低频模型分别进行相同轮次的反演，反演结果如图 3 所示。从图 3 的反演结果可以看出，插值低频模型对于横向的特征反演结果显示的还是比较明显，但是对于竖向的特征和细节信息反演效果很差。但是，联合稀疏表征建立的低频模型的反演结果，对于竖向还有横向特征以及细节信息反应得比较明显，只不过对于一些在真实模型中变化很弱的信息，不能很好地显示出来。

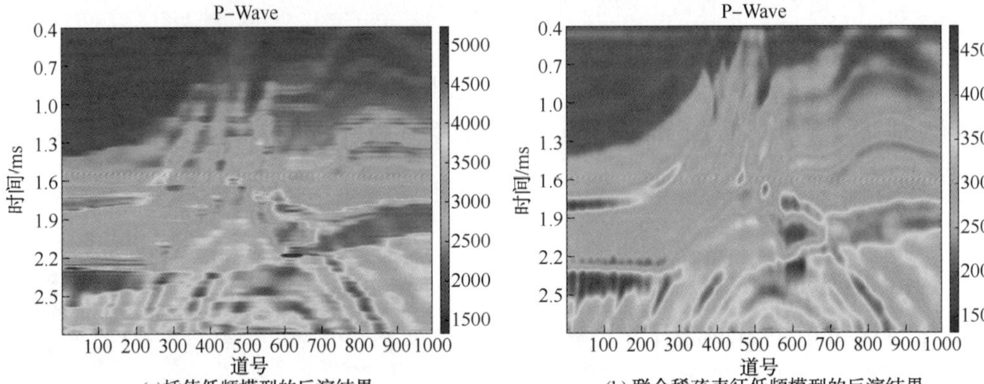

(a)插值低频模型的反演结果　(b) 联合稀疏表征低频模型的反演结果

图 3　模型反演结果

2.2　实际资料处理

将本方法应用于实际叠后地震资料及理中。该工区共有钻井 22 口，将钻井数据中的弹性三参数以及地震数据进行分块拼接处理后，学习得到了蕴含全工区特征的联合字典。然后分别进行插值和联合稀疏表征进行低频模型建立，最终得到如图 4 的低频模型。

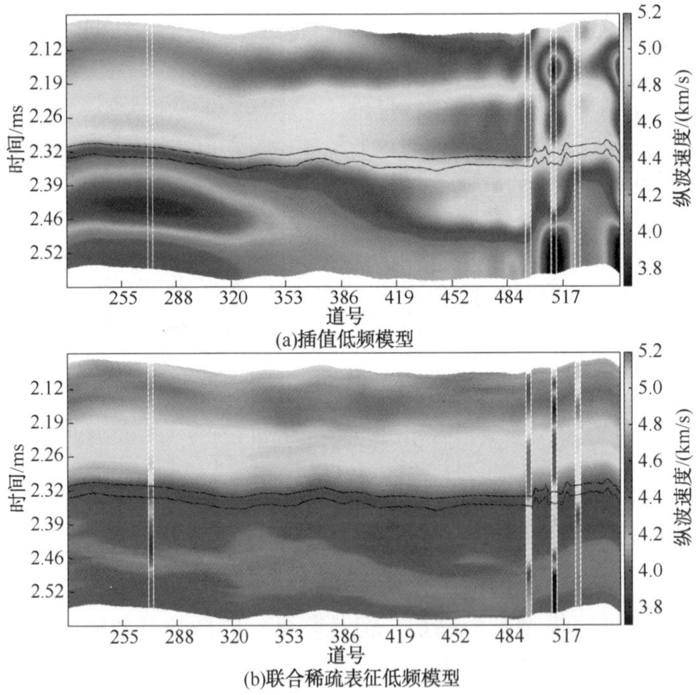

(a)插值低频模型

(b)联合稀疏表征低频模型

图 4　实际数据处理

从图 4 中即可看出，仅通过联合稀疏表征处理所得结果，插值得到的低频模型的横向特征是不明显的。对于测井曲线中同一层位的测井中，出现了极值点的地方，出现了牛眼。但是，使用联合稀疏表征得到的低频模型，横向特征比较明显，横向变化和层位是保持一致的，虽然降低了与真实的井的效果，但是一般的区域都是位于井的极值点处。为了更明显地验证建立的低频模型的有效性，对建立的低频模型进行了相同轮次的反演，反演结果见图 5。

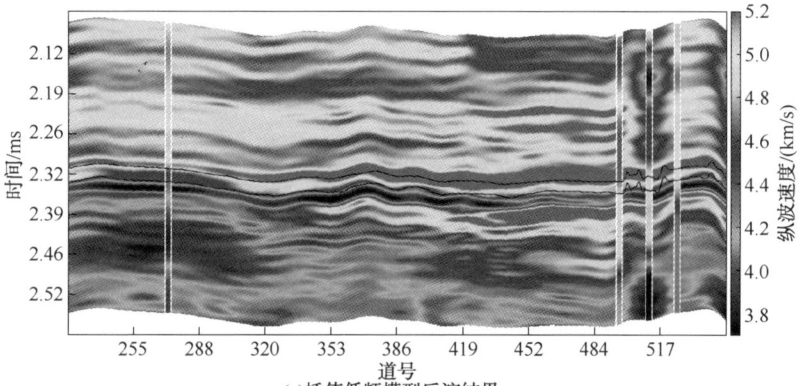

(a)插值低频模型反演结果

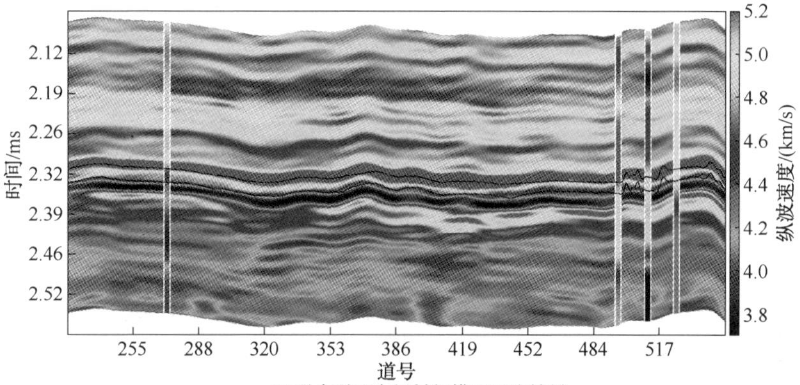

(b)联合稀疏表征低频模型反演结果

图 5　实际数据处理

从图 5 的反演结果可以看出，联合字典建立的低频模型是有效的，在解决了牛眼效应的同时，在一定程度上加强了反演解决的横向特征，并且对于细节信息更为明显。

3　结论

本文基于空间结构和联合稀疏表征展开了建立反演低频模型方法的研究。通过联合稀疏表征的方法，在解决了插值法的缺点的同时，引入了地震数据的特征，解决了建立低频模型过程中由于测井曲线的垂向差异性引起的牛眼效应，同时加强了低频模型的竖向特征和细节特征。进一步为解决消除牛眼效应会产生与真实井的对井差异，采用了反演的思路，将其进行了类似反演的迭代处理，同时通过插值的低频模型作为约束，将其插值的低频模型引入类反演的迭代建立低频模型的过程中，引入了测井曲线的空间结构信息，实现了在解决了牛眼效应和引入地震数据特征的同时提升了与真实测井的对井效果，实现了建立低频模型可以深刻反映真实地层中的横向和竖向特征以及细节信息，并且不会出现牛眼效应，建立准确的低频模型。

参 考 文 献

[1] G. Huang, X. Chen, C. Luo, and X. Li, "Prestack waveform inversion by using an optimized linear inversion scheme," IEEE Trans[J]. Geosci. Remote Sens. , vol. 57(8), 2019, 5716-5728.

[2] C. Luo, X. Li, and G. Huang, "Pre-stack AVA inversion by using propagator matrix forward modeling," [J]. Pure Appl. Geophys. , vol. 176(10), 2019, 4445-4476.

[3] Y. Chen, T. Liu, and X. Chen, "Velocity analysis using similarityweighted semblance," [J]. Geophysics, vol. 80(4), 2015, 75-82.

[4] S. Gan, S. Wang, Y. Chen, S. Qu, and S. Zu, "Velocity analysis of simultaneous-source data using high-resolution semblance—Coping with the strong noise"[J]. Geophys. J. Int. , vol. 204(2), 2016, 768-779.

[5] Pedersen-Tatalovic Radmila, Anette Uldall, Nils Lange Jacobsen, et al. Event-based low-frequency impedance modeling using well logs and seismic attributes [J]. The Leading Edge, 2008, 27(5): 592-603.

[6] Wang Y, Liu Y, She B, et al. Data-driven pre-stack AVO inversion method based on fast orthogonal dictionary [J]. Journal of Petroleum Science and Engineering, 2021, 201: 108362.

[7] Wang, Y. , Zhang, G. , Li, H. , Yang, W. , & Wang, W. (2022). The high - resolution seismic deconvolution method based on joint sparse representation using logging-seismic data[J]. Geophysical Prospecting, 70 (8), 1313-1326.

[8] 王峣钧，刘超，张归前，等．一种基于联合字典的孔隙度反演方法[P]．四川省：CN113253350B, 2022-02-11.

[9] 刘超．弹性参数与物性参数联合字典反演方法研究[D]．成都：电子科技大学，2022.

基于知识图谱表征地层层序的全层位追踪方法研究

何　鑫

（电子科技大学资源与环境学院，四川 成都　611731）

摘　要：地震三维全层位追踪是三维层序地层分析和三维储层建模的基础工作，现有全层位自动追踪方法由于缺乏层位片段在三维空间中相互关联关系的计算机表征方法，计算机无法完整且正确认知层位片段之间的层序关系，导致追踪结果在地质构造复杂的区域易于出现穿时的现象。本文提出了一种表征层位片段三维空间关联关系知识图谱，并提出基于点集拓扑的连通性原则在层序关系约束下融合层位片段获得不穿时的层位面。合成数据和实际工区的实验表明，本文的方法能够有效表征地下三维空间中层位片段的层序关系，并有效避免在地质构造复杂区域的追踪穿时现象。

关键词：知识图谱；地层层序；全层位追踪；连通性

0　引言

地震三维全层位追踪是油气勘探的重要工作之一。作为一种识别和跟踪地震数据中所有地层界面的技术方法，全层位追踪在构建整体地层框架、挖掘宏观地层信息和描述地层间层序关系上具有显著优势。目前已经开发的全层位追踪方法主要有三类。第一类是基于波形相似性和斜率的方法[1,2]，该类方法容易累计误差，难以有效描述地层的层序关系。第二类是基于相对地质年代的方法[3,4]，这类方法缺乏详细地质信息的刻画。第三类是基于地质模型的方法[5]，该类方法产生的地质模型可能与实际数据的地质结构不一致，可能会导致复杂地质构造地区的追踪结果出现穿时现象。

可以发现，完整且正确地描述所有地层间的层序关系对于全层位追踪至关重要。现有的全层位追踪方法在描述三维空间内层位片段间的复杂关系时，计算机难以完整有效地认知地层界面间的层序关系，导致追踪结果在地质构造复杂的区域易于出现穿时的现象。本文提出了一种利用知识图谱表征三维空间内地层间层序关系的方法。该方法构建能够表征出地层层序关系的知识图谱，并通过基于点集拓扑的连通性原则实现层位片段的融合，有效避免了追踪结果在复杂区域缺乏层序约束导致的穿时现象。

1　原理

1.1　初始知识图谱构建

通过 DTW（动态时间规划）算法来生成层位片段，并利用迁移学习方法[6]获得断层属性。

作者简介：何鑫，男，电子科技大学信息与通信工程专业博士研究生，主要研究方向为地震信号处理，深度学习等。E-mail：hxadolf@ 163. com。

生成的层位片段和断层属性将作为输入数据构建初始知识图谱。初始知识图谱包含节点和边。节点代表层位片段，而节点属性包含层位片段和断层的位置信息。边在一定距离的节点间创建得到，边表示节点之间的关系，边属性代表了这些节点的融合可能性。通过此过程，我们将地震数据转换成为图数据。

通过层位片段间的空间位置关系，我们可以将初始边分为三种类型，分别对应节点间的三种关系：层序关系、连接关系和断层关系，如图 1 所示。层序关系表示两个节点具有上下关系。连接关系表示两个节点存在融合可能性。断层关系表示两个节点靠近断层。根据两个节点是否具备层序关系，我们可以将三种初始边分为两类：初始有向边和初始无向边。至此，我们构建出了表征地层层序关系的初始知识图谱。后续，我们将基于这种关系来融合节点，并通过创建距离更大的边进行迭代来构建多层知识图谱。

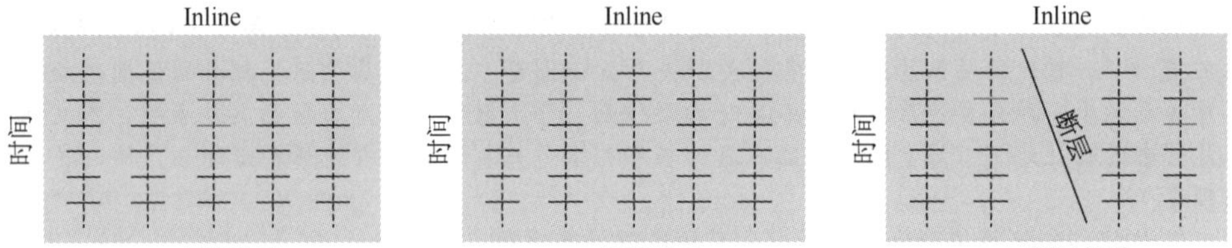

(a)层序关系　(b)连接关系　(c)断层关系

图 1　节点间的三种关系

1.2　多层知识图谱节点融合

多层知识图谱下的节点融和是一个循环过程，它包括六个步骤：计算无向边属性、融合节点、创建边、重新确定有向边和无向边、获得更高层知识图谱、判断循环停止准则。图 2 显示了在融合之前，需要在两个节点中分别选择距离最近的极值点(红色)以及距离其最近的多个极值点(黄色)共同计算出无向边的边属性，来评估节点融合的可能性(属性值大表示高连接可能性)。

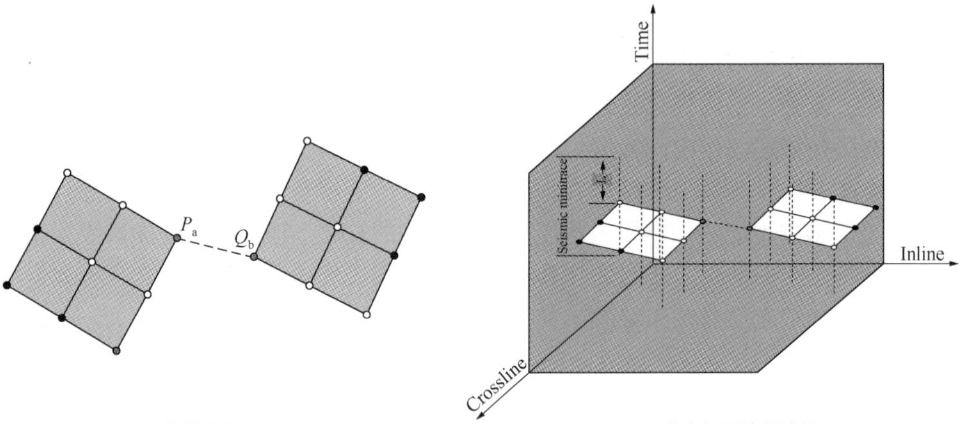

(a)极值点的选择　(b)节点相关性的计算

图 2　无向边属性的计算

对计算的所有无向边属性进行降序排序，并按照点集拓扑的原则优先融合属性值最大的节点。考虑到地层层序关系的约束，我们引入点集拓扑的连通性约束来指导节点融合过程。如图 3 所示，对于要融合的节点，我们需要判断其在有向图中的连通性，如果连通，则融合节点，如果不连通，则跳过。

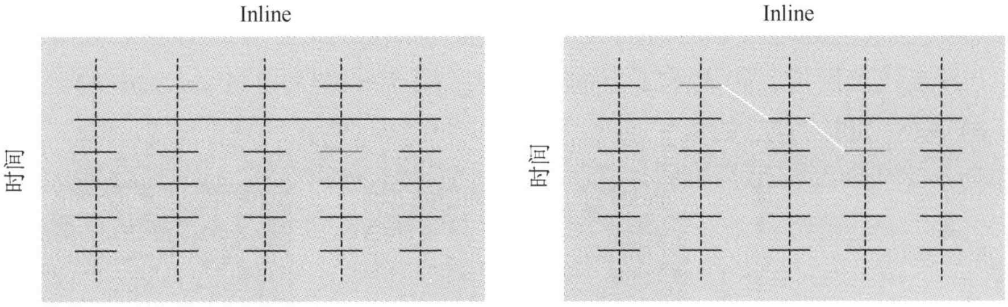

(a)可连通　(b)不连通

图 3　节点间连通性的判断

在连通性约束的指导下，我们可以融合由同一条边连接的所有节点，形成一个新节点。通过在新的节点之间创建边，以逐渐融合属于断层关系的节点。随后，有向边和无向边需要被重新确定，接着构造新的有向图和无向图，它们共同构建了一个更高层的知识图谱。至此，我们完成了一次迭代。每次迭代都会形成知识图谱的一个新层，最后构成多层知识图谱。从最低层到最高层，节点不断进行融合。

2　实验

为了展示我们方法的有效性，我们将提出的方法应用于合成数据和实际工区数据。合成数据可以定量评估我们提出的方法，而实际工区数据可以定性评估我们提出的方法。

2.1　合成数据实验

合成数据包含 2 个独立断层。我们对合成数据加入噪声与信号的能量比为 0.2 的噪声。并对其中的四个层位面添加人工标签，如图 4(b)所示。在进行了初始平滑后，图 4(c)和图 4(d)分别展示了通过数据预处理后得到的层位片段和相应的断层属性。

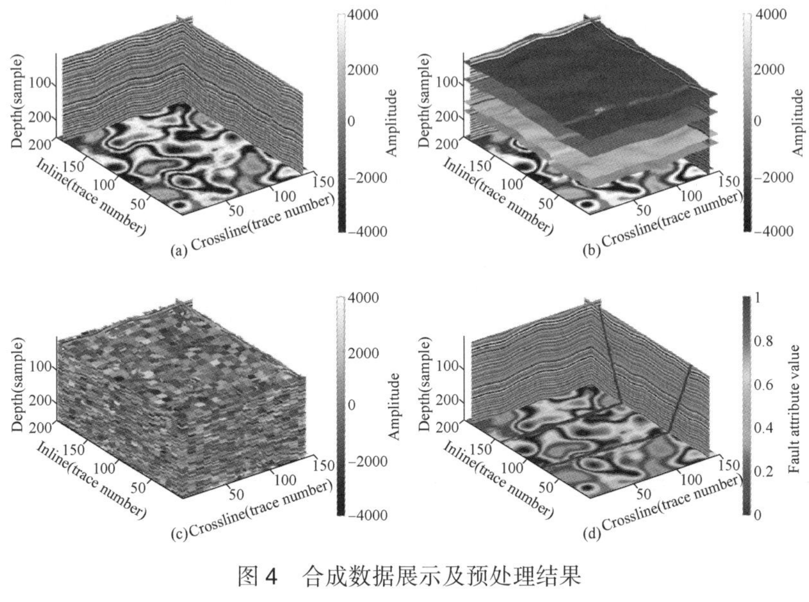

图 4　合成数据展示及预处理结果

在这里，我们截取第 100 个 xline 剖面进行效果展示，并选用目前领域内具备先进性能的 Paleoscan 的全层位追踪效果进行对比。图 5(a)显示了多层知识图谱中最后一层的有向图，其中，节点代表层位，边表示了点的连通性。图 5(b)显示了 Paleoscan 的全层位追踪效果。图 5(c)展示了我们方法的效果。

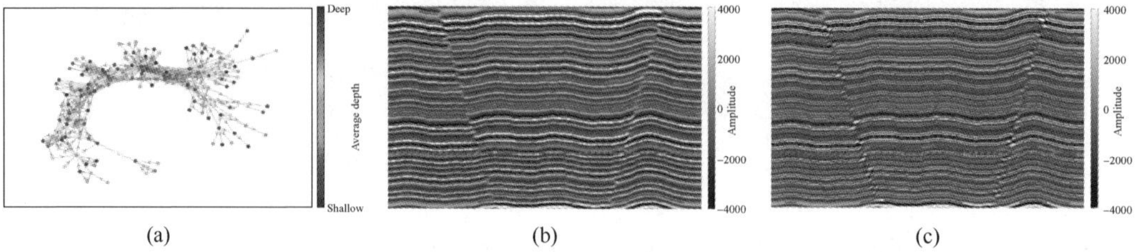

图 5　合成数据 xline=100 剖面效果对比

为了更好地展示我们方法的效果，我们分别将图 4(b)中四个人工标记的层位单独展示，如图 6(a)-(d)所示。图 6(e)-(h)展示了图 5(b)中 Paleoscan 全层位追踪效果对应的四个层位面。同样，我们从图 5(c)中抽取了我们方法效果中对应的四个层位面，如图 6(i)-(l)所示。可以看到，抽取出的本研究方案追踪出的层位面与人工层位标签位置相符合，而 Paleoscan 追踪效果在断层处出现了穿时现象。

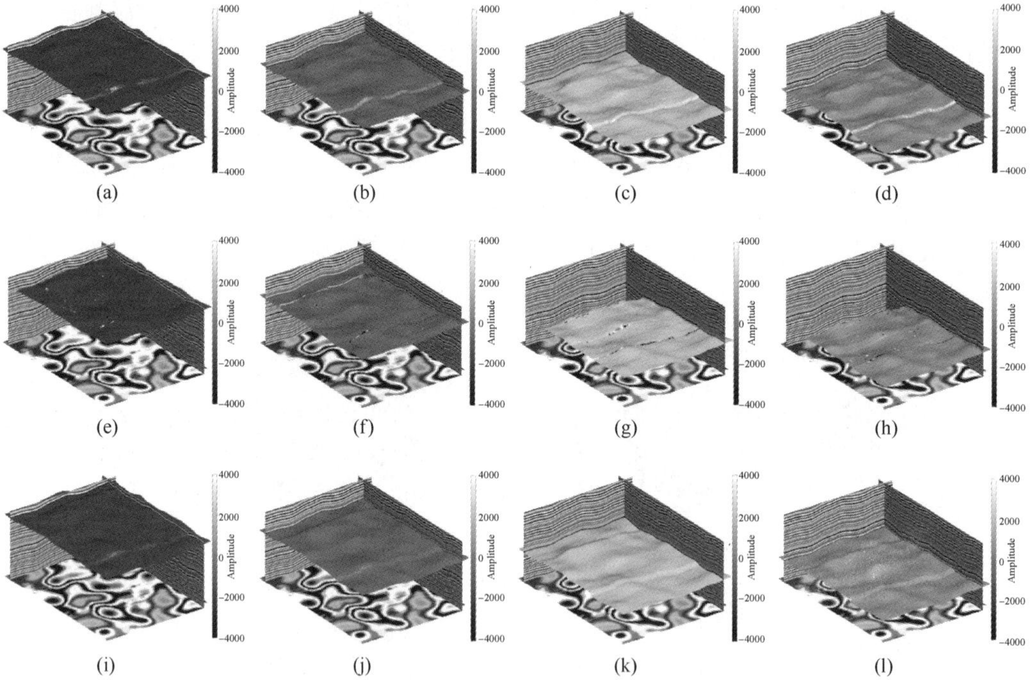

图 6　合成数据中人工标记的层位面效果对比

2.2　实际工区实验

我们从渤海湾西部海域的岐南数据中截取了一部分数据用以验证我们所提出的方法。首先，我们还是对地震数据进行预处理得到层位片段和断层属性。图 7 显示了与 Paleoscan 的全层位追踪效果进行对比。在这里，我们截取第 82 个 inline 剖面进行效果展示。

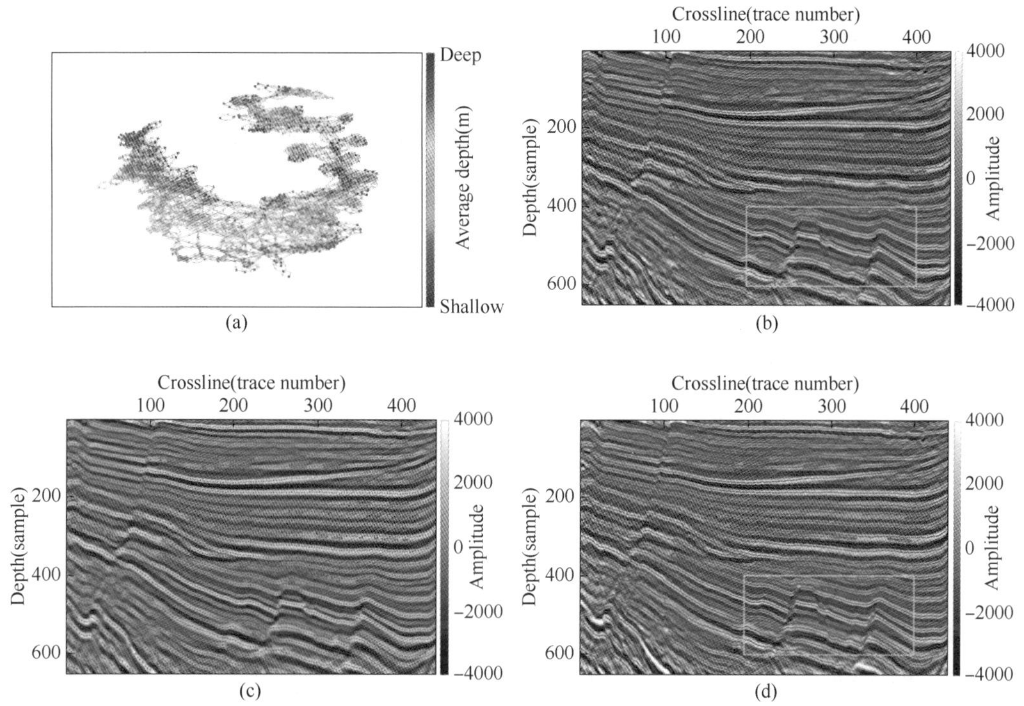

图 7 实际工区 inline=82 剖面效果对比

为了检验本文提出方法跨越断层的能力，我们截取了图 7(b)和图 7(d)中黄色框内数据进行效果对比。图 8 显示了两种方法在实际工区数据中断层处的效果。可以看到，Paleoscan 方法在跨越断层时 P1、P2、P4、P5、Q7、Q8 处出现了穿时现象，而本文提出方法在跨越断层时未出现穿时，证明我们的方法具备更好的跨越断层的能力。

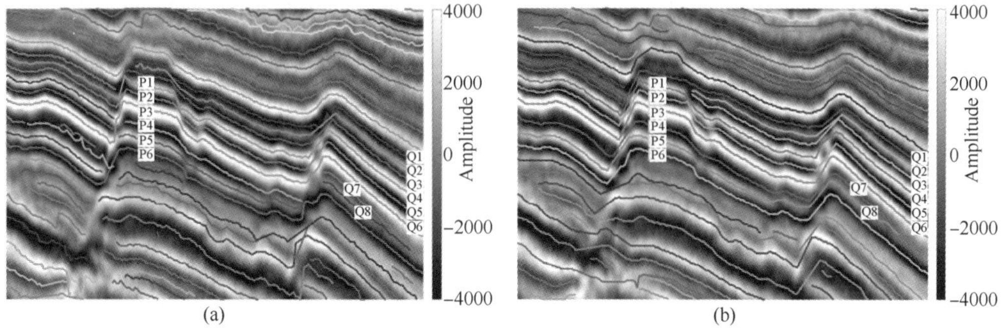

图 8 实际工区断层处效果对比

为了更好展示本文方法在断层处的表现，我们在全层位追踪结果中选取 P2 面进行三维展示，如图 9 所示。从图中可以看出，Paleoscan 方法的追踪结果在断层处出现了穿时。而本文所提方法追踪的层位成功地跨越了断层，且地层与地震数据是比较吻合的，说明了我们所提方法的有效性和准确性。

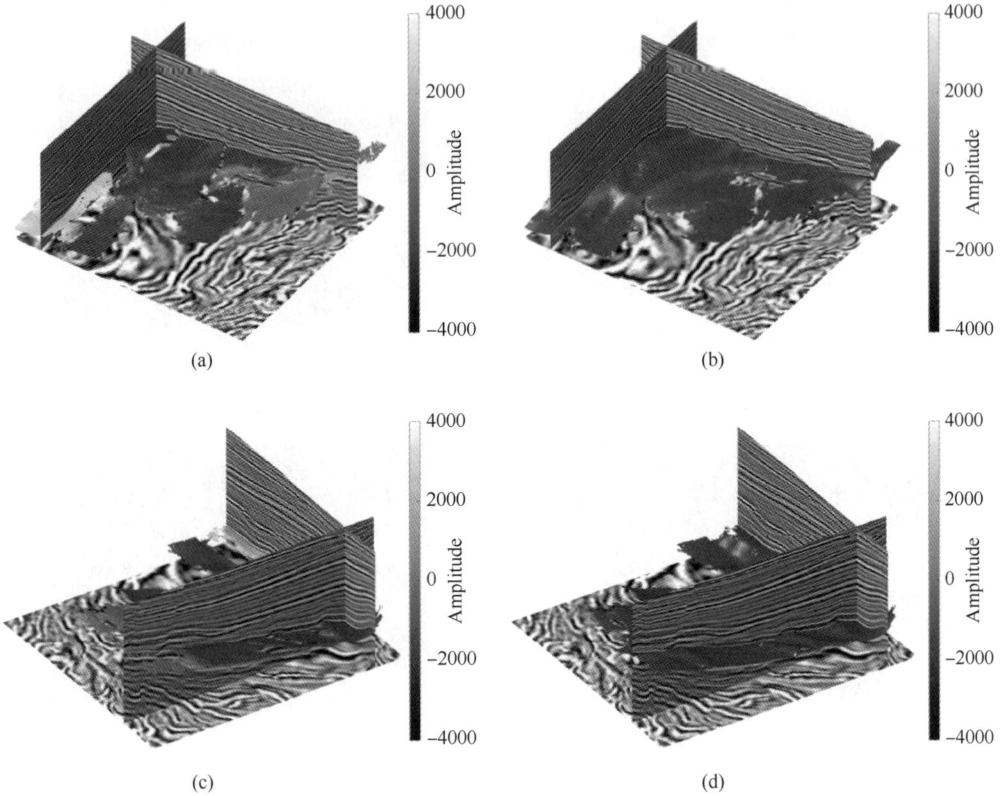

图9　两个视角下 P2 面效果对比

3　结论

我们提出的方法构建了一个表示地层层序关系的知识图谱，该图谱允许在获得地震数据的层位分布的情况下同时提取所有层位面。该方法使计算机能够准确捕捉地震层位在三维空间中的层序关系，并确保在断层和不整合等不连续处全地层追踪的准确性。首先生成层位片段并计算断层属性，然后构建知识图谱以描述层位片段和断层的整体空间分布。此外，我们开发了一种基于点集拓扑的层位片段融合方法，该方法可以在三维空间中通过断层属性和地层序列关系的约束获得横跨不连续性的层位面，其中连通性约束防止了断层和不整合处的层位穿时。

参　考　文　献

[1] Wu, X., and S. Fomel, 2018, Least-squares horizons with local slopes and multigrid correlations least-squares horizons[J]. Geophysics, 83, IM29-IM40.

[2] Lou, Y., B. Zhang, T. Lin, and D. Cao, 2020, Seismic horizon picking by integrating reflector dip and instantaneous phase attributes horizon picking using seismic attributes[J]. Geophysics, 85, 037-045..

[3] Bi, Z., X. Wu, Z. Geng, and H. Li, 2021, Deep relative geologic time: A deep learning method for simulta-

neously interpreting 3 - d seismic horizons and faults: Journal of Geophysical Research [J] . Solid Earth, 126, e2021JB021882.

[4] Yang J, Wu X, Bi Z, et al. A multi-task learning method for relative geologic time, horizons, and faults with prior information and transformer[J]. IEEE Transactions on Geoscience and Remote Sensing, 2023.

[5] Pauget, F. , and S. Lacaze, 2017, Method to generate a watertight geological model directly from a seismic volume: 79th EAGE Conference and Exhibition 2017[J]. EAGE Publications BV, 1-5.

[6] Zhou, R. , X. Yao, G. Hu, and F. Yu, 2021, Learning fromunlabelled real seismic data: Fault detection based on transfer learning[J]. Geophysical Prospecting, 69, 1218-1234.

叠前数据中单一地质要素解耦表征方法研究

费一峰

（电子科技大学资源与环境学院，四川 成都 611731）

摘 要：地震数据，特别是叠前地震数据，蕴含了丰富的地下地质信息，包括各种地质特征(如砂体构型)和地下介质参数(如弹性参数)等。地震属性是对地震数据特征或性质的定量度量，现有的地震属性大都是某一方面多种地质信息的综合表征，因此其地质解释通常具有多解性。本文提出一种基于解耦表征学习的地震数据深度特征提取方法，该方法能够直接从耦合了大量信息的地震数据中提取出表征单一地下地质要素的特征。提出方法采用地震正演数据作为训练样本，通过编码器将含有不同地下地质特征的地震数据编码为具有可交换子特征的分解表征。通过交换不同样本的子特征，以生成交换了单一地质信息的地震数据为目标，迭代更新编、解码器的模型参数，最终网络获得能够表征某种特定物理可解释的单一地下地质要素的特征表征。中国西北某地实际数据上对薄砂体岩性边界线预测结果显示，相较于现有的方法，提出的方法能够更精确地刻画目标地质体，有效降低了地震解释的不确定性。

关键词：解耦表征学习；叠前地震数据；地震属性；地震深度特征

0 引言

地震属性是对地震反射数据特征或性质的定量度量，这些属性凸显了地震数据中与目标储层相关的信息，如岩性、构造、孔隙度及砂体构型等，辅助研究人员更有效地进行地质或地球物理解释[1]。自 20 世纪 70 年代以来，地质与地球物理学家已经开发出上百种地震属性[2-4]。随着深度学习技术的发展，越来越多的研究开始利用神经网络自动从地震数据中提取有价值的信息，这些也被称为地震深度特征[5]。

然而，地震波在地下传播时受到地层物理特性(如密度、弹性模量等)和地质结构(如岩层厚度、断层、褶皱等)的综合影响，使得地震数据中各种地质要素相互叠加、掩盖或干扰，呈现为多种地质信息的耦合[6]。现有的地震属性提取方法，通常是地震数据某一方面信息的综合表征，难以直接反映单一地质要素的信息。这使得地震属性的解释具有多解性，影响了研究人员对地下结构和储层特征的准确认识。

在过去十几年里，为了减少地震属性中耦合无关信息的影响，研究人员已经开展了大量的工作，这些研究主要集中两个方向：开发特定属性和进行多属性分析或融合。特定属性是针对特定工区或地质条件下，与油气信息关联更紧密的地震属性[1]，例如，Liu 等(2017)与

作者简介：费一峰，男，电子科技大学信息与通信工程博士生，主要研究方向为地震相分类，神经网络信息处理等。E-mail：yifengfei1995@ gmail. com。

Wang 等(2022)的工作[7~8]。然而，不同工区之间地质条件的差异也限制了这类属性的应用范围。多属性分析或多属性融合是另一个主要的研究方向。其中，随机森林回归[9]、RGB 融合[10]、遗传算法[11]等方法得到了广泛应用。近期，基于深度神经网络的多属性分析或融合的方法也取得了一定的进展。例如，共享自编码器模型可以同时提取和融合地震深度特征和传统地震属性[12]，而基于概率神经网络的框架则可以综合多个地震属性进行岩性分类[13]。这些方法减弱了无关地质信息对属性分析的影响，在一定程度上降低了储层预测的多解性。然而，开发特定属性或选择哪些地震属性进行综合分析常常依赖于专家的经验和主观判断，加之实际地下地质结构与条件的复杂性，这使得现有方法仍然难以避免地在地震属性中耦合多种无关地质信息。

本文引入了解耦表征学习来获取对单一地质信息的表征。解耦表征学习旨在分离或解耦数据中具有明确物理含义的解释因子，并给出其所对应的独立潜在表示[14]。迄今为止，这种学习策略已在计算机视觉、语音和自然语言处理等领域取得了一些成功的应用[15-16]。针对地震数据的特征，本文提出一种基于解耦表征学习的地震数据深度特征提取方法，能直接从耦合了大量信息的地震数据中提取出表征单一地下地质信息的特征。该方法采用了地震正演数据作为训练样本，编码器将含有不同地下地质特征的地震数据编码进一个具有可交换子特征的分解表征，随后通过交换不同样本的子特征，以生成交换了单一地质信息的地震数据为目标，迭代更新编、解码器的模型参数，最终实现获得表征某种特定物理可解释的单一地下地质要素的特征参数。最终，本文将提出的方法应用于中国西北某地实际数据上，解耦表征目标地层附近的砂体构型信息，进而预测含油气薄砂体的平面展布。通过与传统的属性分析及现有的地震相分类方法进行比较，提出的方法实现对目标地质体更精确地刻画，有效降低了地震解释的不确定性。

1　方法

1. 网络框架

地震数据中耦合了大量的地下地质信息，我们直观地将这些地质信息分为两类：感兴趣的单一的地质要素与其他所有的地质信息。图 1 展示了我们的网络架构，包含了两个共享参数的编码器与两个共享参数的解码器，这意味着这编码器之间，以及解码器之间有着相同的网络架构与网络参数，并在网络训练过程中保持参数的同步更新。网络将两个正演叠前数据 W_i 和 W_j 作为输入，分别通过两个编码器，被编码为特征 $[S_i, C_i]$ 和 $[S_j, C_j]$。网络期望特征 S 编码了地震数据中感兴趣的单一的地质要素，而特征 C 编码了地震数据中的其他地质要素。随后，我们引入了一个独特的特征机制，具体来讲，我们交换了不同输入对应编码得到的特征 S，将重新组合后得到的特征 $[S_j, C_i]$ 和 $[S_i, C_j]$ 分别作为两个解码器的输入，得到对应的输出 $\widetilde{Y}_i$ 和 $\widetilde{Y}_j$。

提出的网络采用了有监督的训练方式，具有明确地质信息的正演数据被作为输入，同时提供了标签数据对应于网络的理想输出。在每次训练的过程中，网络同时将两个叠前数据作为输入，获得两个输出数据。我们将每次训练的成组的输入数据与成组的理想输出数据表示为一组数据：(W_i, W_j, Y_i, Y_j)，在正演合成的时候，我们要求 Y_i 与 W_j 有着相同的单一地质要素，而与 W_i 有着相同的其他地质信息；相应地，Y_j 与 W_i 有着相同的单一地质要素，而

与 W_j 有着相同的其他地质信息。

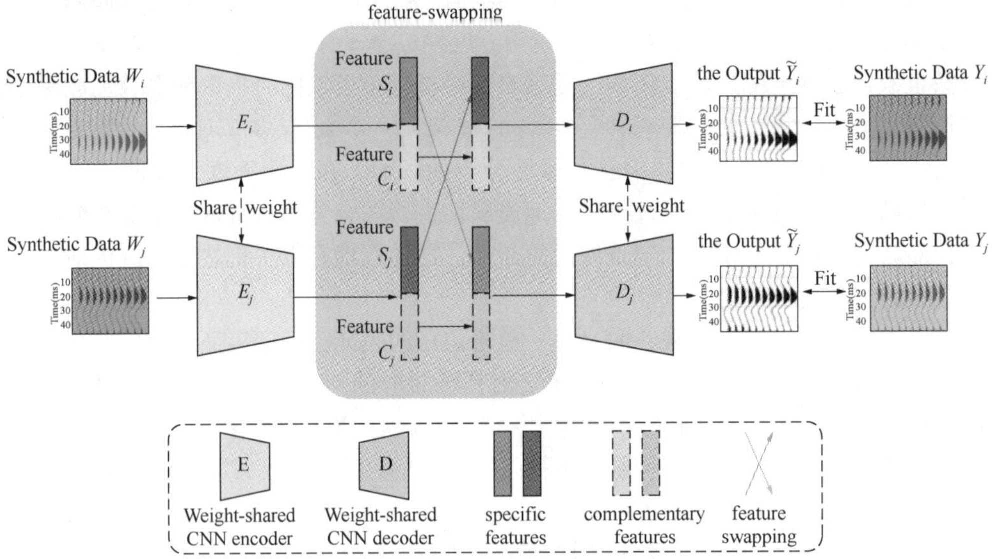

图 1　提出的网络架构

当网络训练完成后，在网络推理阶段，我们仅使用训练好的编码器作为特征提取网络，将叠前数据编码为特征 S 与特征 C。其中，特征 S 编码了地震数据中感兴趣的单一地质信息。随后使用聚类算法，如自组织映射(SOM)，或者模糊 C 均值聚类(FCM)，可以将进一步将特征划分为不同的模式，每一种模式对应于特定的地下地质信息。对不同模式采用地震相图的方式进行可视化展示，可以获得对目标地层附近地质信息的直观认识，促进对感兴趣的地质结构或地质信息的深入理解。

2. 损失函数的设置

网络模型的损失函数由两部分构成：重建损失与三元损失。重建损失采用了均方根振幅损失(Mean Squared Error，MSE)作为成对的输出($\widetilde{Y}_i$，$\widetilde{Y}_j$)与理想输出(Y_i，Y_j)之间差异的度量，可以被表示为：

$$L_{recon}=L_{MSE}(\widetilde{Y}_i,\ \widetilde{Y}_i)+L_{MSE}(\widetilde{Y}_j,\ \widetilde{Y}_j) \tag{1}$$

然而，我们注意到当感兴趣的目标地质信息在地震数据中的响应比较微弱时，叠前地震数据 Y_i 比较接近于 W_i，同样地，Y_j 比较接近于 W_j，在这种情况下，网络近似于优化一个这样的损失：

$$L=L_{MSE}(\widetilde{Y}_i,\ \widetilde{W}_i)+L_{MSE}(\widetilde{Y}_j,\ \widetilde{W}_j) \tag{2}$$

换言之，提出的网络退化为一个简单的自编码器。

为了提升网络对微弱的单一地质信息的提取能力，我们引入了损失函数中的第二个部分：三元损失。三元损失是 Schroff 等在 2015 年提出的一种损失[17]，它采用了对比学习的方式，比较了锚点与正样本、负样本之间的距离，促使网络学习到更具有判别性的特征表示，三元损失可以被表示为：

$$L_{triplet}(x^a,\ x^p,\ x^n)=\sum_i^N\left[\ \|\ x_i^a-x_i^p\ \|_1^2-\|\ x_i^a-x_i^n\ \|_1^2+\alpha\right]_+ \tag{3}$$

其中，x^a(锚点)和 x^p(正例)属于相同的类别，而和 x^n(负例)属于不同的类别。符号$[\cdots]_+$表示计算结果取正，即当计算结果为非负值时保持不变，为负值时取 0. 在公式(3)中，α 是一个可以调节的超参数，我们在实验中取了推荐的默认值 1。

采用三元损失来度量波形相似，但是含有不同微妙地质信息的叠前数据，网络损失函数的第二部分可以被表示为：

$$L_{tri}=L_{triplet}(Y_i,\ Y_i,\ W_i)+L_{triplet}(Y_i,\ Y_i,\ W_j)+L_{triplet}(Y_j,\ Y_j,\ W_j)+L_{triplet}(Y_j,\ Y_j,\ W_i) \tag{4}$$

我们引入了一个权重参数 β 来平衡损失的两个部分，总损失可以被表示为：

$$L_{base\_model}=L_{recon}+\beta L_{tri} \tag{5}$$

在实践中，我们选择了权重参数 β 的取值为 0.5。

2 实验

为了验证本文提出方法的有效性，我们选择了中国西北某实际工区的地震数据进行实验。研究工区包含了 600 道 inline 线和 500 道 crossline 线。地震数据的采样间隔是 2ms。图 2(a)展示了研究工区的钻井情况与根据钻井解释结果推断的岩性边界。具体来说，在该工区内 3 口井与目标尖灭岩性薄储层相遇(S1、S2、S3)，而其余的 4 口钻井未钻遇砂岩尖灭薄储层(M1、M2、M3、M4)。此外，图 2(a)中展示了两条岩性尖灭线 L1 和 L2，其中 L1 是高孔砂岩尖灭边界线，是根据钻井资料通过插值的方法获得的。因此，具有很大的不确定性。实验的主要目标是对岩性尖灭线 L1 进行更精准地刻画。

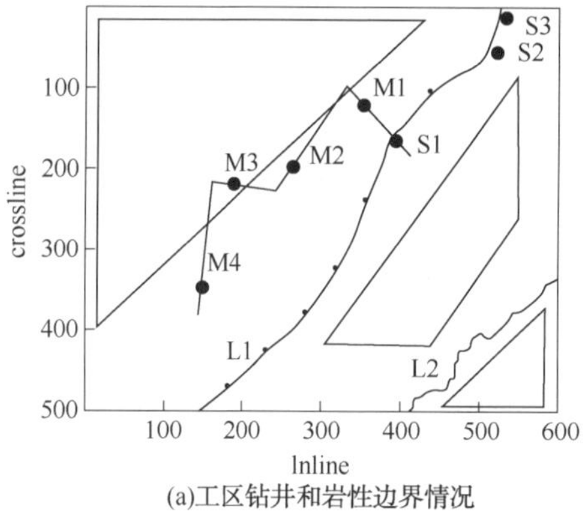

(a)工区钻井和岩性边界情况

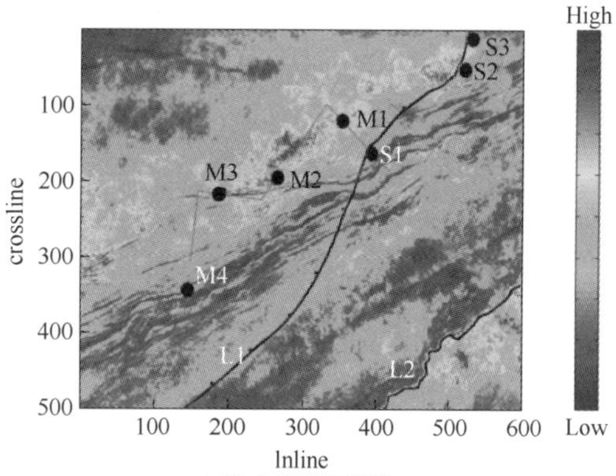

(a)均方根振幅属性

图 2 工区钻井和岩性边界情况及均方根振幅属性

均方根(RMS)振幅属性反映了地震波形的平均能量，是目前最常用的地震属性之一。图 2(b)展示了目标层位附近的 RMS 振幅属性。岩性边界线 L2 在地震剖面上的响应非常明显，其波形能量的变化使得岩性边界可以通过简单的振幅强度阈值在 RMS 振幅属性切片上清晰地被识别。然而，岩性边界线 L1 的地震响应相对较弱，在 RMS 振幅属性切片上未显示出明显特征，因此有必要寻找更有效的方法，从地震数据中更精确地提取细微岩性储层的信息，以进一步提高对岩性边界线 L1 的预测精度。

核支持向量机与 KNN 算法被作为对比算法，分别从图 2(a)蓝色边缘的三角形区域(泥岩)、橙色边缘的三角形区域(薄砂体)，以及黄色边缘的梯形区域(砂质泥岩)中选取了 500 个道集的叠前数据作为样本数据。远离岩性尖灭边界线的样本选择保证了预测结果的可靠性。在对比算法的参数设置中，核 SVM 采用了两种核函数，KNN 采用两种度量距离，预测得到的地震相图被展示在图 3 中，预测得到的岩性尖灭边界线以红线表示。然而在对比算法的预测结果中，井 M4 被错误地归类为尖灭薄砂岩层，且预测到的 L1 边界线与图 2(a) 中展示的测井数据插值得到的边界线有较大的差异。

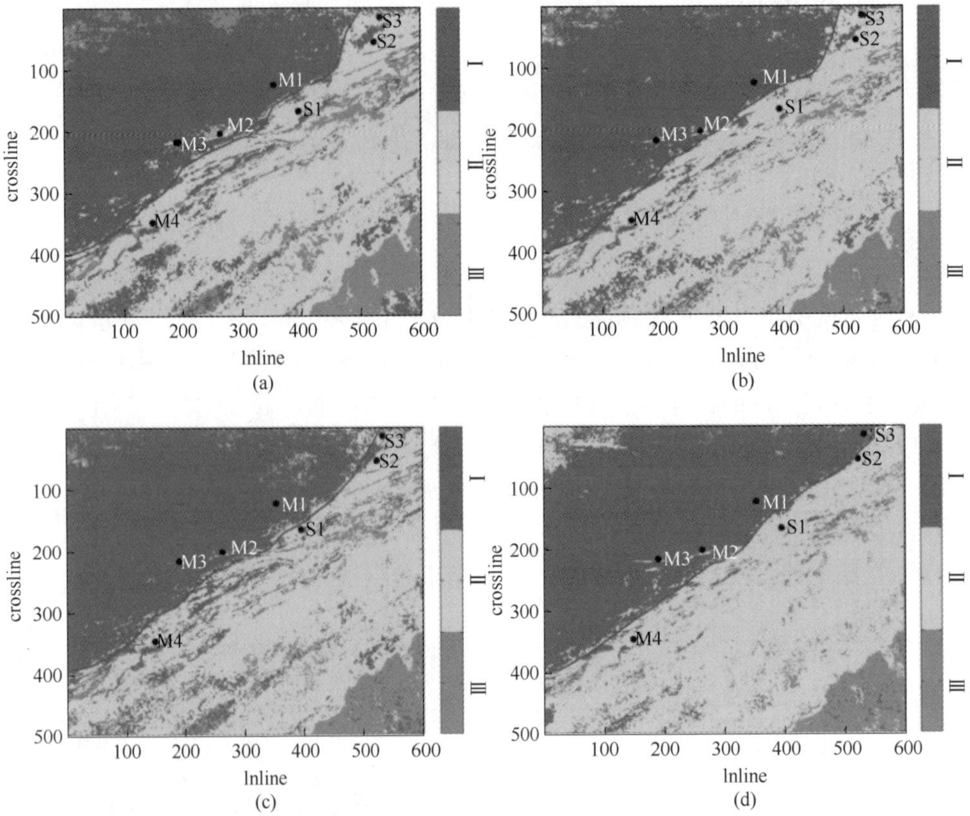

图 3　对比算法预测得到的地震相图(a~b)核支持向量机预测的地震相图，核函数分别为线性核和 rbf 核；(c~d)KNN 预测的地震相图，度量距离分别为余弦距离和欧式距离

利用井测数据的信息，我们构建了与研究区域地质条件相一致的地层模型。本研究使用了 Zoeppritz 方程来计算共中心点道集的反射系数，随后与统计波形进行卷积来正演生成合成地震数据。通过加入进行了带通滤波之后的噪声数据，我们生成了与研究区域实际地震数据相似的训练数据。我们将合成数据组织为分组训练数据，利用正演数据作为训练数据，提出的网络被训练来提取对应于薄砂体储层存在与否的解耦特征。随后，使用自组织映射(SOM)算法对解耦的特定特征进行聚类，进一步预测薄砂体储层的分布。预测结果显示在图 4 中。预测结果与井解释结果匹配良好，且薄砂体与泥岩的分界线与测井数据插值得到的边界线有着良好的相似度，但是提供了更为精准的分析结果。

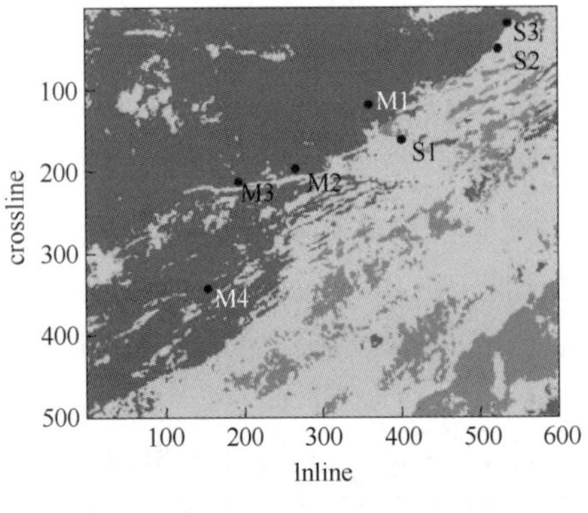

图 4　提出方法预测得到的地震相图

综合上述的分析，与对比方法相比，提出方法预测得到的地震相图有着更高的与井的匹配率，且薄砂体岩性边界线的预测结果与地质专家对该地区的地质认识相一致。这表明解耦深度特征能够更好地提取地震数据中单一的地质信息，有助于降低储层表征的不确定性，获得对地下储层分布更准确的描述。

3 结论

本文提出了一种创新的基于解耦表征学习的深度神经网络，旨在解耦并表征地震数据中的单一的具有明确物理含义的地质要素。该网络采用独特的特征交换机制，明确地解耦目标地质因素与其他无关信息之间的复杂相互耦合关系。我们在网络中引入了三元损失函数，增强其捕获微弱地质要素特征的能力。网络模拟了由不同地质要素生成地震数据的过程，从而更好地捕获了地震数据的底层模式。我们将所提出的方法应用于中国西北的某实际工区，实验表明，该方法能够有效提高对地震数据中的单一地质因素刻画的精度，有效降低储层表征的不确定性，本文所提出的方法为利用深度学习提取具有明确物理含义的地震属性提供了新的解决思路。

参 考 文 献

[1] Chopra S, Marfurt K J. Seismic attributes—A historical perspective[J]. Geophysics, 2005, 70(5): 3SO-28SO.

[2] BROWN A R. UNDERSTANDING SEISMIC ATTRIBUTES[J]. GEOPHYSICS, 2001, 66(1): 47-48.

[3] 印兴耀，周静毅．地震属性优化方法综述[J]．石油地球物理勘探，2005，40(4)：482-489.

[4] 王开燕，徐清彦，张桂芳，等．地震属性分析技术综述[J]．地球物理学进展，2013，28(2)：815-823.

[5] Griffith D P, Zamanian S A, Vila J, et al. Deep learning applied to seismic attribute computation[J]. Interpretation, 2019, 7(3): SE141-SE150.

[6] Zhang M, Li Z, Liu Q, et al. A study on the characteristics of seismic wave propagation in fractured marlstone reservoirs based on mechanical principles[J]. Arabian Journal of Geosciences, 2021, 14: 1-14.

[7] Liu C, Ghosh D. A new seismic attribute for ambiguity reduction in hydrocarbon prediction[J]. Geophysical Prospecting, 2017, 65(1): 229-239.

[8] Wang L, Guo W, Chen B, et al. Lithology and fluid discrimination using combined seismic attributes with the constraint of rock physics: a case study from W field, South Sumatra Basin[J]. Exploration Geophysics, 2022, 53(5): 575-589.

[9] Zou C, Zhao L, Xu M, et al. Porosity prediction with uncertainty quantification from multiple seismic attributes using random forest[J]. Journal of Geophysical Research: Solid Earth, 2021, 126(7): e2021JB021826.

[10] Zhang K, Lin N, Fu C, et al. Reservoir characterisation method with multi-component seismic data by unsupervised learning and colour feature blending[J]. Exploration Geophysics, 2019, 50(3): 269-280.

[11] Dorrington K P, Link C A. Genetic-algorithm/neural-network approach to seismic attribute selection for well-log prediction[J]. Geophysics, 2004, 69(1): 212-221.

[12] Li K, Zong J, Fei Y, et al. Simultaneous seismic deep attribute extraction and attribute fusion[J]. IEEE Transactions on Geoscience and Remote Sensing, 2021, 60: 1-10.

[13] Chaki S, Routray A, Mohanty W K. A probabilistic neural network (PNN) based framework for lithology clas-

sification using seismic attributes[J]. Journal of Applied Geophysics, 2022, 199: 104578.

[14] Bengio Y, Courville A, Vincent P. Representation learning: A review and new perspectives[J]. IEEE transactions on pattern analysis and machine intelligence, 2013, 35(8): 1798-1828.

[15] Ge Y, Abu-El-Haija S, Xin G, et al. Zero-shot synthesis with group-supervised learning[J]. arXiv preprint arXiv: 2009.06586, 2020.

[16] Cheng P, Min M R, Shen D, et al. Improving disentangled text representation learning with information-theoretic guidance[J]. arXiv preprint arXiv: 2006.00693, 2020.

[17] Schroff F, Kalenichenko D, Philbin J. Facenet: A unified embedding for face recognition and clustering[C]// Proceedings of the IEEE conference on computer vision and pattern recognition. 2015: 815-823.

基于叠前地震纹理模式分析的断裂识别方法

张志伟[1]　闫媛媛[2]　蔡涵鹏[1]

（1. 电子科技大学资源与环境学院，四川 成都　611731；
2. 中国石油西南油气田公司勘探开发研究院，四川 成都　610094）

摘　要：叠前地震纹理是断裂识别的有效手段之一，但现有方法未能考虑不同方位叠前地震数据所蕴含的断裂特征差异。本文提出了一种叠前地震纹理模式分析的断裂识别方法。首先利用三维地震数据结构梯度张量分解的特征向量与地层、断裂等构造走向、倾向的对应关系，自适应地确定对断裂敏感的叠前纹理属性计算方位；然后在确定的方位中构建叠前纹理属性分析窗，并采用灰度共生矩阵算法获取叠前纹理属性集；接着使用自组织映射对获得的地震纹理数据集进行降维和聚类，得到不同叠前地震纹理模式的空间分布；最后利用钻井、测井等先验信息标定和分析与断裂相关的叠前地震纹理模式，实现基于叠前纹理模式分析的断裂空间分布预测。实际资料证实与相干体、叠后纹理分析方法相比较，本文研究方法获得的叠前纹理模式可有效突出断裂结构，同时反映了局部和整体的不连续性特征，断裂识别结果与钻井情况更吻合，展示的断裂规律更符合地质人员的认识，为断裂精准识别提供了一种可靠的新途径。

关键词：纹理模式分析；断裂识别；宽方位地震数据；梯度结构张量；自组织映射

0　引言

断裂是主要的油气运移通道和储集场所，准确识别断裂对寻找油气具有重大意义。地震纹理分析是有效的断裂识别手段之一（Gao，2011）。地震纹理分析是从图像处理领域发展而来的。对于地震数据，将强弱不同的地震反射振幅在不同维度中形成的一种特殊的特征变化分布模式称之为地震纹理（Gao，2011）。大量的实践表明，地震纹理分析能够突显出地震数据中蕴含的地层内部结构产生的地震反射特征信息，可实现对缝洞体、断层和裂缝等地质现象的有效识别（蔡涵鹏等，2020）。地震纹理分析主要采用灰度共生矩阵（GLCM）算法（Xu等，2022）。

相对于叠后地震数据，宽方位叠前地震数据包含不同观测方位的地震信息，携带更为丰富、细致的断裂信息。Marfurt（2014）指出叠前地震属性分析将成为地震属性发展的一个重要方向。叠前地震纹理分析可以充分挖掘叠前地震数据中的与断裂相关的微小不连续特征，提升对细微不连续特征的识别与检测能力，在断裂构造的识别方面具有良好的效果（Cai，等，2019）。地层结构、断裂走向等构造信息对基于GLCM的地震纹理模式有一定的影响。考虑地层结构能

作者简介：张志伟，男，硕士在读，电子科技大学资源与环境学院，信息与通信工程专业，主要从事地震信号智能处理方面的研究，E-mail：zhangzw99@foxmail.com。

够减少地震纹理图像对所揭示地质现象的假象(Eichkitz 等，2013)，并且考虑断裂构造的走向能够显示更强的断裂响应特征，提高断裂信息的信噪比(王锴等，2023)。

不同数据维度、统计方向上的海量地震纹理属性需要转化为纹理模式，才能方便地质专家开展叠前纹理模式分析。考虑到地震数据中无标签数据量远远大于有标签数据，无监督学习方法是实际地震数据处理中的常用的方法(Xu 等，2022)。自组织映射作为一种常见的无监督聚类方法，通过竞争学习策略，依赖神经元之间的竞争逐步优化网络，可应用于叠前地震纹理数据集的无监督聚类，实现对叠前地震纹理模式的快速分析。

为此，本文提出了一种自适应叠前纹理模式分析算法，能够自动适应不同的地质构造面，通过在平行于地质构造面倾向、垂直于地质构造面走向的方向上构建分析窗，实现自适应叠前地震纹理的计算，得到包含各个方向不连续性特征的自适应纹理属性，计算效率更高，对断裂的刻画更全面，平均效应更低。在突出断裂构造不连续性特征的同时，具有较好的去噪效果，为叠前地震纹理模式分析提供了更好的图像训练集。叠前地震纹理模式分析采用自组织映射，通过从自适应叠前地震纹理属性集到地震相类别的映射实现快速获得裂缝的纹理模式。

1 方法原理

1.1 纹理属性计算方法

叠前纹理模式分析的第一步是灰度共生矩阵(GLCM)的构建(Haralick 等，1973)。对于每个纹理分析元，首先需要对其进行灰度级划分与归一化，本文将灰度级设置为32。根据下式，对完成灰度级划分的叠前地震数据 $D(x, y, z, d)$ 构建灰度共生矩阵 $E(i, j)$。

$$E(i, j) = \sum_{x=1}^{N_x} \sum_{y=1}^{N_y} \sum_{z=1}^{N_z} \sum_{d_i=1}^{N_d} \{D_{(x, y, z, d)} = i, D_{(x, y, z, d_i)\vec{+w}} = j\} \tag{1}$$

对于 GLCM(i, j)，按照下式计算每个元素的统计概率 $P_{i,j}$。其中 Ng 表示选定的灰度级。

$$p_{ij} = E(i, j) \times \left[1/\sum_{i=1}^{N_g} \sum_{j=1}^{N_g} E(i, j)\right] \tag{2}$$

根据 $p_{i,j}$ 可进一步计算包括能量、对比度、同质性等在内的共计13种纹理属性。

1.2 自适应叠前地震纹理属性

传统纹理属性计算方法按照数据存储的空间关系进行纹理分析窗的构建，参与纹理分析的元素与分析窗中心点之间往往不具有严格的地质联系，这样的纹理分析方法在地层变化平缓区域、地层连续区域具有较好的效果，但在地质构造变化剧烈区域通常难以匹配地质构造面，纹理模式分析效果不佳。自适应叠前地震纹理属性计算方法能够依据叠前地震数据自动匹配地质构造的走向和倾向，沿构造面倾向方向、垂直于构造面走向方向构建纹理分析窗，严格按照地质关系选取纹理分析窗元素，通过网格加密插值、距离加权等方法实现分析窗元素与地质构造面的高精度贴合，最终较为准确地预测断裂发育强度与方向。

自适应叠前地震纹理属性计算的要点在于对地质构造面的倾向和走向的自适应。对断裂面倾向的自适应往往通过地震数据的梯度和倾角来实现，基于梯度结构张量的倾角计算可以显著提升对小尺度不连续性结构的识别能力，尤其对断裂结构识别方面表现出色。断裂面走向通常由水平方位角给出，考虑到地层往往不严格水平，对结构张量矩阵方法进行一定改进（Wu 和 Janson，2017）。在与地层平行的坐标平面构建二维结构张量矩阵并分解，以获得指示断裂走向的特征向量。

图 1 展示了自适应叠前纹理窗元素选取方法，其中深蓝色点表示传统纹理分析窗元素，黄色、浅蓝色、绿色点表示自适应纹理分析窗元素。如图 1(a)所示，在自动适应构造面倾向后，我们重新选择了纹理属性分析窗内的元素，使纹理统计方向与倾向方向一致，在裂缝构造的探测方面表现出卓越的性能。图 1(b)展示了如何沿垂直于断裂面走向方向更新纹理属性分析窗内的元素。根据各向异性原理，垂直断裂构造走向的部分方位数据有更好的识别效果，避免了传统纹理统计方向(如 inline、xline 以及二者 45°、135°夹角等方向)上的大量计算，极大提高了叠前纹理模式分析的精确度、抗噪性及计算效率。

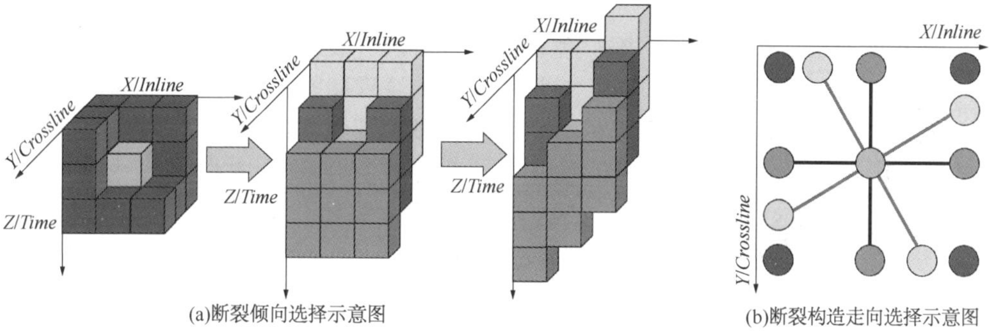

图 1 自适应的叠前地震纹理属性分析窗构建方法

1.3 自组织映射

自组织映射(Self-Organizing Map，SOM)通过学习输入空间中的数据，生成一个低维、离散的映射，从某种程度上也可看成一种降维算法(Kohonen，1990)。作为一种常见的无监督聚类方法，自组织映射被广泛应用于地震相分析领域中。其结构为包括输入层与竞争层的两层网络结构。输入层的节点数量与样本维度一致，竞争层中一个节点代表一个神经元，层内的神经元间按某种特定的形状规则的排列。SOM 的两层之间采用全连接的方式，竞争层依据最优距离确定最佳匹配神经元并被用于维持输入空间的拓扑结构，将输入空间中相邻的样本映射到相邻的输出神经元。

1.4 实现流程

图 2 展示了自适应叠前地震纹理模式分析方法的流程图。首先依据输入的叠前地震数据分别获取高精度倾角与方位角数据，之后开展自适应叠前地震纹理属性统计，以获取叠前地震纹理属性集。之后使用指标权重法等方法对高维叠前地震纹理集开展属性优选与降维(桂志先等，2022；李俊等，2024)，得到互异性最强、信息涵盖最全的几种纹理属性开展模式分析，最终得到地震相图。一般来说，不同地质构造拥有不同纹理模式。基于此，我们可以开展基于自适应叠前地震纹理模式分析的断裂识别。

2 实例分析

如图 3 所示，研究工区位于四川盆地中部，构造位置位于川中古隆起中斜平缓构造

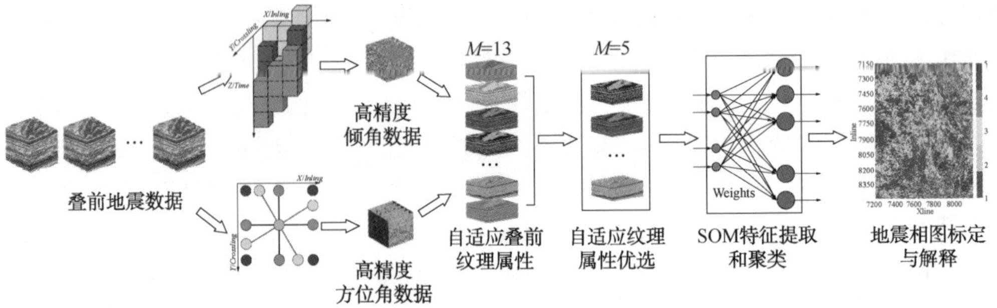

图 2　自适应叠前地震纹理模式分析方法流程图

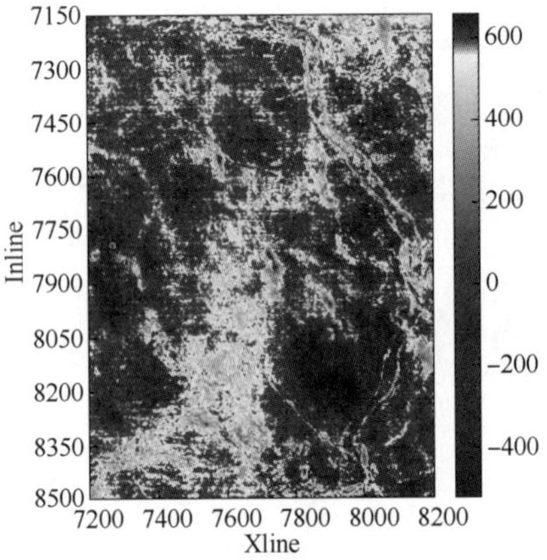

图 3　目标地层振幅切片

带，目标层位为二叠系茅口组，埋深位于 6000～7500m 之间。该目标层段储层主要受到沉积和溶蚀控制，岩性以白云岩、灰质云岩为主，储集空间类型以溶孔、溶洞、裂缝为主。在该工区，我们采用自适应的叠前纹理属性计算方法，获取垂直于每个分析点变化最不剧烈方向上的纹理数据。在自适应方向上，我们计算了图 3 中白色框内区域内的能量、熵、同质性等共计 13 种属性，得到自适应叠前纹理数据集。

如图 4 所示，自适应纹理统计方向能够有效地反映多个传统统计方向上突出显示的构造特征，在所有方向上突出了地质边缘，同时提供了局部和整体的不连续性。自适应纹理统计时间约为传统方法的 20%，极大地降低了运算时间成本。使用 PCA、指标权重法等方法综合分析叠前自适应地震纹理属性集，发现熵(Entropy)、同质性(Homogeneity)、能量(Energy)、逆方差(Inverse Variance)、聚类阴影(Cluster Shade)的权重最高，互异性最强，使用这五种纹理属性能够反映绝大多数的地震反射特征信息。

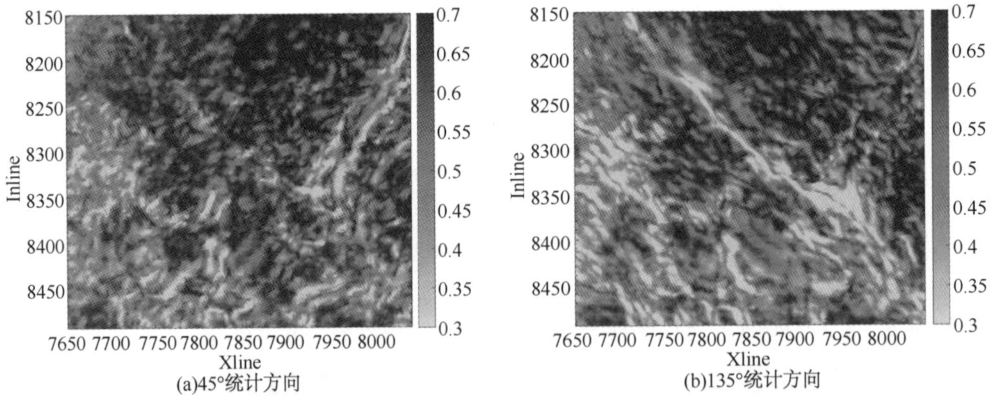

图 4　局部纹理属性计算结果(同质性)

表 1 展示了目标工区地质构造的纹理模式，结合钻井信息对比和标定，可以发现断裂及其发育区域表现为高熵、低能量、低逆方差、低聚类阴影和低同质性。我们运用自适应纹理数据体进行 SOM 网络的训练和预测，通过调整竞争层数目来获得最佳的模式分析效果。

表 1　目标工区地质构造纹理模式

项目	熵	同质性	能量	逆方差	聚类阴影
断裂及其发育区	高	低	低	低	低
背景地层	低	高	高	中	中

由钻井信息，类别 1(图 5 中红色部分)展示了断裂及其发育区域、缝洞体以及地层边界等地质构造的分布。相比于叠后纹理模式分析，叠前纹理模式分析对断裂的识别效果更好，对左侧黑色方框指示的区域的分类更准确。在属性优选后的叠前地震纹理模式分析结果中，右侧黑色方框指示的区域内断裂构造连续性更强，分辨率更高，可解释性更强，是有益的改进。根据钻井、测井资料，W7 井显示该区域发育断裂，W3 井显示该区域不发育断裂，均与属性优选后的叠前纹理模式分析结果相一致。相比于未进行属性优选的模式分析结果，属性优选后的结果中断裂及其发育区域的边缘更加清晰连续，更符合地质人员认识。

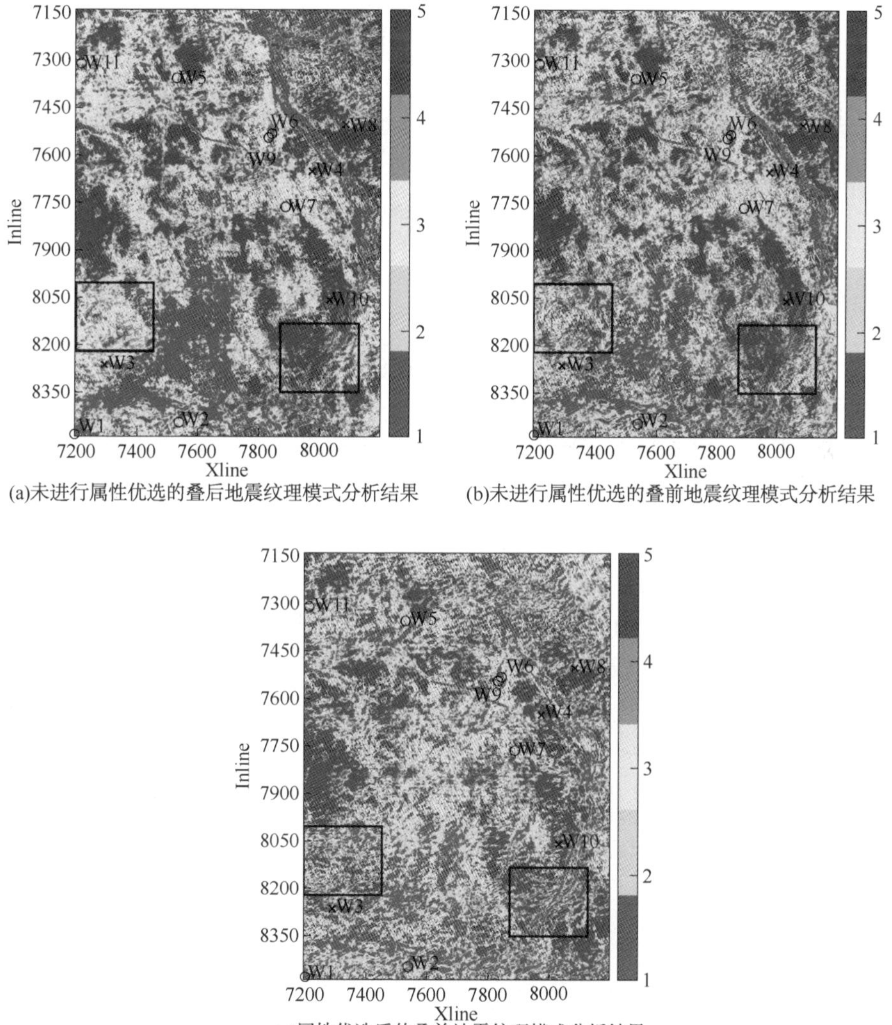

(a)未进行属性优选的叠后地震纹理模式分析结果

(b)未进行属性优选的叠前地震纹理模式分析结果

(c)属性优选后的叠前地震纹理模式分析结果

图 5　自适应叠前地震纹理模式分析结果

如图 6 所示，为了更深入地理解数据，我们运用 PCA 技术将聚类中心及各类别数据点抽稀后降维至三维。从散点分布的角度来看，我们发现在单一维度上，不同类别的分离效果较差。然而，通过使用 SOM 对高维数据进行模式分析，我们获得的结果显著优于单一维度的模式分析。这表明 SOM 方法在处理复杂的地质数据结构时具有更强的有效性，能够更好地捕捉不同地质构造之间的关联和差异。同时注意到叠前自适应纹理模式分析在聚类点簇的可分离性上显著优于叠后纹理模式分析，尤其是在红色点簇(断裂发育区域)与粉色点簇的分离效果上。

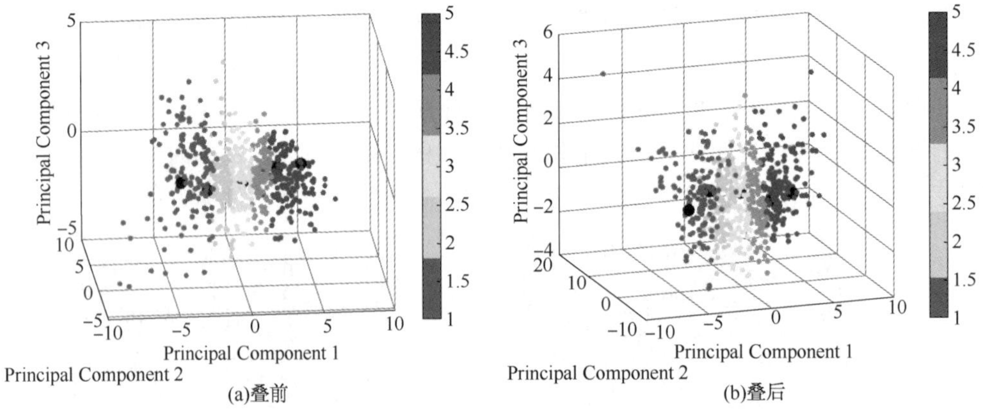

图 6　叠前、叠后地震纹理模式分析聚类中心点及稀疏散点图

3　总结

本文提出了一种基于自适应叠前地震纹理模式分析的断裂识别方法，基于梯度结构张量分解的特征向量的方向与断裂倾向、走向的联系，自动沿对断裂敏感的方向构建纹理分析窗，采用灰度共生矩阵算法获取高维叠前纹理属性数据集并进行属性优选，接着利用 SOM 网络对高维数据集进行聚类与降维，快速获取目标工区的纹理模式与地震相分布特征，继而获得断裂分布模式，实现断裂识别。本文充分利用了叠前宽方位地震资料中的方向信息，更好地描述了断裂构造分布。通过对高质量纹理数据的深入挖掘，我们能够更准确地刻画断裂结构，为油气储层勘探提供了有力支持。实际数据表明，基于自适应叠前纹理模式分析方法在断裂构造的精细识别方面有较高效力，具有良好的应用潜力。

致谢

感谢国家自然科学基金项目(42130812、42374144)联合资助，和相关公司提供宝贵数据。

参 考 文 献

[1] 蔡涵鹏，胡浩炀，吴庆平，等．基于叠前地震纹理特征的半监督地震相分析[J]．石油地球物理勘探，2020，55(03)：504-509+468.

[2] 桂志先，杨晓龙，王鹏．基于地震纹理属性的裂缝预测方法及应用[J]．长江大学学报(自然科学版)，2023，20(03)：33-39.

[3] 李俊，张聪，张武昌，等．基于地震属性优选技术的煤层气开发单元划分[J]．煤矿安全，2024，55(02)：48-54.

[4] 王楷，印兴耀，马正乾，等．基于多方位相干属性的断裂预测技术[J]．地球物理学报，2023，66(9)：3828-3839.

[5] 许志远，熊晓军，肖尧，等．基于地震纹理属性聚类分析的磨溪地区台内带灯四段储层预测研究[J]．地球物理学进展，2022，37(03)：1207-1213.

[6] Eichkitz，C. G.，Amtmann，J.，& Schreilechner，M. G.. Calculation of grey-level co-occurrence matrix-based seismic attributes in three dimensions[J]. Computers & Geosciences，2013，60，176-183.

[7] Gao，D. Latest developments in seismic texture analysis for subsurface structure，facies，and reservoir characterization：A review[J]. Geophysics，2011，76(2)：W1-W13.

[8] Haralick，R. M.，Shanmugam，K.，& Dinstein，I. H. Textural features for image classification[J]. IEEE Transactions on Systems，Man，and Cybernetics，1973，6，610-621.

[9] Kohonen，T. The self-organizing map[J]. Proceedings of the IEEE，1990，78(9)：1464-1480.

[10] Marfurt，K. J. Seismic attributes and the road ahead[C]. InSEG Technical Program Expanded Abstracts 2014，2014，4421-4426.

[11] Wu X，Janson X. Directional structure tensors in estimating seismic structural and stratigraphic orientations [J]. Geophysical Journal International，2017，210(1)：534-548.

基于多模态注意力 U-Net 网络的断层目标追踪方法

李弋博[1,2]　徐天吉[1,2]

[1. 电子科技大学长三角研究院(湖州)，浙江 湖州　313000
2. 电子科技大学资源与环境学院，四川省 成都市　611731]

摘　要：在油气勘探过程中，断层目标的追踪解释是重要一环；随地震采集规模的扩大，断层人工解释方法已经越来越难以适应生产需求。基于深度学习的断层解释方法能够克服人工费时费力和主观局限性问题。然而，现有的深度学习断层识别方法往往利用单一的地震数据进行识别，该类方法对地震数据质量要求很高，当数据质量较低时，单一属性的地震数据解释会存在多解性，断层解释便具有不确定性。本文利用一种多模态注意力 U-Net 网络的方法，将地震数据的相干属性与振幅数据作为注意力 U-Net 网络的输入，网络内部应用密集连接的方式实现多模态网络断层识别，本文公开断层理论数据[2]，计算其相干属性后训练注意力 U-Net 网络，并将训练好的模型用于实际数据预测，克服了 Xline 方向连续性差的问题，实现了细小断层识别，精度较高。

关键词：多模态输入；注意力 U-net 网络；相干属性；断层预测；Curvelet 增强；Dice 损失函数

0　引言

在地球物理勘探过程中，断层结构对于复杂油气藏开发具有重要意义。随着深度学习飞速发展，利用相干属性[3,4]、曲率属性[5,6]、结构张量[7]等传统的识别方法逐渐不能满足越来越精细化的勘探要求，为了克服其识别结果不连续、不成片、规律性不足的弊端[8,9]，在2019年伍新明将 U-Net 网络引入断层识别，利用合成的理论地震数据训练网络成功对实际工区进行断层预测[2]，既在一定程度上提高了断层识别精度，又大大减少了人力资源消耗，因此，基于深度学习的断层识别方法已经逐渐成为实际开发任务中的常用手段。

但只利用地震振幅数据进行预测对断层的细化程度不高，细小断层分支不能分别，具有改进空间。同时，随着勘探领域发展，获得的地震属性越来越丰富，利用地震多源属性进行断层识别飞速发展，但多源属性之间相关性较高，产生信息冗余，人工解释更费时费力。

因此将多源属性与深度学习相结合势在必行，既能更好解决单一属性的多解问题，又能够发挥深度学习的优势，得到更精细的识别结果的同时减少人力消耗。为实现上述目的，本文充分利用相干属性提出了一种多模态注意力 U-Net 断层识别方法。

作者简介：李弋博，男，电子科技大学资源与环境学院硕士研究生在读，主要研究断层识别。

1 方法原理

在地震资料的多源属性中，相干属性占有重要地位，利用相干属性识别断层也是一种传统的断层识别方法，目前采用的通常为第三代相干体(C3)，即利用构造地震道与道间的协方差矩阵的主成分来计算相干体属性[10]。将相干属性与地震资料的振幅数据相结合，以相干属性作为辅助识别的依据，能够有效解决单一数据的多解性，同时 U-Net 网络因其独特的编码、解码结构一直是深度学习在断层识别中应用的主要手段，在此基础上加入空间注意力以及通道注意力模块进一步提升了 U-Net 网络关注细节的能力[11]，其中空间注意力用来处理空间数据，关注图像特定区域，忽略不相关区域，通道注意力则是通过全连接网络依据损失函数自动学习特征权重，使得有效特征通道权重大。将以上优势结合，提出一种多模态注意力 U-Net 网络。

1.1 多模注意力 U-Net 网络

本文提出的多模注意力 U-Net 网络框架，如图 1 所示。

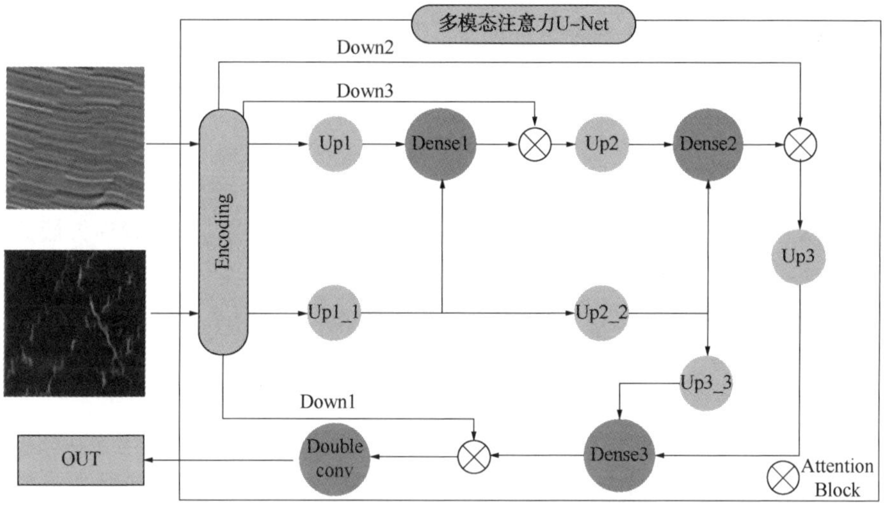

图 1 多模态注意力 U-Net 网络结构

多模态注意力 U-Net 网络由相干数据和振幅数据分别进行编码，该过程与 U-Net 网络的编码过程一致，此后在上采样过程中添加三次密集连接，三次注意力运算此操作能够将相干属性的特征给到振幅数据中，实现两个输入流同层不同流的密集连接，实现特征融合，同时空间注意力运算关注了特定图像，保持了空间特征，通道注意力运算使有效权值更大。

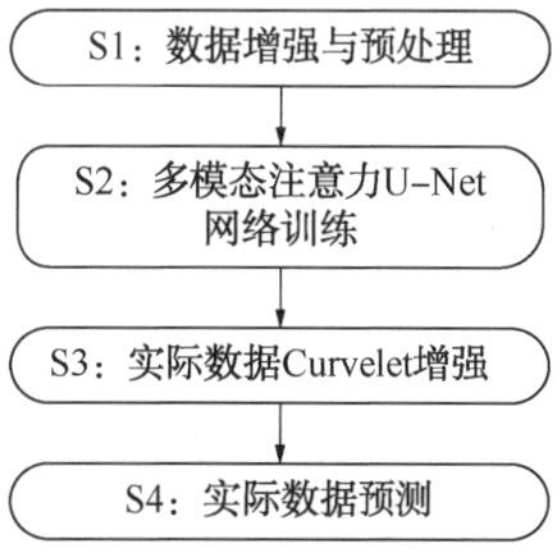

图 2 多模态注意力 U-Net 网络断层识别流程

1.2 方法总体流程

本文提出多模态注意力 U-Net 网络流程，如图 2 所示。

2 方法实施与结果分析

2.1 数据增强预处理

由于振幅数据、相干属性数据之间数值相差很大，直接输入会造成数据混乱，影响网络对断层特征的学习，要对多源数据进行特征融合的前提是要进行归一化处理，以获得更加优异的鲁棒性和更快的收敛速度，归一化采用公式(1)进行处理，处理后的振幅值介于-1到1之间。

$$X=\frac{x-x_{\text{mean}}}{x_{\max}-x_{\min}} \tag{1}$$

同时，本次训练数据为公开的三维地震数据集的一部分作为训练数据，要对数据进行增强，从而学习更多的断层特征，对数据进行旋转，缩放裁剪操作，与原始数据集合并作为训练数据，并划分训练集、验证集。由于网络训练是对沿 Inine 方向的切片进行断层识别，不同 Inine 的断层识别结果可能会有较大差异，从而导致在 Xline 方向上的连续性较差，针对此问题，首先对数据进行划分 Patch，每一个 Patch 包含当前索引前后相邻的切片数据，构建通道数为 3 的 Patch 作为输入数据进行训练，如此做能够利用原始数据层位上的连续性对断层识别进行约束，更好的保证 Xline 方向上的连续性。

2.2 网络训练

断层识别本质上是二分类问题，通常情况下二分类的损失函数为二元交叉熵损失函数，但是在地震数据中，断层数据与非断层数据占比相差巨大，单纯的交叉熵损失函数对数据不均衡的断层数据不敏感，导致网络性能下降，甚至出现错误分类[9]。此时需要引入 Dice 损失函数来提升神经网络的性能，Dice 损失函数公式如公式(2)所示：

$$Dice=\frac{2|X\cap Y|}{|X|+|Y|} \tag{2}$$

Dice 损失函数通过计算预测结果与标签的交集，能够将预测结果本该为 0 却不为 0 的部分准确预测，并且能够有效利用标签中大部分的非断层数据，是一种十分适用地震数据的损失函数。

在步骤 S2 中进行网络训练时采用的损失函数为交叉熵损失函数与 Dice 损失函数混合的损失函数，设计新的损失函数，通过分配两类损失函数所占权值，决定对最终损失函数的影响。

2.3 实际数据 Curvelet 增强

在利用 S2 训练好的网络进行断层解释时，首先对实际数据进行数据增强，本文采用基于离散 Curvelet 增强的方法，将实际数据进行特征增强。对断层特征进行多尺度多方向的 Curvelet 变换，能更好表现各向异性，表述边缘特征，本文采用的是基于 Wrapping 规则的离散 Curvelet 变换，Curvelet 变换得到的系数矩阵乘以相应的增强函数，利用块最大系数 Mc，噪声标准差 σ 构成非线性增益函数，对 Curvelet 变换得到的 Coarse 层、Detail 层、Fine 层分别进行增益，并通过 Curvelet 逆变换得到增强图像[12]。如图 3 所示。

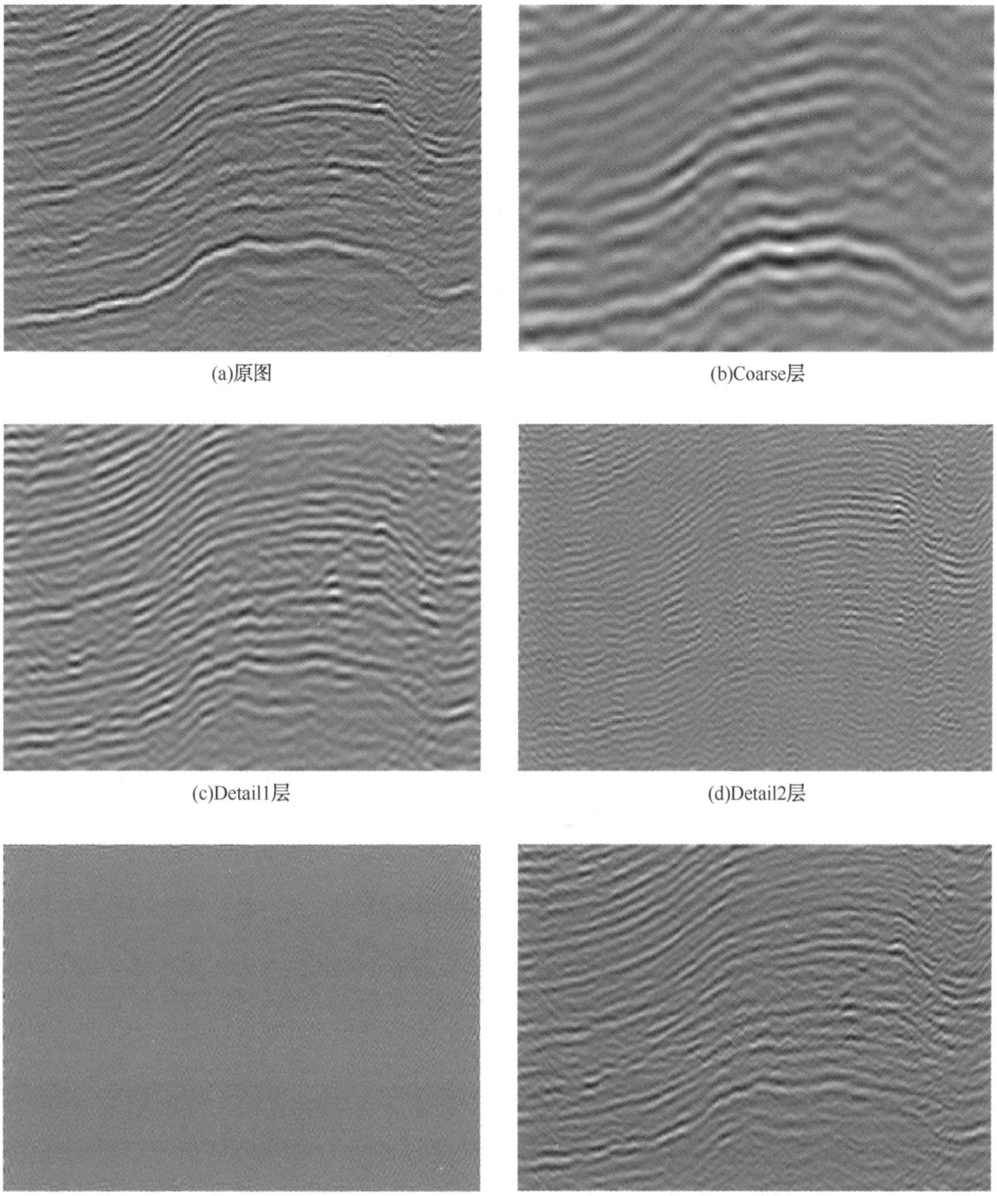

(a)原图 (b)Coarse层

(c)Detail1层 (d)Detail2层

(d)Fine层 (e)Curvelet重构图

图 3 Curvelet 变换尺度系数重构

2.4 实际工区预测

利用训练好的多模态注意力 U-Net 网络对实际工区进行预测，首先计算实际工区数据的相干属性，利用该属性与 Curvelet 增强后振幅数据作为网络的输入数据进行预测得到预测结果，展示的 Inine = 1020 切片的断层数据以及 PP-T51 层位信息如图 4 所示。

由图 4 断层识别结果能够看出在切片上成功实现了对细小断层的识别，在相干属性指导下取得了较好的识别效果，识别结果具有较强的连续性，符合地质规律，在 PP-T51 层位上同样实现了较好的连贯性。

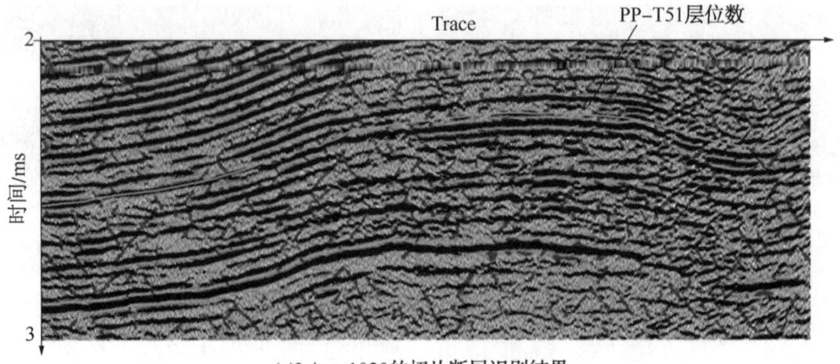

(a)Inine=1020的切片断层识别结果

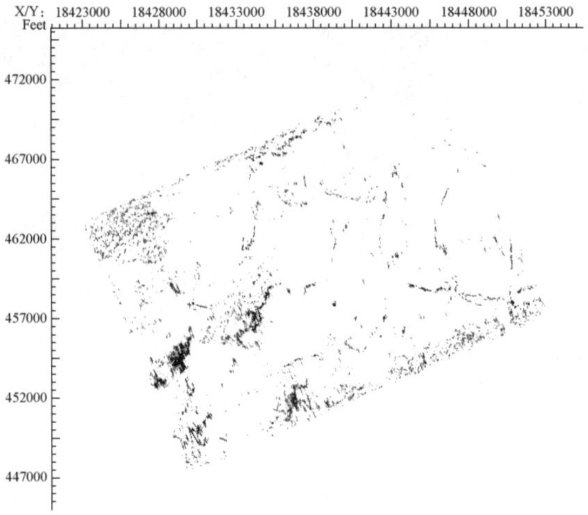

(b)按PPT51层位提取断层信息

图 4　实际工区断层识别结果

3　工作总结

本文提出了一种多模态注意力 U-Net 网络，利用公开合成数据，提取相干属性与振幅数据一起作为网络输入进行网络训练，并利用 Curvelet 变换对实际数据进行断层增强，利用训练好的网络进行识别较好地解决了 Inine 方向切片识别断层时，Xline 方向连续性差的问题，也通过多模态输入解决了单一振幅数据在断层识别中多解的缺陷，能够的识别细小断层结构。

参　考　文　献

[1] 孙汉淇，潘晨，何灵敏，等．多模态特征融合的遥感图像语义分割网络[J]．计算机工程与应用，2022，58(24)：256-264.

[2] Wu X，Liang L，Shi Y，et al. FaultSeg3D：using synthetic datasets to train an end-to-end convolutional neural network for 3D seismic fault segmentation[J]. Geophysics，2019：1-36. DOI：10.1190/geo2018-0646.1.

[3] Bahorich M., Farmer S. 1995. 3D Seismic Discontinuity for Faults and Stratigraphic Features: The Coherence Cube[J]. The Leading Edge, 14(10): 1053-1058. Doi: 10.1190/1.1437077.

[4] Marfurt. K. J., Kirlin R. L., Farmer S. L., et al, 1998. 3D Seismic Attributes using a Semblance based Coherency Algorithm[J]. Geophysics, 63(4): 1150-1165. Doi: 10.1190/1.1444415.

[5] Roberts A., 2001. Curvature Attributes and their Application to 3D Interpreted horizons[J]. First Break, 19(2): 85-100. Doi: 10.1046/j.02635046200100142x.

[6] Bergbauer S., Mukerji T., Hennings P., 2003. Improving Curvature Analyses of Deformed Horizons using Scale-dependent Filtering Techniques[J]. AAPG. Bulletin, 87(8): 1255-1272. Doi: 10.1306/0319032001101.

[7] Bakker P., van Vliet L. J., Verbeek P. W., 1999. Edge Preserving Orientation Adaptive Filtering. IEEE Computer Society Conference on Computer Vision and Pattern Recognition. Fort Collins, CO: [J] IEEE, 535-540. Doi: 10.1109/CVRP.1999.78698.

[8] 王海学，付晓飞，付广，等．三肇凹陷断层垂向分段生长与扶杨油层油源断层的厘定[J]．地球科学(中国地质大学学报)，2014，39(11)：1639-1646.

[9] 杨宝林，叶加仁，王子嵩，等．辽东湾断陷油气成藏模式及主控因素[J]．地球科学(中国地质大学学报)，2014，39(10)：1507-1520.

[10] 姚兴苗，汪雅婷，胡光岷．一种基于多模态 U-Net 的断层识别方法：CN202010970839.3[P]. CN112102322A [2024-03-31].

[11] Oktay O, Schlemper J, Folgoc L L, et al. Attention U-Net: Learning Where to Look for the Pancreas [J]. 2018. DOI: 10.48550/arXiv.1804.03999.

[12] 任子晖，邱天舒．基于 Curvelet 变换与遗传神经网络的血管分割算法[J]．计算机应用与软件，2019，36(11)：8.

基于 ModernTCN 的海域致密碎屑岩储层预测方法

党腾雲[1,2]　徐天吉[1,2]　刘　胜[3]

[电子科技大学长三角研究院(湖州)，浙江 湖州　313000；
2. 电子科技大学资源与环境学院，四川 成都　611731；
3. 中石化石油工程地球物理有限公司南方分公司，四川 成都　610000]

摘　要：地震资料的含气性精准预测是油气开发过程中至关重要的一项工作。在海上少井条件下，往往会面临带标签数据少、薄层难以识别等问题，从而影响后续的储层标定。为了提高含气性预测的准确性，提出了一种基于测井曲线和地震数据融合的含气性预测方法。首先，使用工区内测井的纵横波速度、密度三参数曲线，进行特征工程处理，计算出储层敏感参数。其次，构建 ModernTCN 深度学习网络，储层敏感参数作为模型训练和测试的输入，使用解耦设计分离储层敏感参数的时间信息和特征信息，通过多维时间序列的特征、时间、变量三个维度充分捕捉含气性信息。再次，通过地震数据反演得到的三参数计算出储层敏感参数，将模型应用于三维地震数据体，得到地震含气性分布数据体，实现储层的精准预测。为了验证方法的有效性，将方法应用于西湖凹陷的黄岩构造带，构建了地震信号的含气性模型，实现了致密碎屑岩储层的精准识别。

关键词：含气性预测；测井曲线；储层敏感参数；ModernTCN；致密储层

0　引言

在地球物理勘探过程中，基于地震资料探明储层的空间分布是复杂油气藏开发的基础。目前，储层预测主要有两种方法，一种是通过钻井取心样本直接确定存在的地质环境，这种方法虽然精准度较高，但在实际生产过程中，受制于钻井取心的高成本、人力、物力，加上需要有充足经验的地质专家进行鉴定，效率很低，导致这种方法很难大规模普及[1]。二是通过测井曲线间接进行含气性的预测，这种方法成本相对较低，且可以对整口测井进行物性和含气性的分析，因此这种方法已经逐渐成为实际开发任务中的常用手段。

一般来说，根据测井曲线间接预测含气性需要对测井数据进行多变量统计分析，包括岩石物理交汇分析、储层反演等，但这些传统的方法具有很强的主观性[2]，同时容易出现弹性参数重叠的情况，可解释性差且难以区分。随着人工智能的快速发展，机器学习在储层识别方面表现出了优异的性能，越来越多的研究人员将机器学习方法应用到地球科学领域当中，应用的模型包括朴素贝叶斯分类器[3]、支持向量机[4]、梯度提升决策树(GBDT)[5]、随机森林分类器[6]、XGBoost[7]、BP 神经网络[8]等。这些机器学习算法通过将统计学和高级

作者简介：党腾雲，男，电子科技大学资源与环境学院硕士研究生在读，主要研究储层预测。

算法方程计算结合，具有理论完备、泛化能力强等优点。

与传统的机器学习相比，深度学习能够提取数据更深层的抽象特征，近年来在各个领域都有着巨大的进展，神经网络可以处理多尺度的复杂地震信号，在地球物理领域得到了广泛的应用。CNN 和 FCN 模型通过多层网络学习复杂关系，在处理非线性问题上具有很大的优势[9]，可以在不同地质条件下提取油气藏的特征关系[10]。

递归神经网络(RNN)是一种用于处理序列数据的神经网络，能够将前一个时间步的输出作为当前时间步的输入，在处理测井曲线这种时间序列中具有独特的优势，但 RNN 存在梯度消失和梯度爆炸等问题。LSTM[11]在 RNN 的基础上，引入三个门控制器，能够更好地捕捉时间序列中的长期依赖性。GRU[12]是 LSTM 的一种变体，其具有更简单的结构和更高的运行效率。这些时序处理网络模型被广泛应用于储层的预测[13-15]。Liu 等将 CNN 和 LSTM 两个模型进行融合用于岩相的预测和分类，通过融合测井曲线的时间和空间信息，提高模型的精度和泛化能力，与单个模型相比具有更高的准确率。

结合上述问题，提出了一种新的方法，利用特征工程挖掘储层的敏感参数，基于井震结合的 ModernTCN 模型来精准预测地下致密储层分布。

1 方法原理

在时间序列的分类任务中，时间卷积网络(Temporal Convolutional Network，TCN)及其变体占有重要的地位，卷积有利于捕获多变量时间序列中变量之间的依赖性。Luo 等[16]对传统的 TCN 进行了现代化的改造，提出了一种现代纯卷积网络，即 ModernTCN。

1.1 基于 ModernTCN 的含气性预测网络

利用原始 ModernTCN 的这些结构，可以设计出适合含气性预测的网络框架，如图 1 所示。

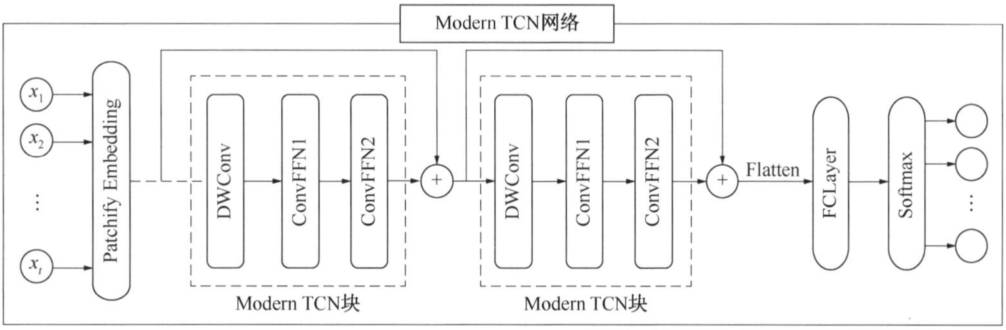

图 1 ModernTCN 网络结构

ModernTCN 的主干为堆叠的 ModernTCN 块，这种解耦设计不仅可以充分捕捉地震信号的时间信息，还可以充分提取多尺度的跨通道信息和跨变量信息，降低含气性识别的误差。

1.2 总体实现框架

文章所提出的致密碎屑岩储层含气性预测方法，主要流程如图 2 所示。

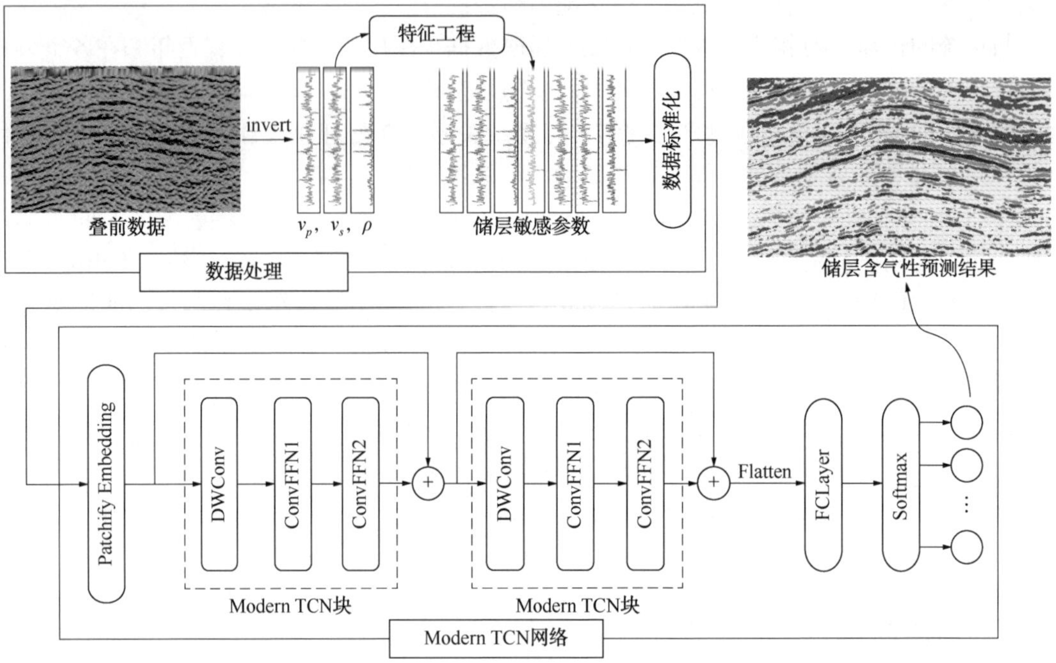

图2　含气性预测方法整体处理流程

2　实验

2.1　实验数据描述

本次实验的研究区为西湖凹陷的黄岩构造带，该工区位于中国东海陆架盆地的东北部。实验工区内共有7口实际勘探的测井，样本总数为9710份，样本间隔为0.5m。

2.2　模型训练结果比较

为了验证ModernTCN模型对于地震含气性预测的优越性。在训练过程中，构建了6种网络来实现含气性的预测。为了减少随机性对实验结果的影响，所有模型的训练和测试实验都重复10次。

绘制出所有模型的加权F1得分分布的箱线图，如图3所示，ModernTCN模型的标准差为0.54，具有较为平滑的识别性能。通过所有模型的F1得分表现可以看出，ModernTCN模型具有最优的识别效果。

2.3　结果分析

选择训练好的ModernTCN模型对测试井(A1)进行预测，预测结果如图4所示，给出了测井曲线真实标签与预测结果进行对比，含气层的分布情况与真实标签基本一致，并且与测井曲线一致性高。

为了获取整个三维工区的含气性分布情况，利用地震资料反演得到的三参数，基于本文提出的方法，计算出储层敏感参数，利用ModernTCN模型对含气性进行预测，得到三维含气性分布数据体。给出了测试井A1所在剖面，A1井并不参与模型的学习训练过程，预测结果如图 5 所示，插入测井曲线为 GR 曲线。从图中可以看出，气层主要集中在 H3，H5 两个层位，从纵向上进行分析，预测结果与 GR 曲线匹配度较高，低 GR 对应的气层、高 GR 对应的泥岩，符合岩石物理规律，并且与井上的实际结果吻合度较高。

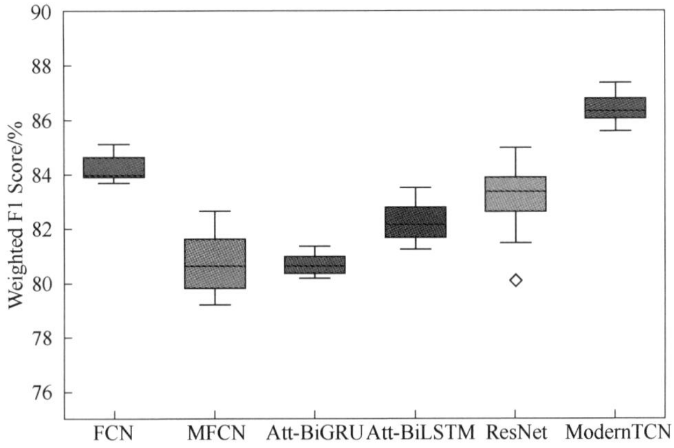

图 3　加权 F1 得分分布箱线图

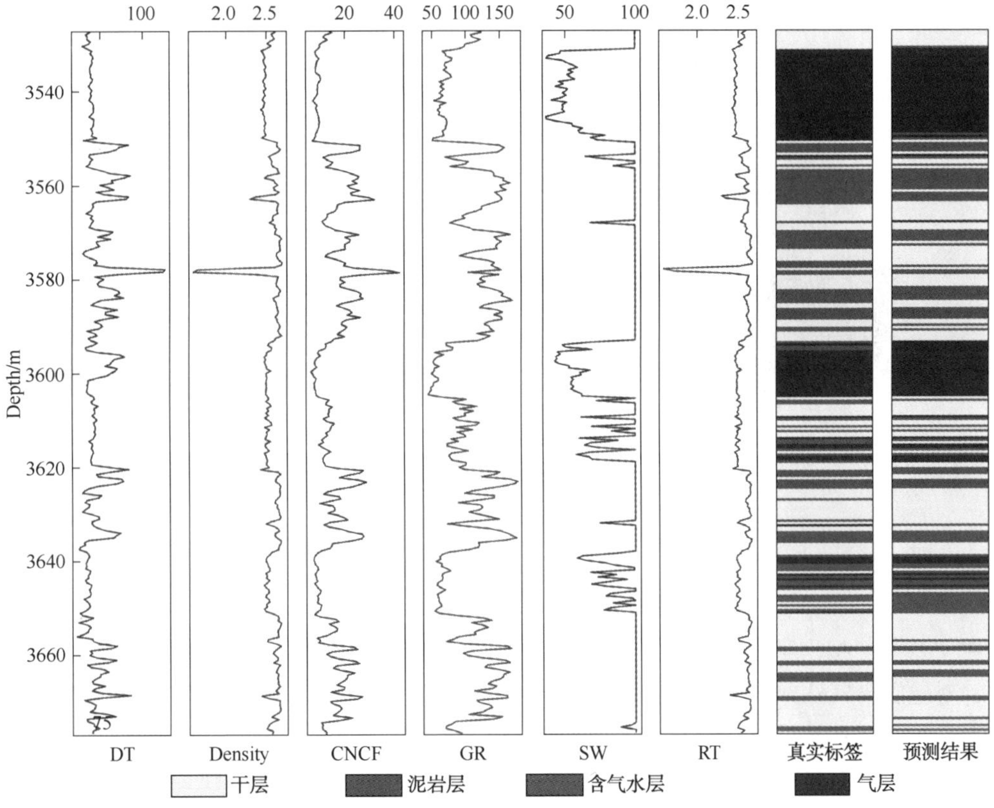

图 4　测试井上预测结果

提取主要储层 H3 和 H5 两个层位的切片，得到层位的平面分布特征，如图 6 所示。主力产气层 H5 的储层主要分布在中部、东南部和西南部，其中中部为主要的天然气有利富集区，基于本文提出方法的含气性预测结果与钻井结果及地质认识具有较高的吻合度。

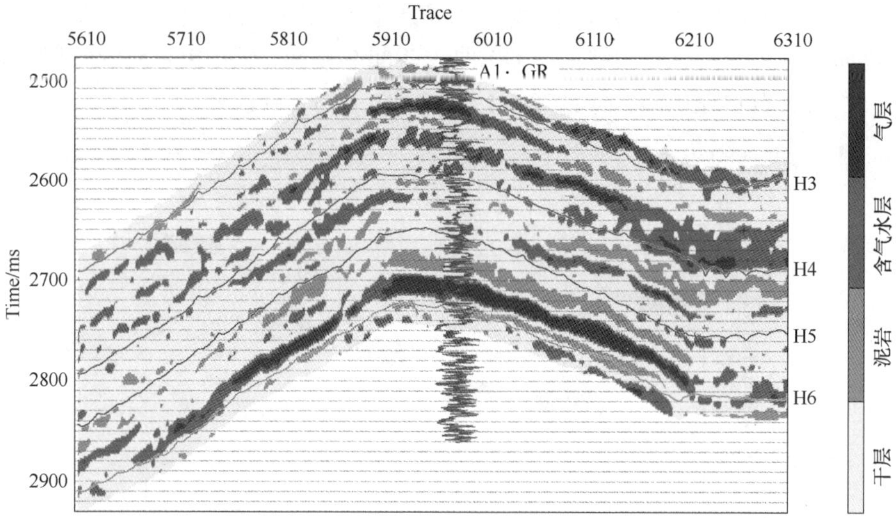

图 5 A1 井所在剖面含气性预测分布结果

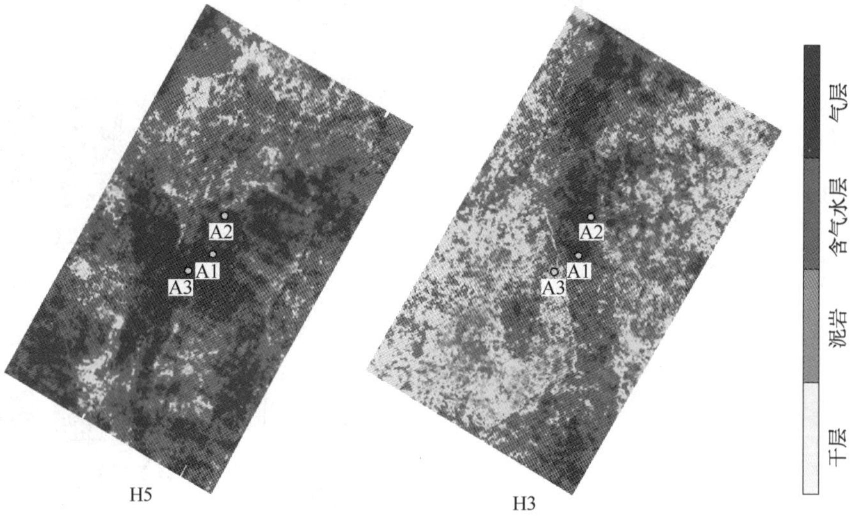

图 6 H5 和 H3 层位含气性分布特征平面图

3 结论

在文章中，提出了一种基于 ModernTCN 的海域致密碎屑岩储层含气性预测方法。

针对地震含气性预测，建立 ModernTCN 模型，通过解耦设计完成跨时间、通道、变量的信息学习，能够有效提取多尺度信息和储层之间复杂的非线性映射关系，同时利用 Lovasz-Softmax 损失函数减弱不均衡样本对含气性预测的影响。模型对比结果表明，构建的 ModernTCN模型表现出更高的准确率和更稳定的性能，具有优秀的储层识别性能。

基于 ModernTCN 的地震含气性预测方法，实现了西湖凹陷的黄岩构造带致密碎屑岩储层含气性识别，有效提升了深层薄储层的识别能力，预测的含气性结果与成像测井、岩心等地质统计结果吻合度较高，能够更精准地突出储层的细节。该方法针对不同地区具有较强的适用性，可以为少井地区的油气开发提供有力的技术支撑，能够有效提高含气性识别的可靠性。

参 考 文 献

[1] Martin K. Dubois, Geoffrey C. Bohling, Swapan Chakrabarti, Comparison of four approaches to a rock facies classification problem[J]. Computers & Geosciences, Volume 33, Issue 5, 2007, Pages 599–617, ISSN 0098–3004.

[2] Zhang, J., Liu, S., Li, J. et al. Identification of sedimentary facies with well logs: an indirect approach with multinomial logistic regression and artificial neural network[J]. Arab J Geosci 10, 247 (2017). https://doi.org/10.1007/s12517–017–3045–6.

[3] Murphy K P. Naive bayes classifiers[J]. University of British Columbia, 2006, 18(60): 1–8.

[4] Zhou, X.; Li, Y.; Song, X.; Jin, L.; Wang, X. Thin Reservoir Identification Based on Logging Interpretation by Using the Support Vector Machine Method[J]. Energies 2023, 16, 1638.

[5] Asante–Okyere, S., C. Shen, Y. Y. Ziggah, M. M. Rulegeya, and X. Zhu. 2020. A novel hybrid technique of integrating gradient–boosted machine and clustering algorithms for lithology classification[J]. Natural Resources Research29 (4): 2257–2273.

[6] Pu Wang, Xiaohong Chen, Benfeng Wang, Jingye Li, Hengchang Dai. An improved method for lithology identification based on a hidden Markov model and random forests[J]. Geophysics 2020, 85 (6): IM27–IM36.

[7] Dev, V. A., and M. R. Eden. 2019a. Formation lithology classification using scalable gradient boosted decision trees[J]. Computers and Chemical Engineering128: 392–404.

[8] Xiaobo Peng "The application of improved neural network in hydrocarbon reservoir prediction"[J]. Proc. SPIE 8768, International Conference on Graphic and Image Processing (ICGIP 2012), 87683I (20 March 2013).

[9] Wang, X., Zuo, R. & Wang, Z. Lithological Mapping Using a Convolutional Neural Network based on Stream Sediment Geochemical Survey Data[J]. Nat Resour Res 31, 2397–2412 (2022).

[10] Zhang, G. Y., Wang, Z. Z., Chen, Y. K., 2018a. Deep learning for seismic lithology prediction[J]. Geophys. J. Int. 215, 1368–1387.

[11] Sepp Hochreiter, Jürgen Schmidhuber; Long Short–Term Memory[J]. Neural Comput 1997; 9 (8): 1735–1780.

[12] Cho, K., van Merrienboer, B., Gulcehre, C., Bougares, F., Schwenk, H., & Bengio, Y. (2014). Learning phrase representations using RNN encoder–decoder for statistical machine translation[J]. In Conference on Empirical Methods in Natural Language Processing (EMNLP 2014).

[13] Lin, J., Li, H., Liu, N., Gao, J., Li, Z., 2021. Automatic lithology identification by applying LSTM to logging data: a case study in X tight rock reservoirs[J]. Geosci. Rem. Sens. Lett. IEEE 18, 1361–1365.

[14] Santos, D. T. dos, Roisenberg, M., Nascimento, M., dos, S., 2022. Deep recurrent neural networks approach to sedimentary facies classification using well logs[J]. Geosci. Rem. Sens. Lett. IEEE 19, 1–5.

[15] Liu, Z., Cao, J., You, J., Chen, S., Lu, Y., Zhou, P., 2021. A lithological sequence classification method with well log via SVM–assisted bi–directional GRU–CRF neural network[J]. Petrol. Sci. Eng. 205, 108913.

[16] Donghao Luo, Xue Wang. ModernTCN: A Modern Pure Convolution Structure for General Time Series Analysis [J]. In The Twelfth International Conference on Learning Representations, 2024.

[17] LI Wenjun, DUAN Dongping, JIANG Yunpeng, et al. Differential accumulation law and genesis of deep low permeability natural gas reservoirs in Huangyan area of Xihu Sag[J]. Journal of Xi'an Shiyou University (Natural Science Edition), 2022, 37(2): 9–15, 72.

基于改进 SwinUent 的古河道识别方法

郭　铮[1,2]　徐天吉[1,2]　魏嘉宝[3]

[1. 电子科技大学长三角研究院(湖州)，浙江 湖州　313000；
2. 电子科技大学资源与环境学院，四川 成都　611731；
3. 四川省技术转移中心，四川 成都 610017]

摘　要：古河道沉积是一种特殊类型的沉积体，在地震剖面上呈现多样的形态；当河道中的砂体位于油源附近时，就有可能形成高产的油气藏。因此，准确识别和理解古河道沉积对于油气勘探具有重要意义。本文为了解决传统方法无法自动识别和标注古河道的问题，将传统地震资料处理解释手段与图像语义分割算法相结合，提出了一种基于改进 SwinUnet 的古河道识别方法。首先，通过最大熵 Wigner-Ville 分布(MEWVD)高分辨数据对模型进行训练，随后使用训练好的模型对实际工区数据进行预测。最后，利用预测结果重构三维地震数据并可视化。改进 SwinUnet 网络基于 Swin Transformer 模块引入多尺度通道先验卷积注意力模块，有效增强了模型对不同尺度河道特征的提取能力，并同时兼顾了局部和全局信息，从而显著提高了模型的特征提取水平。此外，在每一层跳跃连接中引入坐标注意力机制，有助于考虑每层特征图的空间位置信息，从而提升了模型的分割能力和古河道特征的识别精度。该方法实现了对三维地震剖面上古河道的像素级分割，实现了对古河道特征的高效、精准提取，并成功将其三维可视化呈现。

关键词：古河道识别；图像语义分割；深度学习；SwinUnet

0　引言

古河道往往是油气富集的重要地质构造，因此对古河道的准确识别可以为油气勘探和开发提供重要的地质信息和依据。作为一种特殊的沉积体，古河道的特征不仅受到地质构造、沉积环境等因素的影响，还受到时间和地域的变化影响[1]。传统的古河道识别方法常利用一些地震属性分析手段来研究，主要方法是使用振幅属性进行油气识别[2]。张家乐等[3]提出了应用地震属性主成分分析(PCA)识别古河道，该文章综合多种地震属性做主成分分析，得到的剖面相较于原始地震剖面有效地突出了古河道的特征和边界形态。

传统方法虽然从地震剖面表征上将古河道特征突出，相对于原始剖面节省了大量的解释处理过程和时间，但是没有将其从地震剖面上显示地标注出来，后续还需要由解释人员手工解释和标注。

随着计算机和人工智能技术的发展，地震资料的解释和分析工作开始使用深度学习[4]手段处理。深度学习以其强大的特征学习能力，有助于更好地提取图像的语义信息，从而在

作者简介：郭铮，男，新疆大学计算机科学与技术学院硕士研究生在读，主要研究计算机、深度学习、古河道识别相关。E-mail：guoz_0537@ 163. com。

图像分类和识别方面取得了特别好的效果。基于深度学习的语义分割方法不仅能精确提取古河道特征，同时还能完成标注工作。

2014 年，Long 等[5]提出了全卷积神经网络，它是一种由全卷积层组成的神经网络结构，用于图像语义分割任务。此后基于卷积神经网络的模型层出不穷，被广泛用在图像分割、图像分类等计算机视觉任务，如 VGGNet、GoogLeNet、ResNet、DenseNet、MobileNet 等[5-10]。2015 年，Ronneberger 等[11]提出了 U-Net 语义分割模型，该模型不仅精度高，普适性也较强。

最近两年，Zhong 等[12]提出了 AttentionR2U-Net 结合注意力机制和循环残差卷积结构的图像语义分割网络，该网络基于原始的 Unet 的模型架构，实现了对三维地震数据的古河道像素级特征分割，证实了深度学习技术在古河道识别方法上的可行性。

在古河道识别任务中，传统的 CNN 结构在捕捉长距离依赖关系和连续河道特征方面存在一定限制。相比之下，Transformer[13]结构能够更有效地处理这些挑战，通过并行计算和对位置信息的敏感性提高了对不同尺度上连续河道的准确识别。特别是 Swin Transformer[14]相较于 ViT 表现更加突出，其引入的局部关注机制和多尺度建模策略提高了模型的适应性和计算效率，同时具有更高的参数效率和泛化能力，使其在古河道识别任务中展现出更为优越的性能表现。因此，为适应古河道识别任务的需求，本章采用了基于改进 SwinUnet[15]的方法。通过对 SwinUnet 进行一系列改进，使其更加适合处理古河道识别任务中的挑战。

1 方法原理

如图 1 所示，在 SwinUnet 的基础上引入多尺度先验卷积注意力(Multiscale Channel Prior Convolution Attention，MCPCA)模块。地震剖面图像数据在古河道特征识别中面临多重挑战，为了解决不同尺度河道特征提取困难以及河道特征提取的完整性问题，本章提出了改进 SwinUnet 模型，具体结构如图 2 所示。在 SwinUnet 的基础上，在每个 Swin Transformer 模块前引入多尺度通道先验卷积注意力模，以增强模型对多尺度河道特征的提取能力，增强模型对局部信息的关注度；在编码器和解码器之间的跳跃连接中引入了坐标注意力机制，更准确地定位和识别感兴趣的对象。

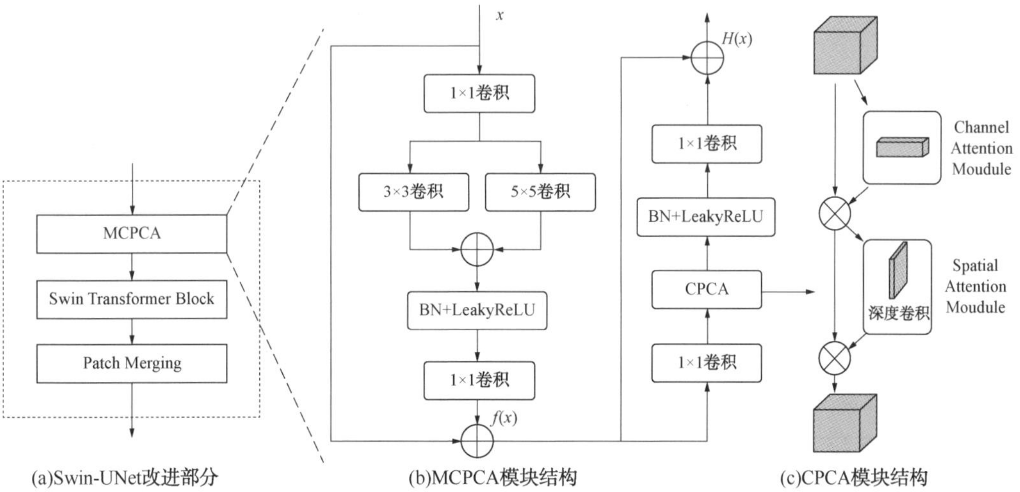

图 1 多尺度先验卷积注意力模块结构图

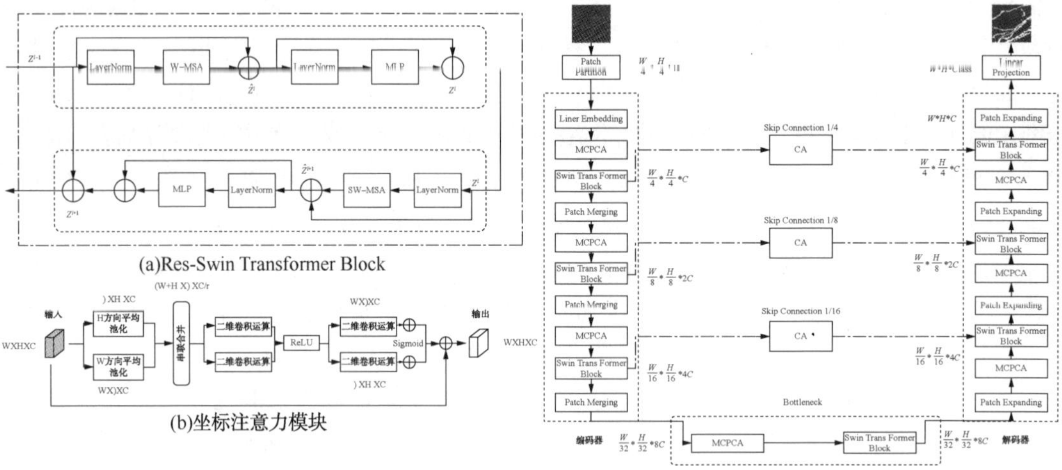

图2　改进 SwinUent 网络结构图

改进 SwinUnet 模型有效地兼顾了全局和局部信息，使得模型能够更准确地捕获不同尺度的河道特征信息，进而提高了对古河道特征的全面提取和精准定位能力。

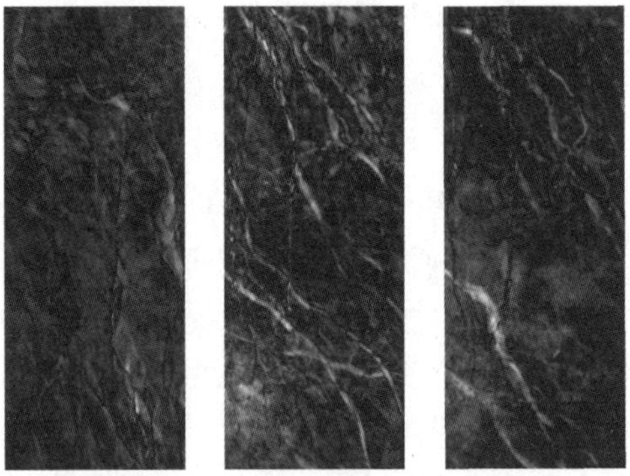

(a)JS_3^{3-1}层　(b)JS_3^{3-2}层　(b)JS_3^{3-3}层

图3　MEWVD 高分辨数据中提取的层位剖面

2　实验

2.1　实验数据描述

本次实验采用中江气田侏罗系沙溪庙组数据，该工区数据主要是由浅水三角洲沉积组成，在三角洲平原亚相中形成了分流河道、分流间湾、河口坝、决口扇等沉积微相。实验采用的地震数据是基于最大熵的 WVD 高分辨功率谱(MEWVD)[16]计算的高分辨地震数据，从该数据中提取的相关地层的层位剖面图，制作数据集 2 万份，样本图像大小为 512×512。如图 3 所示，MEWVD 高分辨数据中提取的层位剖面。

2.2　模型训练指标比较

为了验证本章采用的模型对古河道的分割性能，实验采用相同古河道数据集对其改进的原型 SwinUnet、U-Net、U-Net3+、Attention-Unet 及本文改进 SwinUnet 模型进行训练，并在测试集上从可视化效果和定量评价指标两方面比较 4 种模型的古河道识别效果。定量评价指标包括精确率(Precision)、召回率(Recall)、F1-Score 与交并比(Intersection over Union, IoU)上述指标基于模型预测图中正负样本对应的像素点数量进行计算。

表1　模型指标对比结果

Model	Precision	Recall	F1-Score	IoU
U-Net	0.6855	0.8622	0.7633	0.6182
U-Net3+	0.7518	0.7998	0.7748	0.6338

续表

Model	Precision	Recall	F1-Score	IoU
Attention-Uent	0.8506	0.8526	0.8516	0.8004
SwinUnet	0.8832	0.8878	0.8855	0.8301
改进 SwinUnet	0.9063	0.8952	0.9008	0.8445

根据表 1 的数据显示，改进的 SwinUnet 在所有评估指标上均表现出最佳效果。Unet 和 Unet3+的 Iou 评估结果接近，并且其 F1 分数达到了 0.7。此外，Attention-Uent 网络在各项评估指标上均优于 Unet 和 Unet3+。然而，SwinUnet 在此数据集上的表现比 Attention-Uent 更优异，各项指标也有所提升，这进一步验证了 Swin Transformer 结构在 MEWVD 高分辨率地震数据上的卓越性能。本章改进的 SwinUnet 相较于基本 SwinUnet 在各项评估指标上都有所提高，同时与 Uent 网络相比，各项指标都实现了质的改善。

如图 4 所示，对比了几种模型的预测结果。Unet 和 U-Net3+能够识别部分细小支流，大部分河道特征也能被识别出来，但存在部分噪点，且河道连续性较差，有些河道特征也没有被识别出来。Attention-Uent 网络在微小河道识别上优于 Unet 和 U-Net3+，同时噪点更少，模型在预测古河道时更加准确，较少将非古河道的区域误分类为古河道。而 SwinUnet 的识别效果进一步提升，连续性更强，噪点几乎不存在，几乎所有的河道特征都被捕捉到了，实现了全局特征和局部特征的有效提取。对比 SwinUnet 与本文改进的 SwinUnet 的可视化结果，我们发现在保证较高的宽河道识别准确性的基础上，改进版具备更强的小型、微型古河道识别能力，河道的边缘纹理更细致，比 SwinUnet 有了明显改善。

图 4　模型预测结果对比

2.3 实际工区结果分析

使用本文改进模型训练好的权重去预测 25Hz、35Hz 、65Hz 的 MEWVD 高分辨地震数据。其中，一组层位剖面的识别结果如图 5 所示。三个不同频段但相同位置的层位剖面包含不同河道信息，它们相互补充，解决原始层位剖面无法充分提取和刻画古河道结构的问题。通过将三种频段的识别结果进行融合可以得到古河道更丰富的结果图。同时，将所有抽取的层位切片输入模型进行识别，可获得融合的三维数据体。

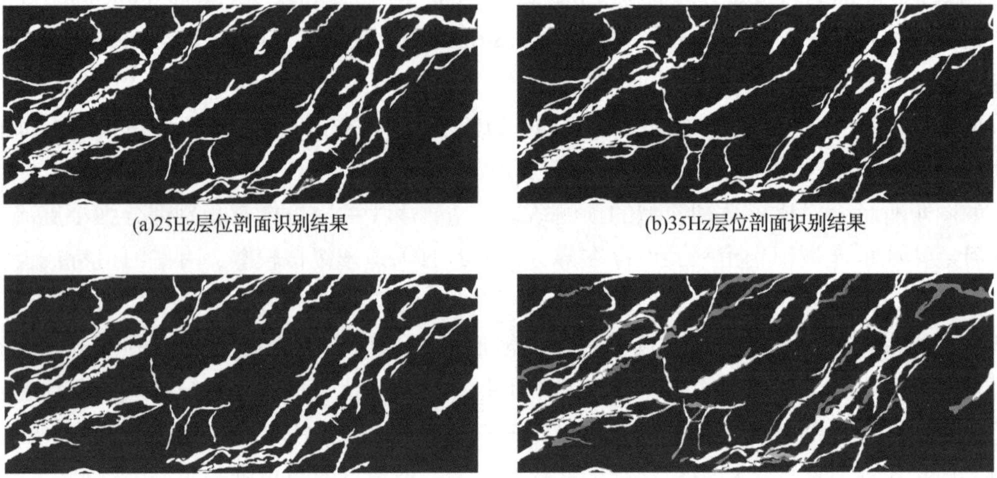

(a)25Hz层位剖面识别结果　(b)35Hz层位剖面识别结果

(c)65Hz层位剖面识别结果　(d)数据融合结果

图 5　层位剖面识别结果

如图 6 所示，通过模型预测，地下古河道的三维形态被雕刻出来，河道走势和层位剖面上的细节基本相同，河道主干和其他部分微小河道雕刻出来。

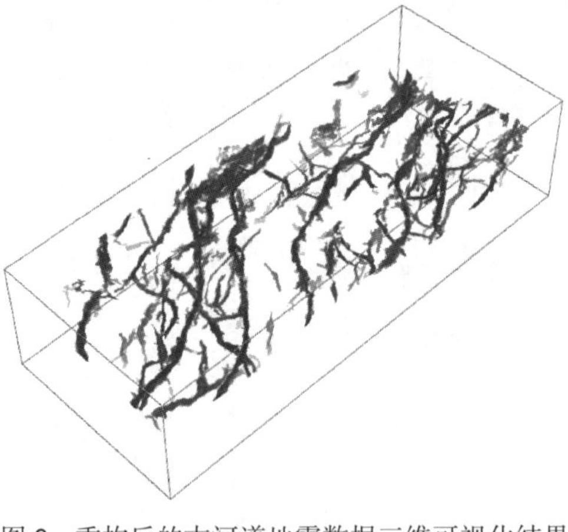

图 6　重构后的古河道地震数据三维可视化结果

利用这种方法可以快速地从地震数据中重构出地下河道的基本走势和分布情况，为地震解释工作者和勘探研究人员提供了很有价值的参考。同时该方法也能对二维的地震剖面做自动标注，大大提高了地质勘测和石油勘探领域的工作效率。

3 结论

针对古河道识别任务，本文提出了一种改进 SwinUnet 的古河道识别方法。本文提出的改进 SwinUnet 模型在古河道识别任务上表现出更加优异的性能，经过多个模型的实验对比验证，本章提出的模型在地震数据剖面上识别性能更优秀。同时，将古河道识别方法应用到实际工区中，取得了很好的效果。

参 考 文 献

[1] 宁松华，张厚福．古河道解释及在油气勘探中的意义[J]．沉积学报，1997，15(3)：33-36.

[2] 魏冬．地震属性技术综述[J]．内蒙古石油化工，2020，46(03)：95-96.

[3] 张家乐，程冰洁，徐天吉，等．应用地震属性主成分分析识别古河道[J]．石油地球物理勘探，2023，58(01)：190-195.

[4] Hinton GE , Salakhutdinov R R . Supporting Online Material for "Reducing the Dimensionality of Data with Neural Networks"[J]. Methods, 2006, 504.

[5] Long J, Shelhamer E, Darrell T. Fully convolutional networks for semantic segmentation[C]//Proceedings of the IEEE conference on computer vision and pattern recognition. 2015: 3431-3440.

[6] Simonyan K, Zisserman A. Very deep convolutional networks for large-scale image recognition[J]. arXiv preprint arXiv: 1409.1556, 2014.

[7] Szegedy C, Liu W, Jia Y, et al. Going deeper with convolutions[C]//Proceedings of the IEEE conference on computer vision and pattern recognition. 2015: 1-9.

[8] He K, Zhang X, Ren S, et al. Deep residual learning for image recognition[C]//Proceedings of the IEEE conference on computer vision and pattern recognition. 2016: 770-778.

[9] Huang G, Liu Z, Van DerMaaten L, et al. Densely connected convolutional networks[C]//Proceedings of the IEEE conference on computer vision and pattern recognition. 2017: 4700-4708.

[10] Howard A G, Zhu M, Chen B, et al. Mobilenets: Efficient convolutional neural networks for mobile vision applications[J]. arXiv preprint arXiv: 1704.04861, 2017.

[11] Ronneberger O, Fischer P, Brox T. U-net: Convolutional networks for biomedical image segmentation[C]//Medical image computing and computer - assisted intervention - MICCAI 2015: 18th in - ternational conference, Munich, Germany, October 5-9, 2015, proceedings, part III 18. Springer, 2015: 234-241.

[12] Zhong D, Wang J, Guo Y, et al. AFrangi filter aided deep learning approach for palaeochannel recognition[J]. Geophysical Journal International, 2023, 236(3): 1526-1544.

[13] Chen J, Lu Y, Yu Q, et al. Transunet: Transformers make strong encoders for medical image segmentation[J]. arXiv preprint arXiv: 2102.04306, 2021.

[14] Liu Z, Lin Y, Cao Y, et al. Swin transformer: Hierarchical vision transformer using shifted windows[C]//Proceedings of the IEEE/CVF international conference on computer vision. 2021: 10012-10022.

[15] Cao H, Wang Y, Chen J, et al. Swin-unet: Unet-like pure transformer for medical image segmentation[C]//European conference on computer vision. Cham: Springer Nature Switzerland, 2022: 205-218.

[16] 徐天吉，程冰洁，牛双晨，等．基于最大熵准则的 Wigner-Ville 分布与微型古河道刻画方法及应用[J]．石油勘探与开发，2021，48(06)：1175-1186.

基于物理知识嵌入的半监督阻抗反演方法研究

罗　杨　陈喻溪　李海山　杨午阳　王峣钧

（电子科技大学资源与环境学院，四川 成都　611731）

摘　要：近年来，地震反演广泛采用半监督反演方法，但是传统的半监督反演框架，面对复杂工区，反演的结果常常会产生较大误差，不稳定，且横向连续性不足，为此我们提出了一种基于物理知识嵌入的半监督波阻抗反演方法，该方法旨在通过更改半监督框架下的 Decoder 部分，通过引入物理知识模型，提高地震数据反演的准确性和稳定性。在 Encoder 部分，我们采用了双向门控循环单元(BiGRU)结合残差 U-Net(ResUnet)的混合网络模型，有效捕获地震数据中的低频趋势及多尺度特征。在 Decoder 部分，我们通过引入正演公式，使得解码器在物理上能够准确反映阻抗与合成地震数据之间的关系，同时并行添加解码网络，弥补正演公式存在的轻微误差，增强解码器的泛化能力，提升反演结果的准确性。通过在四川盆地秋林工区进行实验验证，与常规半监督框架以及较为成熟的 HRS 中基于模型的反演方法相比，本研究方法在单井测试以及剖面结果中都表现出了更优的反演效果，验证了本方法的有效性。

关键词：半监督；波阻抗；地震数据；GRU；Unet

0　引言

波阻抗反演是油气勘探和开发中关键的地球物理过程，通过估计地层的波阻抗(声波阻抗或剪切波阻抗)来揭示地下岩石的物理特性。[1] 波阻抗是影响油气成藏运移的关键参数之一，传统获取波阻抗的方法主要依赖于直接的岩心测量或井测数据，而对其空间分布特征的精确预测研究相对较少。并且，由于钻探成本的限制，可用的井点样本往往稀缺；同时，传统的回归模型(如多元线性回归[2]、ANN[3]、SVM[4])在处理复杂地质数据时，往往难以充分提取有效信息，导致预测结果的不确定性。

Das[5] 等利用 kennett 反射率法产生合成数据，使用卷积神经网络对观测到的地震资料进行逐道反演，得到高分辨率的波参数剖面。Biswas R[6] 等在 CNN 与物理引导相结合的基础上引入无监督学习，为反演问题提供了新的解决思路。Alfarraj[7] 等近年来在地震阻抗反演领域提出了一种新的半监督学习方法，通过引入了大量的无标签地震数据作为辅助信息，通过构建半监督阻抗反演框架，实现了对波阻抗的高精度预测。Bangyu Wu[8] 等提出了一种基于残差注意力网络(ResANet)的地震阻抗反演方法，旨在提高地震数据反演的精度和效率，并取得了较好的反演效果。魏宗[9] 等提出一种结合大核注意力和长短期记忆网络的低频约束波阻抗反演方法，提高了反演结果的横向连续性。

上述提及的基于深度学习的波阻抗反演方法，大多都是基于网络模型进行的改进，并未将

作者简介：罗杨，男，电子科技大学电子信息专业硕士研究生，主要研究方向为地震反演，神经网络信息处理等。E-mail：luo_yang@ std. uestc. edu. cn。

物理知识与半监督框架相结合，面对复杂工区，往往会出现反演结果不稳定，效果较差，横向连续性不足等问题，为此，在本研究中，我们提出一种基于物理知识嵌入的波阻抗反演方法，修改常规半监督框架的编解码结构，将网络模型和物理模型同时引入半监督框架中，同时编码器使用 GRU 和 ResUnet 混合结构来提取关键特征，实现对工区波阻抗的预测。通过实际数据验证表明，本文提出的新方法能够在保持结果稳定性的同时，能获得误差更小的反演结果。

1 原理

在参考常规半监督方法后，我们发现由于其解码器并不具备任何物理含义，合成地震数据的源数据便会和实际阻抗值有较大偏差，并且少量的有标签数据并不能完全弥补这种偏差，所有我们考虑到为解码器引入更加具体的意义，使其能够真实反映阻抗到合成地震数据之间的关系，由此我们在解码器中加入了如式(1)所示正演公式使其与解码网络并行工作，

$$d(t)=w(t)*r(t) \tag{1}$$

式中，$d(t)$为地震记录；$w(t)$为地震子波；$*$为褶积运算操作符；$r(t)$为地层反射系数序列。

当地震波沿着地层的垂直方向入射时，地层反射系数 $r(t)$ 与地层波阻抗 $Z(t)$ 具有如式(2)所示关系：

$$r(t)=\frac{Z(t+1)-Z(t)}{Z(t+1)+Z(t)} \tag{2}$$

相较于传统半监督框架，提升了解码器的准确性，进而提升了整个闭环的准确性。

本文构建的半监督反演框架如图 1 所示，整体模型包括编码和解码两部分。编码部分作为反演网络，建立地震数据到渗透率的映射关系。解码部分作为正演网络与物理公式的组合，从波阻抗数据生成合成地震数据。在训练中，有标签数据为真实波阻抗数据，根据其损失优化 Encoder 部分网络，同时在合成地震数据和真实地震数据之间建立损失作为约束条件优化整个循环，整体损失函数如式(3)所示。

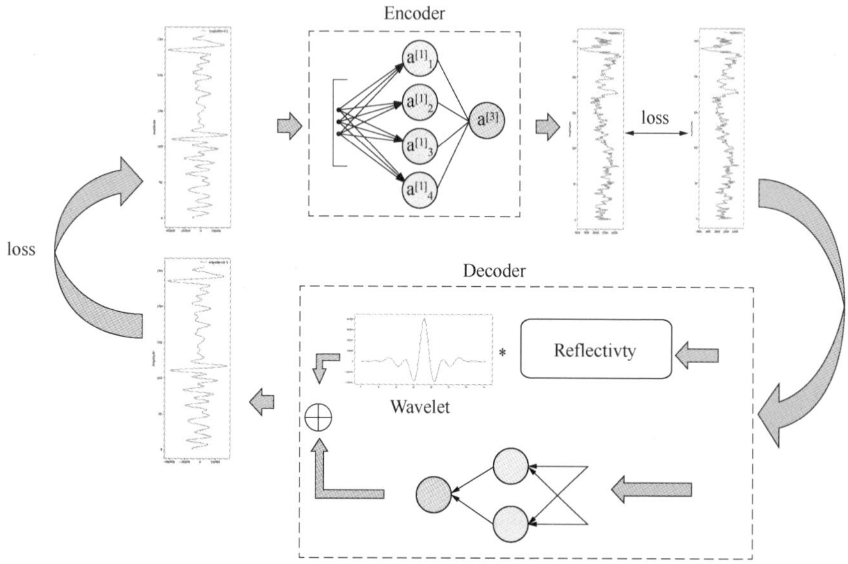

图 1 基于物理知识嵌入的半监督框架

$$Loss = a\frac{1}{n}\sum_{i=1}^{n}(\hat{S}_i - S_i)^2 + b\frac{1}{n}\sum_{i=1}^{n}(\widehat{imp}_i - imp_i)^2 + (1-b)\frac{1}{n}\sum_{i=1}^{n}(\hat{S}_i - S_i)^2 \qquad (3)$$

式中，$\hat{s}_i$为有标签数据的预测地震记录；s_i 为对应的真实地震记录；$\hat{S}_i$为无标签数据的预测地震记录；S_i 为对应的真实地震记录；$\widehat{imp}_i$为预测波阻抗；imp_i 为真实波阻抗；a 为无标签地震数据部分损失权重；b 为波阻抗数据部分损失权重。

2 网络组成

2.1 BiGRU

波阻抗受到上下地层共同影响，因此我们采用双向 GRU 网络结构(BiGRU)来解决该问题。BiGRU 是基于 GRU 的双向循环神经网络。它在时间上维持正向和反向两个输入序列，每个时间步的输出都是两个方向的输出拼接，使得每个时间步都能获取过去和未来时间步的信息。

2.2 ResUnet

如图 2 所示，为了使模型能够更好地处理时间序列数据并确保最终输出的连续性和平滑性，我们在每次下采样时引入了残差连接。这些连接允许模型在不同层之间直接传递信息，有助于缓解梯度消失的问题，同时确保了模型可以捕捉到长距离依赖关系。采用这种方式，模型能够在学习过程中保持前后特征的有效过渡，避免了在深层网络结构中可能出现的信息丢失问题，不仅提高了模型的学习效率，还增强了最终生成结果的连续性和平滑性。

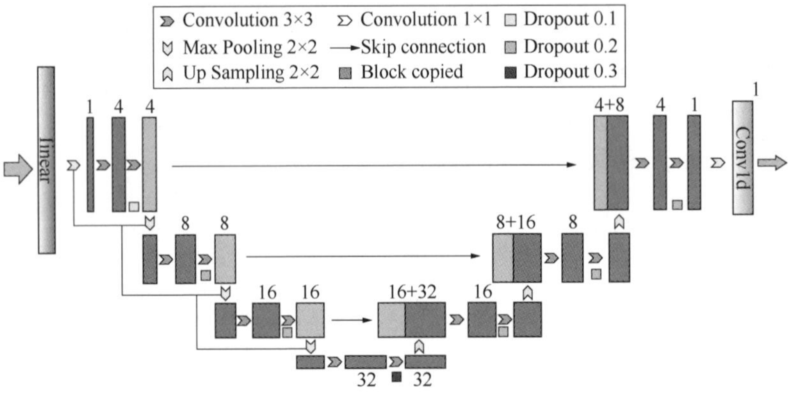

图 2　ResUnet 结构

2.3 Encoder 结构

如图 3 所示，本研究的 Encoder 部分，我们采取了一种混合网络模型，结合了双向门控循环单元(BiGRU)和残差 U-Net(ResUnet)结构，以充分挖掘和利用地震数据中蕴含的复杂信息。这种独特的设计策略使我们能够有效地从地震信号中提取出关键的地质特征，并准确地反映出地下结构的详细画面。

首先，通过 BiGRU 捕捉地震数据的时序特征，尤其是低频趋势。ResUnet 提取多尺度特征，通过残差和跳跃连接维持信息流动。一次卷积操作将低高频信息融合，增强模型对地质现象的捕捉能力。最后，利用 BiGRU 平滑处理结果，提高输出连续性，符合地质结构分布。

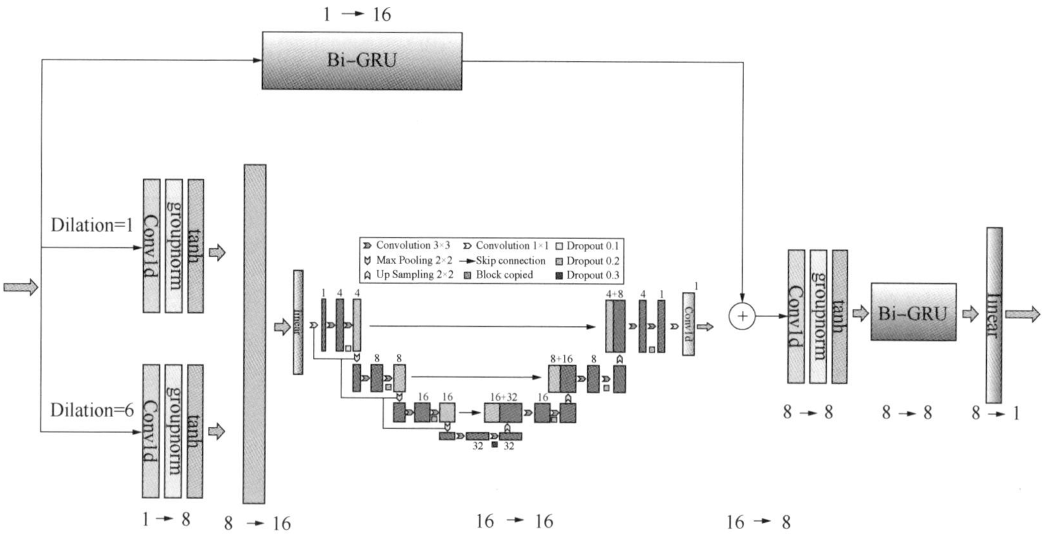

图 3 Encoder 网络框架

2.4 Decoder 结构

如图 3 所展示的 Encoder 网络框架经过精心设计，能够有效地处理和分析地震数据。而在 Decoder 端，考虑到卷积公式的引入，网络模型我们采用了一个较为简单的架构（图 4），结合了门控循环单元（GRU）和卷积层。这一设计充分考虑到了地震信号通常包含的特征为低频，相较于波阻抗数据会更加简单，因此通过这样的结构便可以更加高效地提取地震信号中的关键信息。此外，简单的卷积+GRU 结构相比更复杂的网络模型，有助于避免过拟合。同时，这种结构的计算效率也相对较高，可以显著提升训练速度，这对于处理大规模地震数据集尤其有益。同时将如式（1）所示的褶积正演公式同步引入，建立其起较为固定的正演关系，使得合成信号接近地震信号的同时，其源信号能够更加接近波阻抗信号。

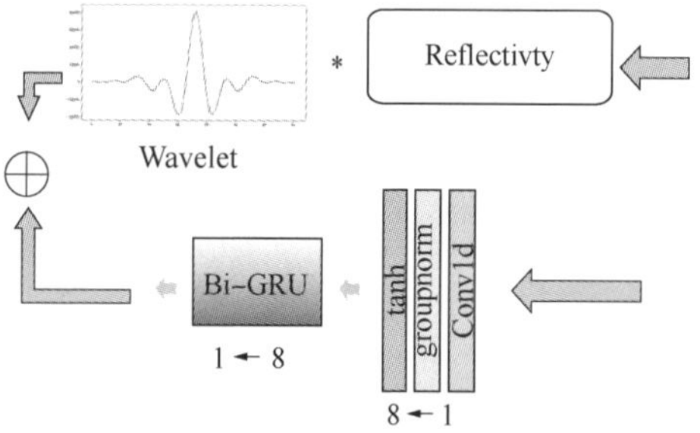

图 4 Decoder 网络框架

3 实验

为了验证本研究方法的有效性，我们选择了四川盆地秋林工区的地震数据进行实验。实验数据包括已知的 6 口井，其中 5 口用于训练，1 口作为盲井进行测试。本文的网络模型将与 Alfarraj 提出的半监督框架以及未具体说明的 HRS 方法进行比较。实验中，网络输入的标签数据与无标签数据的比例设置为 4 : 1，所有实验的配置参数保持一致，包括输入数据的尺寸为 1×240，损失函数使用均方误差（MSE），优化算法采用 Adam，学习率设置为 0.002，总训练次数为 1000 次，使用 Tesla P100 显卡进行训练。为了客观评估模型性能，本研究采用了均方误差（MSE）和决定系数（R2）作为评价指标，其中 MSE 越小和 R2 越接近 1 分别代表预测结果的准确性越高，不同方法结果如表 1 所示。

表 1

不同方法	决定系数	均方误差	训练耗时
本研究方法	-0.2312	0.7241	15min43s
传统半监督方法	-0.5221	1.0312	20min3s
HRS 方法	-0.6223	1.1088	1h08min

剖面结果如图 5 所示，地震信号剖面如图 5(a)所示。HRS 反演的结果如图 5(b)所示，可以看出其结果的能够反映的阻抗走向，但是整体频率较低，对于一些细节刻画不足，而传统半监督反演如图 5(c)所示，细节会更加明显，不过对比其他两种方法，在一些低阻抗值区域，在整体趋势上会出现一定误判，且上下层位层次不够分明，存在纵向误差，而本研究预测结果如图 5(d)所示，在保证了整体趋势的准确度的基础上，丰富了细节的刻画，同时层位间分界更加清晰，实现了预测精度的提升。

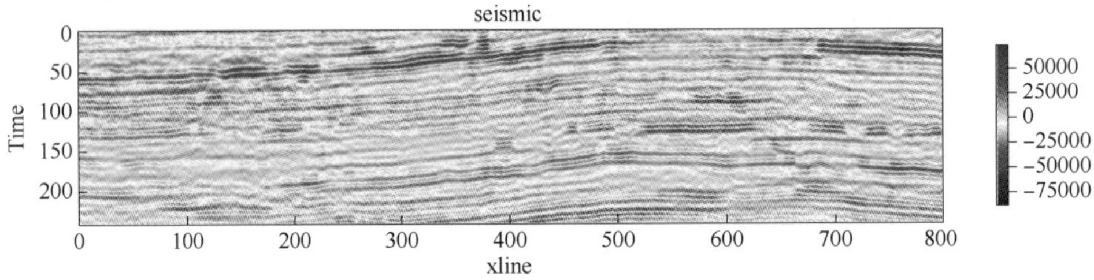

(a)原始地震信号

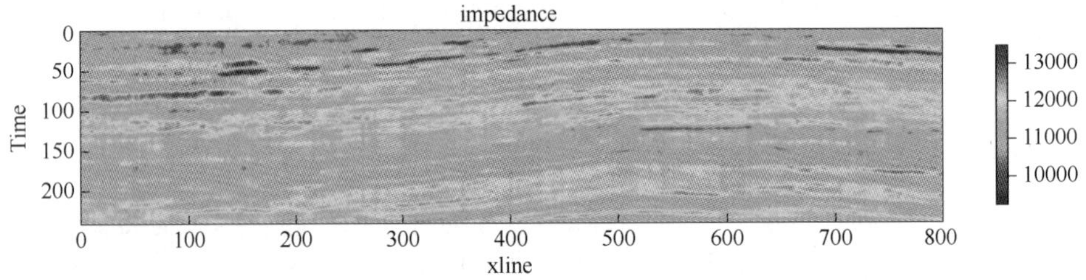

(b)hrs方法预测结果

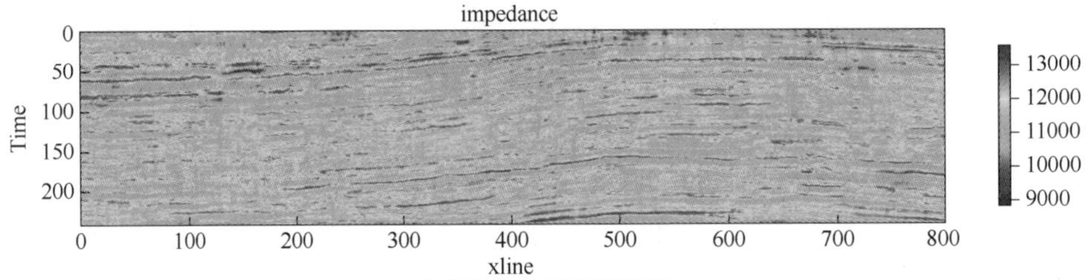

(c)传统半监督方法预测结果

图 5　剖面预测结果

盲井测试如图 6 所示，我们可以清晰地看到三种方法预测阻抗曲线的准确性。本研究方法的预测阻抗曲线与真实阻抗曲线之间的重合程度最高，说明该模型对地层阻抗的特征变化具有更敏锐的捕捉能力。不仅在大尺度的趋势上达到了更加精准的匹配，就连细微的波动特性也得到了有效的再现。特别是在峰值和谷值的预测上，本研究方法表现出了更加精细的一致性，反映了更细致的地质层次结构。

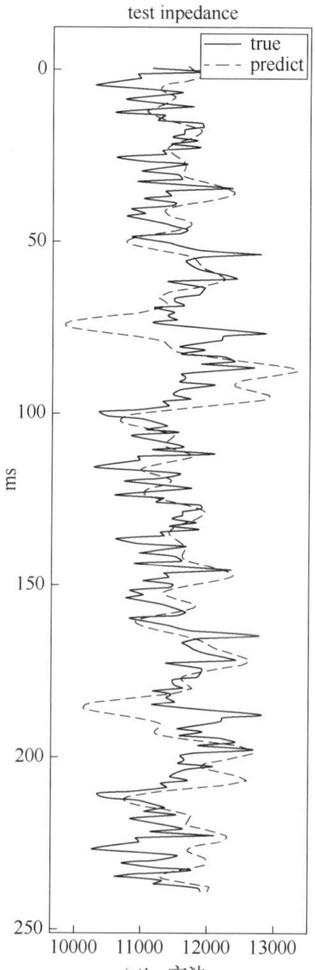

(a)hrs方法

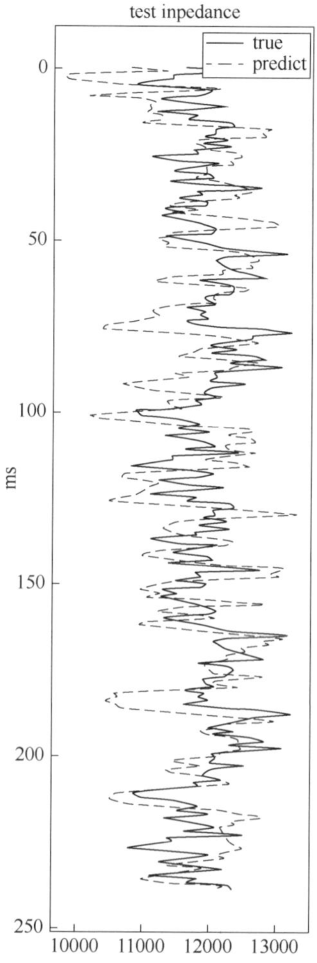

(b)传统半监督方法

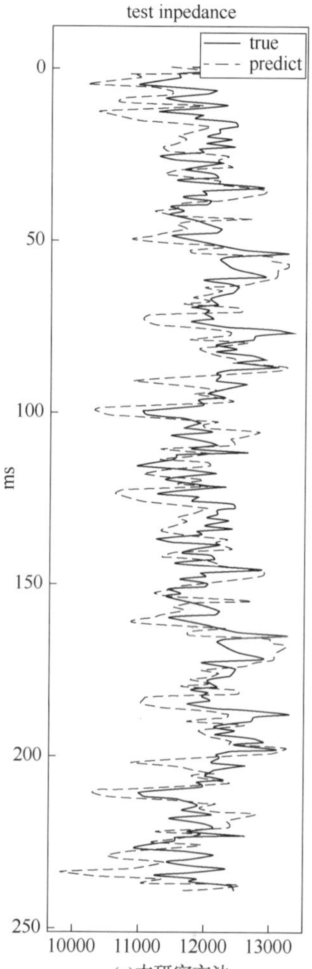

(c)本研究方法

图 6　测试井预测结果

4　结论

本研究提出了一种基于物理知识嵌入的半监督波阻抗反演方法，旨在解决传统波阻抗反演在处理复杂地质数据时遇到的限制。通过结合双向门控循环单元(BiGRU)和残差 U-Net(ResUnet)构建的 Encoder，该方法有效提取了地震数据中的低频趋势和多尺度特征。Decoder 采用了正演公式与网络模型的并行工作机制，不仅在数学上，也在物理上准确地反映了阻抗与合成地震数据之间的复杂关系。通过四川盆地秋林工区的实际数据测试，相比于传统半监督方法和 HRS 方法，本研究在保持整体趋势准确性的同时，细节刻画更为丰富，层位分界更加清晰，显著提升了预测精度。这一成果不仅为地震数据反演提供了新的解决思路，也显示了深度学习与地球物理知识结合在地质数据处理领域的巨大应用潜力。

参 考 文 献

[1] 刘桃．小样本条件下的智能储层预测方法研究[D]．电子科技大学，2022.

[2] Tranmer M，Elliot M. Multiple linear regression[J]. The Cathie Marsh Centre for Census and Survey Research (CCSR)，2008，5(5)：1-5.

[3] Sateesh Babu G，Zhao P，Li X L. Deep convolutional neuralnetwork based regression approach for estimation of remaining useful life[C]//International conference on database systems for advanced applications. Springer，Cham，2016：214-228.

[4] Cherkassky V，Ma Y. Practical selection of SVM parameters and noise estimation for SVM regression[J]. Neural networks，2004，17(1)：113-126.

[5] Das V，Pollack A，Wollner U，et al. Convolutional neural network for seismic impedance inversion[J]. Geophysics，2019，84(6)：R869-R880.

[6] Biswas R，Sen M K，Das V，et al. Prestack and poststack inversion using a physics-guided convolutional neural network：Interpretation，7[J]. SE161-SE174，2019.

[7] Alfarraj M，AlRegib G. Semi-supervised learning for acoustic impedance inversion[M]//SEG Technical Program Expanded Abstracts 2019. Society of Exploration Geophysicists，2019：2298-2302.

[8] Wu B，Wu B. Seismic impedance inversion based on residual attention network[J]. IEEE Transactions on Geoscience and Remote Sensing，2022，60：1-17.

[9] 魏宗，李曙，宁娟，等．联合大核注意力和长短期记忆网络的低频约束波阻抗反演[C]//中国石油学会石油物探专业委员会．第二届中国石油物探学术年会论文集(中册)．[出版者不详]，2024：4. DOI：10. 26914/c. cnkihy. 2024. 001818.

[10] Vashisth D，Mukerji T. Direct estimation of porosity from seismic data using rock and wave physics informed neural networks (RW-PINN)[J]. preprint：2210. 00042，2022.

基于字典学习的叠前地震相分析

胡　婕[1]　张关磊[1]　倪长宽[2]　苏明军[2]　蔡涵鹏[1]

（1. 电子科技大学资源与环境学院，四川 成都　611731；
2. 中国石油勘探开发研究院西北分院，甘肃 兰州　730020）

摘　要：常规地震相分析方法是利用地震波形或者属性对地震相进行分类或者聚类，但是会受到地层岩性和结构的共同影响，难以针对性地识别与地层结构相关的地质体。本文提出了一种基于字典学习的叠前地震相分析方法。该方法首先提取出已知类别的叠前地震数据，再利用字典学习的方法从提取的叠前地震数据中分别学习出包含不同波形结构特征的过完备字典；随后，利用字典原子分别重构待处理的叠前地震数据，并计算重构误差和相关系数，根据重构误差和相关系数确定被重构地震数据所属类别，若已知类别的重构数据与被重构数据的相关系数都小于设定的阈值，则表明该数据不属于任何已知类别，将其归为新的未知类别。该方法不仅突出了地层结构特征，而且引入了一个强相关的约束条件，有效区分了不同地震相之间的差异，为地震数据的解释和分析提供了有力工具。实际数据测试结果也证实了该方法可以达到突出地层结构特征的效果，刻画的河道边界更加清晰连续。

关键词：叠前地震数据；有监督；字典学习；地层结构；地震相分析；波形结构

0　引言

地震勘探是地球物理学领域中的重要分支，其利用人工激发产生的地震波在不同的地层内的传播规律，来实现对地下地质情况的勘测。地震相分析是地震地层学的核心，是一种根据地震反射资料解释沉积相的技术，其主要根据地震反射的特征参数，识别地震相单元，并解释这些地震相所代表的储层类型和沉积相（Zhang 等．，2019）。地层的横向变化会引起地震波形的振幅强度变化，而地层的垂直变化会引起波形结构变化，在相同的沉积环境中不可能形成均匀的地层，所以，同一地震相中振幅强度也会有变化（Li 等．，2021）。传统的分类方法难以针对性地对地层进行地震相分析。因此，找到一种利用地震波形结构进行地震相分析的方法，对于提高地震勘探的精度具有重要意义。

字典学习是一种有效的特征学习方法，它能够从地震数据中学习出一组过完备字典，这些字典原子能够很好地表示地震数据的波形结构，而地震数据的振幅强度则被转变为稀疏系数值的大小（Liu 等．，2018）。所以，利用字典学习可以减弱地震数据的振幅强度的影响。同时，字典学习是一种纯数据驱动的方法，能够有效地捕捉并保留数据中的显著特征，在一定程度上

作者简介：胡婕，女，硕士在读，电子科技大学资源与环境学院，大数据技术与工程，主要从事地震信号智能处理方面的研究。E-mail：3498409032@qq.com。

抑制训练数据中的噪声，从而提高地震相分析的准确性和鲁棒性(Zhou 等．，2023)。

鉴于此，本文提出了一种基于字典学习的有监督的叠前地震相分析方法。该方法旨在通过学习和利用地震数据中的波形结构信息，实现对地层结构的精准刻画和分类。将字典学习应用于叠前地震数据处理中(叠前地震数据比叠后地震数据多了振幅随偏移距、方位角变化的空间信息)，从已知类别的地震数据中提取出包含不同波形结构特征的字典原子，再利用这些原子重构待处理的地震数据。计算重构误差和相关系数，确定待处理地震数据所属类别，实现地震数据的分类和识别。同时，该方法通过对相关系数设定阈值，引入了一个强相关的约束条件，从已知类别中分离出新的未知类别，使同一类别间相关性更好。地震数据的波形结构被学习到字典中，使用字典重构待分类的地震数据时，地震数据的振幅强度被转换为稀疏系数值，重构误差显示了波形结构的差异。因此，本文方法能够减弱地震数据振幅强度的影响，突出地层结构。通过实际地震数据的测试，本文方法能够有效地突出地层结构特征，使河道边界等地质体的刻画更加清晰。

1 方法理论

1.1 字典学习

字典学习的目标是提取事物最本质的特征，将冗余的无关紧要的信息除去，将最重要的、本质的信息保留。字典学习的目的就是要学习一个尽可能稀疏的能够重构数据 y_i 的过完备字典。给定数据集 Y_{m*n}，其中，m 是给定数据集的特征维度，n 是给定数据集的样本数量。训练后得到过完备字典 D_{m*k} 和稀疏系数 X_{k*n}，如公式(1)所示。其中，k 是字典中的原子个数，为保证字典的超完备性，原子个数应远远大于原子维度。如图1所示，数据 y_i 由字典 D 和稀疏系数 x_i 稀疏表征。

$$Y_{m*n}=D_{m*k}X_{k*n} \tag{1}$$

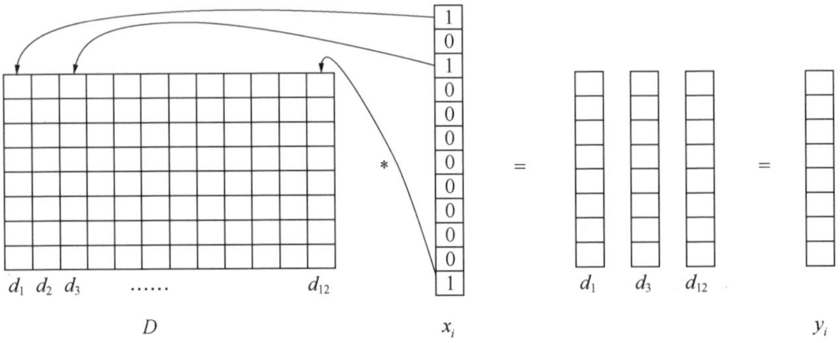

图1 字典稀疏表征示意图

任意一个信号都可以在一个过完备字典上稀疏线性表出。将一个信号被分解为有限个信号的线形组合的形式称为稀疏表征(sparse representation)。稀疏表征将大量的冗余变量去除，简化了数据的同时又保留了数据集中最重要的信息，有效地解决了高维数据集建模中的诸多问题。给定一个字典 D_{m*k}，求取信号 y_{m*1} 的稀疏表征问题的优化目标函数如公式(2)所示。其中，$\|\cdot\|_0$ 为 l_0 范数，表示向量中非零元素的个数，X 是稀疏系数，每一列 x_i 对应信号 y_i 在字典 D 上的系数，T_0 是表示稀疏程度的常量。

$$\min_{D,X} \| Y-DX \|_F^2, \ s.t. \ \forall i: \|x_i\|_0 \leqslant T_0 \tag{2}$$

1.2 叠前地震相分析

使用地质含义明确的区域的目标层地震数据，选择窗口大小沿层位截取可利用的地震数据，作为本次实验的训练数据。本文研究思路如图 2 所示。本文中方法是有监督的分类方法，首先利用地震数据生成一幅切片图像，手动在图像中划分出已知的不同类地层结构对应的图像，提取出相应的地震数据；随后，从地震数据中学习得到过完备字典，每个字典都包含了不同的波形结构特征。再利用学习到的字典原子重构待处理的叠前地震数据，计算重构误差和相关系数。通过比较重构误差和相关系数，确定被重构的地震数据所属的类别。如果所有已知类别的重构数据与被重构数据的相关系数都低于设定阈值，将其划分为一个新的未知类别，再将新的未知的类别聚类为新的类别。

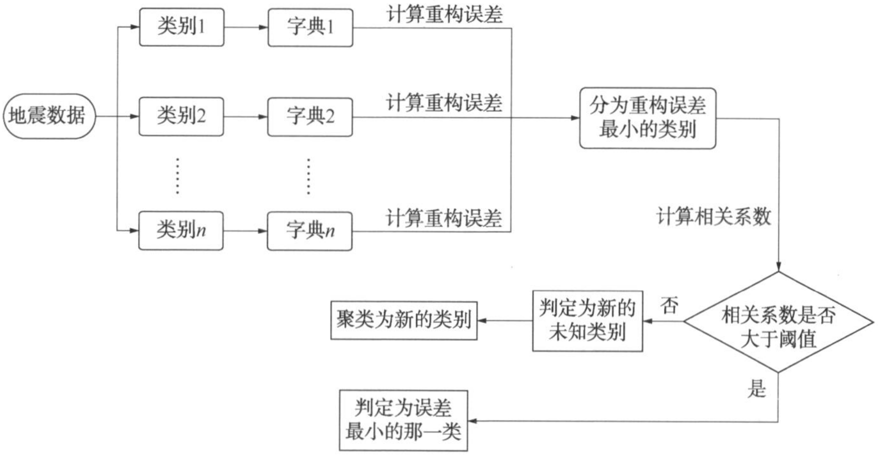

图 2　研究思路

该方法通过对相关系数设定阈值，引入了一个强相关的约束条件，使分好的类别之间相关性更好。对于待划分地震相类别的地震数据 y_i，分别运用这 n 种字典原子对其进行稀疏重构，地震数据 y_i属于重构误差最小的类别，重构误差的计算公式如公式(3)所示，皮尔逊相关系数的计算公式如公式(4)所示。

$$error = \|y_i - y_{recon}\|_F \tag{3}$$

其中，$\| \ \|_F$定义为矩阵元素的平方和的平方根，y_{recon}代表重构数据。

$$r = \frac{\sum_{i=1}^{n}(x_i - \bar{x})(y_i - \bar{y})}{\sqrt{\sum_{i=1}^{n}(x_i - \bar{x})^2}\sqrt{\sum_{i=1}^{n}(y_i - y)^2}} \tag{4}$$

式中，n 为数据点的数量；x_i和 y_i为分别是向量 x 和向量 y 中的第 i 个元素；$\bar{x}$ 和 $\bar{y}$ 为向量 x 和向量 y 的均值。

2　实验分析

本次实验选用的数据是 $t \cdot xline \cdot inline \cdot a = 30 \cdot 1202 \cdot 782 \cdot 5$ 的实际叠前道集数据，其中 t 代表目标地层的时窗长度，$xline$ 表示沿联络测线的道集数量，$inline$ 表示沿主测线方向的道集数量，a 表示单个数据叠前道集的 AVO 道集数量。实验选取图 3 中红色方框内的叠前地震数据作为训练数据，图中比较细小的河道显示颜色较弱，形态不清晰且不连续，本次实验目的就是将河道刻画得更清晰连续。设定字典大小为300，稀疏度为2。从提取出的河道数据和背景数据中学习得到字典。图4中展示了河道和背景字典中的部分原子，可以发现字典中原子的纵向结构特征清晰，基本无振幅强度的干扰，有助于在分类结果中突出地层结构。本次实验中，相关系数的设定阈值为0.9。

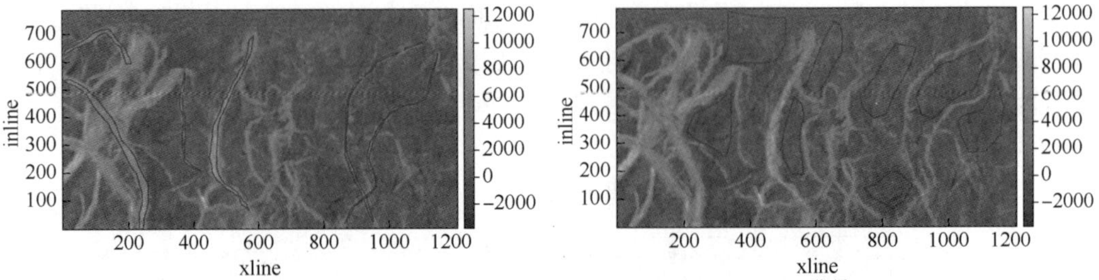

(a)河道 (b)背景

图3　提取的河道数据和背景数据

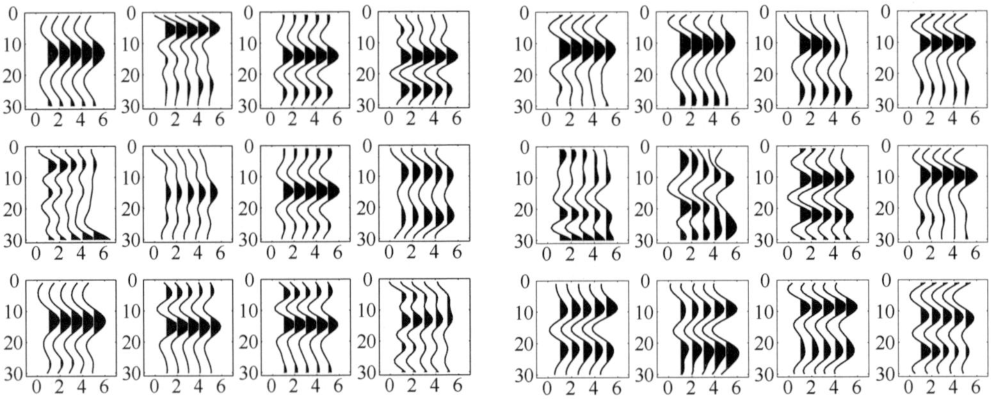

(a)河道 (b)背景

图4　字典原子

同时，本文中采用SOM聚类方法直接对实验数据进行聚类，将结果与本文方法的实验结果进行对比。SOM聚类结果和本文研究方法分类结果分别如图5、图6中所示。图6中新的未知类别经过聚类后，发现设置聚类数为3类时，DBI指数最小(DBI指数是一种用于评估聚类效果的指标，DBI值越小意味着类内距离越小，类间距离越大)，所以，将未知类别分为3类。经过对比，相较于SOM聚类方法，本文所采用的研究方法在河道识别方面展现出更高的清晰度与连续性。在图5展示的SOM聚类结果中，对于信号较弱的河道，其刻画效果并不理想，河道形态较为不连续。然而，在图6中，本文研究方法在识别信号较弱的河道时表现出了显著的优势，不仅识别效果更为清晰，而且河道形态也更为连续，有助于地震解释人员对河道进行更为精细的刻画与解析。因此，本文研究方法在河道识别方面具有更高的准确性和实用性。

3　结论

本文提出了一种基于字典学习的叠前地震相分析方法，能够有效地减弱振幅强度对地震相分析结果的影响，达到突出地层结构特征的目的。首先，提取出已知类别的叠前地震数据，通过字典学习得到过完备字典；利用字典原子重构待分类的叠前地震数据，计算重构误差和相关系数并比较，确定被重构的地震数据所属类别；如果所有已知类别的重构数据与被重构数据的相关系数都低于设定阈值，将其划分为一个新的未知类别，再将新的未知类别聚类为新的类别。实际数据实验结果表明，本文方法能够减弱地震数据振幅强度的影响，突出地层结构特征，可以更好地体现河道的边缘特征，使观察到的河道更加清晰连续。

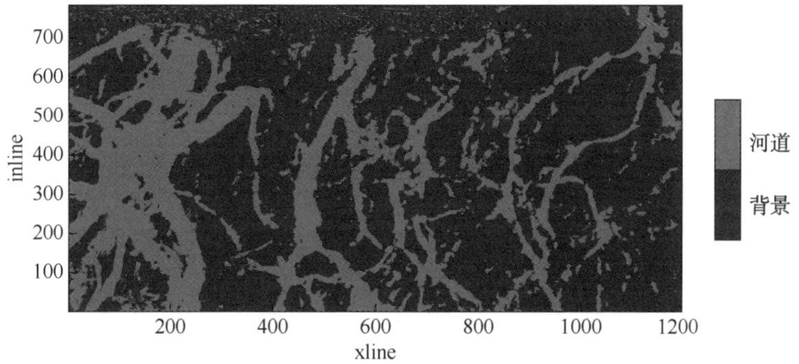

图 5 SOM 方法聚类结果

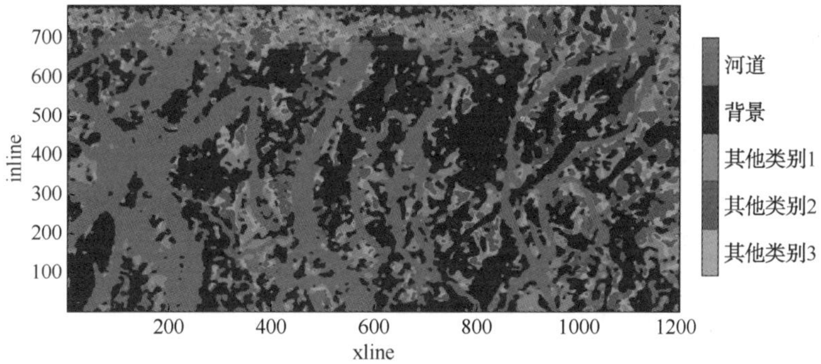

图 6 本文方法分类结果

致谢

感谢国家自然科学基金项目(42130812、42374144)联合资助和相关公司提供宝贵数据。

参 考 文 献

[1] Zhang Y., Liu Y., Zhang H. Seismic Facies Analysis Based on Deep Learning[J]. IEEE Geoscience and remote sensing letters, 2019, 17(7): 1119-1123.

[2] Li K., Liu Z., She B., et al. Prestack seismic facies analysis via waveform sparse representations[J]. Geophysics, 2021, 86(1): IM35-IM50.

[3] Liu L., J. Ma, and G. Plonka. Sparse graph-regularized dictionary learning for suppressing random seismic noise[J]. Geophysics, 2018, 83(3): V215-V231.

[4] Zhou Z., Wu J., Yuan C., et al. A novel K-SVD dictionary learning approach for seismic data denoising[J]. Oil Geophysical Prospecting, 2023, 58(5): 1072-1083.

基于先验知识引导的 VSP 弹性波全波形反演方法

王耘辰

（电子科技大学资源与环境学院，四川 成都 611731）

摘 要：深度学习技术在地震数据的反演中扮演了重要的角色，但是纯数据驱动的方法可能会因为没有足够的数据来训练而得到泛化性一般或者不满意的模型。相对于地面地震技术，垂直地震剖面（VSP）技术具有采集成本低、信号信噪比高和分辨率高的特点。我们在深度学习的环境中利用 VSP 技术进行弹性地震全波形反演（EFWI），运用知情机器学习的概念以及弹性波理论指导思想，利用物理规则对网络进行约束。建立了一个 PIRNN，该网络能够通过波动方程对弹性波传播进行强约束，允许其向前传播得到观测地震数据，训练这个模型的过程相当于进行 EFWI，将预测地震数据与观测地震数据进行比较之后得到残差向后传播。通过深度学习环境中的自动微分法，利用产生的计算图构造梯度，以此更新弹性模型的参数。在勘探区域，测井可以提供目标区域的先验信息。因此，我们引入了一种结合 VSP 和先验知识的正则化技术。我们使用测井已知的 VSP 零偏一维速度和纵横波速度之间的经验关系，在横波速度和纵波速度参数化的情况下，研究了全变分正则项和测井先验知识对于模型反演的影响。模型的反演结果表明，结合先验知识进行反演的方法能够有效提高全波形反演的分辨率和准确性。

关键词：EFWI；VSP；先验知识；RNN

0 引言

全波形反演（FWI）利用地震数据集中包含的波场信息，通过最小化地震记录数据与预测数据之间的残差来重建地下参数。FWI 是一种基于最小二乘反演理论的地震成像方法。它通过比较模拟地震记录与实际地震记录之间的残差平方和，作为反演的目标函数。通过对给定的初始速度模型进行迭代更新，FWI 能够获得高分辨率的速度反演结果。然而，全波形反演是强非线性方法，极度依赖初始模型，主要采用局部优化算法进行波形的拟合和速度模型的迭代更新。在现实中，地震勘探采集到的地震数据缺失低频分量，这种不全面的地下结构信息会使得速度反演时出现周期跳跃的现象，增加了反演的难度。此外，由于实际勘探中难以提供准确的初始模型，使得波形反演容易陷入局部极小值。全波形反演最先由 Tarantola[1] 和 Lailly[2] 提出并在时间域实现反演，通过 Born 近似可采用局部优化算法求解，采用伴随状态法求取反演的梯度，然而受限于当时计算机的算力，该方法研究进展缓慢。全波形反演（FWI）在计算上代价较高，特别是在考虑大量地下模型参数时，这影响了当前 FWI 算法的精确实现。全波形反演（FWI）的优化基于凸性假设，这使得 FWI 的解决方案在很大程度上

作者简介：王耘辰，男，电子科技大学电子信息专业硕士研究生，主要研究方向为地震反演，机器学习等。E-mail：wyc18301999312@163.com。

依赖于高精度的地震数据以及良好的初始模型[15]。

近年来，随着大数据和人工智能技术的飞速发展，深度学习在人脸和语音识别、图像和文本处理等领域取得了显著成果。深度学习方法在地震速度反演方面相对传统全波形反演方法具有显著优势，主要体现在减轻了对初始模型的依赖，并且在训练完成后表现出高效的预测能力。2020年，Sun等[16]提出了一种基于有限差分正演理论的循环神经正演网络，该网络通过循环神经网络实现有限差分正演，并结合自动微分算法计算梯度，利用深度学习中的Adam等优化算法更新速度模型，替代了传统全波形反演的伴随状态法，实现了波动方程驱动的循环神经网络模型。2020年，Zhang等[17]将上述网络结构扩展至多参数弹性模型，实现了弹性全波形反演。2022年，Rasht-Behesht等[18]提出了一种采用声波方程的物理信息神经网络(PINNs)方法，该网络通过神经网络求解偏微分波动方程，其无网格的特性使得PINN网络能够适应各种边界吸收条件，从而有效地解决全波形反演问题。这表明在高精度波形反演框架下，结合深度学习算法的基于模型数据双驱动的网络不仅提高了反演的准确度，同时也相对提升了泛化性能。

为了解决反演问题中的多解性和加速模型的收敛过程，我们提出了一种基于机器学习和先验知识引导的VSP弹性波全波形多参数反演网络。该网络结合波场约束，确保了合成地震资料与观测地震资料的一致性，从而提升了反演结果的准确性。通过整合从测井数据中获得的先验知识，我们能够获取关于地下岩石性质和地震速度的宝贵信息，从而在解空间中施加更强的约束，以更快地收敛到更精确的速度模型。这一综合方法为地震勘探中的高精度地震速度反演提供了全面有效的解决方案。

1 原理

1.1 问题分析与建模

在常规的全波形反演算法中，首要任务是获取一个接近真实的、准确的初始速度模型。这个初始模型是通过使用给定的参数和震源信息进行正演模拟来获得的，以模拟地震波的传播过程。正演模拟的目的是生成一个合成地震记录，该记录与观测地震记录相匹配。一旦得到满意的合成地震记录，接下来的关键步骤是选择一个适当的目标函数。目标函数的构造对于反演过程至关重要，因为它直接影响到反演结果的分辨率。构造一个合适的目标函数可以极大地提高反演结果的分辨率，可以通过目标函数来衡量最优化的过程是否收敛。最传统也是最早被使用的目标函数为合成地震记录与观测地震记录之间差值的最小二乘形式即：

$$J_D = \frac{1}{2} \| d^{cal} - d^{obs} \|^2 \tag{1}$$

式中，d^{cal}为合成的地震数据；d^{obs}为观测的地震数据。在确定了所需的目标函数后，接下来的步骤涉及目标函数的优化更新。目标函数的优化过程即速度模型的迭代更新，通常采用局部优化反演方法，以使目标函数达到最小值。在这个过程中，通过不断迭代和调整速度模型，旨在实现对地下结构的更准确描述。

我们提出的VSP弹性波全波形反演PIRNN体系结构如图1所示。

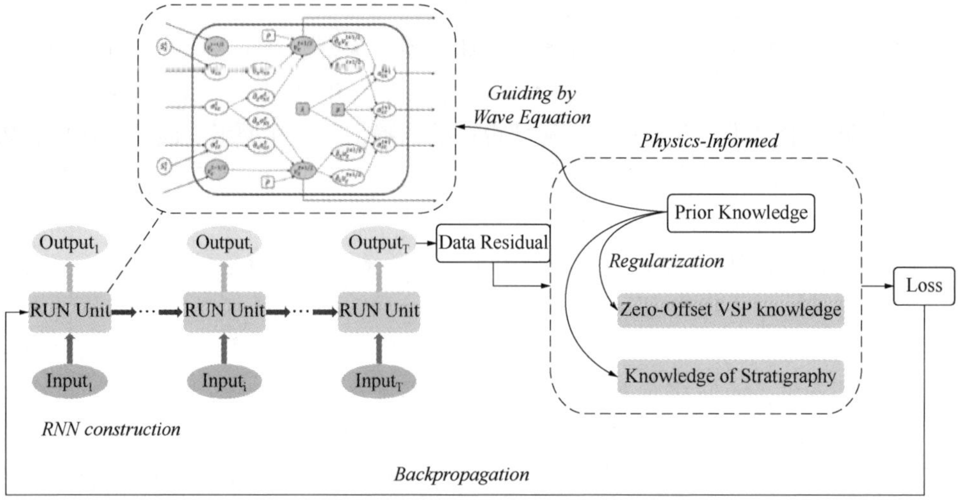

图1　PIRNN的体系结构

1.2　基于RNN正演

地震波可以通过求解这个方程来描述其在地下的传播过程，其揭示了地震波在地下传播、折射和反射等复杂现象。我们使用该物理知识对全波形反演过程进行强制约束。在时域内，一阶速度-应力形式的二维弹性波动方程为：

$$\begin{cases}\dfrac{\partial v_x}{\partial t}=\dfrac{1}{\rho}\left(\dfrac{\partial \sigma_{xx}}{\partial x}+\dfrac{\partial \sigma_{xz}}{\partial z}\right)\\ \dfrac{\partial v_z}{\partial t}=\dfrac{1}{\rho}\left(\dfrac{\partial \sigma_{xz}}{\partial x}+\dfrac{\partial \sigma_{zz}}{\partial z}\right)\\ \dfrac{\partial \sigma_{xx}}{\partial t}=(\lambda+2\mu)\dfrac{\partial v_x}{\partial x}+\lambda\dfrac{\partial v_z}{\partial z}\\ \dfrac{\partial \sigma_{zz}}{\partial t}=(\lambda+2\mu)\dfrac{\partial v_z}{\partial z}+\lambda\dfrac{\partial v_x}{\partial x}\\ \dfrac{\partial \sigma_{xz}}{\partial t}=\mu\left(\dfrac{\partial v_x}{\partial z}+\dfrac{\partial v_z}{\partial x}\right)\end{cases} \tag{2}$$

式中，v_x、v_z为质点速度的x、z分量；σ_{xx}、σ_{zz}、σ_{xz}分别为正应力和切应力；λ和μ为拉梅参数；ρ为密度。我们使用时域有限差分来求解式(3)，这使得我们可以在弹性模型中对P波和S波进行精准的建模。在正向传播过程中，我们使用完美匹配层(PML)来减少不应存在的边界反射波。

1.3　速度模型反演

选取上一节中RNN的速度参数作为可训练参数。标准的网络训练问题是最小化网络输出(预测地震记录)与标签数据(观测地震记录)之间的误差。可训练的网络权重是离散的，它们是速度场的采样值。EFWI的反演过程可以表示为一个最优化问题，该问题使得观测数据与预测数据之间的差异最小化。因此，我们用术语来表述数学问题，这相当于最小化目标函数：

$$J_D = \frac{\sum_N \sum_T \|d^{pre} - d^{obs}\|^2}{std(x,\ t) = S(u(x,\ t))} \tag{3}$$

式中，N 为震源的数量；T 为时间总长。$u(x,\ t)$ 是 t 时刻位置 x 的波场，S 表示采样函数，该采样函数仅在检波器位置非零。d^{pre} 为网络预测的地震记录，d^{obs} 为观测得到的地震记录。EFWI 可以理解为理论引导 RNN 网络训练的一种情况，其中，不可训练的参数对 RNN 有足够好的约束。基于梯度的反演算法可用于更新速度参数，地震记录的残差对可训练参数的偏导数通过基于链式法则的自动微分法后向传播计算。在得到了梯度之后，可以通过优化方法和步长来更新可训练参数，减少残差并开始下一次迭代。

1.4 先验知识的引导

如果目标计算区域有可靠的模型信息，这些先验知识可以以惩罚项的形式来约束反演过程，然后定义相应的正则项来度量更新后的模型与先前模型之间的偏差。VSP 是在地表设置震源激发地震波，在测井内安置检波器接收信息，即在垂直方向观测人工波场的一种方法。全波形测井能得到地层较为精确的一维(零偏)纵横波速度，通过测井得到的先验数据作为约束，正则项形式如下：

$$R_{VSP} = \| V_{1D-true} - V_{1D-pre} \| \tag{4}$$

式中，$V_{1D-true}$ 为测井资料中的准确一维速度；V_{1D-pre} 为反演预测的测井区域的一维速度。VSP 的反演精度由测井向两侧递减，在反演过程中添加 VSP 正则有助于保持测井附近速度反演的准确性。

纵横波速度之间的经验关系对地震反演有着重要的影响。这些经验关系通常反映了地下介质的物理性质，对反演过程提供了有价值的先验知识。

现在，我们根据测井信息，考虑目标区域的纵、横波速度间变化规律，拟合得到其经验公式：

$$V_p = f(V_s) \tag{5}$$

式中，f 表示纵波速度 V_p 关于横波速度 V_s 的关系，它由目标区域经验公式得出。根据上述经验公式，基于先验知识的正则项如下：

$$R_{exp} = \| V_{p-pre} - f(V_{s-pre}) \| \tag{6}$$

式中，V_{p-pre} 和 V_{s-pre} 分别代表反演得到的纵波速度和横波速度。

2 实验

在本实验中，我们使用 Marmousi 模型，模型的大小是 100×190，震源均匀分布在模型表面，模型的网格长度为 $dx = dz = 10$m，时间步长 $dt = 0.0005$s。为了模拟合成地震数据，我们采用 11 个主频为 20Hz 的雷克子波作为震源[图 4(a)和(b)的红叉位置即为震源位置]，在模型的正中间设置测井作为接收器，在模型的边界处添加吸收条件。真实速度模型和初始速度模型如图 2 所示。

图 3(a)和(b)是未结合先验知识进行反演的结果，整体反演结果都有高频噪声分布，底部高速体和速度分界面反演精度较低，速度分界面细节刻画不清晰。图 3(c)和(d)是结合先验知识进行反演得到的结果，能有效地增强地层的连续性，去噪效果明显，提高了反演

精度，并且精确刻画了界面，与未结合先验知识进行反演的结果相比，浅层(深度：0~600m)低速体保真度较高，深层(深度：600~1000m)高速体的形态更真实。两种反演方式在深层部分两侧速度反演相对不准确，这是因为 VSP 的接收器在速度模型正中间，无法接受来自两侧的反射信号，因此反演精度相比其他区域有所下降。

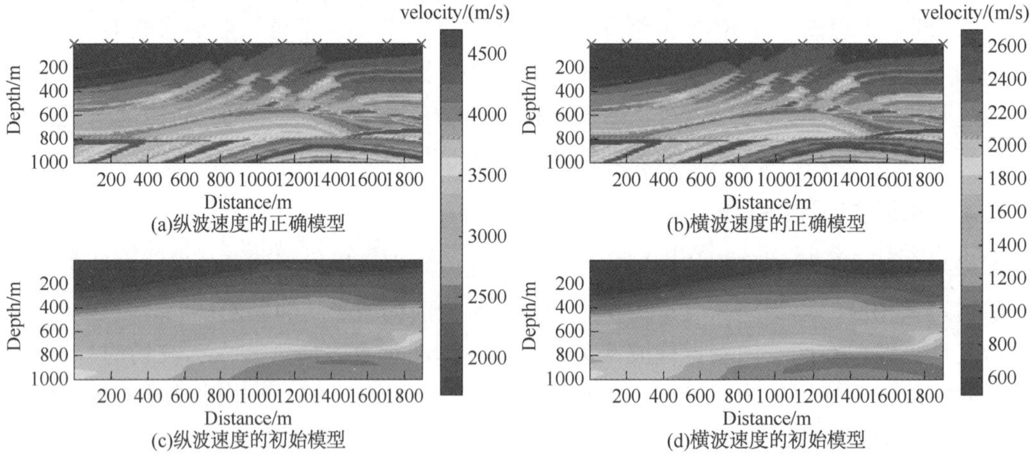

图 2　Marmousi 模型的设置

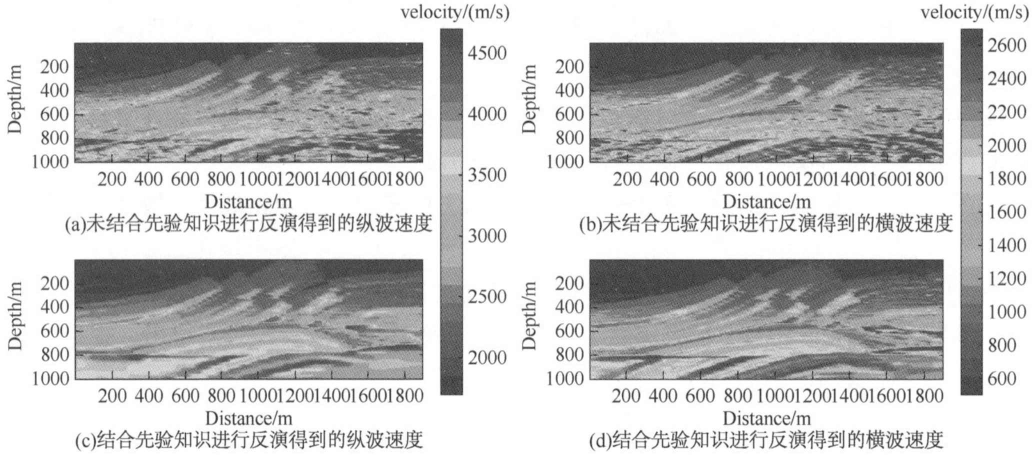

图 3　Marmousi 模型的反演结果

3　结论

将弹性波全波形反演理论与 RNN 网络相结合，模拟地震波的传播过程，实现了物理规律与神经网络的有效结合；引入了测井数据、观测系统的先验知识，通过整合从测井数据中获得的先验知识，能够获取关于地下岩石性质和地震速度的宝贵信息，以此更快地收敛到更精确的速度模型，减少了反演问题的多解性。将先验知识与物理驱动的 RNN 正演网络相结合，建立了 PIRNN，实现了基于机器学习和先验知识引导的 VSP 弹性波全波形多参数反演方法。这一综合方法为地震勘探中的高精度地震速度反演提供了全面有效的解决方案。

参 考 文 献

[1] TARANTOLA A. Inversion of seismic reflection data in the acoustic approximation [J]. Geophysics, 1984, 49(8): 1259-1266.

[2] LAILLY P, BEDNAR J. The seismic inverse problem as a sequence of before stack migrations [Z]. Conference on Inverse Scattering—Theory and Application. 1983.

[3] PLESSIX R-E. A review of the adjoint-state method for computing the gradient of a functional with geophysical applications [J]. Geophysical Journal International, 2006, 167(2): 495-503.

[4] LIU Q, TROMP J. Finite-frequency kernels based on adjoint methods [J]. Bulletin of the Seismological Society of America, 2006, 96(6): 2383-2397.

[5] YEDLIN M J, VAN VORST D. Tutorial on the continuous and discrete adjoint state method and basic implementation [J]. CREWES Research Report, 2010, 22: 1-20.

[6] BROYDEN C G. The convergence of a class of double-rank minimization algorithms: 2. The new algorithm [J]. IMA journal of applied mathematics, 1970, 6(3): 222-231.

[7] FLETCHER R. A new approach to variable metric algorithms [J]. The computer journal, 1970, 13(3): 317-22.

[8] GOLDFARB D. A family of variable-metric methods derived by variational means [J]. Mathematics of computation, 1970, 24(109): 23-26.

[9] SHANNO D F. Conditioning of quasi-Newton methods for function minimization [J]. Mathematics of computation, 1970, 24(111): 647-656.

[10] BYRD R H, LU P, NOCEDAL J, et al. A limited memory algorithm for bound constrained optimization [J]. SIAM Journal on scientific computing, 1995, 16(5): 1190-1208.

[11] ZHU C, BYRD R H, LU P, et al. Algorithm 778: L-BFGS-B: Fortran subroutines for large-scale bound-constrained optimization [J]. ACM Transactions on mathematical software (TOMS), 1997, 23(4): 550-560.

[12] NOCEDAL J, WRIGHT S J. Conjugate gradient methods [J]. Numerical optimization, 2006: 101-134.

[13] MORALES J L, NOCEDAL J. Remark on "Algorithm 778: L-BFGS-B: Fortran subroutines for large-scale bound constrained optimization" [J]. ACM Transactions on Mathematical Software (TOMS), 2011, 38(1): 1-4.

[14] MéTIVIER L, BROSSIER R, VIRIEUX J, et al. Full waveform inversion and the truncated Newton method [J]. SIAM Journal on Scientific Computing, 2013, 35(2): B401-B37.

[15] VIRIEUX J, OPERTO S. An overview of full-waveform inversion in exploration geophysics [J]. Geophysics, 2009, 74(6): WCC1-WCC26.

[16] SUN J, NIU Z, INNANEN K A, et al. A theory-guided deep-learning formulation and optimization of seismic waveform inversion [J]. Geophysics, 2020, 85(2): R87-R99.

[17] ZHANG T, INNANEN K A, SUN J, et al. Numerical analysis of a deep learning formulation of multi-parameter elastic full waveform inversion; proceedings of the SEG International Exposition and Annual Meeting, F, 2020[C]. SEG.

[18] RASHT-BEHESHT M, HUBER C, SHUKLA K, et al. Physics-informed neural networks (PINNs) for wave propagation and full waveform inversions [J]. Journal of Geophysical Research: Solid Earth, 2022, 127(5): e2021JB023120.

一种基于卡尔曼滤波的纵波时差实时提取方法

孙　昊　陈文辉　孙学凯　李思亦　张永超

（中国石油集团测井有限公司测井技术研究院，陕西 西安　710076）

摘　要：阵列声波测井时差实时提取对于快速评价储层质量与及时优化勘探开发决策具有重要意义。目前，业界广泛使用的慢度时间相干法(STC)在时差提取方面依然存在抗干扰能力不足、稳定性差等问题。为此，本研究首次提出卡尔曼滤波算法结合STC增强纵波时差实时提取的新方法，利用卡尔曼滤波器实时更新系统最优状态，有效提升在低信噪比和大时差变化地区自动拾取的精度和稳定性，并且通过多重寻峰机制和双重校正策略进一步确保了纵波拾取的准确性。另外，由于卡尔曼滤波器具有对数据存储量要求低和计算速度快的优点，符合时差提取的实时性需求。目前，该方法已应用于各种类型的实测阵列声波数据中，例如裸眼井、套管井、软地层、大井眼井(井径超过600mm)和随钻数据，验证了其在低信噪比和时差快速变化地区时差提取方面的准确性、稳定性和时效性，满足现场处理及解释的要求。

关键词：阵列声波；声波时差；卡尔曼滤波；准确性；稳定性；随钻

0　引言

声波测井是一门发展迅速、应用广泛和潜力巨大的应用科学技术，阵列声波时差提取作为声波测井体系中最基础、最关键的内容之一，能够为油气田的勘探开发提供例如纵横波波速、泊松比、渗透率等储层及弹性力学参数，并以其评价地层岩性、各向异性、裂缝的发育程度和储层有效性[1,2]。同时，实时提取能显著缩短声波数据的处理解释周期，对于快速评价储层质量与制定相适应的勘探开发决策具有重要的现实意义，这也是声波测井领域的一项研究热点[3]。

业界常用的声波时差提取的方法主要是门槛法和时间-慢度相关法(STC)。门槛法通过预设振幅门槛值，实现快速便捷，但易受噪声干扰，存在首波抓不准的问题[4]。STC法利用了波形相位的一致性，但受实际波形缺陷(如直流成分、低信噪比、高波形衰减等)影响较大，在低信噪比区域很难拾取到准确的时差值[5,6]。Hsu和Baggeroer在1986年提出了利用最大似然法提取时差，其方法在弱信号地区效果略优于STC方法[7]。Akhmetsafin等在2008年提出了一种基于传统STC方法与相速度处理(PVP)方法的希尔伯特相似性方法，以实现对声波时差的准确提取[8]。陶钧等在2014年提出了一种针对阵列声波的实时STC算法，主要讨论了如何提高STC算法的计算效率和精度[9]。Aeron等在2015年提出一种结合离散拉

作者简介：孙昊，男，硕士研究生，工程师，主要从事声波测井数据处理工作，中国石油集团测井有限公司，陕西省西安市高新区锦业二路丈八五路50号。E-mail：sunhaocnpc@163.com。

登变换的收缩算法，能够大幅提升原始数据的信噪比[10]。刘建建等在 2020 年研究实现基于 PSO 算法和 STC 相结合的时差提取方法，在时效性上实现提升[11]。最近，孙学凯等提出一种基于指数滑动平均策略的声波测井纵波时差实时提取方法，在一定程度上能很好应对低信噪比地区的弱信号提取问题[12]。

卡尔曼滤波是一种用于估计动态系统状态的最优状态的递归数据处理算法[13]。理想条件下，它能够不断地通过将实际测量值与先验估计值结合，准确地估计系统的最优状态。在声波测井应用背景下，通过使用卡尔曼滤波器减少过程白噪声和测量白噪声，可以更准确地估计地层慢度。并且，卡尔曼滤波器具有数据存储量要求低和计算速度快的优点，因此特别适用于实时问题和嵌入式系统[14,15]。自 20 世纪 80 年代以来，卡尔曼滤波在测井领域的应用也越来越广泛，例如在钻井过程中预测孔隙压力、修正高分辨率测井中的实时速度以及获取核测井中元素 Th、U 和 K 的估算值等[16-18]。

本文将传统 STC 方法与线性卡尔曼滤波算法相结合，建立多重寻峰机制、二次校正策略和自适应参数估计等机制，针对低信噪比地区的弱信号时差提取难题，实现纵波时差的实时提取和稳定追踪。并且在裸眼井、套管井、软地层、600mm 井径大井眼井和随钻数据等多类型实测阵列声波数据中成功应用，验证该算法能有效应对时差渐变及突变的情况，可以快速稳定的提取纵波时差值，满足现场处理及解释要求。

1 方法

1.1 慢度时间相干法(STC)

作为声波测井中最出名的方法之一，STC 方法通过计算波形相似程度来计算声波时差，如式(1)所示。

$$\rho(s,\ T)=\frac{\int_{T}^{(T+T_w)}\left|\sum_{m=1}^{N}X_m(t+s(m-1)d)\right|^2\mathrm{d}t}{N\int_{T}^{(T+T_w)}\sum_{m=1}^{N}\left|X_m(t+s(m-1)d)\right|^2\mathrm{d}t} \tag{1}$$

式中，ρ 为相似相关法的相似系数；s 为慢度，μs/ft；T 为某一成分波首波到达时间，μs；T_w 为时窗长度，μs；$x_m(t)$ 为第 m 个接收器 t 时刻的声波信号，mV；d 为接收器的间距，ft。

1.2 卡尔曼滤波器与 STC 方法结合

对于每个深度点，可以将通过公式(1)获得得到的二维相似性图投影到慢度轴上来获得一维 STC 曲线。通过拾取 STC 曲线的首峰位置，可以得到对应的纵波慢度。然而，由于井孔条件不佳、不当的仪器操作或数据传输问题，波形质量会受到一定程度的影响，导致出现低信噪比区域。因此，在低信噪比区域，仅通过分析不稳定的 STC 谱来找到首波波峰位置，这可能会导致错误的慢度估算并产生持续的负面影响。在考虑到实际情况中对时效性和准确性的要求，我们采用卡尔曼滤波器来结合 STC 方法形成一种新型时差实时提取方案。

对每一个深度点 k，系统状态方程和观测方程可以表述为：

$$X_k=X_{k-1}+Q_k \tag{2}$$

$$Z_k=HX_k+V_k \tag{3}$$

式中，X_k 和 Z_k 为系统预测值和时差提取的输出值；H 为观测矩阵，通常用于转换观测值和系统预测值，在本文中，由于观测值和系统预测值都是时差提取的结果，因此 H 是一个单位矩阵；W_k 和 V_k 为过程噪声和测量噪声，在卡尔曼滤波假设中，我们认为它服从以下所示的正态分布：

$$W_k \sim N(0,\ Q_k) \tag{4}$$

$$V_k \sim N(0,\ R_k) \tag{5}$$

接下来便可以进行卡尔曼滤波，递归更新过程如下：

1. k 时刻系统状态的估计值，即 k 深度点纵波时差值的估计值

$$\hat{X}_k^- = \hat{X}_{k-1}^- + Q_{k-1} \tag{6}$$

式中，$\hat{X}_k^-$ 为 k 深度点纵波时差值的先验结果；$\hat{X}_{k-1}^-$ 为 $k-1$ 深度点纵波时差值的预测值(也可以叫作后验估计值)，是迭代更新的结果之一。A 代表状态转移矩阵，本模型中取1。

2. 度量估计值的协方差矩阵

$$P_k^- = AP_{k-1}A^T + Q_{k-1} \tag{7}$$

式中，P_k^- 为 k 深度点的先验协方差，是滤波的中间计算结果；P_{k-1} 为 $k-1$ 时刻的后验估计协方差；Q_{k-1} 为系统过程噪声的协方差，在本模型中，由于是一维系统，Q_{k-1} 则代表系统过程噪声在 $k-1$ 深度点估计得到的方差。

3. 计算卡尔曼增益

$$K_k = \frac{P_k^- - H^T}{HP_k^- H^T + R_{k-1}} \tag{8}$$

式中，K_k 为 k 深度点的卡尔曼增益值，也可以叫做卡尔曼系数，是滤波迭代过程中的结果值之一；H 表示将状态变量转换为测量值(观测值)的状态转移矩阵，是滤波的前提条件之一，本模型中 H 取0；R_{k-1} 为测量噪声的协方差，在本模型中，由于是一维卡尔曼滤波系统，R_{k-1} 则代表观测系统误差在 $k-1$ 深度点的估计方差。

4. 更新状态变量，得到 k 深度点的纵波时差值的后验结果

$$\hat{X}_k = \hat{X}_k^- + K_k(Z_k - H\hat{X}_k^-) \tag{9}$$

式中，$Z_k - H\hat{X}_k^-$ 为观测值与预测值的残差，通过状态变量反馈一起修正先验预测值，从而得到后验结果。

5. 更新协方差矩阵

$$P_k = (1 - K_k H) P_k^- \tag{10}$$

最终，更新协方差矩阵的值得到 P_k，由本次循环得到的 $\hat{X}_k$ 和 P_k 即可对下一时刻的观测数据进行更新和处理。整个循环都是轻量级的运算，有利于符合实时性的要求。

1.3 多重寻峰机制和二次校正策略

实际采集波形的质量往往是不可控的和不理想的。因此，仅仅通过一维 STC 曲线峰值检测和卡尔曼滤波来估计慢度不是一种最优的方法。为了解决这种问题，我们引入了多重寻峰机制和二次校正策略。多重寻峰机制旨在对从二维 STC 相似图以慢度轴投影获得的一维 STC 曲线实现更精确的峰值检测。这是为了避免大多数现有的峰值检测机制的局限性，这些机制主要集中于寻找全局最大值，可能忽略较弱的峰值从而无法对弱信号的首波峰值位置进

行正确拾取。慢度的二次校正策略包括在多重寻峰机制之后获得的慢度值的第一次校正和在卡尔曼滤波之后的获得的最优慢度估计值的第二次校正，通过两次校正以确保估计值保持在物理意义和用户定义的预测的边界内。用户定义的预测值用于将相邻深度点的估计慢度值之间的差限制在合理范围内，该差值可以通过合理范围内的平均 STC 谱自动计算。最后，基于上述策略和算法，我们综合提出了一种新型的实时时差提取方法，以最小的时间成本对抗每个深度帧中的噪声和干扰，从而提高整体的准确性、稳定性和时效性。

2 自适应卡尔曼滤波参数估计方法

由于难以获得噪声协方差矩阵的良好估计，卡尔曼滤波器在理想的状况下实现往往很困难[14]。此外，值得注意的是，线性卡尔曼滤波器假定过程噪声和测量噪声的协方差矩阵是恒定的，但由于不同深度的地层结构不同，这一假设在声波时差提取中并不符合。因此，本文将详细介绍卡尔曼滤波器最重要的两个参数的设置，这将直接决定基于慢度的其他声学分析手段的准确性和稳定性，例如识别地层岩性、划分油气层和计算岩石孔隙度。

Q 和 R 是线性卡尔曼滤波器中的重要参数，在一维系统模型中分别表示过程噪声和测量噪声的方差。调整 Q 值会影响滤波器对系统状态变化的估计。较大的 Q 值使滤波器更容易接受较大的状态变化，但可能增加估计的不确定性。较小的 Q 值使滤波器更加保守，但可能导致过度拟合噪声。因此，在实际应用中，有必要基于特定的实际背景对 Q 值和 R 值进行实时调整，以平衡状态估计的准确性和稳定性。测量噪声的方差由 R 表示，它被认为是实际测量值和来自状态估计的预测测量值之间的差异。与 Q 值类似，调整 R 值亦会影响卡尔曼滤波器的性能。较大的 R 值意味着对测量的置信度较低，使滤波器更依赖于预测状态。相反，较小的 R 值表示测量值的置信度更高，从而允许滤波器对实际测量值赋予更高的权重。在实践中，如何根据系统的实时状态调整 Q 值和 R 值，对于使卡尔曼滤波器达到最佳性能至关重要。

因此，本次研究提出了一种自适应卡尔曼滤波参数的计算方法，可以为系统实时地提供更加准确和合理的滤波参数，使得系统持续处于平衡状态。对于每一个深度点 k，对应的过程噪声方差 $\hat{Q}_k$ 和测量噪声方差 $\hat{R}_k$ 可以由下式计算获得：

$$\hat{Q}_k = \frac{\sum \left(X_{k-N_p,\ k-N_p+1\cdots k-1} - \bar{X}_{k-N_p,\ k-N_p+1\cdots k-1} \right)^2}{N_p - 1} \tag{11}$$

$$\hat{R}_k = \frac{\sum \left(Z_{k-N_p,\ k-N_p+1\cdots k-1} - \bar{Z}_{k-N_p,\ k-N_p+1\cdots k-1} \right)^2}{N_p - 1} \omega \tag{12}$$

式中，X 和 Z 为预测值向量和测量值向量；N_p 为开窗宽度；ω 为学习系数用于特殊情况下的人为介入调整。

图 1 为对模型采用三种不同的滤波参数所进行纵波时差提取的结果，可以证明提取结果对过程和测量噪声方差的敏感性。受大井径影响，该案例波形质量一般。当 Q 值明显大于 R 值时，模型对观测值给予更大的信任。由于数据的整体信噪比较低，观测值不稳定，如图 1(a) 所示，时差提取结果存在大量的异常波动和跳尖。相反地，当 Q 值远小于 R 值时，模型会更多地信任预测值，从而导致声波时差的提取更为保守，如图 1(c) 所示，会损失一定的地层信息，不利于后续分析。然而，当采用自适应滤波参数方法时，如图 1(b) 所示，

该方法维持了状态和观测之间的动态平衡。更具体地说，它不仅合理地保留了观测带来的信息，还解决了由于数据质量差而导致的 STC 提取中的错误识别首峰位置导致拾取结果异常波动的问题。最终，相较于图 1(a)和图 1(c)，采用了自适应卡尔曼滤波参数估计方法得到的时差提取结果如图 1(b)所示，效果更好，与 STC 图谱更加吻合。

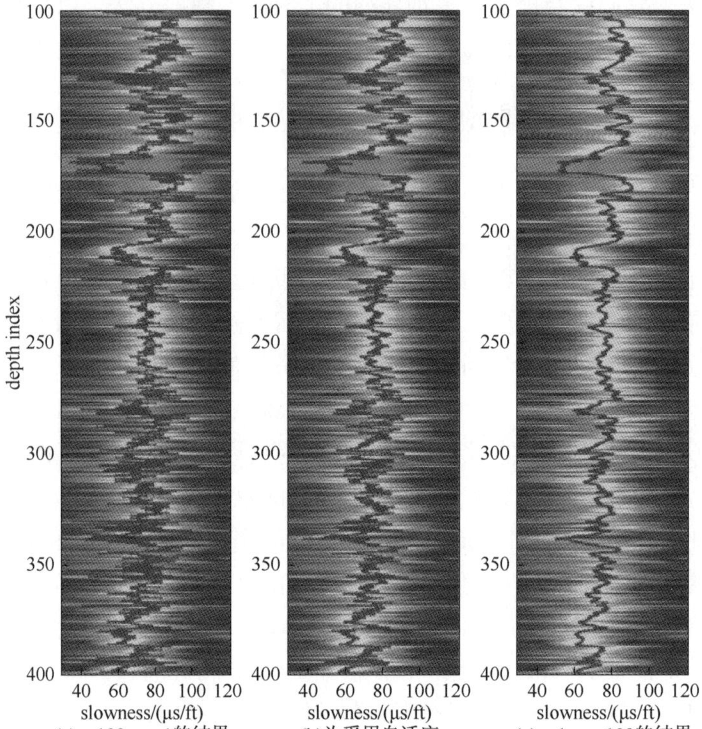

(a)q=100、r=1的结果　(b)为采用自适应卡尔曼滤波参数的结果　(c)q=1、r=100的结果

图 1　过程和测量噪声方差对时差提取的影响

3　案例应用

本章内容为时差实时提取方法在实测阵列波形数据中的应用，通过对比应用与未应用该综合算法的纵波时差提取结果，说明其具备较好的降噪能力和对快速慢度变化的灵活性。多种策略和算法的结合确保了对低信噪比数据处理中大幅度慢度变化的稳定拾取和追踪。迄今为止，该方法已累计处理了数百口井数据，并且在随钻测井数据也实现了应用。该方法也逐渐适配于绝大多数阵列波形数据。除随钻数据外，本章中的所有数据均由中油测井生产制造的 DAS18632 仪器采集获得，该单极数字声波仪器配备了五个间隔 0.5ft(0.1524m)的接收器。

3.1　在低信噪比区域的抗噪性表现

A 井位于中国西南地区，该地区特点为具有丰富的碳酸盐储层。该案例为 A 井的时差提取结果。由于受复杂的钻孔条件(如钻孔交替、应力集中、裂缝和破裂)和偏心测量的影响，原始 STC 谱中出现了低信噪比的区域，尤其是在图 2(a)中的 270~350m 范围内。在该区域内，部分地层 STC 特征不明显，仅通过直接对一维慢度谱进行峰值查找，可能导致意外且不稳定的初始拾取结果。图 2(d)和图 2(e)分别展示了标记处深度点[图 2(b)中黑圈内]二维 STC 图谱和一维 STC 曲线。值得注意的是，由于该井段测量方式为偏心测量，并且该井段井径超过 600mm，因此在原始 STC 谱和二维 STC 谱中均可以看到后续波至(存在相关性)的影响，这也是偏心测量整体信噪比低的主要原因。因为一维 STC 曲线是二维 STC 谱沿时间方向上的投影，因此一维 STC 曲线无法体现时间因素，在此基础上通过寻找首峰来确定正确的慢度位置在偏心测量的情形下是不准确的。如图 2(e)所示，这里存在 A、B 和 C 三类波峰。A 波峰 STC 能量高，从图 2(d)可以看到，由于受大井径、偏心、发射间隔和采样时间等多种影响，大量的后续波至叠加影响了 STC 分析结果，导致 400~600 时间索引处计算出大量高相关性的红色区域并经过投影使一维 STC 曲线在 30μs/ft 处存在很高的相关能量。由于 A 波峰慢度不到 30μs/ft，这类拾取结果显然不符合实际意义，也在算法内被过滤。C 波峰处 STC 能量最高(超过 0.8)，并且所对应的慢度值也在合理的定义范围内，因此被提取成为该点处的时差值[图 2(b)黑圈内]。然而根据经验综合比对图 2(a)、图 2(d)和图 2(e)，显然 B 波峰才是正确的纵波时差值，但因为能量小即使是采用了多重寻峰策略也难以被正确提取。但是通过卡尔曼滤波器的应用和二次校正策略，可以看到图 2(c)中该点处的时差值得到了很好的修正，最终时差结果与图 2(e)处 B 波峰对应的慢度值相吻合。

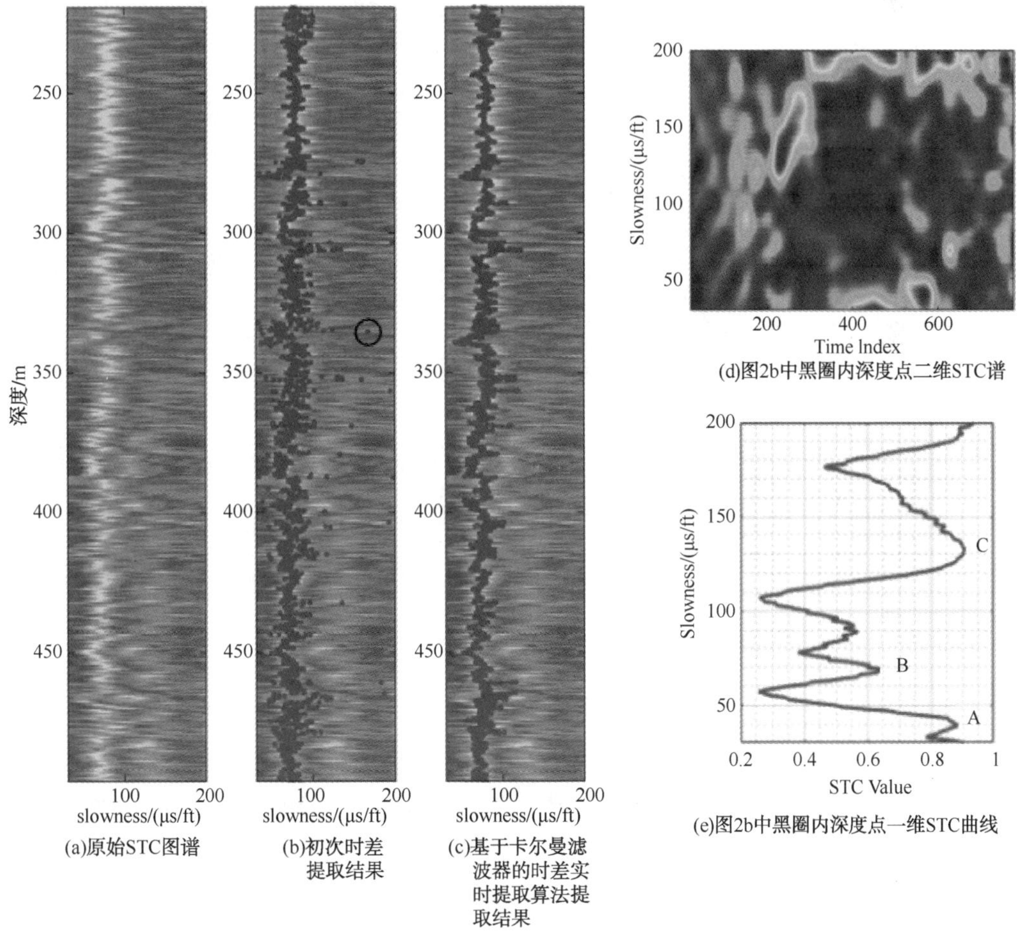

(a)原始STC图谱 (b)初次时差提取结果 (c)基于卡尔曼滤波器的时差实时提取算法提取结果

(d)图2b中黑圈内深度点二维STC谱

(e)图2b中黑圈内深度点一维STC曲线

图 2 西南地区 A 井部分深度时差提取结果

本文提出的卡尔曼滤波模型有效地捕捉了总体趋势，补偿了实际波形数据的局限性。利用多重寻峰和双重慢度校正策略，为数据质量较差的范围内的纵波时差估计提供了重要的参考和基础。此外，鉴于其能够补偿不同测量模式对波形数据质量的不利影响，该方法具有一定的兼容性，有助于中油测井自研数字声波仪器的改进和推广应用。

3.2 灵活追踪大时差变化地层

在这一节中，我们将这种新的实时慢度估计方法应用于东北地区 B 井和 C 井的实测数据中，目的为验证其对慢地层时差快速变化的适应性和算法的稳定性。如图 3 所示，该案例中许多地层的纵波慢度超过 150μs/ft，并且由于该地区沙泥岩互层的存在，导致地层突变的现象普遍存在。提取纵波时差是单极声波测井仪器的最重要也是最基础的功能之一，能否在慢速地层实现准确和稳定的时差提取成为该技术能否应用推广的关键。

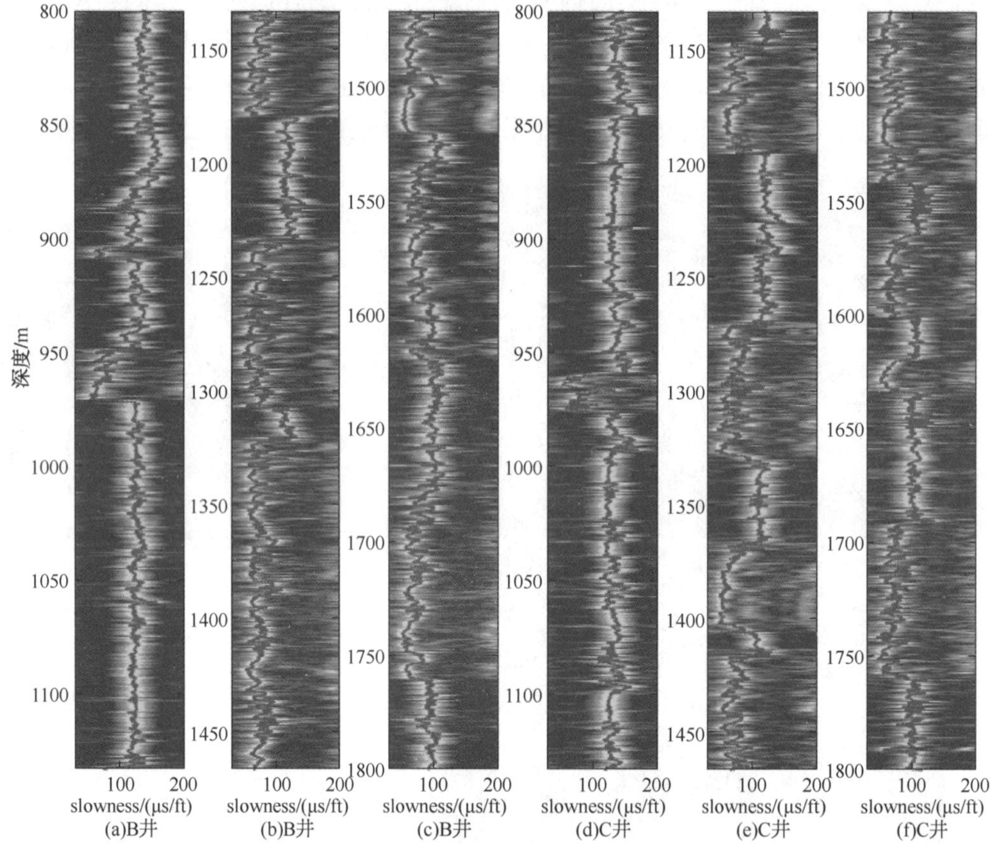

图 3　辽河地区大时差变化地层 B 井和 C 井的纵波时差提取结果

值得一提的是，在实际应用中，观测值的显著变化往往与预测值相矛盾，这表明地层速度可能发生了突然变化。从系统的角度来看，这种变化被认为是可以接受的。然而，在数据质量较差的地区，特别是当信噪比较低时，系统可能会捕捉到与最初预测的基线大幅偏离的观测结果，这是不可接受的。因此，如何区分这些不可接受的变化和可接受的变化，成为一个比较困难的挑战。然而，卡尔曼滤波器可以通过自动实时计算滤波参数 Q 和 R 有效地解决了这个问题，允许系统为观测值和预测值分配适当的权重。例如，卡尔曼滤波器会在低信噪比地区对预测值赋予更多权重，而在地层变化迅速的区域，对观测值有更多的信任，这样系统能够“智能”的识别当预测值与观测值相差过大时是因为发生了地层突变还是因为波形质量的原因。如图 3 所示，这种自适应方法能够实现最佳的滤波性能。这两个例子有效地说明了该方法能够有效应对慢速地层下的地层突变现象，灵活维护系统动态平衡，从而实现纵波慢度的实时、连续和稳定提取。

3.3　随钻场景下的扩展应用

在实际应用中，我们在 LWD 场景中进一步实现了所提出的方法，确认了其有效性。与电缆测井不同(仪器通常在以相对低的噪声水平和精确控制工具定位为特征的环境中工作)，LWD 测井中工具被部署用于在存在严重噪声和干扰的钻井操作期间进行测量，从而对使用 STC 处理的提取的纵波的可靠性提出了更大的挑战。

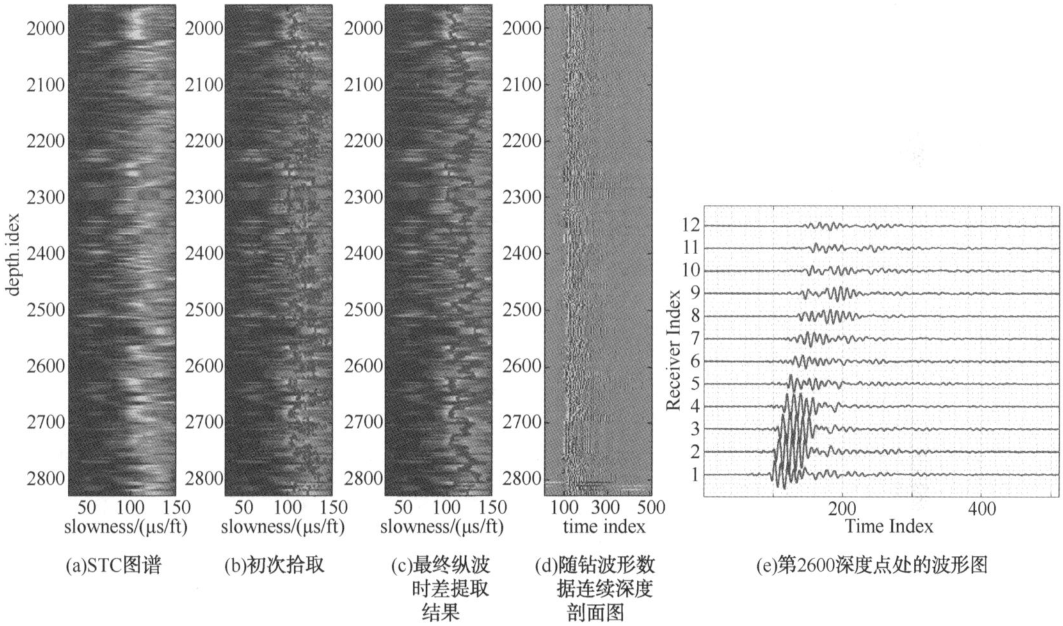

图 4　LWD 场景下的应用

本节中的案例数据来源于中国中部地区慢速地层的一口井，从图 4(e)可以看出，该随钻数据普遍存在波形相关性差，不具备良好的一致性。图 4(a)为利用该数据计算得到的 STC 图谱，相较于数字声波仪器测井数据，随钻数据信噪比更低，噪声干扰更大。因此，除了采用本文之前章节介绍的提升时差提取精度的方法(如多重寻峰策略、慢度的双重校正策略和卡尔曼滤波器)之外，对于 LWD 场景下这种波形存在大量噪声、相关性低的数据，特别采用了针对性的预处理技术，如去除直流(DC)分量和实现幅度均衡。这些措施能够有效增强波形数据的相关性，突出受噪声影响的相对较弱的 STC 特征，以确保低信噪比条件下纵波慢度估计的稳定性和准确性。如图 4(c)所示，该案例中纵波慢度的提取得到了很好的估计和优化。

4 总结

目前时域和频域范围内的阵列声波时差提取方法已广泛应用于各类型实测数据中，然而对于波形质量差导致的低信噪比数据，各种方法的时差提取的应用效果依然存在不足，在声波测井行业内缺乏既能满足时效性，又能保证精度和稳定性的时差提取方法。本文为了解决在低信噪比条件下弱信号时差提取难题，提出了一种实时纵波慢度拾取和追踪方法，将传统STC方法与卡尔曼滤波器算法相结合，利用卡尔曼滤波器在数据融合和轻量化方面的优势，基于当前系统状态快速评估慢度估计结果，得出最佳估计确保局部最优。此外，引入自适应滤波参数估计方法，自动更新滤波器参数，有助于高效地捕捉和追踪多种地层类型的纵波时差变化规律，以确保时差提取的稳定性。通过许多实例验证，该方法可以得到纵波的可靠慢度估计，并能很好地适应快速慢度变化的情况。对于本文讨论的装备有5个接收器的单极子数字声波测井仪器，每个深度位置的平均时间成本小于30ms，可以对地层和钻孔条件进行实时评估。综上所述，本方法能够提供高质量的实时纵波时差提取结果，有助于公司自研仪器的推广。

参 考 文 献

[1] Tang，X. M. and Cheng，C. H. A.，2004. Quantitative borehole acoustic methods[J]. ISBN：978-0080440514.

[2] Bouchon，M.，Schmitt，D. P.，1989. Full - wave acoustic logging in an irregular borehole. GEOPHYSICS 54，758-765. DOI：10. 1190/1. 1442703.

[3] Tang，X. M.，Zheng，Y.，Patterson，D.，2007. Processing array acoustic-logging data to image near-borehole geologic structures[J]. GEOPHYSICS 72，E87-E97. DOI：10. 1190/1. 2435083.

[4] 江万哲，章成广，时频分析方法在声波测井信息提取中的应用，石油天然气学报，2005，27(6)，736-7388.

[5] Kimball，C. V.，Marzetta，T. L.，1984. Semblance processing of borehole acoustic array data[J]. GEOPHYSICS 49，274-281. https：//doi. org/10. 1190/1. 1441659.

[6] 王祝文，刘菁华，聂春燕，阵列声波测井信号的时频局域相关能量分析[J]. 吉林大学学报(地球科学版)，2008，38(2)，341-3468.

[7] Hsu，K.，Baggeroer，A. B.，1986. Application of the maximum-likelihood method (MLM) for sonic velocity logging[J]. GEOPHYSICS 51，780-787.

[8] Akhmetsafin，R. D.，Dubinskii，V.，Patterson，D.，2008. Hilbert-semblance method for acoustic logging data processing[J]. Russian Geology and Geophysics 49，692-697.

[9] 陶钧，肖加奇，鲍雪山，等. 阵列声波测井实时STC算法[J]. 电子测量技术，2014，37(01)：34-38+44.

[10] Aeron，S.，Bose，S. and Valero，H. P.，2015. Robust detection and estimation for logging while drilling monopole acoustic data[J]. IEEE Transactions on Signal Processing，63(12)，3062-3075.

[11] 刘建建，陈江浩，余卫东，等. 基于PSO和STC的纵波时差实时提取方法[J]. 测井技术，2020，44(04)：358-361. DOI：10. 16489 /j. issn. 1004-1338. 2020. 04. 008.

[12] Sun，X.，Zhou，J.，Yu，C.，Zhang，H.，Ma，X.，Liu，X.，Li，S.，Liu，J.，Sun，H.，2023. A Real-Time Slowness Picking and Tracking Method for Borehole Acoustic Logging[J]. Presented at the 84th

EAGE Annual Conference & Exhibition, Vienna, Austria, June 2023.

[13] Kolouri, S., Azimi-Sadjadi, M. R., Ziemann, A., 2014. Acoustic Tomography of the Atmosphere Using Unscented Kalman Filter[J]. IEEE Transactions on Geoscience and Remote Sensing 52, 2159-2171.

[14] Rajamani, M. R., Rawlings, J. B., 2009. Estimation of the disturbance structure from data using semidefinite programming and optimal weighting[J]. Automatica, 45(1), 142-148.

[15] Bektas, E., Miska, S. Z., Ozbayoglu, E. M., Yu, M., Takach, N., Velazquez-Cruz, D., Shahri, M. P. Application of Kalman Filterto Predictions of Pore Pressure While Drilling, 2015[J]. Presented at the SPE Annual Technical Conference and Exhibition, Houston, Texas, USA, September 2015.

[16] Belougne, V., Faivre, O., Jammes, L., Whittaker, S., 1996. Real Time Speed Correction Of Logging Data[J]. Paper presented at the SPWLA 37th Annual Logging Symposium, New Orleans, Louisiana, June 1996.

[17] Ruckebusch, G., 1982. An application of Kalman filtering in nuclear well logging[J]. Presented at IEEE International Conference on Acoustics, Speech, and Signal Processing, Pairs, France, May 1982.

机器学习测井岩相分类方法

金卫刚[1]　何雨航[1]　王文之[2]　蔡涵鹏[1]

（1. 电子科技大学资源与环境学院，四川 成都　611731；
2. 中国石油西南油气田公司勘探开发研究院，四川 成都　610094）

摘　要：传统的基于测井曲线的岩相分析依赖于地质专家的经验，因而具有不稳定性。机器学习在岩相分类领域已有广泛应用，能根据测井数据自动对岩相进行准确的分类，解决由于专家经验差异导致的结果差异。本文对比了小样本情况下两种经典的机器学习方法——深度神经网络(DNN)和支持向量机(SVM)在岩相分类问题上的准确度，并将两者结合提高了预测效果。首先，对输入数据进行预处理，并构建不同的特征集。其次，将数据标签地划分为训练集和测试集，并保持各标签比例不变。随后，分别构建了 DNN 与 SVM，选择了合适的特征集并对两种网络进行了综合评估。最后，利用 SVM 选择置信度高的额外样本辅助 DNN 训练。结果显示，利用这种方法有效提高了 DNN 预测的准确度。

关键词：深度神经网络；支持向量机；机器学习；岩相分类

0　引言

岩相分类在地质勘探和石油工程领域中十分重要，对于准确识别地层岩石类型和储层位置以及优化油气开采方案均有重要意义。传统的岩相分类方法依赖于地质专家的经验和实地数据，存在一定的主观性和不确定性。目前，基于机器学习的岩相分类大多都基于多口井的数据，缺乏对单口井这种缺乏样本情况的研究。本文对比并结合了两种常见的机器学习方法对单口井分类的准确度，为小样本岩相分类提供了参考。

支持向量机(SVM)是在统计学习理论的基础上发展的模式识别方法，在解决小样本、非线性以及高维识别问题方面的优势明显[4]。

深度神经网络(DNN)具有强大的特征学习和表示能力。通过构建多层神经网络结构，DNN 可以自动提取数据中的深层特征，但比 SVM 需要更多的样本。

本文旨在结合 DNN 和 SVM 两种方法进行岩相分类。首先，对输入数据进行预处理，筛选属性构建不同的特征集。其次，分别构建 DNN 和 SVM，并使用训练集进行训练，利用测试集评估、对比。最后，利用 SVM 选择置信度较高的样本辅助 DNN 进行训练。结果显示，这种方法有效提高了 DNN 的预测效果。

作者简介：金卫刚，男，浙江台州人，大数据技术与工程专业硕士研究生。E-mail：jinweigang122@163. com。

1　方法理论

模型的训练策略如图 1 所示。首先，利用有标签数据对 SVM 进行训练。然后，利用 SVM 对无标签数据进行分类，得到预测结果和置信度。通过设定置信度的阈值，选取了一些置信度较高的数据。最后，使用原本的有标签数据与伪标签数据一同训练 DNN，得到最终模型。

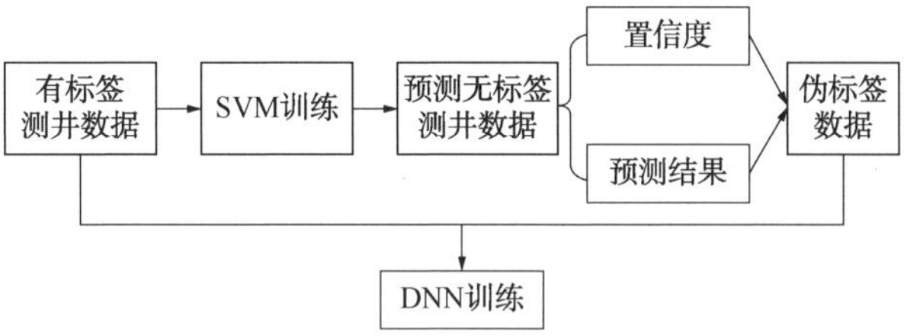

图 1　模型的训练策略

1.1　数据预处理

在机器学习领域，数据预处理是一个关键环节。对不同类型的数据，应该采用不同的处理方式。对于有关联的属性可以考虑对它们取互相关，作为一个新的属性。对于方差较大属性，可以考虑对其取对数，压缩其尺度，使其变化更为平稳。其次，本文采用了鲁棒归一化统一量纲，它能一定程度上减少异常值对数据训练造成的影响，使预测结果更加合理。如式(1)所示：

$$x_i^* = \frac{x_i - mediadn}{Q_u(x) - Q_l(x)} \tag{1}$$

式中，x_i 为第 i 个样本的原始数据；x_i^* 为第 i 个样本的归一化数据；$median$ 为所有样本数据的中位数；$Q_u(x)$ 为上分位数；$Q_l(x)$ 为下分位数。

1.2　支持向量机(SVM)

SVM 学习的基本想法是在特征空间中找到能正确划分训练数据集并且与数据的几何间隔最大的分离超平面。

如图 2 所示，样本点($\vec{x}_i$，y_i)到超平面 $\vec{w}\cdot\vec{x}_i+b=0$ 的几何距离定义为：

$$\gamma_i = y_i\left(\frac{\vec{w}}{\|\vec{w}\|}\vec{x}_i + \frac{b}{\|\vec{w}\|}\right) \tag{2}$$

式中，$\vec{x}_i$ 为第 i 个样本点的特征属性；y_i 为相应的标签。

距离超平面最近的样本点称作支持向量。于是，SVM 的超平面的求解等价于求解最优化问题：

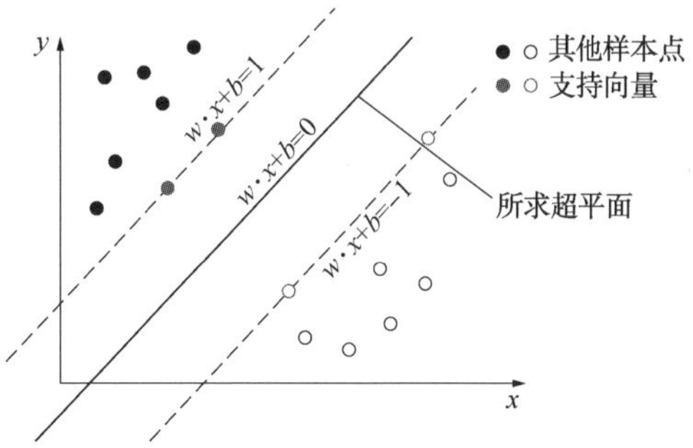

图 2　特征空间及所求超平面

$$\max_{w,b}\gamma$$

$$s.t.\ y_i\left(\frac{\vec{w}}{\|\vec{w}\|}\vec{x}_i + \frac{\vec{b}}{\|\vec{w}\|}\right) \geqslant \gamma,\ i=1,\ 2,\ \cdots,\ N \tag{3}$$

其中约束条件保证了其他样本点到超平面距离大于支持向量，目标函数保证超平面与支持向量之间的几何距离最大。由于不是所有数据都是线性可分的，引入了“软间隔”，此时问题变为：

$$\max_{w,\ b,\ \xi_i} \gamma - C\sum_{i=1}^{m}\xi_i$$

$$sty_i\left(\frac{\vec{w}}{\|\vec{w}\|}\vec{x}_i + \frac{\vec{b}}{\|\vec{w}\|}\right) \geqslant \gamma - \xi_i,\ i = 1,\ 2,\ \cdots,\ N \tag{4}$$

式中，ξ_i 为第 i 个样本的松弛量；C 为罚函数系数。

加入松弛量后，允许其他样本点到超平面的距离小于 γ 一定距离，第 i 个样本点的容许距离为 ξ_i。为了不让松弛量过大，在目标函数中引入了罚项($-C\sum\xi_i$)。此时，SVM 可以对近似线性可分的数据进行预测。而对于非线性问题，可先将特征映射到另一个高维的特征空间，使之近似线性可分，再使用之前的方法求出该空间的超平面。

1.3 深度神经网络(DNN)

图 3 展示了深度神经网络的基本结构，深度神经网络由单个输入层，一个或者多个隐藏层，单个输出层组成。输入层提供原始输入数据。隐藏层的每一层都由若干个神经元组成，依次提取深层特征，直到得到预测结果，这是神经网络的前向传递。

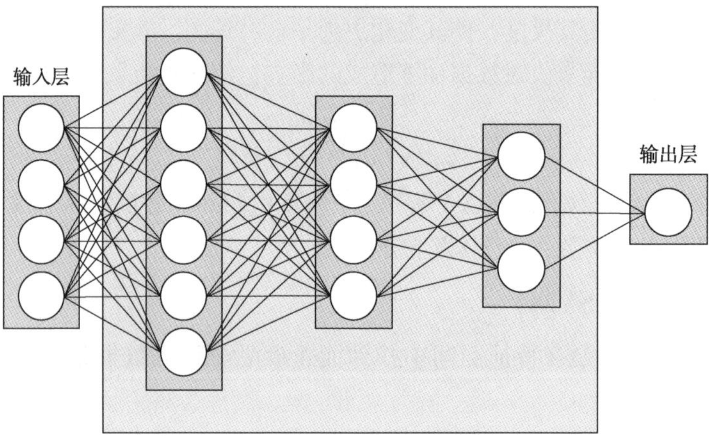

图 3 深度神经网络的结构

通过神经网络的预测结果与标签，可计算出代价函数。后向传递便是根据代价函数的梯度调整网络中每个神经元的权重 $\vec{w}$ 和偏差 b 从而减小代价函数的过程。迭代若干个周期后，网络达到收敛。

2 实验分析

本文选用了四川盆地的一口井 mx51，图 4 展示了原始测井数据，包含了自然伽马(GR)、声波时差(AC)、补偿密度(DEN)、补偿中子(CNL)、4m 底部梯度电阻率(RT)、冲洗带电阻率(RXO)6 个属性，共 657 个数据，每个数据都有一个 0/1 标签，1 为微生物碳酸岩，0 为其他岩性。通过观察图 4，我们可以发现第 70～80 个样本的 CNL 显著高于其他样本，可对该属性取对数，缩小该属性的值域范围，使模型能捕捉到更细微的变化。属性 RT 和 RXO 形态较为相似，且物理意义有所关联，所以对这两个属性取互相关，作为一个新的属性或许是有用的。

为了能同时学习到各个层位的岩相特征，需分层地将数据按 3∶1 的比例随机划分为训练集和测试集。

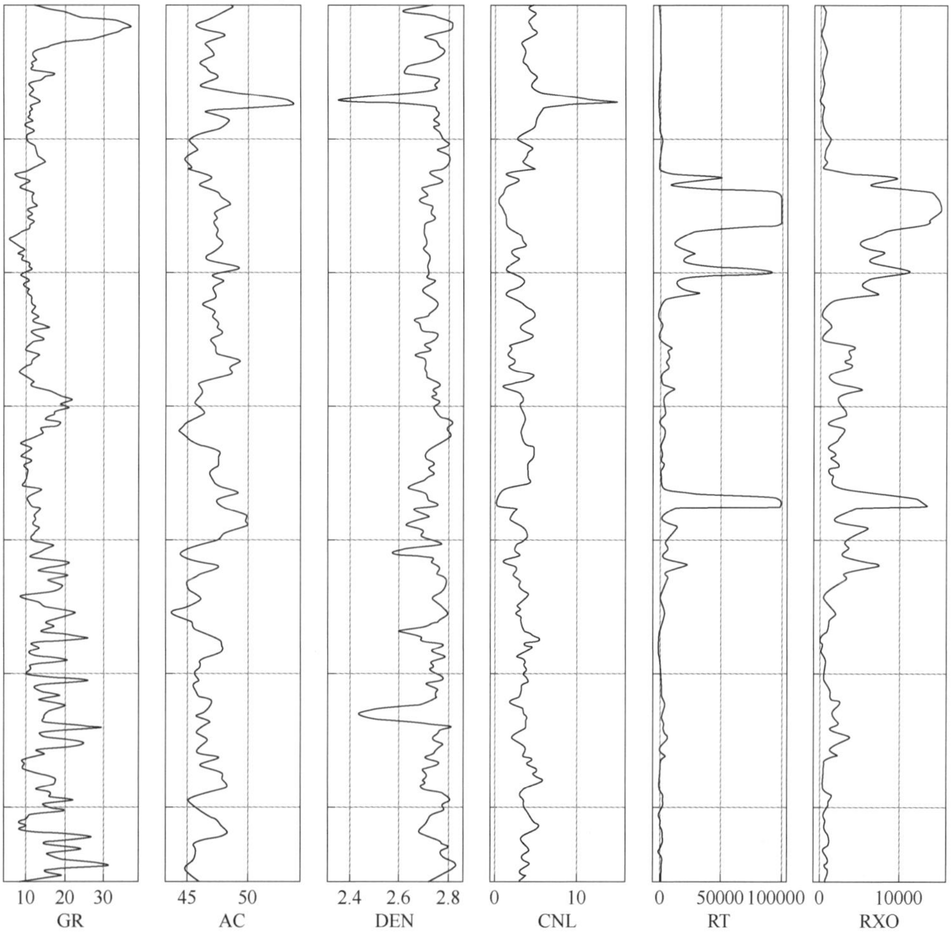

图 4 原始测井数据

设原始数据为特征集 1，对 CNL 取对数的数据为特征集 2，在数据 2 的基础上增加 RT 与 RXO 互相关的训练数据为特征集 3。为了检验以上两个处理是否能提高预测效率，分别使用特征集 1、特征集 2、特征集 3 的训练数据训练 SVM，并使用不同的随机数种子改变训练集与测试集，最后在测试集上进行准确性评估。其中，SVM 的核函数选用径向核函数，核函数宽度为 64，惩罚系数为 10。结果如表 1 所示，在特征集 3 上分类效果较好，这证明了我们对原始数据的 2 个处理都是有效的。

表 1 SVM 在不同特征集的测试集上的准确度

特征集	平均准确度
特征集 1	87.3%
特征集 2	88.0%
特征集 3	90.1%

深度神经网络的输入层为 7 个神经元，用于接收特征。隐藏层由 4 层全连接层组成，分别有 35 个、25 个、25 个、15 个神经元，激活函数均为 Relu。输出层为一个神经元，激活函数为 Sig-

moid。

为了比较两种算法，取用特征集3，选用10个不同的随机数种子，分别在两个网络训练并得到预测结果的平均准确度。结果如表2所示，可知在小样本岩相分类问题中，SVM的性能略优于DNN。

表2　SVM与DNN的准确度对比

方法	平均准确度
SVM	90.3%
DNN	89.2%

图5绘制了随机数种子2上的归一化输入特征、两种方法对全体数据的预测结果与标签。从图5的红框中可以观察到SVM在稀少属性上预测效果较差，这可能是因为SVM的“软间隔”导致的。对于这种数据，DNN能更好地捕捉这种特征。

通过图5的方法，可利用SVM在另外三口井1_gs103、1_mx105、1_w1筛选置信度较高的样本辅助DNN训练。表3展示了SVM辅助DNN训练前后结果对比，其中训练集1为原始有标签数据，训练集2额外加上了SVM选取的置信度较高的样本数据。结果表明，该方法有效提高了DNN的网络性能。

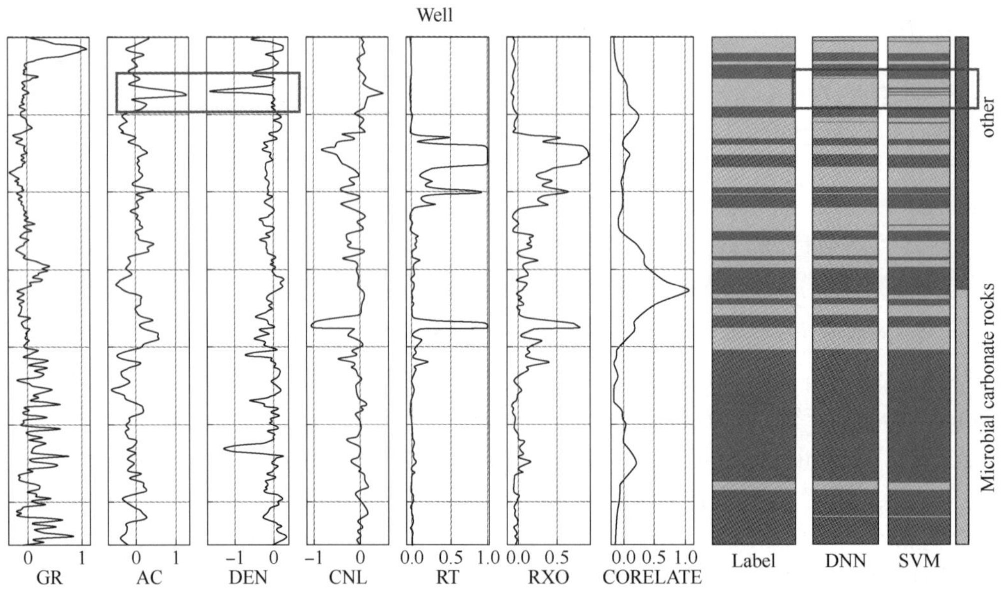

图5　随机数种子2上的归一化输入特征、两种方法对全体数据的预测结果与标签

表3　SVM辅助DNN训练前后结果对比

训练集	平均准确度
训练集1	89.2%
训练集2	91.3%

3 结论

本文通过采用 DNN 和 SVM 两种机器学习算法，对小样本岩相分类问题进行了分析。实验结果表明，SVM 在小样本岩相分类问题上准确度较优于深度神经网络。此外，通过绘制原始数据的测井曲线、原标签和预测结果的对比图，直观地展示了分类效果。

最后，利用 SVM 增加额外样本一同训练 DNN，有效提高了 DNN 的网络性能。在未来的工作中，还可以考虑采用一种集成学习的方法，进一步将两种模型结合起来，从而提高模型的预测效果。

参 考 文 献

[1] 安鹏，曹丹平．基于深度学习的测井岩性识别方法研究与应用[J]．地球物理学进展，2018，33(03)：1029-1034.

[2] 高飞，曲志鹏，魏震，等．基于机器学习方法的测井岩相分类研究[J/OL]．地球物理学进展，2024-03-31：1-21.

[3] 何贤宏，李可赛，许家铖，等．基于聚类-支持向量机算法的碳酸盐岩测井岩相识别模型与应用[J]．测井技术，2023，47(02)：129-137.

[4] 李昌，沈安江，常少英，等．机器学习法在碳酸盐岩岩相测井识别中应用及对比——以四川盆地 MX 地区龙王庙组地层为例[J]．油气藏评价与开发，2021，11(04)：586-596.

[5] 谌丽，王才志，宁从前，等．基于机器学习的鄂尔多斯盆地陇东地区长 7 段岩相测井识别方法[J]．油气藏评价与开发，2023，13(04)：525-536.

[6] Abbas A B，Alexandre V C，Guilherme C F，et al. Ensemble-based machine learning application for lithofacies classification in a pre-salt carbonate reservoir，Santos Basin，Brazil[J]. Petroleum Science and Technology，2024，42(9)：1138-1154.

井周超声成像测井中三维井眼表征的跨模态配准方法研究

李志鹏[1,2]　师奕兵[1,2]　李焱骏[1,2]　张　伟[1,2]

（1. 电子科技大学自动化工程学院，四川 成都　611731；
2. 中国海油测井与定向钻井重点实验室电子分室，四川 成都　611731）

摘　要：超声回波信号的飞行时间(ToF)和振幅是在成像测井系统中建立地下钻孔三维模型的关键参数。然而，由于初始测量或重复测量的方向不同，回波信号的 ToF 产生的点云可能无法记录信号振幅产生的相应强度。本研究提出了一种孔带特征排列(BZ-FA)框架，以对孔壁的点云及其相应的强度进行交叉模态配准。首先，将超声信号产生的点云和强度映射到一个平面上，并将其转换为 ToF 和振幅图像，以对齐不同模式的特征。将二维到三维的配准转换为一个图像匹配问题。然后，我们建立了一个数学优化模型，其中优化目标是最小化 ToF 图像和原始振幅图像之间的差异。最后，提出了一种多方向搜索(MOS)方法，该方法可以搜索最优的移位矩阵，以有效准确地实现配准。我们制造了一个超声成像测井(UIL)工具，并为整个生产井收集点云数据，以验证我们提出的方法。实验结果表明，该方法可以有效地实现该交叉模态配准任务，并生成直观的模型，有助于理解测井过程中井壁的构建。

关键词：跨模态；特征对齐；成像测井；点云配准；超声波点云

0　引言

在石油勘探中，测井是为工程师提供地质构造信息，帮助工程师判断一个区域内是否有油气的重要技术[1]。为了开采更多的石油，研究人员开发了不同的测井工具，使用不同的测量物理量，包括电阻率、声波、伽马辐射和中子密度等[2,3]。

在所有的测井技术中，声成像测井，特别是圆周钻孔成像测井(CBIL)，可以通过安装在旋转电机[4]上的传感器扫描来建立完整的钻孔壁模型。图 1 说明了超声成像测井(UIL)工具如何在反射模式下操作。当测井工具在一定深度时，由电机驱动的超声波换能器沿着孔壁旋转，以一定的时间间隔发送和接收相应的声学信号。UIL 工具可以计算整个井壁的飞行时间(ToF)和振幅值，是准确表示井壁结构的关键参数。过去，测井工程师倾向于以二维(2D)图像的形式划分井壁[5]。他们按照测量顺序排列回波信号，然后提取回波信号的 ToF

作者简介：张伟，男，电子科技大学副教授，主要研究方向为主要研究方向为声学与电磁成像测井理论、方法与仪器设计、油气管道无损检测、微弱信号高精度采集与处理、机器学习与图像处理、通信导航雷达与声呐技术等。E-mail：weizhang@ uestc. edu. cn。

和振幅，并以矩阵形式记录下来，从而获得两种类型的超声波测井图像：ToF 图像和振幅图像。根据这两种图，可以直观地获得大量有价值的地层数据，有助于对含油气层进行定量评价[6]。例如，根据井眼图像记录确定了每条断裂的平均交汇数和断裂长度，其中断裂长度是根据具有部分或完整圆周痕迹的断裂的相对频率估算的[7]。高分辨率的井眼成像也可用于对原位应力方向进行更可靠的评估。英国甚至建议将此类成像工具的更高分辨率作为岩石测试前原位应力取向评估的事实标准[8]。通过使用钻孔测井图像，分析了构造变化下应力场方位的变化以及该俯冲边缘的滑动行为[9]。因此，基于超声波成像测井工具的一般信号处理策略已被用于获取二维图像，其中包括测井图像的去噪和增强[10,11]。从这些图像中提取了一些涉及岩层密度或孔隙度的重要特征。具有代表性的特征是裂缝。首先，采用基于特征的方法来识别测井图像中的裂缝，如定向层析法[12]和边缘检测算法[13]。随后，为了给图像中的裂缝像素提供语义，人们设计了监督学习算法，可以智能地分割岩石间裂缝对应的区域[14,15]。以前的算法和方法极大地促进了测井技术的发展，有助于发现更多的石油和天然气。然而，二维测井图像的一个缺陷是无法直接获得绝对直观易懂的测井结果。例如，对于非测井专业的研究人员或初级工程师来说，要理解为什么裂缝在二维测井图像中呈现正弦曲线形状是一项挑战。即使是资深工程师，由于缺乏定位，也不容易立即理解裂缝或洞穴的生长情况。此外，不同类型的超声波参数所产生的测井图像的深层信息也很难掌握，因为有两种不同的参数。

超声波成像测井的原理是提取回波信号的飞行时间（ToF）和振幅值。在此基础上，利用带强度的点云构建三维（3D）井眼模型，以直观显示井眼。三维模型上的每个点表示空间中的相对位置，该位置由在该位置测得的 ToF 确定。不同的颜色代表回波信号的振幅，即强度。黄色越多，表示回波幅度越大。我们目的是设计一种方法，在点云和相应的强度之间进行配准。

为解决这些问题，如图 1 所示，我们提出了一种井眼区域特征配准（BZ-FA）框架，其中包括一个三维（3D）模型，利用带有信号强度的点云直观地表示井眼。三维模型上的每个点代表空间中的相对位置，该位置由在该位置测量的 ToF 确定。颜色代表回波信号的振幅，即强度。这项工作扩展了我们的早期研究[16]，进一步寻求一种方法来处理因初始测量方向不同或重复测量而造成的点云与相应强度之间的配准任务。本研究的主要贡献如下：

（1）提出了用信号强度表示钻孔的三维点云模型，有利于直观地显示地层结构。

（2）对钻孔点云进行点云配准（PCR），并将强度值转换为二维图像，以对齐两个数据集之间点的空间位置。建立了一个数学优化模型来评估 ToF 图像与超声波信号生成的振幅图像之间的相似性。该模型揭示了钻孔上的点云和强度之间的配准问题的本质。

（3）提出了一种多方向搜索（MOS）优化方法来搜索最佳移位矩阵。利用这些矩阵，通过重新排列原始振幅图像的点来转换原始振幅图像。

（4）开发了超声波成像测井系统，以提供在生产井中获取的真实超声波回波信号。基于该数据集，进行了对比实验，以证明我们的跨模态配准方法对井眼点云和强度的有效性。

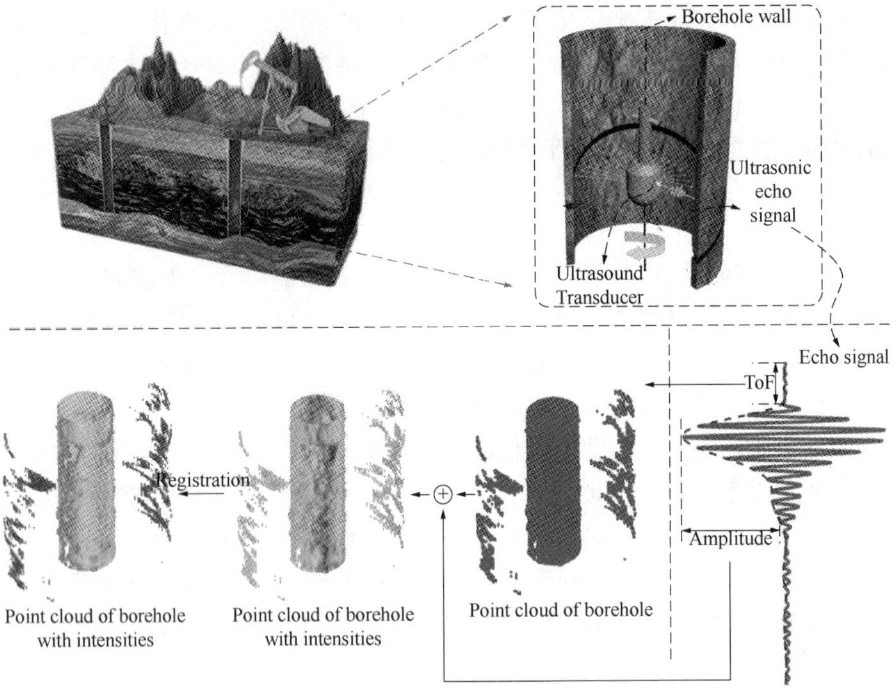

图 1　超声成像测井

1　问题描述

超声波成像测井(UIL)工具可以在钻井后绘制直观的地质结构图，因此被广泛应用于储层勘探。一般来说，为了进行交叉验证，测井工程师可以使用同一设备或不同设备在同一井眼至少进行两次测井作业，分别获得更多次的超声波回波的 ToFs 和振幅。多次测量 UIL 所获得的原始数据可用于累积平均，从而减少测量误差，获得更准确的数据，如公式 (1)，

$$\overline{X}=\frac{1}{n}\sum_{i=1}^{n}X_i, \tag{1}$$

式中，矩阵 X_i 表示第 i 个测井的超声回波的展开 ToF 或振幅数据。在多次 UIL 操作中，超声波换能器的初始方位和深度通常是不同的。因此，对于同一井眼，第一次和第二次测量的 UIL 结果并不完全一致。如果希望获得一个完美的三维点云模型，将 ToFs 和回波振幅结合起来，就必须进行配准。具体而言，如图 2 所示，将第一个 UIL 的 ToF 和振幅图像分别定义为 X_{t1}和 X_{t2}，然后将第二个 UIL 的 ToF 和振幅图像分别定义为 X_{t2}和 X_{a2}，如式(2)所示。

$$X_{t1}=\begin{bmatrix}0 & 0 & x_{t_1} & x_{t_2}\\ x_{t_3} & x_{t_4} & x_{t_5} & x_{t_6}\\ x_{t_7} & x_{t_8} & x_{t_9} & 0\\ 0 & 0 & 0 & 0\end{bmatrix}\begin{bmatrix}0 & 0 & x_{a_1} & x_{a_2}\\ x_{a_3} & x_{a_4} & x_{a_5} & x_{a_6}\\ x_{a_7} & x_{a_8} & x_{a_9} & 0\\ 0 & 0 & 0 & 0\end{bmatrix} \tag{2}$$

试图确定变换 $F_{t2}(\cdot)$ 和 $F_{a2}(\cdot)$ 以使 X_{t2} 接近 X_{t1}，但是，使 X_{a1} 接近 X_{a2}，即

$$\begin{gathered}\|X_{t1}-F_{t_2}(X_{t2})\|_2<\epsilon,\\ \|X_{a1}-F_{a_2}(X_{a2})\|_2<\epsilon,\end{gathered} \tag{3}$$

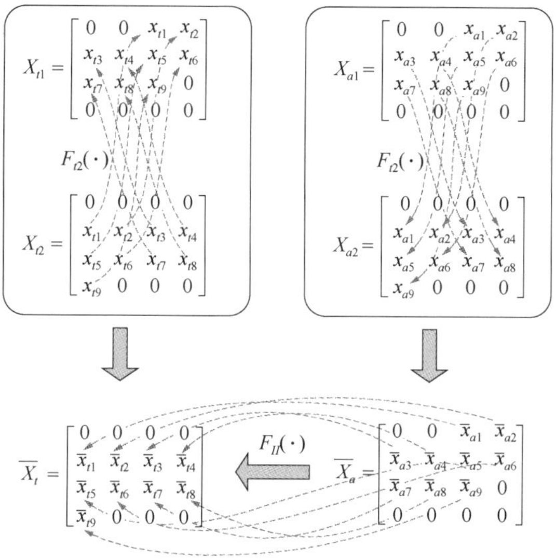

图 2　多次测量造成的到达时间和振幅不匹配，以及相应的配准过程

接着，$\overline{X}_t$ 和 $\overline{X}_a$ 可以通过式(1)获得，

$$\overline{X}_t=\frac{1}{2}[X_{t1}+F_{t_2}(X_{t2})],\ \overline{X}_a=\frac{1}{2}[X_{a2}+F_{a_2}(X_{a1})], \tag{4}$$

相似地，应确定 $\overline{X}_t$ 和 $\overline{X}_a$ 之间的变换 $F_{II}(\cdot)$，

$$F_{II}=argmin[\overline{X}_t-F_{II}(\overline{X}_a)], \tag{5}$$

最终，本文的研究目标是设计一种优化算法，即提出的 BZ-FA 来实现变换 $F_{II}(\cdot)$，来用于 ToFs 和回波振幅之间的跨模态配准。

2　算法设计

本节将详细介绍 BZ-AF 框架，它由两部分组成：建立数学模型和估算最佳变换。图 3 显示了整个框架的示意图。

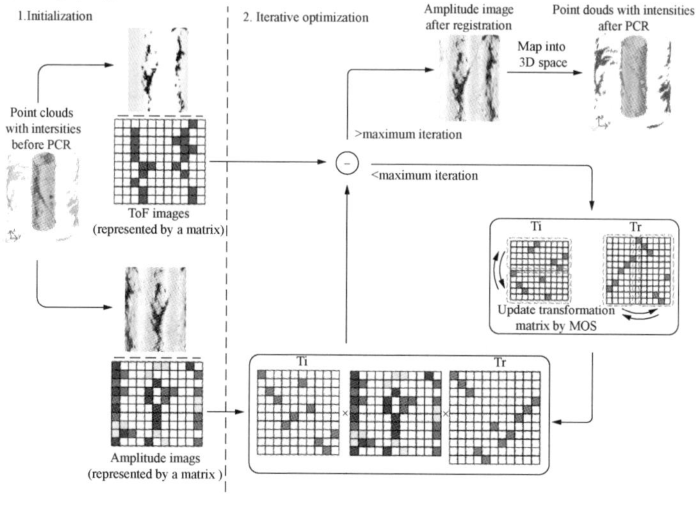

图 3　算法总体流程

如上所述，这项 PCR 任务面临的一个挑战是，点云和强度分别由超声波成像记录中的 ToF 和振幅决定。在进行配准之前，跨模态应将数据映射到特定空间，以消除维度差距。由于钻孔可以近似为一个圆柱体，因此可行的解决方案是通过将圆柱体状的钻孔壁沿圆周展开为一个矩形平面，将回波信号的 ToF 和振幅投射到二维图像中。这样，就得到了超声波在该平面上绘制的 ToF 和振幅图像。经过配准后，ToF 和振幅图像将被映射到原始三维空间，并能以点云模型的形式与强度正确融合。

3 实验

本节将介绍用于演示所提方法的实验准备工作，包括自主开发的超声波成像测井工具和井眼点云来源。此外，还将通过与前人工作的比较，对方法进行详细验证。超声波成像测井仪如图 4 所示，由地面控制系统和井下测井装置组成。地面控制系统由一台计算机和一个电源组成，用于让地面工程师控制超声波信号的发送和接收。具体来说，在信号处理周期中，主控电路板上的 FPGA 向驱动电路发送双极脉冲，从而使压电陶瓷产生超声波。同一压电陶瓷接收来自孔壁的回声，并以一定的采样率通过模数转换器（ADC）将信号发送到主控电路板。然后将预设算法嵌入上述 FPGA，以确定点云数据的核心，即 ToF 和振幅，以及回波信号的其他外围信息。这些数据存储在大容量 NAND 闪存中，通过增强型测井图像系统井下仪器总线(EDIB)发送到地面控制系统。地面控制系统和井下测井装置由铠装集束电缆连接，该电缆在地面和井下之间起着通信和供电的作用。

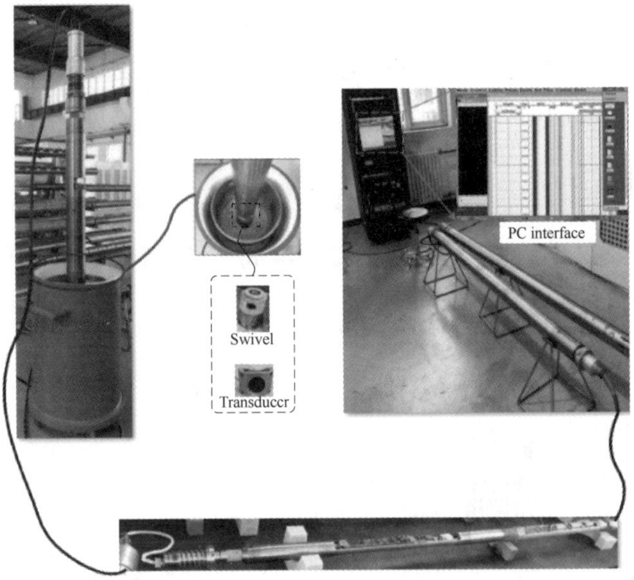

图 4　超声波成像测井工具，用于捕获测试钻孔的原始点云

在山东试验井中，超声波成像测井仪从井上到井下以 0.00508m 的步长移动，从井下 3463~4199m 采集了一个测试井眼的原始点云，当换能器沿井眼旋转一次时，测井仪可以在井壁上均匀采样 250 个点。为便于描述，一个完整的井眼点云从上到下被平均分成 70 个子区域。UIL 对井眼进行了两次测井，以获取两个原始点云数据集。第二个数据集中的超声波振幅被用来配准第一个数据集中的 ToFs，而第一个数据集中的相应振幅被用作评估配准结果的参考。

我们将介绍为证明所提方法而进行的两类实验——与之前类似工作的比较测试和与优化算法的比较研究。所有方法都在 MATLAB R2021a 硬件平台上运行，该平台配备 R5 2600 CPU@ 3. 7GHz、32 GB 内存和 RTX 2060 GPU 和 6GB 内存。

（1）现有的类似方法。据我们所知，目前还没有直接相关的工作，我们是第一个尝试在 UIL 中解决这种跨模态配准问题的人。不过，我们对之前的二维图像之间的配准工作进行了比较。点云和强度分别转换为二维 ToF 图像和振幅图像，用于二维配准。使用上述方法重建了带有强度的钻孔点云。

（2）比较研究。本节选择了几种具有代表性的优化方法——粒子群优化法（PSO）、微分进化法（DE）、遗传算法（GA）、蚁群算法（AC）和人工蜂群算法（AFSA），来验证所提方法的收敛性和准确性。启发式方法的参数设置参考了相关文献。迭代次数统一设置为 300 次。为了定量评估性能，引入了均方根误差（RMSE）、互信息（MI）、峰值信噪比（PSNR）和相关系数（CC），这些都是评估图像配准的常用指标。

首先，我们与之前具有代表性的二维图像配准工作进行了对比测试，包括相位相关和低秩矩阵因式分解[41]、多视点特征构建[42]、基于多尺度加权梯度的融合方法[43]以及使用非线性强度差异的方法[44]。以同步测量的测试钻孔的原始点云和强度为参考。配准后，将所有 ToF 和振幅图像转换为钻孔的点云和强度，以实现结果的可视化。图 5 显示了一些典型的直观实验结果。通过对钻孔数据编码结构进行适用的转换，所提出的策略有效地匹配了两幅跨模态图像之间的特征，这是其他现有方法无法实现的。为了进一步比较各种方法，计算了从整个井眼划分出的 70 个子区域的 RMSE. MI. PSNR 和 *CC*，结果分别如图 6（a）~（d）所示。所有指标都表明，对于 UIL 中不同起始测量位置造成的特征错位，所提出的方法优于其他方法。尤其是互 ToF 图像与校准振幅图像之间的信息量增加了一个数量级。

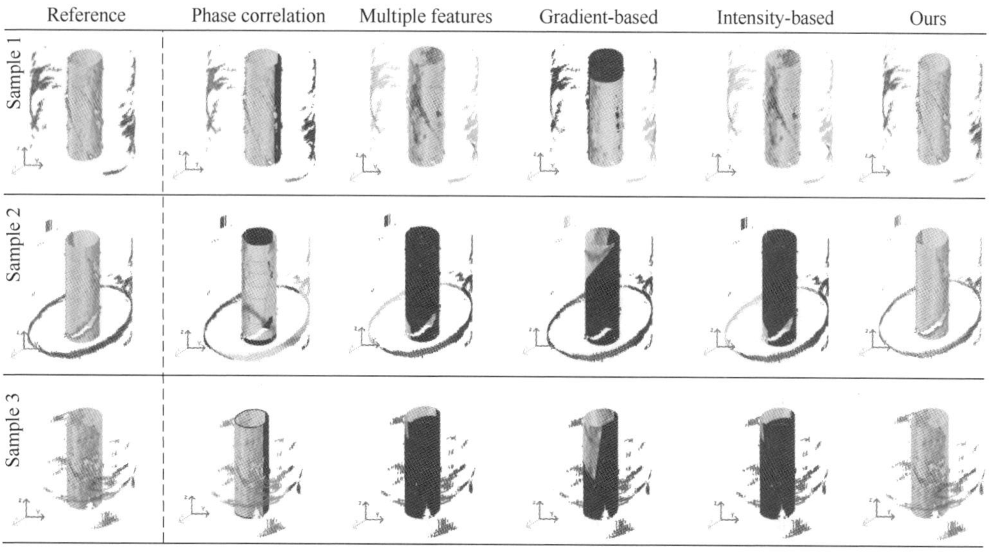

图5　由选定的代表性方法和我们的方法产生的典型结果。从左到右：同时测量 tof 和振幅的参考文献、基于相位相关的方法[41]、多特征方法[42]、基于梯度的融合方法[43]、基于强度的方法[44]和我们的方法

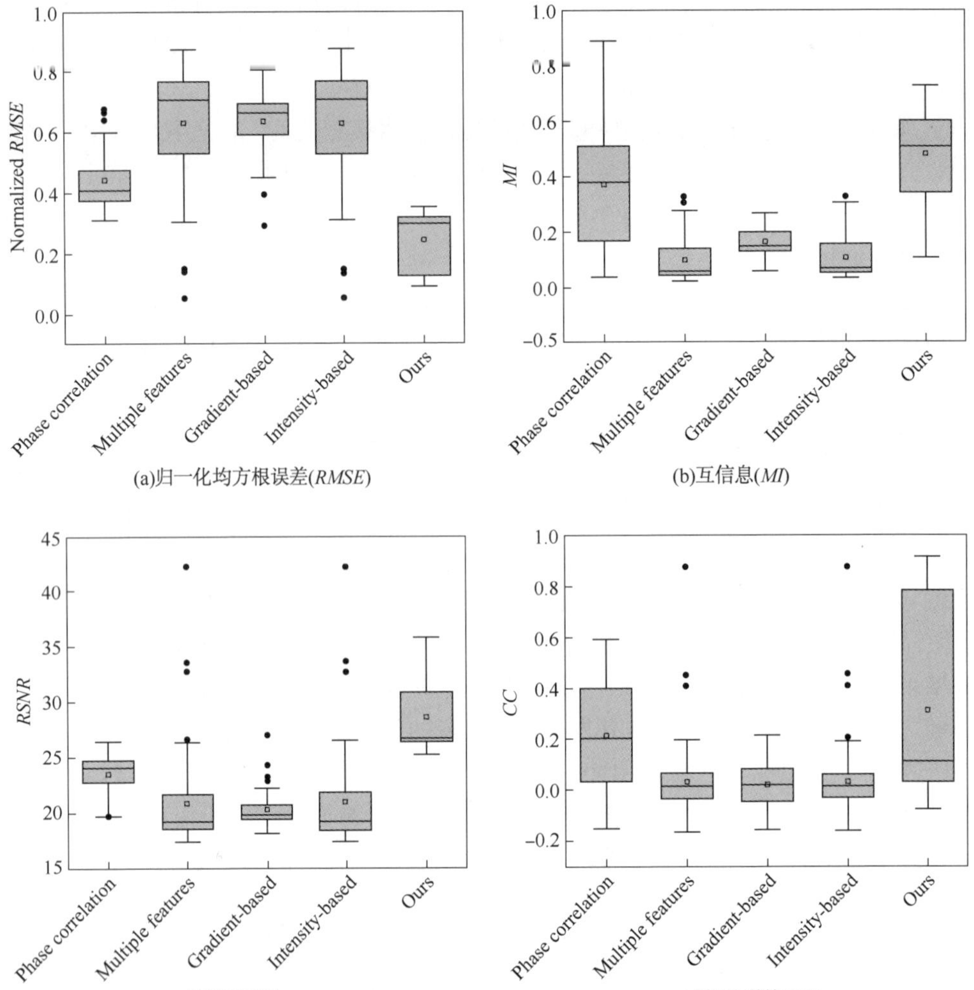

(a)归一化均方根误差(*RMSE*)　(b)互信息(*MI*)

(c)峰值信噪比(*PSNR*)　(d)相关系数(*CC*)

图6　不同方法的配准性能(结果来自测试钻孔划分的70个子区域)

为了分析收敛性，对不同的代表性优化算法进行了比较研究。图7显示了直观的结果，描绘了原始优化算法和优化算法之间L2误差的变化。

基于上述测试结果，我们证明了所提出的方法可以解决成像测井中点云和强度的配准问题。与以往的配准问题不同，这种不匹配是由井眼的特殊空间结构造成的，即井眼为圆柱形结构。以往的配准方法采用的是涉及旋转、平移或缩放的刚性或非刚性变换，无法重新组合原始测量点数据以满足特定要求。为了完成这一任务，矩阵的基本变换是一种简单但非常有效的方法。通过对图像进行基本的行列变换，可以确定移位矩阵的准确索引位置，从而最大限度地提高两个跨模态图像在配准后的相似度。

与之前的蜂群智能方法相比，针对这项任务提出的MOS策略效果非常好，这得益于多目标并行更新策略。具体到本文的优化目标，我们必须同时更新置换矩阵Tl和Tr，以确定最佳变换。这就要求算法必须搜索基本向量的所有正交组合，也就是一起构建Tl和Tr。在MOS算法中，Tl的行移动索引r和Tr的列移动索引c都会在一次迭代中更新。并行操作可以加速探索最优变换。更重要的是，采用多向搜索策略的MOS方法是快速消除局部极小值的关键。与之前提出的其他算法不同，MOS 方法可以同时从两个不同的方向探索潜在的解决方案，而不是使用单一的更新策略。

4 结论

本研究提出了一种 BZ-FA 方法，用于执行井壁点云及其相应强度之间的跨模态配准。通过理论推导和实验分析，得出以下结论：

（1）对于超声波成像测井中的跨模态配准问题，ToFs 和超声波信号幅值分别产生的点云和强度可通过映射到二维平面上进行配准。

（2）基本矩阵变换是对圆柱形结构中不同初始测量位置进行配准的有效方法。

（3）采用多向搜索策略的 MOS 优化方法可以快速、准确地确定基本反演矩阵。

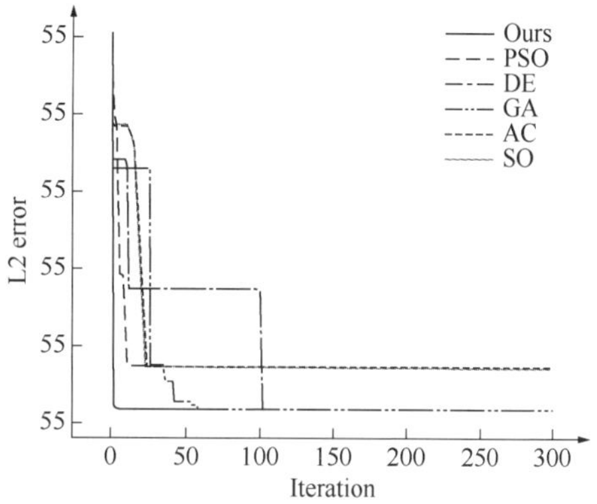

图 7 使用不同的优化策略进行收敛性测试的一个典型结果（对图 5 中选择的样本 2 进行测试，比较五种具有代表性的启发式优化算法与我们的方法的性能）

参 考 文 献

[1] W. Chew, Z. Nie, Q. -H. Liu, and B. Anderson. An efficient solution for the response of electrical well logging tools in a complex environment[J]. IEEE Trans. Geosci. Remote Sens. , vol. 29, no. 2, pp. 308-313, 1991.

[2] N. H. Mondol. Well logging: Principles, applications and uncertainties[J]. in Petroleum Geoscience. Springer, 2015, pp. 385-425.

[3] H. Liu. Principles and applications of well logging[M]. Springer, 2017.

[4] J. Zhang, X. Nie, S. Xiao, C. Zhang, C. Zhang, and Z. Zhang. Generating porosity spectrum of carbonate reservoirs using ultrasonic imaging log[J]. ActaGeophys. , vol. 66, no. 2, pp. 191-201, 2018.

[5] Z. Sun, A. Qiu, W. Wang, A. Tao, H. Chen, and X. Liu. Design of multi - functional ultrasonic imaging logging tool[J]. Proceedings of Meetings on Acoustics, vol. 15, no. 1, p. 030004, 2012.

[6] C. Massiot, D. McNamara, and B. Lewis. Processing and analysis of high temperature geothermal acoustic borehole image logs in the taupo volcanic zone, new zealand[J]. Geothermics, vol. 53, pp. 190-201, 2015.

[7] S. I. Ozkaya and J. Mattner. Fracture connectivity from fracture intersections in borehole image logs [J]. Comput. Geosci. , vol. 29, no. 2, pp. 143-153, 2003.

[8] A. Kingdon, M. W. Fellgett, and J. D. Williams. Use of borehole imaging to improve understanding of the in-situ stress orientation of central and northern england and its implications for unconventional hydrocarbon resources[J]. Mar. Pet. Geol. , vol. 73, pp. 1-20, 2016.

[9] E. Behboudi, D. D. McNamara, I. Lokmer, L. M. Wallace, and D. M. Saffer. Spatial variation of shallow stress orientation along the hikurangi subduction margin: Insights from in - situ borehole image logging [J]. J. Geophys. Res. : Solid Earth, vol. 127, no. 5, p. e2021JB023641, 2022.

[10] S. Li, B. Fu, J. Wei, Y. Lv, Q. Wang, and J. Tu. Ultrasonic logging image denoising based on cnn and feature attention[J]. IEEE Access, vol. 9, pp. 116 845-116 856, 2021.

[11] Q. Fu, Z. Zhang, M. Celenk, and A. Wu, A poshe-based optimum clip-limit contrast enhancement method for ultrasonic logging images[J]. Sensors, vol. 18, no. 11, 2018. IEEE TRANSACTIONS ON GEOSCIENCE AND REMOTE SENSING.

[12] X. Xiao and X. Zhang. Detection of fractures based on directional filtering in image logging[J]. in 2012 8th Int. Conf. Wireless Commun., Networking and Mobile Comput., 2012, pp. 1-3.

[13] M. Shafiabadi, A. Kamkar-Rouhani, S. R. G. Riabi, A. R. Kahoo, and B. Tokhmechi. Identification of reservoir fractures on fmi image logs using canny and sobel edge detection algorithms[J]. Oil Gas Sci. Technol. Rev. IFP Energies nouvelles, vol. 76, p. 10, 2021.

[14] W. Zhang, T. Wu, Z. Li, Y. Li, and Y. Shi. Research on fracture recognition in well logging images: Adversarial learning with attention[J]. in 2021 IEEE Int. Geosci. Remote Sens. Symp. (IGARSS), 2021, pp. 4079-4082.

[15] Y. Liu, G. Liao, L. Xiao, Z. Liang, J. Zhang, X. Zhang, Z. Zhang, J. Zhou, and G. Li. Automatic fracture segmentation and detection from image logging using mask r-cnn[J]. in SPWLA Annu. Logging Symp., vol. Day 5 Wed, June 15, 2022, 06 2022.

[16] W. Zhang, Z. Li, A. Qiu, Y. Cheng, S. Liu, T. Jiang, Y. Li, and Y. Shi. Fzc: An unsupervised method for 3d fracture representation and recognition in well logging[J]. in IGARSS 2022-2022 IEEE International Geoscience and Remote Sensing Symposium, 2022, pp. 3099-3102.

基于知识蒸馏的测井图像超分重建模型压缩方法研究

曲巧枫[1,2]　李焱骏[1,2]　李志鹏[1,2]　张　伟[1,2]　师奕兵[1,2]

（1. 电子科技大学自动化工程学院，四川 成都　611731；
2. 中国海油测井与定向钻井重点实验室电子分室，四川 成都　611731）

摘　要：近年来，在石油测井领域，成像测井技术通过生成图像揭示井下裂缝和孔洞等信息，对井况分析至关重要。超声波成像技术因其结构简单、穿透力强和高覆盖率而被广泛应用。然而，由于井下环境和硬件限制，获得的图像质量常常不理想，给测井分析工作带来困难。深度学习算法可以有效提高图像质量，使测井图像的细节信息更加清晰，为了确保测井图像超分辨率算法能够在嵌入式计算设备上执行，针对深度学习网络模型计算量大、所占存储容量大等问题，本文设计了一种知识蒸馏方法来压缩随钻测井图像的超分辨率重建模型。该方法包括基于师生框架提取两个不同的学生模型，允许这两个学生模型相互蒸馏，以增强其泛化能力。为了验证我们的方法，使用现场测井图像进行了实验，实验结果表明，与原始模型相比，该方法显著减少了模型参数的数量，同时提高了图像指标。

关键词：随钻超声测井；知识蒸馏；模型压缩；超分辨率重建

0　引言

随钻超声成像测井作为一种新兴的成像测井技术[1,2]，具有仪器结构简单、信号穿透性强、井周覆盖全等优点。如图1所示，超声换能器探头在电机传动装置的带动下进行螺旋测井，换能器探头根据设定间隔不停地发射超声波，超声波在钻井液中传播，遇见井壁时发生反射，同时仪器向上缓慢提升，形成一个扫描线，由于旋转速度极快，可近似看作圆周扫描；超声波成像测井仪检测回波到达时间和回波幅值并上传至上位机软件进行测井图像的显示。由于传感器材料、频率、电路等硬件限制，以及井眼结构和现场环境噪声的干扰，所获得的测井图像的实际质量往往不是最优的。

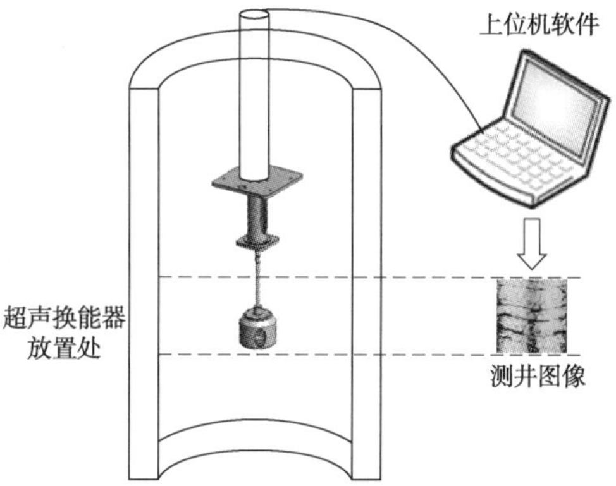

图1　超声波成像测井原理框图

作者简介：张伟，男，电子科技大学副教授，主要研究方向为主要研究方向为声学与电磁成像测井理论、方法与仪器设计、油气管道无损检测、微弱信号高精度采集与处理、机器学习与图像处理、通信导航雷达与声呐技术等。E-mail：weizhang@ uestc. edu. cn。

为了增强测井图像细节的清晰度，此前我们开发了一种利用深度学习和测井图像中关键信息的高频特性的超分辨率重建算法[3]，然而该算法因其计算量大、内存消耗大的问题，不能被广泛地应用于实际工程问题。

因此，有必要探索一种新的方法，将所提出的模型压缩到与嵌入式设备的操作兼容的大小。目前常用的压缩方法有剪枝、量化、知识蒸馏等，其中 Hinton 于 2015 提出的知识蒸馏方法[4]可以从一个大的神经网络模型中提取一个小的网络模型，使小模型能够在使用更少的参数的情况下达到大模型才有的预测能力，从而实现模型的压缩和加速。知识蒸馏有不同的蒸馏策略，可分为离线蒸馏，在线蒸馏和自蒸馏。离线蒸馏的训练方式是从训练好的导师模型进行知识蒸馏到学生模型中，是知识蒸馏发展前期的常用策略。在线蒸馏是将导师模型和学生模型同时进行更新，Zhang 等于 2018 年提出了深度互学习[5]，在训练中，导师模型也可以学习学生模型中的知识。Zhou 等提出的 Rocket Launching 蒸馏方法[6]就是将导师模型和学生模型一起随机初始化进行训练，虽然这种方式一般会花费较多时间但最后得到的学生模型一般性能较好，甚至可以超过导师模型。总的来说，知识蒸馏技术在深度学习领域中，能够在保持模型性能的同时实现网络结构的精简，还有可能通过这一过程进一步提升模型的性能指标和鲁棒性。

在此基础上，我们提出了一种知识蒸馏方法来压缩我们之前提出的用于随钻超声成像测井图像超分辨率重建[3]的深度学习模型。在实际的井下嵌入式设备的部署中，我们通过这种蒸馏方法，成功地将模型的规模压缩至原来的九分之一左右，大大减少了模型的复杂度和所需的计算资源。更为重要的是，经过蒸馏后的模型在获取到更好的图像细节的同时，也在客观性能指标上相比原始模型有一定的提升。这一成果不仅证明了知识蒸馏技术在模型优化方面的巨大潜力，也为随钻超声成像测井图像处理领域带来了新的突破。通过这种方法，我们不仅实现了模型的高效压缩，还提高了模型的泛化能力和对噪声的抵抗性，使得模型在实际应用中更加稳定和可靠。

1 原理

1.1 基于高频特征加强的超声测井图像超分辨率重建算法网络结构

为提高测井图像质量，针对测井图像存在对比度偏低、细节信息不够清晰等问题，我们设计了一种基于深度学习的测井图像增强算法——基于高频特征加强的超分辨率重建算法如图 2 所示。将原高分辨率图像I_{HR}下采样来获取网络的输入数据：低分辨率图像I_{LR}，通过浅层特征提取层提取出低层次特征，用式(1)表示为：

$$OUT_0 = F_0(I_{LR}) \tag{1}$$

式中，F_0为浅层特征提取层函数；OUT_0代表该层输出。

接着输入到四个多尺度空洞卷积块中进行高层次特征提取得到结果OUT_1，依次进行上采样和下采样，将低分辨率图像I_{LR}和OUT_1进行比较，得到高频信息LR_{HF1}；将LR_{HF1}单独输入到四个多尺度空洞卷积块进行加强训练得到HF_1，OUT_1继续输入到四个多尺度空洞卷积残差块来获得高层次特征OUT_2，用式(2)表示为：

$$OUT_1 = F_1(OUT_0)$$

$$LR_{HF1} = I_{LR} - F_T(OUT_1)$$

$$HF_1 = F_{HF1}(LR_{HF1})$$
$$OUT_2 = F_2(OUT_1) + HF_1 \tag{2}$$

式中，F_i 为第 i 阶段多尺度空洞卷积块的函数，$i \in [1, 4]$；LR_{HF1} 为第一阶段训练后缺少的高频信息；F_T 为进行了上采样、下采样和转为三通道图片的函数；F_{HFi} 为用于高频信息加强的多尺度空洞卷积残差块函数；HF_1 为高频信息的高层次特征；OUT_i 为第 i 阶段训练得到的高层次特征，其中的多尺度空洞卷积块的具体结构将在后面进行说明。多次重复上述流程，获得高频信息以加强重建效果如式(3)所示：

$$HF_2 = F_{HF2}[I_{LR} - F_T(OUT_2)]$$
$$OUT_3 = F_3(OUT_2) + HF_2$$
$$HF_3 = F_{HF3}[I_{LR} - F_T(OUT_3)]$$
$$OUT = F_4(OUT_3) + HF_3 \tag{3}$$

OUT 经过亚像素卷积层进行上采样，最后得到三通道重建图像 SR_L，如式(4)所示：

$$SR_L = H(OUT) \tag{4}$$

式中，H 为上采样和生成三通道图像的函数。

图 2 所示的是基于高频特征加强的超分辨率重建算法，设计多尺度空洞卷积块作为网络的基础模块，并对高频特征单独进行加强训练，可以获得更全面的特征信息。虽然该深度学习算法给测井图像增强任务带来了明显的指标提升与视觉效果，但其计算量大、内存消耗大的问题也使得该类算法不能广泛地在实际工程问题上应用，因此，越来越多的人对模型压缩算法进行研究。

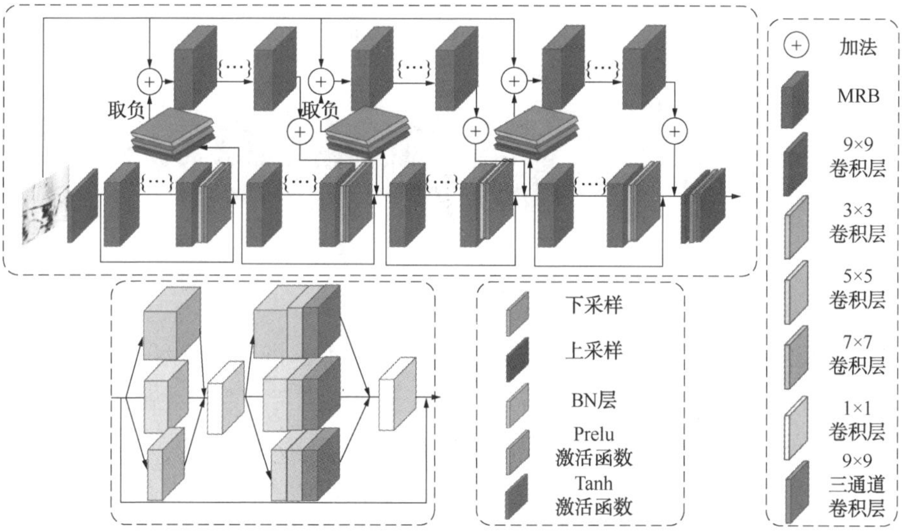

图 2 基于高频特征加强的超声测井图像超分辨率重建算法网络结构

1.2 基于知识蒸馏特征提取的模型压缩结构

知识蒸馏的基本原理基于“导师-学生”框架[7]，从一个大且性能好的导师模型中提取出知识，通过一定的方式传递给一个小的学生模型，使得学生模型在参数少的情况下依旧能获得高性能。本文以图 2 所示的超分辨率重建模型为导师模型，蒸馏两种不同结构的学生网络[8]，再让他们互蒸馏[9]以增强泛化性，最后得到一个不但性能没有下降还大幅度降低参数量的模型。

为便于后续说明，将导师模型如图3所示用红色虚线框将中间的特征提取部分划分为Block1、Block2、Block3和Block4四个模块，其中每一个Block中的MRB模块的数量为4。

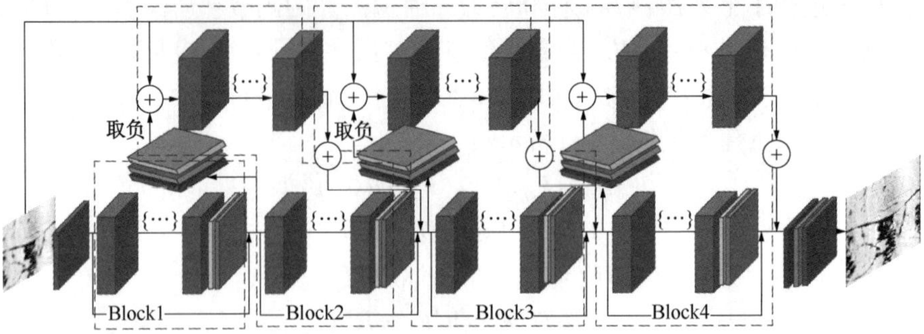

图3　导师模型结构示意图

由于不同结构的学生模型学习知识的能力不同，本文设计了两种结构和导师模型类似，但通道数和层数不同的学生模型进行知识学习。学生模型的基本结构如图3所示都仅有一次高频加强，学生模型A在此基础上将所有Block中MRB模块的数量均减少为1，其余所有结构和导师模型相同。学生模型B同样在图4所示结构的基础上将网络宽度变窄，也就是网络结构中每一层的通道数从64减半为32，其余结构和导师模型相同。

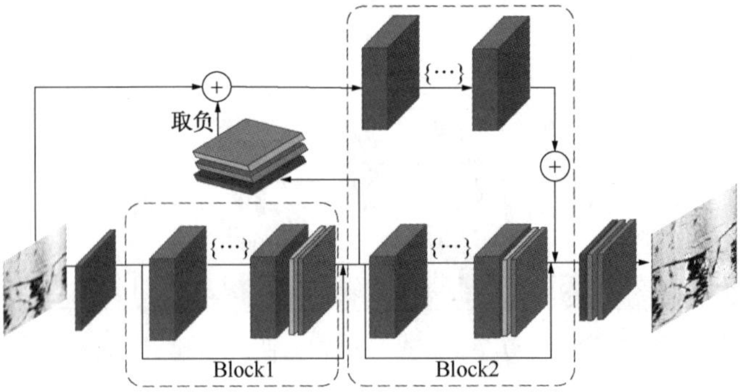

图4　学生模型结构示意图

本文采用基于特征的方式进行知识传递，如图5所示，将导师模型的第二个上采样模块(也就是Block2和Block3模块之间的上采样层)的重建图像与两个学生模型的第一个上采样模块的重建图像的特征图做比较。将导师模型的上采样模块重建图像定义为F_i^T，将学生模型的上采样模块重建图像定义为F_i^S，使用VGG19分别提取它们的特征图，并采用余弦相似性作为损失函数对特征图之间的差异进行评价，L2损失函数作为最后重建图像和原高分辨率图像之间的损失函数，将两种损失函数相加作为学生模型A和学生模型B的损失函数进行模型优化。学生模型的损失函数如式(5)所示：

$$L_j=[SR^{S_j}(n)-HR(n)]^2$$

$$L_{COS}=1-\cos[\Phi(F_j^{S_i}),\ \Phi(F_{i+1}^T)]+1-\cos(SR^{S_j},\ SR^T)$$

$$L_{S_j}=L_j+\frac{L_{COS}}{2} \tag{5}$$

式中，j 为 1 表示学生模型 A；j 为 2 表示学生模型 B；n 为第几个像素；Φ 为 VGG 网络特征图提取函数；L_j 为学生模型重建图像与原高分辨率图像之间的 L_2 损失；L_{cos} 为导师模型和学生模型的中间层特征图的余弦相似性损失函数；L_{sj} 是学生模型的总损失函数。

式中，损失函数是用于评价模型学习后的预测值与真实值之间的差距，差距越小，也就代表模型正在朝着最优化的方向前进，模型的学习效果和预测能力就越好。对于不同的场景，使用的损失函数也不同，常用的有 L_1 损失函数和 L_2 损失函数。

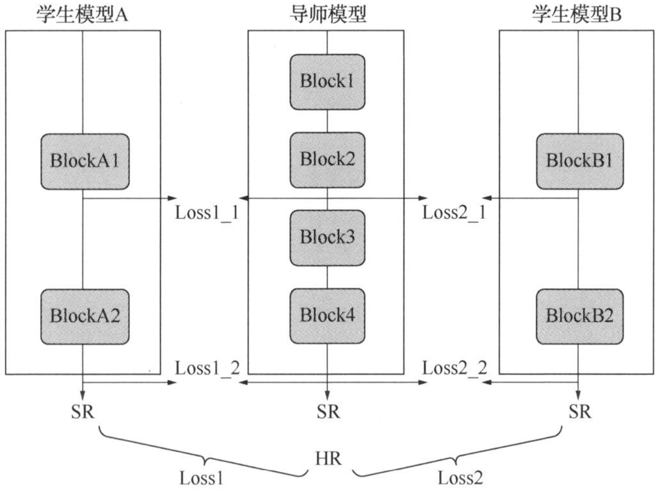

图 5 蒸馏过程示意图

L_1 损失函数计算的是模型输出值和真实值之间的绝对差值的总和，如式(6)所示：

$$L_1 = \sum_{i=1}^{N} |Y(i) - X(i)| \tag{6}$$

由式(6)可得 L_1 损失函数的导数不连续，求解效率低。

L_2 损失函数也被称为 MSE 均方误差损失函数，如式(7)所示：

$$L_2 = \sum_{i=1}^{N} |Y(i) - X(i)|^2 \tag{7}$$

由式(7)可以看出，平方的存在使得 L_2 对异常数据进行了放大，有可能会降低模型的整体性能。

模型结构上的差异以及模型参数随机初始化的设置都会导致两种学生模型所学习到的特征是不一样的。为了提高学生模型的泛化性，让两个结构不同的学生模型在训练的时候互为导师和学生，如图 6 所示。两个学生模型互学习中的损失函数如式(8)所示：

$$L_{\cos} = 1-\cos[\Phi(F_j^{S_1}), \Phi(F_j^{S_2})] + 1-\cos[\Phi(SR^{S_1}), \Phi(SR^{S_2})]$$
$$L_{S_j} = L_j + \frac{L_{\cos}}{2} \tag{8}$$

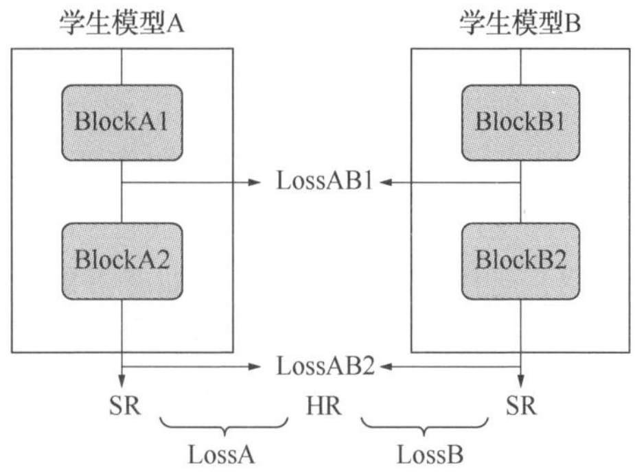

图 6 学生模型互蒸馏示意图

2　实验结果与分析

2.1　实验准备

本文使用井周超声成像仪于湛江采集得到的数据作为训练集和测试集。超声换能器采集回波的全波列数据，经由 EDIB 总线发给通信转接板，再通过 USB 口传送给上位机软件，上位机软件对全波列进行解析并提取出其中的波形、到时和幅度数据，最后在上位机软件中绘制出井壁图像，将其中 1462 张井壁图像作为训练集和 589 张井壁图片作为测试集。本文并利用 Google 提供的云端环境 Colaboratory 进行计算加速，显存为 16G。如表 1 所示为训练过程中的部分参数设置说明。

表 1　训练过程参数设置说明

参数名称	learning rate	batch	a	b	c
实际数值	0. 0001	64	0. 001	0. 01	0. 1

具体训练过程如下：

（1）初始化网络参数，设置 40 张图片作为一个批次，学习率为 0. 0001。

（2）由于加入了中间特征图提取卷积层，需按照相应步骤重新对超分辨率重建模型进行训练，得到导师模型M_T。

（3）开始学生模型 A 的训练，将M_T的 Block2、Block3 模块之间的上采样结果以及最后输出的三通道重建图像的两个特征图，分别与学生模型 A 的第一个上采样结果以及最后输出的三通道重建图像的两个特征图进行余弦相似性损失函数计算得到$Loss_{1-1}$、$Loss_{1-2}$损失值。

（4）使用 L_2 损失函数对学生模型 A 得到的重建图像SR_A和原高分辨率图像I_{HR}进行计算得到$Loss_1$，将$Loss_{1-1}$、$Loss_{1-2}$相加作平均，再和$Loss_1$加在一起作为学生模型 A 的损失函数进行训练，使用 Adam 算法对学生模型 A 进行优化更新。

（5）迭代 200 次后，得到训练好的学生模型M_A，将测试集的图像在M_A中进行测试。

（6）重复步骤(3)和(4)，开始另一个学生模型 B 的训练，M_T的第二个上采样模块以及最后输出的三通道重建图像会分别输出两个特征图，将这两个特征图分别与学生模型 B 的第一个上采样模块以及最后输出的三通道重建图像的两个特征图进行余弦相似性损失函数计算得到$Loss_{2-1}$、$Loss_{2-2}$损失值。

（7）使用 L_2 损失函数对学生模型 B 得到的重建图像SR_B和原高分辨率图像I_{HR}进行计算得到$Loss_2$，将$Loss_{2-1}$、$Loss_{2-2}$相加作平均，再和$Loss_2$加在一起作为学生模型 B 的损失函数进行训练，使用 Adam 算法对学生模型 B 进行优化更新。

（8）迭代 200 次后，得到训练好的学生模型M_B，将测试集的图像分别在M_B中进行测试。

（9）将M_A的第一个上采样模块以及最后输出的三通道重建图像的两个特征图和M_B的第一个上采样模块以及最后输出的三通道重建图像的两个特征图进行余弦相似性损失函数计算，得$Loss_{AB1}$、$Loss_{AB2}$损失值。

（10）使用 L_2 损失函数对M_A的重建图像SR_A和原高分辨率图像I_{HR}进行计算得到$Loss_A$，将$Loss_{AB1}$、$Loss_{AB2}$作平均后，再和$Loss_A$加在一起作为学生模型 A 的总损失函数进行训练。同样

使用 L_2 损失函数对 M_B 的重建图像 SR_B 和原高分辨率图像 I_{HR} 进行计算得到 $Loss_B$，将 $Loss_{AB1}$、$Loss_{AB2}$ 求和作平均后，和 $Loss_B$ 加在一起作为学生模型 B 的总损失函数进行训练，使用 Adam 算法对学生模型 A 和学生模型 B 进行优化更新。

（11）迭代 200 次后，得到互训练后的学生模型 M_{A1} 和学生模型 M_{B1}，将测试集的图像分别在 M_{A1}、M_{B1} 中进行测试。

本文采用指标 PSNR 和 SSIM[10] 来对压缩后的模型进行重建效果比较，为了验证我们提出的方法的优劣，将逐步对本文结构进行实验。

2.2 实验分析

为了验证在蒸馏过程中使用余弦距离做导师与学生模型的中间特征图损失函数的有效性，将蒸馏出的两种学生模型分别与使用 L_1 损失函数、L_2 损失函数同结构的学生模型作对比。表 2 展示了在放大 2 倍、4 倍和 8 倍的情况下，导师模型(表格中标识为 *a*)、从导师模型中使用余弦相似性作为中间特征图的损失函数蒸馏得到的学生模型 A(表格中标识为 *b*)、从导师模型中使用余弦相似性作为中间特征图的损失函数蒸馏得到的学生模型 B(表格中标识为 *c*)、使用 L_2 损失函数对比中间特征图蒸馏得到的学生模型 A(表格中标识为 *d*)、使用 L_2 损失函数对比中间特征图蒸馏得到的学生模型 B(表格中标识为 *e*)、使用 L_1 损失函数对比中间特征图蒸馏得到的学生模型 A(表格中标识为 *f*)、使用 L_1 损失函数对比中间特征图蒸馏得到的学生模型 B(表格中标识为 *g*)的重建后的客观指标对比效果。表 2 中 *a*、*b*、*c*、*d*、*e*、*f*、*g* 的模型结构、迭代次数、学习率以及其余参数设置完全相同。

表 2 不同损失函数的有效性对比

放大倍数	指标	*a*	*b*	*c*	*d*	*e*	*f*	*g*
2 倍	PSNR/dB	37.700	36.886	37.005	36.219	35.093	36.113	35.848
	SSIM	0.970	0.969	0.965	0.961	0.958	0.962	0.958
	参数量	17269431	2291418	1896789	2291418	1896789	2291418	1896789
4 倍	PSNR/dB	31.683	31.256	31.311	31.000	30.406	30.712	30.927
	SSIM	0.874	0.862	0.865	0.859	0.853	0.853	0.858
	参数量	18450107	2783452	2019927	2783452	2019927	2783452	2019927
8 倍	PSNR/dB	27.433	27.365	27.226	26.850	25.539	26.979	26.601
	SSIM	0.723	0.716	0.714	0.706	0.698	0.711	0.699
	参数量	21400255	3865310	2290521	3865310	2290521	3865310	2290521

由表 2 可以看出，本文使用余弦相似性作为模型的中间层特征图之间的损失函数进行超分模型的蒸馏比使用超分领域常用的 L_1、L_2 损失函数的效果要好一些，蒸馏后得到的模型重建效果的客观指标有一定的提升。在 2 倍重建导师模型的蒸馏下，可以看出使用余弦相似性损失函数的两种不同的学生模型都比使用其他损失函数的相同结构的学生模型的 PSNR 和 SSIM 均比使用其他损失函数的学生模型高出不少。在 4 倍重建导师模型的蒸馏下，可以看出使用余弦相似性损失函数的两种不同的学生模型都比使用其他损失函数的相同结构的学生模型的 PSNR 高 0.256dB 以上，SSIM 高 0.003 以上，特别是参数量更少的学生模型 B 的蒸

馏出来的性能差距更大。在 8 倍重建下，同样是使用余弦相似性作损失函数的学生模型的性能更好。

上述实验表明，用 L_1、L_2 损失函数蒸馏出来的学生模型会更加注重图像像素之间的差距，而忽略了整体效果，本文将中间特征层之间的损失函数改为余弦相似性后，更加注重全局特征，加上最后重建图像之间的 L_2 损失函数表示的像素之间的差距，反而重建效果更好。

为进一步观察本文所用的损失函数有效性，如图 7 所示，将浅层特征和使用余弦距离、L_1 损失函数、L_2 损失的第 3、11、29 通道的特征图单独拿出来观察对比，可以看出对采用余弦距离对训练过程中的特征图进行估计能得到更好的效果，如红色框部分，对于孔洞和裂缝特征的提取效果更清晰明确。

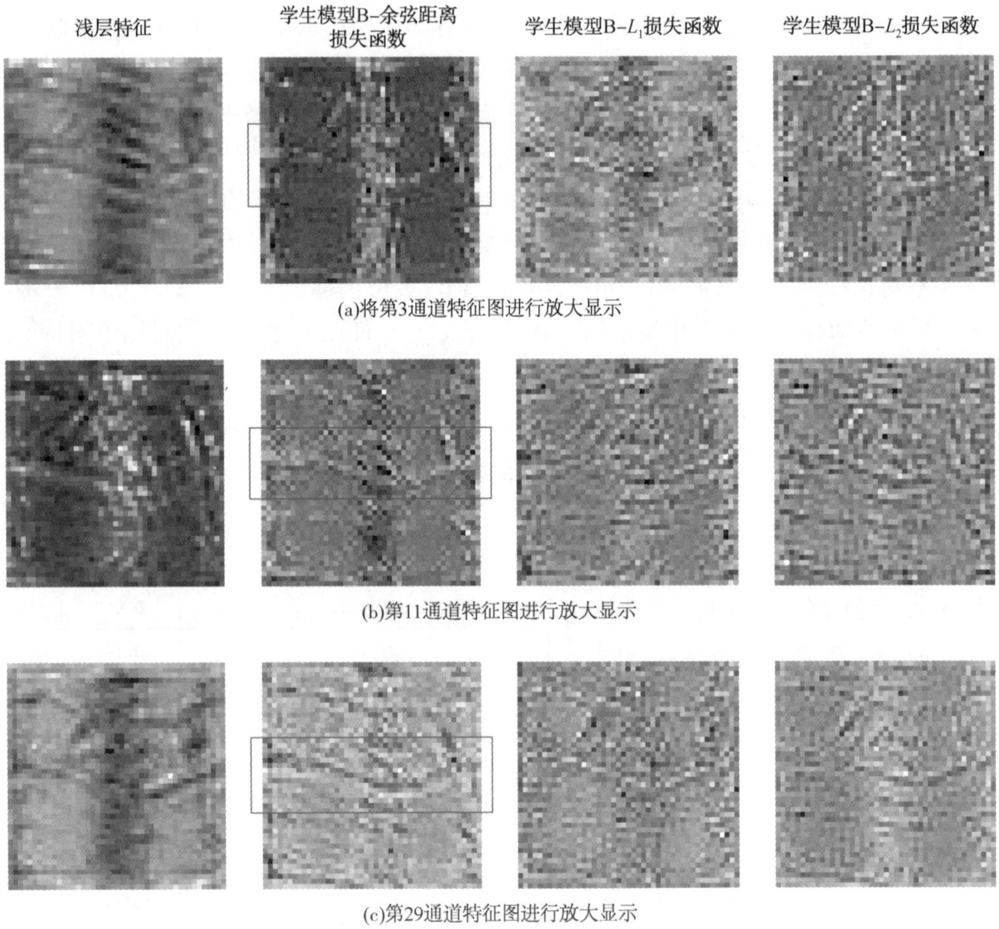

图 7　不同损失函数的学生模型提取特征图对比

表 3 展示了在放大 2 倍、4 倍和 8 倍的重建效果下，导师模型(表格中标识为 a)、从导师模型中蒸馏得到的学生模型 A(表格中标识为 b)、从导师模型中蒸馏得到的学生模型 B(表格中标识为 c)、互学习后得到的学生模型 A(表格中标识为 d)、互学习后得到的学生模型 B(表格中标识为 e)、直接训练得到的学生模型 A(表格中标识为 f)、直接训练得到的学生模型 B(表格中标识为 g)的重建后的客观指标对比效果。表 3 中 a、b、c、d、e、f、g 结构的其余参数设置完全相同。

表 3　多种训练方式的模型效果对比

放大倍数	指标	*a*	*b*	*c*	*d*	*e*	*f*	*g*
2 倍	PSNR/dB	37.700	36.886	37.005	38.096	37.854	35.666	36.238
	SSIM	0.970	0.969	0.965	0.973	0.971	0.963	0.957
	参数量	17269431	2291418	1896789	2291418	1896789	2291418	1896789
4 倍	PSNR/dB	31.683	31.256	31.311	31.968	31.912	30.964	30.200
	SSIM	0.874	0.862	0.865	0.871	0.870	0.857	0.852
	参数量	18450107	2783452	2019927	2783452	2019927	2783452	2019927
8 倍	PSNR/dB	27.433	27.365	27.224	27.465	27.522	27.228	26.882
	SSIM	0.723	0.716	0.713	0.727	0.725	0.712	0.703
	参数量	21400255	3865310	2290521	3865310	2290521	3865310	2290521

由表 3 可得，知识蒸馏得到学生模型比直接训练得到模型性能相对要好一些，虽然直接从导师模型中蒸馏得到的学生模型相比导师模型还是有一定的性能下降，但在经过互学习后，能超过导师模型的重建效果。在 2 倍重建的导师模型的蒸馏下，可以看出经过互学习后的学生模型 B 要比直接蒸馏得到的学生模型 B 的 PSNR 高 0.849dB，SSIM 相比直接蒸馏得到的学生模型 B 高 0.006，并高出了导师模型 0.154dB；在 4 倍重建的导师模型的蒸馏下，明显可以看出经过互学习后的学生模型 B 要比直接蒸馏得到的学生模型 B 的 PSNR 高 0.601dB，并高出了导师模型 0.229dB，SSIM 相比直接蒸馏得到的学生模型 B 高 0.005；在 8 倍重建的导师模型的蒸馏下，经过互学习后的学生模型 B 要比直接蒸馏得到的学生模型 B 的 PSNR 高 0.298dB，并高出了导师模型 0.089dB，SSIM 相比直接蒸馏得到的学生模型 B 高 0.012。经过互学习后的学生模型 A 的客观指标同样比直接蒸馏得到的学生模型 A 和导师模型高，这可以证明本文方法在不同结构的学生模型中均有效。

为进一步观察本文蒸馏方式有效性，如图 8 所示，将浅层特征和 SRResNet 模型、学生模型 A、学生模型 B 的 10、23、32 通道的特征图单独拿出来观察对比，可以看出对采用余弦距离进行互学习能得到更好的效果，对于孔洞和裂缝特征的提取效果更好。

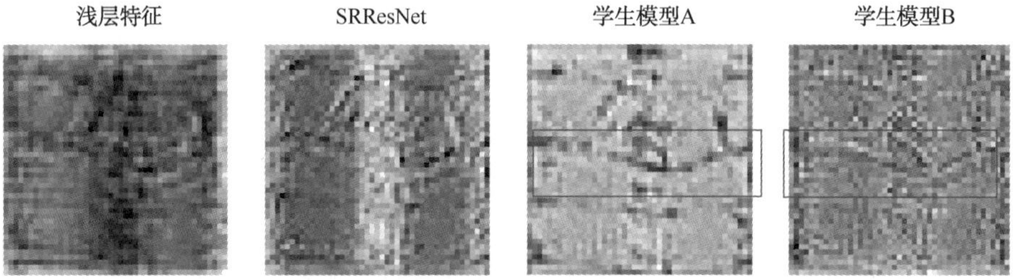

(a)将第10通道特征图进行放大显示

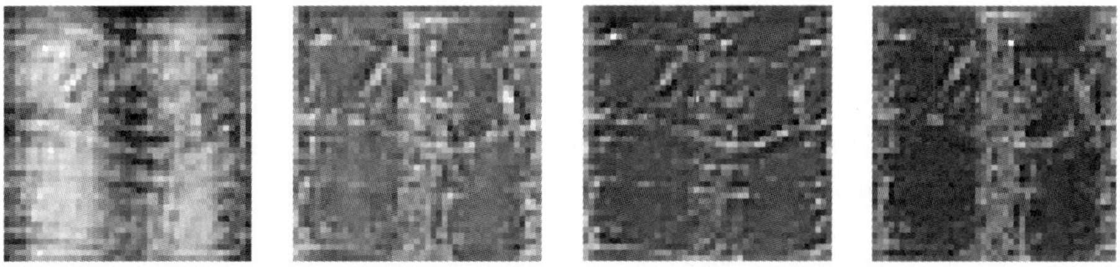

(b)第23通道特征图进行放大显示

图 8　学生模型的特征图对比

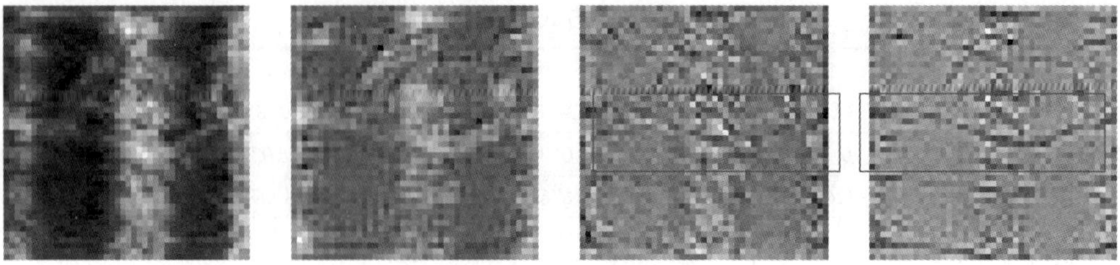

(c)第32通道特征图进行放大显示

图 8　学生模型的特征图对比(续)

表 4 展示了在 2 倍、4 倍和 8 倍重建下，导师模型和学生模型 A、学生模型 B 分别在 GPU 和 CPU 上单张测井图像的平均重建时间对比。随着放大倍数的增加，无论是导师模型还是学生模型，其重建时间都有所减少。因为在更高的放大倍数下，模型需要处理的图像细节更多，从而优化了算法的运行效率。在所有放大倍数的情况下，GPU 在处理图像重建任务时都具有更高的计算效率和性能。其中，在 GPU 下的 2 倍重建学生模型的单张重建时间是导师模型的近五分之一左右，4 倍重建下学生模型的单张重建时间是导师模型的近六分之一左右，8 倍重建下学生模型的单张重建时间是导师模型的近九分之一左右。

表 4　平均单张图像重建运行时间对比

放大倍数	单张重建时间/s	导师模型	学生模型 A	学生模型 B
2 倍	GPU	0.622	0.106	0.100
	CPU	8.459	1.618	1.413
4 倍	GPU	0.494	0.087	0.084
	CPU	7.211	1.203	0.810
8 倍	GPU	0.253	0.026	0.024
	CPU	2.476	0.566	0.566

图 9 展示了互学习过程中的学生模型 A 和学生模型 B 的损失函数下降过程，其中蓝色曲线为学生模型 A，黄色曲线为学生模型 B。

图 10 所示为导师模型和学生模型 B 的所占内存和 FLOPS 计算的对比示意图，可以看出计算量大幅度下降了。

图 11 展示了本文方法最终得到的学生模型 A 和学生模型 B 的单张测井图像的主观视觉效果以及 PSNR 和 SSIM 的客观指标对比，可以看出本文算法得到的两种学生模型均能在参数量大幅度降低的情况下，保证性能没有下降，甚至还有所提升。

图 12 所示为本文模型与其他经典模型的客观指标 PSNR 和参数量的对比图，可以看出本文得到的学生模型 A 和学生模型 B 的性能最好且参数量较低。

3　结论

本文设计了一种基于知识蒸馏特征提取的模型压缩算法，先是基于中间层的特征蒸馏出两种不同结构的学生模型，再让两个学生模型互为导师的同时也互为学生来相互学习额外知识。为了验证本文提出的方法，我们以井周超声成像仪所采得的测井图像为统一数据集，将本文模型与未经过互相学习的模型、直接训练得到的模型等进行了重建效果比较，图像常用评价指标 PSNR 和 SSIM 表明，我们的方法能在重建性能更好的情况下，得到参数量更小的模型。在未来的研究工作中，我们的目标是将该算法扩展到随钻超声成像测井的不同领域和实际挑战。

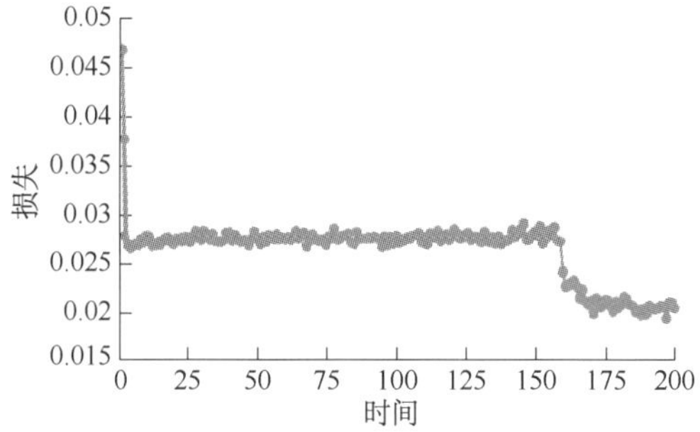

图 9　损失函数下降图

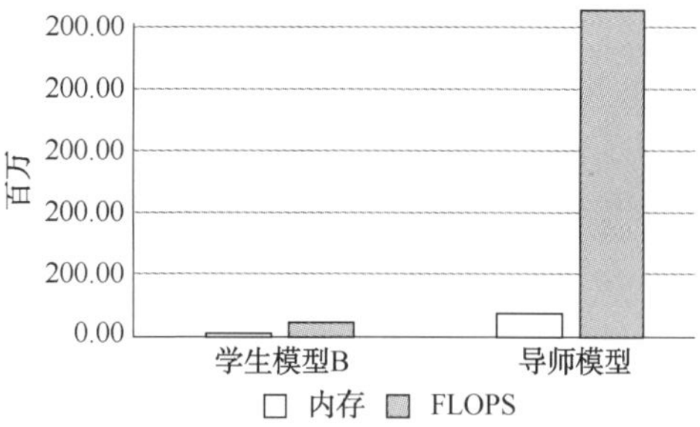

图 10　内存和 FLOPS 对比示意图

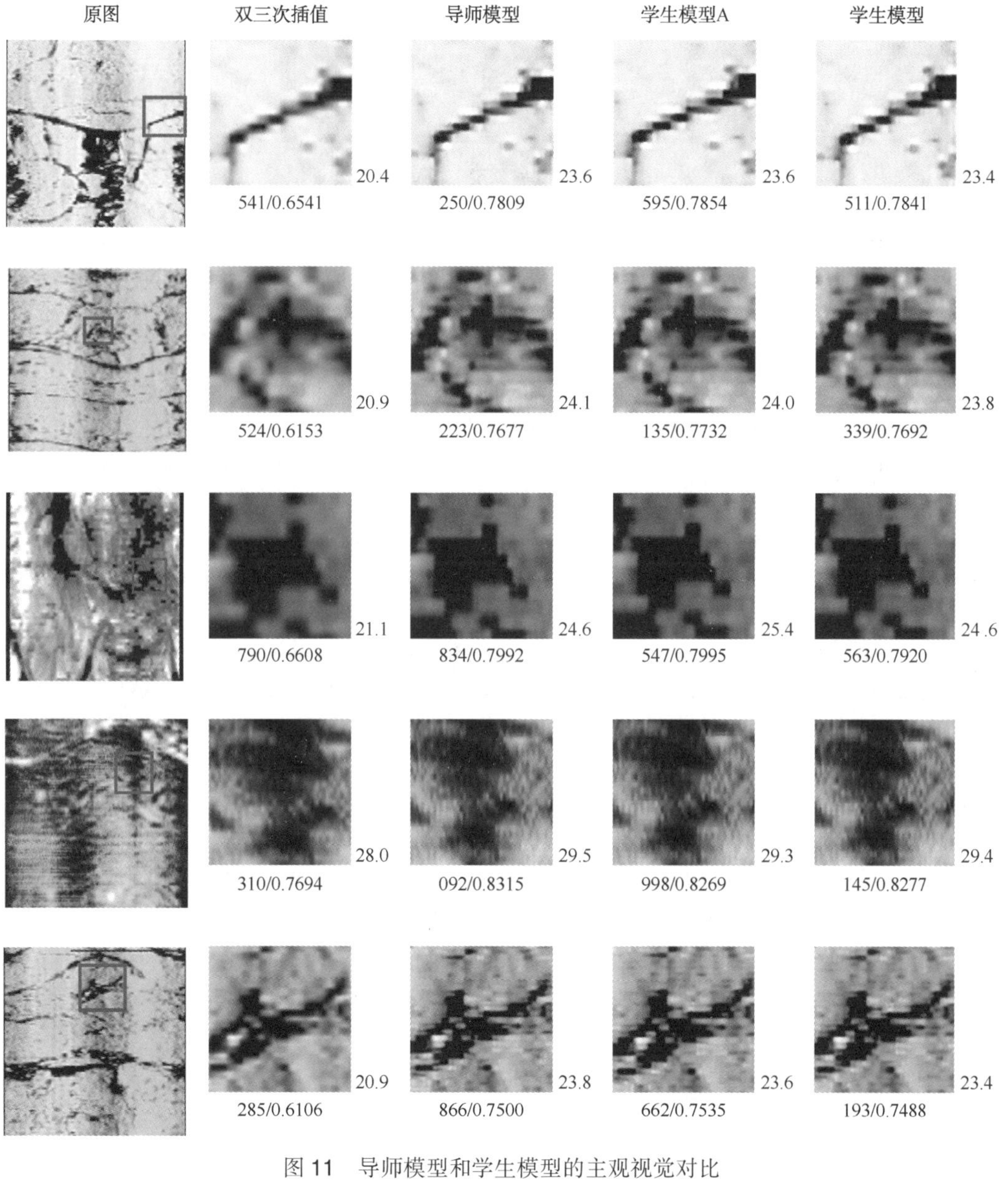

图 11　导师模型和学生模型的主观视觉对比

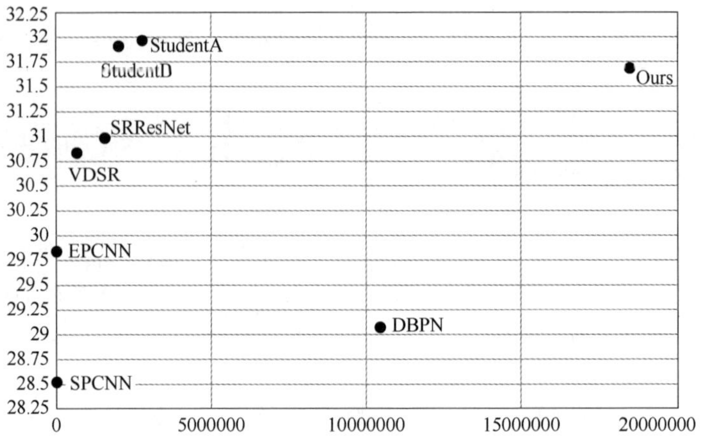

图12　参数对比图

参 考 文 献

[1] Xu S , Zou Z , Tang X . Estimation of Elastic Wave Velocity From Logging-While-Drilling Measurement in Unconsolidated Formation of Accretionary Wedge in Nankai Trough[J]. IEEE Transactions on Geoscience and Remote Sensing, 2022, 60: 1-13.

[2] Tan B, Zhang K, Su Y, et al. Research on acoustic logging while drilling transmitting technologies[J]. Journal of Geophysics and Engineering, 2022, 19(3): 511-520.

[3] Qiu A, Shi Y, Luo X, et al. Superresolution Reconstruction Algorithm of Ultrasonic Logging Images Based on High-Frequency Enhancement[J]. Journal of Sensors, 2022, 2022.

[4] Hinton G, Vinyals O, Dean J. Distilling the knowledge in a neural network[J]. 2015, vol. abs/1503. 02531.

[5] Zhang Y, Xiang T, Hospedales T M, et al. Deep mutual learning[C]//Proceedings of the IEEE conference on computer vision and pattern recognition. 2018: 4320-4328.

[6] Zhou G, Fan Y, Cui R, et al. Rocket launching: A universal and efficient framework for training well-performing light net[C]//Proceedings of the AAAI Conference on Artificial Intelligence. 2018, 32(1).

[7] Zhu X, Gong S. Knowledge distillation by on-the-fly native ensemble[J]. Advances in neural information processing systems, 2018, 31.

[8] Adriana R, Nicolas B, Ebrahimi K S, et al. Fitnets: Hints for thin deep nets[J]. Proc. ICLR, 2015, 2(3): 1.

[9] Zhang Y, * * ang T, Hospedales T M, et al. Deep mutual learning[C]//Proceedings of the IEEE conference on computer vision and pattern recognition. 2018: 4320-4328.

[10] Wang Z, Simoncelli E P, Bovik A C. Multiscale structural similarity for image quality assessment[C]//The Thrity-Seventh Asilomar Conference on Signals, Systems & Computers, 2003. IEEE, 2003, 2: 1398-1402.

智能地质与钻完井

高陡构造气体钻井防斜打快钻具组合设计新方法

朱化蜀[1]　赵　雯[2]　李　辉[1]　马　杰[1]　刘正元[1]　林铁军[3]

（1. 中国石化西南油气分公司页岩气项目部，重庆 永川　402160；
2. 中国石油青海油田采气二厂技术中心，甘肃 敦煌　736202；3. 西南石油大学，四川 成都　610599）

摘　要：针对川东北通南巴构造和川南濛江丁山构造地层倾角高达50°~70°，为典型的高陡构造地层，陆相地层常规钻井井漏严重，采用气体钻井较好地解决了漏失问题，但在高陡构造地层气体钻井易井斜，不得不采用轻压吊打，严重影响钻井效率。本文以气体钻井通用钻具组合建立有限元分析模型，利用现场信息化手段和大数据随钻采集方法，从钻具静力学和动力学进行了钻柱力学分析，研究表明：钻具组合的侧向力随井斜角增加呈现线性正相关，不随钻压变化，钻压对钻具组合降斜力影响不大，对地层增斜力影响较大。气体钻井时，单扶钻具组合在井斜角比较大的工况下更能发挥其降斜防斜能力，在大井斜角的工况下更容易起到防斜降斜的效果。可以考虑增加扶正器到钻头的距离以进一步提高其在高陡构造中的降斜水平，但不宜过大，以免增加新的接触点或接触段从而减小降斜力。

关键词：高陡构造；气体钻井；防斜打快；新方法

0　引言

目前，防斜打快技术已经比较成熟，其中国内外应用最普遍的是导向钻具组合防斜打快技术。其技术趋于成熟，但就气体钻井防斜来讲，尚未有深入研究，主要采用加稳定器以及方钻铤防斜。从国内来讲，20 世纪 80 年代末，新疆油田最早开展充气钻井技术的研究与应用，主要是解决低压层漏失的问题。国内“七五”期间，新疆、华北、长庆等油田开展了一定规模的泡沫钻井技术的应用研究，取得了好的效果。1989 年，新疆开始进行空气钻井，取得了一定的效果。四川、长庆也先后开展了空气钻井、天然气钻井和柴油机尾气钻井等气体、充气和泡沫钻井技术，对提高钻井速度、增加单井产量、克服严重井漏取得了好的效果。国内空气钻井真正开始工业化应用是长城钻井公司的伊朗项目，2005 年随着四川七北 101 井气体钻井试验的成功，才正式打开了四川气体钻井的新局面，初步进行了工业化应用。但就技术的成熟性、配套性来讲，距离国际先进水平仍有较大差距，还处在起步阶段，所用的软硬件主要依赖于进口，要赶上发达国家气体钻井水平还有相当长的路要走。对于气体钻井防斜技术，长庆油田 2005 年进行了一些理论研究工作，主要包括预弯曲防斜组合、空气锤、钟摆，除此之外，国内基本上还未开展气体钻井防斜研究工作。

作者简介：朱化蜀，男，研究生，1977 年生，硕士，主任工程师，高级工程师，西南油气分公司页岩气项目部；从事钻井工程设计、科研和现场管理工作，专长气体钻井。E-mail：xiaozhuly@ 163. com。

1 气体钻塔式钻具侧向力模型建立

为了能够方便快捷地计算出各种塔式钻具组合的上切点和侧向力，结合钻杆的三弯矩方程提出采用等效外径法近似求解塔式钻具组合在不同井斜角、不同钻压时的上切点和侧向力，其计算程序框图如图 1 所示。从图 2 可以清楚地了解计算钻具组合上切点和侧向力的思路和流程，其中关键步骤是等效钻铤外径的计算和上切点位置校核，需要一定次数的循环计算。在等效外径法计算框图的基础上，现场可以使用如 VB 等编程软件轻松实现塔式钻具组合的力学分析以及对钻具组合优化设计和钻井参数调整。

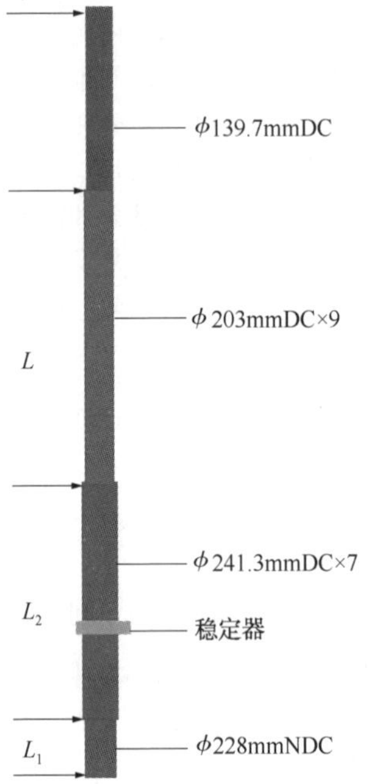

图 1　气体钻井中塔式钻具组合有限元力学模型

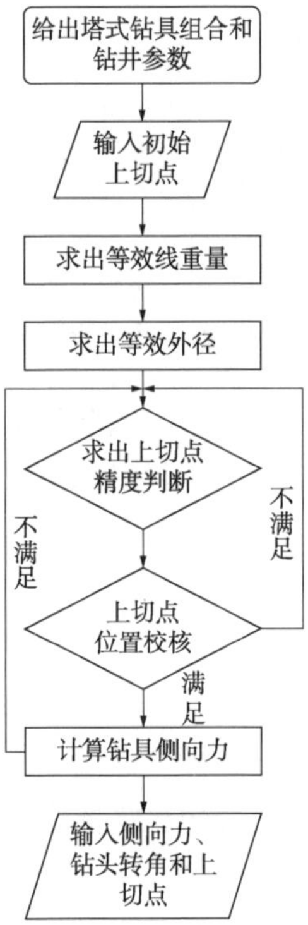

图 2　钻具组合示意图

2 钻具组合静力学分析

静力学分析数据如表 1 所示，可以看出，该单稳塔式钻具组合钻头侧向力较大，具有一定的降斜稳斜能力。

表 1　HJ206H 二开三趟井段静力学数据　　kN

井斜角	钻压	RF	RF1
1°	40	40. 64	0. 52
	60	60. 53	0. 45
	80	80. 74	0. 48

续表

井斜角	钻压	RF	RF1
2°	40	39.87	0.92
	60	59.32	0.94
	80	79.18	0.96
3°	40	42.02	1.51
	60	61.86	1.44
	80	82.14	1.42
4°	40	42.79	1.94
	60	62.94	1.87
	80	83.31	1.89

图 3 为静力学分析中钻头侧向力与钻压、井斜角关系曲线图，其中图 3(a)表示不同井斜角下钻头侧向力与钻压的关系曲线，可以看出，钻头处的侧向力受钻压影响很小。图 3(b)为不同钻压下钻头处侧向力与井斜角关系曲线，由于钻头侧向力受钻压影响很小，所以图中三条曲线几乎重合，也可以明显地看出，侧向力随井斜角呈现线性正相关，也就是说，该钻具组合在井斜角比较大的工况下更能发挥其降斜防斜能力。

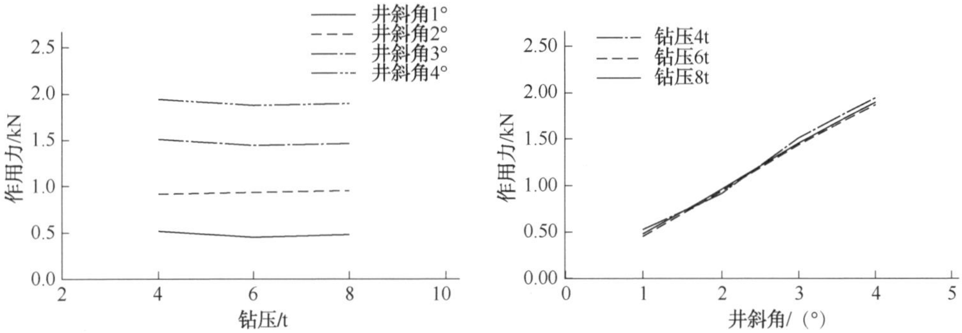

(a)不同井斜角下侧向力与钻压关系曲线　　(b)不同钻压下侧向力与井斜角关系曲线

图 3　钻头侧向力与钻压、井斜角关系曲线图

3　钻具组合动力学分析

根据钻具组合建立有限元模型，进行不同井况下的动态响应分析，仿真时间为 70s。其分析结果如下所示。

3.1　井斜角 1°，钻压 4t

图 4 为钻具组合在 HJ206H 井 2 开 3 趟井斜角 1°，钻压 4t 工况时钻进 40s 后其钻头钻压及侧向力随时间变化曲线。其中，图 4(a)表示钻进 40s 后钻压随时间的变化曲线，可以看出，随着时间的变化，钻压呈现周期性波动，其中最大值为 40.73kN，最小值为 39 kN，平均钻压为 39.84kN，幅值为 0.87kN。图 4(b)表示钻进 40s 后钻头处侧向力随时间变化曲线图，可以看出，随着时间的变化，钻头处的侧向力呈现有规律的波动状态。其中，最大侧向力为 0.53kN，最小侧向力为 0.43kN，侧向力幅值为 0.05kN，平均侧向力为 0.48kN，钻进过程中还要考虑地层作用力的影响，由地层力计算公式得到该工况下变井斜力为-1.35kN，由分析得到的平均侧向力与变井斜力相加即得到其有效侧向力为-0.87kN，表现为增斜。

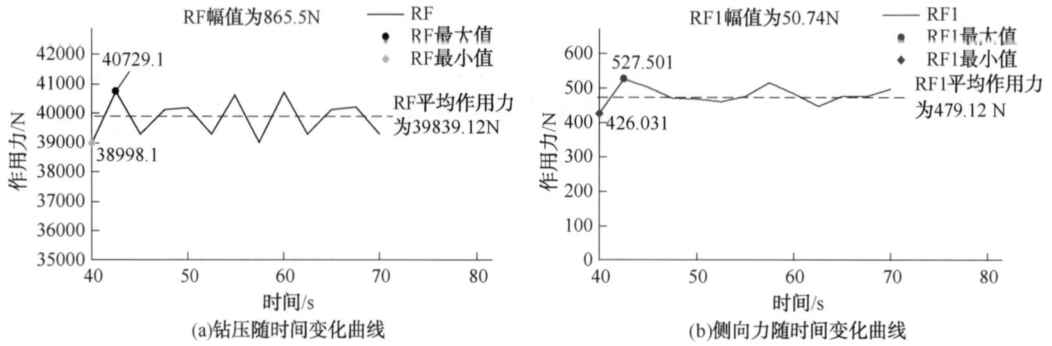

图4　HJ206H井2开4趟井段在井斜角1°，钻压4t工况下钻进钻压与侧向力变化曲线

3.2　井斜角1°，钻压6t

图5为钻具组合在HJ206H井2开3趟井斜角1°，钻压6t工况时钻进40s后其钻头钻压及侧向力随时间变化曲线。其中，图5(a)表示钻进40s后钻压随时间的变化曲线，可以看出，随着时间的变化，钻压呈现周期性波动，其中最大值为60.94kN，最小值为58.95 kN，平均钻压为59.91kN，幅值为1.00kN。图5(b)表示钻进40s后钻头处侧向力随时间变化曲线图，可以看出，随着时间的变化，钻头处的侧向力呈现有规律的波动状态。其中，最大侧向力为0.50kN，最小侧向力为0.44kN，侧向力幅值为0.03kN，平均侧向力为0.48kN，钻进过程中还要考虑地层作用力的影响，由地层力计算公式得到该工况下变井斜力为-2.02kN，由分析得到的平均侧向力与变井斜力相加即得到其有效侧向力为-1.54kN，表现为增斜。

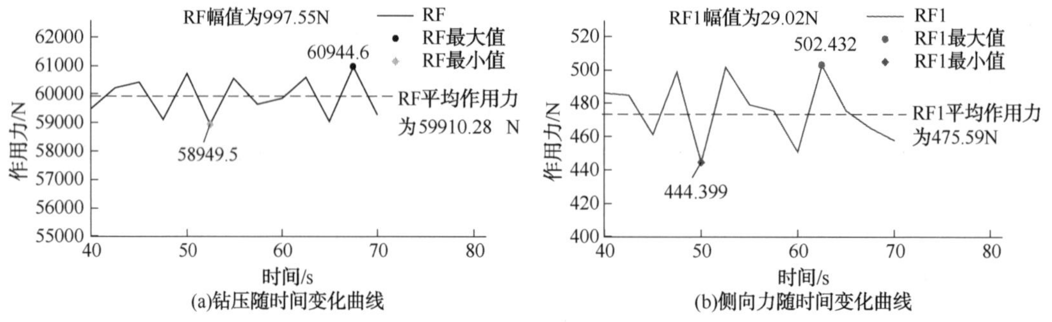

图5　HJ206H井2开4趟井段在井斜角1°，钻压6t工况下钻进钻压与侧向力变化曲线

表2为HJ206H井2开3趟井段钻具组合钻进时有效侧向力相关数据统计表，在小井斜角的井况下，其有效侧向力为负值，即增斜力，随井斜角的增大，增斜力逐渐减小到井斜4°井斜角时全部变为正值，成为降斜力。

表2　HJ206H井2开3趟井段钻具组合钻进时钻头有效侧向力统计表　　kN

井斜角	钻压	地层变井斜力	钻头侧向力	有效侧向力
1°	40	-1.35	0.48	-0.87
	60	-2.02	0.48	-1.54
	80	-2.69	0.48	-2.21

续表

井斜角	钻压	地层变井斜力	钻头侧向力	有效侧向力
2°	40	-1.08	0.96	-0.12
	60	-1.62	0.96	-0.66
	80	-2.16	0.95	-1.21
3°	40	-0.81	1.44	0.63
	60	-1.22	1.43	0.21
	80	-1.62	1.43	-0.19
4°	40	-0.54	1.92	1.38
	60	-0.81	1.91	1.1
	80	-1.08	1.9	0.82

图6为HJ206H井2开3趟井段有效侧向力与钻压、井斜角关系曲线图，其中图6(a)为不同井斜角下钻头有效侧向力与钻压的关系曲线，随着钻压的增大，有效侧向力逐渐减小，从降斜力逐渐变为增斜力，因此钻具组合钻进时，宜采用较小钻压以便于防斜。图6(b)为不同钻压下有效侧向力与井斜角关系曲线图，有效侧向力与井斜角呈现线性正相关，随着井斜角的增大，钻具组合钻头处的有效侧向力逐渐从增斜力变为降斜力，因此，单扶钻具组合在大井斜角的工况下更容易起到防斜降斜的效果。

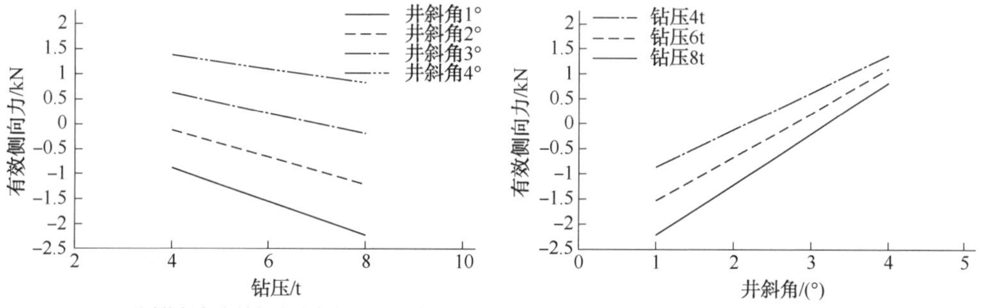

图6　HJ206H井2开3趟井段有效侧向力与钻压、井斜角关系曲线图

4　扶正器位置的参数优选

扶正器位置分析采用钻压4t，井斜角为3°时的工况，共进行可9m、13.5m、16m、18m、20m、22m、24m、26m、28m共计9组情况下的受力分析。

图7钻头距离下扶正器9m距离时的侧向力曲线为钻头距离下扶正器9m时的钻头侧向力曲线，其随时间变化呈现有规律的波动，最大侧向力为6.60kN，最小侧向力为1.44kN，平均侧向力为4.05kN。

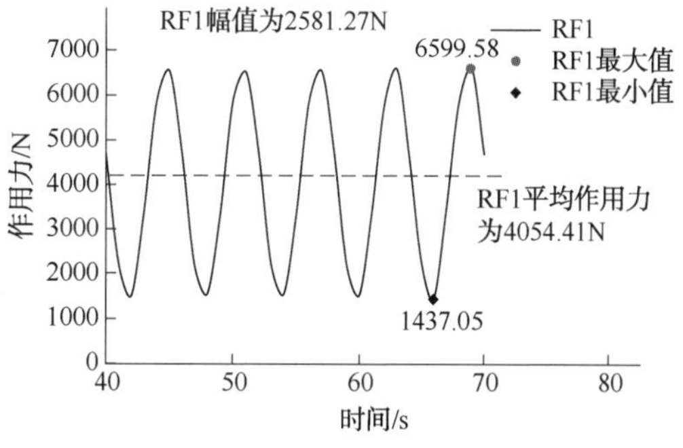

图7　钻头距离下扶正器9m距离时的侧向力曲线

表 3 为扶正器在不同位置时的钻头侧向力数据汇总表，随着扶正器与钻头距离的增加，钻头处侧向力和有效侧向力均明显增大。

表 3　扶正器位置计算结果数据表

钻头到扶正器的距离/m	9.00	13.50	16.00	18.00	20.00	22.00	24.00	26.00	28.00
侧向力/kN	4.05	5.08	5.65	5.99	6.32	6.60	6.88	7.14	7.28
有效侧向力/kN	1.18	2.21	2.78	3.12	3.45	3.73	4.01	4.27	4.41

图 8 中钻头侧向力和有效侧效力随扶正器位置变化曲线为根据表 3 扶正器位置计算结果数据表数据绘制的钻头侧向力和有效侧向力随扶正器到钻头处的距离变化曲线，其中，图 8 钻头侧向力和有效侧效力随扶正器位置变化曲线(a)为钻头侧向力随扶正器位置变化曲线，随着钻头到扶正器距离的增加，侧向力呈现增加趋势，但其增幅越来越小。图 8(b)为钻头有效侧向力随扶正器位置变化曲线，其大体趋势与图 8(b)相同，均随距离的增加而增加，大约在 28m 的时候达到峰值。

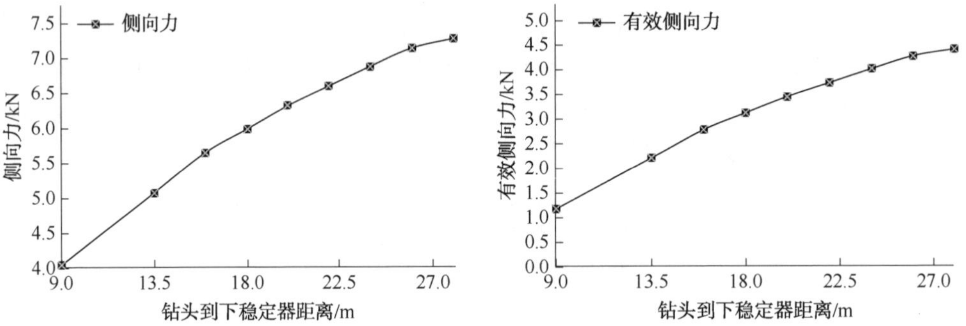

(a)钻头处侧向力随扶正器位置变化曲线　(b)有效侧向力随扶正器位置变化曲线

图 8　钻头侧向力和有效侧效力随扶正器位置变化曲线

最初进行动力学分析使得单弯螺杆钻具组合采取的扶正器位置是 9m，此时单弯螺杆是有一定的降斜能力，可以考虑增加扶正器到钻头的距离以进一步提高其在高陡构造中的降斜水平，但不宜过大，以免增加新的接触点或接触段从而减小降斜力。

5　结论与建议

(1) 通过对钻具组合力学特性分析发现，其侧向力随井斜角增加呈现线性正相关，不随钻压变化，钻压对钻具组合降斜力影响不大，对地层增斜力影响较大，气体钻进井斜时建议采用 2~4t。

(2) 通过大数据采集分析，井斜角对钻具组合降斜力呈线性增加，对地层增斜力也影响较大，与地层倾角越大，越易引发井斜超标。

(3) 钻井作业过程中所使用的钻具组合在钻头上侧向力随井斜角呈现线性正相关关系，但钻头上的侧向力随钻压基本不发生变化。

(4) 综合分析钻具组合有效侧向力在井斜角大时为降斜力，井斜角小时为增斜力。井斜角小于 3°时，钻头有效侧向力为增斜力，当井斜角大于 3°时有效侧向力为降斜力，有效侧向力与钻压及井斜角都呈现线性相关关系。

参 考 文 献

[1] 项德贵，葛云华，孙梦慈，等. 气体钻井井斜控制问题的探讨[J]. 钻采工艺，2005，28(5)：1-3.

[2] 李敬元. 赵金涛. 气体钻井轨道易斜原因及对策[Z].

[3] Hoch R S. A Review of the Crooked-hole Problem and an Analysis of Packed Bottomhole Drill-collar AssembliesEJ[J]. Drilling and Production Practice，1962：27-37.

[4] Murphey C E，Cheatham Jr J B. Hole deviation and drill string behavior[J]. Society of Petroleum Engineers Journal，1966，6(1)：44-54.

[5] 范永涛，高德利，张辉，等. 底部钻具组合力学特性模拟试验研究[J]. 石油钻探技术，2013，41(3)：80-84.

[6] 何保生，王明杰，狄勤丰，等. 带旋转导向工具的底部钻具组合动态应力有限元分析及优化[J]. 钻采工艺，2013，36(05)：77-80+15.

[7] 吕加华，鄢标，饶岩岩，等. 单弯螺杆造斜能力预测和现场数据验证[J]. 西部探矿工程，2016，(4)：79-82.

[8] 张鹤，狄勤丰，覃光煦，等. 预弯底部钻具组合横向振动响应的快速求解[J]. 石油学报，2017，38(12)：1441-1447.

[9] 王光磊，等. 带可变径稳定器底部钻具组合的等效刚度及其导向能力分析[J]. 钻采工艺，2020，43(2)：15-18.

[10] 高德利. 井眼轨迹控制问题的力学分析方法[J]. 石油学报，1996，17(1)：115-121.

[11] 高德利. 油气井管柱力学与工程[M]. 东营：中国石油大学出版社，2006.

智能油气开采

威荣页岩气平台井智能泡排系统研制

卢 波 刘 通

（中国石化西南油气分公司石油工程技术研究院，四川 德阳 618000）

摘 要：页岩气生产呈现初期递减快、低压低产期长的特点，主要采用泡沫排水采气维持稳产。针对页岩气气井单井单泵人工作业强度大、生产效率低、费用高的特点，以西门子 PLC 为中枢，结合气泡沫排水采气工艺和页岩气丛式井开采特点，通过开展控制逻辑设计、系统初始化、通信采集、自动运行模块、连锁关断模块的开发，研制形成了一套 1 泵对 8 井的页岩气气井智能泡排系统；同时通过植入评价指标，实现了对泡排装置的数据采集、监控、泡排加注效果评价等。该系统在威荣页岩气田推广应用了 16 个平台 112 口井，递减率由 45%降至 36.2%，结论认为，新系统对提高页岩气排采效率、智慧气田建设具有广阔的推广潜力。

关键词：威荣；页岩气；泡沫排水；PLC；监控

0 引言

页岩气井[1-4]生产特征总体表现为“初期快速递减，长期低压低产”，一次井网大多采用控产定压方式生产，根据压力和产量变化，可以分为稳产生产、递减生产、间歇生产、增压开采生产 4 个生产阶段。页岩气井全生命周期均伴随压裂返排液产出，当产量和压力快速递减时，就会快速积液。为了进一步遏制产量递减，延长气井采气时间，排水采气工艺必不可少。泡沫排水采气工艺因成本低、施工简单及见效快在国内外油气广泛采用。但目前仍然以人工泡排为主，面临单井单泵人工作业强度大、生产效率低、费用高的特点，在页岩气中适应性差。

本文以“一体化成撬、功能区相对分开、本质安全为本”的原则，进行一泵多井加注成撬设计。按照“自顶向下，逐步求精”的原则，设计了智能泡排装置各功能模块；按照物联网“感知层-网络层-应用层”架构，通过增设数通信模块+内部 APN 卡，实现了智能泡排装置与系统的通信；根据泡沫排水采气的工艺特点，开发了数据采集、数据监控、加注泡排、远程控制、效果分析评价等系统功能模块；根据实施采集生产数据结合内置算法，实现了泡排加注工艺效果评价等。智能泡排装置及系统泡排工艺模块开发应用，实现了生产现场气井泡沫排水采气工艺全生命周期的自动化和智能化管控。

1 智能泡排系统组成

泡沫排水采气就是往气井套管里注入一定数量的表面活性起泡剂，井底积水与起泡剂接

作者简介：卢波（1983—），男，汉族，湖北天门人，硕士研究生，工程师。研究方向：排水采气、气田数字化。E-mail：232393313@ qq. com。

触以后，借助天然气流的搅动，生成大量低密度的含水泡沫，随气流从井底携带到地面，达到清除井底积液的目的。智能泡排装置就是借助于一体化、自动化、信息化手段把一定量的起泡剂液体加注至气井中，工艺连接结构如图1所示。对于页岩气的丛式井平台排水采气，智能泡排装置采用一泵对多口气井进行分时间段智能轮注，智能泡排装置内部原理如图2所示。

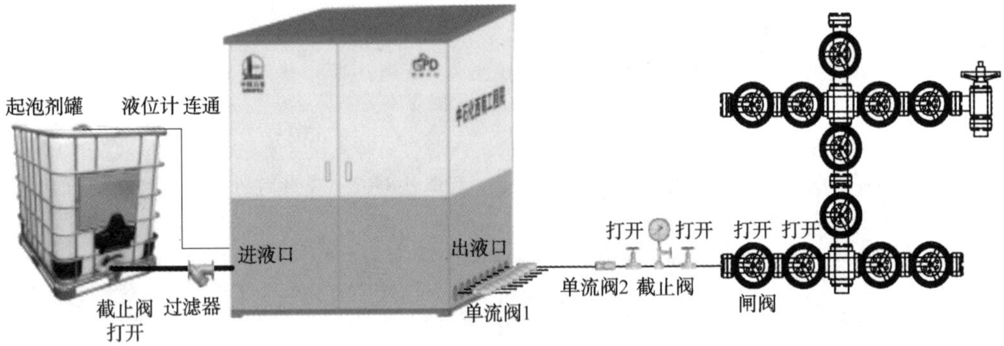

图1　工艺连接示意图

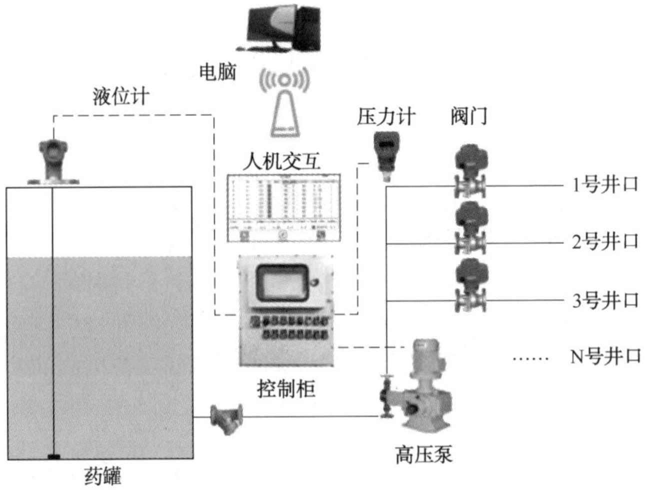

图2　智能泡排注剂装置内部原理示意

2　PLC控制系统开发

2.1　控制逻辑设计

PLC控制系统[5]构成主要包括4个部分：①装置汇管压力、储液罐液位的数据采集功能，分别依靠油套压压力传感器、液位传感器，将收集数据统一汇集在防爆PLC控制箱，同时监控箱预留多个I/O接口，便有后期拓展采集其他数据使用，集成监控箱实现了数据的分散收集与统筹发送；②监控与智能处理功能，将收集的压力、温度和开关状态等信息汇入可编程控制逻辑器(PLC)，逻辑控制与智能处理、监控数据；③添加无线数据传输模块功能，通过APN物联网卡将PLC收集数据共享远程服务器，通过配套上位机软件系统，即可实现远程控制人员可实时监控泡排装置加注量、加注时长、阀门状态及加注后效果评价；④联锁关断与报警，当发生气泡罐液位过低、压力超高、变频器故障等，系统会联锁关断并报警提示，是整个系统的第二层保护。此套系统人机交互方式触摸屏(触屏按键)就地操作与 PC 监控两路控制方案，如图 3 所示。

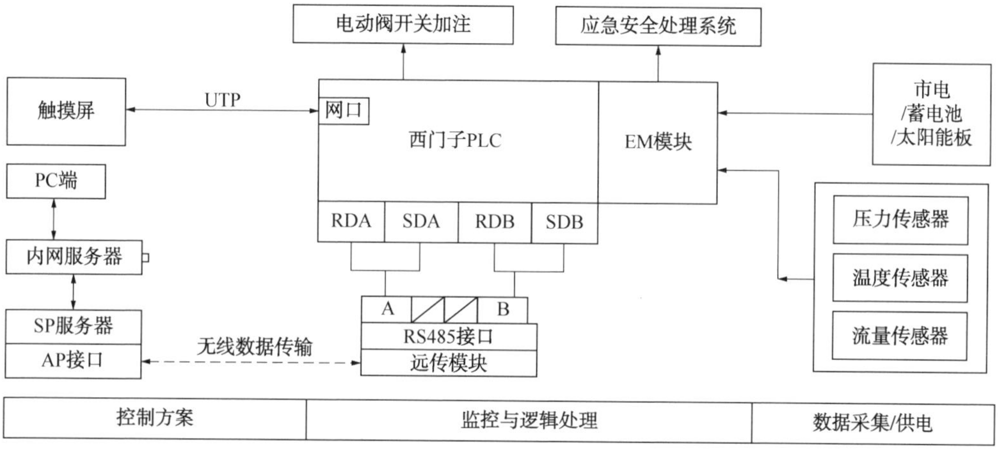

图 3　PLC 控制系统图

按照物联网“感知层-网络层-应用层”的架构，压力、温度、流量等与 PLC 与传感器通过 Modbus 进行通信；触摸屏与 PLC 通过以太网进行通信。系统监控控制核心在于将平台泡排装置整体作为无线接入点(Access Point AP)，通过采用 Modbus TCP 协议，实现平台泡排装置与系统之间的信息传递，依托 4G 网络，通过 APN 卡与系统服务器端相连，以实现对设备远传远控。PC 端通过授权对系统访问，实时查看装置生产数据、报警信息、加注效果评价等信息。

2.2　控制梯形图

PLC 控制系统可通过就地信捷触摸屏或远程控制终端对泡排装置进行参数设置及控制，参数设置包括系统的预警压力上限和下限(阈值)、加注时长、加注开始时间，液位报警值等的设置，控制包括装置各支路阀门的开关、泵的启停等。

根据系统规划功能，并结合设备本质安全的要求，按照“自定向下、逐步求精”的原则，采用 PLC 的梯形图来实现泡排装置的功能，PLC 逻辑控制系统设置模块包括：系统初始化、通信与采集、自动运行模式、联锁关断与报警等模块。

智能泡排装置控制系统各个单元动作是在 PLC 控制系统的控制下协调完成的，根据模块设计，选用的 PLC 逻辑控制器 I/O 点容量比使用数高出 20%的余量，以适应后期系统扩展。本系统采用西门子 PLC，I/O 点总数为 60 个，I/O 分配表与模块代号如表 1 所示，梯形图的编写采用西门子 PLC 专用软件 Step7 Micro/WIN SMART 编写。

表 1　部分 I/O 符号分配表

输入		输出		模块代码	
符号	含义	符号	含义	符号	含义
I0.4	阀 1 关到位反馈	Q0.3	阀 1 输出关	SM0.0	始终接通
I0.6	阀 2 关到位反馈	Q0.5	阀 2 输出关	VD2004	液位计液位

续表

输入		输出		模块代码	
I1.0	阀3关到位反馈	Q0.7	阀3输出关	VD2020	管汇压力
I1.2	阀4关到位反馈	Q1.1	阀4输出关	VD2036	流量计流量
I14.	阀5关到位反馈	Q1.3	阀5输出关		
I1.6	阀6关到位反馈	Q1.5	阀6输出关		
I2.0	阀7关到位反馈	Q1.7	阀7输出关		
I2.2	阀8关到位反馈	Q16.1	阀8输出关		
I2.4	泄压阀关到位反馈	Q0.1	变频器输出		

2.2.1 系统初始化

系统初始化，就是上电时PLC系统向监测9路电动阀及泵发出关闭指令，以检查电动阀门和泵的运行状态。系统上电，SM0.0特殊继电器接通，PLC将从上到下，从左到右进行扫描，依次将变频器复位，阀1到阀8置及泄压阀初始化，以确保系统开始运行时泵处于停止状态，8路控制输出阀处于关闭状态，初始化梯形图如4所示。

2.2.2 通信与采集

系统初始化后，将实现PLC与压力计、温度计、流量传感器、电动阀的通信。由于PLC之间传输协议为MODBUS RTU协议，传输效率极高，丢包率低。PLC系统调用Modbus RTU通信协议模块，通过设置的波特率、端口等参数，来实现对压力计压力、温度计温度、流量传感器流量、电动阀等仪器仪表采集数据。由于系统液位传感器受到外界干扰，可能存在模拟量值波动较大情况，采用平均值滤波法处理之后用于系统判断，PLC系统会处于伺服状态。同时，上位机系统可以通过Modbus TCP协议实现对泡排装置数据的远程采集，数据通信模块的梯形图如5所示。

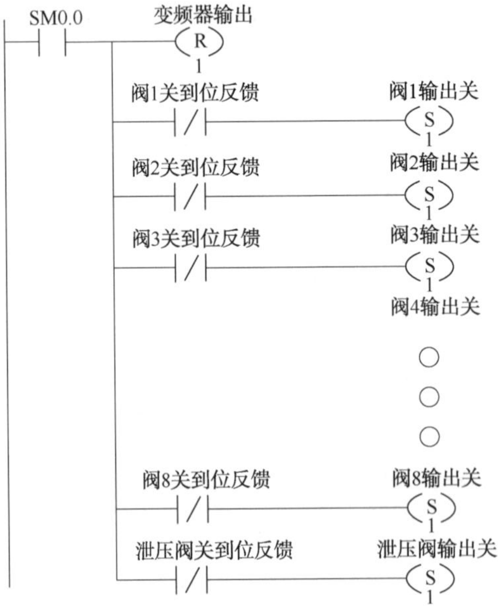

图4 系统初始化

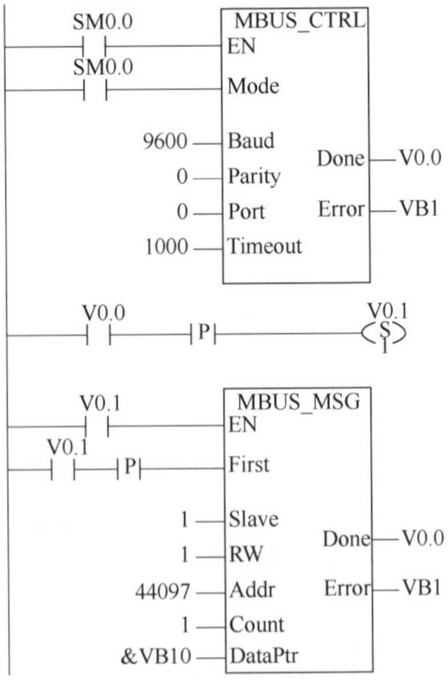

图5 通信模块

在智能泡排装置中，处理中枢 PLC 与温度计、压力计、流量计、电动阀等之间采用硬线连接，对于各仪表数据的采集，需要调用 Modbus RTU 数据模块，来实现对数据的采集，数据采集模块如图 6 所示。

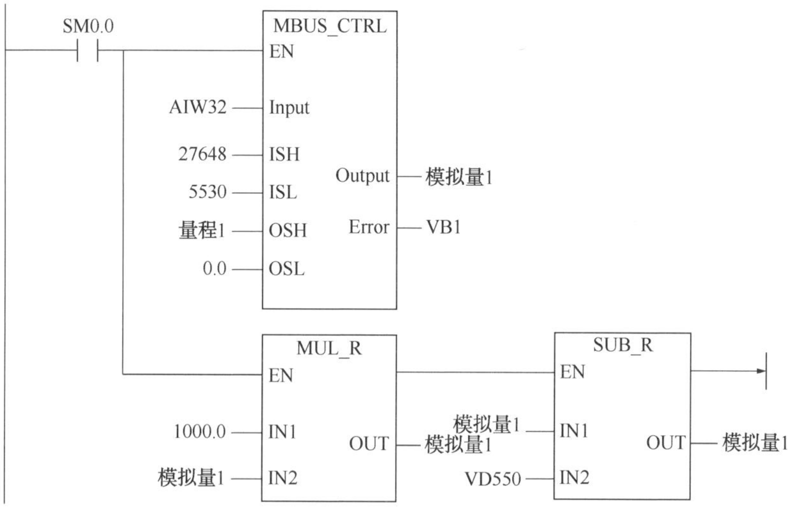

图 6　数据采集模块

2.2.3　自动运行模块

智能泡排系统根据业务需求、安全需求，结合采集到的仪表参数，进行智能泡排加注作业。根据使用习惯，智能泡排装置通常设置自动模式，自动模式梯形图如图 7 所示。

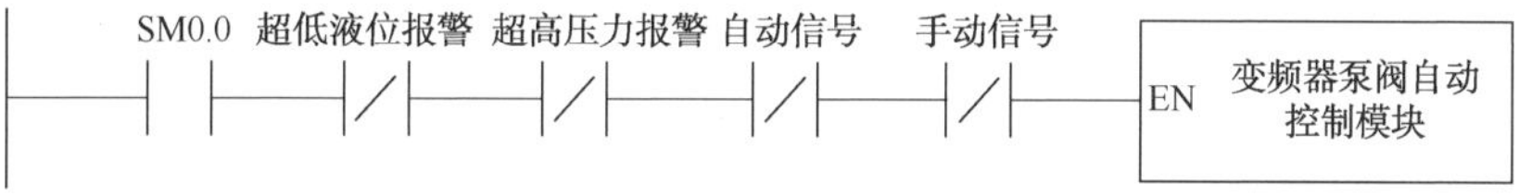

图 7　自动模式

2.2.4　联锁关断与报警

当液位计液位的 CV 值大于超低液位设定值时，会发生超低液位报警；同样，当液位计液位的 CV 值大于超高液位的设定值，会发生高液位报警；当管汇压力高于设定超高压力设定值时，会发生超高压力报警。此时，系统会触发报警系统，开始发生声光报警，梯形图如图 8 所示。

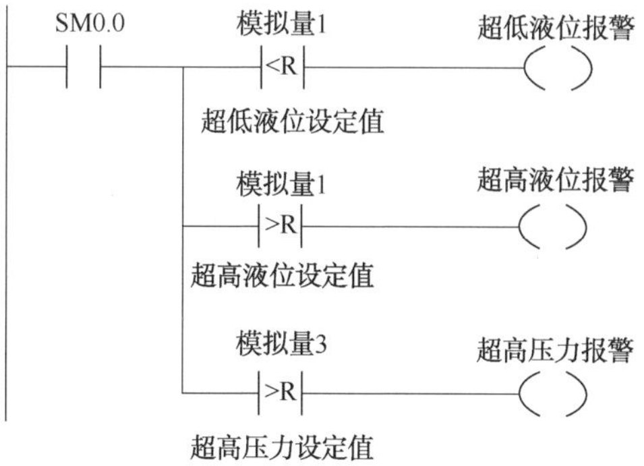

图 8　液位报警模块

一旦参数异常，系统会联锁关断，实施停泵操作与关闭阀门关闭双重保护措施，紧急切断加注流程，并发出异常报警提示，梯形图如9所示。

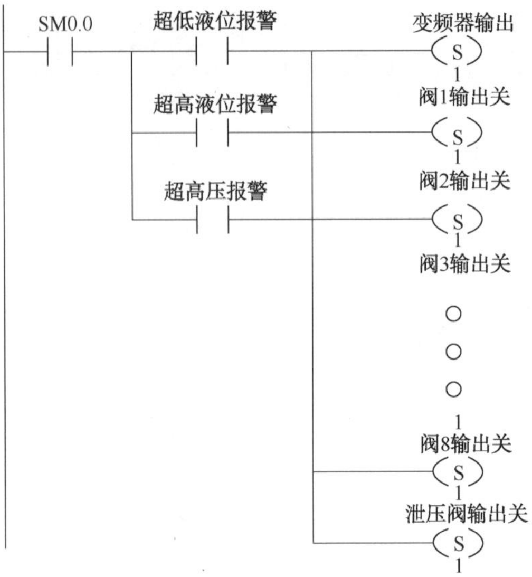

图9　联锁关断模块

2.3　远程通信

通过选择和采用合适的通信模块，通过在设智能泡排装置端安装APN通信卡，实现服务器端与远端智能泡排设备互联，达到对远端服务器对PLC数据的实时采集和控制，实现了全天24小时监控设备运行状况。

3　远程监控系统开发

传统的排采效果评价是基于日报级生产数据，实时性差。为此探索了基于PCS瞬时数据的排采效果定量评价方法，为智能排采提供前期基础。以实时井PCS系统生产数据为输入，并植入泡排模排液模型，开发了泡排加注远程监控模块，实时在线并自动化开展泡排工艺加注效果定量评价。

3.1　评价指标

统计分析了泡排前后的油套压差的变化关系，得出了泡排效果的定量评价指标。泡排的效果可以用泡排前后的积液量变化来定量衡量，有效的泡排将减少井筒积液量，因此定义排液率参数为排液量占井筒积液量的百分比。当排液率为100%时，代表井筒积液被排空，排液率为0时，代表完全没有排出积液。积液量计算方法见下：

$$Q_L=\left[(P_c-P_t)-\frac{\overline{f_g\rho_g v_g}^2}{2D}H\right]/\rho_l g\times A$$

式中，Q_L为积液量，L；P_c为油压，MPa；P_t为套压，MPa；f_g为气相与管壁的摩阻系数；ρ_g为气体密度，kg/m^3；v_g为气相表观速度，m/s；D为油管内径，m；H为垂深，m；A为井筒截面积，m^2。

对PCS系统中数据完整的33口自动泡排井进行效果评价，如表2所示。23口气井泡排持续有效，泡排有效率达70%。

表2　自动泡排井排液率

井号	泡排前积液量/m^3	泡排后积液量/m^3	排液率/%	原因分析	措施建议
威页37-1HF	0.27	0.219	18.88	泡排前井筒积液少，泡排持续有效	维持现状
威页37-2HF	0.336	0.336	0	泡排前井筒积液少，泡排持续有效	维持现状
威页37-3HF	0.291	0.282	3.09	泡排前井筒积液少，泡排持续有效	辅助气举
威页37-4HF	2.991	3.009	-0.6	压窜大液量井，泡排效果差	辅助气举
威页37-7HF	2.088	2.058	1.43	压窜大液量井，泡排效果差	维持现状
威页37-8HF	0.465	0.408	12.25	泡排后井筒积液减少	维持现状
威页39-1HF	0.552	0.21	61.95	泡排后井筒积液减少	维持现状
威页39-2HF	0.189	0.018	90.47	泡排前井筒积液少，泡排持续有效	维持现状
威页39-3HF	0.249	0.27	-8.43	泡排前井筒积液少，泡排持续有效	维持现状
威页39-4HF	0.738	0.429	41.86	泡排后井筒积液减少	维持现状
……	……	……	……	……	……

3.2　系统开发

在服务器端，采用JAVA语言开发了泡排加注工艺远程监控系统，系统具体包括：数据采集、数据监控、加注泡排、远程控制、效果在线评价等模块。目前，已实现了泡排装置的数据采集和监控，如图10所示。效果分析评价模块极大地提高了对泡排加注在线效果诊断。

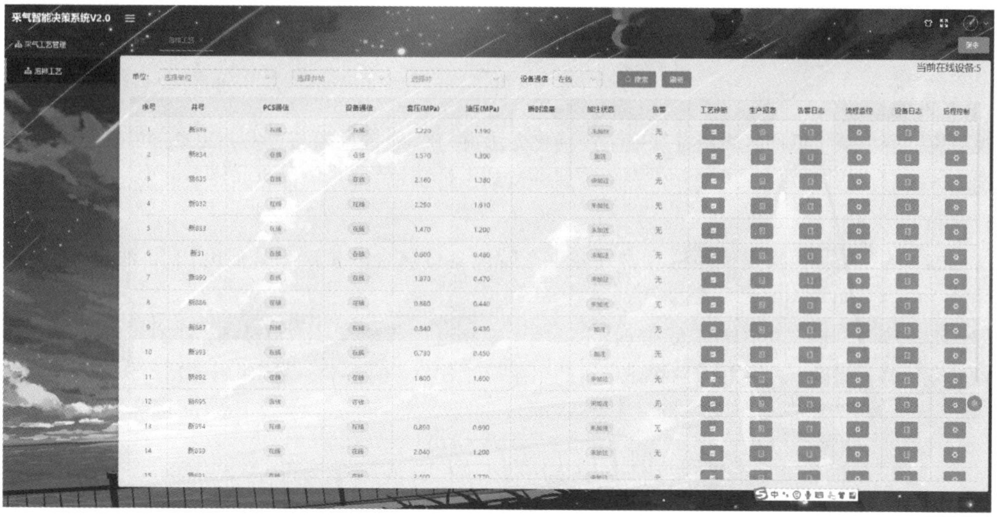

图10　泡排工艺监控界面

4　智能泡排系统应用

智能泡排装置从2022年在川南页岩气和川西致密气陆续投用，至今已在威页39平台、威页46平台等16个平台112口井中使用，气井递减率由45%降至36.2%。与传统一井一泵的泡排装置相比，智能泡排装置实现了一泵对8进的加注，极大地节省了费用，同时操作简单，极大地减轻了现场工人的劳动强度。

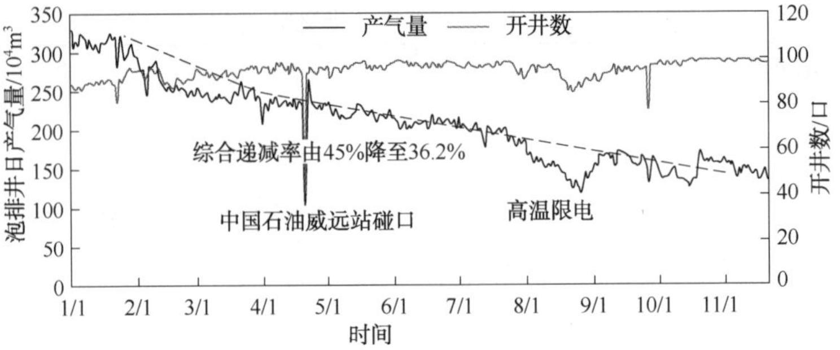

图11　智能泡排2022年投用后产量递减显著降低

5　结论

(1) 针对页岩气平台井的开发特点，研发了页岩气平台井智能泡排加注PLC系统，具有1泵对多井智能轮注、定时定量自动运行加注、自动联锁切断和报警等功能。

(2) 为了进一步对智能泡排运行进行管理，研发了远程监控系统，具有自动评价泡排效果、远程监测数据、远程控制、自动生成报表、系统提示等功能。

(3) 为了对泡排加注效果进行评价，建立了泡排效果评价指标，能够在线自动评价泡排效果，为智能化提供理论基础。

参考文献

[1] 祝启康，等．低压低产页岩气井智能生产优化方法究[J]．石油勘探与开发，2022，49(04)：770-777.

[2] 沈金才，等．涪陵页岩气田气井生产阶段划分及动态特征描述[J]．石油勘探与开发，2021，44(01)：111-117.

[3] 房大志，等．南川区块平桥地区页岩气井生产阶段划分与合理生产方式研究[J]．油藏评价与开发，2022，12(3)：477-486.

[4] 刘佳雯，等．页岩气井泡沫排水采气技术适应性探究[J]．天然气技术与经济，2023，17(5)：9-14.

[5] 钟海泉，等．间歇生产气井净网智能系统的研制[J]. 2021，21(35)：15019-15026.

油田产量智能预测方法研究进展

王洪亮[1,2]　闫　林[1,2]　张吉群[1,2]　平晓琳[1,2]

（1. 中国石油勘探开发研究院人工智能研究中心，北京　100083；
2. 中国石油天然气集团有限公司勘探开发人工智能技术研发中心，北京　100083）

摘　要： 油田产量预测是制定和调整开发方案、投资决策等工作的基础，在油田开发过程中发挥了重要的作用。非常规油田作为未来增储上产的主体，多采用水平井多级压裂技术，产量影响因素多且关系复杂，传统产量预测方法存在适用性变差、预测能力不足等问题，通过调研方式对国内外产量预测方法及应用进行系统评价，智能方法在非常规油田产量预测中具有前景。同时，分别利用智能方法与经验公式预测非常规油田产量，并进行对比分析。结果表明：智能方法能够综合考虑多方面影响因素，建立产量与影响因素之间的复杂映射关系，预测精度高于经验公式方法。智能预测方法为油田产量预测提供了一种新的研究思路与技术手段。

关键词： 油田产量；预测方法；非常规油田；数据驱动；机器学习

0　引言

油田产量预测贯穿油田开发整个过程，对制定和调整开发方案、投资决策、提高原油采收率等工作起着重要的作用。从石油工业诞生起，人们就开始研究油田产量预测方法，主要经历了经验统计方法、油藏工程理论方法、油藏数值模拟方法和人工智能预测方法研究四个阶段[1]。目前，油田产量预测方法较多，普遍采用的预测方法有试油、水驱油实验、物质平衡法、数值模拟、递减曲线、水驱曲线[2-3]、类比法、经验法等方法，不同方法存在一定的适用条件。

针对油田开发面临的“井深、块小、层薄、低孔、低渗、低产”等特点，现有产量预测方法面临适用性变差和时效性不足的问题[4]。因此，有必要对不同油田产量预测方法的基础理论、技术特点和应用情况进行系统梳理，厘清技术发展思路，为油田产量预测方法研究提供攻关方向。通过开展跨学科、跨领域研究，借助数字化和智能化手段提高油田产量预测方法的预测能力和效率[5]。

基金项目： 国家重点研发计划“战略性资源开发区风险评估应用示范”（2022YFF0801204）、中国石油天然气股份有限公司科技项目“油气资源开发区风险评估应用示范”（2023DQ0528）、中国石油天然气股份有限公司科技项目“油气勘探开发人工智能关键技术研究”（2023DJ84）。

作者简介： 王洪亮（1984—），男，博士，工程师，从事油气产量智能预测方法研究。E-mail：whldqpi@126.com。

1 油田产量预测方法评价

1.1 经验统计方法

从开始采油到1930年左右，油田产量预测研究以经验统计方法为主。在工程实践中，人们根据容易计量和测试到的矿场数据进行统计，建立产油量、产液量等指标随时间的关系，并进行外推来预测油田产量。最典型的范例为 Arps 基于油井实际产量的统计分析提出的油井产量递减分析方法[6]。根据递减指数不同，将递减类型分为指数递减、双曲递减和调和递减。递减曲线的特征取决于初始产量(或某一时间产量)、递减指数和递减率[式(1)]，它们是包含储层、井筒和地面设施在内的众多参数的复杂函数。

$$q=\frac{q_r}{\left[1+n D_r(t-t_r)\right]^{\frac{1}{n}}} \tag{1}$$

式中，q 为 t 时刻产油量；q_r初始时刻的产油量；n 为递减指数；D_r为初始递减率。

其他常用方法还包括水驱特征曲线法[7]、Weibull、Logistic 和 Gompertz 等。此阶段(类)预测方法是由统计数学方法建立起来的一种经验模型，优点为方法简单方便。缺点为缺乏理论指导，方法应用要求工作制度恒定、多解性强、信息有限，具有一定的局限性。

1.2 油藏工程理论方法

20 世纪 30 年代，油田产量预测研究以理论推导方法为主。这一阶段油田产量预测的理论发展迅速[8]。法国工程师 A. 达西的渗流基本定律被广泛应用于油井产量变化规律研究。1937 年美国海湾公司的总工程师出版了《流体在多孔介质中的流动(*The Flow of Homogeneous Fluids through Porous Media*)》一书，将地下流体力学的理论引入到油气田开发中，得到了一系列油井产量预测公式。美国学者薛尔绍斯建立了物质平衡方程式。美国学者 S. E. 见克莱和 M. C. 列维特建立了水驱油理论。苏联学者谢尔卡桥夫建立了不同井网密度下油井产量的计算公式。此阶段预测方法的特点为基于渗流理论、水驱油理论等理论，预测方法科学可靠。

1.3 油藏数值模拟方法

20 世纪 50 年代，进入了以科学计算为基础的油藏数值模拟阶段。1953 年，美国学者 G. H. 布儒斯等首次将电子计算机应用于油田开发，并得到迅速发展。1954 年，West 根据达西渗流理论，提出了多相流动理论及控制方程，为后来油藏数值模拟奠定了理论基础。1959 年，美国学者 J. 道格拉斯和 D. W. 皮斯曼等首次尝试利用电子计算机进行油水两相复杂偏微分方程组成功求解，为油藏数值模拟奠定了基础。此类方法的优点是机理明确。缺点为计算工作量大，耗时长，不能针对较大规模的区块进行整体预测。

1.4 人工智能预测方法

21 世纪以来，进入了以油气大数据分析为核心的人工智能预测方法研究阶段。随着数字化时代的深入发展，大数据和人工智能技术逐渐渗透到油田开发的各个方面，对油田开发的技术创新产生深远影响。面对油田传感器、物联网等产生海量且快速增长的开发生产数据，亟需大数据分析与人工智能等技术从海量的开发生产数据中寻找油田产量的变化规律[9]。

2　油田产量智能预测方法研究现状与展望

2.1　参数模型方法

油田产量数据属于时序数据，前后具有一定的相关性，可以利用参数模型方法预测未来产量。主要方法包括时间序列分析方法和灰色系统理论方法。

利用时间序列分析方法预测油田产量，主要是在确定时间序列模型的基础上求解出模型参数，并利用求解出的模型完成产量预测工作。主要表现为两种方式。第一种方式为基于历史产油量数据进行拟合及预测[10]。通过对产油量数据进行平稳性检验和白噪声检验等处理，确定模型结构，建立模型预测产油量。第二种方式为首先建立模型预测产量影响因素的变化趋势，再基于产量影响因素建立产油量预测模型[11]。时间序列油田产量预测方法的优点为模型简单，只需要油田产量数据而不需要借助其他影响因素，通过差分运算即可分析油田产量数据的平稳趋势。缺点为要求产量数据为平稳时间序列，且只能捕捉产量和影响因素之间的线性关系。预测结果的准确率主要取决于参数模型的选择。适合于短期产量预测。

灰色系统理论在油田产量预测中应用广泛，主要包括灰色关联度分析和灰色预测方法。主要通过油田产量与影响因素曲线之间几何形状的相似程度来判断相关性。在油田产量预测中，主要应用于计算油气产量与影响因素之间关联度、油藏中油井间关联程度的强弱[12]。灰色预测方式是通过少量的、不完全的信息，建立数学模型做出预测的方法。主要用于建立油气产量单变量预测模型和油气产量多变量预测模型。灰色系统理论方法的优点为所需数据和信息较少，适用于已知信息较少，样本数量小的情况。不足之处是未考虑油井之间的相互制约关系。该方法适合影响因素多的复杂油气藏，如处于开发早期、产量处于上升阶段的油气藏。

2.2　传统机器学习方法

油气产量与地质、油藏和开发等因素关系密切，可以利用机器学习方法建立产量和影响因素之间的映射关系，对未来产量进行预测。应用于油气产量预测的传统机器学习方法主要包括线性回归算法、支持向量机算法、决策树算法和人工神经网络等。

线性回归方法预测油田产量的主要做法是首先针对产量影响因素进行分析，筛选影响产量的主控因素，并建立产量和主控因素之间的多元线性回归预测模型，通过外推实现产量预测[13]。利用线性回归方法预测产量的优点为模型形式简单、可解释性强。缺点为只能表示产量与影响因素之间的线性关系。该方法适用于油田生产稳定，短期产量预测。

支持向量回归主要用于解决回归问题。利用支持向量回归方法预测油田产油量，首先基于油田产量影响因素建立一个高维空间，在此空间中构建一个间隔带，落在间隔带以内的油田产量样本不计算损失，落在间隔带以外的油田产量样本计算损失。通过迭代训练，使尽可能多的油田产量样本落在间隔带之内，以此来建立产量预测模型[14]。针对油田产量与影响因素之间的非线性关系，可以通过在支持向量回归方法中引入核函数的方法来得到产量与影响因素之间的复杂非线性的回归结果[15]。支持向量回归预测油田产量的优点是该方法理论完备、泛化能力强，能够较好解决油田产量影响因素多、数据维度高、产量与影响因素呈复杂非线性关系和油田产量小样本的问题。缺点为对异常值敏感，对油田生产数据质量要求较高；该方法主要适用于油田开发早期，在井少、相关资料少、对油田认识不足的情况下，仍可以取得良好的预测效果。

决策树是一种基本的分类与回归方法。针对回归问题，一般采用回归决策树。基于决策树，扩展出随机森林、梯度提升树等集成算法。利用决策树方法预测油田产油量需要依据油田生产历史数据分析产量影响因素和确定树模型的结构，将影响因素作为模型输入，产量作为模型输出，建立产量预测树模型[16]。利用决策树方法预测油田产油量的优点为建模结果是一种易于可视化分析的模型，具有可解释性强，能够用于分析产量影响机理的优势。缺点为由于它对油田生产数据缺失和油田产量样本不均衡问题有较好的处理能力，可能会出现过拟合问题低。该方法主要适用于产量主控因素分析，工作制度优化等产量预测场景。

神经网络广泛应用于非线性、不确定和开放特性的多变量系统优化。许多学者利用BP神经网络、高阶神经网络和Elman神经网络等算法进行油气产量预测。在油田产量预测方面，早期应用神经网络预测油田产油量，仅考虑历史产量数据，并对此进行适当扩展，比如计算平方、立方、指数等，作为多维数据输入神经网络模型进行训练，建立产量预测模型[17]。随后开始综合考虑储层、措施、生产井网、井数以及注入量等对油田产量的影响，利用神经网络建立多因素影响下的油田产量预测模型[18]。针对神经网络容易陷入局部最优和不收敛的问题，通常采用遗传算法、粒子群算法等智能优化方法对神经网络进行改进，提升神经网络产量预测模型的训练速度和精度[19]。利用神经网络预测产量的优点为能够综合考虑地质、工程和开发等各方面影响因素之间的相互作用关系及变化规律，建立产量和影响因素之间的复杂非线性关系。缺点为容易发生过拟合，影响产量预测精度。该方法比较适用于油田井数较多，生产数据齐全的场景。

2.3 深度学习方法

深度学习用于油田产量预测的主要算法为循环神经网络。在油田产量预测方面，该算法可以综合考虑区块的控制地质储量、注采比、产量构成数据、综合含水率等因素，建立深层神经网络模型，实现油田新井和老井的产量预测[20]；在单井产量预测方面，该算法可以将油田动静态数据融合建模，已有文献中考虑的油田动态数据主要包括产油量、产液量、产气量、压力、周围生产井的产量等，静态数据主要包括地层厚度、含油饱和度、原油密度、压缩系数等。通过对模型进行训练优化，识别数据之间隐藏的规律，建立多变量的产量预测模型[21]。利用深度学习算法预测油气产量的优点为可以全面考虑产量影响因素，通过算法自身来产生新的特征，降低专家主控因素分析的难度。该算法具备时序观念，具有长时间的记忆能力，能够深入挖掘油气变化趋势，使预测变得更加准确可靠。主要缺点为网络参数多，需要较多的样本数据，且模型是黑箱模型，可解释性弱。该方法主要适用于油田影响因素多，主控因素不清晰，数据基础好的复杂生产场景。

2.4 知识图谱方法

知识图谱技术可以基于海量、异构的油气勘探开发数据、报告和专家经验，建立大规模的知识库。已经有学者开始研究石油勘探开发知识图谱构建技术[22]，并在石油勘探开发知识管理、油藏地质领域实体对齐、测井油气层识别[23]等领域取得良好的应用效果。利用知识图谱技术预测油田产量需要融合油开发过程中所积累的大量油藏静态和动态多源结构化数据以及开发方案、措施报告等非结构化资料，通过图嵌入技术将知识图谱的知识表征向量融合到深度学习算法中，实现数据和知识的联合驱动预测。该方法的优点为能够综合考虑油田开发知识、报告和专家经验，提升数据驱动预测的准确性。缺点为知识图谱技术在油田开发领域还处于起步探索阶段，缺少标准规范，知识图谱建立和集成技术难度大。

2.5 油田产量智能预测方法展望

随着人工智能技术学习能力的增强，油田产量智能预测方法综合考虑的因素与之增加。参数模型方法主要学习油田产量随时间的变化规律；传统机器学习方法建立产量与地质、油藏和工程等多方面影响因素的复杂映射关系；深度学习方法既能学习产量与影响因素之间的复杂映射关系，又能兼顾产量随时间变化的趋势；知识图谱方法在深度学习方法的基础上，增加了对油田开发知识、报告和专家经验的考虑，提升数据预测的准确性[23-24]。大模型技术能够基于多模态油气生产大数据，训练出具有高度复杂性和强泛化能力的模型，将是油田产量高效精准预测研究的新趋势(图1)。

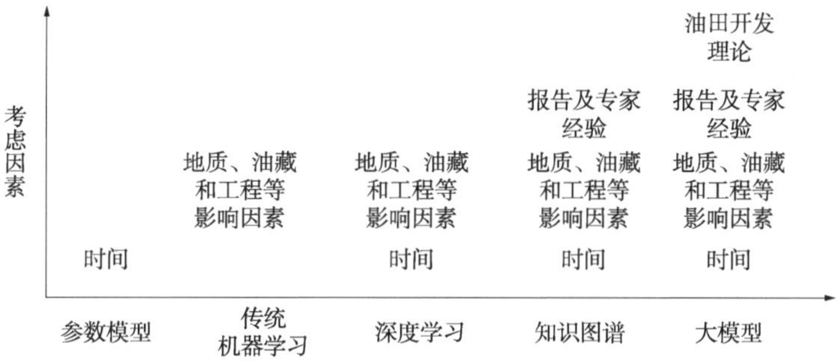

图1　油田产量智能预测方法展望

3　实例分析

以得克萨斯州西部的 Eagle Ford 油田生产数据为例，该油田已有 800 多天的生产数据，主要包括日产油、日产气、日产水和油管压力等。分别利用长短时记忆神经网络(LSTM)和递减曲线分析方法(DCA)进行产油量预测[25]。图2中的黑线和蓝线为标签线，黑线左侧的数据为训练数据集，从 200d 产量递减开始至 700d。两条线之间的数据为验证数据集。蓝线右侧为测试数据。神经网络模型的输入数据包括日产油、日产气、日产水和油管压力。预测时假设一个恒定的油管压力，取值为上周的平均压力值。

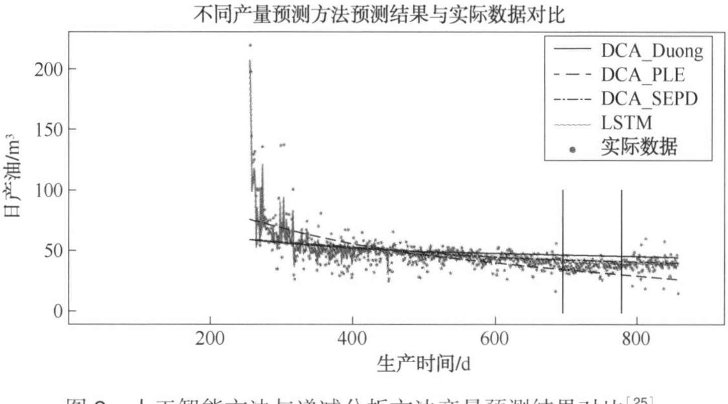

图2　人工智能方法与递减分析方法产量预测结果对比[25]

将神经网络的预测结果几种传统的递减曲线分析(DCA)方法进行比较。与递减曲线分析方法只能建立产量随时间的变化趋势相比，长短时记忆神经网络在学习产量随时间变化趋势的同时，还能考虑日产气、日产水和油管压力因素，预测结果可以更好地捕捉趋势，与实际生产数据相比误差较小(表1)。

表1 人工智能方法与递减分析方法产量预测误差对比[25]

预测时间	实际产量/10^4m^3	DCA_Duong 预测产量/10^4m^3，误差/%	DCA_PLE 预测产量/10^4m^3，误差/%	DCA_SEPD 预测产量/10^4m^3，误差/%	神经网络 预测产量/10^4m^3，误差/%
第10d	38.98	44.51，14	29.49，24	40.60，4	38.71，1
第20d	38.36	44.38，16	29.08，24	40.40，5	39.00，2
第50d	38.20	44.03，15	27.92，27	39.84，4	38.71，0.5
30d平均值	38.57	44.45，15	29.29，24	40.50，5	38.73，0.4
60d平均值	38.39	44.07，15	28.07，27	39.90，4	38.37，0.1

4 结论与建议

(1) 油田产量预测方法研究主要经历了经验统计方法、油藏工程理论方法、油藏数值模拟方法和人工智能预测方法研究四个阶段，不同方法具有自身特点和优势，也具有一定的适应性，各种方法的有机融合、相互验证是提高产量预测准确性的重要途径。

(2) 油田产量影响因素多，历史数据量大，产量预测工作量大，大数据及人工智能技术的应用将是产量预测高效准确研究的新趋势。

(3) 油田产量智能预测方法主要包括参数模型方法、传统机器学习方法、深度学习方法、知识图谱方法和大模型方法等。随着人工智能技术的发展，产量预测模型考虑的影响因素不断增加，模型的精度和泛化能力逐渐增强。大模型技术能够基于多模态油气生产全息大数据建立强泛化模型，是油田产量智能预测方法的重点攻关方向。

参考文献

[1] 计秉玉．油田开发指标预测方法综述[J]．大庆石油地质与开发，1999，18(02)：21-24.

[2] 童宪章．天然水驱和人工注水油藏的统计规律探讨[J]．石油勘探与开发，1978，5(06)：38-67.

[3] 万吉业．水驱油田的驱替系列及其应用(Ⅱ)[J]．石油勘探与开发，1983，10(1)：44-48.

[4] 徐文伟，肖立志，刘合．我国企业人工智能应用现状与挑战[J]．中国工程科学，2022，24(06)：173-183.

[5] 匡立春，刘合，任义丽，等．人工智能在石油勘探开发领域的应用现状与发展趋势[J]．石油勘探与开发，2021，48(1)：1-11.

[6] Arps J J. Analysis of decline curves[J]. Transactions of the AIME，1945，160(01)：228-247.

[7] DOU Hongen，ZHANG Hujun，SHEN Sibo. Correct understanding and application of waterflooding characteristic curve[J]. Petroleum Exploration and Development，2019，46(4)：755-762.

[8] 窦宏恩．油田开发基础理论[M]．北京：石油工业出版社，2019.

[9] 曹刚，杨清海，任义丽，等．五大信息技术在油气行业数字化转型中的应用探讨[J]．石油科技论坛，

2020，39(06)：27-36.

[10] 谷建伟，隋顾磊，李志涛，等．基于 ARIMA-Kalman 滤波器数据挖掘模型的油井产量预测[J]．深圳大学学报(理工版)，2018，35(06)：575-581.

[11] 宋成坤．油田海量数据挖掘技术研究及应用[D]．东北石油大学，2017.

[12] 徐波，薛中天，韩继勇．用灰色系统模型预测油井产量[J]．石油钻采工艺，2001，23(03)：48-49.

[13] 张鹏翥．多元线性回归法预测聚合物驱产油量[J]．大庆石油地质与开发，2014，33(04)：111-114.

[14] 同晓．基于数据挖掘的油田开发动态预警系统研究[D]．西安石油大学，2016.

[15] 钟仪华，张志银，朱海双．特高含水期油田产量预测新方法[J]．断块油气田，2011，18(05)：641-644.

[16] 李大伟，石广仁．油气勘探开发常用数据挖掘算法优选[J]．石油学报，2018，39(02)：240-246.

[17] 葛家理，吴新根．应用人工神经网络预测油田产量[J]．石油勘探与开发，1994，21(03)：75-78.

[18] 李留仁，焦李成．基于人工神经网络的油田产量多因素非线性时变预测[J]．西安石油学院学报(自然科学版)，2002，17(04)：42-44.

[19] 田亚鹏，鞠斌山．基于遗传算法改进 BP 神经网络的页岩气产量递减预测模型[J]．中国科技论文，2016，11(15)：1710-1715.

[20] 王洪亮，穆龙新，时付更，等．基于循环神经网络的油田特高含水期产量预测方法[J]．石油勘探与开发，2020，47(5)：1009-1015.

[21] ZHANG Lei，DOU Hongen，WANG Tianzhi，et al. A production prediction method of single well in water flooding oilfield based on integrated temporal convolutional network model[J]. Petroleum Exploration and Development，2022，49(5)：996-1004.

[22] 袁满，褚冰，肖垚．基于叙词表的油藏构造知识图谱[J]．吉林大学学报(信息科学版)，2020，38(01)：72-78.

[23] 刘国强，龚仁彬，石玉江，等．油气层测井知识图谱构建及其智能识别方法[J]．石油勘探与开发，2022，49(03)：502-512.

[23] 张钹，朱军，苏航．迈向第三代人工智能[J]．中国科学：信息科学，2020，50(09)：1281-1302.

[24] 吴飞．数据驱动与知识引导相互结合的智能计算[J]．智能系统学报，2022，17(01)：217-219.

[25] Sun J，Ma X，Kazi M. Comparison of Decline Curve Analysis DCA with Recursive Neural Networks RNN for Production Forecast of Multiple Wells：SPE Western Regional Meeting，2018[C]. Society of Petroleum Engineers.

智慧油气田建设

“人工智能”快速发展下的智慧油气田建设思考

黄　文　陈忠平　蒙雁琳　林泓宇　汪浩海　张　理　胡佑东

（中国石油天然气集团公司西南油气田分公司蜀南气矿，四川 泸州　646099）

摘　要：AI 的迅速发展，为传统行业的再次发展带来了新的机会，标志着智慧油气田建设来到了新时代。本文探讨了 AI 技术如何推动油气行业的转型，尤其是在提高资源效率、优化生产过程、增强决策支持系统以及实现环境可持续性方面的作用。通过对当前 AI 在智慧油气田应用的实例分析，我们识别了关键技术和创新点，包括数据分析、机器学习、物联网（IoT）和自动化控制系统。本文还讨论了实施智慧油气田建设过程中面临的挑战，如数据管理和分析、算法优化、技术研发等，并提出相应的策略建议。文章最后探讨了智慧油气田未来的发展趋势和 AI 技术的潜在影响。

关键词：智慧油气田；人工智能；决策支撑；数据管理和分析

1　人工智能技术进展及现状

人工智能（AI）的概念最早可以追溯到 20 世纪 50 年代，当时的研究主要集中在问题解决和符号逻辑方法上。1956 年，在达特茅斯会议上，AI 被正式定义为一个独立的研究领域。初期的 AI 研究侧重于规则基础的专家系统和知识表示。20 世纪 80 年代至 90 年代，随着计算机科学的发展，机器学习成为 AI 研究的核心领域。机器学习侧重于开发算法，让计算机能够从数据中学习和做出预测或决策，而无须对每一步进行明确的编程指令。这个时期，决策树、神经网络和支持向量机等技术的发展，标志着机器学习方法的成熟和应用。2006 年以后，深度学习的兴起极大地推进了 AI 领域的发展。深度学习通过使用具有多层结构的神经网络，可以自动学习数据的高层特征，显著提高了 AI 在图像识别、语音识别和自然语言处理等领域的性能，Google Brain、OpenAI 和 DeepMind 等组织在这一领域取得了显著成果，如 AlphaGo 击败世界围棋冠军，成为里程碑事件，Lecun 等[1]提出了卷积神经网络（Convolutional Neural Networks，CNNs），这是第一个真正多层结构学习算法，它利用空间相对关系减少参数数量以提高训练性能。AI 技术的突破和发展离不开计算能力的显著提升和大数据的可用性。随着硬件性能的增强（特别是 GPU 在并行处理中的应用）和大规模数据集的出现，AI 模型能够处理更复杂的任务，学习更深层次的数据特征。

2　人工智能技术在智慧油气田的研究进展

2.1　智慧油气田的概念

智慧油气田的核心特征包括自动化的数据采集、实时的信息处理、智能的决策支持和远

作者简介：黄文（1999—），大学学历（工学学士），采气工，2023 年毕业于西南石油大学计算机科学与技术专业。E-mail：huangwen01@ petrochina. com. cn。

程的操作控制。这些特征的实现依赖于多种技术，包括物联网(IoT)技术用于设备和传感器的网络化，大数据分析用于处理和解释复杂数据集，以及人工智能(如机器学习和深度学习)用于预测分析和优化策略。

2.2 人工智能技术在智慧油气田建设中的应用方向

智慧油气田通过对地质油藏的全面动态监测、精确评价，实现生产过程的全面自动化和决策过程智能化，可以提高油田勘探开发效率、预测油气田变化趋势，持续优化油其田管理，延长油气田生命周期，降低成本[2]。智能油气田的建设和应用，通过集成先进的人工智能技术和大数据分析，实现了油气田勘探开发的高效化、生产操作的自动化、管理决策的智能化，为油气行业的可持续发展提供了强有力的支撑。

根据实际目前主要进行的应用主要有以下 4 个方面：

(1) 勘探和开发：包括利用地质数据、历史勘探记录和实时监测数据的分析来优化勘探过程。这种分析能够提高发现油气藏的概率，并更准确地预测其位置和规模。然而，这一过程需要处理大量复杂的数据，并且必须考虑地质特征的多样性和勘探环境中的各种影响因素，这些都增加了分析的复杂性和挑战性。

(2) 生产优化：包括使用机器学习算法来预测设备性能，优化维护计划，及时调整生产策略，以及动态分配资源。通过这种方式，AI 能够提高生产效率，确保能源利用的最优化，并显著减少浪费和运营成本。

(3) 安全监控：安全监控主要侧重于目标检测，包括利用视频分析技术来监控油气设施的实时情况，识别潜在的安全威胁如泄漏、火灾或未经授权的入侵。通过这种方式，AI 可以提高响应速度，减少人为错误，确保油气生产的安全和连续性。

(4) 决策支持：包括使用机器学习和数据分析方法来预测市场趋势、优化资源分配、评估风险和制定战略规划。借助 AI，公司能够做出更加数据驱动的决策，提高决策的效率和效果，从而更好地管理复杂的油气生产和运营环境。

2.3 人工智能技术在油气田中的应用实例

地质数据分析和勘探优化：Shell 公司使用 AI 来分析地质数据，优化勘探活动。通过使用机器学习算法分析地震和地质数据，Shell 能够更准确地确定油气藏的位置，从而提高勘探成功率并降低成本。这种方法利用了大量数据来训练算法，以识别油气潜在的迹象，减少了对人类专家的依赖，并加快了数据处理速度。

生产效率提升：BP 公司在其油气田中应用 AI 技术，通过实时数据监控和分析优化生产过程。BP 使用 AI 系统来预测设备故障，安排及时维修，避免了大量的停机时间和潜在的生产损失。此外，AI 技术还帮助 BP 优化其钻井操作和提高油气回收率。

安全监控：Equinor(挪威国家石油公司)在其运营中广泛使用 AI 进行安全监控。公司部署了 AI 驱动的监控系统，使用图像识别技术监测作业现场的安全状况，自动检测违规行为或潜在危险情况，实时警告操作人员，从而显著提高了工作场所的安全性。如目前大多数油田使用的相关安全智能监控系统也属于这一范畴。

决策支持系统：ExxonMobil 应用 AI 技术开发高级决策支持系统。通过利用历史数据、市场分析和模拟技术，AI 系统为管理层提供了关于钻井位置、生产调度和资本投资决策的深入洞察。这帮助 ExxonMobil 优化其操作策略，提高投资回报率。

通过以上的例子可以表明AI技术在提高勘探和开发效率、优化生产过程、增强安全监控和支持决策制定中具有显著成效。然而，面临的挑战包括数据质量和可用性、技术集成的复杂性、高昂的初始投资和运营成本，以及对专业技能人才的需求。但随着技术的不断进步和经验的积累，这些挑战正在逐步被克服，AI技术的应用在油气行业中的价值和潜力日益显现。

2.4 人工智能技术在油气田中存在的挑战及解决措施

当前智能化油气田建设快速发展，但是整体处在探索起步阶段，面临来自数据、算法和地下未知因素的诸多挑战[3]。数据挑战：数据量巨大，来自不同来源和类型，如地震数据、钻井记录、生产日志等，其管理和分析要求高度的技术能力。数据质量不一，可能包含大量的噪声和不一致性，需要先进的数据清洗和处理技术来确保分析的准确性。例如，在北海的油气田项目中，收集的地震数据量巨大，但数据质量不一，需要复杂的处理流程来过滤噪声、补全缺失值并提取有用信息。算法挑战：油气行业的复杂性要求算法能够处理非线性、高维度和多变量的问题，这需要持续的算法创新和优化，算法模型需要在不断变化的地质和市场条件下进行测试和调整，以保持其预测的准确性和可靠性。例如，在美国页岩气开发中，需要精确的算法模型来预测裂缝分布和产量，但现有算法难以准确处理地质复杂性导致的数据异质性。地下未知因素挑战：地质条件的不确定性使得油气勘探和生产充满不确定性，需要开发能够适应这种不确定性的技术和方法。油气藏的特性如压力、温度、流体动力学等难以直接观测和测量，需要间接方法和模型来估算和预测。如在俄罗斯西伯利亚的油田，复杂的地质结构和极端气候条件使得地下未知因素难以预测，给油气勘探带来了额外的风险和技术挑战。

针对上面存在的问题，可以从以下几个方面进行改进：

1. 数据管理和分析

建立集中的数据管理平台，统一数据格式，提高数据的可访问性和一致性。采用先进的数据分析工具和算法，比如机器学习和深度学习，提高数据处理的效率和准确性。

2. 算法优化

定期更新和优化机器学习模型，以适应地质和生产条件的变化。开发和训练特定于油气领域的算法，以提高预测和分析的精确度。

3. 技术研发

投资研究和开发新技术，如高分辨率地震成像技术，以提高对地下结构的理解。探索和实验新的勘探和开发技术，比如利用AI进行自动钻井和生产优化。

4. 人才培养

建立与大学和研究机构的合作，为员工提供培训和进修机会，增强其AI和数据分析能力。招聘具有AI背景的专业人才，增强公司在智能技术方面的竞争力。

3 人工智能技术的发展趋势与影响

3.1 智慧油气田未来的发展趋势

未来的智慧油气田将是高度集成、自动化和智能化的，其运营将基于大量的实时数据和高级分析。这不仅将提高生产效率和资源利用率，还将使油气行业更加灵活、安全和可持续。这些变革预示着油气行业正在向更加智能化、高效化和环保化的方向发展。

1. 高度自动化的勘探与生产

随着AI和机器学习技术的发展，未来的油气田将实现从勘探到生产的全过程自动化。自动化技术将使油气勘探更加精确，减少人为错误，并能实时调整生产策略以应对地质变化。

2. 数据集成与分析能力的提升

大数据技术将在智慧油气田发展中扮演核心角色，整合地震、钻井、生产和物流等数据，提供全面的洞察力。高级数据分析、机器学习和人工智能将用于优化资源评估、生产计划和供应链管理。

3. 数字孪生的应用

通过创建油气田的虚拟副本，即数字孪生，可以在无风险的环境中模拟和分析实际操作，优化生产流程，预测设备故障，并支持决策过程。

4. 远程操作和监控

借助先进的通信技术和物联网(IoT)解决方案，未来的油气田将能实现更广泛的远程操作和监控能力，减少现场人员需求，降低操作风险。

5. 可持续性和环境保护

智慧油气田将更加注重环境保护和可持续性，使用AI和机器学习技术来优化能源使用，减少碳足迹，实现更环保的生产方式。

6. 增强的安全措施

通过实时监控系统和预测性维护，未来的油气田将能更有效地预防事故和减少环境影响，确保作业安全和环境保护。

7. 智能决策支持系统

利用AI提供的深入洞察力，管理层可以做出更加信息化和数据驱动的决策，优化资产管理和运营策略。

3.2 人工智能技术对智慧油气田发展的影响

AI技术的影响在油气行业中主要表现在几个方面。

(1) AI能极大提高勘探活动的准确性和效率，通过分析大量的地质数据，AI能够帮助科学家们更准确地识别油气藏的位置，减少无效的勘探活动，从而节省大量的时间和资源。

(2) AI在生产过程中的应用能够优化油气田的运营效率，例如通过实时监控和分析生产数据，AI系统能够预测设备故障，实现预测性维护，减少停机时间，提高生产连续性。

(3) AI技术还能够增强油气行业的安全管理。通过实时监控油气设施的运行状态和环境状况，AI系统能够及时发现潜在的安全隐患，防止事故的发生，保护员工的生命安全和环境的健康。在决策支持方面，AI能够提供基于数据的深入分析和预测，帮助管理层做出更加明智的决策，如资源分配、投资规划和市场策略等。

(4) 环境保护方面，AI技术的应用有助于促进油气行业的可持续发展。通过优化能源利用和减少排放，AI可以帮助企业实现更环保的生产方式，减少对环境的影响。

4 结束语

随着人工智能技术在油气行业的深入应用，未来智慧油气田的面貌将日益智能化、高效化和环保化。这不仅预示着生产优化、安全提升和决策精确度增加，还代表着向可持续发展的积极转变。综上所述，虽然挑战存在，但通过创新和技术进步，智慧油气田将成为推动行业前行的重要力量。因此，油气行业应继续探索和投资 AI 技术，以实现长远的增长和可持续发展。

参 考 文 献

[1] HINTON G E, OSINDERO S, TEHY W. A fast learning algorithm for deep belief nets [J]. Neural Computation, 2006, 18: 1527-1554.
[2] 顾逸峰. 油气勘探降本增效智能油田成发展新方向[N]. 上海证券报, 2016-11-23(011).
[3] 李阳, 廉培庆, 薛兆杰, 等. 大数据及人工智能在油气田开发中的应用现状及展望[J]. 中国石油大学学报(自然科学版), 2020, 44(04): 1-11.

天然气区域化生产多场站协同预警

赵 勇 杨江海 纪林呈 李 琴 吴倩颖

（中国石油天然气股份有限公司西南油气田分公司重庆气矿，重庆 400021）

摘 要：天然气区域化生产应用工业控制系统集中监控分散的远程无人场站，通过单个工艺参数的报警来判断生产是否出现异常，由于单参数报警会因传感器故障和报警的滞后性，不能及时发现异常，也难以反映全区域的生产动态。为提前检测异常，准确识别整区域的生产动态，现有的一些预警系统，仍采用单参数预警，忽略了生产工艺的连续性，以及参数之间存在的必然联系，预警误报率较高，适用性不足。因此，采用区域中各上、下游场站的关联工艺参数进行协同预警。首先利用主成分分析，从较多的监测数据中，提取各场站 1~2 个主要参数，进行动态关联分析，对关联度较高的参数建立多元回归与正则化约束模型，当多数值超过动态阈值触发区域协同预警。在重庆气矿黄 202 井区开展的有效性验证，结果表明区域协同预警能有效减少单值异常产生的误报，实现整区域的预警，具有较高的实用价值。

关键词：天然气区域；异常；关联分析；多元回归；协同预警

0 引言

天然气是一种清洁、高效、低碳的能源，是我国能源结构调整和优化的重要组成部分[1]。天然气生产要经过采、输、增压、脱水等工艺流程，生产场站分布较远，管线、装置受内外部因素的影响，可能发生超压、泄露等异常情况[2]，需在短时间内调节控制区域各关联生产单元，最大限度地降低异常情况对整个区域生产系统的影响。报警是通过工业控制系统远程读取现场可编程逻辑控制器（Programmable Logic Controller，PLC）或远程终端单元（Remote Terminal Unit，RTU）的压力、流量、液位、温度、频率等实时数据，当数据超过人工设置的报警上、下限值时，触发报警。

目前，天然气区域化生产异常监控以远程场站的单点报警为主，忽略了生产装置间的连续性和强关联性，易受设备断电、故障、校验、检修等状态影响，使得测量值偏离正常范围，触发大量无效报警，淹没了有效报警[3]。由于报警限值采用人工经验设置，对现场生产的动态变化存在观察不及时等情况。区域化生产存在单点故障风险、系统响应滞后、异常工况的主动预警不足、系统协同不够充分等情况。针对这些问题，国内外提出了一些改进措施，如使用容错控制技术[4]、基于 Petri 网的建模与分析技术[5]、基于模糊逻辑的优化控制

作者简介：赵勇，男，大学本科，副主任，软件设计师，西南油气田分公司重庆气矿自控计量和环境监测站，主要从事工业自动化控制系统运维和管理，以及大数据分析、深度学习研究，在自动化控制系统运维近 30 年。E-mail：562427095@qq.com；zhaoy@petrochina.com.cn。

技术[6]等方法，但仍然缺少对设备之间关联关系和运行趋势的深度分析，缺乏对异常情况的及时发现和预警。

因此，开展区域化场站间的协同预警研究，从海量数据中找出影响区域运行的关键参数，充分挖掘数据之间的联系，进行准确预警，提升区域生产安全，具有重要的现实意义。

1 区域协同预警

1.1 区域协同预警框架

在天然气生产过程中，同区域传输系统的各场站监测数据存在互相耦合，关联性强。区域协同预警(Regional Collaborative Early Warning，RCEW)框架如图 1 所示，实现的主要流程为：

(1) 采集区域内各场站的监测数据，对同一场站的多维参数矩阵进行降维，确定主要工艺参数。

(2) 分析各个场站主要参数之间的动态关联度，建立关联参数集。

(3) 基于实时数据，分别建立关联工艺参数的预测模型。

(4) 协同各场站关联参数的总体变化趋势，通过动态阈值进行预警判定。

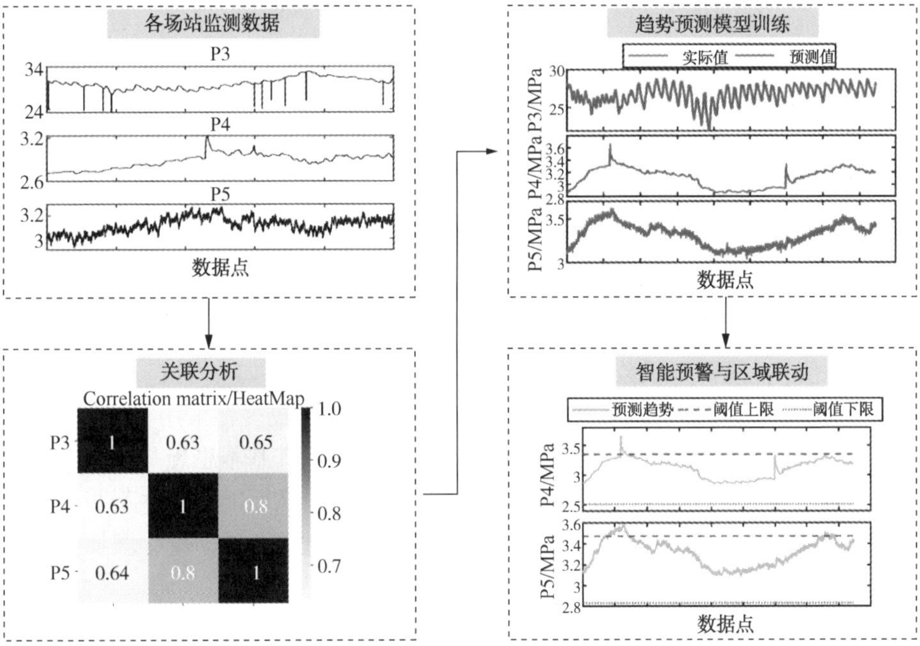

图 1 区域协同预警框架

1.2 参数降维与关联分析

通过主成分分析(Principal Component Analysis，PCA)对同一场站内的高维参数矩阵进行降维。PCA 通过线性变换将原始数据变换为一组各维度线性无关的表示，用于提取原始数据的主要特征。原始数据经过矩阵转换后，采用零均值化，计算协方差矩阵及其特征值和特征向量，再将原始数据映射至特征向量空间，实现原始数据的降维。如有 n 行 m 列的原始

数据矩阵 X，经零均值化后的协方差矩阵可表示为：

$$C = \frac{1}{m} XX^T \tag{1}$$

式中，X 为原始矩阵；m 为矩阵的列数；C 为协方差矩阵，其特征值为 $\gamma_i(i=1, 2, \cdots, n)$，特征向量为 $C_i(i=1, 2, \cdots, n)$，将 C_i 构成的矩阵与原始矩阵 X 相乘，就得到了降维后的主要数据。

对降维后的参数进行关联分析，关联度是系统之间的两个因素随着不同对象或时间而变化的关联性大小的度量。GRA(Grey Relation Analysis，GRA)分析是将因素之间发展趋势的相异或相似程度作为评价因素之间关联程度的一种方法[7]。GRA 的基本思想是将因素的数据序列作为依据，采用数学的方法来比较因素之间的几何对应关系。如果系统有 n 个变量，经归一化后的数据集表示为 $X \in R^{m\times n}$，母序列 X_0 与各子序列 $X_i(i=1, 2, n-1)$ 之间第 k 时刻的关联系数 $\xi_i(k)$ 可表示为：

$$\xi_i(k) = \frac{a+p \cdot b}{| x_0(k) = x_i(k) | +p \cdot b} \tag{2}$$

式中，$a = \min | x_0(k) - x_i(k) |$，代表两级最小差；$b = \max | x_0(k) - x_i(k) |$，代表两级最大差；$\rho$ 为分辨系数(一般取 0.5)。于是，x_0 与 x_i 之间的灰色关联度 r_i 为：

$$r_i = \frac{1}{m} \sum_{k=1}^{m} \zeta_i(k) \tag{3}$$

1.3 参数预测与区域协同

多元线性回归采用了最小二乘法的思想，用线性拟合非线性，通过梯度下降逐步逼近最优解。但对波动较大的数据进行预测时会因自变量过少影响预测精度。而多元非线性回归增加了自变量的维度，不仅可提升自变量的变化幅度，也增加了自变量之间的相互制约关系，能有效提升预测精度，如公式(4)所示：

$$\hat{y} = \beta_0 + \sum \beta_i X_i^j X_{i+1}^{j+1} \cdots,\ i = 1, 2, \cdots, n,\ j = 0, 1, 2, \cdots, n \tag{4}$$

式中，$\hat{y}$ 为预测值；β 是回归系数；X 为多元自变量及其组合，如 $X_1X_3^2X_4^5$。

多元非线性回归的局限性在于易出现过拟合，变量组合较多，采用套索回归(Lasso Regression，Lasso)改善优化逻辑[8]。作为一种收缩估计方法，其基本思想是在回归系数的绝对值之和小于一个常数的约束条件下，使残差平方和最小化，从而能够产生某些严格等于 0 的回归系数，虽然牺牲了部分偏差值，但一定程度上避免了过拟合的问题，增加了预测的准确性。其参数估计被定义为：

$$\beta_{\text{Lasso}} = \arg\min^2 \left\| Y - \sum X_i \beta_i \right\|^2 + \lambda \sum | \beta_i | \tag{5}$$

式中，λ 为正则化非负参数；β 是回归系数；$X_i = (X_{1i}, X_{2i}, \cdots, X_{ni})^T$，$j=1, 2, \cdots, p$(因变量)，$X=(X_1, X_2, \cdots, X_n)$是因变量矩阵，$Y=(Y_1, Y_2, \cdots, Y_n)^T$ 是自变量。

由于 L1 正则化项采用的是绝对值之和，导致损失函数有不可导的点，采用坐标轴下降法得以解决[11]。利用多元非线性回归的高精度特点与套索回归参数遴选的特点相结合，将多元非线性回归不同组合的自变量代入套索回归进行参数筛选。能提升预测精度，避免过拟合，也降低了计算复杂度。

在关联参数趋势预测的基础上，通过区域协同进行状态预警，基于不少于 50%关联参数的整体趋势而非单个目标参数进行异常识别，采用实际值分段均值均值于动态阈值以实现有效预警，可以避免由于单参数本身问题产生的误报。

2 分析与验证

2.1 数据来源及主成分分析

为了验证 RCEW 方法在真实作业数据中的有效性，使用西南油气田重庆气矿 2023 年 6 月黄 202 井区生产数据进行实验，黄 202 井区是一个典型的天然气生产区域，共包含 8 个场站，前端场站生产的天然气由管线输送至集气站，再进入脱水站脱水，其分布如图 2 所示。

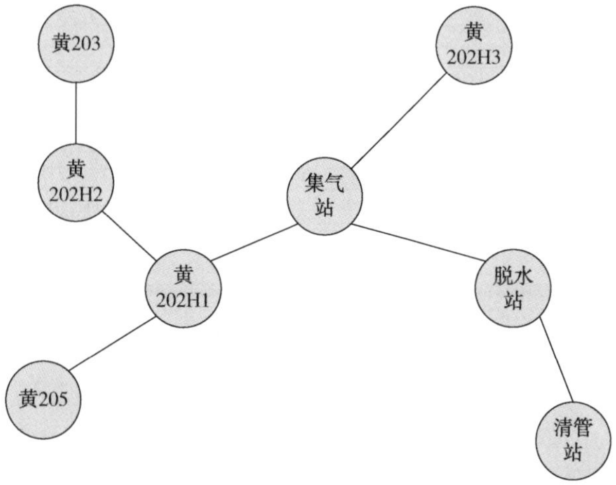

图 2 黄 202 井区场站分布图

由采集模块收集到的原始数据共 190 个参数，通过 PCA 降维分析，得到各站进出站压力为关键参数，降为 10 维，参数名称如表 1 所示，原始压力数据如图 3 所示。每个参数采集频率为 30 次/分钟，考虑到各个场站采集模块轮询时间不尽相同，而计算关联度需要数据在时间上严格对齐，确保区域预警的准确性，将各场站原始数据以每分钟 1 条对齐，最终共得到每个参数 35699 条数据。

表 1 特征参数集

SN	Parameter	SN	Parameter
P1	黄 202H1 出站压力	P6	集气站出站压力
P2	黄 202H1 进站压力	P7	集气站进站压力(黄 202H1)
P3	黄 202H2 出站压力	P8	集气站进站压力(黄 202H3)
P4	黄 203 出站压力	P9	脱水站出站压力
P5	黄 205 出站压力	P10	脱水站进站压力

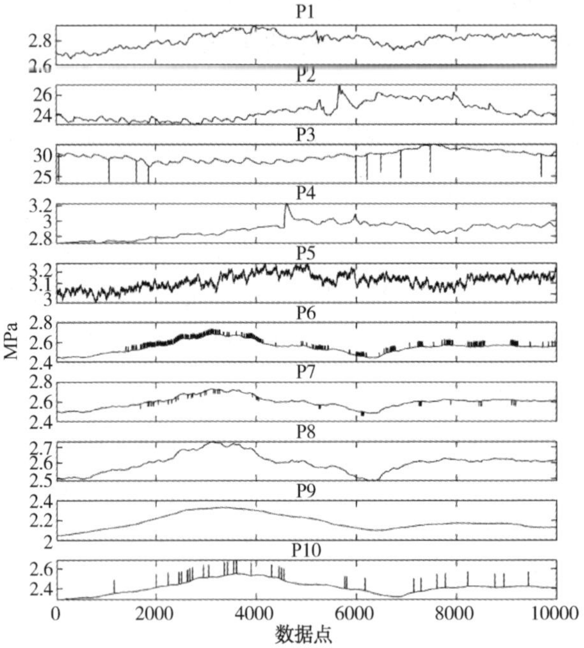

图 3　原始数据

2.2　关联分析

由于关联分析参与的数据量越大越准确，因此，定期采用动态关联分析计算各参数之间的关联度，结果如图 4 所示。可见，不同场站参数间关联度差异明显，P6 与 P7、P8 之间关联度较大，其值均超过了 0.9，原因在于这三个参数均来自集气站。将阈值设置为 0.8，可以将参数分为三组，P2、P3 一组，P9 一组，其他参数归为一组。

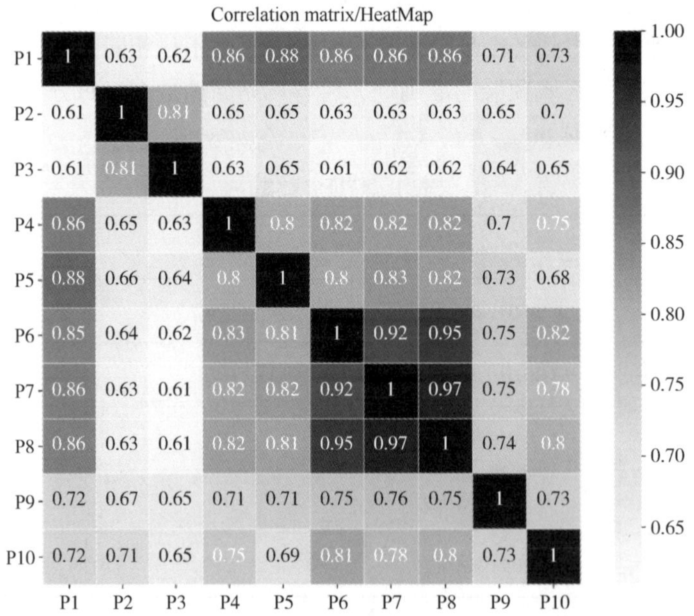

图 4　灰色关联分析

2.3　趋势预测

使用 Z-Score 的归一化方式对原始监测数据进行预处理，将数据集以 5∶5 的比例划分为训练集、验证集，通过训练集完成模型超参数的训练，验证集用于统计实验指标。本文选择了目前实际应用较为广泛的预测方法，包括历史均值法(Historic Average，HA)、核岭回归算法(Kernel Ridge，KR)[12]、随机森林算法(Random Forest，RF)、极端梯度提升算法(XGBoost)，与模型进行对比验证。采用平均绝对误差(MAE)与均方根误差(RMSE)评价预测模型的准确性。

$$MAE = \frac{1}{n}\sum_{i=1}^{n} |\hat{x}_i - x_i| \tag{6}$$

$$RMSE = \sqrt{\frac{1}{n}\sum_{i=1}^{n} (\hat{x}_i - x_i)^2} \tag{7}$$

式中，n 为测试样本总量；$\hat{x}_i$ 为测试样本预测值；x_i 为观测值。MAE 衡量了预测值与观测值之间的绝对误差，RMSE 表示预测值与观测值之间的偏差，这两个指标越小，模型拟合效果越好、精确度越高。

利用各参数过去 10min 的监测数据预测其此后 5min 的情况，即时间窗口设为 10，预测窗口设为 5。LASSO 的正则化系数设为 $\lambda = 5\times10^{-5}$。为综合评价各预测方法的预测性能，统计在不同方法下各监测参数预测评价指标的加权和，得到加权均方根误差 nMAE 以及加权平均绝对误差 nRMSE。表 2 展示了各预测方法在验证集上的评价指标。

表 2　不同方法预测性能评价

Method	nMAE	nRMSE
HA	0.114	0.140
KernelRidge	0.092	0.114
RF	0.301	0.382
XGBoost	0.297	0.381
LASSO	0.079	0.102
RCEW	0.068	0.095

可以看出，RCEW 在 nMAE、nRMSE 两种加权评价指标中均取得了出色的表现。相较于对比方法中的最优结果，该模型的 nMAE 和 nRMSE 相比于 LASSO 分别降低了 11.05%、7.21%。由于作为天然气生产系统的监测参数表现出较强的稳定性，基于统计学的预测方法 HA、KernelRidge、LASSO 表现出不俗的效果；而基于集成学习树模型的 RF、XGBoost 预测效果较差，原因在于树模型更多适用于逻辑回归预测上，在时序自回归预测方面表现效果不佳[17]。

为了更直观地观察模型预测值与监测参数实测值的对比情况，选择部分监测参数测试集数据及对应预测数据进行可视化，其结果如图 5 所示。

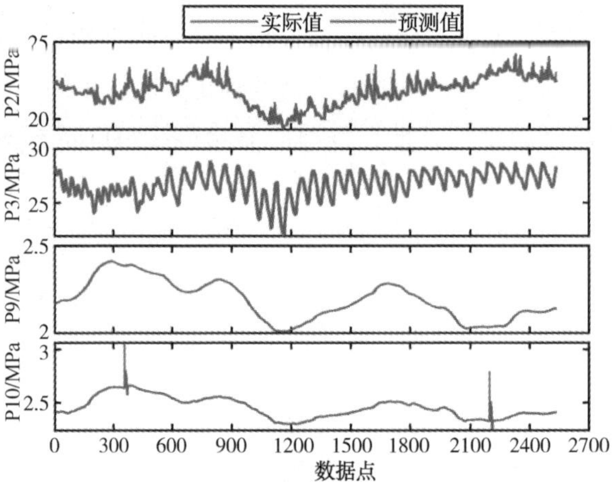

图5　部分参数的预测效果

可见，预测结果与实际值曲线表现出较好的拟合精度，能够准确地吻合随着天然气生产状况调整而变化的各场站监测参数数据。

2.4　区域协同预警

将除P2、P3、P9之外关联性较强的其他参数的趋势预测进行可视化，如图6所示，图中设置的参数阈值采用分段数据均值与标准差确定。

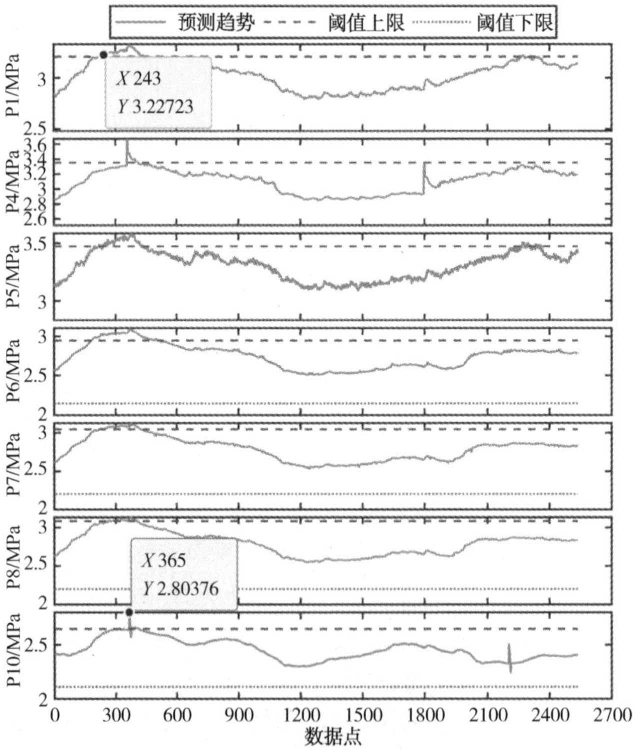

图6　趋势预测图

由图6可知，在第365个数据点，即2023年6月15日8点11分，这些参数均已超过了正常阈值，表现为压力过高异常。更早一些，在第243个数据点，即7点49分时，参数P1、P4、P5、P7均已异常，基于区域协同逻辑，可以对目标参数P10进行提前预警。结合图5和表1，P10对应脱水站进站压力，区域关联上脱水工艺过程位于黄202H1出站、黄203出站、黄205出站、集气站工艺过程之后，可以基于区域协同预警实现后续工艺过程的早期异常预警。上述预测模型设置的预测窗口为5，可在7点44分时提前告警，具有一定的提前量。另外，由图6中的P10参数可以看出本文所提方法预测趋势时对于单个离群点噪声不敏感，可以有效避免通信异常等设备自身状态影响导致的测量值大幅偏离正常范围，减少大量无效预警。

3 结束语

以无人值守为主的天然气区域安全生产存在着问题与挑战，采用区域协同预警，可实现对区域异常情况的快速发现和预警，能有效地缩短整区域的异常响应时间。但多项式拟合着重对现有参数变化的学习，当区域整体工艺参数发生较大变化时，会影响预测的准确度，需学习较长的历年累积数据，并结合傅里叶变换、长短期记忆、自回归模型等方法，分析各参数变化的周期，实现更精准的长期预测。区域协同预警方法对于石油化工企业，具有非常重要的理论意义和工程应用价值。

参 考 文 献

[1] 石云，潘继平，王恺，等．“双碳”背景下天然气与新能源融合发展路径及策略[J]．油气与新能源，2023，35(04)：1-6.

[2] 温玉臣．油田天然气集气与处理加工工艺的探讨[J]．中国石油和化工标准与质量，2023，43(13)：157-159.

[3] 马梦桐．天然气管理系统应用技术研究[D]．西安：西安石油大学，2021.

[4] 王鑫，郭祺，涂春鸣，等．基于模块协同的混合式贯通牵引供电装置主动容错控制技术[J]．电力系统自动化：2023，47(17)：169-177.

[5] 刘子先 王玉堃．基于广义随机 Petri 网的单病种诊疗流程建模与分析][J]．系统工程，2015，39(09)：147-152.

[6] 管桐，马玲，王丹玲，等．环状掺水集油工艺优化控制技术研究[J]．石油工程建设，2020，46(06)：54-57.

[7] TAN Y，ZHANG Z，WANG H，et al. Gray Relation Analysis for Optimal Selection of Bridge Reinforcement Scheme Based on Fuzzy-AHP Weights [J]. Mathematical Problems in Engineering，2021，8813940(10)：1-8.

[8] LEE J H，SHI Z，GAO Z. On LASSO for predictive regression [J]. Journal of Econometrics，2022，229(2)：322-349.

[9] 胡记磊，吴文良，王璟．基于自适应 LASSO 的逻辑回归砂土液化判别模型[J]．三峡大学学报(自然科学版)，2023，45(02)：67-72.

[10] 常明明．三类群 lasso 正则化回归模型及其在高维数据分析中的应用[D]．郑州：河南师范大学，2020.

[11] 邢耀．胖(高)大数据的 LASSO Logistic 模型构建与应用[D]．济南：山东大学，2022.

[12] EXTERKATE P，GROENEN P J F，HEIJ C，et al. Nonlinear forecasting with many predictors using kernel

ridge regression [J]. International Journal of Forecasting, 2016, 32(3): 736-53.

[13] MASSAOUDI M, CHIHI I, SIDHOM L, et al. Enhanced Random Forest Model for Robust Short-Term Photovoltaic Power Forecasting Using Weather Measurements [J]. Energies, 2021, 14(13): 1-8.

[14] 王健豪, 方庆, 罗霄, 等. 一个基于随机森林的微博转发预测算法[J]. 计算机科学, 2014, 34(4): 62-64.

[15] MATEO J, RIUS-PERIS J M, MARANA-PEREZ A I, et al. Extreme gradient boosting machine learning method for predicting medical treatment in patients with acute bronchiolitis [J]. Biocybernetics and Biomedical Engineering, 2021, 41(2): 792-801.

[16] 陈向俊, 傅军平, 陈栋栋, 等. 基于极端梯度提升回归模型的电梯钢丝绳磨损预测方法[J]. 机电工程, 2022, 39(04): 554-560.

[17] 罗常伟, 王双双, 尹峻松, 等. 集成学习研究现状及展望[J]. 指挥与控制学报, 2023, 9(01): 1-8.

特高含硫气田开发过程中信息化技术的应用研究

王平祥　青　春　于　林　曾　勇　何　乐　王海森
唐自强　高　玥　何远旭　吴秀慧

（西南油气田分公司川东北气矿，四川 达州　635000）

摘　要：如何实现特高含硫天然气的安全效益开发，是石油天然气行业面临的一项巨大挑战。信息化技术的不断更新发展，为行业应对这一挑战提供了一条有效的解决路径。本文主要介绍了西南油气田分公司川东北气矿在特高含硫气田开发过程中对信息化技术的应用，成功实现特高含硫气田的安全效益开发。同时，对应用过程中存在的一些问题进行了分析，并对下步的改进方向提供了一些建议。

关键词：特高含硫；冗余；天地双网；无人机；智能分析

特高含硫气田的丰富储能，在竞争日益加剧的国际能源市场具有重要地位。如何实现特高含硫天然气的安全效益开发，是天然气行业面临的一项巨大挑战。如今，数字化、信息化技术的不断迭代更新，为天然气行业利用该技术实现自动化生产奠定坚实基础，也为特高含硫气田通过信息化技术实现无人值守及安全清洁效益开发提供关键解决路径。

1　气田开发现状

铁山坡气田位于四川省万源市罗文镇和宣汉县毛坝镇、普光镇境内，其天然气硫化氢含硫达 235g/m^3，是我国目前硫化氢含量最高的海相整装气田。气田内部建设有 1 座脱水站、2 座场站(6 口井)、6 个阀室、1 座清管站及 21.95km 集输管线，于 2023 年 6 月建成并投产，日产气量达 $460\times10^4 m^3$。针对特高含硫气田特征，西南油气田公司按照“安全规格等级最高、工业自控水平最高、智能化水平最高、技术经济水平最高”的标准，在自动控制、网络通信、运行监控、智能分析等方面利用多元的信息化先进技术，全面建成以“生产数据自动采集、生产过程联锁控制、生产区域自动布防、生产异常智能联动”为特征的铁山坡智能化气田，在国内首次实现特高含硫气田开发站场的无人值守与自主开发。

2　先进的自动控制

在国家安全生产方针的指引下，特高含硫气田开发最主要的应是降低人员暴露在高含硫生产环境中的概率与风险，同时，在生产异常情况下，能对场站及管线特高含硫气进行有效

作者简介：王平祥(1985—)，男，大学本科、学士学位，2009 年毕业于西南石油大学，高级工程师、二级高级主管，现就职于中国石油西南油气田分气矿川东北气矿信息科技部，主要从事生产过程自动化管理。E-mail：wpxiang@ petrochina. com. cn。

图 1　铁山坡气田中控室

处置，防止造成污染环境。根据上述要求，在遵循国家、行业相关标准规范及规章制度的条件下，铁山坡气田以 PCS、SIS 与 GDS 三大类系统为生产现场控制体系基础，通过生产现场的过程控制以及异常情况下的联锁控制，实现特高含硫气田的安全清洁开发(图 1)。

2.1　过程控制系统(PCS)

铁山坡气田过程控制系统作为一个动态控制系统，主要用于日常生产的过程控制，其主要功能有井口气量人工或自动调节、场站及管线气源的远程放空、脱水装置各类液位的自动调节、加热炉装置的远程启停等。

2.1.1　全采集的生产数据

铁山坡气田采集的数据主要为 PCS 过程控制参数与 SIS 联锁控制参数。其中，PCS 系统采集的数据主要为系统硬连线采集的压力、温度、液位、流量、阀位信号、状态信号等参与生产过程控制的重要参数以及通过 RS485 传输的如酸气压缩机、燃烧炉、放空点火系统、不间断电源、庇护所等独立控制系统的内置参数(图 2)。目前，PCS 采集的硬连线数据点位共计 650 余点，RS485 通信点采集数量为 1300 余点。上述生产数据点位基本囊括了铁山坡气田生产过程控制的各个方面，极大地减少了人员在高含硫现场的巡检需求与频次，为铁山坡气田生产过程的远程监视奠定了良好基础。

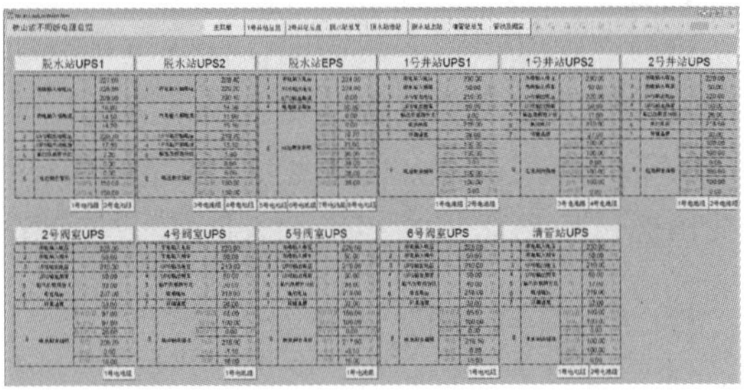

图 2　不间断电源 RS485 通信数据

2.1.2　多方位的生产操控

铁山坡气田建设的远程操控功能覆盖气田开发生产各工艺流程，极大减少人员在高含硫环境的操作风险。在井口气开采方面，基于井口一级、二级流量调节阀，可实现特高含硫井口气源的远程操控或自动调节；气田水排放方面，通过气动截断阀可实现分离器气田水的自动排放；放空方面，安装于场站及阀室 SDV 截断阀前后的气动控制阀与调节阀可实现异常情况下场站与管线气源的自动放空；脱水装置中，气动截断阀与调节阀的配合使用，实现三甘醇药剂与燃料气等介质的远程控制或自动调控；另外，放空点火系统、药剂加注系统、燃烧器、仪表风系统、关键泵类设备均能实现远程启动或停止。高含硫气田开发生产工艺流程的多方位操作为铁山坡气田的无人值守奠定了核心基础。

2.1.3　双冗余的控制核心

控制核心运行稳定、可靠是保障高含硫气田安全平稳生产的关键。根据同类型气田的应用经验以及不同厂家控制器的应用业绩，铁山坡气田在经过综合比选后，采用霍尼韦尔 C300 控制器及 IOTA 卡件作为 PCS 系统的控制核心。该系统在硬件方面采用控制器与卡件双冗余的方式进行搭建，主备同时运行，异常时可实现无延时切换，切实保障了系统的稳定运行。在系统功能方面，UIO 卡件通道能实现 AI、AO、DI、DO 类型自定义，卡件可实现热插拔，下位系统可进行在线下装，信号通道能进行自检等功能，在利于工程组态的同时，也为维护人员对系统进行故障诊断及问题快速处置提供优质条件。

2.1.4 多功能的人机交互

为实现控制系统的最优兼容，铁山坡气田选用霍尼韦尔产品中具有较强功能性和拓展性的 Experion PKS(简称 PKS)作为 SCADA 系统的编程组态软件。其主要功能有：全局数据库，一次输入控制处理器与监控系统服务器所需信息，无须多次对不同层次的数据库分别组态；HMI Web 技术：其基于 Web 结构人机界面，集成过程控制数据，以 HTML 为显示画面的基本格式，提供 IE 浏览器访问过程画面的功能；实时数据库：采用客户机/服务器结构，正常情况下由服务器为客户机提供所需要的实时数据，服务器故障情况下，某些客户机可直接从控制器读取所需要的实时数据；先进的系统框架：包括完整的基础架构，报警/事件管理子系统，便于组态的报表子系统，扩展的历史数据采集以及多种类型的系统标准趋势等。良好的开放性：支持最先进的开放技术和标准，包括 ODBC、Advance DDE、Visual Basic、OPC 等，使系统开放通信的实施极为方便。

2.2 安全仪表系统(SIS)

铁山坡气田安全仪表系统主要用于生产异常情况下的紧急关断与放空，确保气田生产安全受控。其是一个静态的系统，日常生产过程不参与动作。

2.2.1 多层级联锁逻辑

铁山坡气田联锁控制分为 0 级、1A 级、1B 级、2 级、3 级 5 个层级，共计 132 条，具备全气田关停并放空(0 级)、区域关停或放空(1A/1B)、场站内部关停(2 级)等功能。联锁的设备有井口安全截断系统、原料气进出站 SDV 截断阀、BDV 自动放空阀、甘醇循环管路与燃料气管路的 SDV 截断阀，以及燃烧器、空压机、酸气压缩机等具有独立控制系统撬装设备，异常情况下可通过井安或 SDV 阀门关断、BDV 自动放空阀、设备自动停止运行等功能实现含硫天然气生产的安全管控。

2.2.2 联锁因素可靠设置

铁山坡气田 SIS 系统联锁因素主要有压力、温度、液位、气体检测仪、火焰检测仪几大类。在联锁因素设计过程中，充分考虑到仪表工作的不稳定性对联锁控制带来的影响，铁山坡气田通过多选的方式实现联锁条件触发，即在同一工艺段设置多个数据采集设备，当其中 2 个或以上的数据点位同时出现异常时，即触发联锁。其中，压力、温度、液位为 2oo3、气体检测仪为 4ooN1、火焰检测仪为 2ooN2 等。

另外，为防止通信异常情况下上下游场站不能进行实时联动造成次生危害，铁山坡气田还将通信异常触发气田联锁纳入生产管理过程中，切实提高特高含硫气田的安全风险管控水平。

2.2.3 独立控制网络设置

为保障 SIS 系统运行的稳定可靠，铁山坡气田采取独立组网的方式实现 SIS 系统各控制器间的数据传输，其主要使用独立的交换机与独立的 PTN 通信接口进行直接链接传输数据，降低数据丢包、数据延迟等通信问题，提高系统反应的及时性与可靠性。

2.2.4 双冗余核心控制

铁山坡 SIS 系统采用的控制核心为霍尼韦尔 S300 控制器，其控制器与卡件也采用双冗余方式搭建，主备同时运行，异常时可实现无延时切换，切实保障 SIS 系统运行的稳定可靠。在系统功能方面，同 PCS 系统一样，UIO 卡件通道能实现 AI、DI、DO 类型自定义，卡件可实现热插拔，信号通道能进行自检等功能，利于工程组态，也利于系统维护(图 3)。

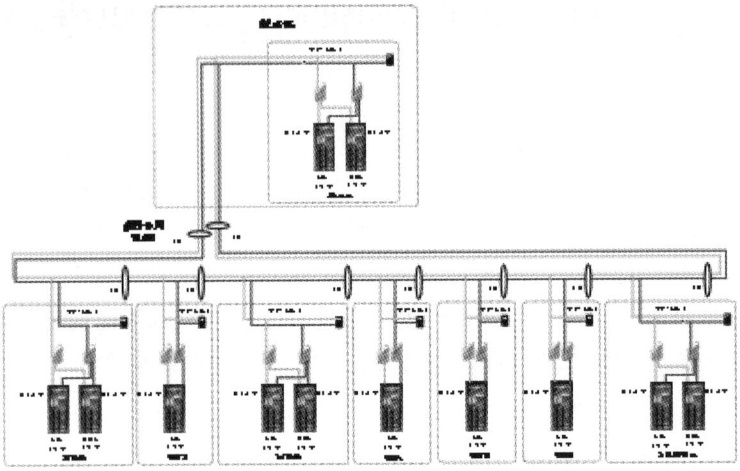

图 3　Safenet 网络拓扑图

2.2.5　安全完整性等级评估

为切实保障气田联锁控制的安全性，铁山坡气田 SIS 系统软硬件及现场压力变送器、温度变送器、液位传感器、截断阀、放空阀、气液联动球阀等执行元件在设计选型时，均按照 SIL3 等级要求进行。目前，铁山坡气田整体安全完整性等级评估达到了 SIL3 级。

2.3　火气检测报警系统(GDS)

铁山坡火气检测系统主要用于气田工艺设备设施在生产运行过程中周边环境的可燃与硫化氢的浓度检测、火焰信号检测，同时通过硬接线的方式与 SIS 系统进行联动。

2.3.1　独立的控制系统设置

根据 GB/T 50493—2019《石油化工可燃气体和有毒检测气体报警设计规范》相关要求，铁山坡气田 GDS 采用独立于 SIS 与 PCS 的控制系统，其配置与功能同 SIS 系统保持一致。

2.3.2　多信号接入

铁山坡气田 GDS 系统接入的信号主要为固定式可燃气体检测仪、固定式硫化氢气体检测仪、开路式气体检测仪及火焰探测仪四种。在铁山坡气田 4 个场站与 6 个阀室，共设置有 144 只固定式气体检测仪，41 只开路式气体检测仪，42 只火焰探测仪，基本上实现场站与管线工艺流程检测的全覆盖。

2.3.3　火气信号与联锁控制

GDS 系统中固定式气体检测仪与火焰探测仪的信号通过 4ooN1、2ooN2 的方式参与联锁控制。GDS 系统在检测到本场站出现 4 台固定式气体检测仪或 2 台火焰探测仪同时出现报警时，其将输出 DO 报警信号，通过硬接线的方式传输至 SIS 控制系统 DI 输入通道，触发相应联锁控制。

3　可靠的网络传输

网络传输作为信息化时代下天然气开发生产管理过程中信息传递的重要辅助支撑，其传输可靠性、传输稳定性在生产管理过程中显得尤为重要。铁山坡气田通过“天地双网”建设、容错以太网建设及工控网络安全防护体系建设等手段满足高含硫气田开发管理各类数据传输业务需求。

3.1 “天地双网”

为保障各类数据传输的稳定与可靠，铁山坡气田内部通过“管道同沟敷设”及“架空”的方式建设天网光缆 19.481km，地网光缆 19.943km ，通过交换设备形成无忧切换的“天地双网”自建光纤通信环网，为气田生产实时数据、视频监控数据、业务办公数据等数据传输业务提供可靠路径(图 4)。

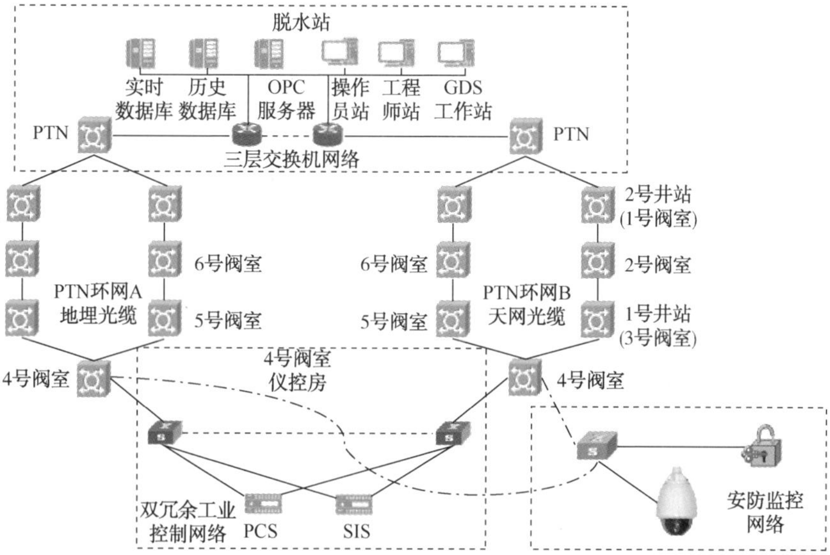

图 4　工业网络拓扑图

3.2 容错以太网

铁山坡气田运用容错以太网 FTE，构建了一个高效的、完全冗余的以太网络，连接服务器、操作站、站场与阀室 PCS/SIS/GDS 控制器。当主路径故障或冗余交换机中的任何一台故障时，FTE 驱动程序及相关设备会自动无缝切换网络路径或冗余交换机。

如图 5 所示，FTE 节点 1 的 A 及 FTE 节点 2 的 B 同时故障，两个节点仍然能通过 FTE 节点 1 的 B 与 FTE 节点 2 的 A 之间的通路进行通信。

Sending Channel	Receiving Channel	Channel Path	Path Satus
Channel A	Channel A	1	0
Channel B	Channel B	2	0
Channel B	Channel A	3	1
Channel A	Channel B	4	0

1==Channel is healthy

0==Channel is broken

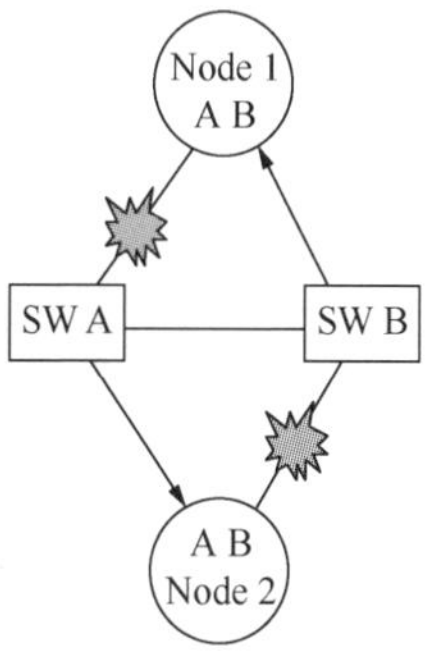

图 5　容错以太网 FTE 示意图

3.3 工控网络安全防护体系

为加强铁山坡气田工业控制体系的网络安全管理，气田内部建设了一套较为完善的工业网络安全防护体系。该系统采用北京六方云信息技术有限公司的智能型工业防火墙防护，主要包括工业防火墙、工业网络审计与入侵检测、工业网闸、工业主机卫士以及日志审计与分析等功能(图6)。

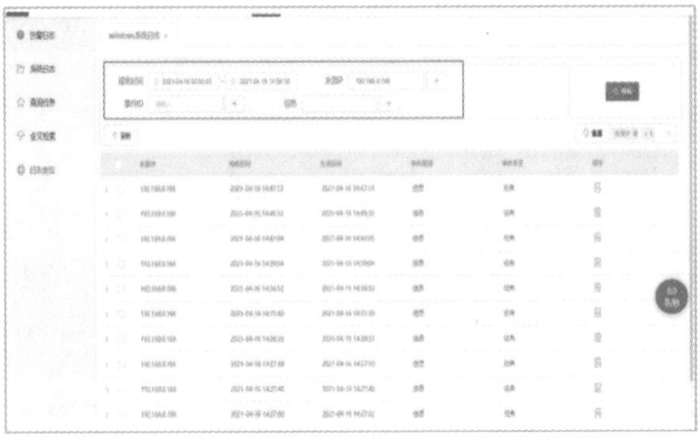

图6 日志审计

4 丰富的监控手段

先进的自动控制仅能实现铁山坡气田天然气生产过程管控，对于管道防护管理、应急管理等日常生产管理的支撑稍显不足。因此，如何在工业控制系统外利用市场先进的信息化技术提升气田开发生产风险管控水平，是铁山坡气田开发建设需要考虑的另一个重点。根据铁山坡气田特高含硫开发特色，公司利用AI智能识别、无人机、激光甲烷检测、光纤振动等信息化先进技术，在铁山坡气田构建多层次、立体化的信息化辅助监控体系，提升含硫气田生产风险管控水平。

4.1 AI智能视频监控

基于AI智能识别、智能追踪等技术，利用边缘计算设备，精准识别并分析生产现场与施工现场不规范穿戴劳保、接打电话、抽烟、单双人巡检等行为，提升气田在天然气开发生产过程中“两个现场”的风险管控能力(图7)。

图7 AI智能识别

4.2　无人机系统

铁山坡气田内部共设置 2 座无人机机库。该无人机系统可实现全线的远程启停操控、自主巡检，最长 8min 可到达管道任意位置。同时，该无人机还可搭载激光甲烷检测仪、语音喊话装置、远程点火设备等，用于日常或应急情况下气体检测、远程喊话、远程点火等工作，极大地提升了铁山坡气田的应急管理水平与管道防护管理水平(图 8)。

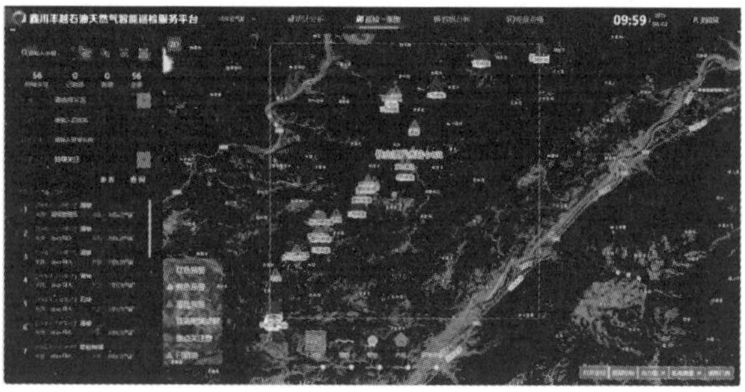

图 8　无人机巡检系统

4.3　光纤振动监测系统

借助沿管线同沟敷设的通信光纤及中控室的监控终端，监测管线沿途上任何一点的声学活动。通过光纤传递的波形与入库波形对比，确定出警示事件位置及事件类型。警示事件分为六种：过往人员、过往车辆、挖掘、机械挖掘、作业活动和泄漏，其中挖掘、机械挖掘、作业活动和泄漏这四种警示事件被归类为高级警示(图 9)。

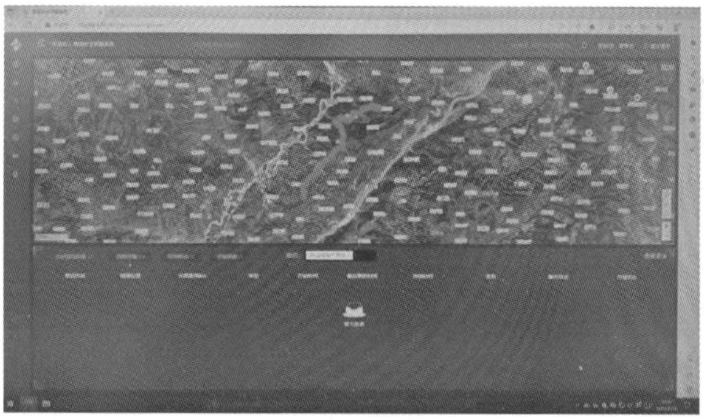

图 9　光纤振动监测系统

4.4　其他信息化辅助系统

(1) 激光甲烷监测系统：通过带有激光甲烷检测功能的摄像头，对场站的气体泄漏情况进行大范围、全天候的实时巡检，是火气系统的重要补充。

(2) 次声波泄漏监测系统：通过安装于管道两端的次声波探头检测管道泄漏时的振动次声波，对比已入库波形，判断管道泄漏地点及气量大小等。

(3) 光纤温感检测系统：通过管道泄漏时周边温度的急剧变化现象，及时发现管道泄漏点并采取相应应急措施，提升管道应急管理水平。

(4) 地灾监测系统：通过雨量多少、偏移大小、应力大小的实时检测，综合分析判断管道周边地质是否存在灾害并预警，实现管道预防性管理。

(5) 社区应急系统：通过报警点的喇叭、声光报警器等设备在日常演练或应急状态下的手动报警或语音广播，对周边居民进行快速提醒、紧急集合。

5 智能的分析诊断

根据中国石油“智能化发展”总体战略，铁山坡气田围绕“专业一体化智能协同、开发生产智能管理、安全环保智能管控、经营管理辅助决策”四大业务场景，以一体化模型及智能工作流为核心，采用微服务、模块化方式，搭建包含 13 个一级模块、43 个二级模块在内的智能化分析平台。该平台为铁山坡特高含硫气田投产阶段的各项决策提供了准确、高效的支撑，也将为气田在生产经营阶段的决策提供科学辅助。

5.1 气田总览一张图

总览一张图构建了油气生产、采油气工艺、管网运行、综合监测等 60 余个气田级指标，全面展示铁山坡气田的资源储量、气田开发、生产运行等关键信息，为业务管理工作提供数据支撑(图 10)。

5.2 智能工作流建设

搭建智能跟踪诊断、自动优化配产、开停井工况模拟、段塞流预测、硫沉积预测、水合物预测等 7 个智能工作流实现开发生产各阶段的智能化分析模拟，为开发生产决策提供科学辅助(图 11)。

图 10　气田总览一张图

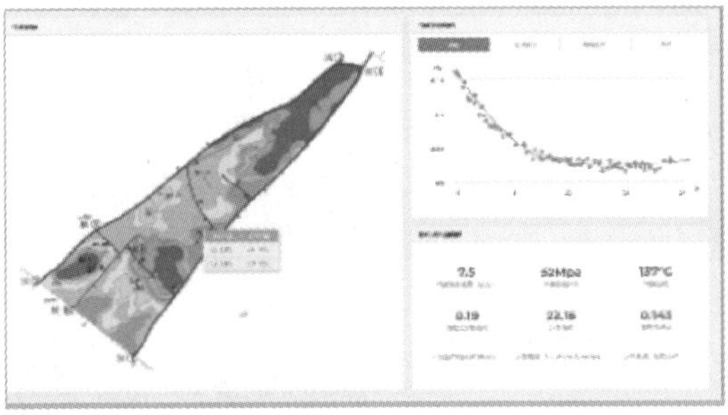

图 11　气田模拟

5.3 安全智能管控

整合企业内外部各类动静态数据资源，构建从事件接警、影响分析、多级协同响应、应急部署规划、应急资源调派到事后分析的应急处置全流程智能化管理系统，确保气田应急处置有序高效，开发过程安全受控(图 12)。

5.4 经营辅助管理

从项目管理角度出发，计算项目范围内的财务效益和费用，分析项目的盈利能力、清偿能力和财务生存能力，评价项目在财务上的可行性(图 13)。

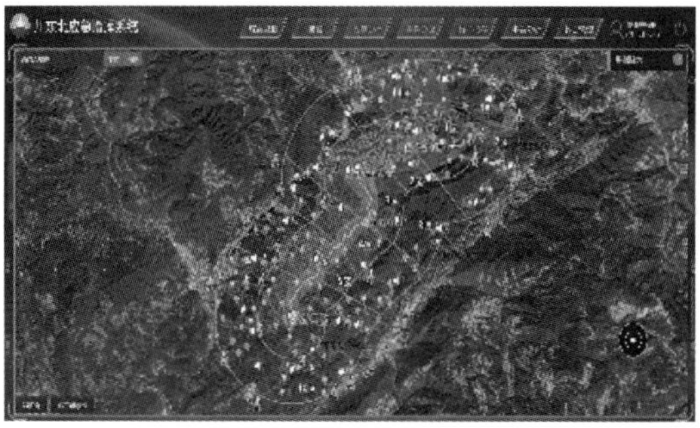

图 12　应急资源展示

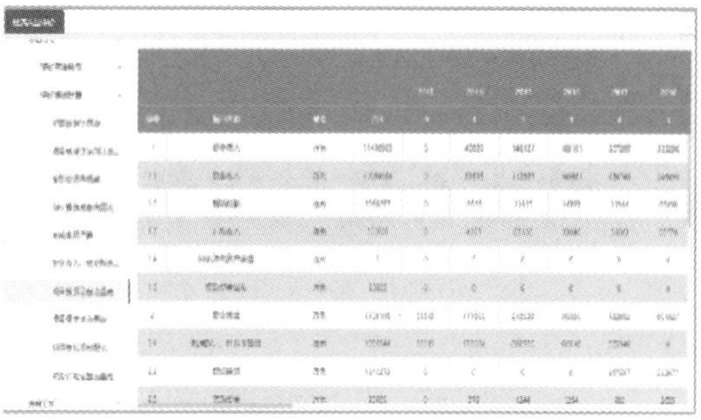

图 13　项目效益分析

6　结语

从建设运行效果来看，多元信息化技术在铁山坡特高含硫气田的应用是成功的。基于已建成的先进自动控制系统、多元的信息化辅助系统、科学的智能化决策系统，铁山坡气田在国内首次实现特高含硫气田开发生产的无人值守，全面建成以“生产数据自动采集、生产过程联锁控制、生产区域自动布防、生产异常智能联动”为特征的智能化气田，形成了一套可复制、可推广的特高含硫气田开发无人值守技术，为国内含硫气田开发智能化管理作出了有益探索。

参考文献

[1] 贾美胜，杨康，张文文．浅谈现代天然气企业的生产运行管理[J]．化工管理，2015(35)：80.
[2] 冯晓东．石化企业生产管理信息化应用[J]．科技与生活，2012(3)：170.
[3] 杨保清．浅谈石化企业生产管理信息化应用[J]．化工管理，2017(9)：72.

特高含硫气田智慧应急管理方法研究与应用

曾 勇[1] 青 春[1] 何 乐[1] 于 林[1] 高 玥[1] 王平祥[1]

（西南油气田分公司川东北气矿，四川 达州 635000）

摘 要：川东北气矿铁山坡气田是目前国内已投产硫化氢含量最高的整装气田，为实现特高含硫气田安全清洁高效开发，本文提出了一种智慧应急管理辅助决策方案，从目前应急管理中存在的问题出发，以数据整合和信息集成为基础，提出了智慧应急管理的思路和理念，剖析了应急管理辅助决策的三个重要功能：事前感知、事中分析处置、事后评估，并对其在各个环节中所发挥的重要的基础支撑作用和辅助决策作用进行了详细阐述，构建智慧应急管理新体系。

关键词：大数据；智慧应急；应急管理；辅助决策

1 现状及背景

天然气是一种清洁高效的能源，到2030年，预计我国天然气消费需求在所有能源消费需求中将占比14.2%。在现代能源体系建设中，天然气产业已经成为重要的组成部分，对于我国的现代化建设产生了积极的作用。西南油气田川东北气矿铁山坡气田位于四川省达州市境内，动用储量$271.98\times10^8m^3$，硫化氢含量14.19%~16.59%，属特高含硫气藏，是目前国内已投产硫化氢含量最高的整装气田。

由于高含硫气藏地质成因及流体相态变化规律复杂、天然气具有强腐蚀性和剧毒性等特殊性，导致酸性气藏开发技术难度大，安全条件要求很高，一旦在生产过程中出现安全事件，就有可能导致人员伤亡、财产损失和环境破坏，事故的发生具有突发性、灾难性、复杂性和社会性，如何及时、高效、科学的处置突发安全事件，是所有天然气生产企业面临的共同问题。目前，各企业都制定了一系列的应急预案，但是这些应急预案多以文字形式存在，当突发事件发生时，根据事件等级，启动相应预案协调相关职能部门应对突发事件。然而，这种方法无论是在响应速度，还是在执行效率上都存在诸多问题，在预防，分析，追踪方面也无法提供科学的方法与指导。总结起来，目前的应急管理存在着如下不足之处：

（1）数据资源分散：应急处置需要跨越地方、企业多部门、多专业，数据资源相对孤立、信息分散，未实现数据集成共享。

（2）感知系统孤立：对视频监控、光纤震动预警、泄漏预警、地灾监测、无人机监测、气象预警、地震预警等感知系统未进行集成整合，各自为营。

作者简介：曾勇（1985—），男，大学本科、学士学位，2007年07月毕业于西南石油大学石油工程专业，高级工程师，现任职于中国石油西南油气田分气矿川东北气矿信息科技部部长，主要从事数字化转型、信息化管理。E-mail：yongzeng@ petrochina. com. cn。

（3）研判手段单一：现有应急处置的现场决策主要依靠指挥人员的个人经验及预判能力，缺少大数据分析研判手段和可视化模拟工具。

（4）平战未能结合："平时"对风险隐患未进行集中管控，应急预案的管理和执行停留在手工和纸质方式；"战时"部门组织协调、资源调度仍在使用传统模式，缺少一体化的管理系统。

2 业务需求及研究思路

对照两化融合"数据、技术、业务流程与组织结构"四大核心要素，从平时风险管控和战时应急指挥2个维度，聚焦数据融合应用、风险隐患管控、桌面应急推演、突发事件处置4个场景，构建覆盖事前管理、事中处置、事后评估全链条的智慧应急管理体系。以下是一些业务需求和研究思路整理：

（1）实时监测和预警：特高含硫气田存在较高的安全风险，需要建立实时监测系统，对气田内部的气体含硫浓度、温度、压力等参数进行监测，并能够及时预警和报警，以便及时采取应急措施。

（2）应急资源管理与分析：特高含硫气田的数据量庞大，构建应急资源数据库，包括人力、物资、设备、专家等应急资源等，需要建立数据管理系统，对数据进行整理、存储和分析，建立资源调度机制，以便为决策提供科学依据。

（3）应急响应与处置：针对特高含硫气田发生的突发事件，建立完善的应急响应机制和处置方案，包括事故应急预案、人员疏散方案、救援方案等，并配备相应的救援人员和装备。

（4）知识管理与培训：特高含硫气田的应急管理需要专业知识和技能的支持，需要建立知识管理系统，对相关知识进行整理和归档，并开展培训和练习，提高应急管理人员的专业素质和应急响应能力。

综上所述，特高含硫气田智慧应急管理需要系统规划，融合物联网、大数据、人工智能等新技术，建立风险管控和应急响应的全流程闭环，最大限度提高应急管理的智能化、精准化和高效性。

3 智慧应急管理平台建设

按照"数据建设、数据资源管理、数据开发利用"具体要求，基于现有的基础支撑环境，整合辖区空间地理数据、管道场站数据、SCADA数据、物联网数据、风险隐患数据、应急资源数据、企地资源等数据，形成"大数据中心"，实现平时各类数据资产的集成展示及分析应用。根据安全管控流程及预案体系，建立基于大数据的"智慧应急管理平台"，全面结合物联网全面感知、风险隐患空间分析、辅助决策分析建模、企地资源整合利用等信息化手段，实现智能感知、快速分析、辅助决策、协同指挥的应急指挥新模式。

3.1 全面感知

为满足应急指挥平台的数据需求，整合物联感知数据，建立统一的监测预警系统，将分散于各业务部门的业务数据，通过建立系统映射关系、数据自动读取的方式，建立大数据共享中心。遵循“数据湖”建设的总体指导思想，全面融合企业内外部数据资源，包括政府机构、医疗、消防、实时路况、地质灾害、气象、地震等外部资源，建立“应急管理数据湖”(图1)。

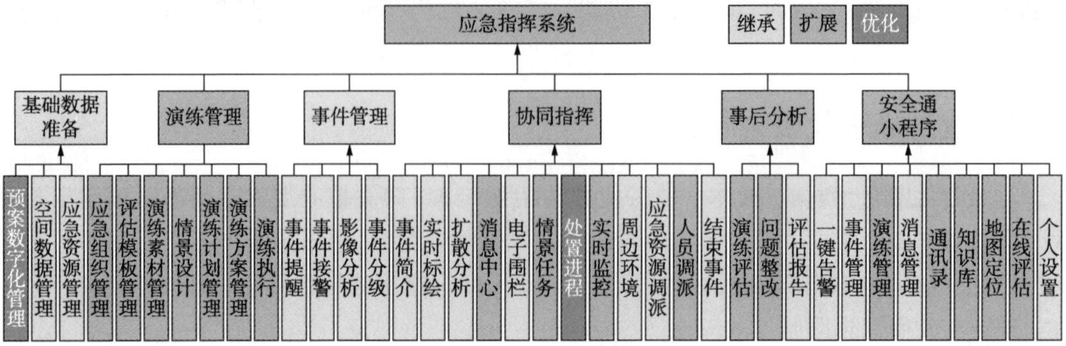

图1 应急指挥系统功能架构

基础地理信息数据(GIS)：基于中国石油地理信息系统(A4)和无人机航飞高清数据，建立二三维一体化地理信息数据库，主要包括：全域0.5~2m卫星影像、生产场站及管道高后果区0.1m的高清影像、场站三维模型、90m数字高程、1∶2000大比例尺的行政区划以及高精度的全景数据。

生产单元业务数据：整合勘查权、开采权、区块构造、气藏、气井、管道及附属设施、场站及设备信息、双高区域、风险评价、人居及特定场所等数据，形成管道场站业务数据库。

物联网接入数据：集成生产智能巡检管理系统、大数据趋势预警管理等特高含硫气田所有监测预警系统，接入站场扩音、火灾报警、社区报警、次声波、光纤等多种生产要素的风险监控与趋势预警数据，按不同时间周期、不同类别分级展示预警情况统计分析情况。点击统计图查询报警事件详情与处置结果。同时接入现场生产视频，实现在地图上的实时查看(图2)。

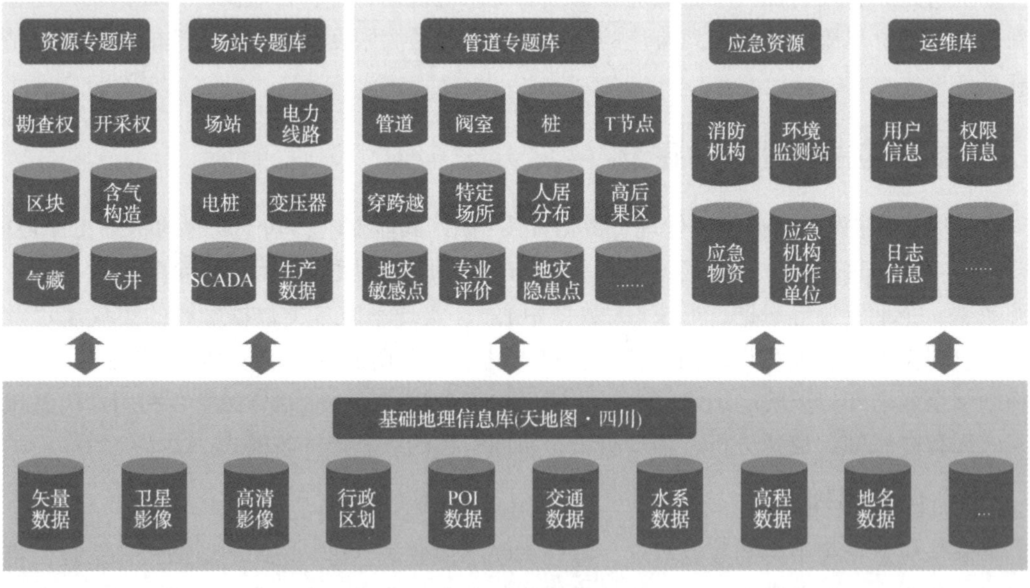

图2 数据中心

在以上数据的集成基础上利用三维场景和数据分层技术，实现生产业务数据(矿权、区块构造、气藏、气井、场站、管道等)、风险隐患数据(管道高后果区/高风险段、地灾敏感点、周边人居环境和各类隐患、风险作业等)和应急资源数据(应急物资、应急车辆、应急人员、医疗消防、应急物资、实时监测设备等)的分布展示，提供资源的场景漫游、逐层钻取、快速定位和详情展示等功能(图3)。

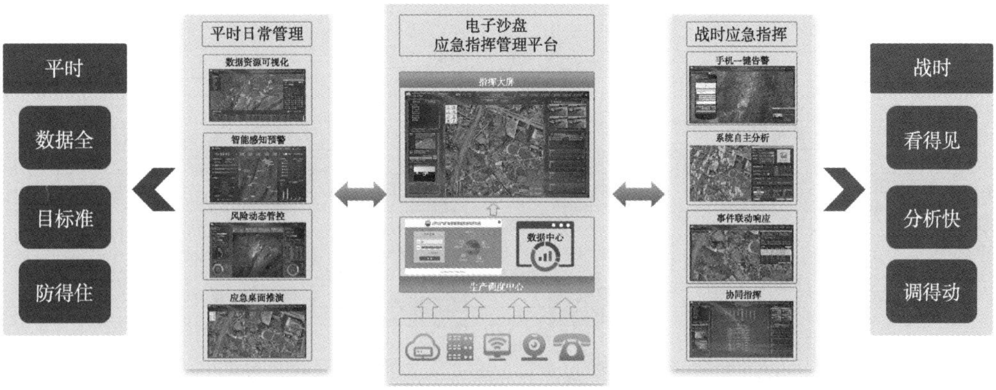

图3 川东北气矿应急指挥管理平台展示场景

3.2 社区应急

针对高含硫气田的高风险特点，将特高含硫气田附近的周边人居及特定场所、应急资源等应急相关的要素信息进行采集并结合地图进行定位可视化呈现，为全面、准确的应急指挥决策提供数据支撑。管道沿线设置了34个社区报警点、41处紧急集合点和5个快速反应团队，并对管线周边3410m范围内撤离路线进行了摸排与规划，方便应急指挥人员疏散。区应急主要涉及应急方面的应急分区、社区报警点、紧急集合点、撤离路线四个专题数据(图4、图5)。

图4 应急分区划分

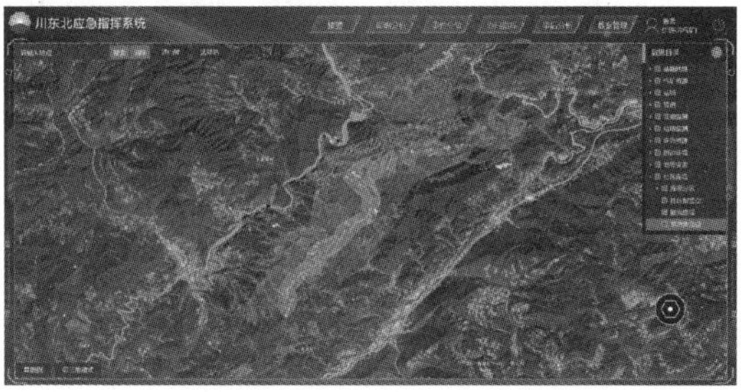

图5 撤离路线规划

按照定量风险评价(QRA)的评估结果，将管道周边划分了1500m、3410m 2个圈层共14个分区，对分区内的人居以及幼儿园、养老院、市场等特定场所进行了详细调查，管线周边3410m范围包含2661户20430人，特定场所20个，也能对任意分区里人员分布等进行统计。

3.3 应急指挥体系

基于企业的安全管控流程及预案体系，以“大数据中心”为基础，以地理信息为技术平台，充分利用生产现场的生产数据、视频数据、预警信息等，采用集成整合的方式，建立贯穿气矿生产运行全环节、全过程的应急指挥平台，提供智能感知预警、一键报警、周边环境分析、应急响应、应急资源分布、现场处置管理、泄漏扩散分析等功能，应急状态下最大限度、最及时地实现对现场情况的决策、指挥和处置，平时为各项应急预案提供桌面推演平台，实现应急抢险指挥一体化管控，提升处理突发事件的应急能力(图6)。

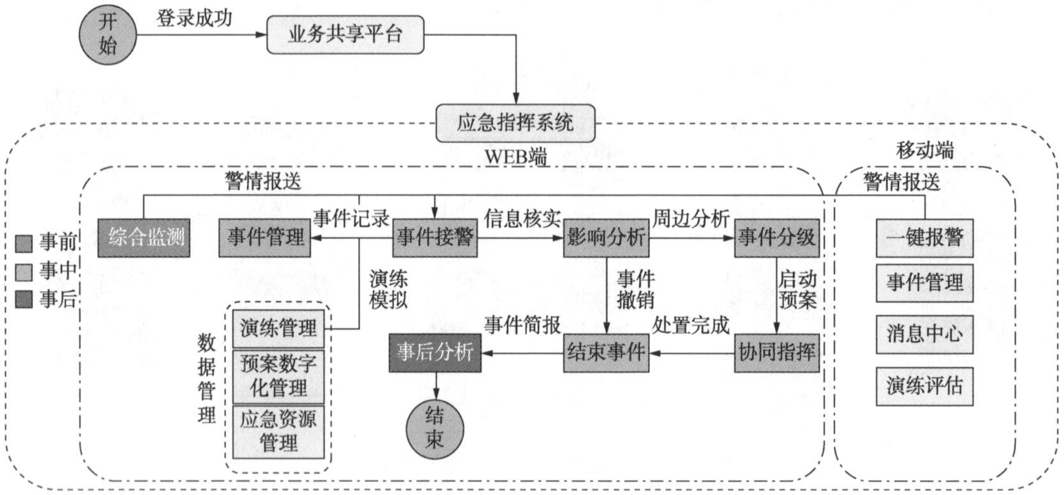

图6　智慧应急管理平台流程

3.3.1　事前——预防与准备

风险辨识与分析：辨识风险源、重点防护目标、关键基础设施等；通过风险分析来鉴别事件潜在方面及影响程度。整合隐患、问题、风险作业活动、双高区域、管道三色预警、巡线数据等全流程风险管理数据，建立风险隐患数据库(图7)。

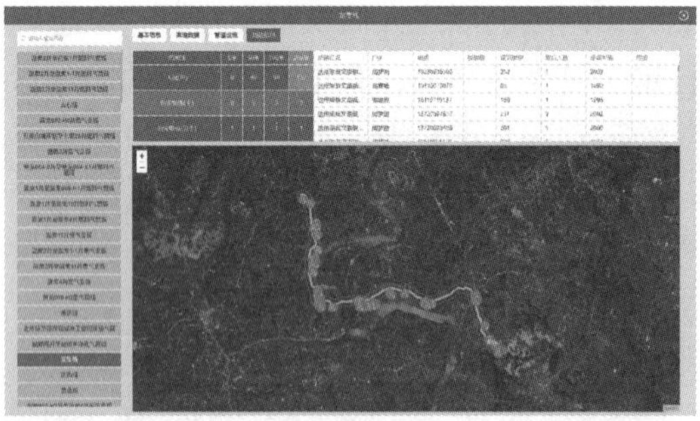

图7　应急指挥管理平台管道周边环境及风险场景

数字化预案管理：对预案进行数字化、结构化处理，制定紧急事件处理计划及工作列表；对预案进行分析，来确定预案所能覆盖的紧急事件范围及复杂度；实现预案仿真。

应急资源管理：整合企业内部、地方公共应急物资、专家库、知识库、应急车辆、应急人员、医疗消防、应急物资、气象数据、环境监测等数据，建立应急资源数据库。

3.3.2　事中——实时感知及快速响应

应急指挥人员根据前期预警和报警信息，结合周边环境分析和相关应急队伍、应急物资、应急装备等资源的分布情况，会同相关应急机构、部门提出部署和调度指挥方案，及时将突发公共事件发生发展情况和应急处置进展情况传递给有关方面，实现协同指挥、有序调度和有效监督，提高应急处置效率。

智能感知预警：集成生产对象的SCADA监控系统、视频监控、光纤振动预警和次声波泄漏监测等监测预警系统，通过突发事件自动报警、视频探头查看、SCADA监控数据查看、周边巡检人员调度等方式，实现突发事件的线上智能感知及线下快速核实(图8)。

移动端一键报警：开发移动 APP，便于巡检人员核实警情并快速上报事件信息，实现险情类型、空间位置、现场情况、人员伤亡及上报人联系方式等一键上报。

周边环境分析：通过平台提供事件影响情况智能分析，包括事件点特定范围（如油气生产场站、管道 50m、100m、300m、500m 内的人居、特定场所等）周边环境信息；事故点上下游影响生产单元，以及应急资源的空间分布和最优路径推荐等信息（图 9）。

图 8　应急指挥管理平台事件感知预警场景

图 9　应急指挥管理平台事件影响分析场景

事件响应：根据事件实际情况快速关联应急预案，对接短信平台，向应急人员发送短信通知，一键生成事件简报，抄送给应急人员，实现应急事件响应，支持井站、作业区、气矿多级协同应急响应（图 10）。

人员调派：根据事件位置、三维地形、天气信息、影响区域等因子，部署警戒线、安置区、撤离路线、人员布置、车辆停放等区域，下达任务指令，实现对现场人员调配。并通过任务在线反馈机制，各级调控中心能够快速查看现场人员疏散情况、气体监测情况、道路警戒情况、现场图片和视频等信息，及时掌握事件现场动态（图 11）。

图 10　应急指挥管理平台事件分级及启动场景

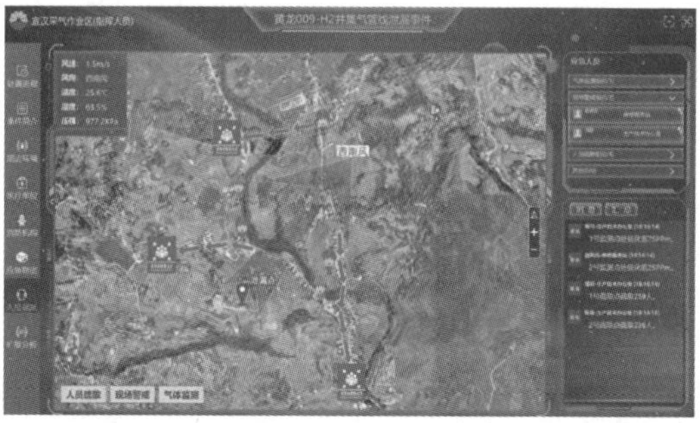

图 11　应急指挥管理平台人员调派场景

分析模型辅助决策：集成气象监测数据（风力、风向、风速等）、管径、运行压力和泄漏孔径，利用 DEM 数据和曲线拟合方法，建立泄漏扩散模型及点火爆炸模型，并通过三维地理信息技术，动态模拟出当前影响趋势，为领导决策提供辅助支撑（图 12）。

应急资源调配：结合事件位置和特点，通过三维 GIS 分析技术，快速分析出与该事件匹配的医疗机构、消防机构、应急物资以及最近的派出所和村委会，并集成实时交通路况数据，对事故周边的应急车辆、医院、消防机构等进行在线路径规划，推荐最优行进路线(图 13)。

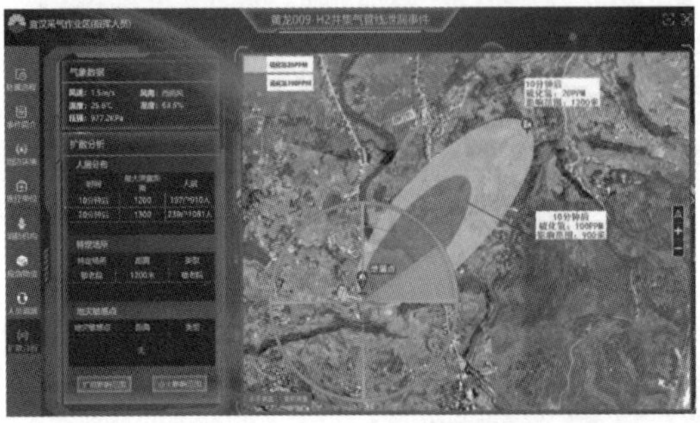

图 12　应急指挥管理平台事件影响分析场景

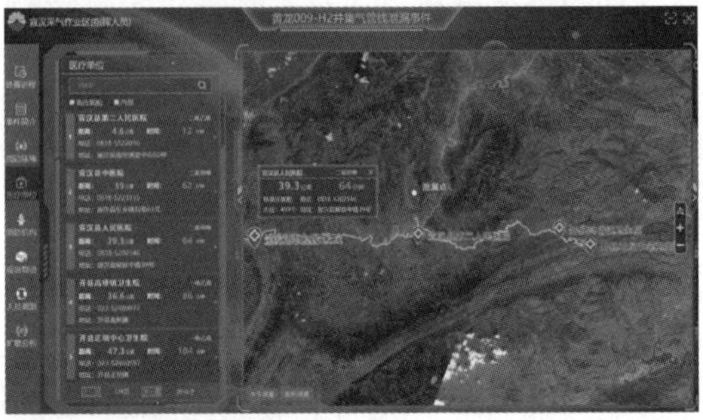

图 13　应急指挥管理平台应急资源调配场景

3.3.3　事后——恢复生产及分析总结

事件结束之后，评估人员根据现场演练实际效果、存在的问题及整改建议进行评估，自动生成评估报告，平台记录应急抢险指挥过程每个步骤的完成时间和内容，实现事件应急指挥进度情况的快速查看和复盘，分析计算恢复生产所需投入、开展事后分析、总结报告和分析当前预案的适应性为进一步改进预案以应对将来可能发生的事件(图 14)。

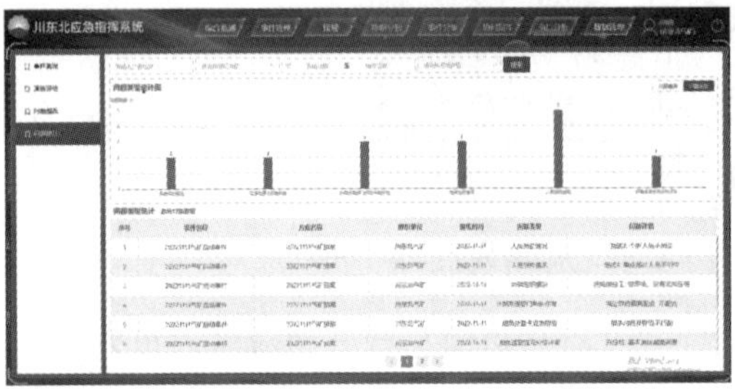

图 14　事后评估

4　应急指挥平台构建智慧应急新模式

4.1　智慧应急之“眼”——感知是基础

随着物联网工程的逐步实施和完善，建成了涵盖各生产环节和单元的感知设备、通信网络，实现了各类现场信息在指挥中心和移动端上应急平台的传递，使监测监控和信息接报贯穿于常态化和非常态化应急管理中，为综合研判、协同处理提供辅助支持。

4.2　智慧应急之“脑”——分析是核心

要实现智慧应急管理，智能分析是核心。获取多方面的监控信息后，进行综合的分析研判，判断事件预警等级、影响范围确定、周边因素分析、可用应急资源分析、物资配送路径分析、人员疏散路径分析，等等，都需要有强大和足够聪明的大脑——应急平台。

应急平台是实施应急预案的工具。具备日常管理、风险分析、监测监控、预测预警、动态决策、综合协调、应急联动与总结评估等功能。应急平台能对突发事件进行科学预测和危险性评估，能动态生成优化的事故处置方案和资源调配方案，形成实施应急预案的交互式实战指南，为应急管理提供便捷的工具，为指挥决策提供辅助支持手段。

4.3 智慧应急之“手”——处置是根本

完成信息获取和智能分析之后，最终目的是要完成应急事件的处置，减少事件造成的损失，这需要快速协调多方处置力量，各负其责、高效有序的完成事件处置。应急指挥人员依托指挥平台上应急队伍、应急物资、应急装备等资源的分布情况，会同相关应急机构、部门和地区研究提出部署和调度指挥方案，及时将事件发生发展情况和应急处置进展情况传递给有关方面，实现协同指挥、有序调度和有效监督，提高应急处置效率。

5 结束语

立足高含硫气田开发对安全环保管理的高标准、严要求，整合腐蚀监测、泄漏监测、振动监测、应力监测、地灾监测、硫化氢监测、无人机巡检等手段，确保安全环保全监控。打造应急指挥可视化平台，以油气田企业内部的辖区空间地理数据、管道场站数据、生产实时数据、物联网数据、风险隐患数据和应急资源数据等集成融合为核心，实现了地方及公共服务的应急救援力量、实时气象、自然灾害以及实时交通路况等数据的接入共享，建立“大数据中心”，以信息技术为支撑，建立从事件接警、影响分析、多级协同响应、应急部署规划、应急资源调派到事后分析的应急处置全流程管理系统，通过安全通 APP、智能安全帽、无人机实现指挥中心与事故现场的协同处置，确保应急处置有序高效，构建软硬件相结合的应急保障技术系统，在应急日常管理、应急桌面推演、风险隐患监测防控、预测预警、应急处置救援和应急评估等方面都能发挥重要的支撑作用，最终确保铁山坡气田开发安全环保过程受控。

参 考 文 献

[1] 范维澄．国家突发公共事件应急管理中科学问题的思考和建［M］．中国科学基金，2007(2)．
[2] 刘志东，马龙，等．应急指挥信息系统设计［M］．北京：电子工业出版社，2009．

特高含硫气田智能化平台建设与应用实践

何　乐　青　春　于　林　曾　勇　何远旭　王建平　刘欣欣

（西南油气田分公司川东北气矿，四川 达州　635000）

摘　要：西南油气田川东北气矿铁山坡气田位于四川省达州市境内，是目前国内已投产硫化氢含量最高的整装气田。本文对特高含硫气田的智能化管理体系建设进行了研究，提出了一种智能化气田建设的解决方案，围绕“专业一体化智能协同、开发生产智能管理、安全环保智能管控、经营管理辅助决策”四大业务应用场景，以企业级数据生态构建和计算机模型支撑的智能应用为核心，实现了基于动态分析的过程管控和基于趋势分析的智能决策，打造气田开发全过程的“全面感知、自动操控、趋势预测、优化决策、协同管控”五大新型能力，支撑气田科学、高效开发。铁山坡气田对数智能化管理体系的建设与实践，为含硫气田的智能化管理生态建设探索了可行的发展路径。

关键词：特高含硫；智能气田；数据共享；一体化模型；智能辅助决策

1　智能化管理体系发展背景及进展

1.1　数字化智能化管理体系发展背景

当前世界正处于百年未有之大变局，新一代信息技术作为全球数字经济发展、科技革命和产业变革的助推器，正在加速传统工业向数字、信息与智能时代的转型，引领新型生产力和生产关系的深刻变革，形成数字生产力和新型工业创新与共享生态，数字化转型已加入时代变革的主旋律。以数字化的知识与信息为关键生产要素，以数字技术创新为驱动力，通过与实体经济相融合，重塑实体经济发展生态、模式与业态的新型经济形态。为深度运用新一代数字信息技术，大力推动新技术、新产品、新模式、新业态的发展，国家发展改革委、中央网信办于 2020 年 4 月 7 日联合印发了《关于推进“上云用数赋智”行动 培育新经济发展实施方案》[1]，国务院国资委于 2020 年 8 月 21 日下发了《关于加快推进国有企业数字化转型工作的通知》[2]，就推动国有企业数字化转型做出全面部署，发布实施 T/AIITRE 10001—2020《数字化转型参考架构》等系列标准，为企业数字化转型提供方法论，助力“两化融合管理体系贯标 2.0”[3]。2021 年 3 月 12 日《中华人民共和国国民经济和社会发展第十四个五年规划和 2035 年远景目标纲要》公布，对加快数字化发展建设数字中国，促进数字技术与实体经济深度融合，赋能传统产业转型升级，催生新产业、新业态、新模式，壮大经济发展新引擎，

作者简介：何乐(1994—)，女，硕士研究生，硕士学位，工程师、二级主管，现就职于中国石油西南油气田分公司川东北气矿信息科技部，从事系统集成及应用管理，擅长数字化转型及两化融合管理。E-mail：hele@ petrochina. com. cn。

开展智慧能源数字化应用场景建设等明确了发展战略。据国务院发展研究中心资源与环境政策研究所《中国能源革命进展报告：能源技术革命(2021)》，中国能源领域正朝向高度数字化、低碳化方向演进，5G、物联网、人工智能、区块链、云计算、大数据、边缘计算等新兴技术与能源领域的深度融合，将为实现能源革命和碳达峰与碳中和战略目标铺设一条数字化之路[4]。

1.2 中国石油数字化智能化建设情况

2023 年 7 月 3 日，中国石油董事长戴厚良院士在专题研究部署数字化智能化工作会上强调，推进“数智中国石油”建设，是贯彻落实党中央加快建设网络强国、数字中国战略部署的实际行动，是加快建设世界一流企业的必由之路，是补强信息化短板、推进公司治理体系和治理能力现代化的紧迫任务。

中国石油上游业务板块在总结了前期信息化建设成果的基础上，参考了国内外智能与智慧油气田建设最佳实践，提出了建设统一数据湖、统一云平台和通用业务应用的总体推进方案，强化“数据+平台+技术+智能+创新+应用+运营”的平台化、体系化、标准化、协同化、共享化与生态化建设，有效消除“三多”和“四难”问题的根源，同时加强目标与价值引领，明确了“十四五”末建成覆盖勘探开发、经营管理、安全环保全领域全业务链的智能化生态应用，形成具有数字化、自动化、协同化、智能化的生态运营模式，建成世界一流智能油气田的总体目标。数据湖为数据汇聚与集成共享奠定基础，云平台为数据、技术与智能能力的积淀和共享应用提供了平台化支撑，并为敏捷构建面向业务场景的应用创造条件。围绕油气田企业油气勘探、油气开发、协同研究、生产运行、工程技术、经营决策、安全环保和油气销售等核心业务价值链，开展业务流与数据流的融合建设，持续完善数字化管理体系，成为数字与智能油气田建设成功的基础保障。

1.3 西南油气田川东北气矿数字化发展历程

按照集团公司智能气田示范工程总体部署，全面落实公司关于川东北高含硫气田“安全规格等级最高、工业自控等级最高、信息化水平最高、技术经济水平最高”四个最的要求。铁山坡智能化气田建设按照成熟可靠、经济适用的总体原则进行，方案设计坚持可扩展性、标准化、可交互性、安全性原则，与集团公司区域湖和梦想云的架构保持一致，同时新建与已建结合，按照功能化和模块化的思想进行设计，围绕“透明气藏、透明井筒、透明场站、透明管道”建设愿景，通过感知、互联、数据融合，打造高含硫数字化气田建设标杆，初步实现“全面感知、自动操控、趋势预测、优化决策、协同管控”高含硫智能化气田开发生产新模式。

2 特高含硫气田智能化解决方案

2.1 铁山坡智能化气田建设目标

2022 年 3 月以来，伴随中国石油首个自主开发的特高含硫气田——铁山坡气田产能建设，同步启动了高含硫智能化气田的建设工作。遵循国家、公司数字化转型要求，基于主流智能化气田设计理念和实践经验，结合铁山坡气田开发特征，按照“安全规格等级最高、工业自控水平最高、智能化水平最高、技术经济水平最高”的标准，围绕“透明气藏、透明井筒、透明站厂、透明管道”建设愿景，聚焦“安全环保智能管控、专业一体化智能协同、开发生产智能管理、经营管理辅助决策”4大业务应用场景，通过构建气藏-井筒-地面一体化模型，以自动运行工作流为驱动手段，打造气田开发全过程的“全面感知、自动操控、趋势预测、辅助决策”4个方面的能力，探索形成可复制可推广的高含硫智能化气田样板工程。本项目智能化气田建设范围覆盖本次设计范围内的井站、内部集输场站及管网、交接计量站以及相关配套设施的地面工程建设期数字化应用、运营期数字化应用系统(图1)。

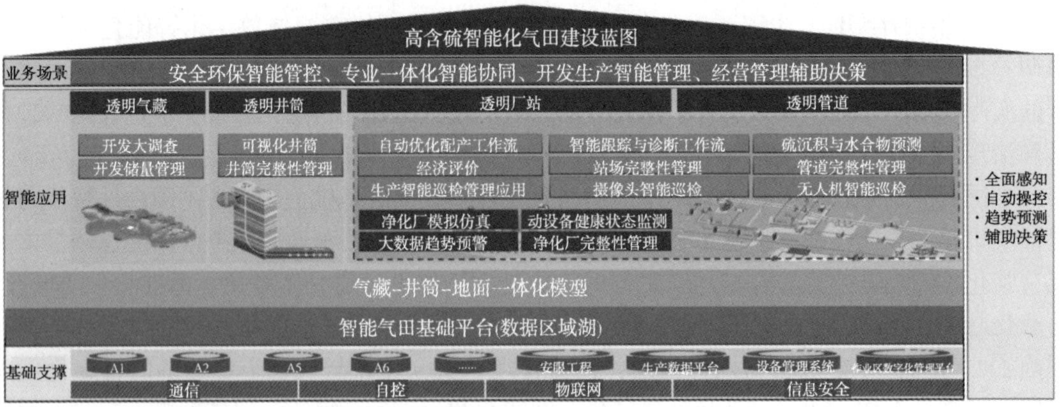

图1 铁山坡智能气田建设蓝图

2.2 铁山坡智能化气田业务需求

聚焦“安全环保智能管控、专业一体化智能协同、开发生产智能管理、经营管理辅助决策”4大业务应用场景，收集整理铁山坡智能气田核心业务需求(表1)。

表1 核心业务需求总结

序号	需求类别	需求说明	业务痛点或难点
1	专业一体化智能协同	1. 竞争性开发下的以最大产气量为目标的智能优化配产需求； 2. 竞争开发下的开发及动态储量管理需求； 3. 基于业务数据与动态数据对气藏、井筒、地面集输管网的跟踪、诊断和防治需求	1. 竞争开发的优化开发； 2. 生产系统的实时分析与诊断
2	开发生产智能管理	1. 利用实时数据进行高频次的生产系统跟踪、诊断和防治需求； 2. 生产系统的动态监测、日月年的生产动态分析、开发指标跟踪需求； 3. 井筒、管道、场站的完整性管理需求； 4. 水合物及硫沉积的防治需求	1. 开发生产日跟踪、周分析、月调整的及时性与准确性； 2. 缺乏水合物、硫沉积的智能预测
3	安全环保智能管控	1. 安全风险的统一监控处置、应急准备的数字化管理和应急演练的数字化管控需求； 2. 应急事故的影响分析、人员疏散、应急资源调派、应急处置需求	1. 安全风险的监控和处置手段的及时性和有效性； 2. 缺乏协同管控手段
4	经营管理辅助决策	1. 从宏观、中观、微观等多角度，实现对气田生产指标的动态跟踪，辅助生产管理与决策； 2. 通过铁山坡气田经济效益的滚动评价，滚动指导方案调整，为生产计划规划提供决策支撑	1. 指标体系的构建以及数据的及时准确获取； 2. 缺乏优化决策支撑手段

2.3 铁山坡智能化气田技术架构

铁山坡智能化气田建设整体技术架构基于梦想云平台技术体系进行设计，通过对比分析梦想云提供的技术平台能力清单，选择与相关的技术组件，并结合项目实际需要补充地理信息二维和三维可视化、专业成图组件、专业软件数据交互等技术工具。系统包含云基础架构资源层、运行支撑层、数据层、中台服务层、应用服务层、系统安全防护和系统运维支撑等七大模块，技术架构如图 2 所示。

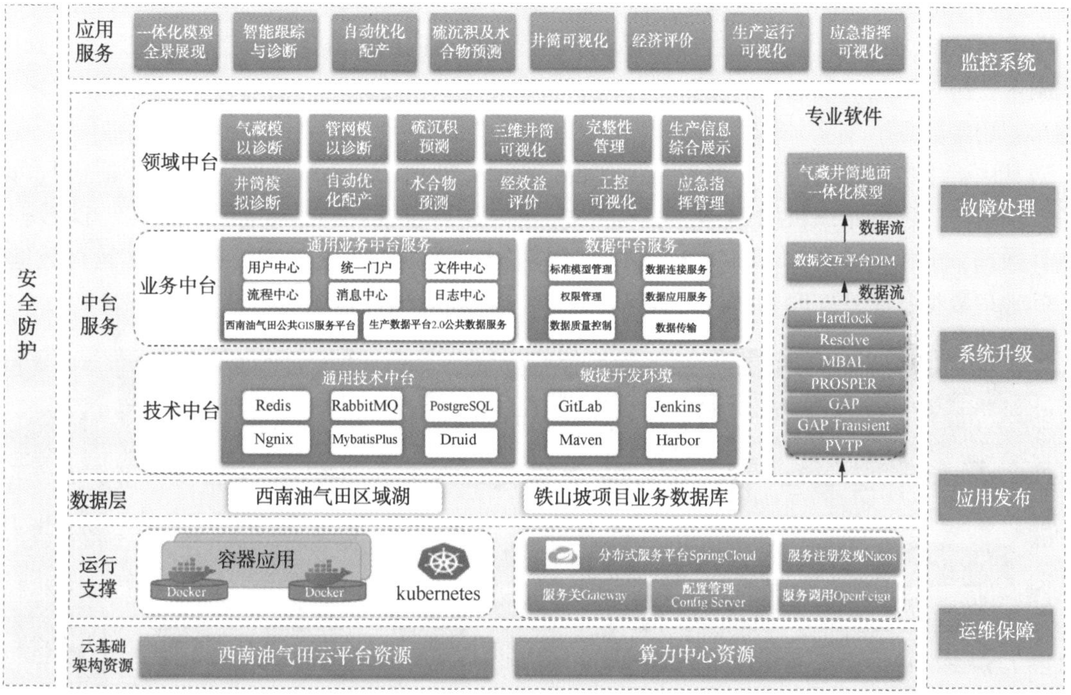

图 2　铁山坡智能化气田技术架构图

3　面向智能气田的数据共享服务体系

3.1　数据治理体系

据国际数据管理协会(DAMA)的定义，数据治理是一个管理体系，是对数据资产管理行使权力和控制的活动集合。数据治理的最终目标是提升数据的价值，是企业实现数字化战略的基础。数据治理的重要任务是在有效的组织管理体系下，构建全局数据治理架构和企业级数据标准、制度、流程及工具，并有效开展数据管理活动，从而支持企业逐步从数据治理、数据共治走向数字创新、数字文化与数字文明。其中，在企业数据治理的实践中，数据治理工具极为重要。利用新兴数智技术，数据治理工具可以全面固化企业对数据治理的各项主张，包括标准、制度、流程、算法等，对数据全生命周期进行管理与监控，有效评价与推进数据治理工作，提升数据质量，挖掘数据应用价值。数据治理的作用域纵贯数据源头采集、贴源数据层(即操作数据层)、治理数据层、共享存储层和数据分析与应用层，治理的数据对象涵盖主数据、元数据、空间数据、业务运行数据、专业技术及成果数据等，在采、存、管、用各环节制定相应的规范标准，从完整性、规范性、准确性、一致性和及时性等维度全面保障数据质量，在数据生产、数据传输、存储管理、数据应用各阶段制定并实施安全防控措施，全面提升企业数据治理能力。

3.2 数据架构和业务范围

通过主数据管理系统来管理业务活动中所用到的所有主数据，有源头系统的主数据，新数据在源头系统依据总部实体编码规范，生成统一编码，区域湖以主数据管理系统为权威源，将其中的主数据同步到区域湖并推送到主湖，对于历史数据，从主湖中将已有的实体编码下发至区域湖；对与没有在主数据管理系统管理范围内的主数据，可直接从源头注册到区域湖中。历史数据入湖系统的主数据与区域湖中的主数据建立映射关系，并可直接通过区域湖来调用主数据。

其中，主数据包括探井、开发井、管线、场站、处理厂、地层层序、构造或油气田、设备、项目、工区、组织机构11类基本实体。业务数据包括：物探数据；钻、录、试数据；测井数据；分析化验数据；油气开发数据；工程建设数据；油气销售数据；生产运行数据；空间地理数据；生产实时数据；设备综合数据；管道场站数据(图3)。

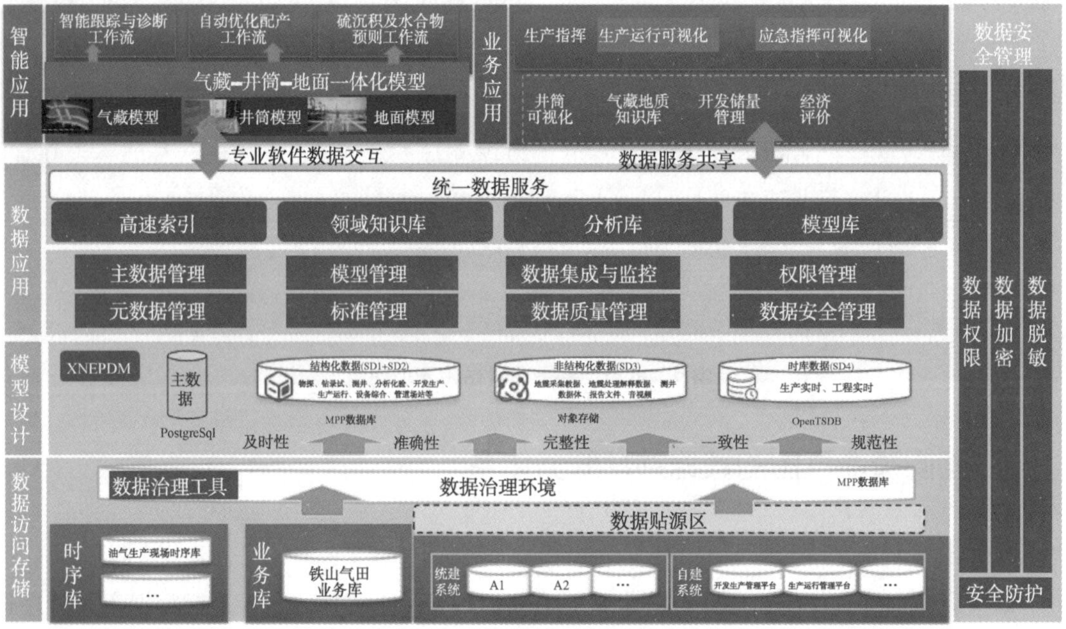

图3 数据总体架构图

3.3 数据流设计

通过主数据管理系统来管理业务活动中所用到的所有主数据，有源头系统的主数据，新数据在源头系统依据总部实体编码规范，生成统一编码，区域湖以主数据管理系统为权威源，将其中的主数据同步到区域湖并推送到主湖，对于历史数据，从主湖中将已有的实体编码下发至区域湖；对与没有在主数据管理系统管理范围内的主数据，可直接从源头注册到区域湖中，历史数据入湖系统的主数据与区域湖中的主数据建立映射关系，并可直接通过区域湖来调用主数据(图4)。

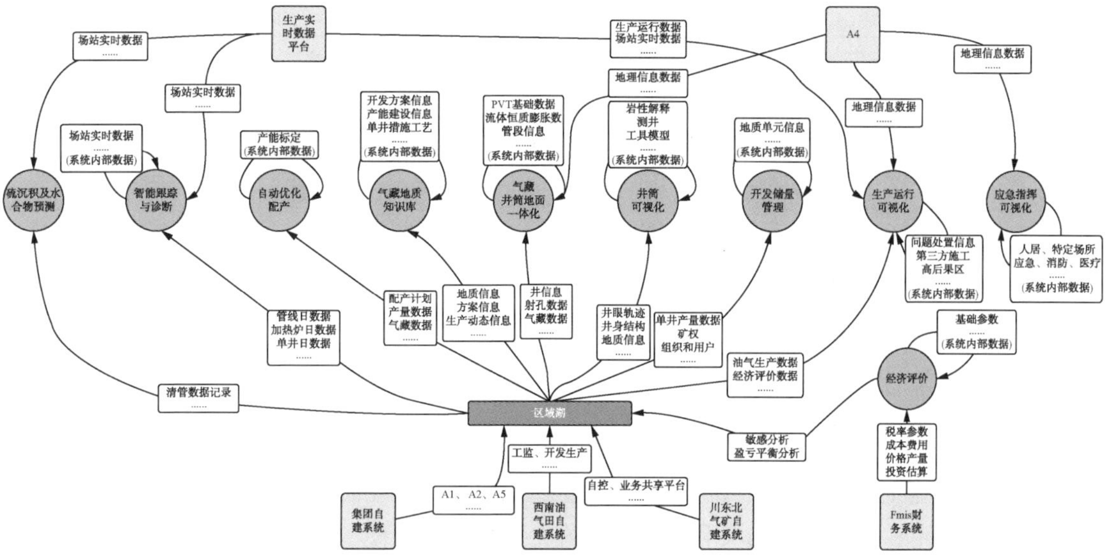

图 4　数据流总图

3.4　数据质量及应用效果

质量是数据的生命，也是企业数字化转型、智能化发展的生命。以区域湖为基础，通过整合铁山坡气田主数据、物探数据、钻录试数据、测井数据、分析化验数据、油气开发数据、生产运行数据、生产实时数据、设备综合数据、管道场站数据等业务数据范围。针对生产现场实时数据、气田数字孪生模型全链条业务数据、经济效益评价业务数据、地面管道与场站相关业务数据开展数据集成与治理，利用数据集成与治理工具形成高含硫智能气田标准数据统一模型标准，整合结构化、非结构化、实时数据等全类型数据，构建统一数据存储层，为上层智能应用场景提供业务数据支撑及数据共享环境，全面解决高含硫智能气田建设面临的数据分散、交叉管理以及交换共享能力弱问题。

依托西南区域湖提供的从采集、治理到分析全生命周期的数据管理架构和治理体系，实现数据的统一集中化管理，保证了数据在采集、治理、存储、分析应用整个过程中的及时性、准确性、完整性和一致性。同时，提供统一、安全、标准化的数据服务，实现上层智能应用可以对数据进行共建与共享。

4　智能数据模型及业务功能

以“装置未投运，信息化应用系统先试运行”为目标，智能化平台围绕“专业一体化智能协同、开发生产智能管理、安全环保智能管控、经营管理辅助决策”4 大业务场景，以一体化模型及智能工作流为核心，采用微服务、模块化方式进行搭建，建成了 13 个一级模块，43 个二级模块，成为首个在西南油气田梦想云平台上线发布的应用，并首次实现与气田同步投运，具体业务场景划分如图 5 所示。

由于篇幅限制，本文分别选取专业一体化智能协同、开发生产智能管理、安全环保智能管控、经营管理辅助决策 4 大业务场景中的一个核心功能点进行介绍。

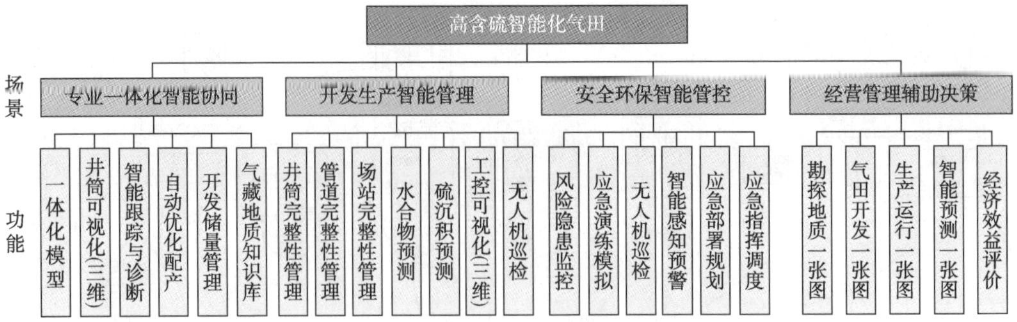

图5 特高含硫智能化气田业务场景划分

4.1 专业一体化智能协同——一体化模型

通过对气藏、井筒、地面模型的耦合，构建了从地下到地上的一体化数字孪生模型，一体化模型和智能工作在铁山坡气田的应用，也是国内第一次在高含硫气田的应用。基于自动化数据交互技术，通过自然语义和自动化编排，实现一体化模型数据自由交互和数据流的灵活编排，完成了智能跟踪诊断、水合物预测、硫沉积预测等数据流的快速搭建；基于一体化智能工作逻辑研究，结合现场业务规则，首次在大型高含硫气田系统的完成了智能气田需要的智能跟踪诊断、水合物预测、硫沉积预测、段塞流预测、自动优化配产等系列工作流的搭建；在充分考虑气藏能力和竞争性开发的因素，科学合理配产，能够避免因人为因素考虑不全而导致的井筒和地面管线生产瓶颈的发生，同时能够通过一体化的模拟预测气田生产趋势和风险，智能高效的排查、预测和锁定生产系统中的问题，综合决策气田面临的生产瓶颈，制定合理的应对措施，实现科学决策(图6)。

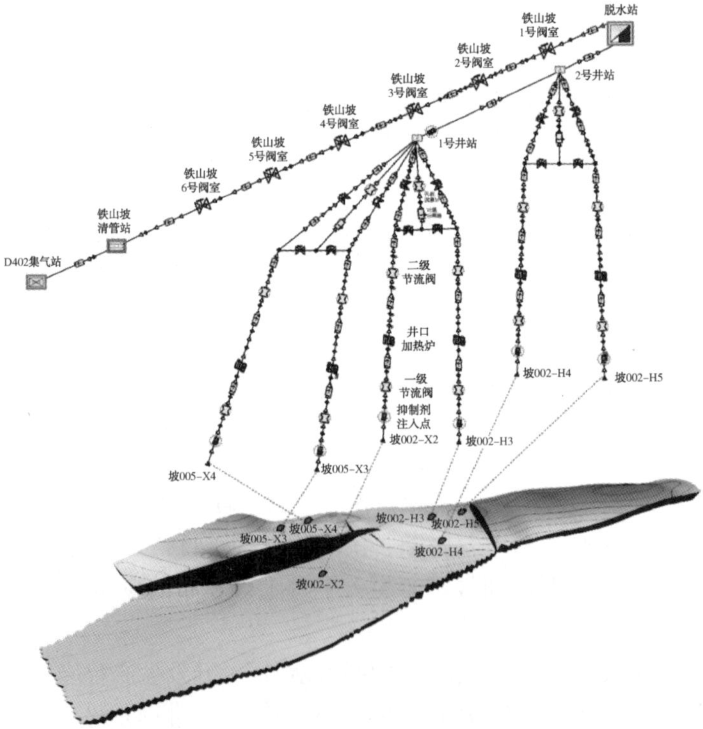

图6 气藏-井筒-地面一体化模型示意图

4.2 开发生产智能管理—硫沉积预测

硫沉积预测主要是基于 IPM 的多相流模型，与西南石油大学提供的元素硫溶解度、吸附、沉降 3 个模型，综合形成了一套全新的硫沉积预测模型。本模块共分为硫沉积预测总况、井站硫沉积预测、支干线硫沉积预测、井筒硫沉积预测、假定工况模拟，以及天研院的硫沉积预测系统集成 6 个部分。通过专业软件数据交互平台输入日生产数据和其他降频(每日)处理数据驱动模型自动运行，获取沿程温度、压力、气体密度等分布，代入元素硫溶解度计算公式计算每个节点的硫溶解度；通过对比其和初始硫溶解度以及前后节点间的元素硫溶解度判断析出；结合元素硫固相线判断析出相态，通过临界悬浮流速公式判断元素硫是否沉积；考虑元素硫部分沉积、部分被带走进入下一段沉积或继续被带走，引入沉积率概念，计算每段硫沉积量。为了模拟压力和产量变化条件下的硫沉积情况，在假定工况模拟模块，通过改变环境温度、产气量、压力等条件，模拟分析井筒、管线的硫沉积形成情况，为生产运行提前预判未来硫沉积情况、做好生产预案提供依据(图 7)。

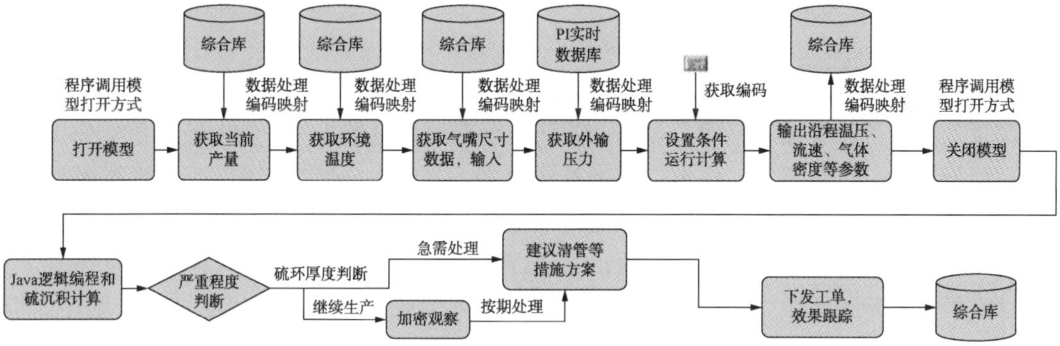

图 7　硫沉积预测数据流运行逻辑图

井站硫沉积预测主要以节流阀、倒换阀等为节点将站内集输系统分为 63 个监测管段，模拟并计算了每个管段的硫沉积量，并进行预警。通过模拟计算发现，从 4 座单井站的井口到加热炉，到出站，再到脱水站的分离器和过滤器，均有硫沉积，硫沉积量从 0.01~0.09kg/d。这 2023 年 6 月 16 日下游国家管网停气检修期间，打开坡 005-X3 一级、二级节流阀和坡 005-X4 捕屑器滤筒处发现的硫沉积现象基本吻合(图 8)。

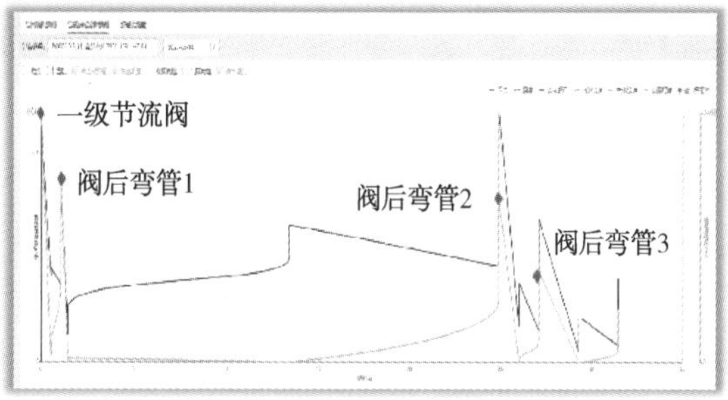

图 8　硫沉积预测曲线

4.3 安全环保智能管控

从日常安全管理和事故状态下的应急处置两个维度，聚焦风险动态管控、智能感知预警处置、应急演练动态模拟、突发事件处置四个场景，通过风险隐患动态监控、智能感知预警处置、应急演练动态模拟、现场快速报警、接警自主分析、多级协同响应、人员疏散智能规划、应急资源科学调派和在线智能部署等应用，支撑铁山坡气田安全环保的智能管控。

通过 SCADA+PLC+SIS+GDS 构成了具备 SIL2 等级的工业控制系统，设置 5 级安全联锁控制，确保了整个气田控制系统更加稳定可靠。同时，利用大数据分析及物联网关联技术，全面集成铁山坡气田各类物联网感知数据，打破信息孤岛，实现数据共享，并优化事件从终端报警、调控中心接警、大数据分析、联动处置到在线反馈的业务流程，实现泄漏监测数据一网接入、一网监测、一网联动、一网通办的全闭环管理模式，提升铁山坡气田整体监测及处置能力（图 9、图 10）。

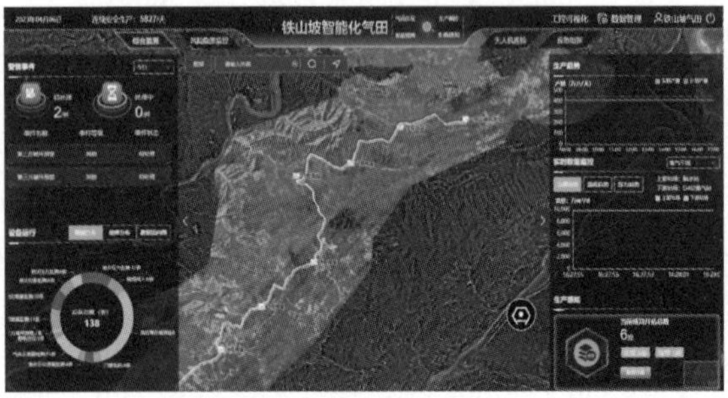

图 9　设备综合监测

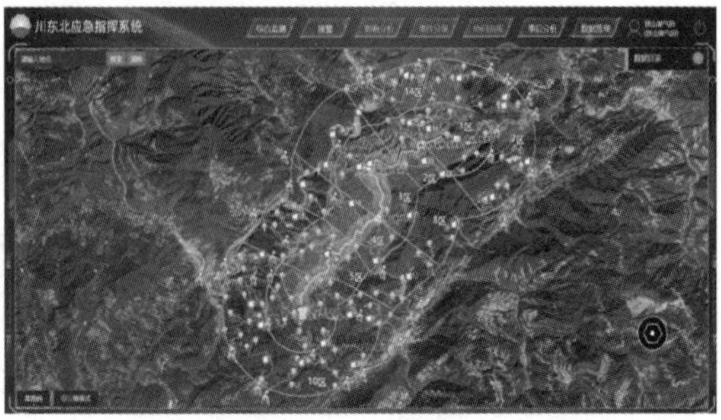

图 10　应急指挥可视化

4.4　经营管理辅助决策

经济效益评价模块按照集团公司统一的评价标准结合川东北气矿的业务特色，分析并梳理项目经济评价的参数类型、评价指标与算法模型。其中：6 张数据表，5 个算法模型，10 个评价指标。基本实现项目、投资、成本、产量等一体化智能管控分析，基本实现新建规模油气田全生命周期智能管理、生产经营全过程智能预测、精准优化。

能够解决用户关于全生命周期项目经济评价的评价业务，实现项目前评价、跟踪评价、后评价。同时可以实现投资估算、资金筹措、产量预测，以及基于不确定性分析的单因素敏感性分析、盈亏平衡分析等功能，打造了气田的高效经营和精益生产新模式（图 11、图 12）。

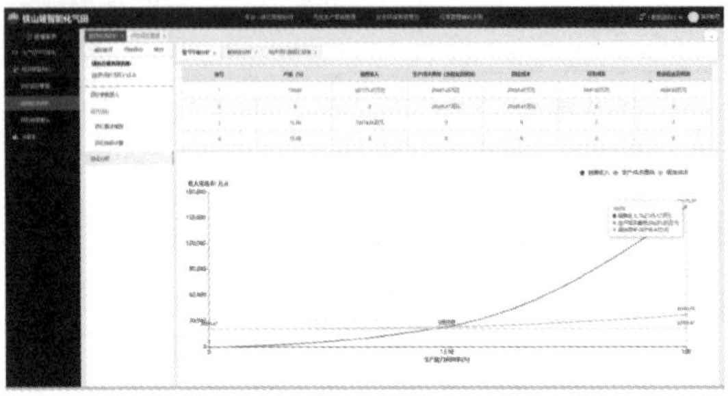

图 11　盈亏平衡分析

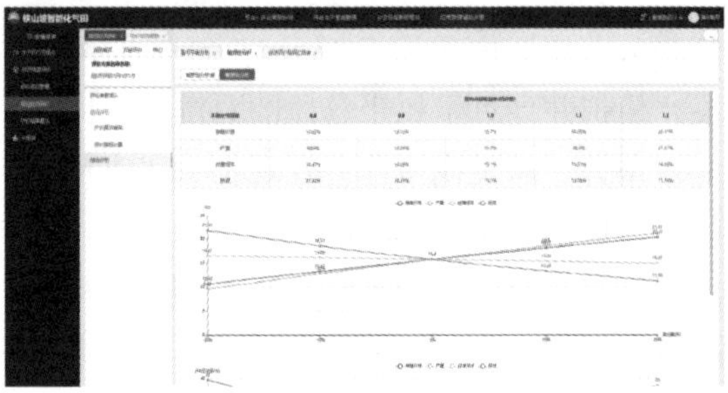

图 12　敏感性分析

5　结语

围绕集团公司“9 性和 12 个统一”的数字化转型工作要求，启动了面向智能油气田的数字化转型与智能化建设，通过对数据管理、数据治理和数据共享服务体系化、制度化、标准化和基于区域数据湖与云平台技术体系的全方位有形化、实用化，有效支撑了智能与智慧油田建设，实现了对企业数据资产的高效、集中、统一管理与共享服务，为开放、智能、共享的数据生态建设探索了可行的发展路径。聚焦“专业一体化智能协同、开发生产智能管理、安全环保智能管控、经营管理辅助决策”四大业务应用场景，形成铁山坡气田“全面感知、自动操控、趋势预测、优化决策、协同管控”五大能力，将川东北气矿高含硫气田打造成安全清洁新典范、高效开发新标杆。

参考文献

[1] 关于推进“上云用数赋智”行动　培育新经济发展实施方案[J]. 电子政务，2020(05)：2+125.

[2] 关于加快推进国有企业数字化转型工作的通知[C]//中国企业改革与发展研究会. 中国企业改革发展2020蓝皮书. 中国商务出版社(China Commerce and Trade Press)，2020：4. DOI:10.26914/c.cnkihy.2020.062604.

[3] 中关村信息技术和实体经济融合发展联盟. 数字化转型参考架构(团体标准 T/AIITRE 10001-2020)[S]. 2020-09-18.

[4] 国务院发展研究中心资源与环境政策研究所. 中国能源革命进展报告：能源技术革命(2021)[M]. 北京：冶金工业出版社，2021.

[5] 戴厚良. 中国石油：以数字化转型驱动油气产业高质量发展[EB/OL]. (2020-12-03)[2022-06-05]. http://www.sasac.gov.cn/n4470048/n13461446/n15927611/n15927638/n16135038/c16135615/content.html.

[6] 马涛，张仲宏，王铁成，等. 勘探开发梦想云平台架构设计与实现[J]. 中国石油勘探，2020，25(05)：71-81.

浅析智能化巡检在天然气输气站场的应用

胡玉乾　谭力文　周　英　何　伟　王　雷

（西南油气田分公司输气管理处信息科技部，四川 成都　610000）

摘　要：天然气作为清洁能源，由于其市场需求日益增长，带动天然气输气站场同步增加，但天然气泄漏、设备失效等安全风险不容忽视。为了有效减少这些风险，定期对天然气站场巡检对天然气安全平稳输供至关重要。天然气站场的人工巡检耗时耗力，随着站场数量增加人工巡检已"疲于应对"。智能化巡检作为新兴技术手段，其核心在于通过智能化技术手段实现对设备状态的实时感知、数据采集、故障预警和智能分析，代替传统的人工巡检方式。本文通过对智能化巡检的技术、应用成效多角度研究，分析智能化巡检对于天然气行业发展的重要性和可实施性，同时提出智能化巡检目前存在的短板，并最终提出解决方案。

关键词：天然气；安全风险；新兴技术；智能化巡检

0　引言

天然气站场的定期巡检通常可大幅提升天然气长输管道运行的平稳性和安全性，是确保天然气长输管道安全运行的关键措施。天然气管道作为高压燃气输送的重要设施，一旦发生安全事故，后果将十分严重。通过定期巡检，能够及时发现并修复可能存在的安全隐患。此外，巡检有助于提高天然气长输管道的运行效率。巡检人员采用专业的巡检设备和技术手段，能够全面检查管道的运行状态，及时发现并解决潜在问题，避免管道因故障或停工而影响生产和日常生活。这不仅能够减少因停气带来的经济损失，还能够提高管道的输送能力，满足日益增长的天然气需求。

随着国内天然气管线建设规模增加和管网防护体系的日益完善，以及工业自动化水平的持续提升，对于通过技术创新与高效管理手段来增强管道系统安全性和可靠性的需求愈发强烈。目前，国内大多数天然气输气站场仍需 24 小时人员值守，但随着自动化与智能化技术的不断进步，实现无人值守站场已成为未来发展趋势，这不仅能显著降低操作人员的安全风险，还有助于减少运营成本。天然气站场智能化巡检是现代天然气行业安全管理的重要一环，它结合了物联网、大数据、人工智能等先进技术，实现对天然气站场设施全面、精准、高效的监测和管理。智能化巡检系统通过安装在天然气站场的各类传感器和监控设备，实时收集和分析站场设施的各项参数。这些传感器和监控设备包括但不限于气体泄漏检测器、压力传感器、温度传感器等，能够实时监测站场设施的运行状态，及时发现并预警潜在的安全

作者简介：胡玉乾（1999—），男，2022 年毕业于澳大利亚悉尼科技大学，工程荣誉学士学位，现就职于中国石油天然气集团有限公司西南油气田分公司输气管理处信息科技部。

隐患。基于大数据和人工智能算法，智能化巡检系统能够自动识别异常情况，如气体泄漏、压力异常等，并根据风险等级进行预警推送。这使得问题能够得到快速响应和处理，大大提高了巡检工作的效率和质量。此外，智能化巡检系统还具备远程管理功能，巡检人员可以实时查看和记录巡检结果，而管理者则可以远程监控设备状态和巡检进度。这极大地提升了巡检工作的灵活性和便捷性。在维护保养与故障处理方面，智能化巡检系统能够根据设备的运行状态和历史数据，自动提醒预防性维护，提供故障诊断和解决方案推荐。

1 实施背景

2024 年，某石油与天然气公司把数字化转型纳入“推进基业长青，实现一流企业建设”的总体思路，加快推进数智建设，不断加强数字化与智能化对产业的赋能作用。以互联网、大数据、人工智能等为代表的前沿信息技术正在引领新一轮的产业革命，因此，必须紧抓数字经济发展的时代机遇，并深入理解互联网的发展规律。

某天然气公司积极响应上级的战略部署，致力于成为天然气企业全业务链数字化转型的标杆。为实现这一目标，公司强化了顶层设计，利用信息技术为业务变革注入动力。数字化转型的焦点已从单纯的建设转向应用实效，注重信息化工作的集中管理。结合上级安排部署，某油气田公司长输管道企业作为我国最早从事天然气长输管道管理和天然气运行的专业化企业，正按照“1332”的工作思路稳步实施，确保数字化转型策略能够真正落地生根，制定了 2021 年、2023 年和 2025 年的“三步走”战略，计划在 2025 年初步实现生产数字化转型，推动体制的深刻变革，将推动现有生产组织模式的创新，全面实施“中心站+无人值守站”的新模式，确保数字化转型的顺利推进。

某长输管道企业推动现有生产组织模式的深刻变革，并于 2021 年 3 月开始选取某试点站开展输气站场的智能化试点改造，同年 12 月完成初步建设，2022 年 4 月通过专项验收。全站建设按照输气站场“有人值守、无人操作”的管理要求对站场的工艺流程、自控系统等进行了全面改造，利用物联网、大数据分析、数字孪生、AI 图像识别 4 类信息化技术，对输气站场生产运行、管道管理、质量安全三大类日常工作进行“IT 赋能”，集成开发一体化智能生产监控平台支撑输气站场的生产业务。围绕上级管道业务“集中调控、区域管理、专业支撑”数字化转型目标，完善试点输气站自控的采集数据和控制逻辑、实现安防系统的图像识别和报警联动，新建工业物联网系统和电子沙盘，改造站控系统，实现调控中心远程控制、站场有人值守、无人操作。

2 智能化巡检技术的优劣势对比

2.1 智能化巡检的优势

与传统的人工巡检方式相比，智能巡检采用图像识别和大数据分析等先进技术，能够精准地监测站场设备的状态和风险。它实现了对设备及生产状态的 24 小时不间断监测，能够迅速发现设备故障和生产异常情况。相较于人工巡检，智能巡检能够直接洞察设备故障的原因，因此其巡检结果更为精确。通过智能巡检的应用，基本上可以替代传统的人工巡检，进而实现站场少人值守甚至无人操作的目标。

2.1.1 运行模式的先进性

智能化巡检将站场运行模式由分散巡检模式改变为"运维检"一体化的运行模式。该模式通过智能比对不同类型设备的数据，全面评估各区域和各设备的环境及运行状况，从而生成详尽准确的站场巡检报告。实现对全站的不间断、全天候监控，确保巡检的连续性和全面性。此外，该模式还具备灵活的配置功能，能够根据需要调整巡检区域、内容和周期。相较于传统的人工巡检方式，智能化巡检不仅覆盖更广泛，感知更精确，而且时效性更高，具有更大的优化和提升空间。采用一体化运行模式，不仅能够显著提升自动巡检的覆盖范围、精细程度和执行力度，从而大幅增强站场的安全保障能力。

2.1.2 人员安全的先进性

智能化巡检能有效降低人员在输气站场潜在危险区域的停留时间以及活动人数，充分彰显出以人为本的管理理念，即优先保障人员的安全与健康[1]。刘扬、张艳与张丹[2]曾针对天然气站场的风险进行研究，通过研究发现，人员的不规范操作或误操作往往是天然气站场最大的风险隐患。一体化的运行模式则可以显著地减少人员在站场内的停留时间和人员规模，这不但直接地提高了人员的安全系数，还可间接性地提高了天然气站场运行的安全性。

2.1.3 人员规模的优势

此外，智能化巡检代替传统模式的巡检后，可以缩减天然气站场常驻人员规模。更小的人员规模可以显著的降低站场的运行成本，根据资料显示平均每减少一名站场常驻人员就可节约人民币20万元/年[3]。将节约的人力资源成本投资于智能化的运维上，则可以一定程度上提高智能化的稳定性和可靠性，并最终提高天然气站场运行的安全性。

2.1.4 信息传递的及时性

智能化巡检可以提升采集数据的时效性，该系统在采集完数据后可将采集到的数据在短时间内整合到企业的信息系统中，使得数据可以在更短的时间内被发现并及时处理，从而减少了数据传输所需的时间，实现实时通信。及时的信息传递可提高站场的安全性，进一步降低事故发生的风险。为企业管理和决策提供全面的支持[4]。

2.2 智能化巡检现阶段劣势

现阶段天然气行业正处于技术结构转型的阶段，天然气站场的智能化建设逐渐成为行业发展的一个重要方向。智能化站场可以有效提高能源利用率，确保运营安全以及减少环境污染。

2.2.1 技术稳定性的挑战

智能化巡检依赖于复杂的技术系统，系统可能面临技术故障(如传感器故障、软件错误、通信中断等)，技术故障可能导致巡检数据不准确甚至系统完全瘫痪。数据不准确或系统瘫痪会对天然气站场的安全平稳运行带来极大的风险，设备故障可能导致企业对于技术支持和外部维修服务的依赖性增加，限制了紧急情况下的自主性和灵活性[5]。

2.2.2 环境适应性的挑战

智能巡检设备需要在各种气候和地形下运作，包括严寒、酷热、多风和雨雪天气。这些极端环境条件可能影响设备的性能，甚至造成设备损坏。智能化设备中一般都存有不同功能性的精密元件，拿光学精密元件举例，有研究团队表明：温度波动对光学元件及其组装结构产生热变形的影响，对面型精度的降低和温度变化量的正相关性。元件的损坏导致设备精度的降低，降低精度的设备无法满足天然气站场的运行要求，因此，如何确保智能化系统的环境适应性在现阶段仍面临挑战[6]。

2.2.3 数据管理问题

智能化巡检系统通常会生成大量数据。数据量过大可能超出现有硬件和软件的处理能力，导致处理速度变慢，甚至系统崩溃。数据的存储问题同样面临挑战，存储大量数据需要大量的存储空间，可能导致存储成本显著增加，同时还需要保证数据的备份和安全。海量的数据会使系统的分析效率低下：数据量庞大使得从中提取有价值信息变得更加困难，数据分析过程可能变得缓慢且效率低下。最后数据量增加可能导致数据质量难以控制，增加数据清洗和处理的难度。因此，如何从海量数据中提取有价值的信息，并转化为实时决策，是当前面临的一个挑战[7]。

2.2.4 设备系统的兼容性与升级换代问题

随着计算机技术的发展，越来越多的海量分布式应用被创建，如常用的 B/S 架构系统。这些系统与传统的集中式软件不同，它们依赖于多个分散的子系统共同工作以完成特定任务。在分布式环境中，软件的兼容性成为确保系统高效性能的关键因素。软件兼容性是指不同软件之间能够无缝协作并稳定运行的能力。然而，随着软件开发复杂度的增加，系统在运行过程中出现意外情况变得越来越常见，不兼容的问题也愈发普遍。目前，天然气站场智能化设备和系统来源多样，不同品牌和不同生成的设备往往难以实现兼容。系统之间的融合和升级换代成本较高，这大大限制了天然气站场智能化建设的速度和效率。提升系统兼容性和灵活性、降低升级和更换设备的成本，是天然气站场智能化建设的又一个难题[8]。

2.2.5 安全性与隐私问题

智能化巡检系统存在受到网络攻击的潜在风险，在 5G 所推动的工业互联网中，物联网设备广泛用于建立连接和交换数据。不过，这些设备在安全性方面通常表现不佳，它们的安全漏洞往往成为黑客攻击的目标。一旦受到网络攻击，黑客就能利用这些漏洞执行远程攻击、发起服务拒绝攻击或注入恶意代码，以此侵入网络、窃取信息或破坏工业生产。可能导致物理设备的失控，对人员安全和环境造成威胁。此外，由于物联网设备数量众多且分布广泛，管理和维护上相当具有挑战性；设备的固件升级和安全补丁的应用都耗费大量的时间与资源。如果未能及时进行这些维护工作，就可能带来持续的安全风险，对企业造成严重威胁[9]。

3 长输管道企业智能化巡检技术现状和成效

近年来，在输气生产管理中，智能化巡检技术的应用日渐成熟，正逐步替代传统的人工巡检方式，这不仅大大提高了管理效率，也增强了输气生产的安全性。

3.1 输气生产风险分析

在天然气的管输过程中，存在多种潜在风险，包括管道泄漏、爆炸和设备故障，管道腐蚀与磨损等。这些情况通常由于管道损坏、维修不当等因素而引起。天然气泄漏不仅会造成环境污染，还可能对人员安全构成严重威胁。智能化巡检技术可以有效降低这些风险，采用监控和传感技术配合物联网来确保天然气能够安全有效地输送至最终目的地(图 1、表 1)。

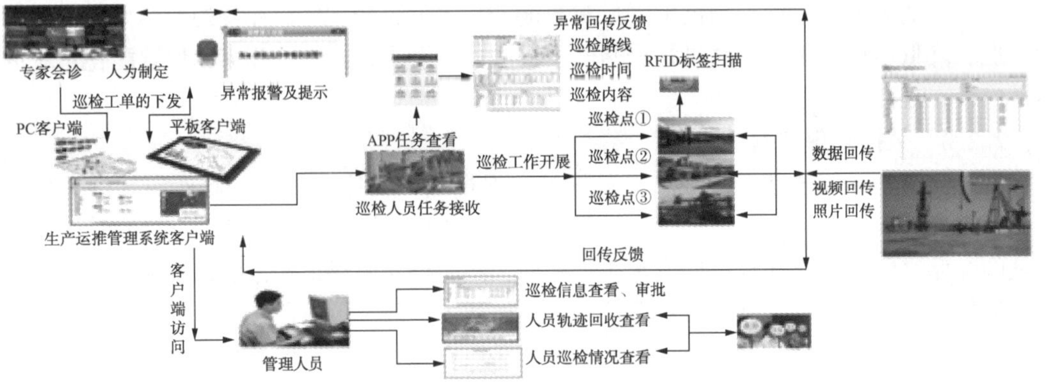

图1　长输管道企业智能化巡检流程图

表1　输气生产的风险分析

序号	风险分析	风险等级	智能化巡检技术措施	措施后的风险等级
1	泄漏和爆炸风险		传感技术实时监测管道密封性	
2	设备故障		人工智能技术持续监控与预测性维护	
3	腐蚀与磨损		传感技术检测管道腐蚀和磨损情况	
4	应急响应		智能化系统快速定位故障点实现应急响应，紧急情况下节约时间降低潜在损失	
5	自然灾害		智能化检测系统可实现对自然灾害的检测和预警	
6	非法侵入与盗窃		智能监控系统通过视频监控配合其他传感技术检测非法入侵和盗窃活动	
7	人为差错		智能化系统的出现减少人工巡检，可显著的减少因人为失误而产生的风险	
8	运行效率		智能系统收集和分析大量数据，用于预测维修减少停机时间，优化生产和输送效率	

注：红色标识为高风险；黄色标识为中风险；绿色标识为低风险。

智能化巡检技术减少了管输过程的风险、增强了操作安全、提升了生产效率并保障业务连续性。这大大降低了风险发生的可能性和后果。这些优势有助于企业提升与管道相关的所有运维活动的预防性、准确性和持续性。

3.2　传感器技术的应用

根据长输管道企业智能化巡检模式构思。输气管道的每一个关键节点，如阀门、接头和压缩机站等，都安装了大量的传感器，这些传感器能够实时监测和记录压力、温度、流量及其他关键运行参数。这些数据实时传送至中央控制室并结合云计算平台进行数据汇总与分析，能够迅速发现任何异常情况并启动应急预案。针对仪器仪表与高清视觉等设备的采集数据进行综合统计分析，形成环保问题信息、油气泄漏信息、人员闯入信息；并根据信息的分级分类、留观阈值等配置，向不同的岗位人员推送报警信息。通过采集数据与摄像系统联动巡检设定固定巡检路线，设备可按照规划的路线完成检测任务，通过机器视觉技术对井站现场安全及设备运行情况进行电子视频巡检，出现异常现象能智能判断识别并告警，同时抓怕照片及时推送云端可及时处理异常问题(表2、图2)。

表 2 长输管道企业智能化巡检模式构思

类别	数据设备来源	判定内容	备注
站场	压力/压差变送器	站场运行压力、计量系统状态	
	温度变送器	判定气体的水露点	
	电动执行机构	电动执行机构状态、电动球阀的阀位状态	
	气液联动执行机构	电磁阀状态、阀门状态	
	烟感、温感探测器	站场值班室的火灾报警	
	ESD 系统	ESD 系统状态	
	UPS 设备	UPS 设备状态	
	恒电位仪	站场阴保电位	
	分析小屋	烃露点、水露点	
	激光云台可燃气体探测仪	站场工艺区泄漏情况	泄漏报警通过串口接入 SCADA
	固定式可燃气体探测仪	厨房是否发生泄漏	
	摄像机	关键手动阀门的阀位状态	阀位报警信息通过串口接入 SCADA
	电池巡检仪	UPS 电池的运行状态	
	智能仪表远维数据	变送器的运行状态	
	PLC 远维数据	SIS、SCS 机柜运行状态	
阀室	压力变送器	阀室压力运行状态	
	电动执行机构	电动球阀的阀位状态	
	气液联动执行机构	阀门状态	
	烟感、温感探测器	仪控间火灾状态	
	破管系统	破管系统参数	
	UPS 设备	UPS 运行状态	
	固定式可燃气体探测仪	阀室泄漏状态	
	摄像机	阀室手动阀门阀位状态	阀位报警信息通过串口接入 SCADA
	电池巡检仪	UPS 电池的运行状态	
	电位传送器	阴保电位	
	太阳能数据	太阳能运行状态	
	门禁	阀室无闯入	

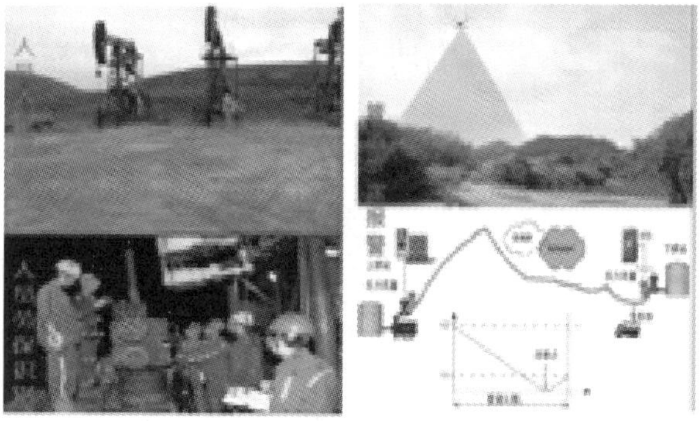

图 2 三种报警类型画面

基于智能巡检内容，对报警信息从气体(有毒气体种类和浓度、位置)、声音(噪声设备类型及其分贝数值)、温度数据、人员安全(安全设备佩戴、安全行为执行、安全应急反应)、设备参数(设备类型、工作状态)等五个方面进行记录，并将报警信息推送至相关人员(图 3)。

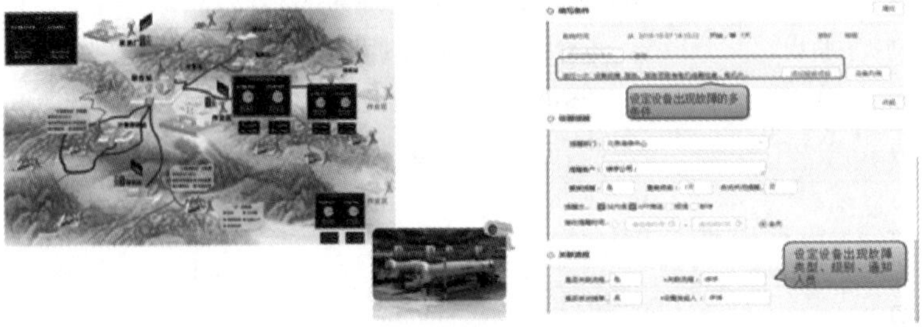

图 3　报警诊断报告画面

3.3　人工智能结合物联网通信技术的应用

长输管道企业正采用人工智能和物联网技术来革新其巡检流程。通过建造特殊的接触式停机坪，并利用 GIS 和 GPS 技术来精确控制无人机的自动起降，扩大无人机的作业范围。无人机可以在执行任务期间自主完成充电续航，自动规划飞行路径，并且能够跟踪和反馈航线信息，还能够实时回传状态数据和图像。这一过程通过“接力续航”的方法实现了无人机在的自动化操作，包括连续的起降、充电和巡检。

3.4　数据处理技术

巡检数据管理平台的构建和完善。为了更有效地存储、处理和利用大量巡检数据，公司建立了专业的数据管理平台，对涉及的主数据、智能巡检业务场景的业务流程以及数据源情况进行全面的调研、梳理和校验，完成数据模型及数据仓库的定义。整理系统元数据列表，梳理优化元数据关联关系；完成业务数据的元数据的整理及加载，实现一体化智能模块共建共享平台元数据管理。通过云存储技术保证数据的安全性和可访问性，使用大数据分析工具处理数据，帮助管理层进行决策支持和资源优化(图 4)。

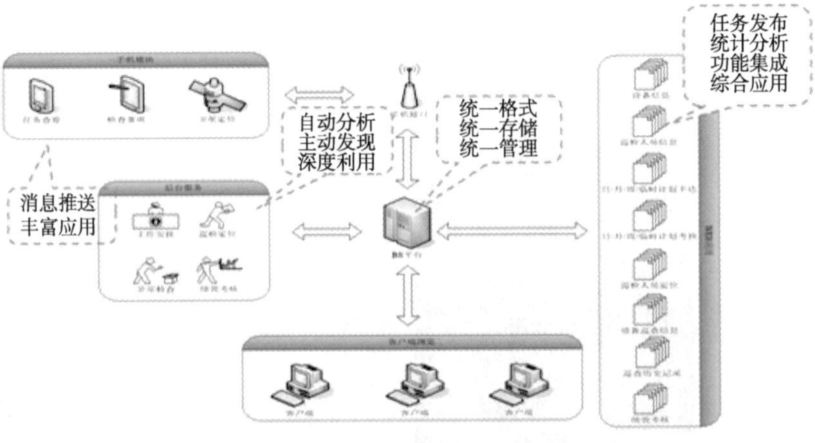

图 4　智能化巡检架构设计示意图

长输管道企业在智能化巡检技术方面取得了显著进展。这些技术的应用极大提升了输气系统的安全性和效率，对于推动行业发展具有示范和引领作用。随着技术的不断成熟和应用场景的进一步拓展，智能化巡检将在积极促进生产安全与提升管理水平方面发挥越来越重要的作用。

3.5 信息化系统对业务的支撑关系

信息化系统对长输管道企业其他业务起到了不同程度的支撑作用。SCADA 系统主要为生产运行业务提供了技术帮助，使其能够进行实时监控和控制生产设施。通过收集关键操作数据，帮助管理人员预测潜在问题，快速响应异常，并确保整个输气过程的安全和连续性。借助 SCADA 系统，不仅能提高日常运营的效率，还能在出现问题时最小化风险和损失。物联网技术通过传感技术和智能设备，为安全业务的监测工作提供精确实时的数据，使得管理人员能够及时检测和处理安全隐患，追踪关键指标。物联网技术还支持远程监控，提高应急响应速度，从而确保设施和工作人员的安全(表 3)。

表 3 站场信息化系统对业务的支撑关系表

系统	功能	支持业务	释放的人工劳动力
SCADA 系统	生产数据采集及报警	生产运行业务	生产过程的实时、远程监控，可实现生产运行的无人驻站
	阀门远程控制	生产运行业务	生产过程的远程控制，可流程切换的远程操作，无人驻站
	过滤分离器自动切换	生产运行业务	当过滤分离器差压达到设定条件时，对主备分离器进行自动切换，并告警通知运维人员对分离器进行排污操作
	收发球逻辑一键倒换	生产运行业务	按照收发球标准逻辑设置了自动控制驾驶舱，每一步都可以确认并反馈状态，可有效减少收发球的作业人员
	生产报表自动生成	生产运行业务	每天按照生产日报表格式自动生成生产日报表，减少了人工统计填报日报表的工作量
	站外计量点数据接入	生产运行业务	接入了输气站管理的多座站外计量点的计量数据，减少了人员到现场抄录的工作量
	自动分输功能	生产运行业务	可按照生产指令下达自动输气量，可按照到量停输、均匀分配、拟合分配的模式进行自动分输气，有效减少现场工作人员对气量调节的生产作业
物联网系统	PLC 远维系统	信息业务	PLC 系统的远程诊断及故障报警，有效提升 PLC 系统的运维效率
	执行机构远维系统	设备业务	执行机构的远程诊断及故障报警，有效提升执行机构的运维效率
	智能预测模块	生产运行业务	辅助生产经营决策
	智能仪表远维系统	安全业务	智能变送器的远程诊断及故障报警，有效提升智能变送器的运维效率
	激光云台 甲烷泄漏监测	安全业务	有效确保站场发生天然气泄漏的监视，提升站场天然气泄漏风险的感知能力，减少人员巡检排查泄漏的相关作业环节
	工业视频及 电子围栏周界	安全业务	有效确保站场发生入侵闯入，不安全行为的监视，提升站场环境的感知能力，减少人员对环境巡检的相关作业环节
	火灾报警系统	安全业务	有效确保站场发生火灾的监视，提升站场对火灾的感知能力，减少人员巡检排查火情的相关作业环节

续表

系统	功能	支持业务	释放的人工劳动力
一体化智能监控平台	一体化智能监控系统	生产运行、设备、安全	通过数字孪生对全站的物联网及 SCADA 系统进行集成，提升站场数字化效果，有效提升站场的监控效率
	关键节点压力及实施外销气量分布		提升站场对作业区全域生产关键信息的实施动态感知能力

4 智能化巡检系统对生产需求的适配性分析

输气站对电子巡检的概念应该是进行了探索性质的，在输气站电子巡检建立的开始阶段，始终迈不开对标人工巡检，而在对站场人工巡检过程的分析中，很难找到定量的标准去约束巡检的质量，更多的是约束巡检行为，这让企业很多时候很难将人工巡检的过程进行信息化赋能。

输气站的电子巡检实际上是对数据的应用探索，如何应用好生产数据和物联网数据去分析生产状况，这实际上需要一些数据计算模型，而输气站做的数据分析实际停留在传统的高低限制报警上，但实际上限制报警在控制系统中已经很完善，但在随后开展的电子巡检工作中，提出了对趋势波动的比对，比如压力波动和历史数据的比对、流量趋势和历史数据的比对、流速计算、过滤分离器处理量计算等，这些都是建立在输气站点对数据应用的不断深化探索中。

此外，如何应用好摄像头开展巡检工作，图像识别什么才是企业真正需要的，从某种意义上来说，如果仅仅用图像去识别压力表示数而模仿了人工巡检，实际上是对工业控制系统的不信任，用一种不可靠手段去检测一种可靠的数据，其本质上是有失偏颇的，如果担心关键压力的失效，可选用 2oo1 或者 3oo2 的压力变送器配置模式，无论从经济上和可靠性上都有较大的优势。但图像识别并非在电子巡检中不可用，实际上作为唯一可以替代人眼的手段，可以用图像识别去观测阀位状态、沉降、变形、外壁清洁状态或腐蚀等。

因此，智能化巡检系统建设内容适配于长输管道企业的生产需求，但部分计算分析内容和模型需持续完善。

5 结论及建议

天然气站场作为重要的能源基础设施，在运行过程中面临着严峻的安全挑战。智能化巡检作为保障站场安全运行的重要手段，在现代智能技术的支撑下，其发展趋势和实践应用成为学术界和工业界关注的热点。如：传感技术未来的发展，智能巡检系统的自主性和集成化的优化，系统安全性的进一步提高等。通过梳理相关文献，可以看出，智能化巡检技术正逐步改革传统的巡检模式，使得天然气站场的监控变得更为高效和准确。

长输管道企业在智能化巡检领域取得了长足进步，构建了高度自动化的先进巡检体系，是推动油气行业技术革新、提升管网管理效率和安全水平的典范。透过采用最新的人工智能、物联网通信技术以及 GIS 和 GPS 定位系统，长输管道企业还在输气站场应用了智能化的无人机巡检系统，提升无人机的飞行控制协处理器和视觉 AI 辅助能力，有效增强了无人机应对各种巡检挑战的能力，充分发挥大数据与 AI 算法的优势，形成了多风险因素的智能识别与预警系统。数据的实时传输与分析保证了日常监测的准确性、应急检测的快速反应，从而对潜在的风险做出评估和及时应对。智能化巡检体系的建立不仅提升了巡检工作的自动化水平，缓解了人工劳动强度，节约了大量的人力成本，而且为确保管道运行安全，降低事故率提供了科学依据。

此外，天然气站场智能化巡检主要采用了一系列先进技术，包括但不限于传感器技术、人工智能以及大数据分析等。这些技术的运用不仅提高了监控的时效性和精确性，而且极大地提升了对安全隐患的预测与预防能力，为站场安全提供了有力的技术保障。例如，利用传感器网络捕捉实时数据，结合大数据分析技术，能够实现对设备状态的实时监控和对故障的早期预警。且智能巡检系统不但减少了站场的人员规模且同样地减少了操作人员在潜在风险区域的时长，这极大地保障了工作人员的安全。信息传递的及时性也是智能巡检系统的一大优势所在。

尽管智能化巡检带来了许多优势，但在实际应用过程中也面临一些挑战。正如文献部分所展示的，怎样确保技术的稳定性将是从业者未来一段时间内的攻坚方向。如何将新技术融入现有的运维体系，是目前天然气站场需要解决的一个关键问题。在许多情况下，现有的运维流程未必能够与智能化技术无缝对接，需要对操作规程进行重新设计和优化。此外，巨大的数据量带来的处理和存储挑战以及对数据分析专业人才的需求也是现阶段需要特别关注的问题。在数据安全和隐私保护方面，智能化巡检系统的安全性成为另一个不容忽视的问题。天然气站场智能化巡检系统往往处理着大量的敏感数据，在数据传输和存储过程中，一旦被非法侵入或者攻击，可能会造成严重的安全后果。因此，强化巡检系统的网络安全防护措施，加强人才培养和技术创新同样显得至关重要。最后，如何培养智能化人才，如何让工作人员接受智能化理念也是系统发展道路上的挑战。

综上所述，长输管道企业在智能化巡检领域的革新成绩显著，这不仅体现在技术进步上，更体现在服务质量的提升及安全生产的坚持上。随着技术的不断发展和应用场景的进一步拓展，长输管道企业将进一步提高智能化巡检的精准度和有效性，通过科技力量保障和促进能源的平稳安全流通。在未来，智能化巡检技术将不断优化升级，更好地服务于输气生产管理工作，为国家能源输送安全贡献更大的力量。

参考文献

[1] 赵福来. 管道运行站场区域化管理模式探索[J]. 石油人力资源，2018(5)：67-69.

[2] 刘扬，张艳，张丹. 天然气输气站场的风险评价技术研究[J]. 管道技术与设备，2007(3)：4-69.

[3] 张世梅，张永兴. 天然气长输管道无人站及区域化管理模式[J]. 石油天然气学报，2019，41(6)：139-144.

[4] 齐彧. 5G 通信技术在广播电视业务中的优势与应用[J]. 电视技术，2023，47(08)：165-167+186.

[5] 康迎春. 我国煤矿智能化建设存在的主要问题及对策分析[J]. 智能矿山，2022，3(05)：11-17.

[6] 熊健，张之敬，陈骁，等. 精密光学元件胶接装配性能研究进展[J/OL]. 机械工程学报：1-20[2024-04-11].

[7] 李春梅. 大数据背景下计算机信息处理技术优化[J]. 信息记录材料，2023，24(10)：188-190.

[8] 史绍恩. 云计算中分布式软件系统兼容性自动检测方法[J]. 机械与电子，2021，39(12)：39-43.

[9] 徐辉. 5G 时代工业互联网安全问题及对策分析[J]. 网络安全技术与应用，2024(03)：86-87.

蜀南气矿高石梯区块自控检维修及跨站联锁改造优化的探索与实践

张殿昌　胡佑东　徐　睿　陈　浩

（中国石油西南油气田公司蜀南气矿，四川 泸州　646099）

摘　要： 随着高石梯区块建设生产的实际需要，利用信息化手段保障高石梯生产现场装置的安全平稳运行，确保高石梯区块生产安全性最高化、成本最低化、效益最大化成为重中之重。随着开采技术的高速发展，复杂生产工艺和精密控制系统在油气生产中得到广泛应用，为了确保气井生产的可靠性和稳定性，蜀南气矿在高石梯区块各气井均进行了信息化建设。本文阐述了高石梯自控检修的创新性方式以及对高石梯跨站联锁改造优化的试行措施。信息化建设是保障油气作业和生产安全的基础，本文成果对于气井、场站、气田的自控检维修及跨站联锁改造与优化具有一定的指导意义。

关键词： 信息化建设；高石梯区块；自控检维修；跨站联锁

0　前言

高石梯区块目前场站信息化覆盖率100%，按照“一个气田，一个中心”建设，目前已建成SIL2等级PLC控制器55套，执行机构390台，后备电源69套，工业视频监控摄像头146个、网络服务器120台。采集数据点9538个、报警设置点1580个，联锁参数设置点689个，安全联锁984条。中心站及调控中心SCADA系统能够采集区块各井站关键节点数据，安全联锁功能充分满足现场生产需求，通信传输均采用自建光缆光传输+无线通信。依据目前信息化建设现状，高石梯区块实践“中心站全天候值守+井站无人值守”的中心站管理模式，进一步推动组织结构优化、业务一体管控、区块扁平化管理。

1　提前编制检维修排查清单

在高石梯区块全停检修之前，自控计量站安排专人提前编制检维修排查清单，目的是通过前期检查及时发现潜在的问题和故障，以确保每个场站的设备都能够得到全面细致的检查和维护，避免设备损坏和大修过程中产生严重问题。通过细致的前期准备工作，确保后续检修测试工作的顺利进行，为高石梯区块整体自控仪电通信停车检维修高效、平稳地实施奠定坚实基础。

作者简介： 张殿昌（1998—），男，2021年毕业于西南石油大学机械电子工程专业。大学学历（工学学士），现工作于中国石油天然气集团公司西南油气田分公司蜀南气矿，助理工程师，研究方向自动化控制。E-mail：zhangdc01@ petrochina. com. cn。

1.1 分类按项完成排查清单

制定标准的排查流程和检查标准，确保排查过程的一致性和规范性，在提高后期大修质量的同时降低大修成本，同时保障设备的安全性和稳定性。自控计量站在检维修前期提前编制了一套详细的自控仪电排查清单，并将自控仪电设备拆分为若干个模块，分类按项确定排查内容。为了确保自控仪电设备排查的流程可控性，按自控仪电拆分的几大模块提前编制好排查清单，涉及到内容分为自控系统、后备电源和执行机构三大类，共计 80 余项排查清单，对每个模块进行独立的排查。通过划分模块分类进行排查，可以快速定位故障部位，提高排查效率。

1.2 合理安排团队大力支撑排查

组建专业的排查团队，包括具备专业知识和丰富经验的技能、技术人员，负责对自控设备进行全面深入的前期排查。在面对排查时间紧张、排查任务繁重等困难时，自控计量站展现出了高效协作的精神。为了确保前期排查工作的顺利进行，自控计量站迅速成立了 3 支专业队伍，并分散到各个划分区域进行排查。在整个过程中，自控计量站团队展现了极高的专业素养和团队精神，克服重重困难，以实际行动确保了排查工作的圆满完成，为后期高石梯正式停车大修时提供了宝贵的经验，提高了效率、保障了质量。

1.3 前期排查问题立查立改

通过对高石梯区块前期问题排查地摸底，完成 53 座单井站的排查工作量，总计提前发现问题 85 项，现场整改 63 项，对于无法现场整改的问题提前准备好整改方案与备品备件，计划在高石梯正式停车检维修时统一处理，避免在前期整改时对生产产生巨大影响。在前期准备中对整体工作持续总结改进，在维修过程中不断取长补短，持续改进维修方法和流程，将先进的维修理念和技术引入实际工作中，提高大修水平。通过对检维修的前期预防式排查，有力地降低了设备的故障率，大大减少生产中断和意外事故发生的可能性，对于提高维修效率、质量，缩短维修周期，降低维修成本具有重大意义。

2 牵头编制高石梯联锁改造技术方案

自控计量站作为技术大支撑单位，积极主动与属地单位进行资料交底与技术协调，经过前期调研汇总，精确定位高石梯区块联锁目前存在的联锁架构交叉重复、通信网络结构异常两大问题，站内组织技术团队进行改造方案编写，在属地单位和各业务部室的支持下完成改造技术方案的编制，保障了方案的可行性和有效性，同时为了确保改造方案实施的高效率、高质量、高水平，站内提前对参与技术改造的技术人员、属地单位、运维单位进行技术培训，对后期改造以及改造后测试提供了坚实的技术力量。

2.1 深度分析问题溯根源

2.1.1 跨站联锁架构交叉重复[1]

目前高石梯区块主要采用了以下三种方式实现跨站联锁功能，跨站联锁架构交叉重复，降低系统可靠性，增加系统联锁运行风险，为后期运维管理及下步新井投运联锁带来难点。

（1）通过 PLC 设备+上位机弹窗提示人工确认后执行。主要应用与京桥清管站和集气总站之间的跨站联锁。因京桥清管站和集气总站的控制 PLC 系统产品型号不同，且不在通信同一网段，为实现跨站联锁，经气矿授权，采取了在京桥清管站和集气总站的自控机柜内分别加装了一套 EPSCPE100 终端设备，以达成京桥清管站与集气总站 PLC 之间的联锁数据交换。考虑京桥站与集气总站的特殊性，同时增加了联锁触发后上位机会自动弹窗出“人工确认”是否执行的命令，点击确认后高石梯区块才执行相应的联锁动作。

(2) 通过 GE 设备自带的 peer to peer 协议。主要应用于集气总站、南 1 集气站、南 2 集气站、南 3 集气站、高石 1 集气站及绝大部分单井站，目前高石梯区块只要是通信链路在 101 网段的场站，均采用该模式。具体实施细节是：南 1 集气站和高石 1 集气站主要是读取集气总站的出站阀位关信号和复线 D508 进站阀位关信号，集气总站的辅操台急停信号、以及京桥清管站触发给集气总站的信号；南 2 集气站和南 3 集气站主要是读取集气总站的辅操台急停信号和南 1 集气站内各自的进站阀门关到位信号或进站压力低低信号；其余集气站上游的单井站是读取各自接入的集气站的进站阀位关信号或进站压力低低信号。

(3) 通过上位机联锁。主要应用在高石 7 集气站、高石 102 井、高石 001-X51 井、高石 001-H53 井、高石 019-H1 井、高石 133 井、高石 135 井、高石 103-C1 井，这 8 个场站的通信链路均不在 101 网段。具体实施细节是上位机读取到各场站的联锁条件状态后，通过上位机后端脚本执行自动给相应的 PLC 联锁程序写值，以达成跨站联锁触发。

2.1.2 通信网络结构异常

(1) 广播风暴风险：由于所有的站点均使用同一段 IP 子网(173.11.101.1-254)，处于同一个广播域范围，如果某站发生了网络广播风暴，则会波及所有的站点，使站点发生网络堵塞、PCL 等自控设备自我保护、断网、死机等风险，影响数据传输或直接影响生产。

(2) 无法实现光通信为主、无线为备的网络主备结构。现高石梯生产井除 6 口试采井外，其他井均有三层网络设备，配置了无线路由器作为备用的网络通信通道。但由于所有站点均处于同一个子网范围，使用无线平台在配置回程路由时不能配置网段为回程路由地址而只能配置为单个 IP 地址作为网络回路。根据路由选择中的子网掩码最长匹配原则，各站点在光缆通信和无线通信均正常的情况下，会优先选择无线通信作为主要的通信线路，当无线通信中断时才会进行路由切换，进入光缆通信方式。

(3) 气田内部之间的通信，不会因光缆中断而切换至无线通信模式。由于所有的站点都在同一个二层网络结构内，当站点 A 要与站点 B 进行通信时，会将 B 的 IP 地址与自己的 IP 地址进行计算对比，如果在同一个广播域范围内则会发包直接通信，如果不在同一个广播域范围则会将通信交由自己的网关进行路由。也就是说，如果 A 和 B 在同一个广播域范围，他们之间只会直接发出通信数据包，永远不会将数据包交由网关进行路由，使其在光缆中断的条件下不会通过无线转发数据包。

2.2 优化改造实施见成效

2.2.1 优化跨站联锁结构

(1) 通过分布式数据库实现联锁信号交接，采用 CS 架构，每个 PLC 的访问连接只有 1 个数据服务器(触摸屏使用串口通信或独立以太网口，不接入生产通信网络)。为增加数据服务器的稳定性，服务器上不做画面组态，仅安装运行数据库软件进行监控数据收发和联锁数据转发；画面组态配置在工程师站上，操作站和工程师站访问服务器的实时数据。数据服务器可采用分布式架构，提供数据通信给其他中心站和RCC(若使用相同软件平台)使用。这样整个控制网络连接数大大减少，数据流向简单明了，增加了通信可靠性和稳定性。同时，这种系统架构可提供丰富的通信接口，若RCC使用不同软件平台，则只需在服务器上开放数据端口(如OPC)提供通信数据。或者增加一台接口服务器，用于对外数据服务，加装防火墙后可以方便地接入公网，减少外部网络攻击(图1~图3)。

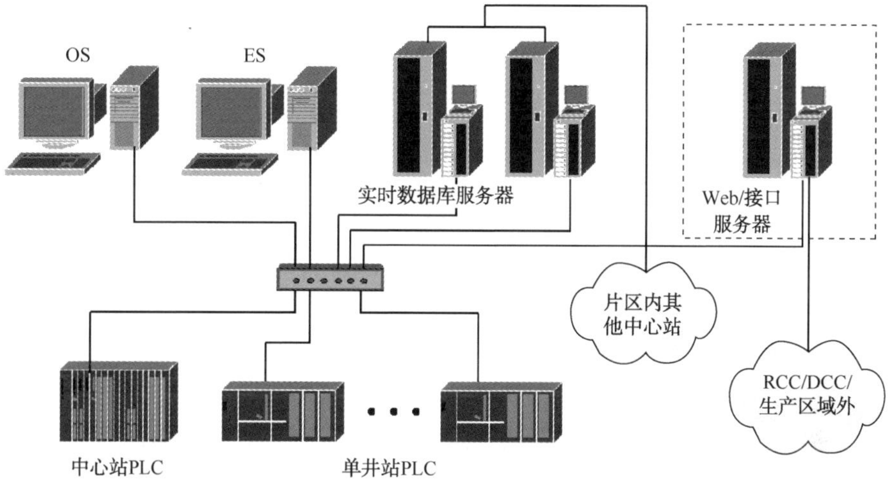

图1　优化后跨站联锁架构图

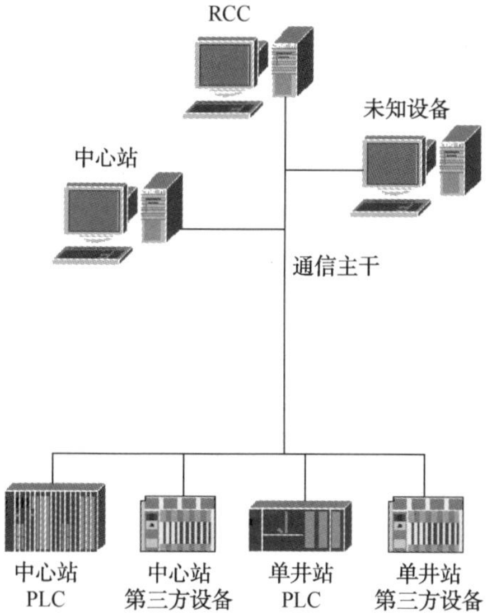

图2　网络架构现状

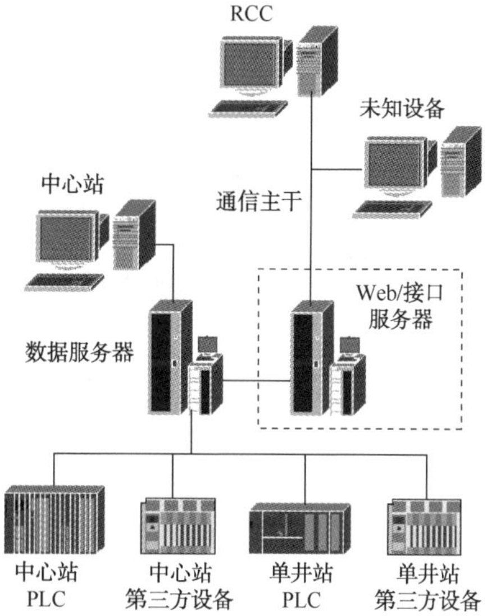

图3　网络架构优化方案

(2)通过网络架构对比可以看出，现有网络架构通信方式中，中心站(现场控制网络层)、RCC(过程监控网络层)以及一些未知的设备(可能处于生产信息化管理网络层)都通过生产网络直接访问到现场设备上，造成主干网络负荷过大。在HMI到最远端现场设备的主干链路上，通信连接数过多，极易形成数据阻塞，造成网络通信不稳定。

(3)优化后的网络架构对于通信主干的负荷压力大大降低，生产实时性要求最高的现场控制网络层设备独立成为一个封闭的网络，上级过程监控网络和信息化网络通过接口服务器与现场控制网络进行数据通信，整个生产网络上的通信连接数大大减少，同时可以将整个生产网络和外部网络隔离开，极大增加生产系统的稳定性和网络安全性。

2.2.2 优化通信网络，形成环网

总体原则：将IP地址重新规划分配，各站点启用规划后的IP地址、启用光缆通信为主、其他通信模式为备的网络结构模式，更改所有IP设备地址(含上、下位机等)，更改集气站、RCC、DCC、OPC服务器等相关组态IP。各站点采用分步实施，最小化影响数据传输的原则进行。

(1) 清理传输PTN配置，完善PTN的中电路的环网配置并测试业务，更换场站的OPTEL20小PTN电源。

(2) 利用复线光缆组建集气总站-高石1井-南1集气站三角PTN环，利用该环网充分保障高石梯场站有线通信，并为二期新开发场站通信保障打下基础。

(3) 利用新建复线光缆开通京桥清管站的自建光通信，将原租用电路作为备用线路接入网络。

(4) 调整南2南3的PTN将2站的光通信接入南1PTN设备中(现在这2座集气站的光通信是直接接集气总站，如果南1至集气总站光缆中断，高石梯将中断南1南2南3下全部场站)。

(5) 为了提高无人值守站控制器联锁逻辑可靠性，气矿新建场站采用可编程逻辑控制器PLC。现场采用商用机通信网络设备，防止工业级设备工作负荷受限影响通信网络质量。同时应具有备用无线通信方式，配置三层交换机和无线路由器。

(6) 通过自建光缆或租用电路形成网络手拉手的场站，使用三层交换机来实现路由转发功能，避免在调用相关数据时因站内无三层路由而到其他场站获取数据，造成网络拥堵或者网络的稳定性必须依靠其他场站设备。

3 牵头编制高石梯联锁测试方案

3.1 主动作为编制测试方案

为保证高石梯区块跨站联锁控制功能验证测试的安全顺利开展，自控计量站牵头编制方案，积极承担起组织协调各单位测试工作的重任，与属地作业区及运维技术单位紧密合作，编制涉及53座单井站联锁、23条跨区域联锁、45条气田跨站联锁测试工作量清单，经过属地单位以及业务部门的3次审核、5次修改，最终形成高石梯联锁测试方案。由于测试时间紧、任务重，站内将技术人员按区域划分，由分管领导带队，迅速成立4支测试队伍分散到各个集气站开展测试，历时45h，其中联锁测试过程中发现问题14项，其中执行机构问题4项、下位PLC程序问题1项、上位组态问题7项、通信问题2项，14项问题均在测试结束前技术指导整改完成。

3.2 联锁测试准备及实施

3.2.1 前期准备保障进度[2]

测试前完成准备工作，保障测试平稳高效开展：

(1) 确认跨区域联锁专用PLC启用并正常运行。

(2) 确认与其他单位之间通信网络正常。

（3）确认联锁专用 PLC 已完成时钟同步功能。跨区域联锁专用 PLC 应使用分公司时钟源进行统一授时，确保数据源时间标签一致。

（4）确认联锁专用 PLC 前端防火墙已完成部署并开启防护策略。

（5）提前安排测试人员到场，确保测试过程受控。

（6）承包商现场施工人员完成下位机(PLC)控制逻辑编程和上位机组态。

（7）作业区确认场站已具备测试条件。

（8）上锁阀门或其他条件导致阀门无法实际动作时，现场采用确认自控机柜内继电器或现场电磁阀动作的方式核实联锁。

3.2.2 规范操作具体实施[3]

1. 单井(场)站联锁测试

单井联锁测试主要完成对高石梯区块所辖 53 座单井站和 6 座集气站和京桥清管站的站内一级、二级、三级联锁测试和下游集气站的跨站联锁测试。单井联锁测试须在跨站联锁和区域联锁测试之前完成。

（1）一级联锁测试：由测试人员按下场站内或上位机中火灾停车按钮，确认现场阀门按因果联锁图要求动作，启动声光报警，阀位在上位机反馈正常。

（2）二级联锁测试：由测试人员按下场站内或上位机中紧急停车按钮，确认现场阀门按因果联锁图要求动作，启动声光报警，阀位在上位机反馈正常。

（3）三级联锁测试：测试人员在上位机根据联锁上下限值输入可触发联锁的模拟值，确认现场阀门按因果联锁图要求动作，启动声光报警，阀位在上位机反馈正常。

（4）单井跨站联锁测试：下游集气站进站阀门关闭或下游集气站进站压力低低时联锁触发本站紧急停车。

2. 跨站联锁测试

（1）京桥清管站跨站联锁测试：测试人员分别模拟(或现场关闭)京桥清管站的集气总站原 D508 来气阀关、集气总站新 D508 来气阀关、总站来气切断阀同时关、至龙王庙净化厂出站关、至安岳净化厂出站关、出站阀门均关、场站二级联锁触发京桥清管站跨站联锁，在上位机上观察京桥清管站、集气总站、高石 1 集气站、南 1 集气站、南 2 集气站、南 3 集气站、高石 7 集气站及所辖井站相关阀门执行机构是否按照因果联锁逻辑关断，核实现场执行机构、继电器或电磁阀是否正确动作。

（2）高石梯集气总站跨站联锁测试：测试人员分别模拟(或现场关闭)高石梯集气总站的原 D508 出站阀关、新 D508 出站阀关、出站阀同时关、高石 1 复线 D508 来气进站阀门关、场站二级联锁触发高石梯集气总站跨站联锁，在上位机上观察京桥清管站、集气总站、高石 1 集气站、南 1 集气站、南 2 集气站、南 3 集气站、高石 7 集气站及所辖井站相关阀门执行机构是否按照因果联锁逻辑关断，核实现场执行机构、继电器或电磁阀是否正确动作。

（3）南 1 集气站跨站联锁测试：测试人员分别模拟(或现场关闭)南 1 集气站的原 D323 出站阀关、新 D508 出站阀关、新 D508 出站阀关且阀门前后压差大于 0.2MPa、出站阀同时关、场站二级联锁触发高石梯集气总站跨站联锁，在上位机上观察京桥清管站、集气总站、高石 1 集气站、南 1 集气站、南 2 集气站、南 3 集气站、高石 7 集气站及所辖井站相关阀门执行机构是否按照因果联锁逻辑关断，核实现场执行机构、继电器或电磁阀是否正确动作。

(4) 高石1集气站跨站联锁测试：测试人员分别模拟(或现场关闭)高石1集气站的原D273出站阀关、新T接D508出站阀关、出站阀同时关、D508干线切断阀关、场站二级联锁触发高石梯集气总站跨站联锁，在上位机上观察京桥清管站、集气总站、高石1集气站、南1集气站、南2集气站、南3集气站、高石7集气站及所辖井站相关阀门执行机构是否按照因果联锁逻辑关断，核实现场执行机构、继电器或电磁阀是否正确动作。

3. 区域联锁测试

0级联锁测试：

(1) 专用PLC模拟发出安岳净化厂0级信号，随后观察站控界面高石梯所有单井井安是否关闭，随后恢复原有状态。

(2) 专用PLC模拟发出龙王庙净化厂0级信号，随后观察站控界面高石梯所有单井井安是否关闭，随后恢复原有状态。

1级联锁测试：

(1) 专用PLC模拟发出安岳净化厂1级信号，由调度室员工针对区域联锁弹窗分别进行"不执行、等待120S""不点击、等待120S""执行"三种情况测试，查看站控界面所对应单井井安是否关闭，随后恢复原有状态。

(2) 专用PLC模拟发出龙王庙净化厂1级信号，由调度室员工针对区域联锁弹窗分别进行"不执行、等待120S""不点击、等待120S""执行"三种情况测试，查看站控界面所对应单井井安是否关闭，随后恢复原有状态。

2级联锁测试：

(1) 通过专用PLC模拟输入龙王庙净化厂"关停250万方气量""关停340万方气量""关停440万方气量"三种2级关井命令，由调度室员工针对区域联锁弹窗分别进行"不执行、等待120S""不点击、等待120S""执行"三种情况测试，查看站控界面所对应单井井安是否关闭，随后恢复原有状态。

(2) 通过专用PLC模拟输入安岳净化厂"关停300万方气量"的2级关井命令，由调度室员工针对区域联锁弹窗分别进行"不执行、等待120S""不点击、等待120S""执行"三种情况测试，查看站控界面所对应单井井安是否按关井顺序关闭，随后恢复原有状态。

4. 交叉场站联锁测试

模拟高石梯部分场站触发联锁，涉及高石18井-高石2井-高石梯集气总站跨站、北6集气站-高石梯总站、高石001-X12、H13井-高石梯集气总站跨站、京桥清管站-高石梯集气末站跨站、京桥清管站-西区复线末站跨站联锁，模拟接受信号和发送信号，查看相关阀门和井安是否关闭。

3.3 测试完成投入使用

3.3.1 联锁投用原则

区域、跨站联锁投用前，确认是否存在联锁信号，如果有立即排查核对。

投用时，先依次将所有集气站联锁投用，再依次将所有单井的联锁投用，以降低误关井概率。

3.3.2 联锁投用步骤

1. 单井、集气站联锁投用

单井(场)站恢复正常生产后，在因果联锁图中设置好压力、温度、液位等联锁点的上下限值，确认联锁点工况值不在联锁范围内，再将联锁点位恢复到联锁状态，联锁阀门执行机构恢复到自动状态，通知集气总站该井站联锁投用。

2. 区域联锁投用

（1）确认未接收到和正在发送区域联锁信号。

（2）在系统中将联锁切换至投用状态。

（3）通知相关单位联锁投用信息。

3. 注意事项

（1）投用前应再次与净化厂进行确认。

（2）“2”级联锁投用前，应对自动关井程序进行确认，自动关井程序中各参数值应有效。

4　结论

分析总结高石梯检维修测试及连锁改造测试成果，从前期准备到后期测试，逐步形成具有蜀南特色的自控仪电检维修规程和跨站联锁测试、运维过程管理标准规范，全面指导自控仪电运维管理工作，保障自控仪电设施稳定运行，全面提升气矿平稳生产的可靠性。

（1）前期排查与准备工作。在前期进行详细的排查工作，包括设备状态评估、通信线路检查、安全联锁系统预评估等。重点在于确保对高石梯区块设备、联锁状态有全面而深入的了解，为后续的检修测试提供准确的数据支持。通过这一阶段的排查准备工作，形成详细的内容清单，为大修实施提供明确的指导。

（2）后期正式停车检维修测试。在整体停车大修阶段，对自控仪电设施进行全面的检查和测试，完成高石梯区块联锁系统的全面升级，是对气矿整体技术实力的一次有力证明。这一阶段工作的完成，为高石梯区块的长期稳定运行奠定了坚实的基础，为气矿长远发展注入了强大的动力。

（3）形成特色规程与标准规范。通过本次检维修测试工作，逐步形成具有蜀南特色的自控仪电检维修规程和跨站联锁测试、运维过程管理标准规范。这些规程和规范全面指导了自控仪电运维管理工作，确保了高石梯区块的稳定运行和安全生产，同时这些规程和规范也为今后的工作提供了有力的参考和借鉴。

本次高石梯检维修测试工作以及联锁改造测试工作取得了显著的成果，是对自控计量站技术实力的一次全面检验，更是对气矿未来发展的坚定承诺。展望未来，自控计量站将继续加强自控仪电运维管理技术支撑工作，不断完善和优化规程和规范，确保气矿天然气上产平稳、安全，为气矿的持续发展提供更有力支撑。

参考文献

[1] 贾瑜华，季正伟．安全仪表及其应用[J]．北京：中国电子商务，2010.6.

[2]《石油化工安全仪表系统设计规范》GB/T 50770—2013，2013.

[3]《页岩气仪表及自控系统运行维护技术规范》Q/SY XN 0577—2020，2020.

基于大数据在天然气生产数据系统中智能化预警的探讨

贾思琪　陈　继　沈　丹

（中国石油西南油气田公司重庆气矿，重庆 江北　400000）

摘　要：为解决作业区 RCC 层级生数据系统中报警错误以及报警频繁问题，现提出基于大数据技术在生数据系统中的智能化预警的办法。通过生产网采集到的油气数据，在数据进行整合后对数据进行预处理，将处理结果进行分析后形成预警信息；通过大数据分析自动确定报警参数指标，并划分预警等级，达到智能化预警的效果，降低人为设置报警参数的不准确性以及提高报警准确率。

关键词：大数据；智能化；预警；生产数据

0　引言

随着国家不断大力推进两化融合，推动企业工业化与信息化的深度结合；在石油天然气生产当中，数据的采集以及分析显得尤为重要，对于数据的采集分析和及时处理，关乎着生产的安全，现有对油气生产数据的处理方式是通过自控设备进行采集，在生数据系统中进行报警参数的设定，当监测到的数据值大于或小于设定范围时，则会报警。但由于生产数据基数大，数据类型繁多，系统无法正确并及时地监测到异常数据，出现报警异常和报警重复问题。将大数据技术应用在生数据系统之中，提高油气生产数据的及时报警效率。大数据预警即通过数据采集、数据挖掘、数据分析，对已经存在的风险发出预报与警示，通过引入大数据 Hadoop 处理框架，将大数据引入生产系统之中，从而提高预警的准确率与及时率[1]。

1　生产数据集成整合与智能分析系统自动告警现状分析

目前该模块中包含管线部分的动态数据监控，可以对实际输气量、终点压力、起点压力、理论输气量、管线效率进行 8h 内的实时和派生结果数据，间隔时间 1min，数据刷新时间 20s。24h 以内的动态数据可以追溯查询，如图 1 所示。

不足：运用公式派生的方式计算得出结果，根据已有的数据方法和属性计算出数值。但由于油气生产数据种类繁多、基数庞大，派生方式只能通过数据库语言对数据库中的数据进

作者简介：贾思琪，女，本科，理学学士，信息技术岗，助理工程师。所在单位及部门：西南油气田重庆气矿自控计量和环境监测站。从事专业：信息技术专业。E-mail：871527773@ qq. com。

行公式类的计算，达不到智能化分析数据的效果和目的。此种方法在实际应用中存在油气生产数据智能化分析效率低的问题，导致无法为油气生产数据智能化预警提供高效、真实的分析结果，致使油气生产数据智能化预警及时率低。

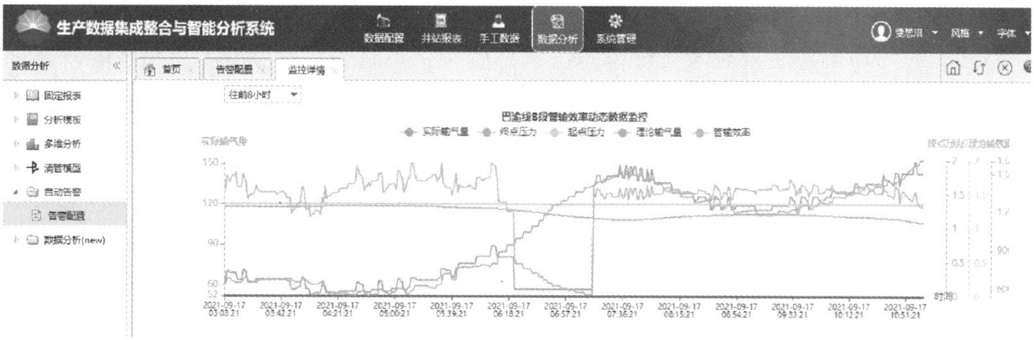

图 1　生产数据集成整合与智能分析系统自动告警模块现状图

2　技术思路

通过大数据进行采集、预处理、预警三个阶段对数据进行处理，将获取到的基础数据进行数据预处理，将预处理后的数据进行融合，得到指标参数；建立分布式数据库，通过数据接口将指标数据传入数据库中进行存储；利用数据库中的指标数据作为建构参数构建预警模型，预警模型是根据对多源数据的遍历与关联，在数据库中根据确定的指标数据进行目标布控的集合体；在提取多源数据信息之后与数据库中的模型进行比对，达到生产数据智能化预警。

2.1　数据采集

目前的生产数据采集方式是将现场的油气生产数据通过各类自控装置进行采集，采集后的数据传输至各层级，依次为中心站（下步建设无人值守井站，将取消中心站级，直接将现场采集的数据传输至调度室层级）、调度室、气矿，最后传输至分公司 PSPACE 数据库中，再将数据从数据库中映射至生产数据集成整合与智能分析系统的生产日报中。通过以上方式采集到的各类油气数据作为大数据的数据源。

2.2　数据预处理

2.2.1　大数据处理 ETL 技术

ETL（Extract-Transform-Load）是实现正确分析和预警的关键环节。ETL 包括数据提取、清理、转换和加载等过程。ETL 是对数据质量的有效保证，影响数据质量问题的因素主要有：修改业务系统数据模型、更改业务过程、不完备的数据集成等。完整性、正确性、一致性、时效性、可获取性和完备性等是 ETL 的质量问题的几个重要特性的表现形式[2]。

2.2.2　基于大数据的生产数据智能化分析

油气生产数据之间较多的是正交因子分析，前人研究结果显示数据的表现形式为相关系数矩阵和方差极大旋转正交因子载荷矩阵。所以在生产数据集成整合与智能分析系统中，可利用大数据 Hadoop 的 Map 阶段从网络节点收集油气生产数据，根据大数据的描述特征将油气生产数据划分为多个小数据集，采用 Hadoop 中的 Reduce 阶段来表示几个非结构化的小数据集。设定 Reduce 阶段非结构化表示数据的目标函数为 ω，则其表达公式如(1)所示。

$$\omega = tf(i,\ d) \tag{1}$$

在公式(1)中，t 代表油气生产数据点的归属度；f 代表每两个油气生产数据集合之间的吸引度；i 代表同一个词汇在油气生产数据中出现的次数；d 代表油气生产数据集中的高维特征权重，特征权重算法对每个特征指定一个权值，并按照它与目标概念的相关度对其进行排序，如果一个特征的相关度权值大于某个阈值，则认为该特征优秀，并且选择该特征。通过公式(1)可以得到经过非结构化处理后的数据集[3]。

在 Hadoop 的基础之上，建立 MapReduce 基础分布式计算编程模型，应用于油气生产数据的预处理之中，通过 Reduce 函数对数据进行处理操作，功能主要是实现大量数据的高效分析和计算，将分类好的基础数据按照制定数据格式进行标准化处理，得到指标数据。将油气生产数据的空间维数设定为函数 Y，其表达公式为(2)。

$$Y = [\,y_1 \cdots y_n\,]\,\omega \tag{2}$$

在公式(2)中，y 代表油气生产数据中的高纬特征空间数据权重；n 指的是油气生产数据中的高维特征的个数是实数。通过公式(2)可以提取油气生产数据的特征，并以分布式、并行的方式更新油气生产数据点的吸引力[4]。选取特征选择方式作为数据的维度特征，在采集到的数据基础之上选择原始特征集的子集，更容易实现，方法也更加多样。在这里的数据特征选择则是从数据库中选择一个生产数据作为子数据，当筛选出来的数据维度小于原始数据特征大小时，组成一个新的低位空间数据集合再进行筛选，直到选出与预警模型一直或者接近为止。

构建低维油气生产数据稀疏线性表示聚类矩阵在完成油气生产数据预处理后，为了提高智能化分析精度，建立低维油气生产数据稀疏线性聚类矩阵[5]。如公式(3)所示。

$$\gamma = \begin{Bmatrix} \dfrac{1}{2}\sum_{i=1}^{n} S \left\| \dfrac{Y^V}{\sqrt{\omega}} \right\| \\ T[\,Y_n\,] \end{Bmatrix} \tag{3}$$

在公式(3)中，S 代表低维度的油气生产数据的标签与空间中其他区域维度的标签对应约束关系，在后续的数据查找与分析中根据数据标签进行区域的归类，以便数据进行精确性搜寻。V 表示低维油气生产数据标签与空间中其他区域维度的标签对应的函数关系。T 表示不同子空间的油气生产数据低维权重。通过该公式，及时在海量数据存储在数据库中，可检索出带有标签类的数据并进行数据的处理，提高大数据分析的准确性。

标签的分类：

按数据生成方式分为事实标签、模型标签、策略标签。

事实标签：基于采集的生产数据信息的记录，经过简单加工而成，此类标签反应的是客观事实，即所见即所得。

模型标签：通过系统分析数据模型处理后，二次加工生成的洞察性标签。

策略标签：根据具体的数据分析及制定的群组性标签，供技术人员直接进行活动分组及行为洞察。

在数据进行预处理后对提取出的数据进行智能化分析，Hadoop 分布式文件系统具有高度容错能力，即使在计算机系统发生故障时仍然可以继续正常运行，针对每个生产数据都有相应的副本，各个数据集节点作为副本的存放点，并且在与其他副本不同的服务器机架中存放至少一个副本。因此，在群集中的其他位置可以找到与之相对应的崩溃节点。从而可以保证数据处理的正常进行即使处于数据的恢复时期，这确保了集群中数据的可靠性，所以即使数据丢失也并不会产生严重的损失，从而保证了数据的可靠性。

2.3 基于大数据在系统中的预警

在经过对数据的分析处理后，进行对生产数据的预警，其中包括生产数据安全值域的确定、预警指标监测结果与安全值对比、生产数据多源信息提取，最后实现智能化预警结果。

2.3.1 参数模型的确定

利用油气生产数据智能化分析结果，以油气生产数据指数变化监测计算结果为预警评判依据，进行油气生产数据智能化预警。首先，必须明确标准的油气生产数据智能化预警指标以及构建参数模型[6]。油气生产数据的参数指标以及参数特征，如表 1 所示。

表 1 生产数据预警指标及参数特征

序号	生产数据预警指标	参数特征
1	井温	油、水、气的密度 油气压力、压缩系数 干气、湿气、水、油 PVT 性质 相对渗透率数据 平衡区参数 生产数据(日产油、日产气、压力等)
2	计温及井口针阀后一级节流温度	
3	计量差压	
4	油压、套压	
5	静压	
6	输压(出站压力)	
7	进站管线压力	

为了实现对油井含水率高精度测量，需要对其动态过程进行研究。针对这些问题，根据测量结构的实际设计，通过准确测量油水混合介质的混相值和流量值，实测数据，经过优化拟合后，得到实测的以油水混相值为输入信号的曲线和含水率为输出信号的曲线。基于这些曲线建立系统油水混合介质含水率的软测量动态参数模型，通过模型确定安全值域范围。

2.3.2 预警指标监测结果与安全值域对比

通过将预警指标监测到的数据结果与以上大数据参数的动态分析值相对比，目的是将符合要求的数据选取出来。方法是从数据库中提取目标数据原始生产速度、目前生产速度，计算原始生产速度和目前生产速度之间的差值；比较原始生产速度和目前生产速度之间的差值是否超出生产速度差值的安全值区间，若超出安全值区间，则对目标数据的生产状态进行预警。从数据库中提取目标数据原始生产速度、近一个月每日的生产速度和生产天数，分别计算原始生产速度和每日的生产速度之间的差值[7]；绘制以生产天数为横坐标、以原始生产速度和每日的生产速度之间的差值为纵坐标的坐标系，并利用现有的坐标系模拟生产天数与目标油气数据生产速度差值之间的函数。

在生产数据集成整合与智能分析系统中的自动告警模块里，将油气生产数据智能化预警指标变化监测计算结果与表内的安全值域进行对比，判断油气生产数据智能化预警指标的具体数值是否在安全值域范围内。

2.3.3 生产数据多源信息提取

根据不同事件中的安全等级的值，从存储的数据当中提取出生产数据多源信息，基于大数据的计算，在节点位移连续的情况下，获取生产数据的峰值，需要将该输出作为输入，通过 MapReduce 进行上层/下层设备的日志追溯，最终经过数轮计算获得该事件中所有设备的日志数据集[8]。设置目标信息数据的函数值为 β，其表达式如公式(4)所示。

$$\beta=\frac{\gamma}{V\alpha}\sum_{i}\|x_i-R_i\|x=(x_1, x_2, \cdots, x_n)^T \tag{4}$$

其中，r 是生产数据的集合，V 是生产数据的指标权重，x 是生产数据的子波长度，i 表示生产数据指标特征赋值，R 是生产数据中多源信息之间的重要度，n 代表提取信息过程中计算的迭代的次数，T 代表生产数据的赋值指令。通过该公式大数据计算得出从系统日报表中提取的生产数据的多源信息值。

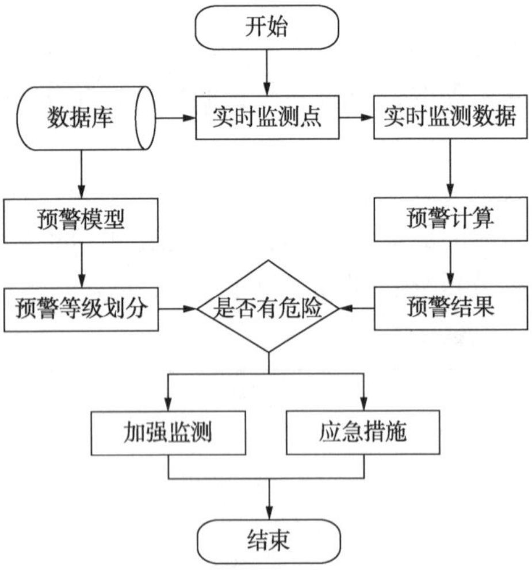

图 2　生产数据系统智能化预警过程

2.3.4　生产数据系统智能化预警过程

预警模块的流程设计如图 2 所示。工作流程设计思路：根据系统分析预警指标选取策略，来建立安全生产预警指标体系和预测预警模型；然后，在预警指标和预警模型的基础上采用大数据采集技术对预测预警数据进行收集、整理和分析，在收集的大数据的基础上进行预警指数的计算；最后，在预警安全值的基础上，对预警指数进行预警等级划分，生成安全预警信息[9]。

3　基于大数据生产数据优势分析

通过上述关于生产数据集成整合与智能分析系统中数据分析以及预警模块的研究，实现了基于大数据对于数据监测的生产数据的采集、分析、预警功能，在 Hadoop 的基础上，实现生产系统智能化分析与预警的效果，及时并高效地预防危险因素的发生。在生产过程之中智能化预警方法在设置体系中需要成熟、完善的数据库，以便存储生产数据以及处理多源数据。

3.1　可处理海量数据

油气生产数据繁多、基数庞大，通过大数据可对采集的生产数据进行融汇处理，与传统的数据仓库相比，Hadoop 的分布式架构，实现了既能够处理关系型数据库当中的结构化数据，也能够处理例如视频、音频、图片等非结构化数据，并且还能根据数据任务的规模和复杂程度，实现轻松的扩展。

3.2　预警准确

提高预警准确性有助于降低生产过程中风险因素，以及减少人员干预带来的不便。Hadoop 系统当中，还有 Sqoop 组件工具，用于 Hadoop 和结构化数据存储(如关系型数据库和大型主机)之间高效传输批量数据，可以实现将数据从外部结构化数据库存储和 Hadoop 分布式文件系统之间的数据互传。

3.3 预警及时

Hadoop 能够在节点之间进行动态地移动数据，并保证各个节点的动态平衡，处理速度非常快。具有高效及时性，提高基于油气生产数据智能化预警及时率。

4 结论

油气生产过程中会产生大量的数据，这些数据一般是不同模型的主要数据源，因此要建立信息化、自动化、智能化为一体的油气生产数据的云数据库，在油气生产中构建一个立体、多维、广范围的数据交换和数据互联机制，最大程度上发挥资源的利用价值。

在数字化向智能化转型的过程之中，从信息技术方面突破，将油气生产与智能技术相结合，运用至生产管理之中，效率和绩效得以提高，将使得上游资本投资减少，深化改革、扩大开放的探索实践，为后续的可持续发展打下坚实基础。

参考文献

[1] 胡谷雨，潘志松，王帅辉，等. 基于大数据分析的网络管理智能化[J]. 国防科技，2019，40(5)：32-39.

[2] 李丽红. Hadoop 与 Map Reduce 应用下的大数据处理系统设计[J]. 网络安全技术与应用，2021(09)：48-50.

[3] 邴绍强. 基于 Redis 的油气大数据智能预警软件研发与应用[J]. 中国管理信息化，2020，23(10)：101-102.

[4] 周若男. 基于大数据的油气生产数据智能化分析与预警[J]. 信息技术工程，2021，(05)：1-2.

[5] 王洪亮，穆龙新，时付更，等. 分散存储油气生产动态大数据的优化管理与快速查询[J]. 石油勘探与开发，2019，46(5)：959-965.

[6] 孔越峰. 基于大数据和智能识别的食品安全预警研究[J]. 电子测量技术，2020(12)：26-31.

[7] 胡文勇，王建宁，相瑞. 基于大数据的风险预警系统建设及其应用研究[J]. 金融纵横，2018，485(12)：11-16.

[8] 刘莹，周承敏，张晓桐. 基于大数据多源安全日志的设计与实现[J]. 网络空间安全，2021，12(Z2)：28-33.

[9] 曹玉洁. 基于大数据的企业安全生产预警系统研究[D]. 上海：上海应用技术大学，2019：20-21.

论数据质量对勘探开发业务支撑的重要性

姜　镭[1]　张　森[2]　胡　斌[1]　罗家永[1]　熊康祥[1]

［1. 西南油气分公司信息化管理中心(档案管理中心)，四川 成都　610041；
2. 西南油气分公司，四川 成都　610041］

摘　要：油气勘探开发是西南油气分公司大力推进百亿气田建设的核心业务，分公司建设数据资源中心，对业务数据实现集中管理、全局共享。数据在分公司勘探开发综合研究、工程协同设计、石油工程、气田生产和经营管理中发挥了重要作用。本文从数据及时性、完整性、准确性和规范性四个方面，深入分析油气勘探开发领域结构化、非结构化及实时数据的质量问题及产生的后果。通过强化制定数据标准、严控采集源头、做好质量管控、以用促治等手段与方法，多维度治理核心业务数据，提升数据质量。治理后数据在油气勘探开发生产应用中效果明显，促进分公司数字化转型与智能化提升。

关键词：勘探开发；数据；集中管理；质量；治理

0　引言

数据是企业的重要资产，西南油气分公司数据资源中心建设，为分公司勘探、开发、经营管理提供了坚实的数据基础。2012 年，分公司规划实施“百亿气田”战略，针对数据基础薄弱，前期大量历史数据未入库，特别是滇、黔、贵地区的基本数据缺失问题，举全局之力，以会战形式，根据“谁产生、谁负责”的基本原则，限期、彻底解决历史数据问题。通过两期、近 1 年时间的艰苦努力，川内外 34 个勘探开发工区、78 个物探项目、近 3000 口井的数据补录，人工采录数据 1224 余万条，合并处理前期历史数据 723 万条，一体化数据库入库数据近 2000 万条，分公司历史数据问题得到基本解决，应用成效明显。

2013 年，分公司配套实施了中国石化统一推广的勘探开发源头数据采集平台，在分公司 25 个单位部署源头采集点 355 个，包括物探、钻井、测井、录井、分析化验、井下及试油、录井、开发共 7 个专业。平台上线当年采集数据 387 万条，较好地解决了源头采集、新数据及时入库问题，满足业务上对数据质量“全、准、精”的要求和应用需求。

2015 年，分公司率先在中国石化上游板块建设推广 EPBP(中国石化油田勘探开发业务协同平台)，覆盖西南油气分公司地质研究(分析化验)、物探、钻井、录井、测井、井下、

作者简介：姜镭(1983—)，男，2009 年 7 月毕业于成都理工大学地球探测与信息技术专业，硕士研究生学历，工学硕士，副研究员。现就职于中国石化西南油气分公司信息化管理中心，担任数据管理室主任师一职，长期从事石油物探技术研究及油田信息化研究工作，专注数字信号处理、数据管理等领域研究。工作至今，获四川省科技进步一等奖 1 项。E-mail：jianglei. xnyq@ sinopec. com。

采油、集输等12个专业，上线业务处理和应用模块共1377个。EPBP上线以来，广泛应用于120多个部门、单位，注册用户已过4000个、涉及岗位100余种，日均在线用户200余个、业务处理4500多笔，累计入库数据3467万条，日调用已超100万次，应用效果显著。基本上从根本上解决信息孤岛和烟囱应用导致数据资源不能统一管控服务，信息与业务未能深度融合，以及信息化不能适应管理变革需求等多类问题。

本文综合考虑分公司数据资源建设的历史、现状及需求，从消除信息孤岛，满足油田勘探开发与经营管理需要出发，以实现数据“源头唯一、标准统一、集中管理、全局共享”为目标，对数字化条件下数据资源中心建设和管理模式进行整体规划、设计、整合，经过近8年的研究与实践，创新建立“12321”数据管理与技术体系，上游率先建成企业级数据资源中心，对数据采存管用全程管控，数据资源管控水平和服务能力大幅提升，为资源共享、协同研究、综合决策提供有效保障。

1　勘探开发数据业务应用

分公司建设企业级数据资源中心，实现了勘探开发核心数据资源统一管理，目前已经管理了51个油气藏，432地震二三维工区，2026站库，4979口井，各类地质资料20410档，实时数据3.6万个点位，视频数据453TB，数据资产录数数达256亿条，体量达1.2PB，涵盖5大领域，24个专业，实现上游业务核心数据全面共享，勘探开发业务数据质量不断提升，为分公司生产和经验管理业务提供了坚实数据基础。

1.1　数据支撑研究设计高效开展

勘探开发综合研究设计是多学科融合、专业团队密切协作的技术密集型业务，需要综合分析多学科、多类型专业数据，分公司数据资源中心建设为研究设计提供了数据基础。通过综合研究平台可以快速查询、物探、钻井、录井、测井、分析化验、试油气等结构化数据，归档的各类地质资料、岩心、岩屑照片等非结构化数据。当前日均访问近200人次，每年在线管理300余个研究项目，6000余份新增成果(图1)，减少查阅资料耗费时间，提高了科研人员的研究效率。

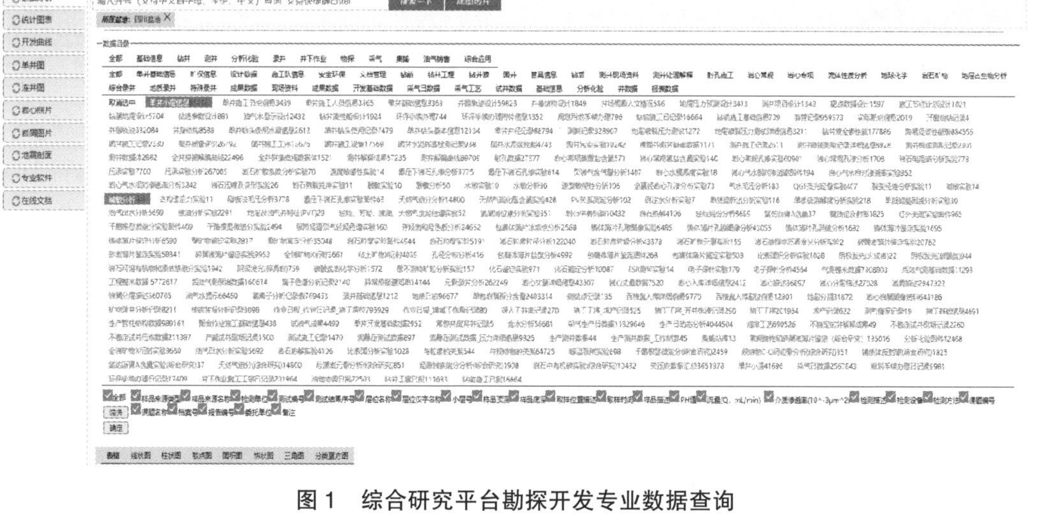

图1　综合研究平台勘探开发专业数据查询

1.2 数据支撑石油工程业务安全高效运行

石油工程类业务数据，涵盖钻井、钻井液、固井、测井、录井、井下作业、试油气等10余个专业，EPBP平台采集数据为工程管理提供工程概况、施工状态、工程异常、作业监控、施工指导、业绩考核、历史还原等业务数据支撑。通过及时数据采集与应用，研究人员能全面掌握工程概况信息，如各专业日报(钻前、钻井、录井、监督等)、各类施工文档、施工人员、设备设施等信息；能实时掌握现场施工状态信息，如现场动态、工程参数、气测参数、泥浆参数、定向、试油气等数据，同时提供邻井数据对比分析，便于及时作出施工方案调整、辅助施工决策。

视频数据结合人工智能优势，融合大数据分析和专业技术建模，智能分析施工中的特殊和异常工况，如主动抓拍井场不规范作业，员工不佩戴安全帽、不穿工服、打电话、抽烟、着火点等(图2)，将异常及时推送给现场施工人员与监督人员，能及时下达监督指令，指导施工作业，24小时监控，推动监督管理从人工低效排查管理向数字化高效管理转变。

图2 石油工程业务平台视频实时智能抓拍钻井过程中违章作业

专业数据和视频数据广泛应用，支撑了石油工程监督业务由“现场监督”向“远程监督+巡井监督+重点工序及风险探井驻井监督”变革。依托各类数据综合管理和应用，建立起跨部门、跨岗位、跨业务层级的全链条协同化监督运行体系，从委派监督任务、监督计划编制、监督工作检查、问题隐患提报与整改、监督建议、监督指令直到最终出具监督评定书等全流程在线闭环管理。对施工现场进行“全过程、全方位、全天候”监督，同时大幅度减少驻巡井人/次数，节约大量成本，提高了现场施工效率。

1.3 数据支撑气田生产模式转变

气田生产是分公司是油气产出的直接体现，气田生产业务以EPBP数据资源为基础，制定配套数据标准规范，系统整合气田生产业务所有信息资源，建立气田业务数据分中心，确保业务数据、实时数据、视频数据“源头唯一、标准统一、集中管理、全局共享”。数据以全面服务采气业务生产组织、运行管理为目标，支撑“厂管站”运行，建立“集中监控、无人值守、少人巡检、专业维修”生产运行体系，推进气田生产模式变革和企业数字化转型。多类数据的应用，将生产业务运行流程化、任务指令清单化、操作执行标准化、异常识别自动化及台账报表电子化，实现了生产制度优化、人工劳效提升、生产安全运行，为气田生产组织运行模式变革提供了坚强信息化技术支撑(图3)。基于PCS实时数据、视频数据实时感知能力，优化站场巡检、油水拉运、泡排等作业计划，降低作业数量、提升作业效果。采气一厂优化巡井周期，无人值守场站巡检频率从一周7次减少到一周1次，同时降低行车里程49.52%；采气三厂统筹调度油水拉运，有效拉运率提升至95%以上；通过PCS自动汇总数据及生成台账报表，降低了人工劳动强度，提升了精细管理水平。

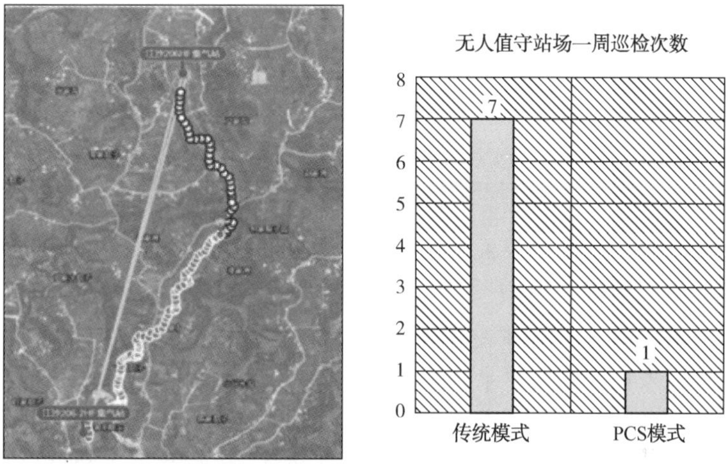

图3　气田生产集输管线巡检业务(左)和PCS模式下站场巡检频次降低(右)

1.4　数据支撑综合管理高效运行

数据资源中心建设，将勘探开发数据统一管控，为分公司综合管理业务提供了及时、准确的数据支撑，如投资、物资供应、应急指挥、车辆管理等业务。井基础信息(井名、井别、井型、地理位置、构造位置、设计井深、目前井深、目的层位、开钻时间等)在投资过程中与项目建立对应关系，用于单井投资计划实施；井生产信息(日产气量、年产气量、累产气量等)用于投资跟踪生产情况，及时进行项目投资后效益评价等业务。井、站、厂等基础数据与GIS数据为车辆管理提供坐标数据，在派车中可根据坐标精确定位，自动完成导航设置，为野外井位探勘、公务出差等派车活动提供精确导航(图4)，提高了管理效率。

2　数据质量问题分析

数据质量包括多个方面，主要体现在数据的完整性、准确性、及时性和规范性。随着勘探开发业务的扩展和数据应用加深，数据质量问题凸显，甚至影响到分公司生产和管理。

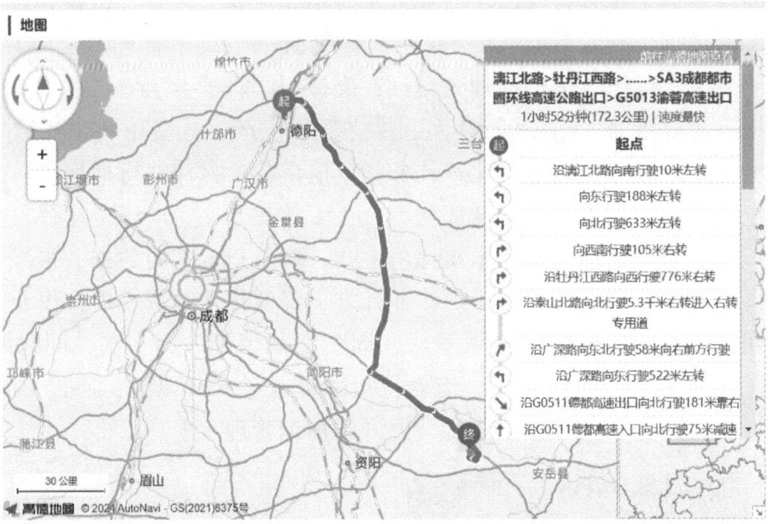

图 4　车辆管理系统公务派车地图导航（德阳采气一厂到资阳某井站）

2.1　数据完整性导致勘探开发业务开展受限

数据采集专业性不强，导致业务数据采集不完整，业务应用受到限制。勘探开发是专业数据之间是相互关联的。一是部分采集人员由于缺少部分专业知识和经验，对数据采集的完整性无意识，只采集最基础、最当前数据，而忽略其他有用数据；二是随着业务扩展和深入，原来不需要采集的数据，现在要求采集，采集人员观念还未转变，采集平台未及时更新，导致部分数据未采集。如钻井录入了“完井日期”，未录入“完钻日期”，两个数据可能是两个人不同时间录入，导致系统中该井处于未完钻状态，影响其他施工任务无法发起；录入了“投产日期”，而未录入井下作业“施工完成日期”；站库未录入坐标信息，导致站库在 GIS 地图上查不到，以该站为起、止点的管线找不到端点，在管线巡检任务不能根据管线走向有效开展等。

2.2　数据准确性导致生产异常和研究错误

数据采集责任心不强，导致业务数据准确性差。业务数据并非是一串数字，而是有业务逻辑、相互依存。一是采集人员缺少责任心，随意录入，或者录错数据，录错位置等；二是采集人员业务水平有限，对明显问题数据无判断能力，见什么录什么；三是采集平台对数据相互间的约束性不够，大部分业务数据可以通过逻辑规则相互校验，然采集程序约束功能未开发。如单井、管线、站库坐标数据，横、纵坐标都有规则，经常录错，录反，导致地图上差之千里；单井层位的“顶深”比“底深”还大，科研人员拿到错误层位数据无法进一步开展地质研究；采气生产的“产气量”，录入“千万方每天”，气井“油压”录入负数等，导致产气日报数据异常等。

2.3　数据及时性导致生产延迟及预警失效

数据采集不及时，导致业务数据时效性差。在石油工程和油气生产中，数据及时性关系到生产的安全性和稳定性。一是采集人员责任心不强，导致该及时录数据未录入，或者事后录入；二是部分自动采集设备维保不到位，经常性地发生故障，导致数据不及时入库；三是部分边远井、设备网络链路发生故障，导致数据无法及时传输。如钻井“完钻时间”未及时录入，生产管理人员会根据井状态下错生产指令；采气站分离器的“压力”和“液位”由于设备故障未采集数据，导致有异常压力时不能及时预警，发生生产事故；边远井无线远传发生网络故障，气井的“油压”无法及时传输，可能导致生产监控不到位，有异常压力是出现事故灾难；单井产量、油套压等数据不及时采集，导致每日生产数据缺少部分，影响分公司实际产销量等。

2.4 数据规范性导致数据采集缺依据、一致性差

数据采集缺乏规范，导致业务数据不统一、规范性差。分公司勘探开发业务是不断发展的，数据采集是多专业、多种类，数据采集规范制定落后于业务发展：一是部分采集规范缺失，由于业务开展程度和重要性，目前只制定了重要的、使用度高的专业数据采集的规范，部分专业数据采集规范未制定；二是数据采集规范较粗，制定了大理论、规则、规范，较细、较全面的规范还缺乏；三是规范制定落后于业务发展，勘探开发不断有新领域、新区块和新层系突破，规范制定经常是在业务成熟后才开始，新数据采集只能依赖老规范；四是统一规范制定难度较大，分公司业务地域涵盖川、渝、滇、黔、桂，沉积分海、陆相，地层多样，生产设备多类型等，导致同一业务采集规范无法做到统一。如井命名规范不统一，同样井有“新 XX”“新 xx”“新 XX 井”；采气井油套压，有“MPa”“kPa”“psi”，流量有“$10^4m^3/d$”“$10^4m^3/h$”，统计生产数据时间维度不一致，导致统计难度增大，甚至统计错误；坐标数据有大地坐标系(54、84、2000)，有经纬度等，导致统一 GIS 服务无法统一使用，地图投影错误，导航错误等。

3 数据质量治理及应用效果

数据治理是解决数据质量的根本方法。勘探开发业务由于其涵盖专业多，覆盖范围广，业务数据质量提高是不断治理、不断应用、不断完善的过程，经过多年的数据治理，分公司形成了一套长期有效的数据治理机制。

3.1 完善制度、固化标准

为构建“信息统筹、业务负责、单位落实”的治理机制，成立以分公司专家带头的数据治理小组。依据《中国石化数据治理白皮书 1.0》，编制发布《西南石油局有限公司西南油气分公司数据资源管理办法》，形成《数据模型设计规范》《实时数据接入规范》《数据开发规范》，结合业务部门制定《EPBP 集输管理模块站库名称录入命名规则》《EPBP 集输管理模块站库设备名称及站内编号录入命名规则》《西南油气分公司管线命名规范》《西南油气分公司实时数据命名规则》等 15 项标准，有效指导数据治理实践工作。

如站库基础信息中，站库的名称由“井号+站库类型”构成，“马井 102 集气站”，站库类型根据其生产类型预先制定了几十种类别，数据录入只能从这些类型选取。实时数据命名按照“站库+设备类别+设备序号+设备参数编码”四种类型数据组合构成，每种类型数据只能从编码中选取，不能自由录入。在采气井运行参数中，油套压的单位统一为兆帕“MPa”，采气流量统一为“$10^4m^3/d$”等。通过一整套的制度和规范，形成数据采集强制标准，使数据采集源头做到有法可依、有据可查。

3.2 严控源头、规范采集

坚定以EPBP为核心开展公司数据资源建设。一方面以EPBP为最主要勘探开发业务采集平台，应采尽采，EPBP没有的功能模块，在其他系统采集(如PCS、协同设计等)再推送到EPBP，确保EPBP平台为勘探开发数据采集唯一入口。在EPBP各业务数据采集模块，根据业务部门制定规则，通过新增完善采集字段、加强必填及关联约束、有效性校验、业务审核等手段保障数据源头质量。一方面对新建业务应用，严格遵循EPBP所倡导的信息资源规划(IRP)理论方法设计采集模块，标准化实施数据资源建设。图5是EPBP采集平台中站库基础信息录入模块是站库信息的采集源头，界面对数据采集做了逻辑约束：红色＊是必填字段，三角形是下拉选择字段，站库名称是“XX井+站库类”形式，通过规范和约束控制源头数据采集质量。

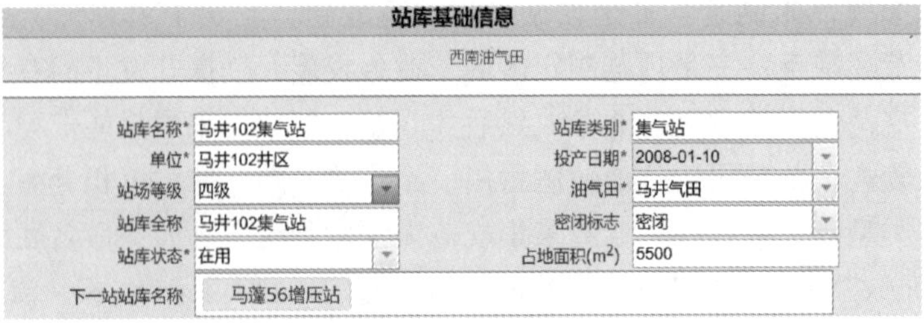

图5　EPBP平台站库基础信息采集约束(红色＊是必填字段)

3.3 集中整合、盘点解决历史欠账

对公司数据资源和管理模式进行整体规划与设计，建立分公司数据资源中心，针对“历史数据补欠账”，制定“厘清家底、建立模版、标准清洗、严格入库”历史数据治理流程。先后组织历史数据会战、核心数据补录等专项治理工作，共盘点历史数据6.3亿条，补录34个勘探开发工区、78个物探项目、近3000口井数据，历史核心数据338万条、电子化纸质资料540万条、规范坐标数据8.2万点，清洗入库至公司数据资源中心，为业务应用提供有力数据支撑。分公司勘探开发业务覆盖西南3省1市，历史数据问题突出，数据会战形式是集中解决历史问题的有效方法。由公司领导层一把手主抓，全体员工参与，以“谁产生、谁负责”为基本原则，各二级单位和外协队伍无条件执行。川内地区缺失数据3个月完成补录，川外数据半年完成补录，彻底消灭历史数据问题。

以专业软件蓝德马克DSG地震解释为例，由于历史原因，形成了成都、德阳、贵阳三个地域数据库，单位整合后，数据库相互独立运行，形成了盆地级工区数据库7个，管理项目工区52个，三位工区391个，数据体60TB。如此分散工区、重复的数据不利于分公司整体勘探研究。因此，地震数据治理是解决统一数据资源、统一盆地研究的基础。分公司制定了地震数据治理目标“建库统一、命名规范、数据确权、成果共享”，制定了各类数据治理规范、构建数据治理团队，明确数据治理内容，跟踪数据治理进度。通过规范的地震数据治理，最终盆地级工区只有一个(一个备库)，三维区块120个，地震数据体、井、层位、断层、地质分层、井曲线等体量大幅减少(图6)，数据命名、正确性、唯一性等质量大幅提高，为科研人员提供了一个统一的、一致的、高效的研究数据环境。

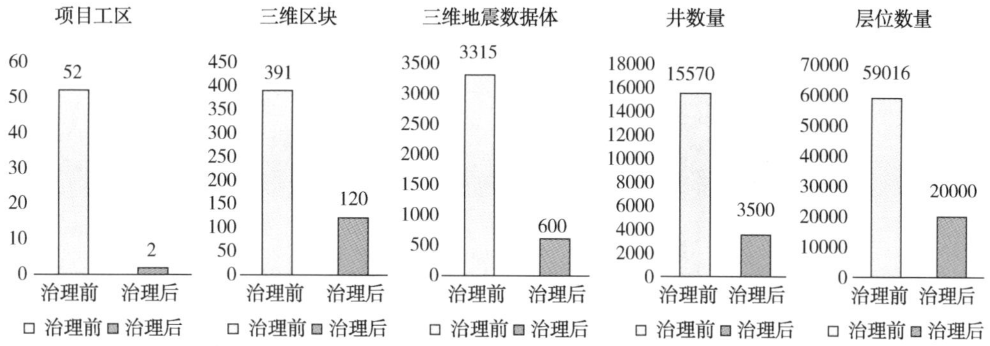

图 6　地震解释数据治理前后各类数据量对比

3.4　注重质检自动化、狠抓数据质量管控

依托系统自动开展数据质量检查、定时校核，一旦现场数据录入不及时、不完整或错误，及时预警并自动推送至相关岗位，限时整改、闭环处理。累积构建质量监控模型 218 个，覆盖钻井、录井、采油气等 12 专业，并配套发布信息化综合评价管理细则，重点针对数据质量进行月度评价通报，结果纳入季度星旗榜及年度绩效考核。通过数据质检程序，日问题数据量由超 400 条减至 10 条以内，数据质量及时效性均得到大幅提升。

如图 7 所示，在质量监控平台配置岩屑分层描述数据录入质量校验规则，自动生成执行 SQL 脚本，通过平台调度任务进行实时监控。发现未及时录入数据，立刻触发预警，短信直接推送到录井队队长，队长在收到信息后立即安排人员录入相关数据，一般在半小时内完成处置。在数据质量监控平台上线运行后，分公司日均采集数据 40000 条左右，未及时录入数据每天在 400 条以下，不到 1%，且 98% 按时处理，平均每天只剩几条数据超时或延迟处理。针对延期仍未处理，则进行分公司通报批评，扣款处理，形成制度强制保障数据质量。

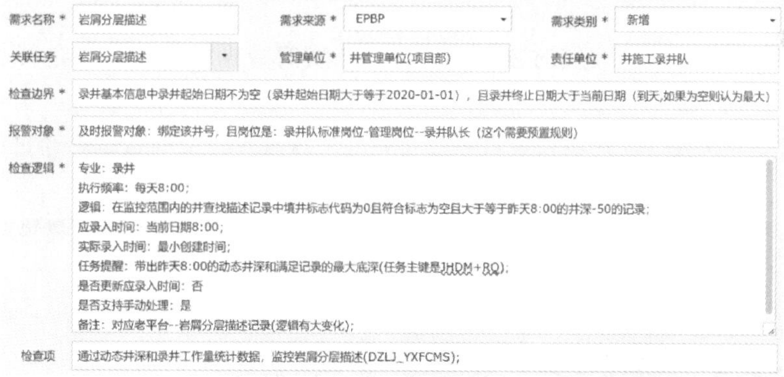

图 7　数据质量管控平台数据质量监控规则配置界面

勘探业务数据采集质量的提升，为石油工程提供了更及时、更准确的业务数据，无论在钻井工程全面信息掌握，还是钻井、录井、试油气需要的现场动态、工程参数、气测数据等，还是压裂实时数据、现场监控视频数据等关键数据，为钻井方案、施工决策、远程监督等决策工作提供更准确和高效的助力。图 8 为西南某井设计井身结构（左）与实际井身结构（右）对比，定向数据及时采集与设计井身数据进行对比，钻进过程中能及时发现钻井井身问题，可及时调整钻井定向，提高钻遇目标精度。

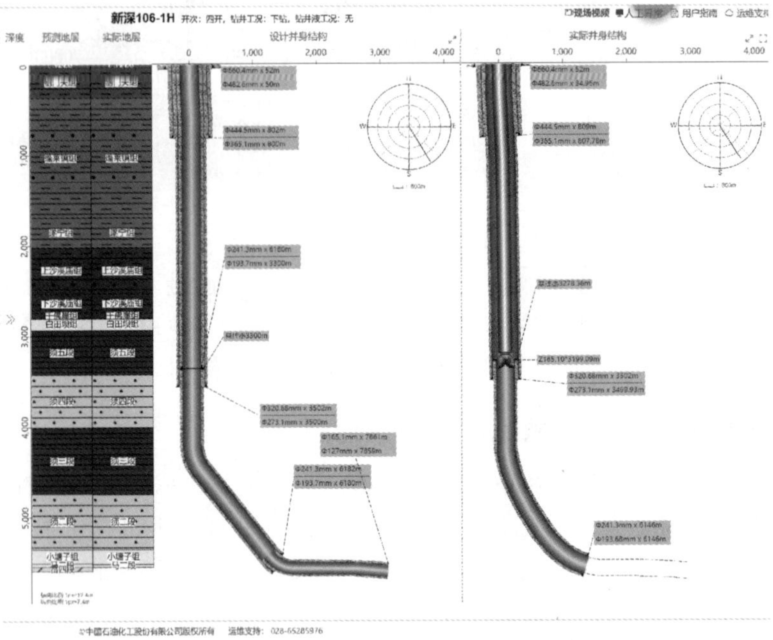

图8　西南某井设计井身结构(左)与实时定向数据绘制实钻井身结构(右)对比

3.5　以用促治、以用促采

数据只有流动起来，才能产生出最大价值，业务数据质量的提升是在使用过程中不断迭代的，所以以用促治、以用促采是持续提升数据质量的最有效方法。分公司通过石油工程、气田生产及综合管理业务开展，大量应用勘探开发业务数据。一方面通过应用发现数据质量问题，促进业务单位主动治理问题数据，提升应用效果；另一方面通过应用促进未覆盖业务采集扩展。

气田采气现场安装了仪表实时数据传输设备，实时数据与仪表数据是否一致、是否正确，只有在使用后才知道。如图9所示，新21井场工人通过手持终端显示实时远传采气树油、套压、流量等参数，与现场仪表数据进行核对，校准远传实时数据。通过勘探开发生产业务不断应用，发现问题数据，及时纠正问题数据，提高数据准确性。

图9　新21井现场工人手持终端核对实时远传数据与现场仪表数据

(左为井场现场核对仪表数据，右为APP端实时远传数据)

集输管线折点坐标是管线巡检的基础数据，在EPBP平台采集后，无应用环境，数据的质量也未知。通过气田生产管线巡检业务开展，坐标数据投影到GIS地图上，管线的走向、位置是否正确一目了然。图10是元坝某酸气管线折点坐标数据在地图上投影，治理前数据呈网状，无法区分管线起、止端点和走向；治理后，清楚展示了管线的起、止集气站和管线走向。油气工人每天巡检按管线地图导航指引，巡检效率及准确性大幅提升。

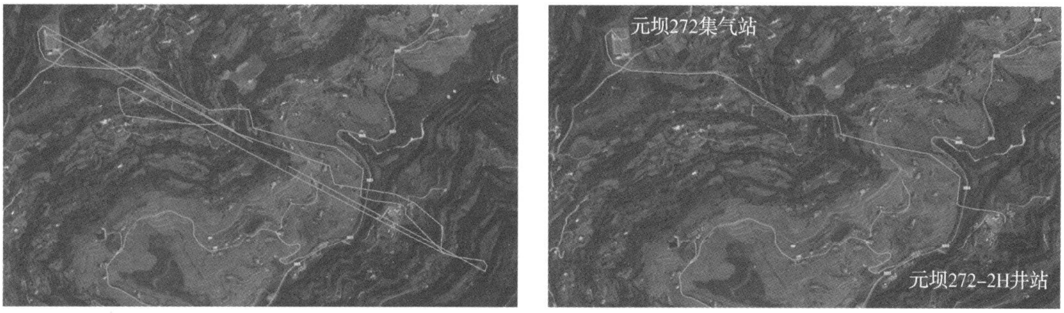

治理前　　治理后

图10　元坝某酸气管线折点坐标数据治理

油水拉运业务气田生产中将采油气污水拉运到污水站做无害化处理，关系到气田生产安全、生态环保。整个拉运业务，需要EPBP井、站、设备数据，设备实时数据、拉运拍照数据，站场视频监控数据，车辆行驶的GPS定位数据、地理GIS数据等多维度数据，每一次拉运业务都是对数据质量的一次验证和治理。图11为中江气田某次油水拉运任务过程截图，包括车辆每次拉运油水方量、水罐液位数据、交接清单、车辆行驶轨迹、车辆行驶里程等数据都采集到数据资源中心，拍照是为了与实时数据进行核实，车辆行驶里程与GIS导航数据核对，多种手段约束数据准确性，不仅提高了拉运效率，数据的准确性和一致性都得到保障。

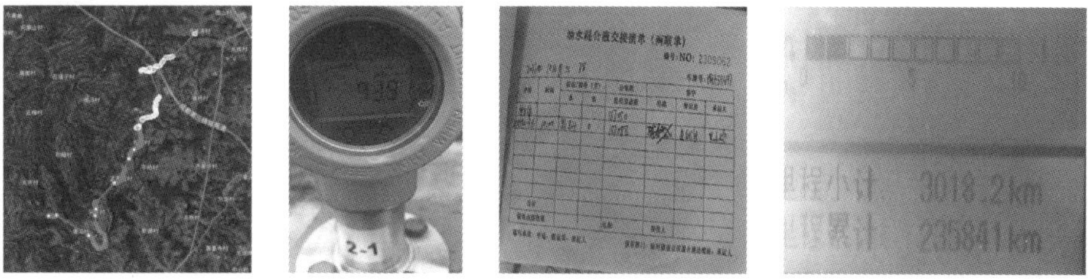

图11　中江气田某次油水拉运任务相关数据展示(行车路线、仪表数据、三联单、里程数据)

4　结论

(1) 数据对勘探开发全周期业务的支撑作用明显，数据的完整性、准确性、及时性和规范性是数据质量的四个指标，高质量的数据促进生产。

(2) 西南结合自身数据现状制定了整套的数据治理措施，从制定数据治理标注规范、集中人员开展数据补录会战、统一数据采集源头、建设数据质量监控平台、全程管控、以用促治、边用边治等方法，既具有西南的特殊性，也具有企业数据治理普遍性，通过开展多期治理，数据质量大幅提高，在勘探开发生产业务运行中发挥了作用，实际效果较好。

（3）数据治理是各油气田企业深入挖掘数据价值必需步骤，且伴随气田生产终身，不断用，不断治，需要建立长效数据治理机制，才能长期持久，高质量的数据必然会产生巨大效益。

参考文献

[1] 陈代军，唐沙. 数字化转型探索与实践[M]. 机械工业出版社，2023.

[2] 李剑峰. 智能油田[M]. 北京：中国石化出版社，2020.

[3] 高复先. 信息资源规划. 信息化建设的基础性工程[M]. 清华大学出版社，2002：59-72.

[4] 谭继明，曹帮功，等. 中国石化油田勘探开发业务协同平台(EPBP)推广工作方案[R]. 2014：8-9.

[5] 李剑锋，肖波，段鸿杰，等. 中国石化油田企业数据中心总体框架设计[J]. 大庆石油学院学报，2012，第1期：73-76.

[6] 阿比旦. 斯提瓦力地. 数据治理在石油行业的探索与研究[J]. 信息系统工程[J]. 2021.1.

新形势下勘探开发网络运行保障的思考与建议

毕　锋[1]　张　森[2]　朱　睿[1]　郑　之[1]

（1. 中国石化西南油气分公司信息化管理中心，四川 成都　610041；
2. 中国石化西南油气分公司，四川 成都　610041）

摘　要：随着两化融合不断向纵深发展，油田企业网络建设面临信息化集中共享、生产运行模式变革、油气勘探开发安全生产管控、边缘井站和现场作业实时监控全覆盖要求等新形势，在数据采集、电子巡井及远程监控等方面对网络运行保障提出了更高要求。通过对油气田信息化建设中网络运行保障的全面分析，为支撑上层信息系统更加高效运行，将从网络传输技术、配套管理手段等方面入手，为公司百亿气田建成打下坚实基础。

关键词：油田网络；网络运行保障；两化融合

0　前言

随着通信技术的发展，信息化给生产生活带来极大便利。当信息化与石油行业高度融合，传统石油行业正向着数字油田、智能油田、智慧油田的方向发展，最直接的改变就是减少一线工作人员的数量，取而代之的是远程实时监控、仪器仪表自动化以及生产数据自动上传，在此基础上开展油气生产信息化建设。作为数据传输载体的网络是油田信息化的基础[1]，在油田企业数字化转型不断向纵深发展的过程中，网络也面临多种新形势下更高的保障要求。

1　西南油气分公司网络建设现状

西南油气分公司为中国石化国内上游油田企业，主要负责四川盆地及周缘地区油气勘探开发与销售业务。分公司有油气勘查、开采及开发准备区块 38 个，总面积 1.83 万平方千米，一共有开发气田 23 个，勘探、开发范围包括四川盆地及重庆、贵州周缘区域，井站多分布在山区、丘陵地带，且分布较为分散，工作难度较大。因油气井勘探开发现场环境多为边远山区、道路及交通条件较差，且通信基础较弱，部分油气井勘探开发现场连手机通话需求都无法满足，加上勘探开发工作涉及多专业、多队伍协调及配合施工，现场作业环节流动

作者简介：毕锋，男，本科，学士，工程师，中国石化西南油气分公司信息化管理中心，主要从事网络基础设施及信息安全管理工作。专长网络架构和安全防护设计建设，2007 年 7 月参加工作，2007 年 7 月至 2012 年 12 月在西南油气分公司勘探开发研究院信息中心从事勘探开发信息化建设以及网络运维保障工作，2012 年 12 月在西南油气分公司信息化管理中心运维支持室从事网络基础设施信息安全管理工作。E-mail：bifeng.xnyq@sinopec.com。

性大。基于以上情况，常规的网络传输建设方式，无法适应现场的实际情况。

面临分散的井站和生产作业现场，西南油气分公司目前主要根据现场实际的作业环节采用不同的网络传输方式，来保障作业现场的各项数据传输和网络通信需求。网络传输采用以下形式：租用运营商专线，辅以输气管线同沟光缆、无线网桥、4G APN、WiFi 网络等多种组网方式对大部分井场实现网络覆盖，基本保障了钻、录、测、试、采气生产等过程的实时数据采集和视频监控传输。

钻前工程作业期间：现场为基础建设施工，施工周期短，无市电及发电机电源输入，也无设备固定安装场所。为实现对建设施工环节的安全监管需求，钻前工程作业环节使用支持4G 传输的视频监控设备和 4G APN 物联网卡进行现场视频监控数据传输。

钻井作业期间：川渝地区钻井作业环节普遍周期短、交叉作业多，且流动性大。目前主要采用运营商建设传输专线至现场就近基站，从基站使用无线网桥将网络信号桥接至钻井作业现场。因现场多专业及多种类数据传输需求，需在现场进行传输网络信号二次覆盖，早期采用 802. 11n 的无线 AP 进行现场无线信号覆盖，目前采用 802. 11AX(wifi6)实现现场无线信号全覆盖，且通过 MESH 组网方式实现无缝漫游功能。现场录井采用无线 CPE 将无线信号转为有线网络接入录井房，实现录井数据实时传输。定向井及欠平衡作业采用同样的方式。现场无线覆盖的网络信号同时为泥浆、钻井等作业手持防爆终端数据录入提供数据接入通道(图 1)。

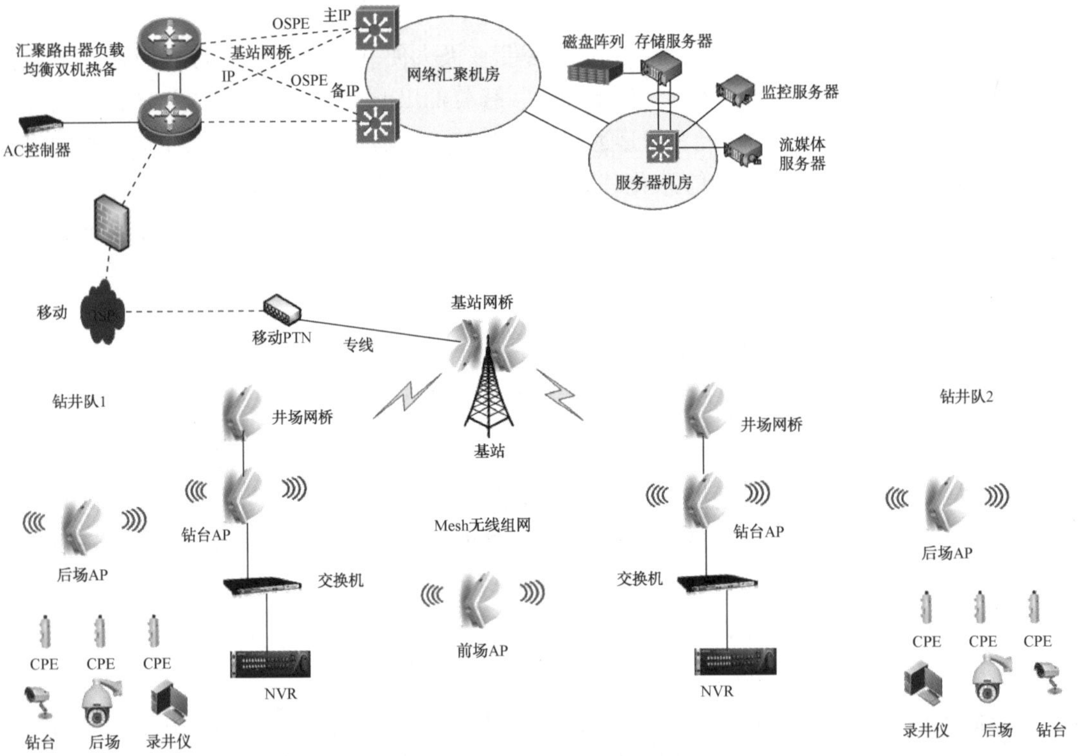

图 1　钻井作业平台井无线组网拓扑图

试油气作业期间：原钻机配合试油气的情况下，只需在试油气队技术房增加 CPE，将无线信号转为有线信号，提供给试油气队伍使用。非原钻机配合试油气的情况下，由于钻井队撤场，现场无线网络也跟随拆解，在试油气队入场后，仅需在试油气队营房架设无线网桥及无线 AP，将原建设基站无线传输信号进行接入。压裂、带压、连油作业与试油气作业环节网络传输接入采用同等方式。

其他短期作业期间：在地面流程建设、老井修井、挖潜及其他临时短期作业期间，基本采用 4G APN 传输视频监控画面。

采气集输期间：主要分为三种情况，在川西地区和川东北老区基本采用运营商传输专线、辅以使用少量同沟光缆的方式直接架设到场站机房；在整装建设的元坝气田、威荣气田、彭州川西气田等地区全部采用自建光缆、主干链路辅以运营商专线连通至气田管理中心；在具备 4G 信号的单井、高后果区等采用 APN 卡实现视频监控及数据传输。

2 油田勘探开发网络保障面临的新形势

2.1 安全生产严峻态势下网络需求的急速膨胀

近年来，油田勘探开发领域生产安全事故频发，给企业和员工带来了巨大的生命财产损失。经过统计，多数的事故原因来自违章作业引起，因此依托远程实时视频监控成为安全生产监管的重要手段。为了确保视频监控画面的清晰流畅，需要建设高速、稳定的网络，以提供足够的带宽供视频传输使用，此外，油气井随工作的进展，随时可能增加或拆除，而这些要求的实现与本就身处偏远缺乏可用网络资源的油气生产场所带来较大的挑战。

西南油气分公司自 2015 年来大力推进油气生产信息化及“厂管站”油公司体制建设，依托 EPBP、PCS、IPPE 等一批油气生产信息化系统的深化应用，助力公司数字化转型。通过油气生产信息化建设，基本实现了现场实时感知、自动化分析预警，大力推行中小型站场无人值守、大型站厂少人集中监控，扩大了油田生产管理半径，实现了区域集中管控，企业生产运行模式逐步发生变革，对网络的稳定、可靠提出了更高的要求。

基于目前的网络建设情况和安全监管严峻形势，以及油气生产信息化建设需求，西南油气分公司逐步将更多的勘探开发作业环节纳入网络传输及安全监管范围。在 2013 年开始网络建设时仅涉及钻井作业环节的网络传输，2013 年底至 2014 年底全年实现网络传输及保障 90 井次。但截至 2023 年 12 月，已涉及 5 个大类：钻前工程、钻井、试油气、压裂、修井，7 个小类：钻井搬迁安、试油气搬迁安、压裂搬迁安、连续油管、带压作业、地层水回注、老井挖潜等。全年实现网络传输及保障已升至 526 井次。

2.2 网络需求极速增长下的网络防护安全要求

目前基于国内外大环境及网络安全形势，国家强力推进网络安全建设，网络安全已上升到国家安全高度，近年来，油气行业网络安全事件频发，中国石化作为国家关键信息基础设施运营单位，企业网络安全和工控安全面临着越来越严峻的挑战。例如，2017 年勒索病毒爆发，给中国石化许多加油站带来较大的冲击和影响，2021 年中国石化互联网出口累计发现并阻断各类网络攻击 10 亿次，阻断互联网攻击 IP 50 万个，态势感知监测发现 8000 万条告警，部分单位还遭受境外“海莲花”组织的木马病毒攻击[2]。在油田数字化建设和深化应用过程中，离不开生产现场仪器仪表自动化采集的实时数据，而这些仪器仪表往往部署于工控网络中，西南油气分公司现场数据主要通过运营商专线传输至区域汇聚机房的 SCADA 服务器，再通过 OPC 服务器将数据单向传输至办公网提供给上层管理决策应用。面对复杂多样的网络接入场景和传输方式，需要整体规划工控网、管理网、办公网，做好网络间安全隔离，如果油田工控网和办公网没有适当的隔离措施和安全策略，恶意软件或攻击者可能从办公网传播到工控网，导致生产装置被黑客攻击，从而产生不可估量的后果。

2.3 专业软件集中共享后的网络保障

为了更好支撑勘探开发及综合研究科研，高效利用软硬件资源、共享科研成果，西南油气公司通过“私有云+虚拟化”的基础架构，依托统一身份认证、全局许可监管共享、远程三维可视化接入等技术，建成了集硬件、软件、数据一体化管理的分公司级勘探开发专业软硬件资源中心，实现了云端统一入口、远程便捷访问的使用模式，科研人员通过客户端或浏览器即可开展科研生产，有效提高了科研生产工作效率。但因此对网络的稳定性以及远程三维可视化对网络带宽性能都提出了更高的保障要求。

2.4 生产信息化带来移动办公需求越来越大

近年来，国家大力提倡生产信息化、数字化，移动端作为信息化应用两大入口之一，在分公司油气生产信息化建设中发挥了重要作用，目前上线了石油工程 IPPE、气田 PCS、掌上西南、用车申请、工作督办、会议管理等移动 APP，有效降低员工劳动强度、提升工作效率。在钻井现场，作业人员通过移动端 APP 录入坐岗等数据实时回传；在油气生产井站和输气管线，巡检人员通过移动端 APP 进行实时定位和上传巡检数据；在管理部门，管理人员通过移动端 APP 可随时随地查看当前现场生产数据。为了满足移动办公需求，必须将 APP 发布至互联网，这也将面临互联网的网络攻击，同时对于 4G 信号覆盖不足的油气现场还需要为移动终端提供无线网络接入才能保障现场正常使用。

3 存在的不足

面临新形势下的网络需求，当前西南油气分公司勘探开发网络运行保障主要存在以下五方面问题：

3.1 传输网络保障方面

油气田井位部署比较分散，且在钻井时期就需要网络保障现场视频监控、施工数据等进行回传，为满足传输带宽，目前大量采用租用运营商专线以专网专线的形式至现场就近基站，以无线网桥的形式连接现场作为生产现场网络传输回传通道，在这过程中，部分地处深山老林的偏远井场站，受到地理环境的影响，无法满足无线网桥传输条件，只能采用传统的光纤传输方式，这就往往需要大量的光纤、杆路等材料和翻山越岭的布线施工[3]，存在光纤网络传输系统搭建施工工期长，费用高等问题。此外，专线要先于井场正式施工前准备就绪，然而考虑到节约租赁费用，将尽量确保专线开通与实际生产需要的时间匹配，但由于运营商专线建设内部流程审批周期以及钻井施工计划等生产安排易变，加之用地协调等诸多因素，导致没有充足的时间建设，不能适时确保专线开通可用。

3.2 临时作业网络保障方面

油气勘探开发过程中临时作业较多，且具有施工周期短、风险高、灵活性等特点，比如带压下油管、连续油管作业、泵送作业、各类作业队伍搬迁等，但同样需要将实时数据和视频监控实时上传，以满足信息化应用和安全监管等要求，这类临时作业现场往往不具备有线网络，考虑到成本和不可预见性也无法建设专线，只能使用4G方式传输，这就面临4G信号覆盖和流量消耗大等问题。当前西南油气分公司作为甲方已建设投用4G+APN网络，为各类临时施工队伍配备APN卡，但由于施工队伍并非固定的且缺乏对APN卡的管理，APN卡经常发生遗失，再次进行施工时又需重新办理发卡，出现网络保障不及时，同时带来管理成本增加。

3.3 现场移动办公网络保障方面

为保障石油工程IPPE和气田PCS移动APP在生产现场的推广应用，采用防爆终端配备APN卡通过运营商4G网络进行人工录入的生产数据和巡检数据上传，同时现场用户也能实时提取查询任务安排和历史数据等。但由于油气井分布位置特殊性，4G信号覆盖通常较弱，特别是在生产装置区更是因为遮挡屏蔽等因素，4G信号接收强度通常在小于-105dB时，就无法正常使用APP，一线员工时常因为网络信号不好无法正常开展移动办公，而不得不又回归纸质办公，导致原本是为了降低一线劳动强度，反而却增加了工作负担。

3.4 配套管理机制方面

在钻井设计和气井投产地面工程设计中未同步进行传输网络和信息化配套设计，导致后续网络重复建设，配套网络建设不完备，无法给后续信息化支撑奠定良好的基础。其次在大力发展生产信息化、数字化过程中，各业务管理部门、工程管理部门、信息管理部门、需求单位之间针对网络配套要求没有完善的管理规范，各方的责任不明确，更多是信息管理部门在盲目追赶网络需求，缺乏勘探开发过程中网络运行保障相应的管理和协调配合机制。比如：钻井业务管理部门容易忽视提前向信息管理部门报送专线需求，从节约投资考虑，也不能过早提前报建专线，因为运营商计费模式一般是自完成建设开通当月就开始计费，而现场钻井施工此时并未进场使用产生过早开通的费用浪费，这就要求钻井业务管理部门要根据钻井计划安排提供尽可能准确的时间提交网络专线报建需求。此外，由于油气钻井开发过程中施工业务流程众多，各类业务之间的施工衔接也不够紧密，特别是在页岩气井，钻井、试油气、压裂等环节之间相差3个月至1年不等的时间，这期间专线一直处于闲置且计费状态。同时，在整个井场作业完全结束后，钻井业务管理部门不及时主动报停专线，信息管理部门无法及时获取信息进行专线销户。种种情况的累加导致大量专线空置期超50%，从而产生专线租赁费用浪费。

3.5 网络安全保障方面

在前期开展川西和川东北油气井老区信息化改造中，配套建设了油气生产网，在生产网边界通过防火墙NAT映射等方式将视频和数据传输到办公网。生产网建设时只考虑了视频监控和数据采集网络传输要求，网络规划比较单一，未设计采气场站及各采气生产单位之间的网络隔离，视频监控和数据采集也未进行业务隔离，区域间网络安全防护设备和策略较为薄弱。随着生产管理需求发展，RTU及SCADA等工控系统开始部署到现有网络中，气井远程关断等控制功能也随之而来，当前的网络架构和安全防护措施达不到工控系统安全防护要求，具有较大的安全风险。

4 措施建议

为了提升油气田网络运行保障能力，加快网络保障体系的建设和优化，必须做好油气田管理顶层设计工作，进一步完善油气田各业务场景下网络功能，必须高度重视油气生产传输网络的规划和构建。通过加强管理力度获得最大化投资效益，积极开展油气田传输网络标准化工作，结合油气田现场环境、生产基本要求以及相关目标，建立统一设计、标准建设、安全便捷的油田传输网络模型，确保生产期间的各项网络资源得到最优化配置。针对西南油气分公司当前面临的形势和问题，有以下几点措施和建议。

4.1 优化网络传输方式

要坚持以快速、经济的方式解决网络“最后一公里”为导向，灵活采用多样化的网络传输模式。结合运营商专线、无线网桥、4G/5G 网络、同沟光缆、边缘计算技术以及卫星通信等，确保即使在偏远山区也能建立稳定可靠的网络连接(表 1)。

表 1 油田常用网络方式

序号	设备名称	通信性能	建设周期/d	优点	受限因素	建议应用场景
1	北斗短报文	上行 0.3kbps	5	覆盖范围广	受地貌限制，传输速率低	建议作为偏远单井、探井的接入选择，基本并且只传输负载较低的生产实时数据
2	高通量卫星	上行最高 56Mbps	7	覆盖范围广，带宽速率高	受地貌限制，传输资费昂贵	建议作为应急抢险临时保障和重点保障井的生产实时数据和视频信号传输
4	4G APN	上行约 20Mbps	1	数据连接速率高，使用便捷	受限 4G 信号覆盖，流量资费制约不能长时间实时传输视频	建议作为搬迁、检维修、连油等短期措施作业的实时数据和视频信号传输
5	无线微波	4 公里可视范围无遮挡带宽可达 70Mbps	3	带宽和传输速率高，高频设备受影响小	受地形遮挡和安装高度等影响，需要有线网络作为回传	建议作为有线网络的补充和延伸，用于石油工程作业现场、井站互联满足实时数据和视频信号传输
6	专线	带宽可定制	25	带宽和传输速率高且稳定，运营商负责线路运维	建设周期长，租赁费用较高	建议作为具备公共通信资源的石油工程作业现场以及不具备自建同沟光缆的采气井场站

根据不同现场实际环境及作业条件，结合以上传输方式的适用性，可进行多种技术相结合的传输组网方式。比如：运营商专线+无线网桥、4G APN 物联网卡、4G APN 物联网卡+4G 路由、运营商专线或自建同沟光缆+现场 WiFi、边缘计算+北斗短报文、高通量宽带卫

星+专网回传、NB-IOT 或 LORA 等无线窄带专网等。

对于现场不具备无线网桥传输条件，且光纤施工周期较长、建设费用较高的钻井作业现场，可采用 4G APN 物联网卡+4G 路由的传输模式，将现场的视频监控及实时生产数据进行回传。如现场无 4G 信号，则可采用高通量宽带卫星+专网回传方式，传输现场视频监控信号及生产数据。

对于施工周期短、风险高、灵活性强的带压下油管、连续油管作业、泵送作业、各类作业队伍搬迁安等作业环节，建议采用以下几种方式：①带压作业、连续油管作业、泵送作业在已建网络传输通道的井位施工时，直接接入已建网络传输通道（钻井时建设的传输网络或老井已建站接入生产网络的站点）；②现场无已建网络，且现场有 4G 信号的情况下，采用 4G APN+4G 路由的模式实现现场视频监控及实时生产数据的传输。

对于现场因 4G 信号弱导致防爆手持终端移动 APP 无法使用，影响正常开展移动办公的现场，建议采用建设现场 WiFi+运营商专线（或已建生产网、办公网等有线网络），实现现场无线网络覆盖，以达到满足防爆手持终端 PCS 移动 APP 正常使用的条件。

升级企业数据中心及核心网络交换设备，提升传输带宽和交换性能，对连接到科研生产单位的主干链路进行扩容和冗余建设，满足科研人员在专业软硬件“云桌面”和远程三维可视化的传输要求。

4.2 完善配套管理规范

将网络作为生产配套设施纳入工程设计进行标准化建设，在钻井工程设计、地面产能建设工程设计时应同时考虑网络配套建设，同时落实投资费用保障，明确网络基础资源建设及运行维护成本承担单位。制定网络运行保障标准流程，同时加强业务主管部门、工程设计部门、信息管理部门、施工管理部门等单位间的协同，共同遵守执行，明确专人负责，提前共享各工程作业阶段及作业队伍的施工节点。依靠信息化手段，使用线上管控流程，实现网络需求提报、施工信息共享、阶段过程管控、网络状态监控和变更提醒等。

以石油工程现场网络传输为例，通过标准管理流程，明确专线报建节点、停用节点，网络的建设、停用，利用信息化手段管控，与现场作业动态进行联动，实现自动提醒；加强各业务部门的协同配合，及时更新、统一达到技术标准。在负责施工管理的项目部明确规划新井后，在钻前工程施工队伍进场前 2 天，通知信息管理部门进行钻前工程施工期间网络传输及视频监控传输保障预备。对于已确定钻井队伍的井，在钻前工程施工进度达到 75%时，由项目部进行线上流程发起该井网络传输报建需求，信息管理部门线上收到该井网络报建需求后，立即向运营商报建相关井位的传输专线。对于已完成钻前工程但前期一直未确定钻井队伍的井，在明确钻井队伍进场时间范围后，由项目部在该时间范围内提前 20 天发起该井位网络传输报建的线上流程。对于某一作业阶段结束时（比如钻井结束、试油气结束），由各井位主体施工作业队伍在线上提前 1 天提起撤场流程，明确撤场时间，此时项目部需要线上反馈该井位是否存在后续作业，及后续作业进场时间范围，此时由信息管理部门通知运营商对该井位专线进行暂停计费，后续作业队伍进场前 1 天，线上流程通知信息管理部门，进行专线恢复。实现直至现场作业全部结束进行网络注销的全线上化流转执行。

4.3 强化网络安全保障措施

持续提高对网络安全和工控安全重要性的认识并采取有针对性的防控措施，是油气行业推进数字化转型的重要内容。应从构建完善的网络安全防护和管理体系入手，防止外部黑客利用各种技术攻击网络，降低网络安全管理问题发生，杜绝危害企业网络的用网行为，才能保证企业信息与资金安全，减少网络攻击带来的各种损失。

网络安全防护体系的第一道防线[4]就是网络安全隔离，根据业务类型将办公网、生产管理网、工控网进行逻辑或物理隔离，弥补安全防护设备缺失，在网络边界部署防火墙、入侵防护等安全系统，细化安全策略，应对来自内部及外部的攻击，保障网络基础设施的安全性，规避网络非法访问行为，以此保障网络基础设置的安全性，减少用户非法操作的事件。在此基础上，部署由关键节点态势感知、系统安全审计及应急处理所构成的监测反应措施，一旦受到非法入侵，将发出告警，并在系统安全审计过程中，对攻击后果及行为进行分析，改进系统安全策略。

从管理上，要以网络安全等级保护制度为基础，遵守企业网络安全和工控安全等管理制度，在信息化项目中落实网络安全“同步规划、同步建设、同步运行”管控要求，严格执行安全基线配置、上线前安全检查等合规基本要求。同时，要加强网络安全基础培训，注重提升企业全员网络安全意识，防范社工及钓鱼攻击，避免弱口令等不安全行为。

5 结语

经过多年的油气生产信息化建设，西南油气分公司在支撑勘探开发过程的网络运行保障中不断探索，通过实践证明，只有各部门的协同配合先行设计，制定规范的管理流程，灵活采取适宜的传输技术和组网方式，落实网络安全管控措施，才能在新形势下适应企业数字化转型的基础网络保障要求。

参考文献

[1] 江柏毅. 油田通信信息网络系统在数字化油田中的应用[J]. 科技创新与应用，2015，(34)：106.

[2] 王同良. 油气行业数字化转型实践与思考[J]. 石油科技论坛，2020，39(1)：29-33.

[3] 方鹂，杨世海等. 浅谈长庆油田智能油气田通信网络的构建[J]，石油规划设计，2020，31(6)：40-43.

[4] 张玲玲. 构建油田网络安全防护体系相关探讨[J]. 中国管理信息化，2021，24(8)：103-104.

专业软硬件集中共享应用成效及问题

朱　睿[1]　孙　源[2]　毕　锋[1]　王　斌[3]　段　念[1]

（1. 中国石化西南油气分公司信息化管理中心，四川 成都　610041；
2. 中国石化西南油气分公司，四川 成都　610041；
3. 中国石化西南油气分公司勘探开发研究院，四川 成都　610041）

摘　要：专业软硬件是油田企业科研生产不可或缺的核心技术装备。信息中心根据总部“专业软硬件集中共享”建设原则，以“硬件池化、软件云化”方式集中共享许可、算力、存储及网络等资源，建成了公司专业软硬件资源中心，为公司百亿气田建设提供了有力支撑。随着公司油气生产规模跃上百亿台阶，勘探开发工作量将不断增加，共享应用模式较为抵触、主力软件许可不足、并行运算业务覆盖不全、成果数据管理不规范等问题仍制约着科研生产效率进一步提高。

关键词：集中共享；资源管理；专业软硬件；并行运算

0　前言

油气勘探开发专业软件以勘探开发专业知识为核心，作为理论方法与知识经验的载体，是长期业务知识、技术成果积累的结果，通过专业技术方法对多学科数据进行分析，为综合研究人员提供识别预测地质体与油藏、进行设计优化的必备工具和手段，是储量发现、井位部署、方案编制与钻采设计优化等工作的重要支撑。专业硬件是支撑软件运行的设备，一般包括高性能计算集群、服务器、工作站及存储设备等。勘探开发研究分析工作均依托专业软硬件环境开展，专业软硬件是勘探开发核心业务的重要支撑。

公司各二级单位地跨西南五省一市，传统分散建设模式存在专业软硬件利用率低、运维保障困难、成果数据分散和资源使用情况难以掌控等诸多问题。本文主要阐述项目组如何探索利用超算集群、虚拟化以及大数据等信息技术手段建设发展专业软硬件，并从使用效率、便捷性以及经济效益上进行分析，集中共享的模式确实能提高油气勘探开发整体水平，支撑油气田建设。

1　专业软硬件集中共享应用效果

专业软硬件集中共享一直是各油田企业提高勘探开发科研生产效率的重要课题[1]。分

作者简介：朱睿，男，本科，学士，高级工程师，中国石化西南油气分公司信息化管理中心，主要从事信息基础设施及勘探开发专业软硬件管理工作。专长系统基础架构设计建设，2006 年 7 月参加工作，2006 年 7 月至 2020 年 1 月在西南油气分公司勘探开发研究院勘探三所（贵阳所）从事勘探相关信息化建设运维以及物探研究工作，2020 年 1 月在西南油气分公司信息化管理中心运维支持室从事信息基础设施及云资源管理工作。E-mail：zhurui. xnyq@ sinopec. com。

公司于2015年启动该项工作以来，对各油田建设现状和业界相关基础架构进行了深入研究分析，最终运用硬件资源虚拟化、软件共享发布、研究数据集中管控等技术，实现了专业软硬件的集中部署、共享使用(图1)。

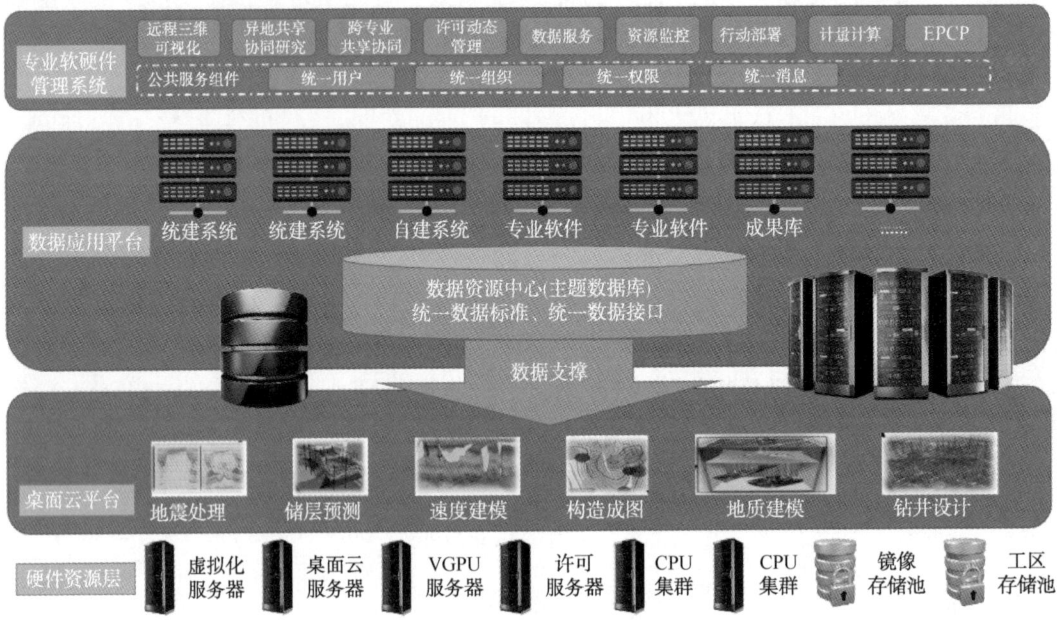

图1 资源中心系统架构图

在中国石化上游企业率先设计并实施了硬件资源超融合、全虚拟化的基础架构，使用vCenter将计算、存储、网络等专业硬件资源以资源池的形式进行统一管理，实现了硬件可纵向扩容、横向扩展、负载均衡、高度可用的目标，从而提高资源的利用率，为软件的共享部署打下基础。

同时，项目组对公司历年分散建设的地震处理、勘探、开发和石油工程4个领域的专业软件进行了技术调研和选型对比，形成了对油气田勘探开发工程科研生产全过程起重要支撑作用的主力软件为主、特色软件为补充的专业软件应用体系。通过“私有云+虚拟化”的架构将专业软件进行共享，极大地提高了分公司对专业软件的管控能力和资源利用率。

1.1 资源中心集中管控软硬件资源

在硬件、桌面与应用虚拟化的基础架构下，依托统一身份认证、全局许可监管[2]、远程三维可视化接入等技术，建成了集硬件、软件、数据一体化管理的分公司级勘探开发专业软硬件资源中心(简称资源中心)实现了云端统一入口、远程高效访问。为后期硬件购置指明方向，降低购置和运维总成本，以及资源中心云平台建设工作的顺利开展打下坚实基础。

1.2 地震资料处理方面能力

遵循总部对油气田企业保留目标处理能力的原则，结合西南地震资料精细目标处理研究业务需求。公司集中部署64节点超算集群1套，CPU 3000余核、GPU 12节点、存储容量1.8PB以及16节点GPU大数据快算节点；配备Geovation和国产Geodepth、Geostar等软件，确保五维插值、各向异性深度偏移等新技术广泛应用，使时间域处理成果质量整体提升，深度偏移成像精度显著提高，也使随钻深度偏移有效支撑水平井轨迹设计与钻井跟踪。公司年处理能力为时间域成像处理三维 3~5 个，面积约 3200km^2；深度域成像处理三维 1~2 个，面积约 350km^2。“十三五”期间，地震处理方面基本实现了“算力与处理技术匹配，算力与处理周期匹配，算力与存储匹配”。

1.3　勘探开发综合研究方面能力

硬件方面，目前资源中心通过虚拟化技术集中部署高性能服务器图形 24 套、存储容量 445TB。现有硬件规模可支撑 120 个用户并发开展勘探开发科研生产工作，其中含 70 个高性能三维可视化桌面[3]。

软件方面，在公司层面，要求对新引进或升级的软件、模块必须进行试用评估，以验证其对生产科研实际支撑效果；技术上，资源中心监控集中部署软硬件的使用情况并形成报表，通过实际数据支撑专业软件的引进和试用决策。

通过几年不断迭代建设，资源中心已具备年承担资料解释研究项目 8~14 个，解释资料面积 15000~18000km^2(5~8 层)的能力。开发上形成了以油气藏地质建模软件 Petrel、油气藏数值模拟 Eclipse 为主，以特殊岩性油藏储层预测、裂缝建模、水力压裂等特色技术为辅的技术体系。“十三五”期间，支撑建模数模完成 17 个气藏 2000 余口井的工作量，指导元坝气田长期稳产及方案调整，支撑新区川西雷口坡、东峰场须家河气藏方案编制及产能建设。

1.4　硬件资源集中运维提升系统可靠性

启动集中共享建设后，地震处理集群和高性能图形服务器均运行在配备精密空调、大容量 UPS 电源、环境监控系统的高标准机房内。克服了以前由各二级单位独立运维，导致的机房重复建设、运维队伍重复配备、运维标准不统一等问题。专业运维团队定期巡检，并对服务器、存储、网络及虚拟化环境进行适时优化，有效提升各硬件设备无故障工作时间，实现专业硬件近三年无故障运行率≥98%。专业运维人员根据专业软件使用过程中遇到的系统问题及时响应和解决，有效提高了勘探开发软硬件支撑水平。

1.5　云桌面共享模式提升软件使用效率

在近似的硬件配置和网络环境下，使用同一工区数据在胖客户端和云桌面中进行主/联络测线剖面切换、Likelihood 属性计算、加载内存工区数据体等 25 项日常操作进行测试，其中 21 个测试项显示，云桌面内专业软件运行速度相较图形工作站胖客户端有大幅提升。

(1) 常规操作如：打开 Session，翻滚、切换剖面等，云平台速度均好于胖客户端。

(2) 单核属性计算，云桌面计算速度明显优于其他两个平台。

(3) 多核属性计算如 Likelihood，桌面云速度快，耗时约是胖客户端的 1/5。

(4) 在剖面层位和断层、底图显示层位、普通属性计算上，2 个平台相差不远。

1.6　云桌面共享模式大幅降低软硬件投资

通过胖客户端(图形工作站)和云桌面两种不同形式，使用主力解释软件 DSG 对比发现。资源中心仅用 8 台高性能服务器[含 Nivida V100s(32GB)显卡]即可承载 50 个云桌面，供 70 名科研人员开展科研工作。相较于传统胖客户端模式，需要购置 50 台以上工作站才能满足科研生产需求。按市场普通图形工作站(含 Nivida RTXA6000 显卡)12 万一台的价格计算，

50 台工作站需要投入 600 万元，而服务器仅需要 24 万一台，8 台共需投入 192 万元。在不考虑运维人员、云平台硬件可灵活扩展支撑大工区计算等问题的前提下，投资将减少一半以上(图 2、图 3)。

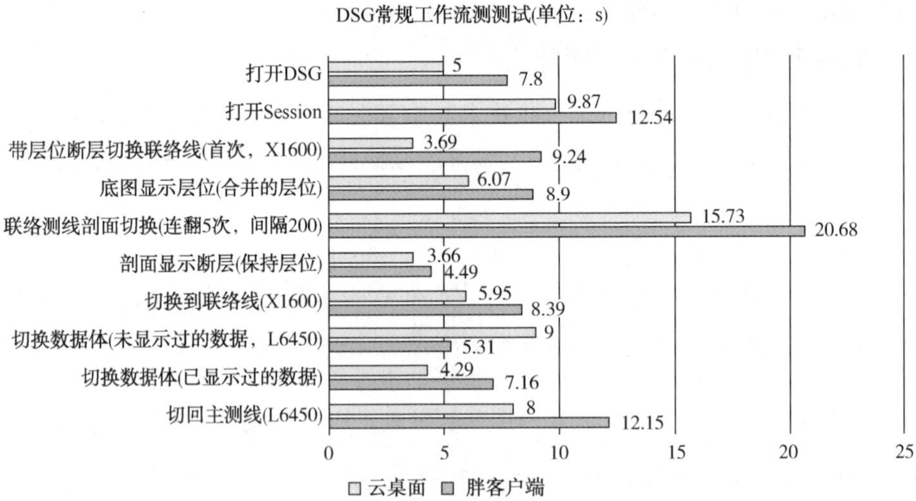

图 2　云桌面与胖客户端常规操作测试对比

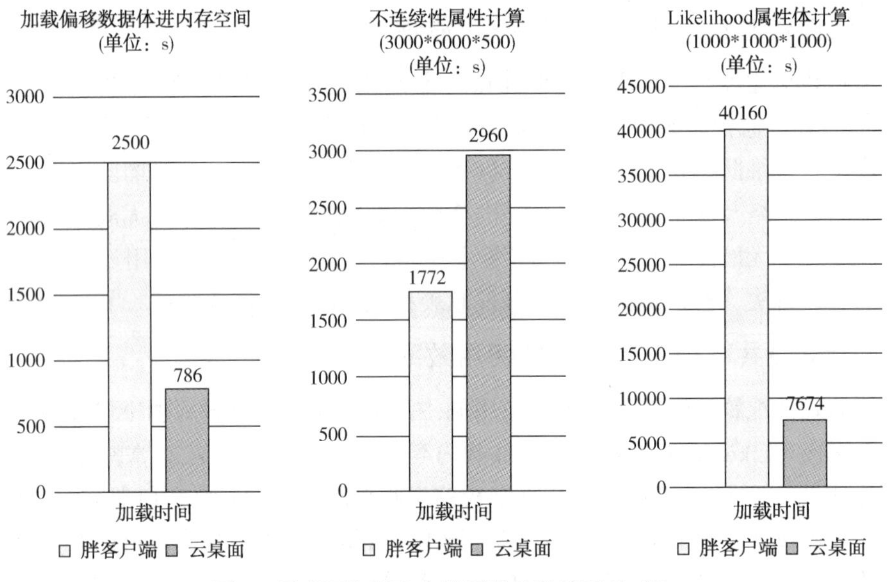

图 3　云桌面与胖客户端属性体计算时长对比

1.7　用户使用便捷化

通过专业软硬件共享机制的建设，科研人员摆脱了专用工作站、机房等物理限制，无须在专业机房内等待 QC、作业续交等工作到深夜；可在低带宽环境下使用成本更低的普通电脑，以云客户端甚至浏览器的方式接入资源中心，随时随地使用专业软硬件开展生产科研、成果展示、阶段汇报等一系列工作；也实现了中间数据、研究成果共享，免去了数据通过硬盘拷贝、邮件传输等环节，极大方便了研究人员。

截至 2024 年 1 月，资源中心共授权注册用户 465 个，日均在线 75 人。“十三五”期间，资源中心支撑三维新、老地震资料目标处理项目 18 个，满覆盖 14699km^2，一次覆盖 24051km^2。特别是在新冠疫情防控期间，研究人员通过资源中心远程接入，实现了居家办公，有效保障了构造解释、储量计算、储层预测等 23 项科研生产工作顺利突进。2021 年，支撑地震资料处理三维满覆盖处理面积 4610. 28km^2(含远程调用 EPCP 处理资源)、三维地震资料解释面积 16844. 91km^2，50 口风险探井论证，345 口开发井论证，较好地满足了公司地震解释、地质建模、数值模拟等研究业务需求，为推动多学科协同研究提供了坚强技术保障。

1.8 深度融合 EPCP

勘探开发云平台(EPCP)是三大油田板块信息化重点工程之一，主要为中国石化上游企业提供地震资料处理计算资源和专业软件许可资源，EPCP 平台共集中发布了 8 大类 62 款软件许可(图 4)。

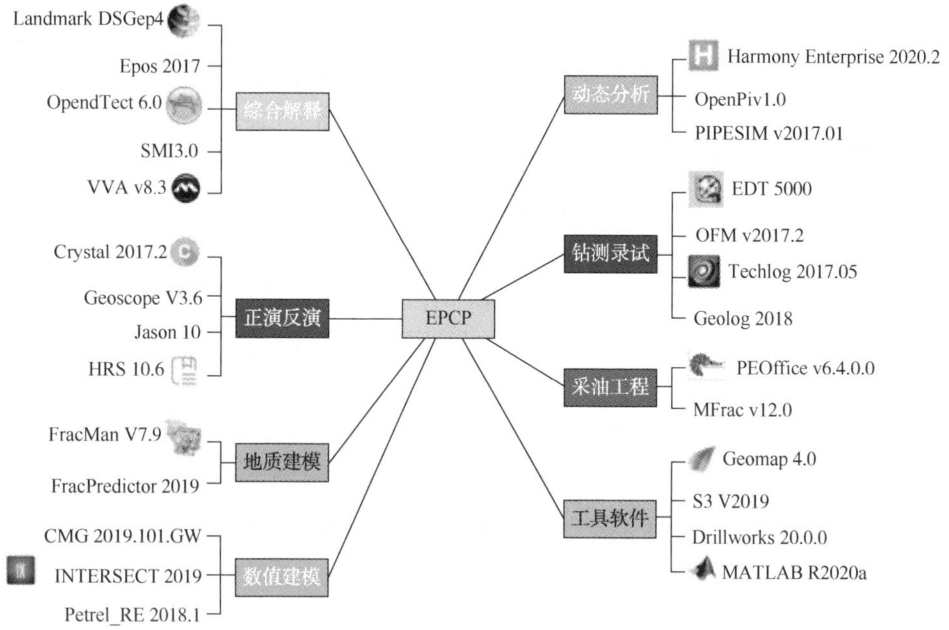

图 4 EPCP 平台软件序列

为解决地震资料处理集群算力不足，在充分利用自有处理资源的基础上，依托 EPCP 地震资料处理共享平台资源，有效地提升了二维、三维地震资料处理总量。

勘探开发工程综合研究方面，与 EPCP 共同构建“总部+企业”的两级软硬件资源共享体系，通过在资源中心建立二级许可服务器，使科研人员可直观高效地查询申请到各类专业软件许可，解决了资源中心内专业软件品类数量少、版本不统一等问题。

1.9 研究成果数据协同共享

通过 DSIS 数据集成模块的部署，在上游企业中创新建立起数据资源中心与专业软件高效互联互通的桥梁，大幅缩短了研究人员的数据准备时间、提高了成果共享及时性。同时，研究工作也能及时获取生产现场数据，研究成果也能及时指导现场施工，实现了研究业务与石油工程等生产业务的协同提升。

目前配合综合研究设计平台已正式上线，平均在线人数达 40 人左右，实现了专业软件输入数据一站式快速准备，由以前的 20 天左右缩短至 8 小时以内，极大缩短了数据的准备时间；成果数据的共享由以前的两周甚至 1 个月缩短至 1 天之内，为后续研究快速提供数据资源(图 5)。

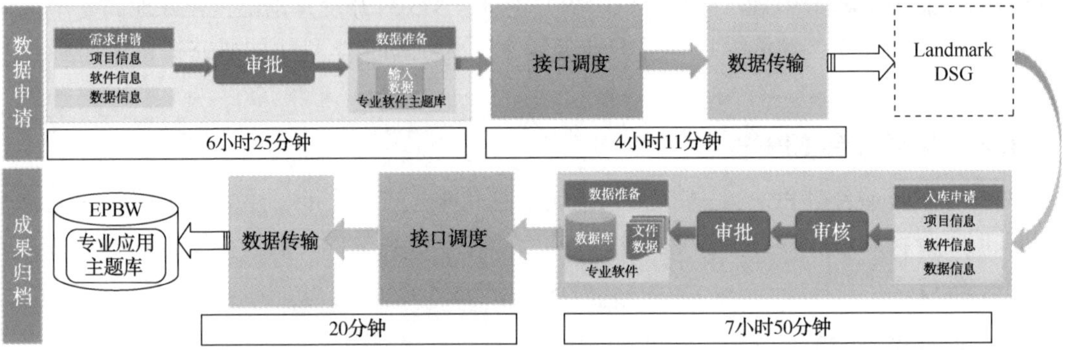

图 5　专业软件数据共享协同

2　存在的不足

随着油气田勘探开发向纵深发展，地质目标更加复杂隐蔽，必然对地震处理、勘探开发工程综合研究等软硬件提出更高要求。为实现增储上产的目标，需要不断加强软硬件资源建设，经过多年建设与应用情况来看，主要存在以下三方面问题：

2.1　现有配套硬件算力不足

地震处理方面，为获取更多的地下信息，采集网格变小、覆盖参数大幅提升，对计算、存储能力提出更高要求。例如高密度采集比常规采集数据量增长 4 倍以上；“两宽一高”的地震采集比常规采集，数据量增长了 5 倍以上。在相同的硬件条件下，网格密度增大，计算量呈指数级增加，其处理周期就大幅延长，需要提高运算和存储能力，满足不断增长的高密度、高精度资料采集和处理的需求。随着观测系统参数变化，随钻偏移所需数据量越来越大，高精度随钻深度偏移周期目前为 26 天，无法满足高效油气田。

综合研究方面，目前致密气、酸性气和页岩气是分公司主要的产能支撑点，需要使用地质建模、数值模拟等相关软件对河道、储层缝洞及水力压裂后缝网展布特征进行精细刻画和定量描述。而现有硬件性能对盆地级模拟、精细地质建模和百万级网格数值模拟等大数据量、高负载软件支撑能力有限。

2.2　勘探开发、地质工程一体化建设不完善

目前分公司正处于上产阶段，2023 年将建成百亿气田，2025 年产量达到 130 亿方，需要大量的建模、数模、地应力、压裂、测井资料和数据支撑，从三维地质模型构建、气藏精细描述、优快钻完井、集约化智能采气工艺到低成本适应性地面集输，需要多学科多维思考、多部门协调合作。现非常规建模-数模一体化软件仅有 Eclipse、Petrel，地质力学、地应力建模暂未部署，缺乏配套的测井软件，不能真正实现地质和工程的一体化研究、一体化预测和一体化设计。因此，专业软件建立贯通的“地质-物探-岩石力学-压裂模拟-完井方

案-压裂方案优化”体系是实现高效勘探开发的目的、最大限度挖掘储层的潜力的必要手段。

2.3 运维能力有待提高

随着勘探开发专业软硬件技术发展，运维人员面临软硬件数量增加、基础架构提升、信息安全等一系列日益更新的问题，运维团队在技术储备和人员梯队建设有待进一步提高，与服务好主业目标还有较大差距。

3 结语

围绕勘探开发业务发展需要，通过 EPCP-资源中心两级云部署方式，推进专业软硬件集中共享建设，增强底层融合，促进业务管理上下贯通、综合研究多学科协同。在未来一个时期内，主要做好以下五方面工作：

（1）提升分公司整体算力水平，基本满足分公司地震资料目标处理需求，辅助综合研究、储层预测项目能够在项目运转周期内按时完成任务，保障生产项目顺利开展。

（2）增加基础架构许可数量，最终建成 500 个用户以远程接入方式同时在线开展科研生产的规模，满足缩短油气勘探开发周期的需要。

（3）持续加强与 EPCP 融合，优化主力软件和非主力特色软件的配置，打造完备的西南特色软件序列。用好 EPCP 二级许可服务器平台，在用好自有专业软件同时，充分共享自研软件，实现对外赋能。

（4）引入熟悉主业和 IT 技术的运维人员，配备更符合实际需要的智能化运维系统，做精做强运维团队，更好地服务主业。

（5）建立软硬件知识库，将科研生产过程中出现的软硬件故障和操作要点进行收集整理，形成共享知识库，以便于运维、科研、管理人员自助高效地解决问题。

参考文献

[1] 杨澎涛，宋健，等. 浅谈石油行业专业软件资源网络共享技术[J]. 信息技术与信息化，2008，(6)：101-105.

[2] 董涛，邱小果，等. 油田企业级软件共享系统的远程交互组件研究及实现[J]. 电脑知识与技术，2014，10(14)：3276-3279.

[3] 余时强，张为华. GPU 虚拟化相关技术研究综述[J]，2017，26(12)：25-31.

[4] 张超，张云飞，等. 石油专业软件许可证监测系统的设计与实现[J]. 电脑知识与技术，2019，15(36)：229-231.

威荣气田智能采气系统研发与应用

翁 钰 严小勇 柏明宏 苏正远 曾 勉

（中国石化西南油气分公司采气四厂，重庆 永川 402160）

摘 要：为了提高深层页岩气开发水平，减轻基层员工劳动强度，实现厂管站和井站无人值守精细化管理，威荣气田基于“源头采集、智能决策、远程控制、自动运行”的原则，自主创新研发了智能采气系统；通过该系统实现采气仪表校验到期自动提醒报警，采用机器人、激光甲烷检测仪自动巡检代替人工巡检，通过对气井生产数据的大数据分析，智能诊断井筒积液情况，智能决策排水采气措施、自动运行泡排泵、气举增压机等排水采气设备和防腐加注泵进行排水采气和井筒、流程管道防腐，并在威远气田进行了试运行。研究结果表明：①采气仪表校验到期自动报警系统可以自动提醒报警即将到期仪表，快速准确查询到需要校验更换仪表的安装地点，实现了仪表校验管理的智能化；②智能机器人巡检和激光甲烷检测仪巡检结果可靠，与系统联网可能实现远程实时监控；③通过对气田实时生产数据、流压梯度实测数据和多相管流理论模型进行大数据智能分析可以实时诊断井筒积液、智能决策维护措施，智能启停设备进行气井维护。结论认为，深化气田 PCS 生产指挥系统-SCADA 工控系统的一体化融合、地质-工艺-信息化一体化融合是实现智能采气和智慧气田的发展方向。

关键词：智能采气；PCS 系统；SCADA 系统；大数据分析；机器人巡检；自动提醒报警

0 引言

在气田开发中，近几年通过引入人工智能、大数据、物联网、视频监控等技术来加快智慧气田的建设，均取得了很好的效果[1]。目前，中国石化西南油气分公司 PCS 生产指挥系统已建设完成，威荣气田通过构建气田 PCS 系统、SCADA 系统、石油工程业务管控平台 IPPE、EPBP 数据考核系统等信息系统，基本实现了天然气生产数据的实时采集、远程传输和现场视频监控，不仅为天然气平台、集气站、管理区调控中心、采气厂生产指挥中心提供整个天然气生产过程的数据、视频监测与控制，同时为厂管站生产运行管理、研究决策、无人值守站等提供支撑。但是，目前的系统只是实现了数据、信息的采集和传输，在应用方面不够，PCS 系统和 SCADA 系统未实现融合，难以满足厂管站、无人值守和智能采气的需要。为此，采气四厂基于“源头采集、智能决策、远程控制、自动运行”的原则，尝试开展融合两个系统，研发页岩气智能采气系统 1.0 版建设，取得了良好效果。

作者简介：翁钰，男，本科，学士，助理工程师，中国石化西南油气分公司采气四厂生产技术室，主要从事油气田信息化研究与技术管理工作。专长智能机器人研发，2021 年 7 月参加工作，2021 年 7 月至 2023 年 4 月在西南油气分公司采气四厂川南采气管理区从事采气工艺及气田信息化技术工作，2023 年 5 月在西南油气分公司采气四厂生产技术室从事气田信息化研究与技术管理工作。E-mail：wengyu. xnyq@ sinopec. com。

1 智能采气系统现状分析

威荣气田建有 PCS 生产指挥系统和 SCADA 工控系统，到 2023 年底已建成各类信息化生产平台 30 余座，集气总站 1 座，建成了无人值守站-中心站-管理区-厂四级生产管理模式的数字化平台，实现了生产数据自动采集、远程集中监控、关键阀门远程控制、远程视频监控等应用，数据采集与传输流程，生产实时数据经现场仪表自动采集，逐级上传并且汇集至西南油气分公司信息中心的生产指挥系统。系统建有报警模型 1410 个，能及时对异常井和状态实现自动预警报警，缩短了发现异常的时间，减轻现场人员劳动强度和提高工作效率。已有系统实现了数据信息的共享，但未实现对现场设备如增压机、泡排泵、防腐加注泵等进行联网智能控制和操作。

威荣气田智能采气系统建设目标是在气田已建成的 PCS 系统和 SCADA 系统基础上，实现二者的高度融合，并进行大数据分析，建立生产动态和气藏动态智能分析模型，进行智能决策并下发操作指令，实现智慧气田。具体实现方案是，通过对页岩气井站巡检、检测、设备操作运行、阀门判断、气举、泡沫、增压等实施智能化决策和远程智能控制、实现无人值守，提高气田开发和管理水平。在用仪表管理方面，研发了监测仪表校验管理自动校验到期报警系统；生产井站平台巡检管理方面，为加强生产平台现场管线、设备泄漏等异常的监控和巡检、确保设备正常运转和生产安全，配置了激光甲烷泄漏检测仪、巡检机器人进行站场巡检、巡管无人机对站场外集输管线进行巡检等；气井生产维护及增压开采方面，为确保气井正常生产，及时排出井筒积液，如井筒排水采气方面开展智能泡排泵自动加注、智能柱塞气举；天然气集输设备保养方面，杀菌防腐加注系统。

目前，已初步完成了在用仪表校验到期自动提醒报警、智能泡排泵、巡检机器人和激光甲烷检测仪等智能系统建设和应用。

1.1 采气仪表校验到期自动提醒报警系统与应用

压力表、温度表、流量计等是油气田井站常用的计量仪表，需要定期检验以确保计量准确和生产安全。为了提高井站在用仪表有效期的管理能力，使用 MySQL 数据库和基于 Python 语言的 Pandas 数据分析包计算技术，研发了适用于油气田在用仪表器具检验日期自动提醒报警系统。系统设置多级管理功能，将账户分为管理员用户与普通用户两类。管理员用户拥有修改权和查询权两个权限，账户被分配给企业基层仪表器具管理人员和机关仪表器具管理部门相关管理人员；普通用户只能查看接收相关信息，无权录入、修改仪表器具的校验有效日期等，账户分配给普通人员。系统功能如图 1 所示。

用户首先在系统中进行注册，然后各级用户凭分配给的用户名设置密码登录。系统实行用户分级管理，用户凭密码登录，确保了数据资料的权威性。管理员用户登录后，可以修改仪表器具信息，如校验日期、有效日期、报警阈值、安装地点等信息，可以查询仪表器具信息，自动接收报警信息和下发任务清单。普通用户与管理用户相比，除无修改权外，其他权力与管理用户相同。在系统设计的过程中，在数据录入方面，首先考虑如何面对仪表器具数量多，类型多，同一类型的安装地点多，同一仪表器具重复检验安装使用的问题，采用仪表器具出厂编号为唯一身份信息，仪表校验日期、使用有效日期、安装地点位置等为附加信

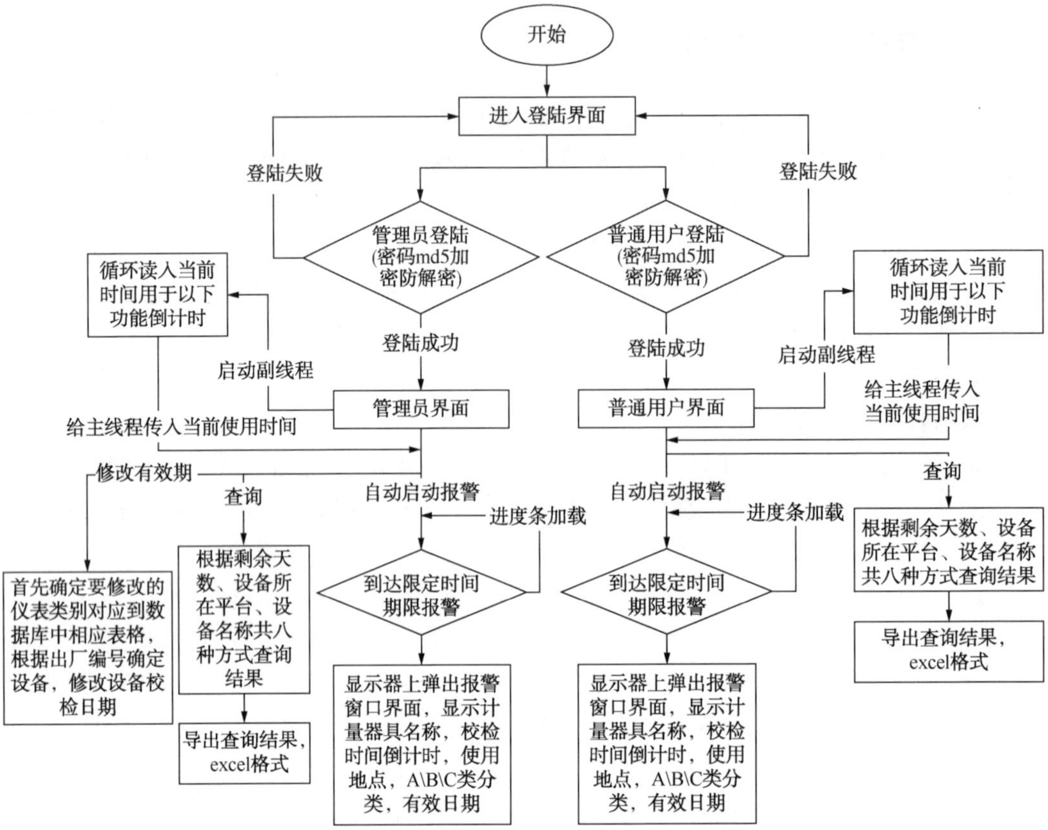

图 1　仪表检验到期报警系统功能图

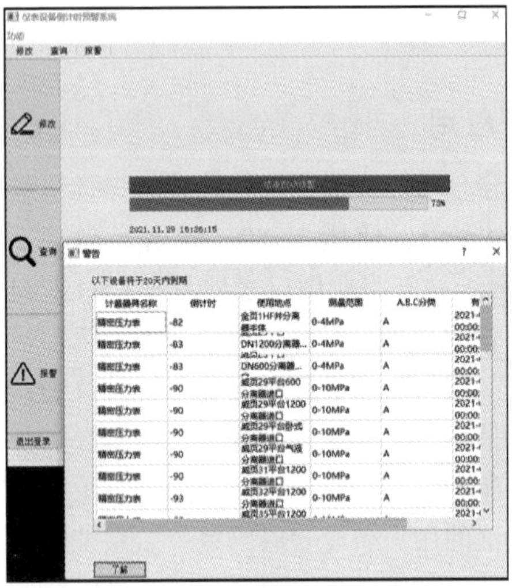

图 2　仪表校验到期自动报警界面

息；其次是基于气田场站使用的仪表众多，使用到期后更换频繁的问题，录入数据库方式采用 Excel 直接倒入数据库，减轻数据录入困难和出错的问题。

自动报警系统采用校验日期与电脑或服务器自带日期进行做差得到的时间即为预警倒计时，用户登录后电脑桌面自动报警和用户登录系统自动定时收到邮箱报警信息或手机收到短信(图 2)。

1.2　平台智能巡检系统与应用

1.2.1　气体泄漏快速检测技术

深层页岩气田普遍采取丛式井组设计，单平台布置有 6~10 口井，因平台井井筒出砂、细菌、CO_2 腐蚀等因素造成场站流程管线刺漏频次较高，单平台最高单日发生管线刺漏 3 次，成为影响场站安全平稳运行的关键因素，也是推进页岩气平台无人值守、片区巡检的重要安全隐患。采取固定式可燃气体检测仪开展甲烷泄漏监测，在 8 井式标准化场站中共安装 6 台固定式可燃气体检测仪，存在检测仪安装数量多、无法实现泄漏风险点全覆盖、对于微弱天然气泄漏不灵敏、设备维保频次较高等不足。

采用激光甲烷泄漏检测技术，实现泄漏快速精准检测与响应。非接触式激光检测技术平均检测响应时间约为 0.05s，相比于常规固定式可燃气体监测技术，单次响应时间减少 15min，大大提高了场站对可燃气体泄漏情况的响应能力。采用无接触全封闭式的结构，避免了设备近距离接触危险泄漏点，减少了传感器等精密仪器外露导致的异常，具有高精确度、高灵敏度、泄漏可定位、实时性强的特征，适应于页岩气场站气体泄漏快速准确检测需求(图 3)。

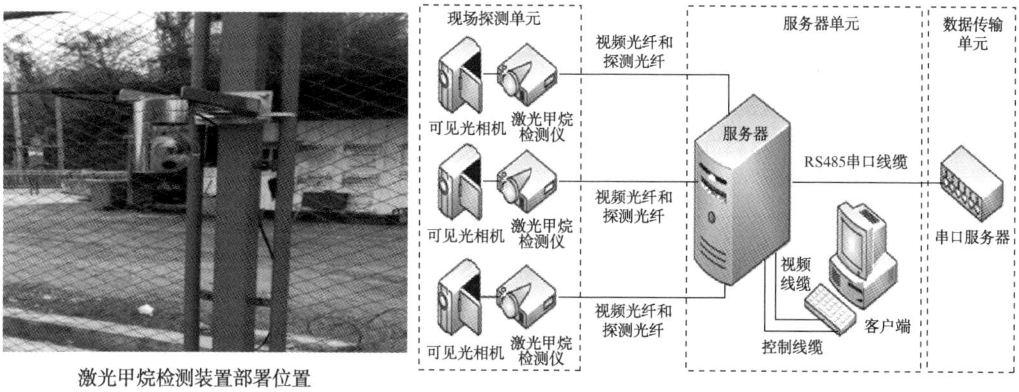

激光甲烷检测装置部署位置

图 3 激光甲烷检测系统构架示意图

激光甲烷检测仪单台设备可实现单个采气平台风险点全覆盖，通过在 2 轴云台俯仰轴和航向轴上布置步进电机，在水平垂直于俯仰轴的方向挂载检测仪与摄像头，可进行高精度可燃气体检测与视频监控同步的全向巡航。检测仪最远检测距离可达 150m，对比固定式可燃气体检测仪数量减少 5~7 套。预设检测装置按照“井口-节流撬-计量撬-分离器-外输撬”的巡检路线对目标点位进行扫描，点位之间的停留时间、进近速度、扫描半径等参数以泄漏发生频次为依据进行设定，10min 即可完成全场站的巡查。

通过传感器+视频监控+PC 终端联合检测方式，实现泄漏画面、泄漏位置、泄漏时间同一界面显示，检测结果实现实时回放查看。实现泄漏检测技术实现与场站自控系统、PCS 异常模型等安全保障系统联动，进一步推进“厂-管理区-班组”间构建良好的沟通反馈机制，提升泄漏异常应急处置速率，保障异常事件信息传输效率。

在威页 45、永页 8 平台开展测试，设备检测精度和灵敏度均满足检测要求。2024 年 1 月 5 日在威页 27 平台正式投用，软件系统远传至威荣集气总站监控(配置声光提示)。设置报警阈值 300~3000ppm，报警位置与班组人员手持检测仪结果对比，泄漏位置吻合，如表 1 所示。

表 1 激光甲烷检测结果表

测试平台	测试位置	测试距离/m	检测响应时间/s	泄漏点实际甲烷浓度/ppm	泄漏点激光甲烷检测结果/ppm	测试差值/ppm
威页 45HF	计量撬	20	<0.1	0	0	0
			<0.1	1137	1138	1
			<0.1	1380	1382	2

续表

测试平台	测试位置	测试距离/m	检测响应时间/s	泄漏点实际甲烷浓度/ppm	泄漏点激光甲烷检测结果/ppm	测试差值/ppm
永页 5	阀门	20	<0. 1	9651	9657	6
		40	<0. 1	3062	3065	3
永页 8	甲烷气袋	5	<0. 1	10000	10000	0
		20	<0. 1	10000	9992	8

依托平台信息化建成的基础，将检测数据集中共享至工区服务器，联动自控、PCS 系统等配套安全管理系统，提高工区泄漏检测及响应速度，增强工区泄漏早发现、早处置的能力。

1. 2. 2　智能机器人巡检技术

智能机器人采用搭载激光雷达与机载运算模块以及相关业务应用传感器的具有自主决策能力的移动巡检平台。采用同时定位与建图技术(SLAM)，通过全局路径规划实现平台自主导航，按照路线移动并可以主动避让。在威荣集气总站巡检路径为：仪表风→污水池→收球筒→三甘醇(重沸器)→计量流程→三甘醇(吸收塔)→分离器→压缩机。在自主导航巡检的过程中启动其他线程运行搭载的传感器，实现机械指针表和液位计数据记录、阀门状态检测、跑冒滴漏检测、异常声音检测等功能、入站人员识别及报警等功能(图 4)。

图 4　激光导航巡检机器人在威荣气田集气总站巡检

通过语音、文字、图像等记录存放，之后根据巡检数据建立异常模型(大数据)。智能机器人巡检具有监测类型广、灵敏度高、维护成本低等特点，通过运用信息化系统智能监控和预警功能，加强对气田关键设备设施的巡检，减少人工巡检频次，识别人工巡检难以发现的隐患，助力气田安全生产。

1. 3　智能排水采气系统与应用

1. 3. 1　智能泡排技术

智能泡排技术包括了实时诊断、智能决策、自动执行三个方面[2]。井筒积液诊断技术就是根据典型井油压、套压、产气量、产水量等生产数据，实测地温梯度、流压梯度等测试数据，结合多相管流理论建立适合于计算威荣气田各单井全井筒流态的积液诊断模型。通过现场单井实时井口压力、产气量、产水量采集的数据进行分析诊断井筒是否有积液、是否需要介入泡排，进行智能决策确定泡沫剂加入量，然后由决策系统发出指令，启动泡排加注泵加注泡沫药剂，当加入给出的泡沫药剂后自动关停泡排泵，一个平台一台泡排泵连接多口气井、可以根据决策系统的指令对各井分时进行加注泡沫药剂，从而实现气井的排水采气。

威荣气田目前采用的泡排泵为自动撬装泵的方式加注泡排药剂，撬装泵由 PLC 核心控制单元、起消泡泵和电磁阀两个执行机构、压力和液位传感器三种电气设备实现自动加注药剂。单机情况下，压力和液位负责监控撬装本体的安全情况，起消泡泵负责将药剂吸入加药管道并输送至气井中，电磁阀负责开关药剂管道，PLC 负责接收设备传感器情况并向执行机构输出相关指令。目前泡排撬仅实现自主定时切换井筒加注的功能，未接入工控 SCADA 系统和 PCS 系统，未与生产数据进行联动，全靠现场操作人员后期调整。

1.3.2 增压气举排排水技术

气举增压机由 PLC 控制柜、压缩机主机、电机、缓冲器、分离器、换热器、阀门、仪表、油泵、水泵等设备联动实现增压气举流程。压缩机将气田外输管网净化气抽入并压缩再排出进入采气树，实现油管注气套管排液或油套环空注气油管排液。目前平台上的小型增压气举设备同样脱离工控 SCADA 系统和 PCS 系统，主要由管理区技术员根据生产情况通知设备班组启停机。

1.4 杀菌防腐药剂加注系统与应用

威远气田深层页岩气需通过大型体积压裂才能生产，气井生产过程中产液多、出砂多，井筒、地面流程管道在使用周期中受沙砾冲刷以及液体、二氧化碳、细菌作用导致腐蚀情况严重，采用自动撬装泵的方式加注防腐药剂。自动撬装泵由 PLC 核心控制单元、泵和电磁阀两个执行机构、压力和液位传感器三种电气设备实现自动加注药剂。单机情况下，压力和液位负责监控撬装本体的安全情况，加注泵负责将药剂吸入加药管道并输送至输气管道中，搅拌泵负责防止药剂沉积，电磁阀负责开关药剂管道，PLC 负责接收设备传感器情况并向执行机构输出相关指令。目前防腐加注撬同样仅实现自主定时切换加注的功能，未与 PCS 系统生产数据进行联动，全靠管理区技术员操作管理。

2 工控系统现状分析

2.1 工控系统概况

威荣气田建有集气总站 1 座，配置 SCADA 系统，采气平台上的生产数据(传感器、流量计、PLC 状态等数据)通过有线或无线(DI/DO、AI/AO、RS485、Zigbee 等)传输到机柜内的 RTU，RTU 将数据打包后从交换机输出，通过自建光纤传输汇总至威荣集气总站工控系统服务器，各个场站间的自建光纤串联连接，首尾采气站使用租用专线连接并形成环网。工控系统服务器数据同步传输至 OPC 服务器，通过防火墙及路由器后，通过生产网专线传输至分公司数据中心、提供给 PCS 油气生产指挥系统使用。

2.2 工控系统配置

威荣气田集气总站主要由 2 台服务器、1 台 OPC 服务器、5 台操作员工作站、2 台工程师工作站、2 台移动工程师站组成。生产数据经自建光缆汇集到 OPC 服务器，经防火墙传输至分公司。各采气站配置站控系统 1 套，站控系统由 RTU、触摸屏、卡件等组成，现场未配置工作站，触摸屏用于就地控制，集气总站远程控制；另有新增工艺流程电动加注泵18套、平台压缩机10套，共26套PLC。RTU机柜16个(图5、表2)。

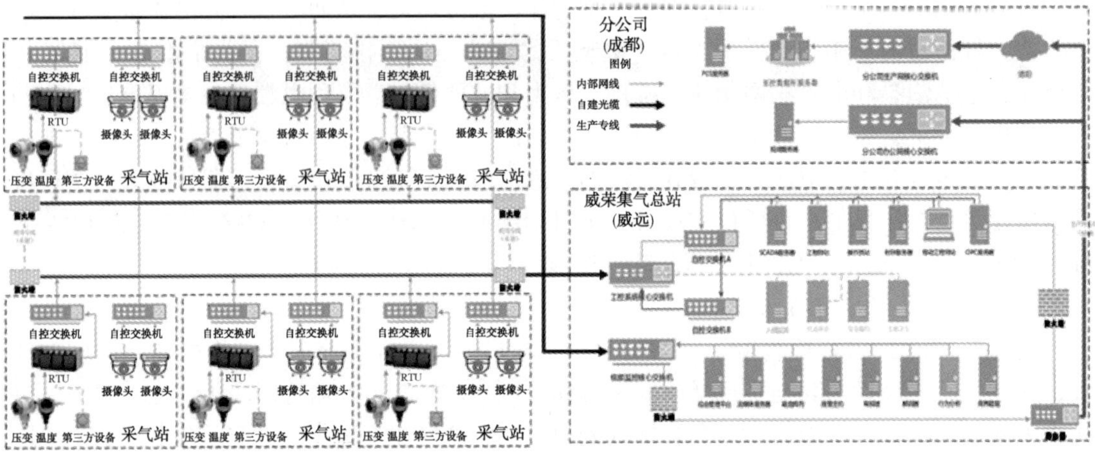

图5　工控SCADA系统拓扑图

表2　平台传感器配置

设备类型	数量/个	占比/%	无线占比/%
温度变送器	143	7.21	0
压力变送器	786	39.62	18.19
液位变送器	41	2.07	0
流量计	166	8.37	3.01
可燃气体检测仪	182	9.17	0
在线分析仪	5	0.25	0

3　站控数据处理与应用

3.1　数据应用情况

威荣气田工控系统目前实现了阀门启停、泵设备启停、井口安全阀关断3种电气设备控制。集气总站阀门启停包含进站出站自控阀、三甘醇出口与压缩机进出口自控阀、火炬放空自控阀、分离器排污液位自控阀等，由压力与液位数据进行上下限数值联锁控制；泵设备启停主要包含气泵与油泵等，由压力与液位数据联锁控制启停，集气总站不包含井口安全阀。平台场站阀门启停包含出站自控球阀，由出站压力控制；泵设备启停包含方井池与污水池螺杆泵，由液位与泵出口压力控制；井口安全阀包含安全阀液控柜中的电磁阀，由井口压力、流程压力、外输压力(高导、中导、低导)三处共同控制，到达阈值则启动阀门泄压，井口阀门机构执行动作关断出口。

3.2　就地服务器再次处理

目前站控数据未完全应用，如温度、流量，以及非关键设备等数据仍处于人工监控的状态，并未进入工控逻辑联锁控制，以及平台气井油套压和流量计数据也未与相关设备设施

(如措施作业设备)进行关联。因此，可以将数据进行收集并提取至高性能服务器(可外接和通信)处理。应用大数据分析，做数据标注及特征提取(向量化)，将不同数据之间建立关联关系(点乘、归一化)，最终建立生产数据、关键数据、设备状态数据等模型，为生产系统的自主控制提供基础。

3.3 站控数据与措施作业联动

计划让措施作业实现与生产数据进行联动，单设备如泡排、增压机、防腐泵自己独自与数据联动控制自身启停，多设备如增压机+泡排、泡排+防腐泵组合措施作业并与数据联动启停时机和运转周期。具体联动方式为，措施作业与油套压力、流量计数据联动，该系列数据由员工根据生产经验使用工控系统服务器做好数据预处理，之后输出控制指令控制增压机气举周期和启停机时机，泡排启停机时机和加注药剂的用量。措施作业后的数据入库记录，进行大量数据拟合，同时引入 MPC 预测模型和最优控制。对模拟的反馈数据(如四周期一流程)执行一个周期，预测未来三个周期。进一步加强输入量的控制，选择最佳转速减少泵的转动能量损耗，泵速又能控制最佳药剂量减少药剂浪费，还能减少输出误差如目标产气量差值与壁厚减薄的速率。

4 人工智能研究方向

4.1 LLM 结合现场生产应用

随着未来现场信息化建设的完善，工控系统的自控率提升，站控数据的推广应用以及 PCS 生产指挥系统的完善及功能数量增加，以及智慧气田无人值守的推广，人工智能辅助处理功能应用以及协助员工决策显得尤为重要。

因此，可以引入 LLM(大语言模型)结合现场生产经验辅助生产。LLM 采用 Transformer 框架，内部包含注意力机制，与站控数据可以实现很好地联动。前期对站控数据预处理并标记相关性权重值后，得知不同种类数据的相关性。进行人机交互时，把词语意义与位置多层编码(Encoder)融合记录，与预处理数据向量点乘并归一化处理，多层解码(Decoder)后得到决策内容。极大提高了员工对大量场站生产的处理能力，推进智慧气田无人化的建设。

4.2 思维链

技术员根据生产经验，将生产过程中遇到的各种重要问题和解决方案制作成为小样本，投喂给模型。增加小样本的同时，增加了模型推理的过程，可以使用站控大数据分析给出样本，命令 AI 分步骤思考，形成思维链，进一步提升准确率。

4.3 检索增强生成(RAG)

增加各种业务相关的外部知识文档训练数据，段落拆分以及提示对照，搭建企业知识库。可以通过开放各种外部知识库的接口，增加更多样本，让模型自主搜索并学习，再进一步提升准确率。

4.4 程序辅助语言模型(PAL)

语言模型对数据的处理能力尚有欠缺，由语言逻辑及词跟词之间的相关性得出的计算结果可靠性较低，但可以借用生成代码的能力生成公式代码。由自变量代替数字，解决模型计算精度欠缺的问题。借用思维链的提示能力生成 Python 计算的代码，让内置的 Python 解释器去计算结果，利用编程逻辑和代码执行，准确计算出结果，解答问题(图6、图7)。

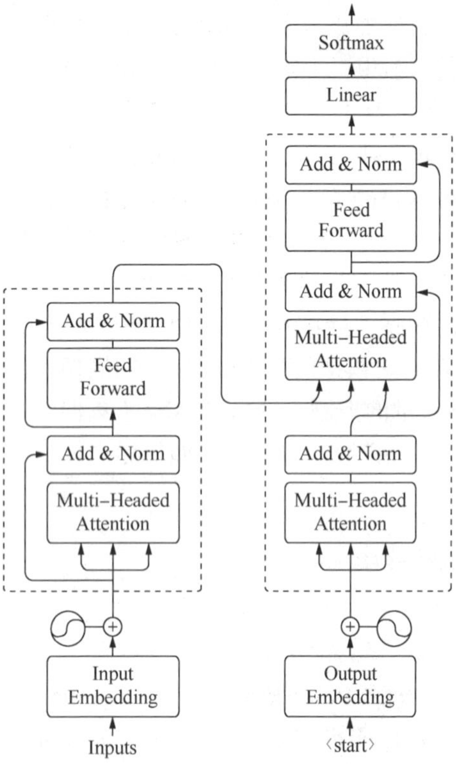

图6　transformer 框架流程

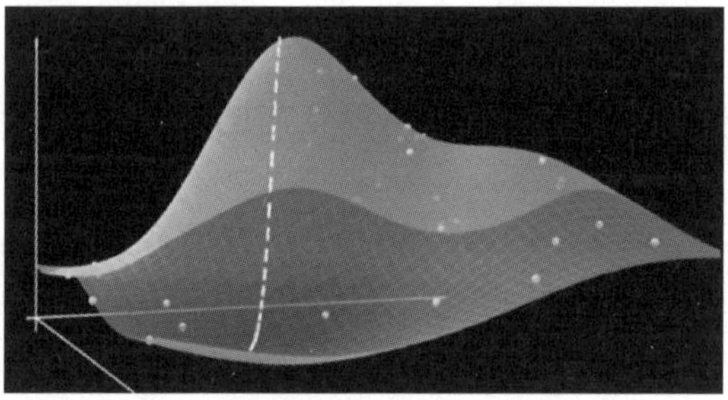

图7　误差趋势模型

4.5　ReAct 框架

后续进一步提升精度可以从 ReAct 框架入手，让模型推理(推理用户想知道的信息以及查询到的内容间地关系)、行动(搜索最新消息)、观察(查看是否搜索到了相关的知识点)，反复循环，大大提升模型回答结果的准确率。

5　结论

(1) 威荣气田采气仪表校验到期自动提醒报警系统的应用提高了仪表设备管理水平。
(2) 巡检机器人、激光甲烷快速检测技术为井站无人值守提供了技术支撑。
(3) SCADA 系统与 PCS 系统一体化、地质-工艺-信息化一体化是智能采气的发展方向。

参考文献

[1] 胡德芬，秦伟，冉丰华，等. 天然气生产数据集成整合与智能分析系统[J]. 天然气工业，2020，40(11)：96-101.
[2] 黄万书，刘通，袁剑，等. 智能决策系统与排液采气技术一体化研究[J]. 油气勘探与开发，2020，38(5)：43-48.

高含硫场站施工作业智能风险识别技术研究进展

徐慧兰[1]　卢克超[1]　邓一平[2]　邵德超[1]　李凯[1]　杨旭[1]

（1. 中石化川西天然气勘探开发有限公司，四川 成都　611930；
2. 中国石化西南油气分公司采气一厂，四川 德阳　618099）

摘　要：施工作业风险管控是企业关注的重点领域，传统监管模式监管效率低，及时性差，造成人力资源浪费，迫切需要引入人工智能技术完成气田智能化改革，有效提升作业管理效率，及时预警并制止人为事故的发生。本文针对高含硫场站施工作业智能风险识别技术的研究进展进行了综述，分析了施工作业管理现状存在的常见问题，总结了目前人工智能技术在风险识别中的应用情况，调研安全帽、工作服等个人防护用品穿戴检测，作业区域违规入侵检测、人员不安全行为检测、作业环境异常检测等应用场景，以期为智能风险识别技术运用于场站管理提供参考。未来需重点建立七大作业的标准数据集，将风险管控标准统一化、具象化、去经验化，并最终建立形成对应的功能集成平台，从多方面监控施工作业过程，提高安全管理效率，如有违规行为出现，及时预警，及时制止。

关键词：施工作业；人工智能；风险识别；实时检测；集成平台

0　前言

石油与天然气生产领域作为全球经济的推动行业，常伴随着较高的生产风险，其中，施工作业风险是企业主关注的重点领域。基于常规气田的开发经验，近年来，我国相继开发出普光、元坝、铁山坡等高含硫气田，改变了全国能源格局，有效保障了国家能源安全，但因高含硫气田具有易燃易爆、有毒高压等特点，极大地增加了气田施工作业风险，给企业和人民埋下了较大的安全隐患。从气田全生命周期来看，新井的钻完井、地面工程建设、气田平稳生产，设备老化维修，气田老井挖潜等诸多环节，都离不开施工作业风险管控。即使企业从严管理，但仍然存在诸多问题[1]，如作业风险识别不到位、安全措施落实不到位、监护人员履职不到位等，对于施工作业风险管控，大多数企业目前仍采用专人监管模式，监管效率低，及时性差。传统石油石化行业迫切需要引入物联网、大数据和人工智能等新技术[2]，完成气田智能化改革，在风险管控领域，施工作业风险智能识别技术的应用可有效提升作业的安全管理效率，及时预警并制止人为事故的发生[3]。在以往的油气行业风险智能管控综述中，主要聚焦于长输管道风险管控，在场站内作业风险智能管控方面的研究较少，但场站

作者简介：徐慧兰，女，硕士研究生，副主任师，工程师，中石化川西天然气勘探开发有限公司气田管理 3#站，主要从事设备管理工作，擅长管道腐蚀与防护、基建设备管理，入职后于多家二级单位轮岗实践，定岗后深入参与川西气田建设，现任职川西气田 3#站生产运行技术岗位。E-mail：xuhuilan. xnyq@ sinopec. com。

作业频繁，风险因素复杂、交叉干扰，风险管控应更加严格，更有必要辅助智能技术进行监管[4]。因此，本文将侧重对基于人工智能的高含硫场站施工作业风险智能识别技术研究进展进行综合评述，以期为将风险智能识别技术运用于场站管理提供参考。

1 施工作业管理现状分析

为规范企业施工作业安全管理，有效避免伤害事故，企业制定了相关的作业安全管理规范，涵盖高处作业、用火作业、动土作业、起重作业、临时用电作业、进入受限空间作业以及盲板抽堵作业。管理规定，作业期间业主方需配备专人监护，其中，特殊作业的安全视频监控信号需传输至监控中心，监控中心配备专(兼)职监控人员实施实时监控，及时发现、制止违章行为。特级用火、一级起重、Ⅳ级高处作业，情况复杂的进入受限空间作业等高风险作业，业主方必须明确管理人员带班，并由专业人员实施现场监护。另外，督查大队应聚焦作业现场，坚持每日现场督查，履行其现场处罚权和停工权，从严直接作业环节管理，杜绝严重违章行为[5]。从当前常见的安全风险管理模式来看，风险的有效管控受人的影响较大，每个人的安全意识、职业素养均不相同，难以达到统一的管控标准，经验主义较为严重。在高含硫场站新改扩建工程和日常检维修作业等施工作业活动中，常常表现出以下问题，亟待优化：

(1) 在施工作业中，JSA 安全风险识别仅停留在静态，作业过程中未进行实时、系统、动态的风险识别。

(2) 作业现场需封闭管理，现场常采用拉设警戒带，设置围挡等警戒措施，作业人员较易出入，活动范围难以掌控。

(3) 作业人员的安全意识差异较大，存在疲劳操作、误操作、违规操作等问题，难以及时发现和制止。

(4) 安全监护人员责任心不强，监护能力不足，受视听觉限制存在监护空挡和死角等。

事实证明，仅依靠人工监管无法做到作业风险的高度可控，人的不安全行为和不受控的偶发事件均会导致风险失控。有必要引入人工智能手段，加快施工作业风险智能识别技术的研究，提高公司的安全管理水平。

2 基于人工智能技术的风险识别

随着图像识别、深度学习、神经网络等关键技术的突破，人工智能技术也得到了新一轮的发展。其中，基于人工智能的识别技术在机器人视觉、货物检测、目标跟踪、自主导航、公安、银行、交通、军事、电子商务和多媒体网络通信等多领域得到了广泛的应用和发展。关于场站作业风险智能识别技术的研究较少，相应技术还处于起步阶段[6]。

随着信息化技术的大力发展，气田安全要求不断提高，我国大型油气田均已逐步实现工区视频监控全覆盖，这有助于减少现场人员巡检频次，节约人工成本。但对于海量监控视频的后续分析和评估，大多数企业往往仍采用人工模式，这对监控者的数量、个人经验和分析能力要求较高，且不易形成统一标准，未能较好地发挥出视频监控的作用和整体性能[7]。未来有必要朝视频监控智能分析方向发展，基于深度学习算法，建立七大作业的标准结构模型，通过对作业现场监控视频进行结构化处理，从场景中提取不同的关键属性，并与作业的标准结构模型进行比较分析，实现违规操作的智能识别与报警提示。

2.1 个人防护用品穿戴的合规性检测

正确穿戴个人防护用品在施工作业安全领域发挥着重要作用，包括佩戴安全帽、安全带，穿着防静电工作服，穿戴绝缘手套等。传统人工检查手段带有强烈的主观性，且难以实现对作业全过程的实时监管，基于机器视觉和人工智能技术相结合的劳保用品穿戴合规性智能检测技术逐渐成为研究热点[8]。

2.1.1 安全帽、安全带的检测算法

Park[9]等采用 HOG 特征进行目标区域内的人体监测，并使用颜色直方图监测识别人体区域是否存在安全帽。Rubaiyat[10]等首次将图像的频域信息与人体检测算法相结合，使用颜色和圆形霍夫变换特征提取方法检测个体是否佩戴安全帽。Du 等[11]提出了一种结合图像处理和机器学习方法的视频序列安全帽检测方法。这些研究大多采用传统的模式识别分类算法来检测目标，在复杂的施工环境中相对不稳定，检测速度较慢，无法达到生产环境中的实时检测和高精度要求，Guang Han[12]等针对这些问题，以 SSD 算法为基准，提出了一种基于跨层注意力机制和多尺度感知的目标检测算法，可以有效提高检测算法的准确率，此外，该算法引入特征金字塔和多尺度感知模块，帮助网络捕获不同尺度的目标信息，从而增强网络对目标尺度变化的鲁棒性。佘宏彦[13]等专门针对复杂施工环境，对施工工人佩戴安全帽的视频检测算法进行了研究，对比 YOLO、SSD 和 Faster-RCNN 等 3 个深度学习模型算法的性能，确认 YOLO v5 更适合复杂施工环境。同时，李雯[14]在 YOLO v5s 的基础上加入 CBAM 注意力机制，实现安全带佩戴自动检测(图 1)。

图 1 安全帽监测结果

2.1.2 工作服、手套的检测算法

刘琦[15]针对电气作业现场的实际环境，提出了一种基于深度学习的电气作业防护用具穿戴合规性检测总体流程设计方案，通过采取在主干网络引入注意力模块和优化损失函数等改进策略，提出了一种基于 YOLO v5s 改进的人员识别方法，满足实时性要求的同时提升操作人员和监护人员特征差异识别的准确率，同时，在确定工作服和绝缘手套覆盖身体部位的基础上提出了一种基于 UNet++改进的图像多类别语义分割算法，可进一步提升目标区域的分割精度(图 2)。翟永杰[8]为规范穿戴工作服识别方法，提出了一种融合改进特征图金字塔网络和注意力机制的识别算法，通过采用多层特征融合的方法来增强特征信息，实验结果表明，该模型的平均精度均值达到了 94.5%。

另外，在高含硫气田中，正压式空气呼吸器的正确佩戴尤其重要，需严格按照风险管控区等级确定空呼使用状态，经过广泛调研，目前尚未有关于空呼佩戴识别的研究报道，后续可结合作业场景，按一级风险管控区建立呼吸、二级风险管控区佩戴备用、三级风险管控区无须佩戴空呼进行精细化管理，有针对性地通过视频监控对空呼佩戴情况进行识别与检测。

同时，可进一步开展便携式硫化氢报警仪佩戴识别的相关研究，进一步完善高含硫场站个人防护用品穿戴的完整性检测，从预防保护的角度最大限度地保障了员工的生命安全。

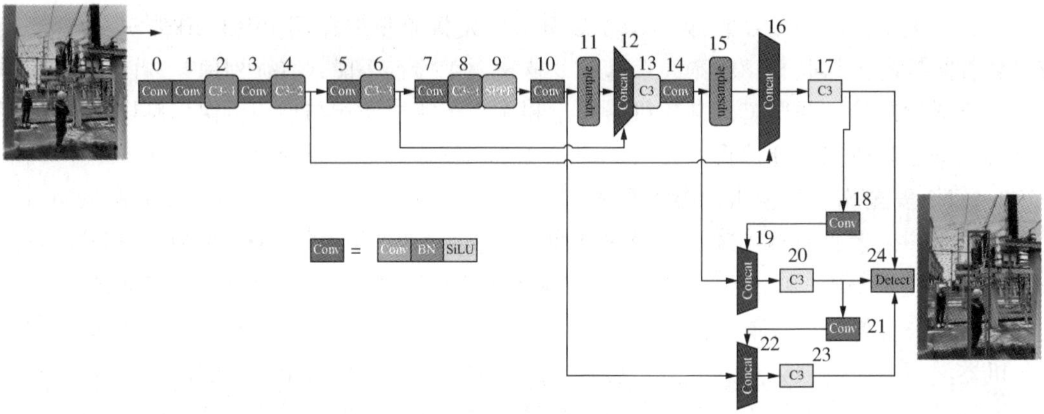

图2　YOLO v5s 网络模型结构

2.2　危险区域入侵检测

工区环境复杂多变，施工作业期间，无关人员违规进入作业区域，存在危害生命安全的风险。传统警戒方式一般为拉设警戒带或设置围栏，人员较易进出，难以实时掌握人员活动范围，增大作业安全风险[16]。随着信息化技术的发展，对目标区域的实时入侵检测有望应用于施工作业监控领域[17]。

Zhipeng Zhang[18]等针对铁路障碍物入侵问题展开研究，基于列车车载影像数据实现目标检测、入侵认定和风险分级预警，并探讨了该算法在弱光环境下的可行性。沈杰[19]提出了一种基于改进 YOLO v5s 模型的危险区域工人入侵警报系统，将基于 SGBM 算法双目测距技术融合进 YOLO v5s 目标检测中，能够较为准确地识别出工人是否进入危险区域，并进行声光报警。刘欢[20]开展了面向智慧工地的入侵检测算法研究，针对目前缺乏入侵检测数据集的问题，采集不同角度和不同天气下的多个工区真实视频进行数据标注，完成实地数据集的构建，提出一种基于 ViBe 和 YOLO v5 的入侵检测算法，可以实时检测特定区域的入侵情况并发出报警，提醒监管人员做好防范措施，从而提高现场安全管理水平，降低安全事故的发生风险。

2.3　人员不安全行为检测

在作业期间，人的不安全行为往往是事故直接原因，企业有必要及时发现危险源并遏制人的不安全行为。作业人员在长期工作中，危险意识容易逐渐麻痹，监管人员难以全程现场无死角监督，存在较大安全隐患。为及时预警人的不安全行为[21]，减轻监控人员工作强度，提高管理效率，引入更加智能的作业监管体系尤为重要[22]。正常对人体行为检测一般有3个步骤，包括目标跟踪与精准检测、目标特征提取、利用行为检测数据集进行比对识别。

Navon[23]等根据施工现场事故原因分析，在作业监控过程中，建立自动化识别危险源的模型，可有效识别人员坠落危险源，同时对监管人员进行示警。刘铮[24]等在施工作业行为检测研究中引用虚拟现实技术，建立了一个施工现场的危险源识别库，进一步提高了分析准确率。任敏[25]等在危险源识别的基础上，引入 LEC 风险评价法确定危险源的风险等级，设计了一个完善的现场安全预警系统，并可提供应急预案。目前较为成熟的视频异常行为检测项目主要应用在安检场景，可有效检测可疑行人滞留，识别危险隐患物品，并对异常行为进行分类决策，准确检测人员异常行为(图 3)。

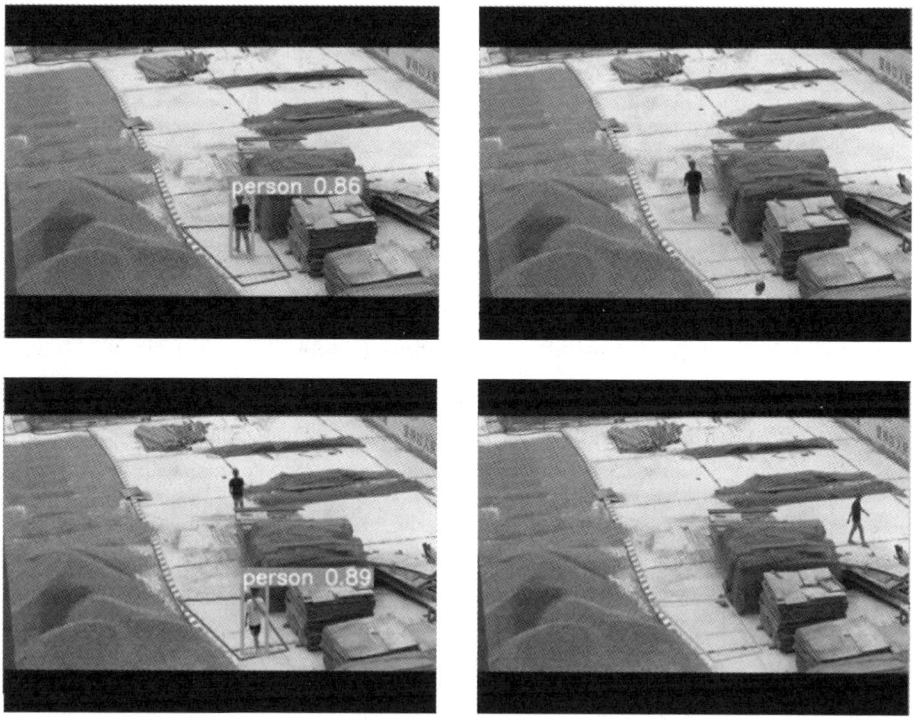

图 3　区域入侵检测

以高处作业为例，人员不安全行为包括人员奔跑、跳跃，不正确使用安全绳及安全挂钩，易滑倒摔伤，发生高处坠落事故[26]。在作业过程中，当作业人员位置变化较大、安全挂钩图像缺失时，即认定出现异常行为，可采用 Meanshift 算法进行目标跟踪[22](图 4)。

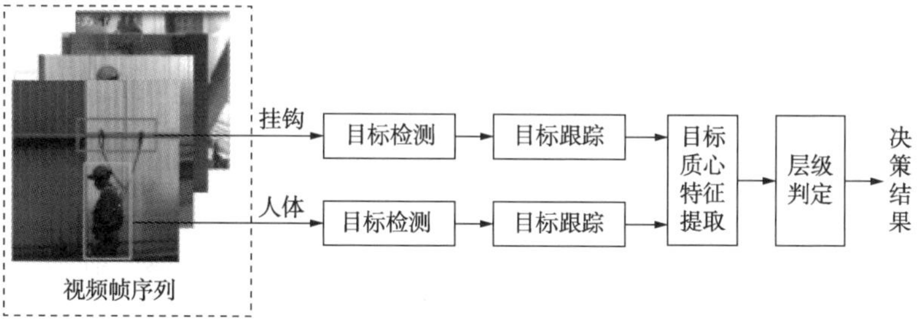

图 4　基于目标特征分析的异常行为检测原理图

在高含硫天然气净化场站这类易燃易爆场所，吸烟容易引起火灾爆炸，而手机通信使用的无线电波则会干扰净化场站既有的电磁波环境。因此在作业期间，针对抽烟、拨打电话等违规行为的检测也是有必要的。马晓菲[27]首先通过改进的 MTCNN 算法对人脸进行检测，并辅助 MobileNet-V1 进行抽烟行为检测。黄训平[28]结合 MSRCR 算法和 Haar-Adaboost 算法，设计了一种基于吸烟烟雾特征和吸烟动作特征的检测算法，实现出租车司机吸烟行为自动检

图 5　提取前景目标

测。但因识别目标过小，抽烟行为识别特征过多，目前现有的智能化抽烟行为算法大多无法再复杂环境中应用[29]。李小曼[30]重点基于区域提案的目标检测方法开展研究，收集驾驶员手持通话状态的数据集，提出一种改进 Faster R-CNN 的手机物体检测方法，并引入扩张卷积的思想来优化检测模型，可提升检测性能 3.26%。张越[31]针对检测视频中的人员抽烟与打手机行为，提出基于 FairMOT 多目标跟踪框架扩展的视频目标行为检测算法，在目标跟踪的同时，对每一个目标预测出帧密集的时间序列行为属性特征，再利用 LSTM，做出帧密集的行为预测(图 5)。

2.4　作业环境异常检测

为减少场站建设征地，各工艺管线和设备间隔较小，尤其是许多成组铺设的电缆，所处空间狭窄且相对封闭，若场站内发生火灾，相互干扰较大，易迅速蔓延。大多数场站内已普遍安装有火灾报警与烟雾报警装置，但还不足以迅速锁定火源详细位置。Hongqiang Fang[32]等使用摄像机根据火焰特征(如空间变异性、面积变异性和形状变异性)检测和定位火源。他们将颜色检测与运动检测相结合，以加快检测和定位过程。Xiaojiang Liu[33]等针对管廊火灾火源识别领域提出了一种自适应粒子群优化(PSO)算法，与传统的火灾探测方法相比，该算法不受特定环境和复杂火灾传播机制的影响，仅根据几个温度值即可识别火源位置。张旭彤[34]设计了一种基于 YOLO V5 的火源智能检测定位方法，以 YOLO V5 为基础，利用 CIOU (Complete Intersection Overunion)损失函数对 anchor(anchor-boxes)与 GT(Ground Truth)进行精准框定，并将 Leaky RELU 激活函数替换为正则化和激活函数相结合的 GELU(Gaussian Error Linear Unit)，另外，在准确检测出火源的同时，采用平行双目定位算法对火源进行空间定位，以实现火源检测与定位的智能一体化。

3　发展趋势与现存问题分析

智能风险识别技术的发展依赖于高清视频、5G 网络以及智能化算法。随着当前视频监控系统的逐步高清化，云技术、大数据、人工智能以及物联网等先进科学技术水平的不断进步，智能风险识别技术得到了强大的技术支持。其中，视频监控系统是基础，高清化的视频图像为视频分析提供了丰富的信息，未来的视频监控系统将彻底转变信息采集、传输处理、系统控制的方式与结构形式，有效提升视频监控的智能化程度以及应用价值，伴随着当前安防监控平台的大力发展，视频监控将朝向更集成、更智能的方向发展，应用前景广阔。同时，在高清视频的基础上，对智能化分析算法与处理器运算性能的要求日益提高，基础的智能分析功能已无法充分满足用户需求，未来有望向分析行为、跟踪关联、视频检索等高级智能分析领域拓展。

对现场应用而言，施工作业智能风险识别技术需要实现的功能主要包括施工作业过程的实时监控，违章行为的实时抓取，视频风险智能识别并主动预警，此技术的应用可有效节约监督人力资源，提升安全监管质量，有效降低安全风险。目前，中国石化西南油气分公司主要将施工作业智能风险识别技术集成至石油工程业务管理平台(IPPE)，以实现人员违章行为的智能识别与主动预警，此外，该集成平台还可同步实现工程大数据的实时传输，全面采集，对所有工程作业做到全专业、全方位、全过程在线管控，其远程监督功能累计发现工程异常超4000项，制止“三违”行为数百次，人员投入大大减少。中国石油西南油气田则主要依靠“安眼工程”实现作业监督，即承建“安全生产智慧眼可视化智能识别工程”，研发智能分析工具，构建统一的数据共享平台，已完成36种视频智能分析场景模型的现场部署应用，实现了人员违章行为和生产运行现场异常状态自动识别及智能预警。华北油田、江汉油田、辽河油田、塔里木油田等单位正开展相关建设工作。

目前市面上此类集成系统仍处于试运行阶段，尚未完全成熟，亟待推进研究，尤其是针对石油石化场站的七大作业领域，未来有望基于人工智能技术，建立七大作业的标准数据集，将风险管控标准统一化、具象化、去经验化。后续应创新性运用人工智能技术，整合算法，建立功能集成平台，以达到施工作业智能风险识别的目的。按目前研究现状来看，作业区域空间大小不定，摄像头安置的位置和角度具有一定的局限性，静止摄像头的目标跟踪已得到较好地实现，但当摄像头转动时会影响背景模型的建立，此时实时目标的跟踪准确度仍有不足，目前常用的动态目标跟踪算法有待进一步的改进。同时，随着作业人员人数增多，若出现严重遮挡重叠等情况，会影响到算法的判定条件，无法对每一位人员的异常行为做到全面检测，针对此类细节问题仍需开展深入研究，为未来智能风险识别系统的应用奠定基础。

4 结论

(1) 总结了当前施工作业管理中存在的常见问题，管控标准不统一，且无法做到实时、全面监管，有必要引入人工智能手段，加快智能风险识别技术的研究，提高企业的安全管理水平。

(2) 侧重分析了施工作业过程中智能风险识别的功能需求，包括个人防护用品穿戴检测、危险区域入侵检测、人员不安全行为检测、作业环境异常检测等，从多方面监控施工作业过程，提升安全管理效率，如有违规行为出现，及时预警，及时制止，以达到智能监控的目的。

(3) 从需求入手，重点调研所需功能的专业领域，探讨其人工智能技术的研究进展及应用现状，以期为将智能风险识别技术运用于场站管理提供参考。

(4) 未来有望基于人工智能技术，建立七大作业的标准数据集，将风险管控标准统一化，具象化，去经验化，建立对应的功能集成平台，以达到高含硫场站施工作业智能风险识别的目的。

参考文献

[1] Ma J. The Application of Artificial IntelligenceTechnology in the Safety Monitoring System of Oil and Gas Ground [J]. Procedia computer science，2023，228：486-493.

[2] 志刚. 人工智能在医疗产业中的应用[J]. 大众科学，2018(10)：44-45.

[3] 王亚珅，陈浩，葛悦涛，等. 2023年人工智能领域科技发展综述[J]. 战术导弹技术，2024.

[4] 王金江，关鹏婷，陈卓，等. 基于深度学习的检修作业过程风险智能预警[J]. 中国安全科学学报，2023，33(10)：16-22.
[5] 薛志钢，许晨旭，巫波，等. 基于深度学习与机器视觉的起重机吊装安全监测方法[J]. 科技创新与应用，2024，14(02)：1-5.
[6] 陈晓琳. 机械作业安全风险智能识别技术[J]. 设备管理与维修，2023(22)：47-49.
[7] 李文涛. 智能巡检系统在变电站中的研究与应用[J]. 中国新技术新产品，2023(13)：4-6.
[8] 翟永杰，张祯琪，陈年昊. 融合改进 FPN 和注意力机制的规范穿戴工作服识别方法[J]. 电力科学与工程，2023，39(01)：37-43.
[9] Park M W，Brilakis I. Construction worker detection in video frames for initializing vision trackers[J]. Automation in Construction，2012，28：15-25.
[10] Rubaiyat A H M，Toma T T，Kalantari-Khandani M，et al. Automatic detection of helmet uses for construction safety [C]//2016 IEEE/WIC/ACM International Conference on Web Intelligence Workshops (WIW). IEEE，2016：135-142.
[11] Du S，Shehata M，Badawy W. Hard hat detection in video sequences based on face features，motion and color information[C]//2011 3rd international conference on computer research and development. ieee，2011，4：25-29.
[12] Han G，Zhu M，Zhao X，et al. Method based on the cross-layer attention mechanism and multiscale perception for safety helmet-wearing detection[J]. Computers and Electrical Engineering，2021，95：107458.
[13] 余宏彦，安长智，高佰灵，等. 复杂工地环境下的安全帽视频 AI 监测算法的研究[J]. 工业安全与环保，2022，48(12)：4.
[14] 李雯. 基于视觉技术的车间操作人员安全监测系统研究[D]. 大连交通大学，2023.
[15] 刘琦. 基于深度学习的电网作业防护穿戴合规性智能检测方法研究[D]. 大连海事大学，2023.
[16] 王欣宇. 视频监控中特定区域入侵检测算法设计与实现[J]. 计算机技术与发展，2014(10)：159-162，166.
[17] 薛八阳，杨忠，钟山，等. 基于目标跟踪的区域入侵检测方法研究[J]. 电子测量技术，2015，38(02)：51-54.
[18] Zhang Z，Chen P，Huang Y，et al. Railway obstacle intrusion warning mechanism integrating YOLO-based detection and risk assessment[J]. Journal of Industrial Information Integration，2024，38：100571.
[19] 沈杰，黄晓华. 基于改进 YOLO v5s 算法的危险区域入侵报警[J]. 计算机系统应用，2023，32(03)：157-162.
[20] 刘欢. 面向智慧工地的入侵检测算法研究[D]. 重庆理工大学工程(计算机技术)，2022.
[21] 肖体刚. 基于深度学习的作业人员异常行为智能检测技术研究[D]. 四川轻化工大学，2021.
[22] 曹陇鑫. 高危作业异常行为视频监测算法研究及实现[D]. 西安建筑科技大学，2020.
[23] Navon R，Kolton O. Model for automated monitoring of fall hazards in buildingconstruction[J]. Journal of Construction Engineering and Management，2006，132(7)：733-740.
[24] 刘铮，孙俊，邵剑龙. 基于虚拟现实技术的施工安全危险源辨识库研究[J]. 施工技术，2004，33(12)：51-53.
[25] 任敏. 基于危险源识别与评价的建筑施工安全预警系统研究[D]. 西安建筑科技大学管理科学与工程，2008.
[26] 沈加炜，陆一鸣，陈晓艺，等. 基于深度学习的人体行为检测方法研究综述[J]. 计算机与现代化，2023(09)：1-9.
[27] 马晓菲. 基于人脸分析的公共场所吸烟行为检测系统研究[D]. 燕山大学[2024-02-25].

[28] 黄训平. 出租车司机吸烟行为自动检测系统的设计与实现[D]. 北京工业大学[2024-02-25].

[29] 周翔宇，曲喜悦，许杰，等. 改进 YOLO V5 目标检测模型的实时抽烟检测方法[J]. 计算技术与自动化，2023，42(04)：81-84.

[30] 李小曼. 基于深度学习的驾驶员手持通话状态检测方法研究[D]. 中国矿业大学[2024-02-25].

[31] 张越. 基于深度学习的抽烟与打手机行为检测算法研究[D]. 电子科技大学电子与通信工程，2021.

[32] Fang H，Xu M，Zhang B，et al. Enabling fire source localization in building fire emergencies with a machine learning-based inverse modeling approach[J]. Journal of Building Engineering，2023，78：107605.

[33] Liu X，Sun B，Xu Z D，et al. An adaptive Particle Swarm Optimization algorithm for fire source identification of the utility tunnel fire[J]. Fire Safety Journal，2021，126：103486.

[34] 张旭彤，胡鹏，赵鑫，等. 火灾预警中基于 YOLO V5 的火源智能检测定位方法[J]. 微电子学与计算机，2023，40(3)：67-74.

天然气采气生产数字化转型实践

朱 敏[1] 姜 超[2] 胡尧熙[1] 陈代军[1] 李荣娟[3] 龚云洋[4]

(1. 中国石化西南油气分公司信息化管理中心，四川 成都 610041；
2. 中国石化西南油气分公司，四川 成都 610041；
3. 中国石化西南油气分公司采气一厂，四川 德阳 618000；
4. 中国石化西南油气分公司采气三厂，四川 中江 618100)

摘 要：采气厂业务纷繁复杂，传统组织运行模式存在着现场管理到位差、人均劳动效率低、异常发现与处置周期长等诸多弊端，严重制约气田绿色、安全、效益开发，数字化转型发展已是必然选择。按照“数据+平台+应用”信息化建设新模式要求，总部统筹组织安排西南牵头承担气田 PCS 建设及上游推广，以促进采气生产内外操岗位协同与生产组织模式变革为目标开展气田数字化转型探索实践。通过采气业务系统梳理分析，开展信息化条件下业务执行标准、逻辑和流程优化设计；通过统一生产信息化建设、改造数据采集传输标准，对井、站实时数据实行集中管控，实现业务运行与 EPBP 深度融合、高效互通；通过综合应用组件化开发、云化部署等信息技术，保障采气现场复杂条件下内外操快速响应处置，着力改善用户体验。有效提高了采气厂生产效率，降低了异常情况处理响应时间，实现了管理机构、业务流程及人力资源优化和气井精细化管理。更好支撑企业数字化转型。

关键词：天然气开发；数字化转型；生产信息化；实时数据管控

0 前言

天然气勘探开发是一个集物探、勘探、工程、开发、销售于一体的系统性工程，采气厂作为最终实现天然气平稳高效采出的关键环节，其各项业务的协同高效运转显得尤为重要。采气厂业务一般具有管理地理区域广、管理作业队伍难度大、生产安全风险高、采集收集信息复杂、员工简单重复操作多等特点，随着气田开发规模的不断扩大，传统生产管理模式在现场管理、异常处置、劳动效率、效益评价等方面存在的问题愈发凸显。

本文主要阐述采气厂如何依托生产信息化建设基础，通过业务转型设计、制度配套、信息化系统建设开展数字化转型实践，对采气厂管理精细化提升、生产组织扁平化管理改革及异常工况处置效率提升起到重要作用。

近年来，随着信息技术的飞速发展，以“云计算、移动互联网、大数据、物联网、人工

作者简介：朱敏(1994—)，男，2017 年 7 月毕业于长春理工大学测控技术与仪器专业，本科学历，工学学士。现就职于中国石化西南油气分公司信息化管理中心，担任信息系统开发一职，长期从事油气田信息化研究及推广工作，专利获授权 13 件，其中发明专利 2 件，实用新型 11 件。E-mail：zhumin6.xnyq@sinopec.com。

智能”为代表的新一轮数字浪潮风起云涌，数字化、智能化技术逐步成为油气行业发展的重要引擎，为企业推进数字化转型带来强劲动力。

开展数字化转型是国家、集团及公司层面的共同要求。习近平总书记多次在重要会议、重大场合发表重要讲话，强调要顺应第四次工业革命发展趋势，加快数字产业化、产业数字化，引导数字经济和实体经济深度融合[1]；集团公司“十四五”信息化发展规划目标中指出，以新发展理念为统领，以加快数字化转型、促进高质量发展为核心，统筹推进信息化 432 工程建设[2]；西南油气分公司明确指出，要加强新型信息基础设施建设，加快传统产业数字化转型，稳步推进智能化“田厂站院”建设，积极推进“工业互联网+安全生产”试点[3]。

开展数字化转型是破解采气生产面临问题的迫切需要。公司通过近年建设，实现了生产现场关键生产信息自动采集传输全覆盖、视频远程监控全覆盖，但同时也面临以下三方面问题。一是近年来老区递减快、新区上产慢、人均劳效比低，站场巡检、措施作业等关键业务流程未实现数字化管理，粗放式管理现状并无改观；二是海量回传的数据缺少深度分析，无法支撑气井异常的快速精准判断与处置，气井异常发现时间长，人工处置效率低；三是“厂管站”扁平化运行模式对采气厂管理能力提出了较高要求，缺乏相应技术手段对管理创新落地进行支撑。

因此，将数字技术应用于采气厂生产管理，以数字化转型思维指导业务变革，是提升采气厂生产效率及降低人工成本的关键手段。

1 数字化转型实践

根据集团公司数字化转型研究报告，企业数字化转型定义为“以价值创新为目的，用数字技术驱动业务变革的企业发展战略”，主要包含技术驱动、业务转型及组织转型三要素，通过着力培养壮大数字生产力，不断调整与数字生产力不相适应的生产关系，最终实现价值效益不断提升。

在采气厂数字化转型实践过程中，主要按照生产信息化改造、业务转型设计、制度配套及信息化实现四个步骤开展。生产信息化改造即利用变送器、无线数据远传、实时数据管理等技术实现对采气现场温度、压力、流量等海量数据的实时传输、集中管理和实时感知；业务转型设计即以支撑基层内操、外操、专业维修、应急抢险等岗位在信息化条件下劳动组织方式与生产运行模式变革为目标，开展厂级采气生产业务的场景梳理和业务运行、组织管理模式转型设计；制度配套即根据业务转型设计梳理涉及的各项制度并及时进行调整；信息化实现即按照业务转型设计开展信息化建设，确保新的效益增长点等价值创新最终落地。

1.1 生产信息化改造

为了降低气田生产成本，延长气田气井全生命周期，中国石化集团公司从 2013 年陆续组织开展老区生产信息化改造，新区信息化建设实现“三同时”，确保气田生产信息化全覆盖，全面实现现场数据自动采集、视频远程监控和部分关键设施远程控制，为气田优化生产管理方式提质增效，进一步转型升级并最终实现数字化转型奠定基础。

什邡气田作为中国石化生产信息化试点单位，2016 年开展了生产信息化示范建设，完成了外井、井站、阀室关键生产参数与现场视频的自动采集传输和集中监控，2017 年投入运行。建立了气田生产信息化采集标准，形成了可复制的生产信息化应用模式，为后续气田信息化建设提供了示范。2019—2020年，德阳、金堂、中江区块参照什邡气田建设经验，相继完成气田生产信息化建设并于2021年1月正式运行，至此西南老区气田改造全面完成，生产信息化实现全覆盖。

元坝、威荣等近年新建设区块也全部将信息化配套建设纳入“三同时”管理，从设计到施工到投运，信息化建设全部同步进行，气井投产后信息化同步投运，全面完成了关键生产信息采集回传、视频回传，保证了气田信息采集的统一规范，也为信息化后数据分析应用提供依据。

1. 数据标准采集

针对现场井口、流量计、水套炉、分离器、地层水罐等主要采集对象，制定采集仪表选型要求、优化站场数量、合并相似相近数据源，同时增加必要的安全监测及至少2套摄像机，形成气田生产信息化数据采集标准(表1)。

表1　生产信息化选型与采集标准

<table>
<tr><th>对象</th><th>监控模块</th><th>采集参数</th><th>数据采集频率/min</th></tr>
<tr><td rowspan="3">外井</td><td rowspan="3">井口</td><td>油压</td><td rowspan="3">30</td></tr>
<tr><td>套压</td></tr>
<tr><td>环空压力</td></tr>
<tr><td rowspan="13">井站</td><td rowspan="3">井口</td><td>油压</td><td rowspan="8">1</td></tr>
<tr><td>套压</td></tr>
<tr><td>环空压力</td></tr>
<tr><td rowspan="3">水套炉</td><td>进水套炉压力</td></tr>
<tr><td>出水套炉压力</td></tr>
<tr><td>膛温</td></tr>
<tr><td rowspan="2">分离器</td><td>本体压力</td></tr>
<tr><td>液位计高度</td></tr>
<tr><td rowspan="2">流量计量系统</td><td rowspan="2">流量、压力、差压、温度</td><td>1</td></tr>
<tr><td>30</td></tr>
<tr><td>污水罐</td><td>液位计高度</td><td>1</td></tr>
<tr><td rowspan="2">进出站阀组</td><td>进站压力</td><td rowspan="2">1</td></tr>
<tr><td>出站压力</td></tr>
<tr><td>阀室</td><td>管网</td><td>压力</td><td>30</td></tr>
</table>

2. 站场多端组网

针对气田井场分散、数量多、光纤租用及运维成本高的问题，建立了光纤租用、无线4G、无线网桥相结合的低成本组网模式。每站配置1套RTU采集系统，仪表通过Zigbee信号将数据传输至RTU，生产数据与视频信号通过光纤专线传输，距离较近的站场通过无线网桥传输，外井、阀室通过无线4G APN专网传输。

3. 视频智能应用

信息化后全部站场实现了视频远程实时监控，基于实时视频建立部署周界报警系统，主要是对站场的重点监控区域，如大门、地层水罐划定报警区域，有非法闯入时，系统分析判断报警并实时跟踪，快速定位非法闯入站场区域视频，同时现场与监控中心启动声光报警。摄像头转动后通过设置预置点自动归位，确保周界报警功能连续有效运行。

1.2 业务转型设计

在数字化转型过程中，为了将运营管理和信息数据有机融合，需要建立以生产运行为核心的管控模式，梳理生产运行相关业务场景，持续分析与优化，将生产管理规范细化落实。采气厂业务转型设计主要开展业务场景梳理和业务流程设计两部分工作。

1. 业务场景梳理

业务场景梳理以生产组织运行关键业务为重点，以支撑基层内操、外操、专业维修、应急抢险等岗位在信息化条件下劳动组织方式与生产运行模式变革为目标，兼顾安全管理、销售、物资设备、人员管理业务，全面梳理采气厂生产运行主要业务场景。

通过梳理，生产运行业务场景总体划分为采气生产、油气销售、物资装备、安全管理、人员管理 5 大类 29 项(表 2)。

表 2　业务场景梳理明细表

序号	业务类型	业务场景名称
1	采气生产	产量计划、调度管理、产量劈分、动态分析、措施维护、增压管理、回注管理、井下作业、试井作业、油水拉运、气井制度、站场巡检、电子巡检、现场检查、甲醇加注、连续泵注、轮井计量、电子巡检
2	油气销售	天然气销售、管网运行、高后果区管理、计量管理
3	物资装备	设备运行保养、特种设备管理、药剂管理
4	安全管理	作业监护、应急资源
5	人员管理	交接班管理、站场门禁管理

2. 业务流程设计

针对梳理中凸显的业务管理问题，必须开展信息技术与业务深度融合，充分挖掘信息资源，推进业务流程再造，增强采气厂核心竞争力。因此，针对 5 大类 29 项业务场景，以生产精细化管理、生产运行指挥高效、安全监管能力提升为目标开展业务流程详细设计，支撑“厂管班组”新型组织运行及内外操协同联动。

业务设计纵向上按照“计划制定—任务派发—执行任务—处置反馈—评价评估”，横向按照涉及的岗位排列的结构进行设计。

以措施维护作业为例，该业务主要面向气井、生产设备的措施与维护，通过措施维护及时解决气井积液、管线积液等情况，维持正常生产(图 1)。

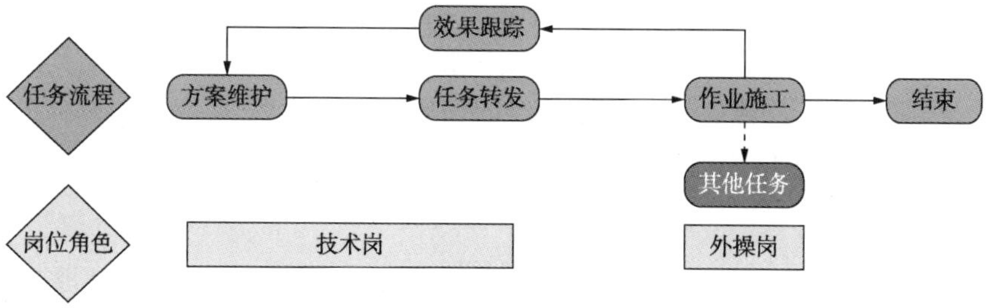

图 1　措施作业管理流程图

在原有模式下，方案维护、任务派发、效果跟踪几项节点需手工完成，作业施工后相关信息手工录入系统。作业施工完成后相关作业任务需人工安排，跟踪闭环，环节多效率低。

业务模式优化后，方案维护、任务派发、效果跟踪几项节点全部实现线上管理，自动派发，作业施工后，施工人员APP端确认并完成业务数据更新即可。作业施工完成后相关作业任务自动派发推送，完成后自动闭环。方案配置后系统自动根据方案派发任务，关联任务自动触发推动，全称无须人工干预，效率将大幅提升。

1.3 推进制度配套

制度配套是采气厂数字化转型的管理保障，通过业务转型梳理设计形成的业务标准规范，需进一步在制度层面进行固化和明确。

在数字化转型驱动下，结合厂管站改革试点，采气三厂率先开展了制度配套建设。2021年以前采气厂直接执行局级制度309项，承接局级制度34项，自建厂级制度11项。结合数字化转型、生产模式转变及组织机构变化，采气厂新增《值班管理实施细则》等39项制度，修订完善《混合液管理实施细则》等39项制度，废止《EPBP无纸化办公实施细则》等10项制度（表3）。

表3 采气厂制度梳理汇总表

序号	单位(部门)	2020年制度梳理/件			2021年制度梳理/件			梳理意见/件		
		承接局级制度	直接执行局级制度	自建厂级制度	承接局级制度	直接执行局级制度	自建厂级制度	新增	修订	废止
1	综合管理部	3	30	1	6	33	0	6	5	1
2	组织人事部	6	60	4	10	56	1	4	5	7
3	党群工作部(纪检监督部)	4	50	2	5	51	2	2	1	0
4	企管法律部	4	20	2	6	21	2	3	5	0
5	财务计划部	3	20	0	6	24	1	8	4	0
6	生产运行中心(物资设备部)	5	40	1	6	44	1	5	9	0
7	开发技术中心	5	32	1	4	35	0	3	7	2
8	安全环保部	4	57	0	5	64	0	8	3	0
合计		34	309	11	48	328	7	39	39	10

以《采气三厂混合液管理实施细则》为例，结合数字化转型、“厂管站”机构改革，重新修订各职能部门、各班组对业务范围内的混合液管理职责，明确“生产运行中心是混合液管理的归口管理部门，负责混合液生产过程中的统筹调度、协调及日常监督管理”，“内操班在生产运行中心和开发技术中心的指导下负责具体的混合液承运单位车辆的调度、监控和拉运过程的安全监督，负责视频监控巡查和PCS系统数据巡查，负责报警信息的处置”。通过制度的修订，将原先的“管理区+生产运行科”的粗放管理模式转变为生产运行中心统筹，内操班调度与监控，外操执行的内外操联动模式。

1.4 信息化实现

要把业务转型设计和制度要求的内容落地，要实现数字化转型价值效益提升，离不开技术驱动这个主要手段。借助总部气田PCS建设项目实施及公司历年来沉淀的信息化技术基础，按照“数据+平台+应用”信息化建设模式，系统开展数据集成整合、技术架构升级、组件化开发等系统实现工作。

1. 数据集成整合

一是开展实时数据接入。完成实时数据一级部署环境搭建，接入分公司 6 家生产单位 5 大类 86 小类生产实时数据 10.6 万点。

二是系统推进 PCS 与 EPBP 融合。EPBP 为 PCS 提供数据服务，涉及采气、集输、销售、地质研究 4 个专业 149 项业务数据；PCS 替代 EPBP 人工采集已涉及采气、集输 2 个专业 22 项业务数据。

2. 技术架构升级

一是完成一级部署技术方案设计与验证。包括基础信息服务、实时数据接入管理、业务数据实时聚合、资源多租户管理等。

二是开展工业应用基础底座能力扩充。已完成用户、权限、组件、流程、报表、异常、移动应用底座等 11 类公共服务能力 133 项。

3. 组件化开发

一是重新设计气田 PCS 业务功能。共涉及生产监控、动态管理、协同管理、评价考核、应急处置、HSE、总部应用 7 类超 100 个业务 App，按照业务类、技术类、通用类进行聚合除重后，形成组件规划设计 121 个。

二是开展现场作业 App 开发。已完成 4 项巡检作业、9 项措施作业、3 项产量管理及 3 项数据初始化 App 开发并投入运行。

三是开展生产组织运行协同能力建设(内外操协同联动)。已完成油水拉运、泡沫排水等 4 大类 73 项业务协同 App 开发并投入试运行(表 4)。

表 4　组件化 App 明细表

序号	业务类型	App 明细
1	生产监控	气井监控、站库监控、增压机监控、管网监控、人员监控、视频监控等
2	协同管理	巡检管理、泡排管理、产量管理、油水拉运管理、管道巡检等
3	综合查询	单井井史、井位部署、钻井工程、试气测试、开发生产、评价分析等
4	报表台账	采气生产、油气销售、物资装备、安全管理、人员管理等

生产监控通过生产基础数据看板、变化趋势预测和统计报表等方式，实现对业务总体流程到关键设备的全面监控(图 2)。

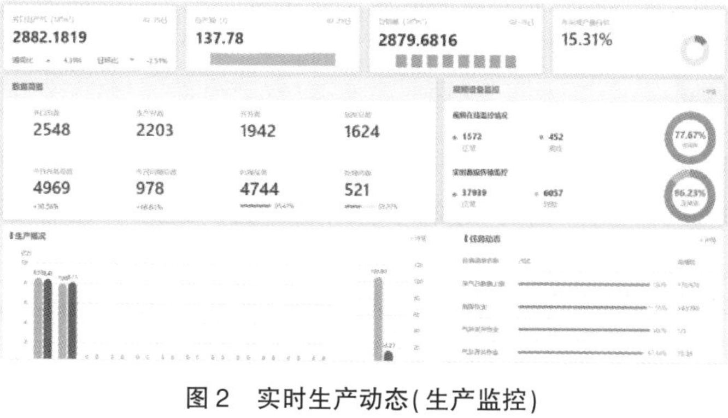

图 2　实时生产动态(生产监控)

协同管理实现采气工艺调度、管网运行调度和设备调度等运行过程的全程管控，支撑生产异常管控、日常生产运行协同优化(图 3)。

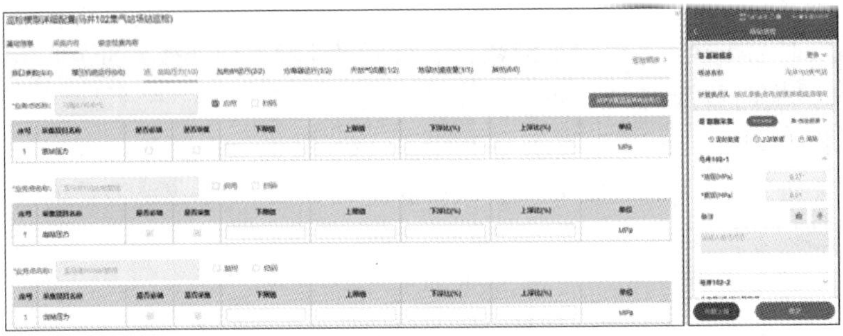

图 3　巡检模型配置及巡检任务执行(协同管理)

2　实践成效

2.1　应用情况

根据采气厂数字化转型整体实施计划，各项业务 App 从 2021 年 8 月起陆续投入采气一厂、采气二厂、采气三厂、采气四厂、新联公司、龙星公司、油气销售中心、川西公司及净化厂九家采集生产单位实际运行，涉及各类场站 928 个、生产井 2203 口、基层操作人员 2658 人，累计派发任务 233 万个，正常完成 221 万个，正常完成率达 96.61%(图 4)。

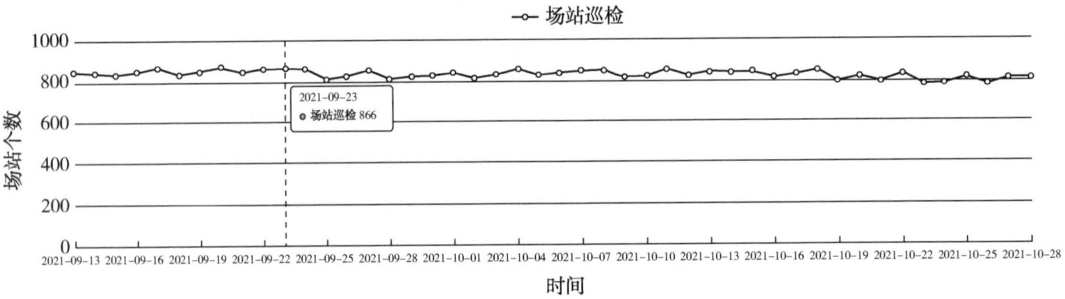

图 4　场站巡检业务运行情况跟踪图

累计采集油压、套压等各类巡检数据 1022427 项，上报审核采气生产日数据 486407 井次，采集药剂用量等泡排作业数据 205061 项，记录开关井 32813 井次上线异常模型 363 个，运行异常实例 17975 个，日均识别异常 400 余个，正常闭环率近 99.82%，高效实现作业过程中数据同步采集及生产异常高效处置。

2.2　应用成效

通过实施数字化和自动化改造，采气厂可以从容应对当前和未来的各项挑战。通过现实世界和数字世界的有机融合，以数字化方式将业务流程联结起来，让采气厂生产业务从计划到执行无缝衔接，充分融合运营管理和信息数据，打破了传统的流程孤岛。同时还借助连续的数据流进行整体优化，利用数据的无限力量获得有价值的洞察，帮助管理部门做出快速而可靠的决策，并通过高效生产创造一流的业绩。

1. 业务流程从粗放、低效管理向精细、高效转变

依托生产数据实时传输，气田 PCS 将生产业务管理全过程数据化、流程化，将业务执行过程中的各个阶段情况展示在系统内，包括任务状态、完成情况、阶段完成人、已采集的数据等内容。管理人员能够实时查看业务执行情况，跟踪并及时调整业务计划，确保生产运行平稳高效(图 5)。

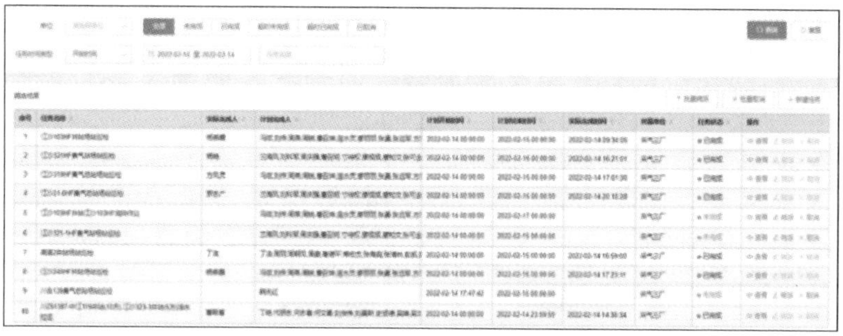

图 5　PCS 系统任务跟踪界面图

2. 业务与信息融合支撑“厂管站”组织运行试点

通过推进采气生产业务数字化转型，采气三厂率先实现采气厂生产组织变革。

建立内外操联动机制，借助气田 PCS 实现了集中指挥、集中管控，变单井站零散管理为片区集中管控、变事后处理为超前预警、变滞后研判为实时决策，显著提升管理精细化水平。

压缩管理层级，组建了生产运行中心全面管控生产运行，下辖中控调度室，借助气田 PCS 等信息技术手段，实现对厂级对基层班组的直接高效管理(图 6)。

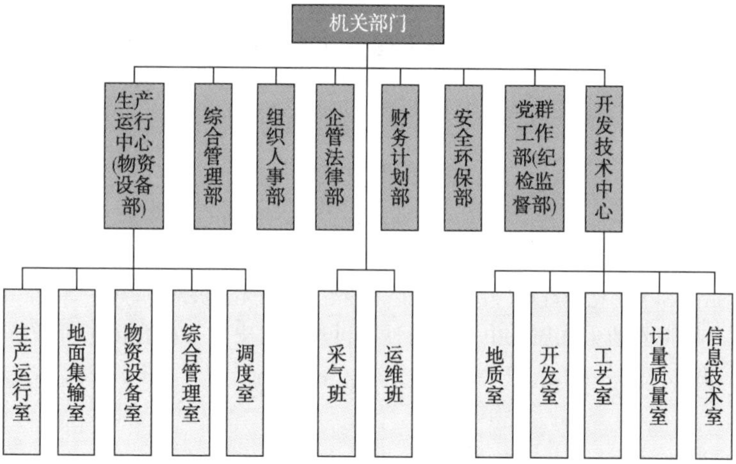

图 6　信息化条件下“厂管站”模式采气厂组织机构设置

3. 气井异常发现与处置效率显著提升

数字化转型前气井异常、措施效果等数据依靠人工反馈，一般耗时几小时至一天。开展数字化转型后，气田 PCS 实时反馈各种异常及工况，技术人员可通过实时数据精确掌握气井状况，管理精细度从以往的天细化至分钟甚至秒，显著提高各类气井异常及措施效果信息获取效率和作业处置效率，为优化气井生产制度和措施维护制度提供了坚强技术保障。

以 ZJ16H 井为例，制度一只做关井复压操作，瞬产在 0.57×10^4m^3/d，制度二进行投泡排棒+关井复压操作，瞬产提升至 0.82×10^4m^3/d，油套压差由 0.5MPa 降至 0.2MPa，产液也有较大幅度提升，泡排+关井复压的组合措施的效果比单纯的关井复压的效果好。技术人员借助气田 PCS 在实时曲线上可以方便快捷地得到上述结论，为制度优选提供强大技术支撑(图 7)。

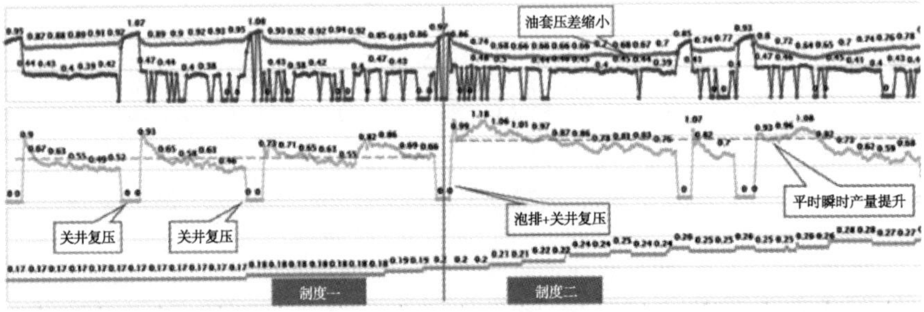

图 7　ZJ16H 井生产曲线

3　结束语

通过本阶段数字化转型实践，有效提高了采气厂生产效率，降低了异常情况处理响应时间，实现了管理机构、业务流程及人力资源优化和气井精细化管理。然而，数字化转型不是一蹴而就的，在实施推广过程中仍面临着数字化转型建设合力不足、数字化转型未实现全面覆盖、价值创效仍有较大空间等问题，需要在后续工作中持续推进解决。

可以相信，随着业务和信息化融合的不断深入，数字化转型全面完成后采气厂将实现现场精细化管理向精益化管理转变，生产关键节点运行参数、事件等全生命周期跟踪追溯，各类异常及时推送和准确处置，气井和设备工况将处于最佳状态，为公司双百亿奋斗目标达成作出更加重要的贡献。

参考文献

[1] 中国石化集团信息和数字化管理部. 集团公司数字化转型研究[R]，2020：12-3.

[2] 中国石化集团信息和数字化管理部. 中国石化“十四五”信息化发展规划[R]. 2021：1-19.

[3] 郭彤楼. 在学习贯彻党的十九届五中全会精神研讨班暨党史学习教育读书班开班式上的讲话[R]. 2021，4-17.

智能调节装置在生产运行中的应用

田钧名　田　然　徐新蓉　于　川　李荣娟　翟　明

（中国石化西南油气分公司采气一厂，四川 德阳　618000）

摘　要： 老气田站场现场的关键设备由于缺少远程控制功能，应急处置缺乏快速有效的信息化支撑手段，难以保障现场生产安全。中国石化西南采气一厂应用智能调节装置对气井出口管线、管网等关键节点开展气井压力、流量，管线压力等多参数综合分析、智能调控，达到远程开关井、调节井口开度、控制管线流量以及压力的目的，在14座井站试用效果良好，有力支撑生产运行管理效率和现场安全管控水平提升。

关键词： 油气田信息化；智能调节装置；生产运行；现场安全管控

0　引言

伴随川西中浅层气井的不断开发，较多气井已进入低压低产阶段，同时，由于部分气井采用间歇生产的模式，且气井的分布区域较广，距离现场较远，此类气井间开周期短，工作制度调整频繁，需要现场人员反复多次进行开关井操作，占用较大的人力物力。此外，由于部分气井直输用户，面对用户的管网需要严格控制输气压力和供气规模，部分边远井压力、流量调节非常频繁。如不能根据管网压力流量变化及时调压调产，可能导致居民、工厂供气不足，影响生产生活。现有的人工调产调压方式效率低、及时性差。再加之伴随一线人员逐年减少，边远井若出现紧急情况，现场的应急处置能力是远远不满足应急处置要求。

为提升生产运行管理效率、现场应急管控水平以及降低员工劳动强度，充分发挥气井产能，通过开展智能调节装置在生产运行中的应用评价，为边远井以及间歇性生产井的生产管理提供参考借鉴。

1　气田生产信息化现状及存在的问题

通过老区改造、产建同步，2020年底中国石化西南采气一厂实现了现场关键生产数据自动采集回传全覆盖（图1），但由于边远井以及间歇生产井的部分站场不具备市电，场站无法实现可视化管理与周界报警全覆盖，加大气井安全管理难度，此外，边远井以及间歇生产井由于地理位置偏远和开关井频繁，增加员工劳动强度、降低员工工作效率，同时在

作者简介： 田钧名，男，研究生，工学硕士，技术员，助理工程师，2022.07至今工作于中国石化西南油气分公司采气一厂，主要从事油气田开发及信息化建设相关工作。E-mail：1023078605@qq.com。

图1　信息化改造后的站场及采气树

进行流量控制时，阀门开度掌握不精准，造成采气量未达到设定值或造成流程超压，形成安全隐患。

2　智能控制调节装置功能性分析

中国石化西南采气一厂针对老站场存在影响生产运行以及安全风险等问题，引进智能控制调节装置，提高生产运行效率，降低人工成本，保障气井以及员工的安全。

2.1　装置功能与结构

智能控制调节装置主要由井口智能控制调节阀门、紧急切断阀门以及物联网一体化设备等组成(图2)。员工可以在远程端下达指令或在现场进行参数设定，若在远程端新设定参数，则通过服务器传送至物联网一体化设备，再由物联网一体化设备传送至智能器，智能控制器根据设定的参数调节阀门开度或紧急切断阀门，从而达到智能调节的效果(图3)；若是现场进行参数设定，则智能控制器直接作用于智能控制调节阀门，从而达到智能调节的效果(图4)。智能控制调节阀门和紧急切断阀门是利用其中的智能控制器采集的后端管压并于设定管压进行对比，根据比对结果进行智能控制调节阀门开度和流量，达到控制压力和采气量的效果。

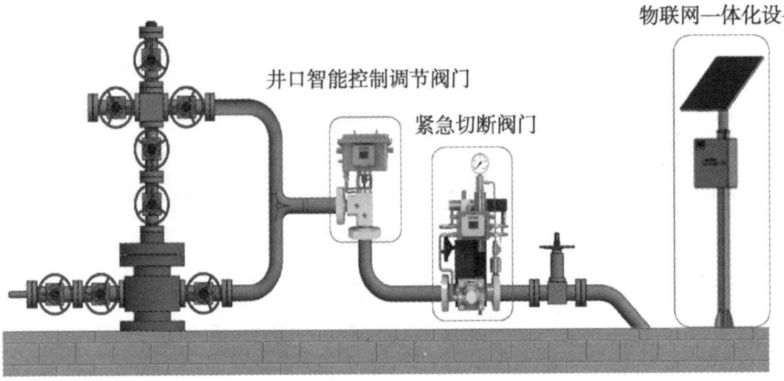

图2　智能控制调节装置组成示意图

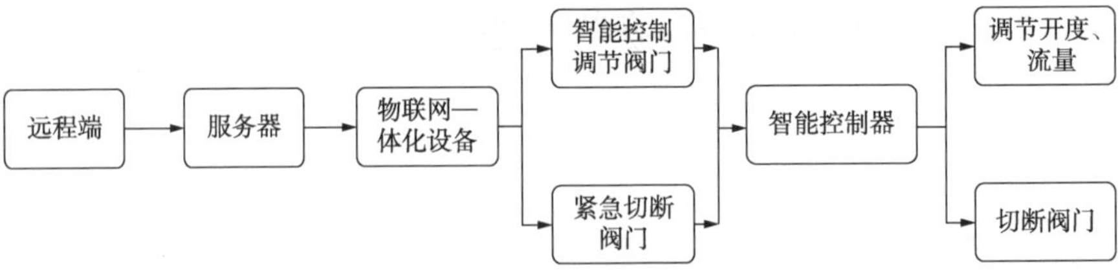

图3　装置工作流程图(远程端)

(1) 井口智能控制调节阀门：智能调节控制阀门主要由智能控制器、压力传感器、温度传感器、阀位传感器、专用电机、减速器等组成；阀门主要由阀体、阀芯和连接法兰等组成。可根据气井实际的生产需求，智能控制和调节阀门开度。

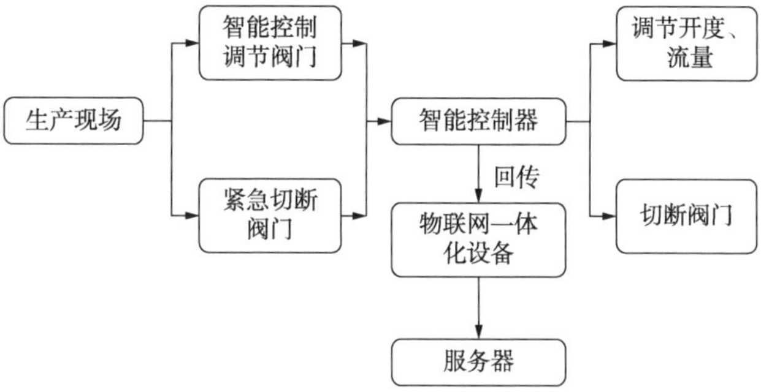

图 4 装置工作流程图(生产现场)

(2) 紧急切断阀门：紧急切断阀门主要是由控制器、活塞缸、远程关阀电机、开阀电机等组成。可根据设定条件，对管压进行判别，若发生超压或失压可进行紧急切断。

(3) 物联网一体化设备：物联网一体化设备主要是由监控摄像头、RTU、太阳能板等组成。它是监控软件与现场智能控制器的通讯桥梁，井口的实时参数可通过物联网一体化设备传输至 PC 端，保障生产井运行数据的及时性，同时，由于其体积较小以及无需市电，在站场较小或无市电的边远井以及间歇性生产井中较为适用。

(4) 客户端 PC：客户端 PC 无须安装客户端软件，只需实时登录网页，就可以查看现场智能控制器、智能控制调节阀以及物联网一体化设备所需要的实时数据和信息，具有远程进行阀门开度调节、井口流量调节、参数设置以及视频周界划分等功能。

2.2 调节模式工作逻辑分析

可通过 PC 端或生产现场，根据气井的生产制度或用户需求，设定管压、时间或者流量，设定值通过服务器再经由物联网一体化设备传达给智能控制器，控制器根据设定的时间或者流量或者管压控制阀门开关以及开关度，智能控制调节阀门实时接收压力传感器(或流量计)采集的流程管压(或流量值)，并与设定的管压值(或流量值)作对比，当采集值大于设定值，智能控制调节阀门随即减小阀门开度，若控制器识别到管压远远大于管压设定值，会判定流程处于超压状态，紧急切断阀会自动进行紧急切断；当采集值小于设定值，智能控制调节阀门随即增大阀门开度，若控制器识别到管压远远小于管压设定值，会判定流程处于失压状态，紧急切断阀同样也会自动进行紧急切断。

智能控制调节阀装置相当于一个可自动控制的智能针阀，同时，也可对装置设定超压保护及失压保护的压力值，如遇紧急情况，比如用户停止用气导致流程超压或外管泄漏导致流程失压，紧急切断阀也可迅速反应并关断阀门，所以整个装置又相当于一个智能井安阀，与传统井安阀不同的是，该系统装置关断后可进行手动现场开启，也可远程一键启动，更加方便高效。

2.3 装置安全性分析

智能控制调节装置由于具备井安阀类似的功能，当流程出现超压时，装置能在 0.47s 内进行保护响应，在失压状态时，装置保护响应时间也仅为 0.48s，远远优于人工开关井所需响应时间，同时紧急切断阀会进行紧急切断气源，保障气井以及站场的生产安全。只有在正常运行的压力范围内，装置才会正常运行，因此整体装置的安全性较强(图 5)。

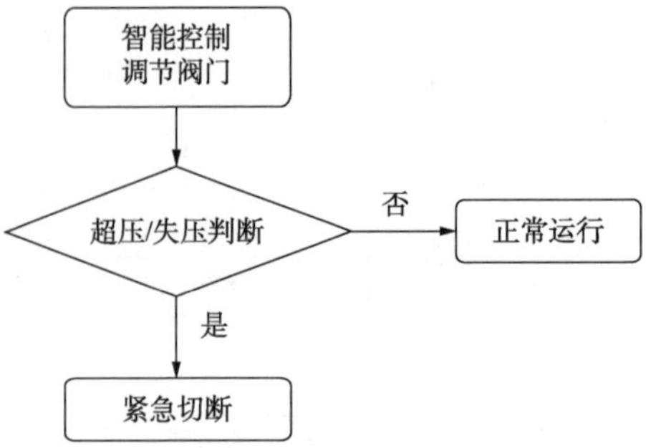

图5 超压/失压判断流程图

3 装置应用效果评价

3.1 选井原则

为提升生产运行管理效率、现场应急管控水平以及降低员工劳动强度，充分发挥气井产能，主要优选了边远井、间歇性生产井以及其产能受用户制约较为严重的直输用户气井等类型气井开展装置应用(图6)，累计应用站场14座，涉及气井17口。

图6 XS1井站现场安装图

3.2 选井原则

1. 值守模式转变，降低生产成本

FX3井在装置使用前人工进行针阀开度调节，外输压力在0.37~2.21MPa，瞬产在$(0\sim22)\times10^4m^3/d$波动，应用装置后，外输压力1.31~1.69MPa，整体压力较为平稳，气井瞬量波动也较小(图7)，员工不用频繁进行针阀开度调节，达到降低员工工作强度、提升员工工作效率，同时，在FX3井应用装置后，各装置的正常运行代替了员工的现场操作，因此将原值守员工撤出，节省了两名员工的人工成本(一名员工年投入成本15万元)，该系统投入成本约为13.32万元，按照该系统使用一年计算，节省成本为：30万元-13.32万元=16.68万元。

2. 自动调节开度，保障运行效率

DY105井是直输用户气井，但由于用户用气不稳定，在夜间为用气低峰，气井时常面临关井(图8)，启用智能调节设备，当瞬时流量低于$1.3\times10^4m^3/d$时，自动调节开度至50%，保证夜间用户用气低峰时能自动调节阀门开度，也不影响气井正常生产。

同样在XQ102井也属直输用户气井，气井的生产受用户影响较为严重，当用户管网压力上涨至0.8MPa时，气井面临频繁关井的情况，启用智能调节设备后，当设备检测到后端压力超过 0.8MPa 时，自动调节阀门开度，使得阀门逐渐关闭，当后端管网压力低于 0.8MPa 时，自动缓慢调节阀门开度至 80%，气井恢复正常生产，整个调节过程无需人工进行频繁开关井，减少了人力资源的浪费，同时也提高了气井的采收率和生产运行效率。

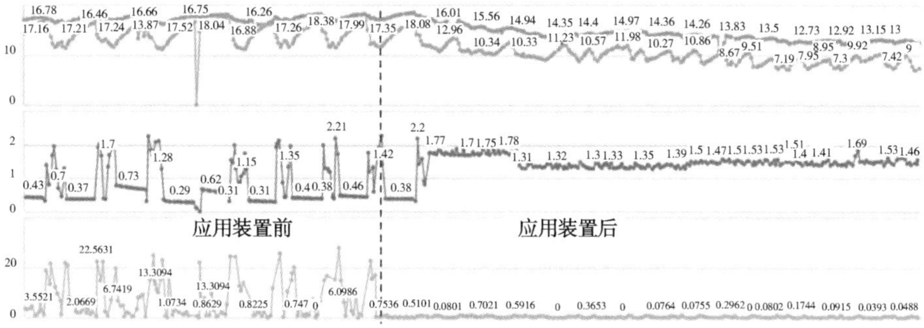

图 7　FX3 井应用装置前后采气曲线对比图

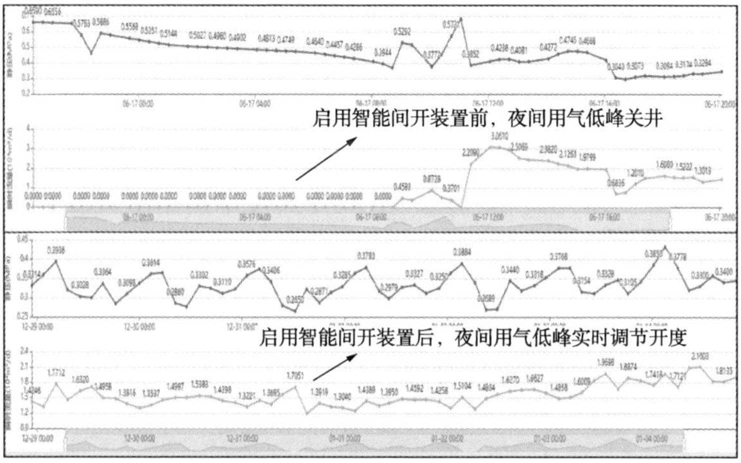

图 8　DY105 井输用户静压与瞬量对比情况

3. 实时监控气井，提升安全管控水平

JS346HF 井为边远井，且属槽车用户充装气井，若槽车用户未能及时到位开展充装，井区人员需及时进行井口针阀调控，如果调控不及时则会导致流程超压，带来安全隐患。当应用智能调节设备后，若出现槽车未能及时拉运情况，技术人员可通过远程控制阀门开度，从而控制井口流量和压力，保证现场安全(图 9)。

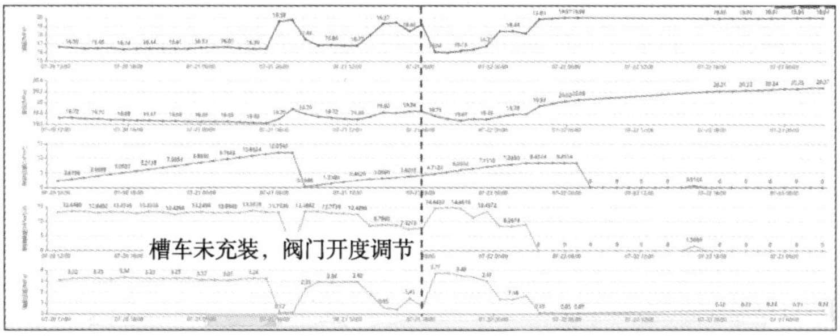

图 9　JS346HF 井阀门开度调节后瞬量变化情况

4 总结与展望

智能调节装置的应用不仅可有效解决边远井以及间歇生产井频繁开关井作业以及无市电站场的气井安全管理问题，进一步实现降本增效，提升现场安全管控水平。同时也可根据对气井的实时压力、流量、管线压力等多参数监控，结合外输压力以及用户用气量，实时调整阀门开度，保障气井稳产。同时，鉴于智能调节装置的便利性以及安全性，可将智能调节装置应用于需频繁进行生产调度的集输气管线中，提高生产运行效率和应急处置能力。

伴随信息化技术的发展，智能化气井和站场将会成为川西中浅层老井未来的发展方向，而智能调节装置的应用为低压低产气井的生产以及安全精细化管理提供了一定参考借鉴。

参考文献

[1] 蒋俏仪，甘德顺，张勇，等. 低压天然气井智能开关井技术应用研究[J]. 石化技术，2021，28(04)：83-84.

[2] 赖海涛，梁凌云，曾萍，等. 一种远程控制开关井装置的研制及应用[J]. 石油化工应用，2016，35(04)：133-136.

[3] 陈文，齐宝军，慕红梅，吴丽娜. 苏里格气田单井智能管理系统的开发与应用[J]. 仪器仪表用户，2015，22(5)：92-95.

气田 PCS 生产预警模型运行效率提升研究

郑 磊[1] 罗苏阳[2] 卢 涛[1] 伍 洲[1] 吕寒英[1]

(1. 中国石化西南油气分公司采气一厂，四川 德阳 618000；
2. 中国石化西南油气分公司页岩气项目部，重庆 永川 402160)

摘 要：气田生产信息化平台(PCS，Production Control System For Gas Field)预警模型实现异常工况下的自动预警，随着预警对象的不断增加，庞大的数据量为预警模型的有效性及日常管理带来了挑战。为提高预警模型运行效率，通过工况参数特征择优，确定了以单参数预警为主的模型建立方法；通过模型集成化管理，建立了"模板-模型-应用实例"三级集成化管理模式；开展模型参数阈值优化，确立了"一设备一策"和"统一配置、按需优化"的配置方法。通过上述优化，模型配置及管理效率提高了 70%，预警有效率提高了 28.83%，为生产异常及时诊断、及时处置时效提供了保障。

关键词：PCS；生产异常；预警模型；集成化管理；参数优化

0 引言

中国石化西南油气分公司采气一厂近年随着井站信息化建设的开展，井站生产运行方式的转变有效降低了运行成本。在数据应用上，基于生产实时数据的预警模型通过对数据变化情况及阈值对比实现了对气井生产维护的全程跟踪，提升油气田生产中异常处置以及日常维护的及时性与准确性，提高了生产管理水平，降低了运行成本和安全上的风险。与此同时，也带来了信息化管理、生产异常监测提示以及提升信息化条件下工作效率与生产效益的全新挑战。

1 预警模型应用现状与存在的问题

1.1 应用现状

气田生产信息化平台(PCS，Production Control System For Gas Field)于 2021 年 1 月正式开始投入使用，并于 2022 年实现了所有井站的气井及设备实时数据的收集和监测。预警模型作为一种远程生产安全预警与工况提示，较常应用于井口、分离器、水套炉、地层水罐、流量计等设备，系统通过监测气井生产参数及设备运行参数等数据的数值变化情况，并与历史数据以及人为预先设置的阈值进行对比和分析。在发现异常情况后，预警模型会立即向相

作者简介：郑磊，男，研究生，工学硕士，技术员，助理工程师，2023. 08 至今工作于中国石化西南油气分公司采气一厂，主要从事油气田开发、信息化建设等方面的工作。E-mail：603475854@ qq. com。

关人员发送预警信息，以便员工能够判断是否存在异常情况并及时采取措施来处理潜在的问题。同时由于无人值守井站数量日益增加，该类井站缺乏人工监控，对实时数据进行异常监测和预警成为必要且有效的手段，因此，预警模型的重要性正在不断提升。

1.2 存在的问题

(1) 模型稳健性差、预警有效率较低。生产现场多变的生产情况易与后台操作脱节，参数阈值更新不及时产生误报或系统频繁、重复推送预警信息，影响系统的应用效率，同时造成模型有效性下降。

(2) 随着设备数量的提高，模型配置困难，维护困难。信息化建设后，各个井站的信息化设备数量极大，在配置新模型以及更新模型参数时工作量大，需要极大的人力和时间成本。若维护不到位，还可能导致模型配置不完善或过时，导致模型有效性降低。

(3) 模型的特征参数选择困难。每个异常工况所引起数据变化往往不是单一的，且响应时间存在前后差异，在设计对应的预警模型时，如果某个模型涉及的参数过多，可能会造成多参数预警模型成功率低、预警延迟高的问题。

2 工况参数特征择优研究

由于站场设备间的关联性，气井生产时的工况异常往往会引起多个生产参数出现异常变化。但由于井站现场实际情况复杂多变，部分参数变化速度较快等原因，导致依靠多参数预警的模型成功率相对较低[1]。以气井井筒积液为例，理想情况下，当气井井筒出现积液时，气井的油套压差应当增大、油压降低，瞬时流量减小。但当存在多井合并计量时，若单井井筒积液，合输井瞬时流量不一定下降，甚至可能由于受其他合输井影响产量呈现上升趋势。

为此，本文引入特征参数的概念，特征参数是指能根据其参数变化从而确定某个或多个异常工况的关键参数。如何找到异常工况的特征参数，以尽可能少的参数来实现生产预警是提升模型有效性的重点。对于站内设备包括气井、分离器、管线这些对象而言，应直接选取对象本体的参数作为特征参数，这些参数数值在出现异常工况时一定会出现特定的变化。模型应首先以这些变化作为判断是否出现异常工况的标准，可以直接发出预警提示，由工作人员人工进行异常工况的进一步判断，或结合变化最大的参数值，以双/多参数模型对异常工况做进一步解释(图1)。

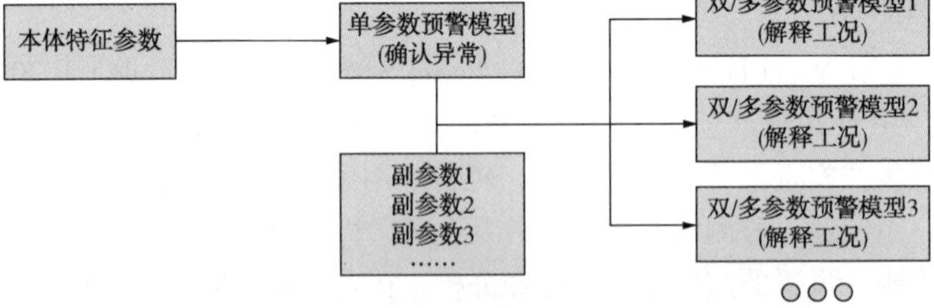

图1 单参数、双/多参数预警模型参数关系示意图

就实际应用情况而言，由于预警模型的开发程度仍处于较不成熟的阶段，不论是单参数模型，还是组合参数模型，收到预警后都需要人工进行工况分析。但在实际使用中发现，多

参数模型在维护成本、准确性、时效性上均不如单参数模型，在现阶段并没有应用优势。以井安阀起跳的异常工况预警模型为例，当参数配置为“流量计瞬时流量+站场出站压力”作为特征参数的双参数模型时，模型的实际表现效果与以“流量计瞬时流量”为特征参数的单参数模型相比，因双参数模型须同时满足两项条件，反而导致了更高的延迟(表 1)。

表 1　单参数与双参数的预警效果实例

井站	工况发生时间	预警延迟	处置时长	参数类别
FX3	2022. 6. 30	5 小时	7 小时	双参数
JS14	2023. 6. 24	35 分钟	2 小时 38 分钟	单参数

3　模型集成化管理研究

我厂所管理的信息化设备总量较大，导致预警模型的管理成本日益增加。配置和维护大量的预警模型变得困难，限制了管理效率的提高。此外，由于模型仅按照对象进行简单的分类，同个对象存在不同的单参数以及多参数模型，造成了大量不同种类模型分类模糊，模型的管理变得混乱，维护过程中无法快速定位和调整。因此，需要对预警模型进行集成化管理。

在模型分类上，同类异常工况的预警模型，在对象类型、特征参数、判断方式以及算法上完全相同，因此按异常工况类型对模型进行集成管理，如图 2 所示。在实施集成管理后，为了便于区分，我们将按预警对象类别、参数类型、不同算法建立的模型大类称为模板，模板下根据不同的应用场景和需求划分为各种模型，在模型下针对具体的预警对象配置参数阈值，创建特定的模型实例。

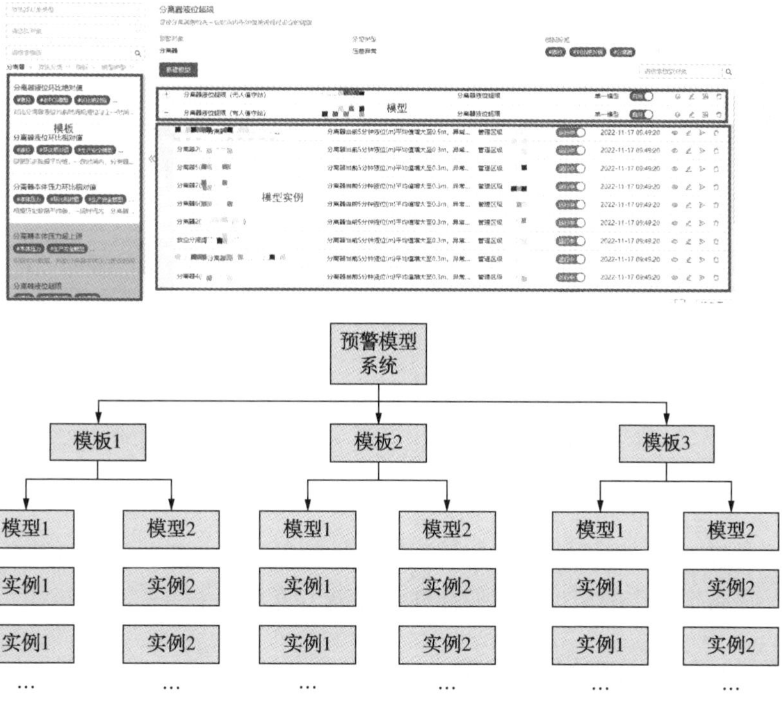

图 2　模型集成化管理后的组织结构关系

这种集成化的管理模式便于用户快速查找目标模型，并在模型这一层级对模型实例进行批量创建或参数阈值更新，如图3所示。模型实例批量配置有效降低了模型的创建和维护成本，在低压低产井区大量站场设备运行状态相近的情况下作用尤其突出。

图3　优化后的系统批量操作示意图

此外，经过实际运用与调查分析，发现各个预警模型在一些特征上存在不同的固有属性，这些固有属性共同定义了模型的具体作用。例如在模型对象这一类特征中，可以根据对象的不同将对象类标签细分为分离器、罐、流量计等。在特征参数中，模型所使用到的参数可以是压力、温度、液位等。将这些特征作为标签标记到预警模型上后，每类模型将拥有三个或三个以上的标签。

如图4、图5所示，在将某个模型根据预警对象、特征参数、判断方式等特征逐一作为标签类别后，可以利用不同的标签更高效的快速定位和调整目标模型。

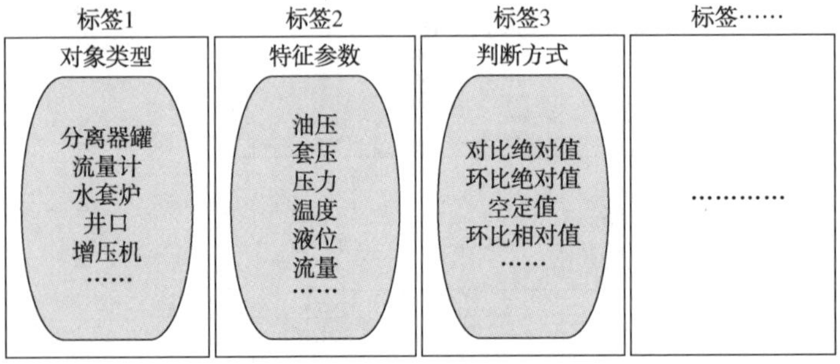

图4　模型根据不同的属性标签化

图5　标签化后的模型示意图

通过集成化管理，技术人员可以利用平台提供的界面和交互功能，对模型进行更快捷地配置和维护，提高了操作的精确性与便捷性，提高了管理效率。

4　模型参数及阈值优化研究

为了提高模型的预警有效率，需要在模型各项参数的设置以及阈值的调整上进行优化，例如模型的静默时间、特征参数的阈值设定与更新、模型运行时间的配置等。

对于涉及井站生产安全的重要异常预警模型，如可燃气体浓度、流程压力等。考虑到安全问题，在模型设置之初应不计维护成本，按“一井一策”[2]甚至“一设备一策”的配置逻辑对该类所有模型进行单独配置，具体阈值应匹配现场生产特征并参考相关文件规定等。

对于一般的异常预警模型，如分离器液位预警、地层水罐液位预警等，应在保证预警模型有效性的前提下尽可能降低模型的维护成本，经分析与实际应用，提出“统一配置，按需调整”的阈值优化维护策略。

如图 6 所示，以分离器液位预警为例，设各个模型的理想阈值为 H_{t1}、H_{t2}……，各个实例的 H_t 未知。

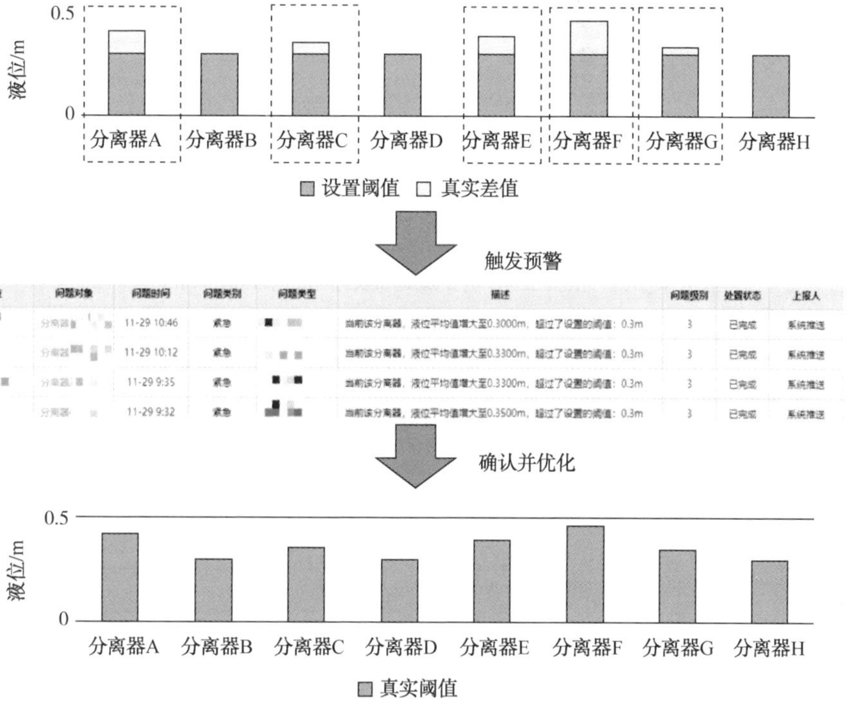

图 6 “统一配置，按需调整”流程示意

$$H_{t0}=\min(H_{t1}、H_{t2}\cdots\cdots) \tag{1}$$

在模型配置时，取一个较低的液位阈值 H_0 作为所有模型实例的初始阈值并启用，$H_0 \leqslant H_{t0}$，例中 $H_0=0.3$。在启用后，模型进入测试阶段，当某个实例对象的实际工况高于设定阈值 H_0 时，模型发出预警并给出工况值 H_r，对这些值进行统计后，设无效预警的工况值为 H_{r1}、H_{r2}……，可以将模型实例的阈值 H_0 进行更新，即

$$H_{r0}=\max(H_{r1}、H_{r2}\cdots\cdots) \tag{2}$$

$$H_0=H_{r0} \tag{3}$$

经过实践，该方法简单可靠，在保障预警有效率的前提下，大多实例在经过 0~1 次更新后即可投入正式使用，少量实例在经过大约 2~3 次更新迭代后基本可以满足使用需求，如图 7 所示。

经统计，以采气一厂管辖井站设备模型实例为例，生产安全模型约占所有预警模型的23%（图8），通过优化一般模型的阈值调整策略，可以在保证模型有效性的前提下较高程度地减轻模型实例的配置与维护成本。

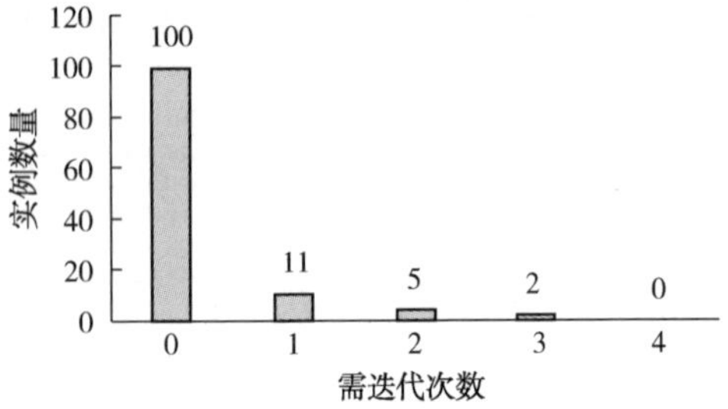

图7　分离器液位预警模型在更新逻辑优化后达到稳定运行的更新次数统计

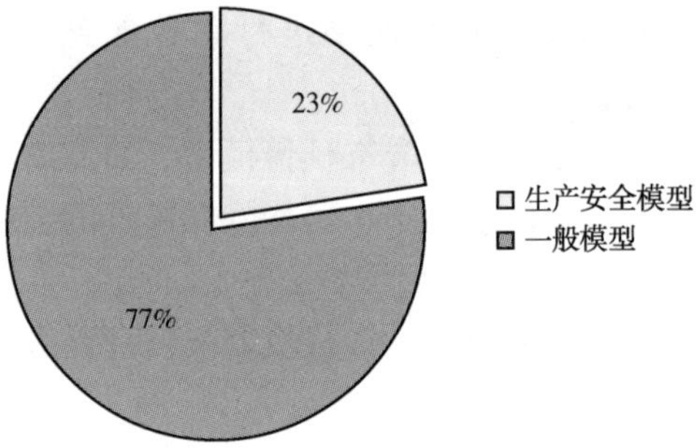

图8　采气一厂生产安全模型占比

5　应用效果评估与分析

5.1　预警模型配置、维护效率明显提高

在预警模型实现集成化管理后，模型的维护效率得到了极大的提升，在负责维护系统的人员数量不变的前提下，我厂管理的预警模型由2856个上升到了4855个，模型配置及管理效率提高了约70%，对各类设备覆盖率均达到了100%，如表2所示。

表2　模型的管理数量较集成化前有大幅的提升

预警对象	模型参数	优化前数量	优化后数量
气井	油压	767	1344
	套压	620	966
	环空压力	67	159
	油套压差	289	549
分离器	本体压力	156	324
	液位	149	313
管线	进站压力	87	129
	出站压力	58	109
地层水罐	液位	321	461
可燃气体检测仪	可燃气体浓度超阈值	66	70
流量计	静压	71	100
	差压	71	103
	温度	63	89
	瞬时流量	71	139

5.2　预警模型预警频率下降、有效率上升

经过预警模型系统在模型参数选择和阈值上的优化调整策略，PCS系统预警模型的预警

频率与优化前相比较出现了明显的下降，如图 9 所示，以分离器液位预警为例，预警次数在保证模型预警 0 漏报的前提下由优化前的 366 次降低到了 173 次。

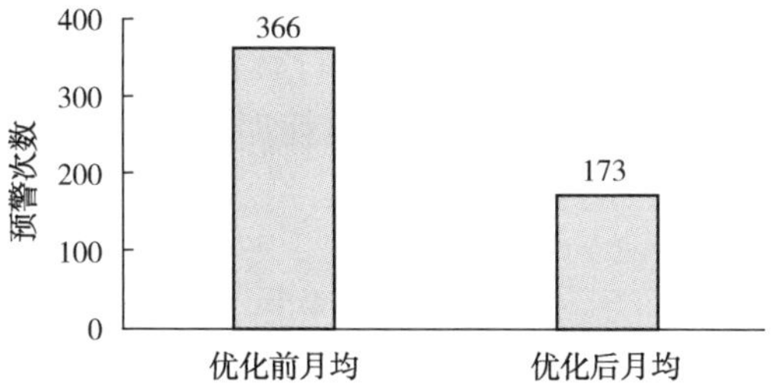

图 9　模型优化前后的预警次数对比

此外，在预警模型数量逐渐增加的情况下，2023 年下半年单月模型有效率相较于 2022 年同期平均提高了 28.83%，效果显著，如图 10 所示。

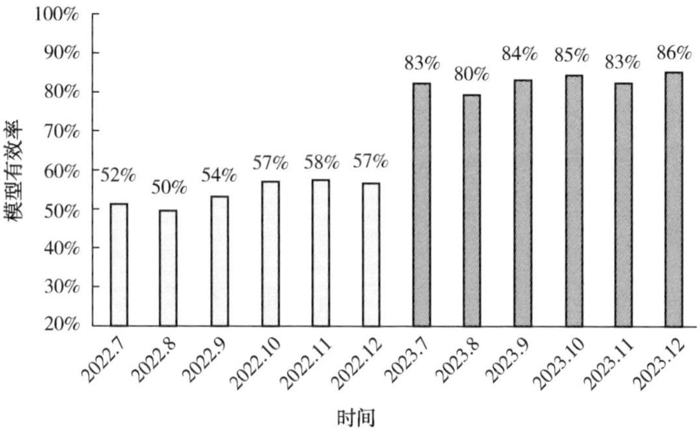

图 10　模型有效率同期对比

5.3　预警模型响应更快，与人员配合更加高效

在调整参数配置，合理选择特征参数后，精简化的模型相较优化前有着更快的响应时间。

案例 1：2023 年 6 月 24 日下午 17：55，PCS 推送 JS14 井组来气流量计的瞬时流量平均值当前 1h 减小至 0.4892×10^4m^3/d，井安阀起跳导致瞬时流量异常下降，中心站收到预警后安排人员于当日下午 20：33 重新开启井安阀输气（图 11）。整个过程耗时 2 小时 38 分，预警模型响应时间为 35min。

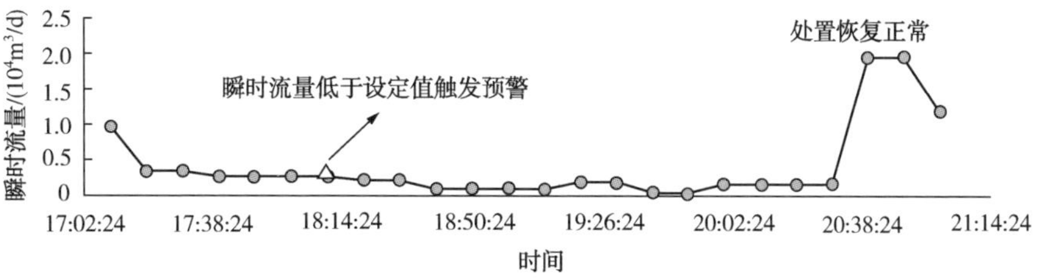

图 11　JS14 流量计瞬时流量曲线

案例 2：2023 年 8 月 4 日晚 21：31，PCS 推送 CZ3D 井油套压空定值预警，提示当前 12h 内，油压为空值。中心站收到预警后安排人员于当日晚 22：00 前往该井站进行检查，判断现场数据发生停传，并上报管理区，管理区及时联系运维于第二日上午前往 CZ3D 井站进行问题排查，发现 RTU 无线网关配置丢失并进行重新配置。8 月 5 日下午 14：01 RTU 配置完毕，现场数据恢复远传(图 12)。整个过程耗时 16 小时 30 分，预警模型响应时间为 12h。

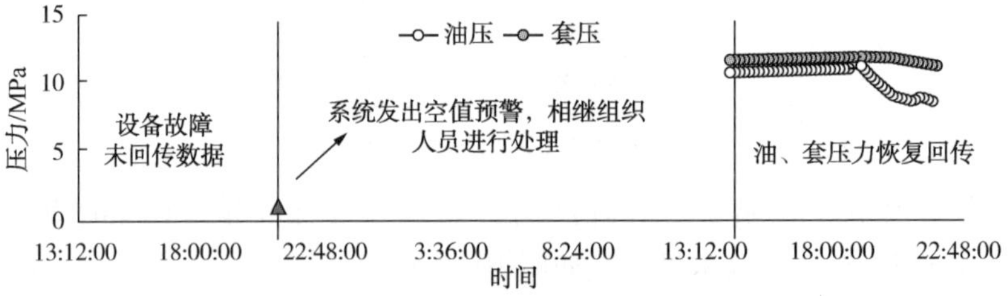

图 12　CZ3D 井站油压变化曲线

两个案例中的井站均为无人值守，预警模型的及时性在对于该类型井站的异常处置上尤为重要。优化后的模型可以更大程度上保障无人值守站的平稳生产与运行，因此也有助于推动更多的区块向无人值守站转型，以大幅降低用工成本。

6　总结与展望

针对气田 PCS 生产预警模型的运行效率提升，重点开展预警模型的集成化管理、工况特征参数、参数阈值等方面优化。对预警模型应用和维护中存在的问题，提出了按需调整的解决方案，为预警模型的配置和维护效率提供了有效的解决途径。

此外，通过增加数据预处理、多模态控制、智控设备联动以及机器学习等机制，有望进一步提升生产预警的准确性和实时性，驱动更多的区块逐步向智能化、无人化管理转型，实现解放人力和降本增效的目的。

参考文献

[1] 王皓，张立夫，罗昊. 气井多参数联合预警模型研究与应用[J]. 西南石油大学学报(自然科学版)，2020，42(6)：133-140.

[2] 王旭，王皓，袁剑，等. 什邡气田信息化建设管理探索与实践[J]. 中外能源，2020(2)：7.

基于液面监测装置改造的工程复杂预测技术应用研究

周毅潇

（中国石化西南测控分公司录井技术研究所，四川 成都　610041）

摘　要：本文以传统监测方式的局限性为切入点，详细分析了溢流影响相关性因素和实用性溢流预警方法面临的难题，采用理论分析、现场模拟试验及定量表征等手段，从数据利用率提升、钻井液循环体系改造、模型构建等方面开展应用研究，通过改造能够减缓钻井液循环体系液面波动的装置并在作业现场应用，探索了一套朴实的井场标准化改造、数据标准化采集、工况识别与溢漏早期自动识别配套方法，从而得到了基于机理与数据复合驱动井下复杂诊断技术，有效避免了传统的通过人工坐岗或池体积变化进行单参数判定所带来的弊端。通过某工区多口井实际应用，溢流准确性较传统录井预警大幅提升，一定程度降低了作业风险，平均复杂处理时间大幅下降，既减轻了现场人员身心负担又弥补了操作员发现异常参数不及时或录井仪器因阈值设置较高或不设置阈值造成录井仪参数报警不及时或不报警，符合现阶段国内大多数钻井现场实际应用场景，得了一定的应用效果的同时也获得许多宝贵经验，对预警机制的提升完善起到了积极作用。

关键词：溢流；人工坐岗；池体积；减缓液面波动；自动识别

0　引言

随着全球已探明非常规油气资源储量不断突破与石油天然气行业技术高速发展，油气勘探目标进一步向深层非常规资源推进。四川盆地油气资源丰富，从1000多米到8000多米的地下已经发现29层油气资源，仅在6000~9000m的海相中下三叠统、二叠系、寒武系—震旦系三套成藏组合，天然气资源量$12.95\times10^{12}m^3$，占总资源量的51%，是国内天然气勘探开发的重要领域，也是中国石化天然气大发展的主阵地之一。

近年来，四川盆地非常规油气越来越多被开采，由于构造复杂，气藏多具有“一超、三高、五复杂”的特点，深层钻井面临地层层序多、岩性复杂多变、压力系统复杂、纵向发育多套气层等难题，“喷、漏、塌、卡、斜、硬、毒”时有发生，多因素共存叠加的情况下，钻井与井控难度越来越大，复杂频率高，事故类型多样化，溢流因严重程度高、影响范围广、危害性更大，位居最常见和高风险的钻井复杂事故首位。若发现不及时或处理不当，极易诱发井喷等重大安全事故，导致井眼报废甚至造成大量人员伤亡。近些年，重庆开县

作者简介：周毅潇，男，本科、学士学位，科研主管、工程师，就职于中石化经纬公司西南测控录井研究所，主要从事录井仪器管理、油田信息化建设与运维。E-mail：zhouyixiao.osjw@sinopec.com。

12·23 井喷特大事故、墨西哥湾漏油事故等几次重大的井控险情敲响了安全警钟。据不完全统计，井喷事故从发现溢流到井喷失控常常不足 30min，地面作业人员响应时间非常短，如何尽早监测溢流并及时通知现场人员采取相应的处理措施，对有效降低和预防溢漏风险十分关键。

但目前国内并没有一套实用又能反映工程事故复杂多变特性的预警技术为安全钻井提供监测服务，大多数钻井现场常见的传统监测方式通常有两种，即人工坐岗或者综合录井溢流监测。在实际应用中，阈值调整方法单一、人工判别的主观性强、误差大，超声波数据监测依赖于钻井液液面稳定性，同时，工程录井实时采集、计算了大量工程参数与伴生数据[2]，这些数据在复杂的钻井施工中相互关联影响，在施工中并未充分挖掘，也缺少大数据应用的方法，因此，基于传统思路开展工程溢漏复杂预警往往效果不佳。结合前人研究，本文详细分析了溢流成因和常见监测方法的弊端，借助实时与理论模型同步对比、一体化分析的理念，在全面搜集静态数据与实时数据的基础上，开展了溢流主控因素识别，找出相干性参数与故障关联特性和规律，并根据现场的工作状态与现场设备配套改造应用情况，建立较为科学的数据处理与分析方法模型，力求实现工程异常实时预警。

1　溢流影响因素分析

1.1　溢流成因分析

当地层空隙压力大于该井深的钻井液压力时，地层空隙中的流体将进入井内，发生井侵，最常见的井侵为气侵和盐水侵。当井侵发生后，井口返出的钻井液的量比泵入的钻井液的量多，停泵后，井口处的钻井液自动外溢，产生溢流。井侵、溢流、井涌、井喷失控反映了地层压力与井底压力失去平衡后井下和井口所出现的各种现象及事故发展变化的不同严重程度。因此，为了防止溢流发生，在钻井过程中需要时刻保持井底压力大于地层压力。

1.2　综合录井仪参数实时响应特征分析

钻进过程中有地层流体侵入井筒时，就会在综合录井仪某个或多个参数的异常变化上体现出来[2]。出现井侵时，地层流体侵入井筒内，钻井液密度下降，泵压下降、泵冲数增加，悬重增加，钻井液性能改变、全烃含量明显升高，若气侵未被有效控制，出口流量增加、罐液面上升，极易升级为溢流。

2　常见溢流监测方法与局限性

目前在生产现场监测溢漏最直接的方法分为两种，一种是人工测量液面监测，另一种是通过综合录井仪监测出口流量变化和钻井液总池体积变化，这两种方法一定程度上能够发现溢流征兆，但是也存在一定局限性。

2.1　人工三方坐岗监测与局限性分析

多数油气田企业对工区内的溢流监测预警做出了明确要求，实行钻井、录井、泥浆三方共同进行坐岗监测制度，同时为保证溢流监测的可靠性，对钻机部分循环系统规格也进行了严格要求。人工记录液面方式弊端较多，例如，纸质记录容易造假，未测液面直接填写数据、提前填写数据甚至出现漏点、夜班脱岗现象突出，为此，某油气田企业率先通过信息化手段开发了井控坐岗 APP，记录液面坐岗数据。通过使用移动端井控坐岗页面采集泥浆罐空高数据，结合循环罐长宽高、套管内径、钻头尺寸、钻具、井身结构、入井钻具、钻具内径、外径等已知数据，计算钻井液体积变化量和某一时刻钻井液总体积(井径扩大率一律按照 10%计算)。具体模型设计方法如下：

钻井液体积变化量计算：

$$V_{钻井液体积变化}=V_{总2}-V_{总1} \quad (1)$$

某一时刻总体积计算：

$$V_{总}=V_{罐钻井液}+V_{环空钻井液}+V_{钻柱内钻井液} \quad (2)$$

$$V_{环空钻井液}=(V_{井筒体积}-V_{钻柱体积}) \quad (3)$$

钻井液罐体积计算方法：

$$V_{循环罐1钻井液}=C_{循环罐1长度}K_{循环罐1宽度}(G_{循环罐1高度}-G_{循环罐1空高}) \quad (4)$$

钻井液罐体积计算方法：

$$V_{井筒体积}=V_{套管内体积}+V_{裸眼段体积} \quad (5)$$

$$V_{套管内体积}=H_{上层套管下入深度}\pi D_{上层套管内径}{}^2/4 \quad (6)$$

$$V_{裸眼段体积}=(H_{井深}-H_{上层套管下入深度})\pi(1.1\times D_{钻头直径})^2/4 \quad (7)$$

式中，$H_{上层套管下入深度}$为上层套管下入深度；$D_{上层套管内径}$为上层套管内径；$H_{井深}$为录井仪读取的当前井深；$V_{钻柱体积}$为各段钻柱体积之和；$V_{钻柱内钻井液}$为各段钻柱内容积之和。

$$V_{单根钻柱体积}=H_{钻具长度}\pi D_{钻具外径}{}^2/4 \quad (8)$$

$$V_{单根钻柱内容积}=H_{钻具长度}\pi D_{钻具内径}{}^2/4 \quad (9)$$

根据应用情况来看，通过防爆终端记录井控坐岗数据准确性、时效性大幅提升，有效避免了纸质记录造假、溢流早期征兆不明显等问题，效果有所显现(图 1)。

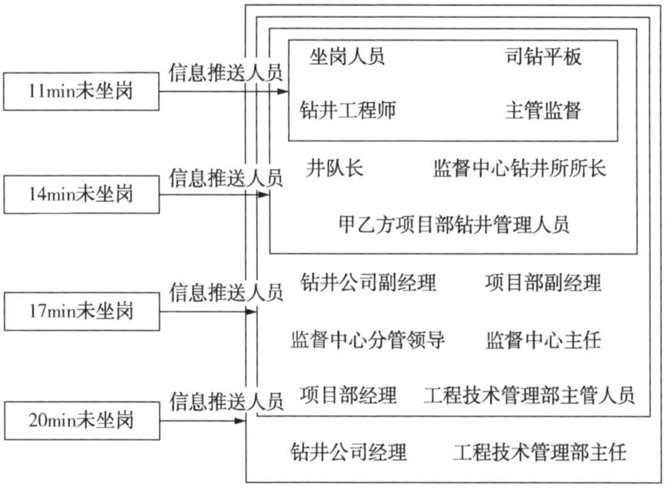

图 1　某企业坐岗脱岗预警消息分级推送

但是防爆终端依赖施工现场网络条件，在运营商网络条件好的西南丘陵地区效果明显好于西北部沙漠戈壁工区。表 1 是某工区某单井 A1 三方坐岗钻井方记录，经查因网络质量原因出现漏点加上人员错误录入，造成溢流假预警数据。

表1　某井钻井方坐岗部分数据

井号	井深/m	记录时间	罐内钻井液体积/L	裸眼段体积/L	钻柱内钻井液体积/L	钻柱体积/L	钻井液总体积/L	单次液面增量/m	累计增量/m
A1	2387.1643	2024/3/20 1：23	75.98	105.75	12.78	32.75	161.76	10.39	-19.92
A1	2387.1643	2024/3/20 1：13	89.35	105.75	12.78	32.75	175.13	1.49	9.9
A1	2387.1643	2024/3/20 1：02	87.86	105.75	12.78	32.75	173.64	-1.24	9.65
A1	2387.1643	2024/3/20 0：53	77.22	105.75	12.78	32.75	163	10.89	-0.99
A1	2387.1643	2024/3/20 0：43	90.09	105.75	12.78	32.75	175.87	10.144	15.35
A1	2387.1643	2024/3/20 0：33	5.07	105.75	12.78	32.75	90.85	0.003	-69.67
A1	2387.1643	2024/3/20 0：22	95.9	105.75	12.78	32.75	181.68	-0.25	21.16
A1	2387.1643	2024/3/20 0：13	96.15	105.75	12.78	32.75	181.93	-1.98	21.41
A1	2387.1643	2024/3/20 0：05	79.45	105.75	12.78	32.75	165.23	1.24	2.73
A1	2387.1643	2024/3/19 23：52	78.21	105.75	12.78	32.75	163.99	3.47	3.47
A1	2387.1643	2024/3/19 23：43	74.75	105.75	12.78	32.75	160.52	-2.73	-2.73
A1	2387.1643	2024/3/19 23：32	74.75	105.75	12.78	32.75	160.52	0	-0.25

2.2　钻机配套系统与综合录井仪联合监测与局限性分析

除了人工坐岗以外，还可以利用安装在钻井出口处高架槽上和循环罐上的超声波液位传感器来监测出口流量和池体积的变化数据来计算判断溢流和井漏。采集数据通过接入综合录井仪设置监测溢漏预警阈值实现消息自动推送，同时配套钻机监测系统实行人员轮流坐班。超声波传感器(图2)分别垂直安装于缓冲罐上面或者钻井液循环罐观察口上方，通过声波实时测量液面高度变化，在非人为因素影响下，出口流量或总池体积增加可判断为溢流的表现，减少是漏失的表现。这种方法非常直观，但是变排量、倒浆、地面漏失也会引起液面波动，通过单参数监测判断溢漏过于武断。

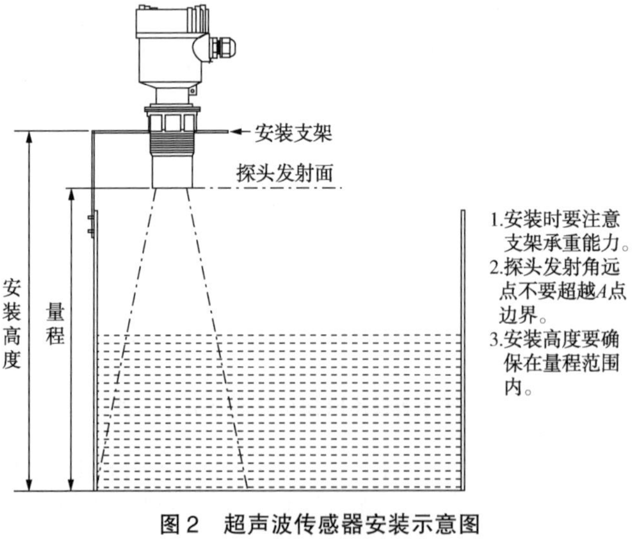

图2　超声波传感器安装示意图

如果仅仅靠超声波传感器采集来的数据判断并想要及早地发现溢漏是非常困难的，设备安装角度、人为干预钻井液循环体系、录井仪人为操作也是个导致单参数溢漏监测失败不可忽视的因素。

1. 安装方式的问题

超声波传感器通常采用Z型或者7型支架，再由G型卡子固定，支架头重脚轻难以保持探头垂直，固定边缘不平整也会导致G型卡子受力后，传感器角度倾斜，从而导致测量距离与实际高度产生差异。

2. 槽内流速过快问题

通常情况下高架槽安装坡度不超过3°，安装电动脱气器，钻井液从井内返出后，在槽内呈薄膜状，经过高架管流入缓冲槽，槽内液面高度小于1cm的情况下，超声波传感器监测的液面高度变化不大。但在钻井液循环过程中流速过快，由高架管加速，缓冲罐内钻井液翻滚、甚至飞溅到探头上，液面浮动非常大，这种情况下，传感器精度大打折扣，数据曲线呈锯齿状，无法有效判断溢漏(图3)。

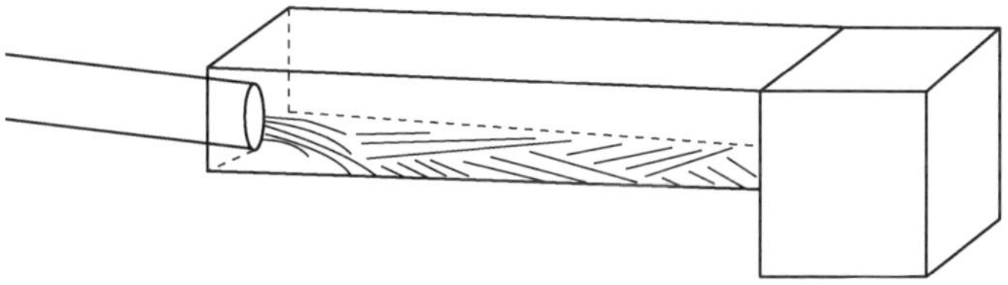

图3 高架槽与导液管安装示意图

3. 罐内液面波动过大问题

因循环罐内搅拌器工作，钻井液在各罐之间连通管内快速流动，易形成漩涡和波浪，若多个搅拌器同时工作，钻井液飞溅可能性大增，液面无规律波动，造成实际池体积与测量值差异较大，数据曲线呈台阶或锯齿状，无法有效判断溢漏(图4)。

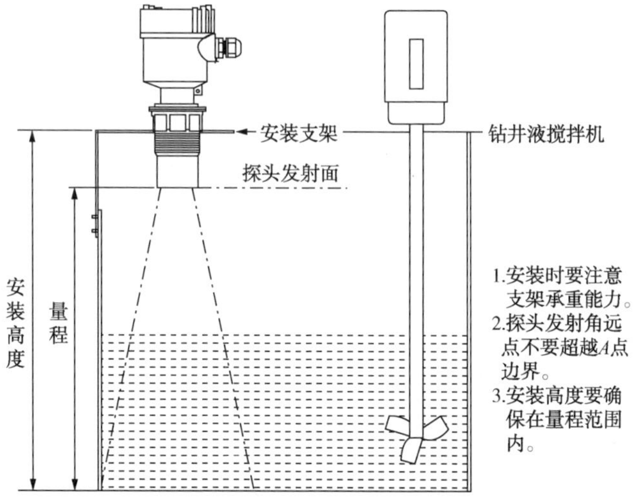

图4 循环罐内传感器安装示意图

4. 典型“狼来了”效应

因为钻井平台上噪音非常大，在这样的环境中，现场施工人员还需要实时关注钻机动

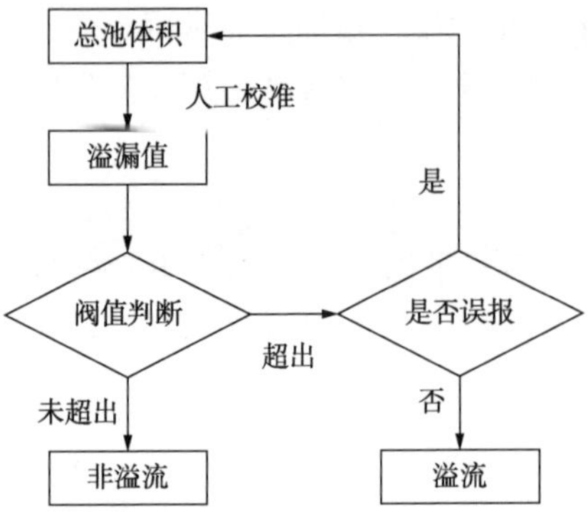

图5 池体积参数溢流模型识别溢流的流程

态、各种仪表显示值、跟踪图以及警报的传感器，并没有额外地精力去发现泥浆体积和出口流量的细微变化，综合录井仪的异常预报，往往限于单参数超限提醒，一般采用阈值法，即高低门限设定报警(图5)。由于报警逻辑简单，只要超出规定范围时就会报警，提示施工人员这可能是即将发生井漏或井涌的征兆。然而，在正常钻井作业中，这两个参数值波动很频繁，即使是经过正确校准并正常运行的测量系统，如果只是设置单一参数的固定阈值会发出许多报警，但这些警报并不意味着会出现溢流或者井漏。当误报成为一种习惯，人就会变得麻木。他们可能通过降低报警灵敏度来应对这种预警疲劳，从而降低了检测系统的效率，更有甚者可能暂时或永久关闭预警监测系统。

3 液面监测设备装置改造与应用效果

为了提高溢流识别的准确性，近年来，人们将研究的重点转向智能识别方法，如贝叶斯模型、支持向量机等[3]，高新技术的引入降低了主观因素的依赖，溢漏正确识别率相对有所提升，但智能化识别模型并不是人工完全不介入就能一劳永逸。如何克服液面波动，保障超声波传感器液面监测达到理想状态是解决源头数据质量问题的首要任务。

3.1 液面监测装置改造必要性

井场钻井液出口设备安装因钻井设备、场地条件限制，未实现标准化，传感器安装的位置不同，对溢流液面波动监测的效果差异较大，给出口流量与池体积准确监测带来了难度，因此非常有必要对钻井液出口槽及循环罐进行规范。

1. *槽内液面波动减缓法*

通常情况下在距离缓冲罐0.5~1m处安装挡板，以确保电动脱气器正常工作，但是由于高架槽自身安装坡度影响，若只有一块挡板，钻井液冲击下来速度过快，液面高度与挡板高度相同时，一部分液体越过挡板流向缓冲槽，一部分液体返流，造成液面波动，因此通过在导流管0.5m处再加装一块挡板，并将原有挡板中间矩形掏空，尽量降低从挡板1流向挡板2的钻井液速度，以实现减缓槽内液面波动的目的，确保超声波传感器能准确获取准确性高的出口流量数据[4](图6、图7)。

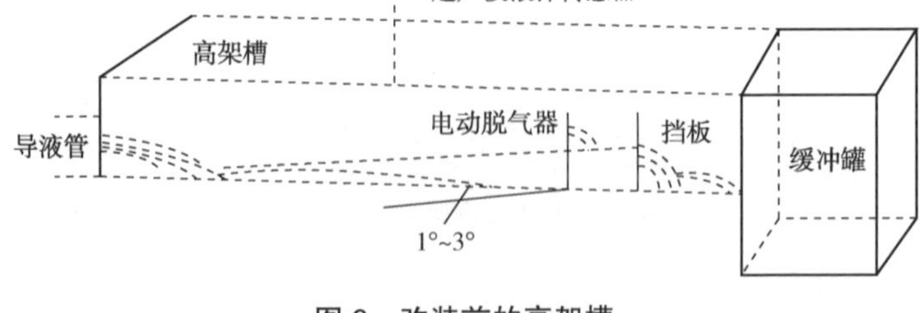

图6 改装前的高架槽

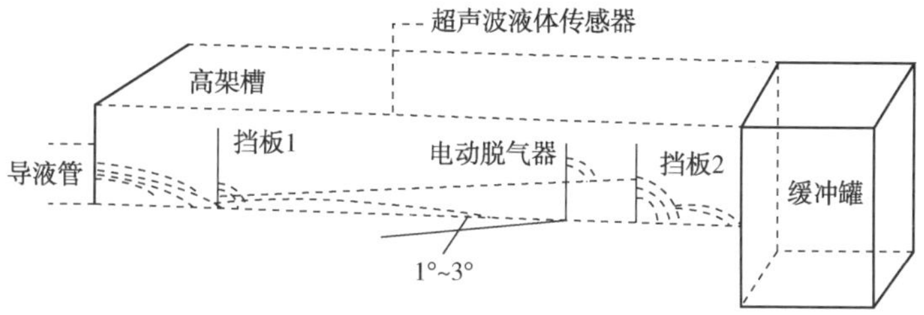

图7 改装后的高架槽

2. 罐内液面波动减缓法

利用U型管原理，在循环罐中安装直径30cm，高度约1.7m的钢管并在侧面开6cm缝并加装浮球，彻底解决气泡聚集问题，消除钻井液面上下波动，与钻井液罐中的液面高度一致(图8~图10)。

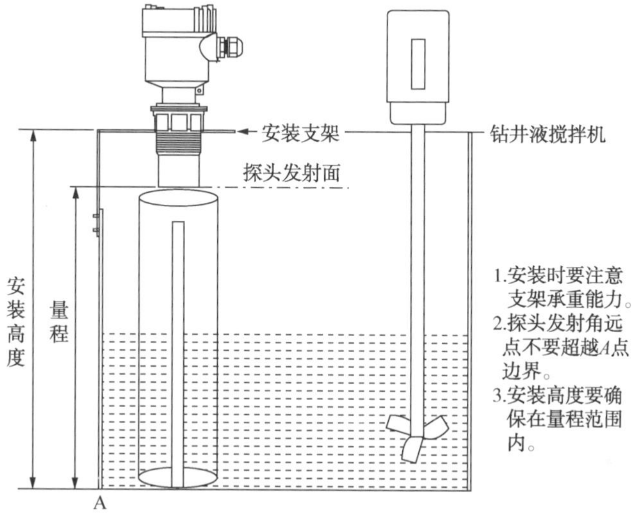

图8 循环罐液面缓冲改造示意图

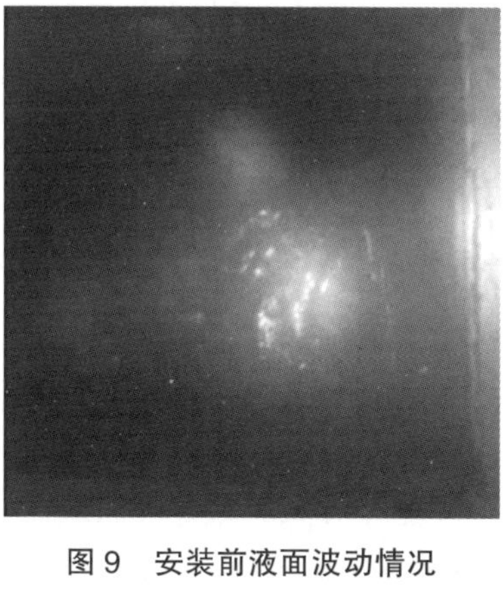

图9 安装前液面波动情况

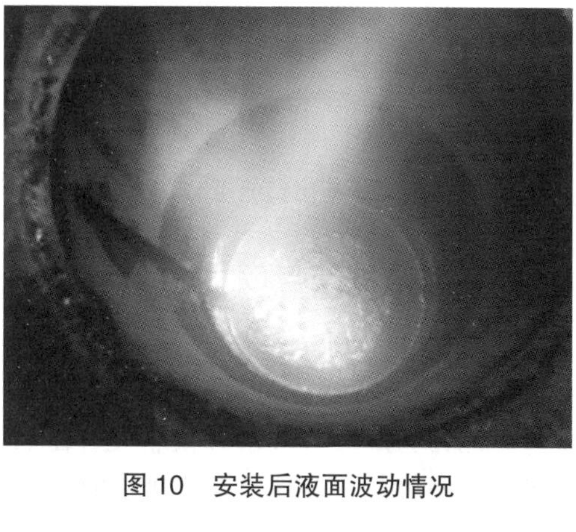

图10 安装后液面波动情况

液面波动缓冲装置改造完成后，为了进一步验证改造是否有效，完成槽内及罐内装置准备工作，通过选取条件相当的单井进行试验发现曲线更加平滑、连续，为提高溢流预警效率奠定了坚实基础(图11~图14)。

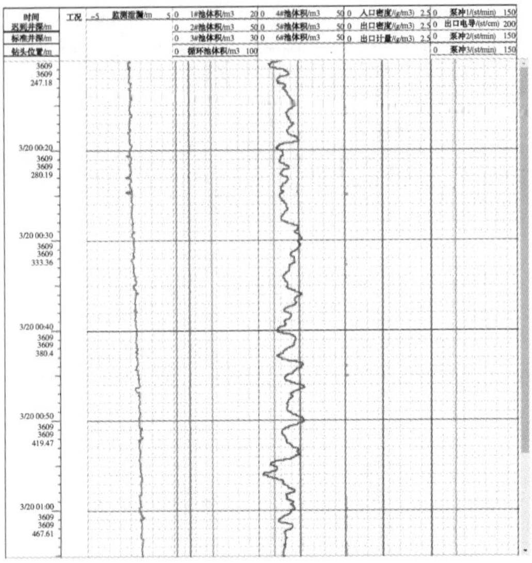

图 11　液面减缓前池体积

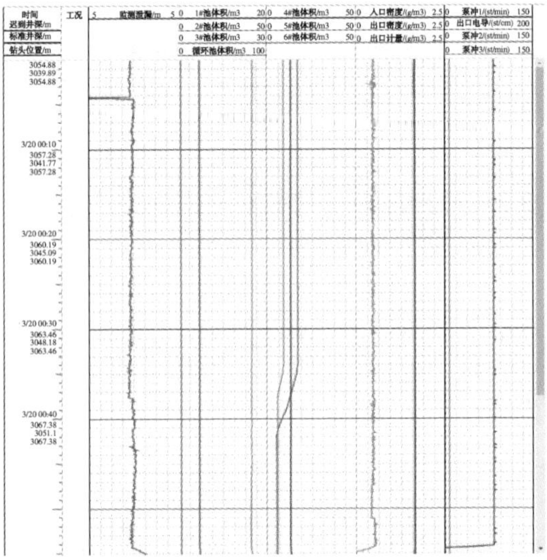

图 12　液面减缓后池体积

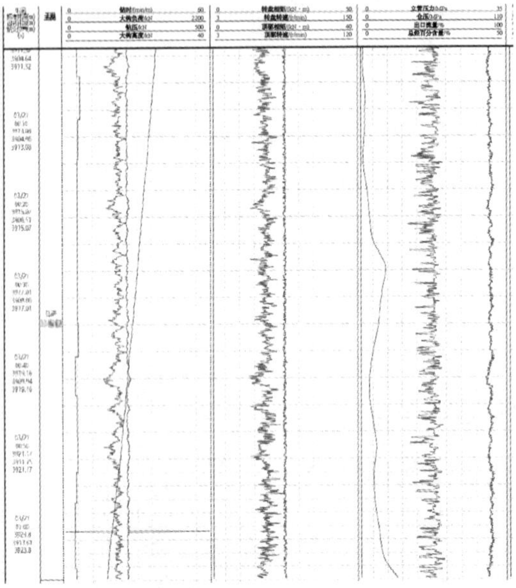

图 13　液面减缓前出口流量

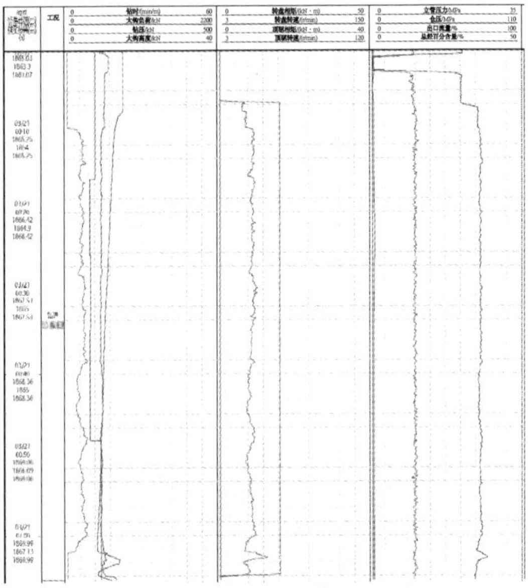

图 14　液面减缓后出口流量

3.2　实时数据采集与应用

1. 设备型号兼容适配

行业内主流录井仪设备包括 ACE、ALS2.2、DLS、SK2000FC、SK-CMS、Wellstar、胜利 ZH-2 等十几种类型，这些录井仪软硬件配置各异，性能差异大，通过 WITS、串口等方式兼容多种接口类型的录井仪，可实现实时数据准确获取(表 2)。

2. 特征数据处理

在整个钻采过程中，溢流段的长度较短，为了对有限的数据集进行更充分的利用，需要采用一定的数据扩充手段，增大训练集容量。智能模型的准确性依赖于数据源头准确性以及大量的训练样本，而从企业直接获取大量实际发生溢流的历史事件不太现实，目前区域性溢流事件几乎都是小样本点数据。基于某工区历史事件分析，通过参数优选，发现13项参数与溢流有关，其中出口流量、池体积直接相关，钻时、立压等7项间接相关(表3)，同时将入口流量纳入特殊辅助参数，进行特征量分析(图15)。

表2　常见综合录井仪兼容情况

序号	接口方式	代表仪器
1	WINDOWS 共享通信文件方式	SLZ2A、SK2000
2	RS232 串口通信方式	ADVANTAGE
3	WINDOWS 网络通信(基于 TCP/IP 协议)	CMS、CPS3000
4	WITS 接口(基于串口或 TCP/IP 协议)	ZH-3
5	自动化接口(基于 TCP/IP 或 UDP 协议)	ACE、SDL9000、DLS

表3　参数相干性分析

序号	参数	变化情况	事故(异常)名称	与溢流的关系
1	出口流量	升高	溢流	直接
2	池体积	升高	溢流	直接
3	钻时	突降	放空、憋跳钻	间接
4	立压	升高或降低	溢流或刺钻具、井漏	间接
5	钻井液密度	降低	溢流或油、气侵	间接
6	气测值	升高	溢流或油、气侵	间接
7	出口电导	升高或降低	溢流或油、气、水侵	间接
8	大钩负荷	降低	高压油气井气体上涌	间接
9	入口流量	—	—	限定参数

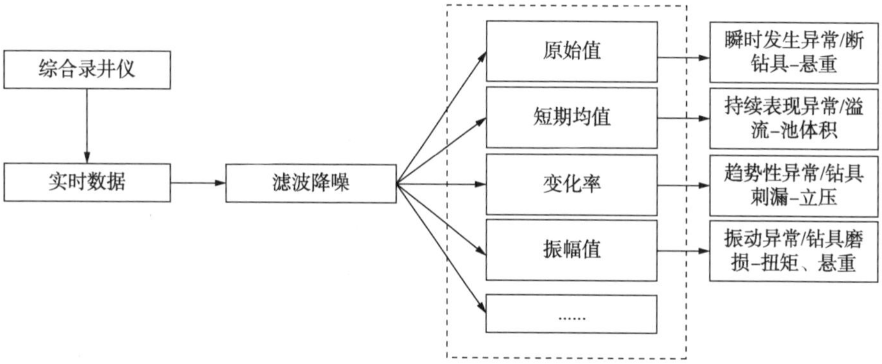

图15　特征量处理流程

综合录井仪实时数据是判断工程复杂情况的基础，如何排除干扰值，总结事件变化规律尤其重要，因此，笔者认为通过特征量计算，对录井仪参数进行二次分析处理(如平均值、变化率、振幅计算)与分析，能有效发现滤除噪声等非事故因素引起的参数异常变化，数据处理后建立参数的实时背景基线，以此为基准实现对参数的动态连续监测与分析，进而根据人工设定的正常变化阈值判断参数是否发生异常。

3. 基于滑动时间窗的自适应增量特征提取

在发生气侵或者溢流时，相同参数在不同井情况下具体的数值是不等的，但是趋势是类似的[4]。因此，为了屏蔽不同钻井之间的差距，着重于趋势本身，开发针对不同井的数据自适应特征提取方法。窗口长度为 L 的钻井序列(即含有 L 个数据点)，计算后 $L/2$ 个数据点的平均值 v_α，以及前 $L/2$ 个数据点平均值 v_β，两个平均值相减得到相对变化量 Δv，具体计算见下式：

$$v_\alpha=\frac{v(L/2)+1+v(L/2)+2+\cdots+vL}{L/2} \tag{10}$$

$$v_\beta=\frac{v1+v2+\cdots+vL/2}{L/2} \tag{11}$$

$$\Delta v=v_\alpha-v_\beta \tag{12}$$

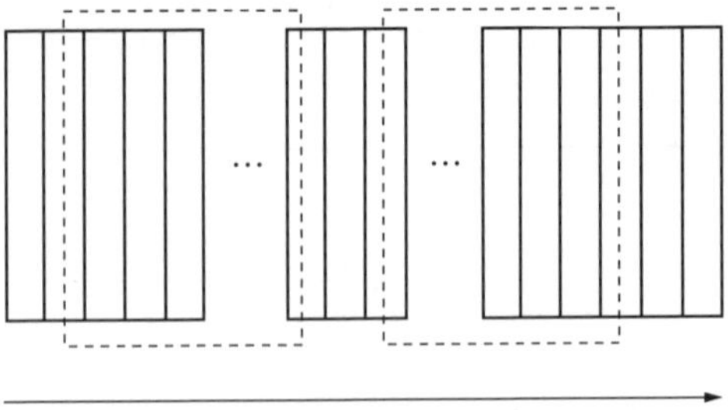

图16 滑动窗口过程

对于一组连续的 n 条数据，时间窗口长度为 L，第1条数据到第 $L/2$ 条数据使用式(1)计算得到 v_β，第$(L/2)+1$ 到第 L 条数据使用式(2)计算得到 v_α，最后使用式(3)计算 Δv 完成一次自适应特征提取，随即时间窗移动一步，重复操作，直到时间窗走到最后一格。该扩充技术原理如图16所示，该方法能够在有限数据的情况下，获取尽可能多的窗口序列。

4. 工况划分

据统计，溢流风险发生在起下钻过程的概率占55%，发生在钻进过程中的概率为40%，其他作业占5%[5]。由此可知，钻进、起下钻为溢流多发工况。在进行溢流参数异常识别之前，需建立当前钻井作业状态的识别方法。可将其划分为钻进、划眼、起钻、下钻及离井底五种钻井作业工况状态，基本覆盖了整个钻井作业全过程。

5. 权重设置

由于井场情况的复杂性和多变性，预警系统融合了常规逻辑判断和程度模糊判断两种判断推理模式。对于相对简单、判断条件容易量化的工程复杂，可以采用常规逻辑判断方式(如硫化氢)；对于较为复杂、判断条件不易量化的工程复杂，采用模糊推理判断方式(如井涌、井漏)(表4)。

表4 权重分配建议

岩性	油气类型	判断参数(权重)						
		出口流量	总池体积	钻时	气测值	悬重	立压	出口密度
碳酸盐岩	高压气井	2	1	1	0.9	0.8	0.7	0.6
	气井	2	1.2	1	1	0.5	0.7	0.6
	油井	2	1.6	1	0.9	0.3	0.5	0.7
碎屑岩	气井	2	1.2	1	1	0.5	0.7	0.6
	油井	2	1.6	1	0.9	0.3	0.5	0.7

4 应用情况与问题

在某工区52口井进行了现场部署应用，单井运行最长时间180天，最短8天；通过不断地完善，能够准确识别真、假溢流。在3口井由钻井队配合进行了溢流监测模拟实验，实验结果达到了预期，及时准确地发现了模拟溢流事件。在上井测试与应用期间，5口井在钻井施工过程中发生溢流，相比综合录井仪均提前及时准确预报溢流，为井队及时处理赢得宝贵时间。

值得注意的是，应用过程中，某些正常作业也会引起液面波动导致“假溢流”。比如，泵排量变化、起下钻、接单根、倒浆及钻井液加材料等常规钻井操作都会导致泥浆体积变化，使总池体积和出口流量出现波动。如表5所示，在钻井施工中各种引起“假溢流”的工况下，除了少数特殊或复杂情况下，从这些工况出现概率来说，主要还是前5种工况，比较容易识别。

表5 常见“假溢流”识别情况统计表

序号	事件	参数变化	报警情况	备注
1	接单根	体积波动	否	
2	变排量	出口流量、体积波动	否	
3	倒浆	体积波动	否	
4	加钻井液材料	出口流量、体积波动	否	
5	气侵	出口流量波动	否	
6	其他	出口流量、体积波动	是	各种复杂情况或上述情况同时发生可能无法准确识别

5 结论与认识

（1）通过现场关键部位的标准化改造，保证了源头数据采集质量，有效降低了外在环境因素影响，且该装置改造成本低、简单可靠。

（2）针对实时数据处理后提取重要特征量，并采用趋势判断与时间窗分析技术，提高了预警准确性。

（3）采用多参数预警，应用权重、参数的优先级别等定制预警模型，能有效降低误报率。

（4）与国外的NDS、THEMATM等系统的监测方式相比，地面监测方式仍具有一定滞后性，但与传统的人工监测方式或者单参数判定相比具有连续性和及时性的优点，朴实可信。

6 结束语

液面监测装置改造为超声波传感器创建了较为理想的工作环境，从而达到出口流量和钻井液池体积精准测量的目的。改良后在各工区推广试点，不仅为溢流和井漏及时发现提供了有力依据，保障单井提质创效施工，避免事故升级所带来的地下水资源污染、破坏油气层、污染环境等不可挽回的损失，还降低了人工劳动强度，消除了安全隐患，提高了资料的稳定性、准确性和连续性，符合行业标准和要求。同时，工程复杂预测的准确性能够使工程效能最大化，因此工程异常预测技术是石油工程技术发展的重要方向，融合了大数据、云计算和人工智能技术的溢流识别，将成为工程复杂预测领域中的研究热点。

参考文献

[1] 张继德，张永刚，韩国生，等. 钻井液录井参数在钻井工程异常预报中的应用[J]录井工程，2010，21(3)：39-44.

[2] 刘金华. 工程参数录井在钻井工程中的应用[J]. 断块油气田，2003，10(5)：87-88，94.

[3] 李根生，宋先知，田守嶒. 智能钻井技术研究现状及发展趋势[J]. 石油钻探技术，2020，48(01)：1-8.

[4] 李开荣，陈俊男，宋金鑫，等. 自适应液面电动脱气器的研制与应用[J]. 录井工程，2020，31(1)：91-96.

[5] 郭振斌，冯雪龙，田地，等. EKM 溢流预警智能系统及其应用[J]. 钻采工艺，2020，43(1)：132-134.

气田业务异常可视化建模技术应用实践

胡治权[1]　朱　敏[1]　胡尧熙[1]　龚云洋[2]

（1. 中国石化西南油气分公司信息化管理中心，四川 成都　610041；
2. 中国石化西南油气分公司采气三厂，四川 德阳　618000）

摘　要：中国石化西南油气分公司自“十四五”以来，针对油气田开发生产面临的业务异常管控难题，通过业务引领、思路突破、技术创新，大力推进基于可视化异常建模的业务异常中心建设，为统一各业务系统异常管控技术实现、高效低门槛业务模型构建、业务异常精准高效推送及全闭环管理提供了技术手段，取得了显著成效，实现了油气生产业务异常模型高效构建、业务异常及时预警闭环管理，有力支撑了油公司业务管理变革，为推进油气田科学化、自动化、智能化业务决策奠定了坚实基础。

关键词：工业互联网；科学决策；实时数据；可视化建模；异常管控

0　前言

新一代信息技术与现代工业技术深度融合使得工业互联网技术正成为全球新一轮产业竞争的制高点。工业互联网通过构建连接机器、物料、人、信息系统的基础网络，实现工业数据的全面感知、动态传输、实时分析，形成科学决策与智能控制，正成为各产业布局的新方向、企业竞争的新焦点。

“十四五”以来，西南油气分公司紧跟技术发展趋势，坚持集团公司“数据+平台+应用”的信息化发展战略，以工业互联网架构为基础，积极推进集团公司石油工程、气田生产两大核心业务系统建设，为促进石化上游工程管理水平提升、气田业务管理变革发挥了积极作用。异常管理作为促进管理提升的重要抓手，一直也是上述两个核心业务系统的重点建设单元。公司一直致力于推进信息化条件下的业务从“管正常向管异常转变”，在异常管理方面积累了丰富经验。但在异常管理的推广应用中，面临着一些严峻的问题和挑战，具体表现在以下三个方面：

一是业务异常建模门槛高。业务人员难以低成本地开展业务异常建模，业务异常规则需要用代码实现固化，成为普通业务人员异常建模不可跨越的屏障。异常规则模型需要的业务

作者简介：胡治权（1984—），男，2009 年 7 月毕业于成都理工大学固体地球物理学专业，硕士研究生学历，理学硕士。现就职于中国石化西南油气分公司信息化管理中心，任中心技术副总监，长期从事石油物探新技术研发及油田信息化研究工作，专注数字信号处理、数字通信、系统开发及架构等领域的研究。工作至今，以第一发明人的身份获发明专利授权 2 项，获四川省科技进步一等奖 1 项，成都市科技进步二等奖 1 项。E-mail：huzhiquan. xnyq@ sinopec. com。

数据接入同样需要用代码实现，进一步阻碍业务人员开展业务异常建模。

二是异常缺乏统一的管理。缺乏统一的业务异常中心，难以集成系统的管理业务异常。各业务系统各自为政，采用不同的技术栈实现业务异常建模管理业务，技术标准不统一。业务异常缺乏全局整体的集中管控，容易导致各种混乱局面，使得异常不真正有效、高效。

三是异常预警时效性准确性欠佳。传统模式下，由于预警代码实现依赖于各业务系统的开发商，开发水平的参差不齐，导致业务异常预警模型执行的效率、预警时效性得不到保障；纯代码编写的方式对于复杂预警模型及模型灵活可变性支持有限，进一步拔高了模型预警准确性提升的门槛。

针对以上问题，在全面综合分析现状的基础上，西南油气分公司以集团公司油气生产信息化平台建设为契机，以解决油气田生产过程面临的业务异常管理难题为突破口，以提升业务管理水平助力安全生产为目标，将传统油气生产工艺技术与信息化技术深度融合，基于异常可视化建模技术研究搭建全局业务异常中心，配套建立信息化条件下油气开发生产异常管控体系，全面提升油气开采业务管理水平。

1　业务异常可视化建模关键技术

在采气生产过程中，对各种信息进行实时监控的重要性不言而喻。对关键生产指标或参数的及时掌控，可迅速发现并应对异常情况，减少生产中断，降低设备损坏，优化生产工艺，提高生产效率，确保生产安全。因此，利用生产数据根据业务规则快速建立业务异常模型实现自动化异常预警，对业务异常管理尤其重要；进一步，通过可视化的建模技术，降低异常建模门槛，使得业务人员无须编码实现异常建模，可最大程度发挥业务人员的专业优势，推动异常模型及预警质量提升。

业务异常可视化建模主要涉及数据可视化管理、规则模型可视化构建以及模型解析等多个关键技术。

1.1　数据可视化管理

在油气田开发与生产的过程中，会产生多种类型的数据，分布在不同的业务系统、存储系统和设备中，各类型数据对外暴露的查询方式和数据结构不一，且数量庞大，难以被系统或用户直接读取利用。

数据可视化管理是业务可视化建模的基础。对业务数据采集和接入的可视化，通过直观的业务数据展示，做到“心中有数”，才能方便准确地进行业务模型设计。业务数据的可视化管理采用数据集+数据对象的管理体系，统一管理业务数据。

数据集是获取业务数据的方案集合，通过数据集，实现业务数据的采集汇聚。数据集支持多种类型数据接入，包括 RESTful API、WebSocket、WebService、JDBC、ODBC、GraphQL、Snmp 等。将散落在各处的业务数据统一进行采集汇聚，定义为一个或多个数据集。通过在线设计脚本，并实时预览的方式，实时对数据集进行校验、整合与清洗，保障了业务数据的质量与标准化。

数据集原始数据经过处理后，各数据字段映射到数据对象中。数据对象是对业务数据的抽象，基于面向对象(Object Oriented)的程序设计思想，把相关的业务数据与方法组织为一个整体，例如气井是一个业务对象，气井参数油压、套压为其对象属性(图1)。

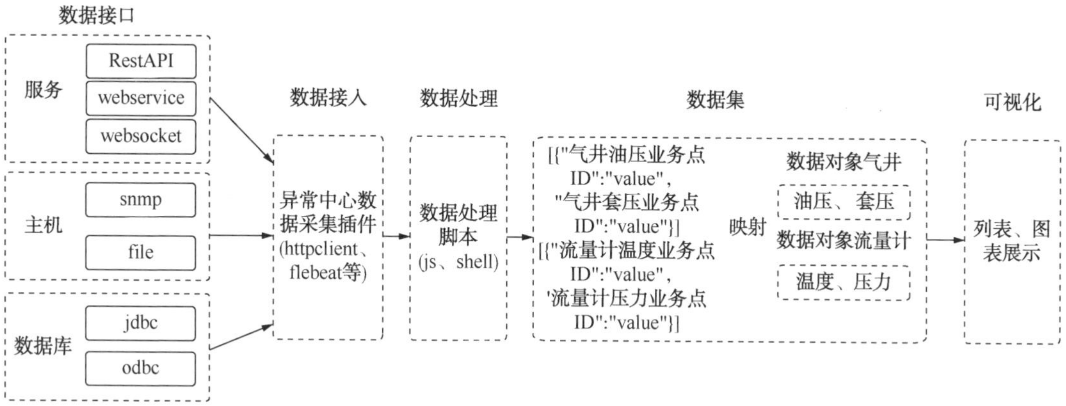

图1 数据集可视化配置

基于数据集和数据对象设计模型，为建模人员深入理解业务提供了良好的保障，能更好地设计和构建准确的模型。

1.2 规则模型可视化构建

规则模型可视化整体分为模型可视化和规则可视化(图2)。

图2 模型实例可视化配置

模型可视化构建是可视化创建模型模板、模板配置模型、模型实例化的过程。模板是一类模型的通用范式，由前端低代码设计器提供模板可视化设计编辑功能。模板通常定义了模型的业务对象、参数对象、判定规则业务抽象逻辑表达式等，并与相应的规则集做绑定以便后续模型具象化、实例化；模型是模板中规则表达式及判断条件具象化的结果，通过模板配置具体的判断规则而确定；模型的实例化是对模型的业务对象、业务参数的规则阈值个性化定制的过程，在气田业务中主要满足“一井一策”的异常个性化判定需求。

规则可视化则是以流图、决策树、规则卡片等图形化形式可视化构建规则集的过程。规则可视化基于规则集、决策表、交叉决策表(决策矩阵)、决策树、规则流等多种类型的业务规则设计工具实现满足复杂业务规则设计的需要。业务规则以规则网络的形式进行固化存储，规则与具体的模型模板绑定并在模型具象化实例化后生成模型实例规则，模型实例规则与规则网络节点的映射执行由规则解析引擎 Rete 算法实现。

可视化的模型、模型规则构建有助于提高业务建模效率，促进企业内部更广泛的团队协作。这一方法在不断演进的数据驱动业务环境中具有巨大潜力，为气田业务决策和创新带来了更多可能性(图3)。

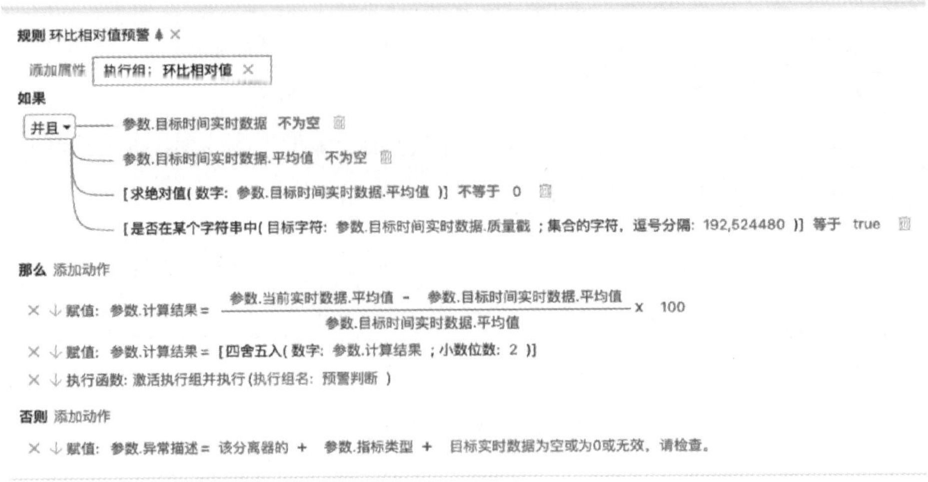

图 3　规则可视化示意图

1.3　模型解析引擎

模型解析引擎主要用于可视化模型解析、模型参数的解析以及模型的运行。

1. 模型参数解析

模型参数是业务规则判断的重要组成部分，具体体现为数据可视化构建出来的数据集和规则中参数库文件，具体包括模型对象、设备指标、数据查询参数、预警阈值等。

模型参数在模板中完成数据接入和适配。异常模板由业务专家根据需求进行操作规范和标准设置，然后固化为表单形式，用户通过表单进行模型参数配置。表单定义了表单组件中的结构、字段、校验规则、显示样式等，以及表单组件之间的关联和依赖关系，同时引用了数据可视化中的数据集字段。

用户基于模板创建模型，模型实例化了模板并具体化了业务规则和配置，包括模型对象和预警对象，指标趋势，计算方式等。模型实例是模型的具体应用，其中包含用户配置的具体阈值指标，预警等级，处置等级等(图 4)。

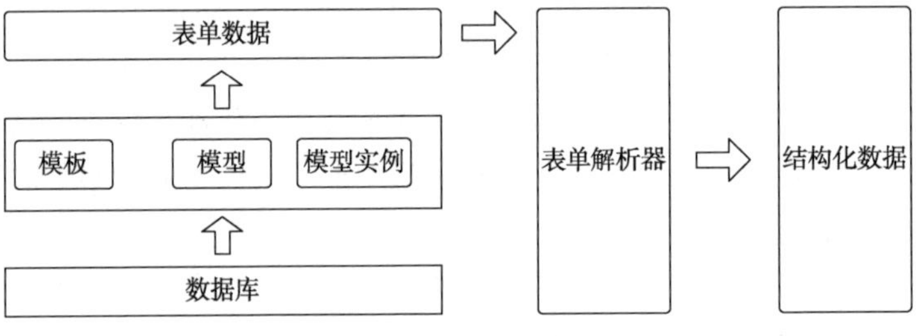

图 4　参数解析示意图

模型运行时，解析引擎将模板和模型的表单数据从数据库加载到内存中，拆分表单组件，按组件类型分类处理，解析过程中，解析引擎会识别字段类型、验证数据的合法性，并将数据按照约定的数据结构进行组织，方便后续规则引擎执行使用。

2. 模型规则解析

通过模型表单数据解析器解析后获得的结构化业务数据，虽然已经具备一定的结构，但不能直接用于查询业务数据。为了执行异常模型规则并获取业务数据，还需要经过模型规则解析器的分析，将结构化数据整理为API请求动作或SQL查询动作。

模型规则解析器负责解析模型规则，并根据规则定义的逻辑进行数据处理。分析模型规则中定义的条件、操作和动作，比如某个字段的取值范围或关联关系，然后将结构化的业务数据转化为实际的查询动作(图5)。

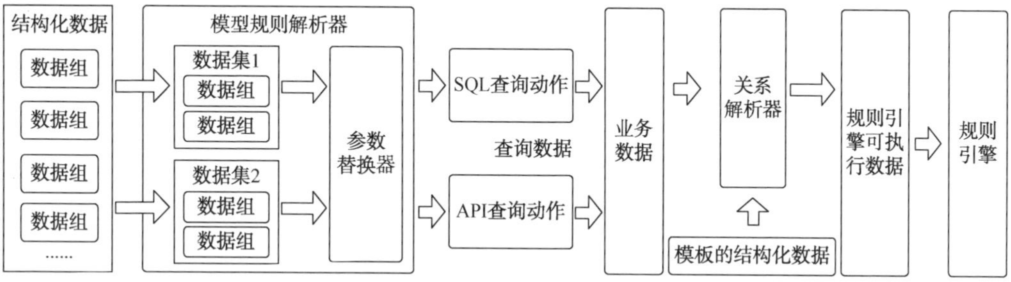

图5 模型规则解析示意图

得到查询动作之后，模型解析引擎会将这些查询动作分配给多个线程，并行执行这些查询。当查询动作完成后，模型解析引擎会将查询到的业务数据与联合表单解析器得到的结构化数据进行联合。这个联合过程将结构化的业务数据与模型规则定义的字段、条件等进行匹配和组合，生成规则引擎可执行的数据。这些可执行数据可以作为规则引擎的输入，用于执行具体的异常模型规则和业务逻辑。

3. 规则执行解析

模型参数和规则参数被解析后，模型对象、指标参数被传递到规则引擎的变量库中，规则引擎中通过变量参数、预先设定的业务规则，将业务规则抽象为一个有逻辑的条件。

对于一个具体的规则条件可以将其分为三个部分，分别是条件左边部分、比较操作符以及条件右边部分。条件左边部分是规则要判断的变量、参数或者方法或函数；比较操作符，包括大于小于等于、为空、正则、包含等逻辑判断；右边则是判定参数的阈值或者业务表达式计算结果等。

实际上，规则解析过程可以描述为一个规则网络构建过程。在网络构建过程中，把规则定义用到的所有条件节点都以节点的形式表现出来，条件之间如果是并且关系，那么这些条件节点在网络中就以串行的形式连接，这样在实际执行时只有前一个节点条件满足才会流转到下一节点；条件之间如果是或者关系，规则网络会通过一个“OR”节点将若干个条件节点连接，在实际执行时，只要有一边连线到达这个“OR”节点，那么与这个“OR”节点连接的其他连线上的条件节点就不再计算；如果总的条件使用并且连接，但分支上有并且和或者连接的条件，那么在构建规则网络时就会将分支上的并且条件以串行的形式连接，同时将分支上的或者条件使用“OR”节点连接，最后再使用“AND”节点将所有条件连接起来；如果规则中有两个相同的条件，那么在构建规则网络时会将这些相同节点合并为一个节点，这样在网络上只会显示一个节点，从而减少内存占用。

多个规则最终解析构建成规则树(规则网)。树的最底端，就是具体的业务异常规则模型(规则模型)。在规则树运行时，所有的业务对象通过顶端名为入口的节点插入到规则树，根据连线评估条件节点是否满足，如果能到达最底端模型节点，则说明与当前规则模型相关的所有条件满足，对应规则模型里定义的动作就进入待执行状态。

通常一个业务规则模型对规则网络节点的匹配过程由 Rete 算法实现，Rete 算法利用树的结构特性，结合相应的短路计算方法，可以极大地优化规则条件计算的性能，避免不必要的条件匹配过程，使得规则计算性能媲美传统的硬编码方式，实现业务计算的毫秒级响应（图 6）。

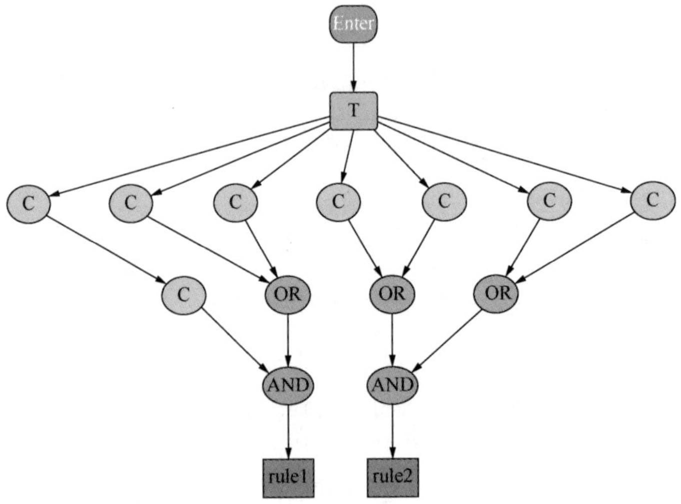

图 6　规则网络规则树示意图

2　基于可视化建模技术的业务异常中心构建

气田业务异常中心构建与可视化建模技术可以紧密结合，通过引进数据可视化技术、规则模型可视化构建、模型解析引擎等关键技术和方法，实现气田业务异常的数据接入可视化管理、异常模型可视化构建、预警管理与应对，降低业务异常建模难度，普及异常管理应用，优化气田生产效率，提升安全生产水平。

2.1　功能设计

气田业务异常中心承载了气田生产等业务应用异常数据源、异常模型以及异常闭环管理的重要使命，是实现业务异常准确预警、及时发现、快速处置的重要技术服务保障中心。具体包括规则引擎、异常数据源管理、异常模型管理、异常全生命周期管理等功能。

1. 规则引擎

规则引擎是实现复杂业务逻辑与代码实现剥离、降低业务逻辑实现难度、迅速适应业务规则变化、可视化维护业务规则以支撑业务决策支持的技术引擎。

规则引擎主要包括可视化规则设计器、模型构建引擎、规则执行引擎三个部分。

2. 异常数据源管理

异常数据源管理主要实现各业务数据的接入、配置管理，为异常模型提供统一的数据源管理功能。具体包括：数据源的新增、删除、修改、查询等基本功能、数据接入管理功能、数据源配置功能（支持对数据的获取方式、上报周期、数据格式等进行自定义配置）等。

3. 异常模型管理

基于规则引擎向导式规则设计器，实现各业务域的异常模型在线可视化设计与管理。

具体功能包括异常模型分类可视化管理(可视化编辑、基本的增删改查功能)、异常模型运行状态管理(运行状态监控及状态控制)、异常模型相关要素配置功能等。

4. 异常全生命周期管理

为建立完善的异常处理机制，需实现对异常的预警、发现、通知、处理全生命周期管理。具体包括异常监控大屏、异常订阅管理、异常告警管理、异常调度等功能(图 7)。

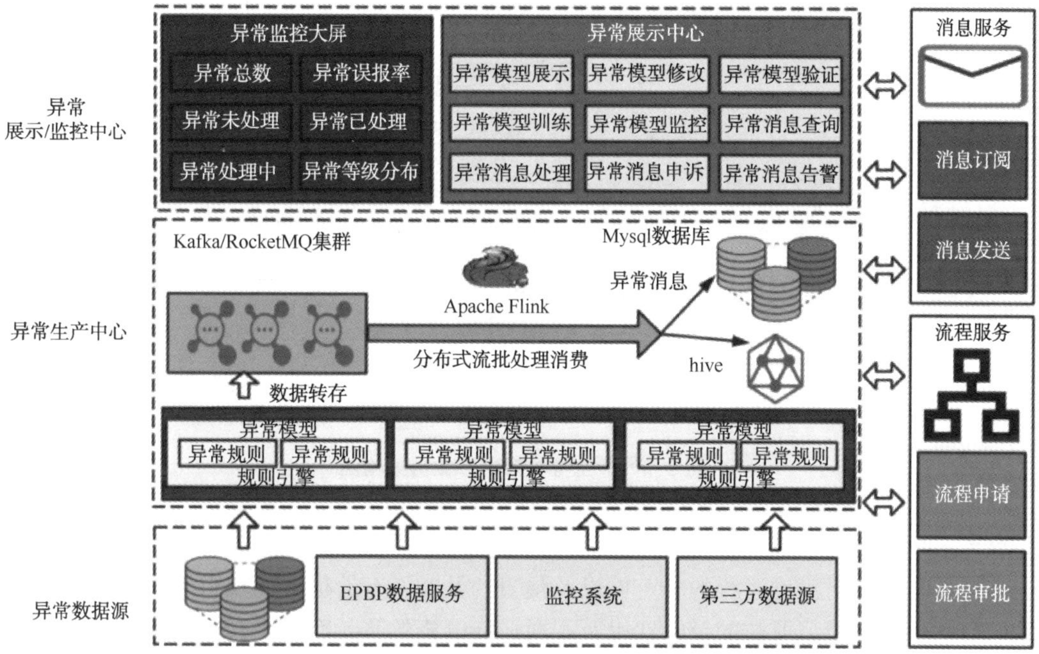

图 7　气田业务异常中心功能架构图

2.2　业务设计

异常中心是用于监测、分析和处理工业应用系统业务异常的重要工具。平台支持两类业务模型的运行预警，具体包括：手动配置规则的参数阈值模型和集成的大数据深度学习模型。

在参数阈值模型(人工模型)中，模型基于业务规则抽象模板进行实例化。模板连接了数据和规则配置，使得模型能够基于模板配置查询数据，并在规则引擎上解析运行规则。一旦识别出异常，模型就会生成异常消息，并将其推送到消息服务中。消息服务根据推送配置将异常消息推送给订阅对象。应用可以执行回调接口来反馈异常是否被正常接收、闭环处理等。

大数据深度学习模型中，平台集成推理引擎运行环境，通过数据管理功能接入深度学习模型需要的数据，基于推理引擎加载解析深度学习模型并计算出模型推理结果，进一步推进业务异常判断的智能化水平提升。

参数阈值模型主要满足单参数、多参数模型异常预警的需要，大数据深度学习模型则满足更高水平智能化业务异常预警的需求，基于可视化建模技术构建的业务异常中心在满足以上两种模型运行预警的同时也支持通过类似可视化脑图的方式对这两种模型进行组合预警，这种业务设计使得异常建模更加灵活和可定制化，满足了不同应用场景的需求(图 8)。

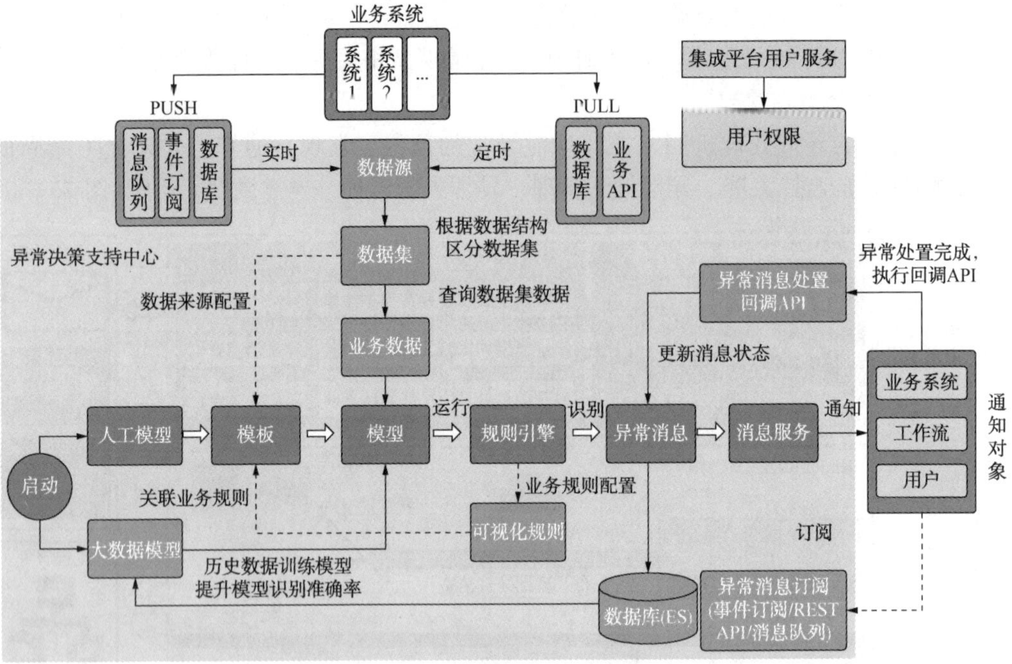

图8 气田业务异常中心业务架构图

2.3 高性能设计

业务异常预警对模型运行的稳定性以及预警的及时性有着极高的要求。业务异常模型性能的瓶颈主要在于模型取数的及时性以及规则运行解析的高效性。平台主要采用多级数据缓存及优化 Rete 算法解决以上难题。

1. *多级数据缓存*

在异常模型中，通常需要多个业务数据的共同参与来完成任务。随着业务对象数量的不断增加，上游数据服务的压力也会随之增加，导致数据响应时间变长，降低了模型执行的效率。为了解决这个问题，系统引入了全局缓存策略。在异常中心，将业务数据从数据源拉取到全局缓存中心，这样所有的引擎实例都可以直接从缓存中获取数据，避免重复查询。

除了全局缓存外，系统引入了引擎实例本地缓存策略。在规则引擎运行时，将全局数据拉取到本地并进行缓存。在运行该实例上的节点时，可以直接使用本地缓存中的数据进行处理和计算，避免了不必要的网络开销和延迟。当本地数据失效时，会从全局缓存中同步最新的数据，确保数据的准确性和时效性。

除此之外，系统还对规则结果进行缓存。在执行异常模型的过程中，对规则执行的过程数据进行缓存。如果相同的规则条件再次出现，可以直接从缓存中获取执行结果，避免了重复的计算和执行，进一步提高了模型执行效率。

综上所述，通过采用多级数据缓存的方式，有效地存储了业务数据和执行过程数据，避免了重复查询和计算，提高了模型数据获取及模型执行的效率。

2. *优化 Rete 算法*

Rete 算法是一种用于处理和匹配大量规则和大量对象的高效算法，该算法在专家系统中得到了广泛应用，它利用模式匹配的方法来处理和解决大量规则和对象之间的匹配问题(图9)。

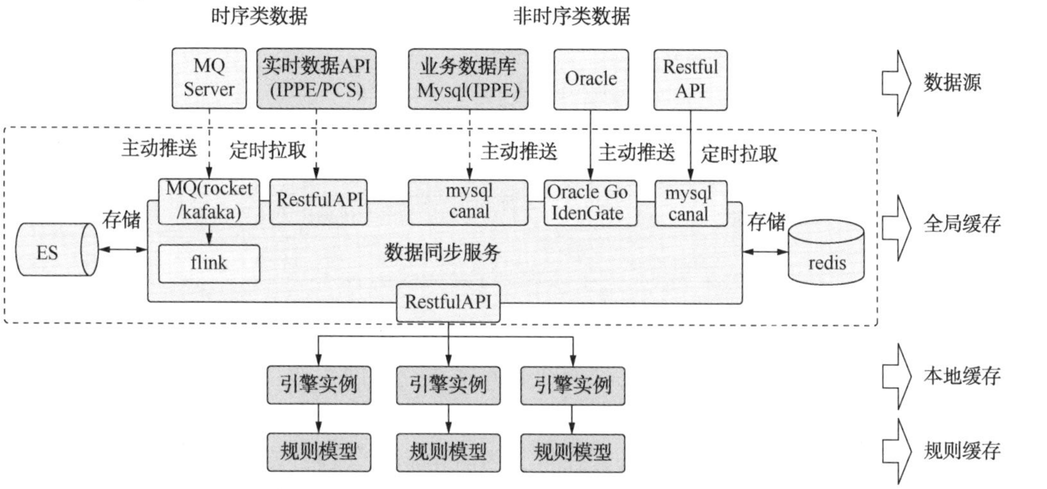

图 9　模型数据多级缓存架构示意图

Rete 算法的核心思想是将规则进行拆分，将每个规则中的匹配条件作为基本单位(节点)连接成一个数据辨别网络，利用时间冗余性和结构相似性这两个特性来提高系统模式匹配效率。

在现有的气田业务中，随着数据的不断积累和业务的日益复杂化，海量数据和复杂的业务场景对现有的算法提出了更高的要求。为了解决这一技术问题，对现有 Rete 算法进行了以下优化：

（1）Rete 网络可动态复制：通过采集 Rete 网络所在节点资源使用情况和 Rete 网络节点数量，当资源使用和节点数据达到指定阈值时，通过网络调度器复制出一个完整网络，同时处理业务规则，提升决策系统的并发性；

（2）全局缓存节点结果：缓存每个网络节点结果到全局缓存组件中，全局缓存组件供所有网络节点使用，当遇到相同的数据时，可以直接使用缓存的结果，从而提升匹配效率。

通过以上优化措施，可极大提升海量业务规则执行效率，保障异常模型运行的高效性。

3　建设成效

两年以来，业务异常可视化建模技术及气田业务异常中心的推广应用实践，取得了以下成果：

（1）低代码业务异常快速建模助推业务异常管控全面应用。气田业务异常中心投产以来，通过低代码可视化的构建方式支撑了 5 万余个业务数据项的可视化接入管理、645 个模型的可视化构建、79262 个模型实例高效运行；业务异常模型构建效率从周级提升至分钟级，并实现百万级模型实例并行运行时单实例模型秒级响应，助推业务异常管控新模式的全面应用(表 1)。

表 1　气田业务异常中心模型清单

模型分类	模型名称	数量
井口	气井环空压力对比超限、气井套压环比相对值超限、气井套压超阈值超限等	16
流量计	流量计差压超阈值超限、空定值预警等	8

续表

模型分类	模型名称	数量
增压机	进气压力超阈值、排气压力超阈值	2
罐	地层水罐液位安全超上限等	4
分离器	分离器液位超限、分离器本体压力超上限等	3
阀组	阀组与阀组压差环比绝对值超限、流量计静压与阀组进站压力压差超限等	5
……	……	……

（2）全局业务异常中心统一业务异常标准化管理。气田业务异常中心的全面建成，标志着西南油气分公司基于统一技术栈实现的业务异常管控新模式的建立，扭转了各业务系统业务异常实现各自为战的混乱局面，实现了业务异常模型统一标准化构建、统一运行管控，业务异常统一模式订阅推送、统一闭环管控等，为后续业务管理智能化决策提升奠定了坚实基础(图10)。

图10　气田业务异常模型管理及统计分析界面

（3）高性能业务异常决策支持引擎助力气田业务管控自动化、智能化水平提升。气田业务异常中心高性能异常决策支持引擎的研发应用，使得百万级模型高性能运行、异常及时预警成为可能，同时支持参数阈值模型和深度学习模型的异常决策支持业务设计，进一步为业务异常的自动化、智能化预警提供了技术保障(图11)。

图11　气田业务异常中心模型执行效率统计示意图

4 结论与认识

工业互联网时代，工业互联网平台成为工业全要素链接的枢纽、工业资源配置的核心，是新工业体系的“操作系统”。打造工业生态，实现资源一体化高效配置、产业链高效协同是工业互联网平台的初阶应用形态；工业互联网的高阶应用阶段，工业智能一定是新型工业体系的亮眼明星。基于工业知识、机理的业务智能分析决策能力将成为企业提升生产工艺水平、提升核心竞争力的核心能力。

基于可视化业务异常建模技术的气田业务异常中心，作为变革油气田业务管理的抓手，诞生于工业互联网技术条件下的业务智能决策支持应用，将承载时代使命，助力油气田业务管理模式变革，实现信息化条件下的业务管理自动化、智能化，全面推动异常管理全业务域推广应用。可预见的未来，基于可视化业务异常建模的业务异管控，将在数据质量提升、生产安全预警、生产工艺优化、业务管理决策智能化提升方面发挥不可替代的作用。

参考文献

[1] 张渊，夏清国. 基于 Rete 算法的 JAVA 规则引擎[J]. 科学技术与工程. 2006，(11). 1548-1550.

[2] 缴明洋，谭庆平. JAVA 规则引擎技术研究[J]. 计算机与信息技术. 2006，(3). 41-43.

[3] 杨智. 基于 Rete 算法规则引擎的研究及其实现与应用[J]. 东北大学. 2007. DOI:10.7666/d.y1219860.

[4] 徐杨，周文彬. 基于 SpringBatch 框架的数据批量处理在决策分析系统中的应用[J]. 电子测量技术. 2016，(4). DOI:10.3969/j.issn.1002-7300.2016.04.034.

[5] 刘辉. Java 网络编程：连接网络数据库的多种方法[J]. 价值工程. 2010，(3). 154-154.

[6] 曹严明，曹蕤. 模型驱动的低代码平台及其在金融业务系统迁移中的应用[J]. 中国金融电脑. 2021，(8). 60-64. DOI:10.3969/j.issn.1001-0734.2021.08.013.

[7] 张朝阳，王艳. 长庆油田数字化的建设实践[J]. 油气田地面工程. 2011(2)：3-5.

[8] 刘建明，张德军，艾民等. 油田生产数据可视化采集定制的研究与应用[J]. 中国石油和化工标准与质量，2021，41(02)：13-15.

[9] 张凯，赵兴刚. 智能油田开发中的大数据及智能优化理论和方法研究现状及展望[J]. 中国石油大学学报. 2020(4)：28-38.

移动应用助力气田生产提质增效

斯兴焱　王慧元　胡尧熙　朱　敏

（中国石油化工股份有限公司西南油气分公司信息化管理中心，四川 成都　610041）

摘　要：针对气田生产管理及运行中基层信息化程度低、数据重复采集、纸质报表层层汇总、生产调度缺乏管控手段等问题，西南油气分公司于2021年启动气田PCS提升建设。但在站场、管线等气田生产现场环境中，传统的信息化方式难以满足基层工作需要，移动端以其易用性和便捷性的特点，能不受时间地点的限制，及时获取和处理生产任务。该文针对当前气田生产信息化运行中存在的问题，聚焦气田生产对移动应用的需求，开展移动应用相关技术研究，打通移动应用任务派发、移动端数据采集、任务执行到报表台账自动生成的气田生产业务链，为实现气田生产内外操实时联动、台账报表电子化、提升气田生产精细化管理水平提供坚强保障。

关键词：移动应用；气田生产；气田PCS；台账电子化；组件化

0　引言

近年来，西南油气分公司坚持以数据+平台+应用的信息化建设发展战略为指引，在信息化建设方面取得了突出的建设成果，支撑公司各项业务高效运行[1-2]。但公司的信息化建设并不均衡，在气田生产信息化方面投入相对不足，特别是服务于生产一线员工的信息化程度较低。随着公司“厂管站”模式改革的试点与推广，为系统整合气田生产现有信息化成果，2021年以来，公司决定系统梳理气田生产与管理全业务过程，开展气田PCS提升建设，全面支撑气田生产组织模式变革和数字化转型。

站场、管线等现场环境是气田生产的主要阵地，也是基层工作的主要场所。传统的信息化方式难以满足基层工作需要，移动端以其易用性和便捷性的特点，受到基层一线人员的广泛期待和欢迎。但移动应用在生产服务能力、用户体验及快速响应业务需求等方面，与行业发展和用户期望相比还有较大距离。开展移动应用建设过程中相关技术研究，深化移动应用在气田生产中的应用，是公司数字化智能化创新发展的必然要求。

1　问题及需求

公司在气田生产与管理信息化方面，先后推广应用了总部EPBP系统和PCS系统，自建了气藏管理平台和生产安全监督管理平台，初步满足了生产管理的需要。但随着公司“厂管

作者简介：斯兴焱（1983—），男，中国石化西南油气分公司信息化管理中心应用开发室主管，工程师。2010年7月成都理工大学硕士研究生毕业。主要从事移动应用、云原生、网络安全等油田信息化研究工作。E-mail：sixingyan. xnyq@ sinopec. com。

站”管理模式的推进，气田生产信息化方面存在一些问题亟待解决，具体表现在：

1. 服务气田生产基层一线的信息化建设相对滞后

现有的气田生产信息化系统服务对象侧重于公司及厂级管理人员，服务于生产一线员工的信息化程度较低。气田大量生产数据仍由基层员工在现场进行记录，再层层汇总为纸质报表，工作量大。EPBP 数据采录后，仍存在相当数量的纸质台账不能电子化生成，需要基层员工手工登记，劳动效率低。

2. 传统的信息化方式难以满足基层工作需要

场站巡检、管线巡检、泡排等作业在野外场地开展，传统的信息化难以对基层现场工作进行有效的支撑，移动端以其易用性和便捷性的特点，能不受时间地点的限制，及时地获取和处理生产任务。故有必要推动气田生产业务移动化处理，促进气田生产提质增效。

3. 现有的移动应用不能适应气田生产现场模式及管理的特殊需求

一是部分气田生产现场环境网络信号差，传统的任务在线执行的方式，不能适应现场任务执行需求；二是由于网络安全等要求，生产任务在内网条件下进行作业，而移动消息推送服务一般面向公网，需要研究探讨实现内网消息推送的机制；三是传统的移动应用架构不能满足移动应用在开发交付效率、性能、稳定性、用户体验等方面的需求。

针对上述问题，聚焦气田生产对移动应用的需求，开展移动应用相关技术研究，为提升基层一线信息化水平、提升劳动效率、激发提质增效新动能提供坚强技术保障。

2　业务移动化主要技术

移动端作为互联网发展的前沿阵地，更新迭代飞速发展，所涉技术较多[3-5]，本节主要阐述为支撑气田生产移动应用建设所涉及的离线任务处理、内网消息推送及基于云原生的移动组件化技术。

2.1　离线任务处理技术

部分站场及管线等作业现场网络覆盖及终端信号差，传统的任务在线执行模式，不能适应现场实际环境，导致生产任务无法执行，需要研究离线业务处理技术，支撑基层任务在离线模式下运行。

1. 移动底座及其离线包机制

移动应用主要使用原生代码+HTML5(简称 H5)代码结合的混合方式进行建设，混合开发模式既具有 H5 应用易于开发的特点，又能够像原生代码一样具有较强的硬件设备访问等原生能力，是综合性能较好的开发模式[6-8]。为了支撑离线任务的运行，设计并实现了移动底座及其离线包管理机制[9]，如图 1 所示。在移动底座+业务 APP 的建设模式中，移动底座提供离线包管理、硬件调用等公共能力，业务 APP 表现为一个一个的 H5 应用，其运行过程为：H5 应用通过离线包的形式下发到移动终端，在 H5 容器及内置的 WebView 浏览器中运行，通过中间层调用移动底座提供

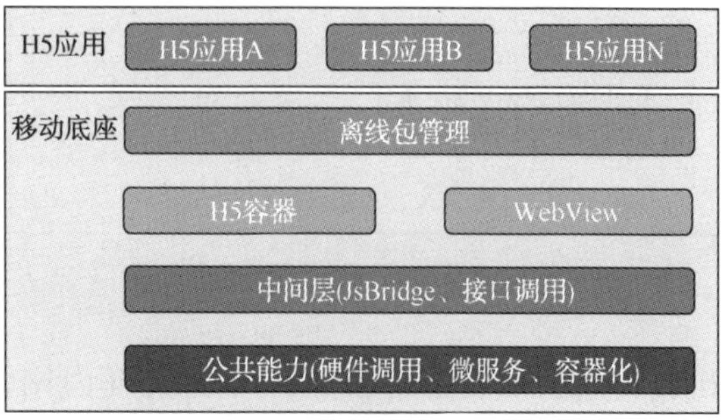

图 1　移动底座及其离线包管理

的公共服务能力，实现业务功能。

2. 离线任务处理实现

在H5应用的离线包管理机制中，在APP安装或网络条件较好的情况下，会将H5代码提前下发并存储到移动终端，为离线任务处理提供了基本条件，在此基础上，设计并实现了离线任务处理机制，如图2所示。在管线巡检等现场网络环境较差时，由移动底座对网络环境进行检测，当检测到网络不可用或在线任务提交失败时，启动离线执行模式，将任务保存到本地离线队列中，当网络条件恢复时，自动对离线任务进行提交，实现离线任务的处理。

图2 离线任务执行过程

2.2 内网消息推送技术

气田生产场站巡检等业务场景中，对安全有特殊的要求，需要使用具有防爆性能的电子设备，公司为基层工作人员配备基于Android系统的定制化的防爆终端，并为防爆终端提供APN卡，APN卡通过4G网络连接到公司内网，实现生产业务处理。内网是一个封闭的环境，基于公网的消息推送服务不可达，故需要对消息推送机制及推送路径进行分析，探讨实现内网消息推送的解决方案。

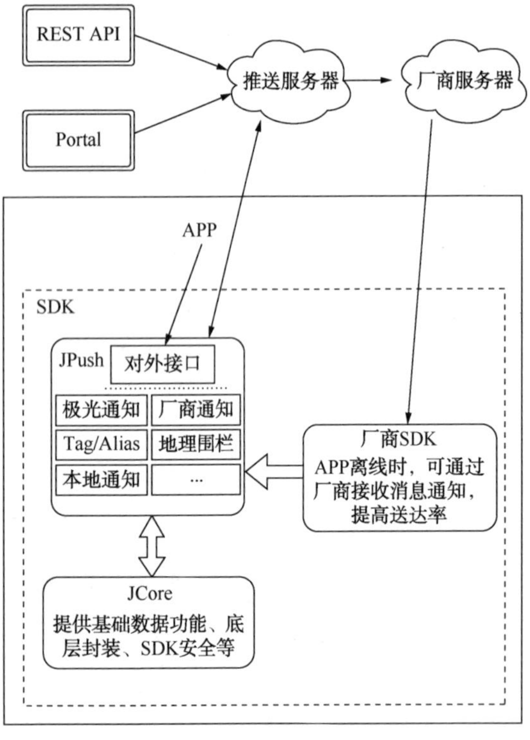

图3 移动推送原理图

1. 消息推送机制

通知是智能系统的重要功能，即使在锁屏甚至程序没有运行的情况下，也能帮助用户及时获取重要消息[10-11]。在气田PCS等任务驱动的工作模式下，通知显得尤为重要。由于Google云消息服务在国内使用受到限制，国内厂商推出自己的推送服务，如极光、个推、环信等，虽然厂家各异，但基本原理相同[12-13]，如图3所示。当有消息需要推送时，通过控制台或推送接口，调用推送服务下发通知，推送服务会自动判断通知下发渠道，当APP在线时通过推送方渠道下发，当APP处于后台或没有运行时，则通过调用手机厂商推送服务下发通知。

2. 内网消息推送解决方案

通过上述分析，在内网条件下，厂商服务器网络不可达，故需将推送服务进行私有化部署（部署在内网），通过推送方渠道，将消息推送到防爆终端。从图3中也可看出，在内网部署推送服务，既能实现内网消息推送，同时也能兼顾外网用户消息推送需求。

2.3　云原生组件化技术

为应对传统移动应用开发模式下应用交付周期长、可扩展性差、功能重复建设等问题，近年来，公司在应用组件化开发方面做了积极的探索和努力，形成了以云原生及微服务为基础的组件化开发技术，设计了“微前端+微后台”的组件架构[14]，实现组件工业级复用和集成。

组件微前端架构采用 INT、Echarts、Highcharts 等前端包作为业务组件封装的基础工具组件，并基于 JS 模块化加载的思想，使用适用于浏览器端模块化加载规范的 API-RequireJS 来实现对底层工具库的加载，最后根据业务逻辑封装出适用于不同业务需求的业务组件，组件的微前端架构如图 4 所示。微前端组件基于 ES6 标准，引入 webpack 打包机制，实现 npm 私服管理部署，可以使组件开发人员很方便地进行组件的复用扩展，借助低代码工作台，开发人员可以使用开发好的组件进行快速的功能页组装发布，实现组件的快速复用、功能个性化定制交付功能。

微后台实际是一个带业务功能模型的后台微服务，微后台组件化封装采用 Spring Boot 和 NetCore 两种技术栈，以上云为基本要求，以满足高性能分布式事务处理特性为目标，组件的微后台架构如图 5 所示。微前端、微后台以组件注册的方式通过资源编码进行组件的前后绑定，组成可供业务 APP 复用的业务组件。业务组件可在组件商店中进行查看及管理，供其他业务 APP 复用和集成。

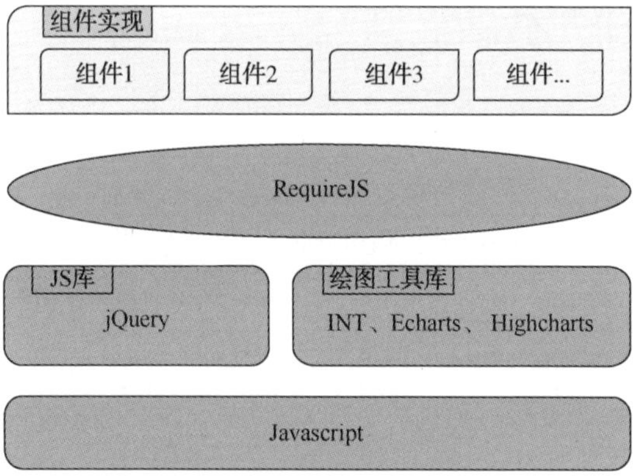

图 4　组件微前端技术架构

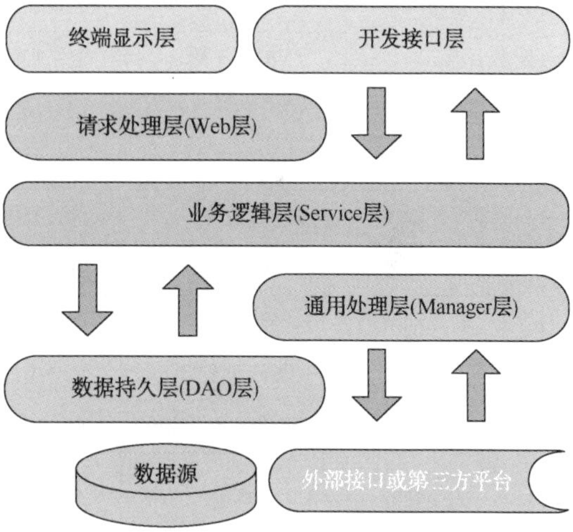

图 5　组件微后台技术架构

3　建设成效

3.1　建设成果

气田 PCS 建设按照“先一线、重日常、强管理”策略规划整体开发，依托油气生产单位业务专家，系统梳理采气厂生产组织、操作执行及运行流程的相关标准。按照“任务有发起、执行有记录、过程有监管、效果有评价”的思路，完成 5 大类 28 项业务场景设计。在此基础上，采用移动底座+业务 APP 的建设模式，以上云及组件化开发为基本要求，开展气田生产移动应用建设，为提升开发效率，快速响应业务需求，增强移动应用并发处理能力及用户体验奠定良好基础。2022 年 6 月，气田 PCS 首批 5 项业务在采气一厂等 7 家单位先行投入使用，拉开了公司数字化转型序幕。2023 年 6 月，气田 PCS 28 项业务在公司 8 家生产单位全面上线，系统支撑公司气田生产数字化转型。其中移动应用 APP 建设成果如表 1 所示。

表 1　气田 PCS 移动 APP 清单

序号	业务类别	APP 名称	功能要点
1	巡检管理	场站巡检	采集站场内井、水罐等运行参数
2		气井巡检	采集油压、套压等参数
3		增压机巡检	采集进气压力、排气压力等参数
4		管道巡检	对管线进行巡检、记录巡检轨迹
5	油水拉运	里程采集	采集车辆里程数据
6		油水拉运	记录拉水量、拉油量等参数
7		卸车任务	记录里程表读数等信息，完成卸车
8	措施维护	泡排作业	记录药剂类型、药剂用量等参数
9		连续泵注	记录起泡剂、消泡剂用量等参数
10		甲醇加注	记录加注方式、加注位置、加注量等参数
11		车载气举	记录加注方式、施工车辆、排液量等参数
12		CNG 槽车气举	记录加注方式、施工车辆、排液量等参数
13	产量计划	产量劈分	记录气井产量劈分
14	气井制度	开关井	执行开关井任务，记录开关井时间及原因
15	生产调度	生产调度	执行生产调度任务，记录完成情况
16	轮井计量	轮井作业	记录轮井后的流量计、油/气/水量和轮井时间
17	增压管理	小型增压工艺日记录	记录增压设备运行时间、吸气/排气压力、总产量、启/停机原因等参数
18		小型增压工艺巡检	查看历史增压设备记录
19	回注管理	回注	记录回注井状态、水源总量、注水前与注水后的油压、套压、泵压和平均排量等参数
20	现场检查	现场检查	跟踪任务整改情况，查看具体整改记录
21	特种设备管理	特种设备检定	移动端接收特种设备检定提醒
22	设备运行保养	计量器具检定	移动端接收计量器具检定提醒

下面以场站巡检为例对任务接收、任务执行过程及功能进行展示。如图 6～图 11 所示，当场站巡检人员收到任务通知后，在气田 PCS 移动门户中，可看到当前待办任务信息，根据指引启动场站巡检任务，并对油压、套压等参数进行采集。在执行任务的过程中，可以进行安全点检查、场站巡检作业标准查询、对巡检过程中发现的问题进行处置和上报等。

图 6　气田 PCS 移动门户

图 7　任务列表

图 8　场站巡检任务执行

图 9　巡检过程安全检查

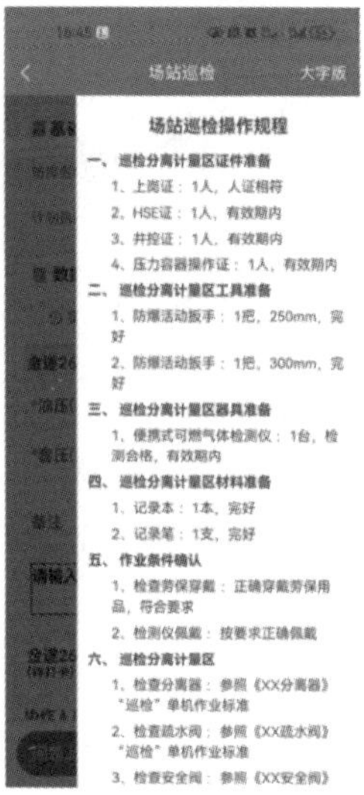

图 10　场站巡检操作规程

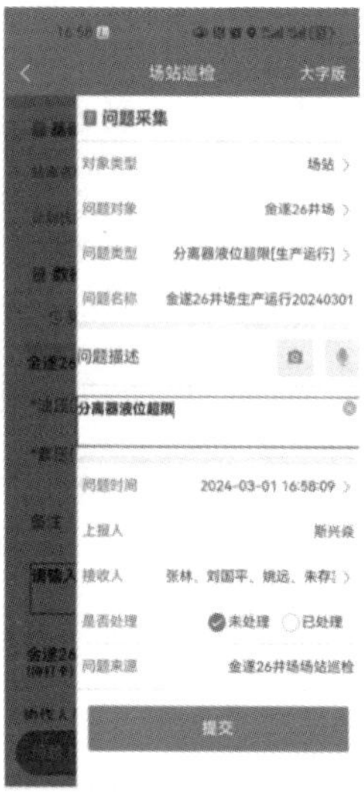

图 11　巡检过程问题上报

3.2　应用效果

气田 PCS 28 项业务上线以来，共覆盖公司 8 家采气生产单位，目前已接入气井 3495 口（98.59%）、站库 913 座（99.12%）、管线 1297 条（98.62%）、增压机 59 台（100%）。日均自动生成各类调度作业指令 3800 条（按时完成超 99%），移动端日均在线 400 人（占基层一线操作人员的 90%），覆盖了一线生产现场日常作业 90%工作量，有效减轻基层劳动强度，实现了工作任务清单化、基层操作标准化、台账报表电子化等生产模式变革，应用效果显著。

1. 工作任务清单化

气田生产以任务驱动模式运行，通过任务自动派发机制及移动端 APP 功能，支撑外操人员通过防爆终端实时接收任务，能一目了然地看到当天的任务情况，通过任务驱动的工作模式，实现了工作任务清单化，提升了现场人员的工作效率及基层管理效率。

2. 基层操作标准化

一方面，移动端 APP 为现场操作人员提供标准化操作指引，如图 10 所示。另一方面，任务跟踪能对任务执行情况进行全程记录及追溯，如图 12 所示，管线巡检任务完成后，可对巡检进行详情查看，并对超时、超距、超速、必检点完成情况进行跟踪评价，为规范作业执行过程，提升作业执行质量，强化基层管理提供了技术支撑。

3. 台账报表电子化

通过移动端 APP 功能及与 EPBP 数据深度融合，打通了移动应用任务派发、移动端数据采集、任务执行、任务跟踪到报表台账自动生成的气田生产业务链。如图 13 所示，气井巡检 APP 支撑巡检人员现场记录气井油压、套压等参数，巡检任务执行后，台账报表自动生成，有效减轻基层重复劳动。

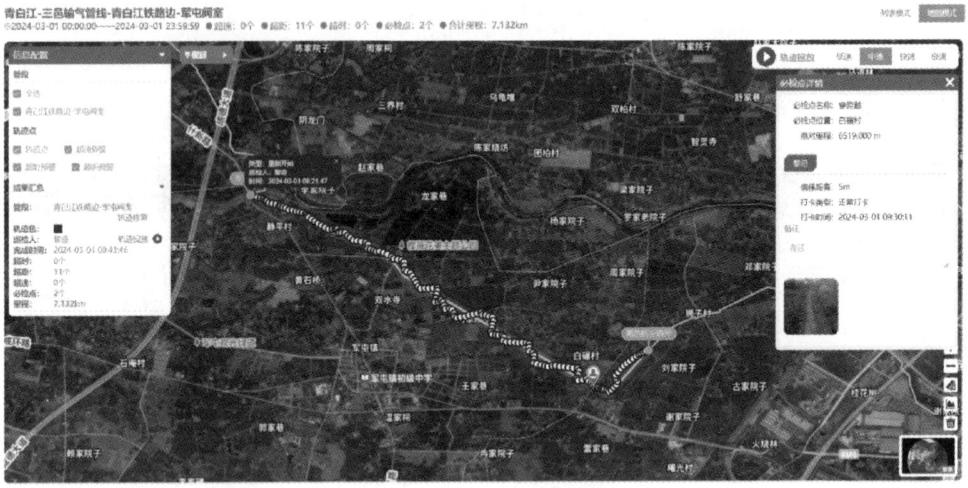

图 12　PC 端查看管道巡检任务详情及轨迹回放

分公司 西南油气分公司　单位 采气三厂　管理区　站库　井号　日期 2024-03-01　至 2024-03-01　查询　重置　导出

气井巡检记录

序号	井号	巡检时间	油压(MPa)	套压(MPa)	表套压力(MPa)	技套压力(MPa)	出站压力(MPa)	产气量(万方/日)	上游压力(MPa)	下游温度(℃)	值班人	备注	单位	管理区	站场名称
1	川合127-1	2024-03-01 08:14	1.55	1.97			1.44	0.1819			李义贵		采气三厂	基层班组	川合127集气站
2	川合137	2024-03-01 08:39	1.42	2.29			1.42	0.6018			赵丽辉		采气三厂	基层班组	川合137集气站
3	川合139	2024-03-01 11:42	0.06	0.06							陈晓婷		采气三厂	基层班组	川合139巡检班长停井站库（虚拟）
4	川合141	2024-03-01 10:00	1.59	2.88							李兴玉		采气三厂	基层班组	川合141集气站
5	川合148	2024-03-01 10:21	14.46	12.46							李兴玉		采气三厂	基层班组	川合148井站
6	川合358	2024-03-01 08:49	1.70	2.75			1.45	0.0130			杨磊		采气三厂	基层班组	川合100集气总站
7	川合358-1	2024-03-01 08:49	1.72	4.17			1.45	0.0118			杨磊		采气三厂	基层班组	川合100集气总站
8	川江566	2024-03-01 23:55	14.81	20.75				1.7160			廖成成		采气三厂	基层班组	川江566集气站
9	川江566	2024-03-01 19:58	14.75	20.66				1.7088			廖成成		采气三厂	基层班组	川江566集气站
10	川江566	2024-03-01 16:02	14.67	20.54				1.7760			廖成成		采气三厂	基层班组	川江566集气站

图 13　巡检 APP 执行任务后巡检台账自动生成

4　结束语

该文从气田生产对移动应用的实际需求出发，开展了离线任务处理、内网消息推送及基于云原生的移动组件化等相关技术研究。依托研究成果，以上云及组件化开发为基本要求，建成了巡检、泡排等服务基层一线的业务 APP，为提升基层一线工作效率，提升公司精细化管理水平奠定良好基础。下一步将继续深化气田生产移动应用建设及应用，助力公司创新发展再上新台阶。

参考文献

[1] 唐沙，范希连，等. 石油工程业务智能管控平台研发与应用[J]. 化工管理，2019(9)：7-9.
[2] 江莹莹，唐沙，等. 石油工程异常管控机制的建立与应用效果[J]. 天然气工业，2021，41(2)：96-101.
[3] 赖友源. Android 程序设计[M]. 上海：上海交通大学出版社，2022：5-12.
[4] 袁林. React Native 移动开发实战[M]. 北京：机械工业出版社，2017：18-22.
[5] 杜文. Flutter 实战[M]. 北京：机械工业出版社，2020：5-9.
[6] 王鑫. Native App 与 Web App 移动应用发展[J]. 计算机系统应用，2016(9)：205-253.
[7] 梁稣. 基于 Ionic 和 PhoneGap 的移动跨平台开发技术研究与应用实现[D]. 云南大学，2016：4-15.
[8] 程凯. 一种兼容原生与 H5 技术的移动端开发框架的设计与实现[D]. 北京邮电大学，2017：5-15.
[9] 斯兴焱，胡治权，等.《移动应用云架构开发技术研究》科研项目成果报告. 西南油气分公司，2021.
[10] Android 开发者. Android 通知[D/OL]. [2022-6-30]. https://developer.android.google.cn/guide/topics/ui/notifiers/notifications.
[11] 郭霖. 第一行代码第 3 版[M]. 北京：人民邮电出版社出版，2020：355-365.
[12] 萧文翰. 打造流畅的 Android App[M]. 北京：清华大学出版社，2020：130-135.
[13] 极光推送. 消息推送架构[D/OL]. [2022-4-25]. https://docs.jiguang.cn/jpush/intro/product_archit.
[14] 胡治权，斯兴焱，等. 基于云环境的应用组件化改造技术[J]. 天然气工业，2021，41(2)：82-89.

基于微波法的原油含水在线监测系统的研究与应用

王家桐　贾志鹏　宋　创

（长庆油田页岩油开发分公司，甘肃 庆阳　745000）

摘　要：本文通过原油含水率在线监测这一石油行业难题，提出应用微波技术进行监测，并与目前常规的监测技术进行对比，验证该技术的可行性与可靠性。同时，基于物联网技术，实现数据远程监控、多用户应用、手机 APP 等数字化操作模式。通过该项技术的数字化深度应用，有效落实油井的生产情况，降低现场工人劳动强度，进而加快实现场站无人值守模式，降低风险，提质增效。

关键词：原油含水率；微波技术；物联网

0　引言

油井是油田生产的基本单位，在油田开发生产过程中，原油含水率直接影响到油井的开采、脱水、集输、计量、销售、炼化等环节中的质量评价，准确、高效的掌握原油含水率数据的变化情况，对管理部门减少能耗、降低成本，实现油田自动化管理，起着重要作用；同时，对油井制定合理的采油工艺和注水工艺，具有重要意义。

多年来，国内外许多研究机构都致力于解决原油含水率实时监测[1]的技术难题，目前，油田企业对原油含水率的测量仍旧采用“蒸馏法”“离心法”[2]为主，其化验过程复杂、测量精度较差、劳动强度过大，不具有良好的经济效益，而且以时间点为主的手工取样不能很好地代表油井的综合含水率。国内含水率监测普遍仿照美国 AGAR 公司的早期技术——射频法或短波法，其存在主要问题是：

（1）无法实现 0～100%全范围含水率的监测，低含水精确度不够，高含水灵敏度不高；

（2）油井矿化度及其他物质对检测结果影响较大。

同时，我国油气产业也正在向数字化、智能化的方向发展，如何解决原油含水率在线监测问题就成为了燃眉之急。

本文就是通过对原油含水在线监测系统的研究，提出一种含水在线监测方法，并基于物联网云平台技术，做到含水率数据实时传输，以满足原油含水率在线监测的需求(图 1)。

作者简介：王家桐，男，大学本科，学士。职务：技术员、职称：助理工程师、所在单位及部门：长庆油田页岩油开发分公司岭三联中心站、从事专业：数字化、专长：计算机、合唱。工作简历：2022 年 8 月入职中国石油长庆油田页岩油开发分公司，分配至岭三联中心站，2023 年 3 月轮岗至页岩油开发分公司技术与信息研究中心，2023 年 8 月定岗至页岩油开发分公司岭三联中心站。

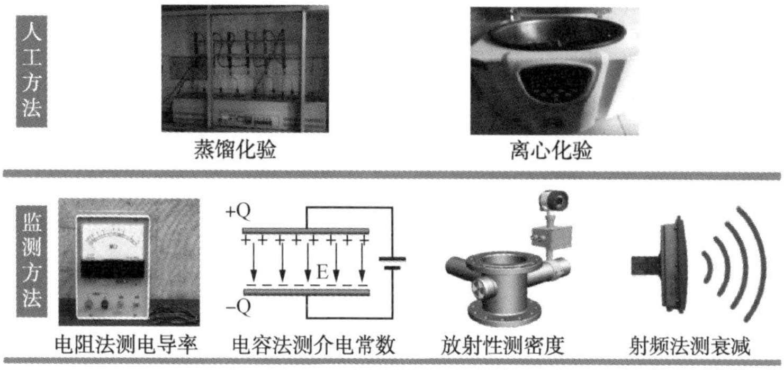

图 1　不同测量方法对比

1　常用原油含水率监测方法分析比较

原油含水率是指油井采出液体中水所占的质量百分数，其反映油井的出水状况，计算公式为：

$$\omega_w = \frac{m_w}{m_w + m_o + m_g} \tag{1}$$

式中，ω_w 代表原油含水率；m_w、m_o、m_g 分别代表油井采出原油中水、油、气的质量。由于在原油生产过程中，伴生气的质量远小于液体的质量，所以经常将公式近似为：

$$\omega_w = \frac{m_w}{m_w + m_o} \times 100\% \tag{2}$$

一般情况下，将含水阶段分为三部分，如表 1 所示，油田失去经济开采价值的极限含水率是 98%，或极限水油比为 49 时的采出程度，从表 1 中得知，我国大部分油田已经进入到“贫油多水”的开采阶段。

表 1　油田含水率情况统计

类别	含水率/%	代表油田
低含水阶段	0~20	无
中含水阶段	20~70	长庆、新疆、辽河
高含水阶段	70~98	延长、大庆、胜利

目前，我国原油含水率的检测方法主要分为人工检测和在线检测。其中，人工检测主要是通过取样、送样、化验的方式，具体操作过程如下：

（1）按照事先安排的计划，由相关人员携带工具和取样桶驱车前往目的地对油井取样。

（2）打开防盗箱通风不少于 5min，关闭回压阀门，慢开取样阀门，放净井口死油，在取样阀上风口分三次取油样，关取样阀门，打开回压阀门。

（3）盖好桶盖，清洁取样桶外壁，填写并贴标签，将放空桶污油倾倒至指定地点。

（4）驱车将取样桶带回化验单位，交给化验单位检测。

（5）取样桶静置待油水分离，对样品整体称重，得到质量 M_1，倒出游离水，记录其体积 V_1，倒入破乳剂，并将油样倒入烧瓶放置在电炉上加热，水分蒸发后在试管内冷凝；加热1h左右，记录试管中水的体积 V_2，将游离水和冷凝水的体积相加，乘以水的密度，得到水的质量 M_2，计算含水率 $\frac{M_2}{M_1}$，记录上报。

不同油区可能存在不同的测量方法，但基本原理一致，从人工检测操作流程来看，该方法存在较多缺陷，主要有：

（1）工程量大，操作烦琐，取样不及时，极大损耗人力物力财力。

（2）化验结果多以点概面，对于一些投产初期含水波动较大的井无法反映其真实含水水平。

（3）化验结果受取样人员及化验员影响较大，其中人为操作环节较多，存在操作不规范等情况，导致化验结果误差较大。

（4）时效性差，在油井较为分散或恶劣天气情况下，不能及时反映原油含水率，化验结果与取样时间相差较多。

对比人工检测，在线检测更加方便快捷，目前主要应用的在线检测方法[3]有：

① 电阻法。

原理如图2所示。等效电路图如图3所示。

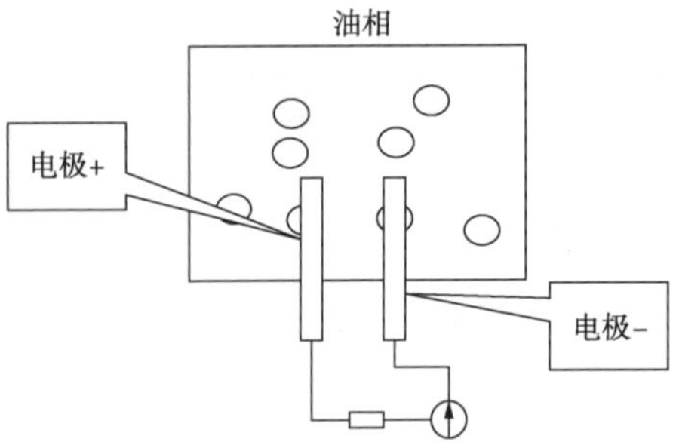

图2　电阻法测量含水率原理示意图

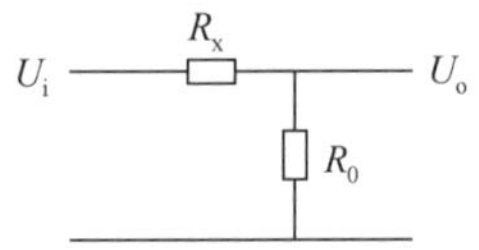

图3　电阻法测量含水率等效电路图

用基尔霍夫定律[4]，可以写出 U_0 等效电压为 $U_o = U_i\frac{R_o}{R_o+R_x}$，假设此时 $R_o = 1K\Omega$，U_i = 1V，当低含水时，R_x 无穷大，U_o 基本为0，当高含水高矿化度时，R_x 很小，U_o 基本等于 U_i。

② 电容法。

原理如图4所示。等效电路图如图5所示。

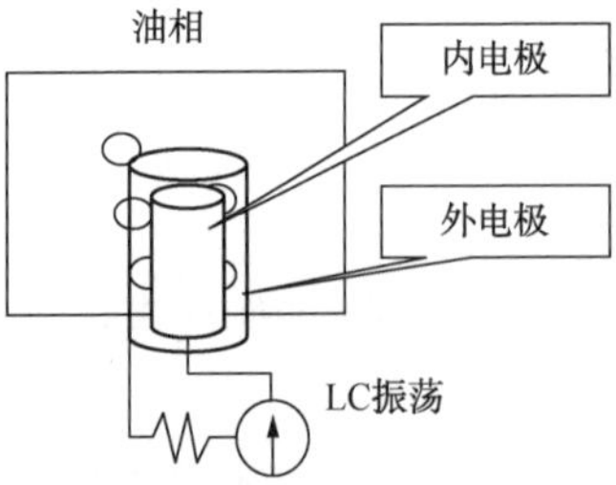

图4　电容法测量含水率原理示意图

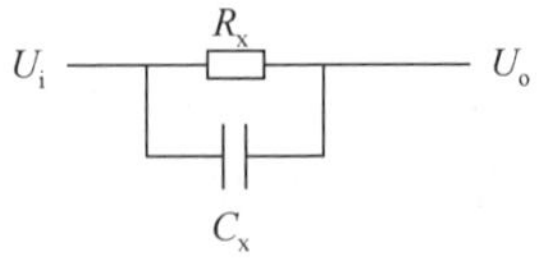

图5　电容法测量含水率等效电路图

根据基尔霍夫定律，写出该电路等效阻抗 $Z=\dfrac{1}{\dfrac{1}{R_x}+j\omega C_x}$，由此式可以看出，当低含水无矿化度时，$R_x$ 无穷大，Z 由 C_x 决定，当高含水或者高矿化度时，R_x 小，Z 由 R_x 决定。

③ 射频衰减法[5]。

射频衰减法的工作原理是在油水混合物中通过射频发射极让射频信号通过原油中的水后，功率发生衰减，其衰减系数为：

$$\beta=\omega\sqrt{\frac{\mu\varepsilon}{2}\left(1+\frac{\sigma^2}{\omega^2\delta^2}\right)-1} \tag{3}$$

可以看出当低含水无矿化度时，电磁波衰减主要取决于介电常数 ε，当高含水或者高矿化度时，电导率 σ 增大，造成电磁波急剧衰减，当频率越高时，衰减越大(图 6、图 7)。

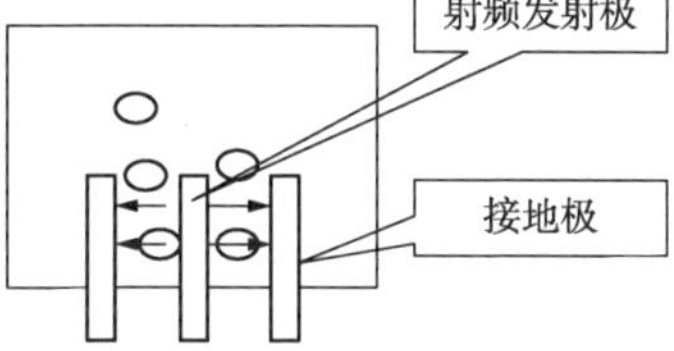

图 6　射频衰减法测量含水率原理示意图

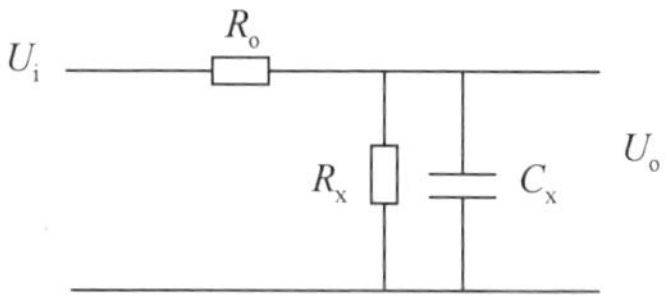

图 7　射频衰减法测量含水率等效电路图

④ 微波法。

微波法[6]测量含水率是以微波为探测手段，微波发射装置将恒幅、稳频的电磁波发射到油水混合物中，根据油中含水量的差异，介质吸收的波能量不同，通过研究含水率与微波频率及和幅值的变化关系，就可以得到油水混合物的含水率。

将常用的几种含水率在线检测方法进行对比，如表 2 所示。

表 2　常用含水在线检测方法对比

项目	电阻法	电容法	射频衰减法	微波法
测量范围	40%~90%	0~40%	0~40%	0~100%
测量精度	低	低	低	高
油水形态	只测水包油	只测油包水	只测油包水	不影响
结垢影响	失效	失效	影响大	影响小
腐蚀影响	失效	失效	影响大	影响小
矿化度影响	影响巨大	影响巨大	影响巨大	影响小可测量
安全性	安全	安全	安全	安全
成本	低	低	较高	适中

从上表中可知，电阻法适用于中高含水的含水率测定，电容法和射频衰减法适用于低含水的含水率测定，同时，这三种方法易受油水形态、结垢、腐蚀因素的影响，在某些情况下还会测量失效；与之对比下，微波法既可以实现 0~100%全含水段的测量，又拥有不错的稳定性、可靠性，安全性，因此，选用微波法作为在线含水率检测的基本手段，用于解决目前油田“贫油高水”情况下含水率的检测问题，提高原油含水率的检测精度，增加油田管理的自动化程度，满足数字化油田的建设方向。

2 微波法检测原油含水率

2.1 微波的定义

微波[7]是指频率在300MHz～300GHz的电磁波，波长在1mm～1m，其具有易于积聚成束、高度定向性以及直线传播的特性，是分米波、厘米波与毫米波的统称，其中，波长 λ (单位是m)与频率 f (单位是Hz)的关系为 $\lambda=\frac{c}{f}$，c 为真空中的光速值 $c=3\times10^{8}m/s$。

在自由空间中，微波是横波，横波的传输会受传输介质的影响，微波通过电介质时，电介质被极化，造成微波能量的衰减，因此可以通过测量微波穿越物体前后的能量衰减值来测物体的一些特性。

2.2 电介质分类及介电常数

电介质按形态分为固体、液体、气体三大类；按性能分为绝缘体、半导体、导体和超导体四大类；按物理特性分为束缚电荷、介电响应规律、宏观物理性能三大类，本文研究的是油井的油水混合物，故按照固、液、气的形式将其分类。

其中原油属于非极性分子，水属于极性分子，因此水具有很强的极化特性，水分子在外电场的作用下，会被极化为偶极子，并沿电场方向取向，此时电介质内部沿电场方向产生感应偶极矩，被称为电介质的极化。当外电场改变时，则偶极子重新排列，并吸收电能以克服分子间内能，此时电场能量被消耗，被称为介质损耗。而含水物质这种极化损耗的特性，可以通过其复合介电常数来表征，通常物质的复核介电常数用式(4)表示：

$$\varepsilon=\varepsilon'-j\varepsilon'' \tag{4}$$

式中，ε'代表介质的储能特性，反映了在电场中被极化的能力；ε''表示电流和电压同相位的能量损耗部分，反映了电介质的耗能能力。ε'与ε''的大小都与电场的频率有关，复核介电常数与频率的关系可以用德拜方程来表示：

$$\varepsilon_{r}^{*}(\omega)=\varepsilon_{\infty}+\frac{\varepsilon_{s}-\varepsilon_{\infty}}{1+i\omega\tau} \tag{5}$$

$$\varepsilon_{r}'(\omega)=\varepsilon_{\infty}+(\varepsilon_{s}-\varepsilon_{\infty})\frac{1}{1+\omega^{2}\tau^{2}} \tag{6}$$

$$\varepsilon_{r}''(\omega)=(\varepsilon_{s}-\varepsilon_{\infty})\frac{\omega\tau}{1+\omega^{2}\tau^{2}} \tag{7}$$

德拜方程表示电介质的相对介电常数随所加电场的频率而变化，并且ε'、ε''都与频率ω有关。通过查阅相关资料，我们得知当微波信号的频率为100～400MHz时，微波信号的衰减最为明显，衰减幅度最大，因此选择频率为400MHz的微波信号作为测量的工作频率。

2.3 含水率检测传感器工作原理

常温常压下，原油的介电常数为2～3，水的介电常数为80，两者介电常数数值相差较大，当原油中含水时，会使原油的介电常数发生较大的变化，不同含水率的原油相当于不同介电常数的介质，当微波通过电介质时，因极化储能的作用，会降低微波的传播速度而引起附加的相位变化；同时，因极化的耗能作用而损耗微波的能量，会引起幅度的衰减，不同介电常数的介质，极化特性不同。因此，在微波探头上施加特定频率和幅度的微波信号，通过测量微波信号幅值和相位的变化量，再经过实验标定，就可以得到原油的含水率(图 8)。

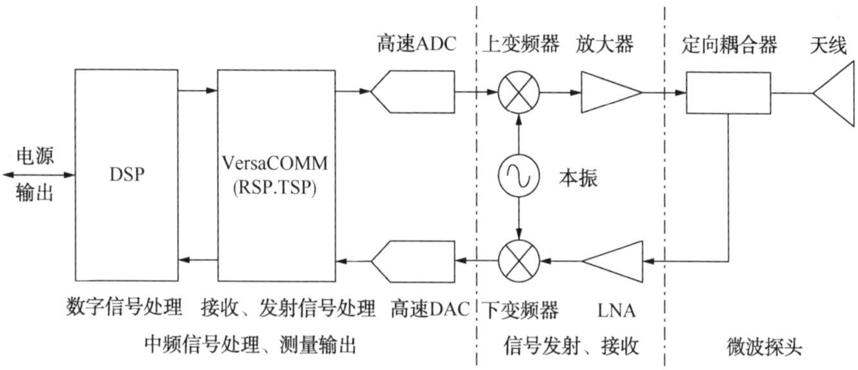

图 8　微波法测量原油含水率工作原理

整个传感器主要由微波探头[8]、信号发射/接收器、测量输出模块三大部分组成。

微波探头由定向耦合器[9]、测量探头组成，定向耦合器可以通过振荡器产生特定频率的微波信号，并对比微波信号通过油水混合物前后幅值和相位的变化情况。测量探头可以测量电磁场的强度和频率，并将其输送给定向耦合器。

信号发射/接收器主要功能就是发射产生的微波信号，并对反射的微波信号与原微波信号进行对比。

测量输出模块主要功能是对接收到的信号进行处理和变化，并对微波信号的频率进行处理，保证系统的稳定性，同时通过多元回归法、神经网络法[10]等手段，最大程度上消除外在因素对测量结果的影响。

3　原油含水率在线监测系统数据传输方案的研究

通讯协议是一种网络通用语言，它为连接不同操作系统和不同硬件体系结构的互联网络提供通信支持，目前我国石油行业常用的通信协议有 Modbus 通信协议[11]、RS-485 通信协议、MPI 通信等。其中，Modbus 是一款公开发表且无版权要求的串行通讯协议，它有着易于部署、维护，限制少、多设备运行等优点，不少 PLC、智能仪表也选择 Modbus 协议作为通信标准。

3.1　Modbus 协议

Modbus 协议可实现智能传感器、控制器等通信设备之间的互联互通。Modbus 通信采用主从通信方式，主设备与从设备通过 Modbus 通信协议，定义好数据包发送和接收的格式，这些数据包由若干帧组成，控制器按照协议解释其接收和发送的帧数据，通过物理层的传输介质，就能实现主设备与从设备之间的通信(图 9)。

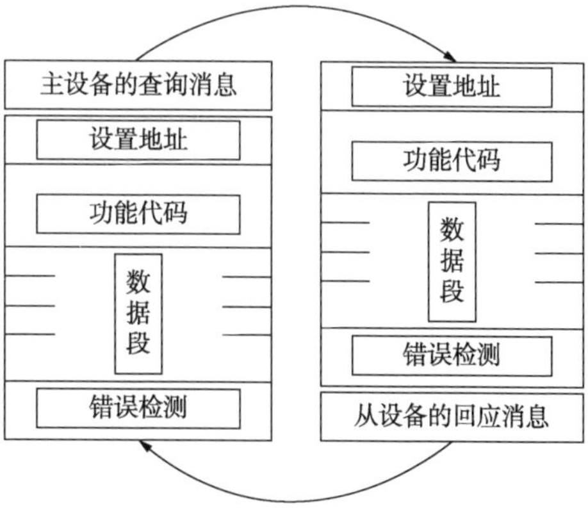

图 9　Modbus 主从通信过程

本次设计采用 Modbus RTU[12] 模式，Modbus

RTU模式消息帧由起始位、设备地址位、功能代码位、数据位、校验位和结束位6部分组成。起始位和结束位用来定义数据传输的开始和结束，每条消息帧之间要间隔时间T以上，否则可能导致数据传输的错误。地址位用来定义主设备与哪个从设备进行通信，地址位由8位字符组成，可实现与247台从设备之间的通信。主设备向从设备发送想要获取数据的功能代码，从设备按照功能代码的要求返回相应的数据，主设备通过数据位定义想要读取的寄存器的地址和寄存器的数量，从设备的数据位则返回每个寄存器的数据以及字节数。校验位用来判断数据接收和发送过程中，是否发生错误，由于本系统数据传输比较简单，信息量不大，因此消息帧中不设置校验位，Modbus RTU具体消息帧格式如表3所示。

表3 RTU消息帧

起始位	地址位	功能代码	数据	CRC校验	结束位
T	8位	8位	n个8位	16位	T

3.2 含水率在线检测技术原理

微波发射装置将恒幅、稳频的电磁波发射到含水原油中，根据油中含水量的差异，介质吸收的波能量不同，探测装置将因原油含水量差异而引起吸收电能不同的微波信号输入到嵌入式ARM井口仪表，ARM进行频域信号处理，或就地计算，或数据分包、加密、传输，采用4G外网或RTU内网传输至后台监控服务器。采用独有的原油含水率实时计算模型和大数据分析自适应校正修正模型，进行实时高精度和稳定计算，确保一井一方法，实现原油含水率实时动态监测[13-15]。

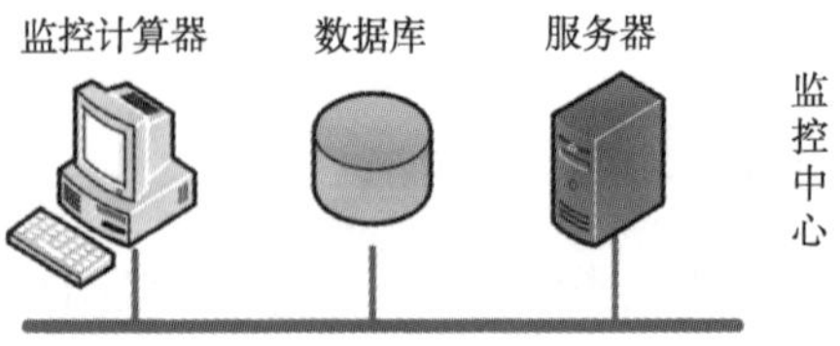

图10 监测监控后台示意图

如图10所示，监控中心由服务器、数据库、监控计算机构成。服务器主要功能是利用微波含水率计算模型和大数据分析自适应模型计算和分析数据；数据库是用于数据的存储与管理，也可根据用户的不同需求，在数据库建立用户界面，实现瞬时值、日平均值、月平均值等数据的展示；监控计算机用于实时监控原油含水率、异常报警，还兼具设置现场仪表参数的功能。

3.3 原油含水率在线检测现状及应用

目前，我公司采用的原油含水率在线检测仪多为陕西景行在线式原油含水检测仪和兰州科庆原油含水率自动监测仪，其采用的测量原理均为微波法。下面就这两种常用含水检测仪的现状及应用进行分析。

3.3.1 陕西景行在线式原油含水检测仪

该含水检测仪由三大部分组成，如图11所示，分别是传感器部分、延长管部分和数据显示部分(表头)。

其主要工作原理是原油经过下方通液腔体后，利用被测介质对电磁波的反射来获取相关的不同信号，确定在不同介质中，含水率的大小与其在传播中有关信号的相位和功率变化的对应关系，以此建立模型，并完成原油含水率大小的动态检测和计量。

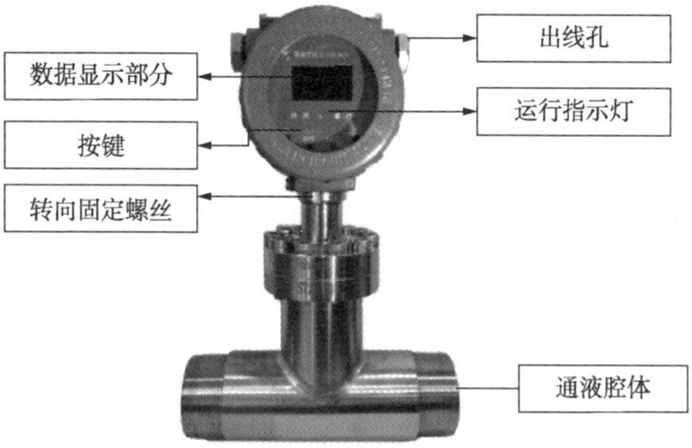

图 11　陕西景行在线式原油含水检测仪

同时本设备采用 RS485 总线方式进行通信，采用标准 Modbus RTU 协议，将数据以无线方式发送到井架附近的 RTU 设备，通过 RTU 设备接入到无线网络中，工作站通过访问服务器得到实时检测数据，查询历史记录，以下是其主要技术指标(表 4)。

表 4　陕西景行在线式原油含水检测仪主要技术指标

主要技术指标	数　值	主要技术指标	数　值
介质温度范围	0~85℃	温度测量精度	0.5 度
工作温度范围	-40~125℃	数据传输方式	RS485 Modbus；无线传输 ZigBee
工作压力范围	0~10MPa	通信协议	A11 标准
供电电压	DC 12-24V	波特率	9600，19200，38400，57600
含水测量范围	0~100%	防爆等级	EXDia Ⅱ BT5 Gb
含水测量准确度	±3%	防护等级	IP66
含水测量分辨率	0.1%	安装方式	侧装式、卡瓦连接、法兰连接或者焊接等多种方式安装
流量范围	5~240m^3/d		

该产品目前在我单位 7 个平台共计 25 口井试用，仪表检测综合含水与人工化验误差在±5 之间，较为精准，可以用作原油含水数据进行分析(表 5)。

表 5　陕西景行在线式原油含水检测仪数据与人工化验数据对比

序号	井号	仪表显示含水/%	人工化验含水/%	绝对误差/%
1	1-1 井	20.1	18.5	1.6
2	1-2 井	23.2	21.5	1.7
3	1-3 井	15.6	14.3	1.3
4	1-4 井	35.9	32.6	3.3
5	1-5 井	37.5	33.5	4.0
6	1-6 井	29.3	26.4	2.9
7	1-7 井	26.7	26.7	0.0
8	1-8 井	36.5	34.1	2.4
9	1-9 井	26.3	23.4	2.9
10	1-10 井	26.8	30.2	-3.4

续表

序号	井号	仪表显示含水/%	人工化验含水/%	绝对误差/%
11	1-11井	28.9	30.4	-1.5
12	1-12井	29.4	25.6	3.8
13	1-13井	33.1	30.4	2.7
14	1-14井	30.2	35.1	-4.9
15	1-15井	90.1	89.3	0.8
16	1-16井	28.7	31.2	-2.5
17	1-17井	39.1	36.7	2.4
18	1-18井	88.4	86.2	2.2
19	1-19井	68.2	64.1	4.1
20	1-20井	59.2	56.3	2.9
21	1-21井	64.2	60.0	4.2
22	1-22井	29.9	27.3	2.6
23	1-23井	24.7	26.8	-2.1
24	1-24井	50.0	54.6	-4.6
25	1-25井	33.5	30.1	3.4

3.3.2 兰州科庆FGH-S/G型原油含水率自动监测仪

FGH-S/G型原油含水率自动监测仪(井口式)，主要由测量腔体、测量传感器(内置温度变送器)和智能测量仪等组成，其基本结构如图12所示。

图12 兰州科庆FGH-S/G型原油含水率自动监测仪

其主要工作原理是利用微波在不同介质中传播发生幅值和相位发生改变，对于微波波导传感器，由于采用高频电磁波，使得在低频下为良导体的矿化水，在高频下成为电介质，当微波在不同的介质中传输时，传输的速度不一样，在空气中的传输速度要高于油，更高于水，这样检测出微波幅度衰减和相移的值，就能检测出油水混合介质的含水率。

本设备采用Zigbee无线通信技术，该技术是一种应用于短距离、低速率下的无线通信技术，主要用于距离短、功耗低且传输速率不高的各种电子设备之前进行数据传输以及典型的有周期性数据、间歇性数据和低反应时间数据传输的应用。以下是其基本参数和性能指标(表6、表7)。

表 6　兰州科庆 FGH-S/G 型原油含水率自动监测仪

型号 参数	FGH-S/G 型原油含水率自动监测仪		
含水率测量范围	0~10%	10%~70%	70%~100%
含水率瞬时误差(abs)	≤±1.0%	≤±2.0%	≤±3.0%
平均含水率误差	≤±0.5%	≤±1.2%	≤±2.0%
重复性	≤0.5%	≤1.0%	≤1.5%
滞后性(回差)	≤1.0%	≤2.0%	≤3.0%
温度测量范围及精度	-40~110℃，精度为±0.5℃		
适用介质	含气率小于5%的油井井口出液介质		
输出信号	Modbus 485，4-20mA，2.4G Zigbee 无线通信		
工作电源	DC24V(范围：18~28V)		
介质温度	0~80℃		
防爆等级	EXdb ⅡC T6 Gb		
防护等级	IP67		
公称压力	≤6.4MPa		
材质	316 不锈钢		
管道接口尺寸	常规接口 2in RC 锥管螺纹(DN50)或法兰连接 DN50		

表 7　兰州科庆 FGH-S/G 型原油含水率自动监测仪数据与人工数据对比

序号	井号	仪表显示含水/%	人工化验含水/%	绝对误差/%
1	2-1 井	28.6	30.1	-1.5
2	2-2 井	34.0	36.3	-2.3
3	2-3 井	33.5	29.6	3.9
4	2-4 井	29.6	31.2	-1.6
5	2-5 井	24.3	29.1	-4.8
6	2-6 井	36.8	33.4	3.4

该产品目前在我单位 1 个平台共计 6 口井试用，仪表检测综合含水与人工化验除一口井误差较高以外，其余单井含水误差均在±5%之间，较为精准，可以用作原油含水数据进行分析。

4　结论

本文目的是研究在高含水情况下，原油含水率在线监测系统的实现方案，首先对常用的几种含水率检测方法进行了说明，并从检测范围、检测精度、安全性、成本等方面进行了对比，最终确定以微波法作为高含水原油测量的方法，并进一步对微波法测量原油含水率的原理进行了说明。最后提出了含水率在线监测系统的方案，方案基于 Modbus 通信协议，确定了数据的传输方式，并通过对两种型号的原油含水检测仪应用展开分析。该项技术有着以下几种优势：

(1) 基于物联网技术，可以实现井口测量、远程监控、手机 APP、多用户应用，实现数字化油田多种接入与组网模式。

(2) 在微波测量，电磁波无辐射，对人体危害较小，同时线上工作，大大降低工作人员劳动强度。

(3) 含水率实时计算模型和大数据分析自适应校正修正模型，实现实时高精度和稳定计算。

(4) 跟踪良好，采样速度快，能-真实正确反映被测介质含水率的变化情况。

通过该项技术可满足含水率检测的实际需要，可以得到更为精确，更为可靠的含水率检测数据，同时也符合数字化油田的发展方向。

参考文献

[1] 张爱东，林振胜，陈亮. 新型原油含水率及密度智能在线分析系统应用总结[J]. 炼油技术与工程，2023，53(06)：36-39+64.

[2] 刘洋. 渤海某油田降低原油含水率的研究与实践[J]. 山东化工，2023，52(01)：174-176.

[3] 李鑫龙. 复杂环境下原油含水率的检测算法研究与实现[D]. 南京：南京邮电大学，2022.

[4] WangYan，Li Chong，Zhao Baorui. Measurement of Water Content of Crude Oil Using Quartz Crystal Microbalance[J]. Sensors and Materials，2022，34(3).

[5] 王奇. 基于电容法的原油含水率在线测量技术研究[D]. 天津：天津大学，2021.

[6] 梁新玉，张乃禄，姚景超，等. 微波法监测原油含水率影响因素分析与策略[J]. 物联网技术，2021，11(02)：6-8+11.

[7] 刘俊. 微波法原油含水率测量研究[D]. 成都：电子科技大学，2020.

[8] 秦振宇. 原油含水率在线检测系统设计与实现[D]. 北京：中国石油大学(北京)，2020.

[9] DaliGao，Ma Xiushui，Lingjian Ye，et al. Measurement of crude oil water content based on cross-correlation method[J]. IOP Conference Series：Earth and Environmental Science，2019，332(2).

[10] QingLiu，Bo Chu，Jinye Peng，Sheng Tang. A Visual Measurement of Water Content of Crude Oil Based on Image Grayscale Accumulated Value Difference[J]. Sensors，2019，19(13).

[11] 孙广栋. 原油含水率测试方法研究[D]. 成都：西南石油大学，2017.

[12] 高海，喻九阳，徐建民，等. 基于 HFSS 的微波法测量原油含水率的仿真模拟[J]. 化学工程与装备，2016(12)：245-247.

[13] 于洋，孙香. 微波法原油含水率测量[J]. 仪表技术与传感器，2011(12)：93-95.

[14] 李晓辉. 高含水油井含水率在线检测系统的研究[D]. 西安：西安石油大学，2018.

[15] 郭彦蕊，黄运生，陈学. 基于 CAV424 的油井含水率在线检测[J]. 自动化技术与应用，2009，28(02)：130-132.

数智化为目标的标准化监理建设与实践

李晓军　王渭栋　杨　辉　刘东峰　唐宇鑫　王　欢

（西安长庆工程建设监理有限公司，陕西 西安　710018）

摘　要：推行油气田数字化建设，实现油气田数字化管理，是长庆油田在"提质增效、持续稳产"的发展阶段中，节省投资、降低成本、优化用工、提高劳动生产率的有效手段。基于油田公司数字化转型战略、梦想云数据湖技术架构的数智建设要求，长庆监理公司不断开展技术创新、科技创新、管理创新，致力于把单纯的业务数据通过数字化平台赋能转化为项目的全过程管理要素，从而提升和完善监理的标准化、智能化建设。监理业务标准化是实现数智化的基础，数智化是推进标准化落地的高效路径，本文以长庆数智化监理平台建设的理论基础工作和主要建设架构展开论述，总结了如何通过数智化实现工程建设项目的管理创新和提效，旨在为油气田各级管理者提供类似项目数智化建设的经验，为长庆油田公司的高质量发展贡献监理智慧。

关键词：数智化；标准化；监理平台；建设；实践

0　引言

长庆油田是21世纪我国西部快速崛起的特大型油气田生产基地。2022年，油气当量突破6500×10^4t，累计为国家贡献油气当量超9×10^8t，其中原油、天然气年产量分别约占全国总产量的1/8、1/4。所生产天然气以气贯长虹之势，东输京津冀，西送陕甘宁，北上内蒙古，南下粤港澳，在国内能源消费快速增长中，担当着保障民生的"压舱石"作用。近年来，长庆油田不断探索"数字"革命的新方法、新机制，通过信息化与工业化融合发展，有效支撑了油气田快速建产和高效开发，推动了生产运行方式、经营管理模式、劳动组织架构"三大变革"，形成以数字化转型为核心关键的长庆特色"油田公司"模式。目前长庆油田数字化覆盖率达到了90%以上，通过建设数字化系统逐步实现了"同一平台、信息共享、多级监视、分散控制"的目标，大大提高了油田的生产和管理水平，所监理的工程项目先后荣获鲁班奖1项，国家级工程类奖项19项，省部级工程类奖项39项，荣获陕西省、中石油先进监理企业等管理类奖项13项，为油田创造了巨大的经济和社会效益。

1　平台建设思路及架构、模块构建的价值和作用

1.1　建设思路及架构

建设思路：管理为主、业务支撑、建立框架、固化标准、混合开发、问题导向、分步实

作者简介：李晓军，西安长庆工程建设监理有限公司一级工程师，国家注册监理工程师、一级建造师、安全工程师。参加油田及行业标准编写及审查多项，在油气田工程项目管理和监理数智化建设方面具有丰富的实践经验。

施、简单易学、云端覆盖、拓展顺畅、接口兼容为导向，最终实现监理履职尽责、融入监督体系、指导生产经营、提供支撑保障、质量监管可视、实现本质安全六大功能，全面推进质量安全管理PDCA循环(图1)。

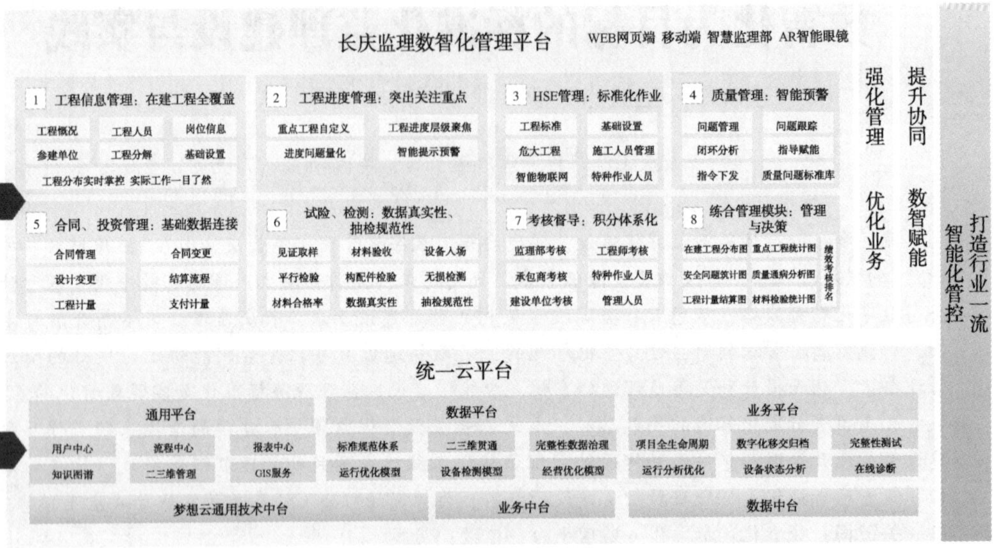

图1 长庆监理云平台架构图

1.2 建设管理架构

按照“强化管理，优化业务，提升协同，数智赋能”的思路，开展监理数智化“8331”工程建设，通过八个主体模块的业务流数据支撑实现管理需求，以问题为导向建立三家主体单位的考核监督(建设单位、承包商、监理部)，三类主要人员履职量化管理(承包商项目经理、监理工程师、特种作业人员)的科学体系，倒逼责任落实，最终实现承包商QHSE的自主管理和自我评价的终极目标(图2)。

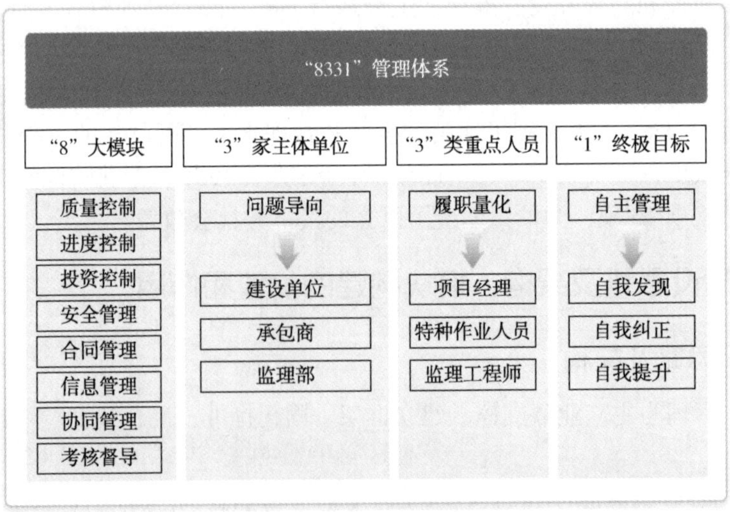

图2 “8331”管理体系

1.3 建设模块架构

依托8项业务模块完成监理“三控制三管理”的法定职责，实现标准化监理履职，提升地面工程建设QHSE综合管控水平(图3)。

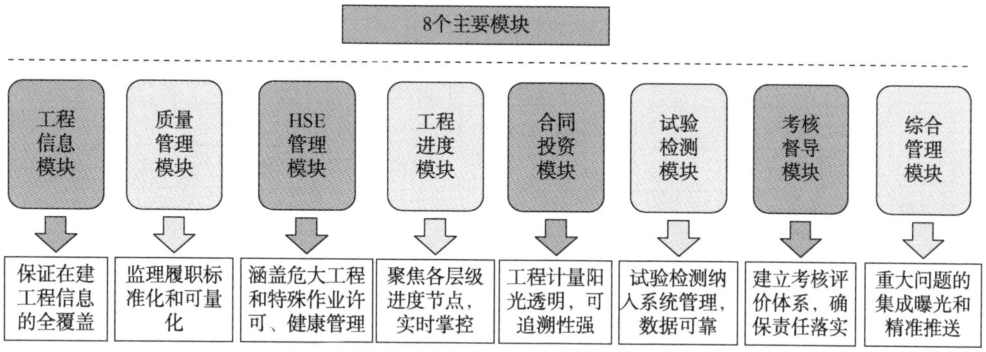

图3　业务模块

2 平台建设的基础技术

推行监理工作“六个标准化”，优化监理管理流程，规范监理履职，全面提升项目建设水平，确保施工过程质量安全(图4)。

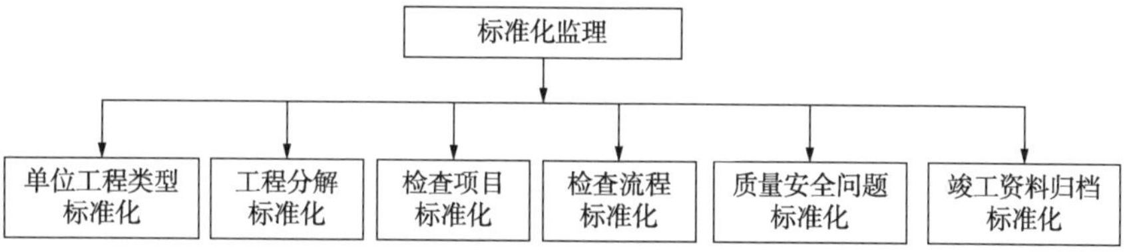

图4　六个标准化

2.1 工程类型标准化

严格遵守石油天然气行业的相关标准规范结合现场实际情况进行单位、子单位、分部、子分部、分项工程划分，并将单位工程作为基础管理单元构建标准化模板。具体将油气田工程划分为十一大类(图5)。

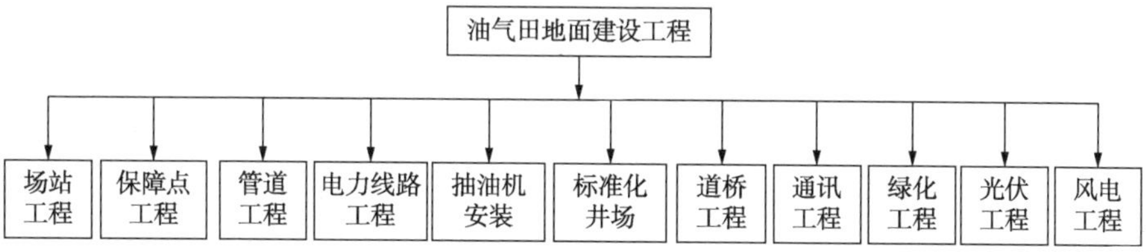

图5　油气田工程

2.2 工程分解标准化

工程分解的标准化是现场标准化管理的基础，是实现工程监管重点工程、关键部位和重要工序全覆盖的保障。根据不同类型单位工程依据规范标准进行工程分解，划分油田分部工程95

项、分项工程1056项，气田分部工程89项、分项工程1041项，保证数据引流准确(表1)。

表1 工程类型

序号		工程类型	分部工程数量	分项工程数量		工程类型	分部工程数量	分项工程数量
1	油田工程	场站工程	24	124	气田工程	场站工程	25	129
2		管道工程	30	272		管道工程	29	267
3		保障点工程	10	533		保障点工程	10	533
4		电力线路工程	7	14		电力线路工程	7	14
5		抽油机安装工程	6	15		标准化井场工程	2	7
6		标准化井场工程	2	7		道桥工程	5	48
7		道桥工程	5	48		通信工程	4	10
8		通信工程	4	10		绿化工程	1	2
9		绿化工程	1	2		光伏发电工程	4	18
10		光伏发电工程	4	18		风力发电工程	2	13
11		风力发电工程	2	13				
合计			95	1056			89	1041

2.3 检查项目标准化

以标准规范、监理合同、管理经验为依据，对各分项工程中监理履职行为的内容和频次进行分析，共设立了监理旁站四类34项，平行检验共计四类443项，方案审查共计三类69项。确保对重点部位、重要工序、重要材料的平检无有任何遗漏，并确保旁站监督、见证到位，实现监理履职的全覆盖(表2)。

表2 工程检查项目

序号		专业	旁站	平行检验	专项方案审查
1	油(气)田工程	土建工程	6	206	18
2		工艺安装	15	152	38
3		电气仪表	9	73	9
4		道路桥梁	4	12	4
合计			34	443	69

2.4 检查流程标准化

监理工作主要是现场工作，流程标准化的前提是各类标准化表单在终端应用的数字化，保证数据来源的真实性和时效性。

(1) 表单的标准化拆分提高现场操作便捷性、为系统助力，解决数据全结构化的难题。

(2) 表单标准化拆分的思路。

2.5 质量、安全问题标准化

1. 质量问题标准化

梳理国标104项、行标110项、文件制度185项，多维度对质量问题贴标签并赋能应用，确保每个问题对应到各自的分项中去(图6、图7)。

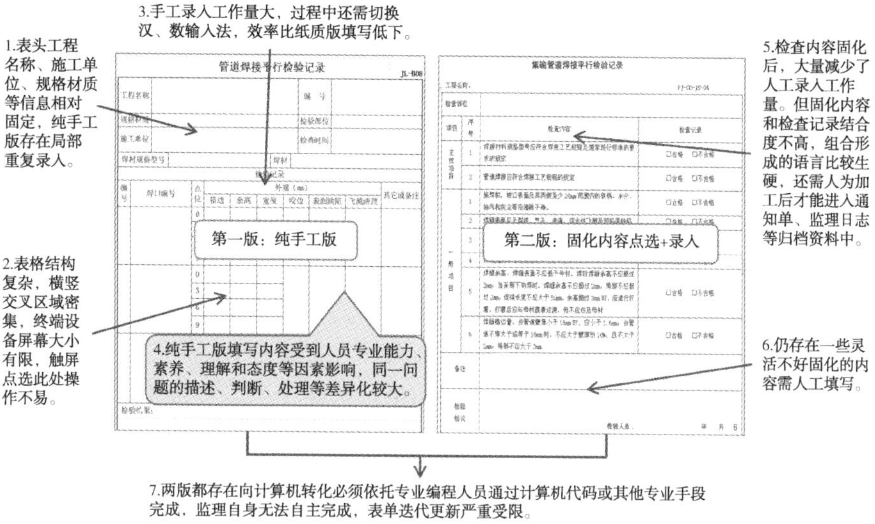

图6　表格录入图

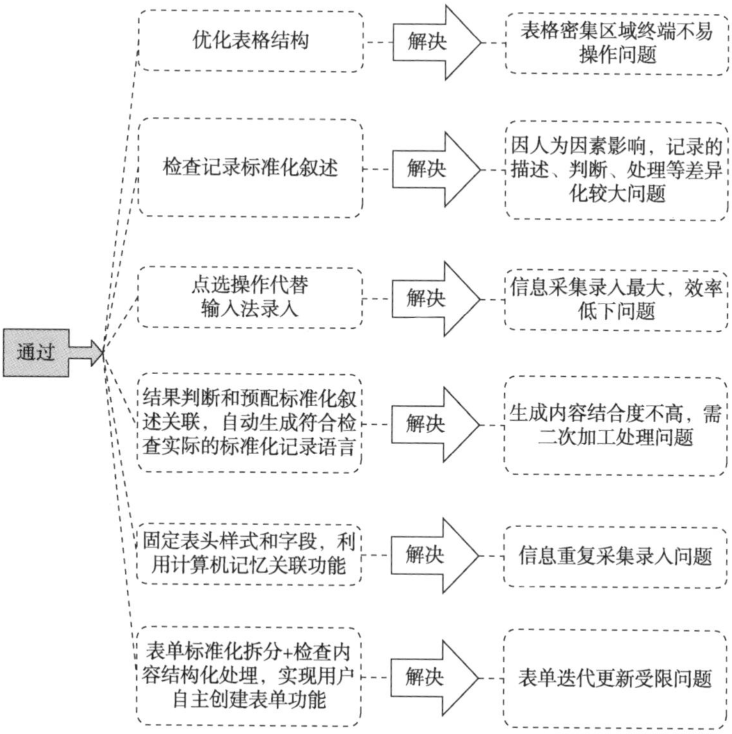

图7　流程图

(1) 根据质量问题严重程度分：一般、主控、强条。

(2) 根据管理问题分：人、机、料、法、环。

其中：

人分管理人员、特种作业人员；

机分施工设备、机具，检测工器具；

料分土建、安装、电仪；

法分法律法规和程序、设计图纸、方案、交底、资料；

环分施工作业环境、文明施工。

(3) 根据专业有分：上建质量问题、安装质量问题、电仪质量问题、道桥质量问题。

其中：

土建分10大分部、99个分项，3278个质量问题；

安装分5项、17类，2285个质量问题；

电仪分4项、15类，2836个质量问题；

道桥分3项、10类，1645个质量问题；

(4) 监理行为分：巡视、平检、旁站、见证取样、方案审查。

(5) 监理指令分：立行立改、联系单、通知单、暂停令、监理报告。

2. HSE问题标准化

全面梳理工程项目建设中HSE管理的相关法律法规、规章制度、管理办法和标准规范等依据文件，建立“安全隐患问题库、环境保护问题库、职业健康问题库”三个数据库(图8)。

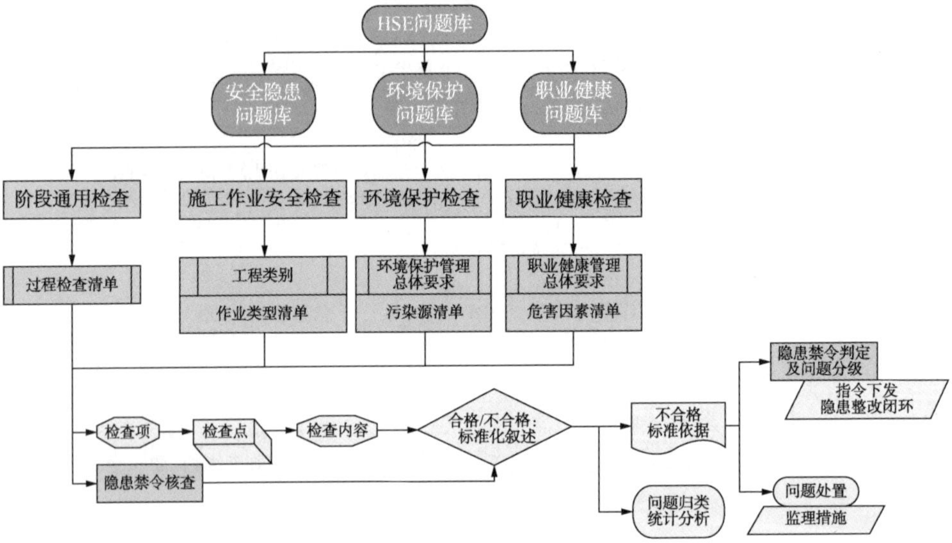

图8 流程图

(1) 工程建设3个阶段通用检查：对承包商HSE管理和程序进行检查，设置检查项21个，检查点107个。

(2) 施工作业安全问题库：梳理8类工程65项通用工序和典型作业(涵盖危大工程、危险作业、特殊环境作业)，对每一作业类型设“作业管理、防护隔离与警示、工器具与机械设备、劳动防护用品、作业技术、应急准备”6类共性检查项，检查点2725个。

(3) 环境保护问题库：梳理建设项目环境保护总体要求、水土污染防治措施、大气污染防治措施、施工噪声污染防治措施、固体废物污染防治措施、危险废物污染防治措施、放射性污染的防治措施、水土保持和生态保护要求等相关内容，设检查项11项，检查点161个。

(4) 职业健康问题库：梳理建筑企业职业健康管理总体要求(职业健康卫生管理、职业卫生培训、职业病危害因素识别、职业卫生健康监护、职业病危害因素检测、职业卫生档案、职业病危害因素预防原则)、设检查项28项，检查点371个(图9~图12)。

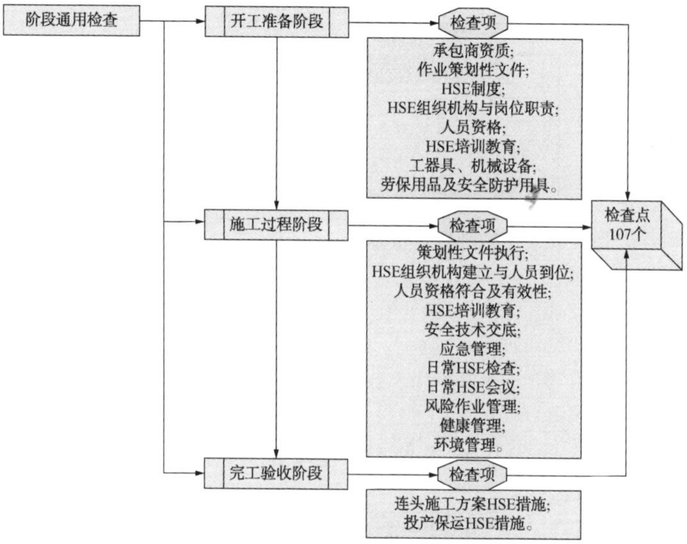

图9 流程图

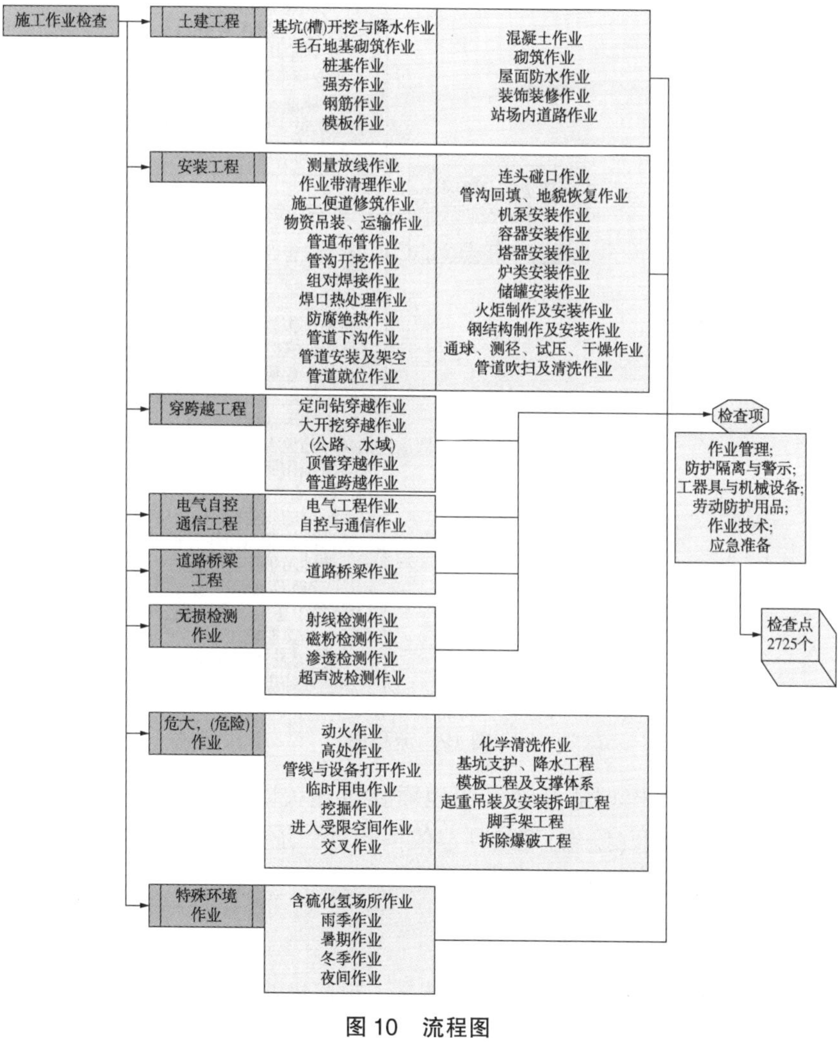

图10 流程图

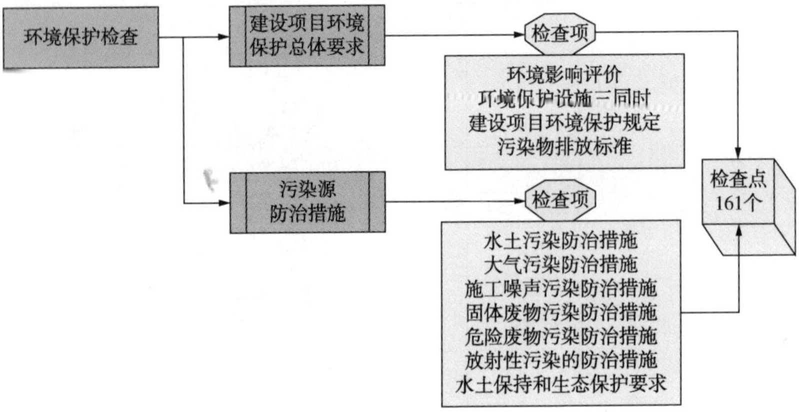

图11　流程图

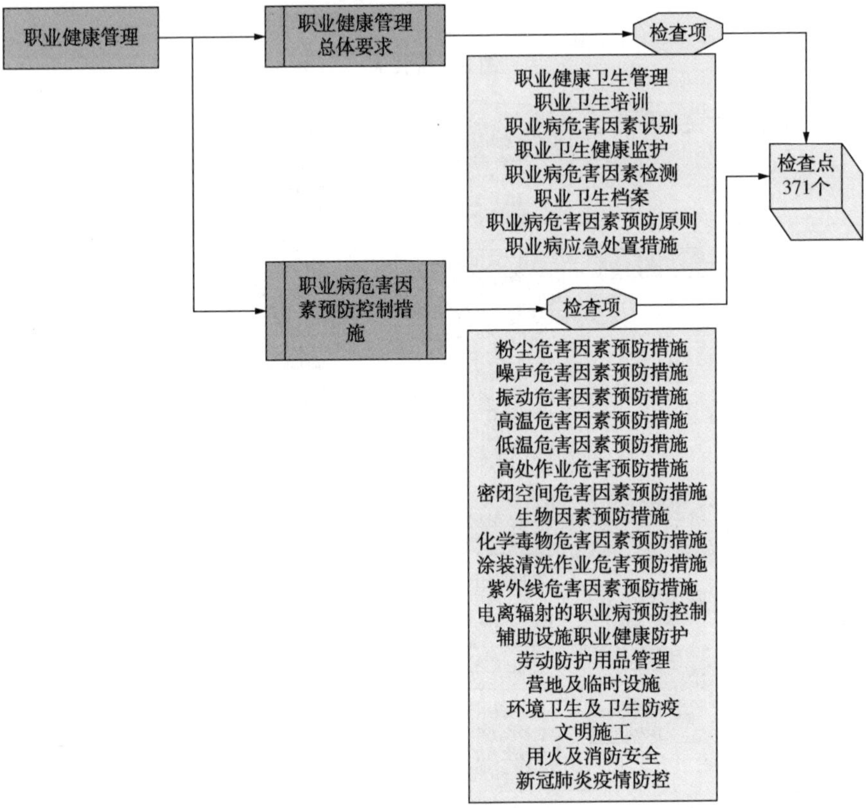

图12　流程图

(5) 隐患禁令判定：梳理适合油气田地面建设相关隐患判定、红线禁令为独立检查(核)查部分，同时作为问题(隐患)等级判定依据条款，统一问题分级定性，目前梳理相关适宜文件12个，检查点/判定条款340个。

2.6　竣工资料归档标准化

引用标准化检查表单，形成统一化、标准化、规范化的资料管理目录，确保资料归档齐全及完整(图13)。

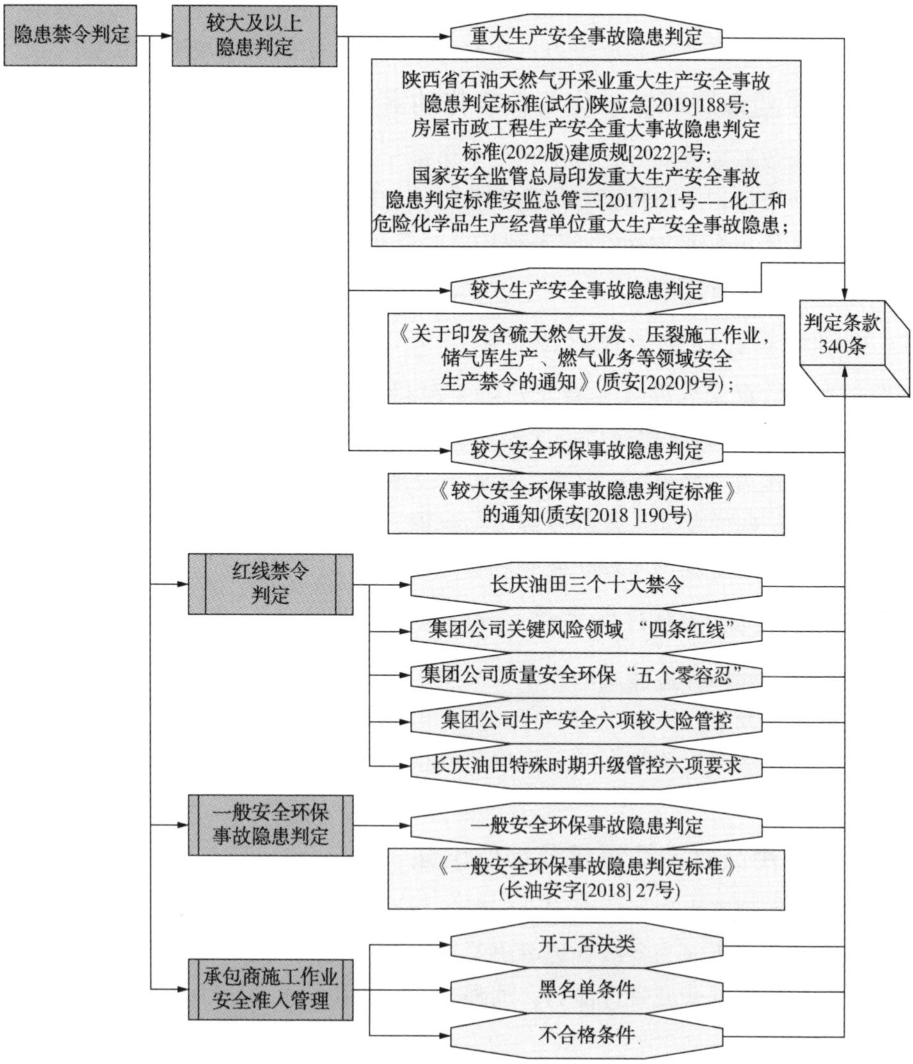

图 13　流程图

3　应用及实践效果

3.1　推动和固化了监理企业的标准化建设

按照“质量、安全、环保、进度、投资”五位一体管理要求，推动监理工作“七个标准化”的数字化建设，优化了监理管理流程，规范了监理履职。强化了施工作业全过程 HSE 管控，梳理了土建、安装、电气、通信、无损检测等 65 项安全作业检查标准，构建了“四不两直”检查体系和“问题闭环”考核机制，形成监理履职全过程标准化管控，标准化监理建设通过数字化平台载体得到推进和固化。

3.2　推动和促进了监理企业的数字化转型

通过平台建设，推动了监理企业的数字化转型，实现了油气田地面工程全生命周期数据采集与应用的一体化管理，为企业优化经营和辅助决策提供完美支持。公司生产经营管理实现纵向到底、横向到边的协同共享环境，数字化资产价值得到充分体现，通过数据治理、智能化手段升级、提升了企业核心竞争力，在监理企业建立更大的市场竞争优势。

3.3 实现了监理履职标准化与数字化的高效结合

通过优化现场数据集成的方式减少冗余工作量，实现监理对现场工程和十四项业务履职的全覆盖，让监理聚焦和回归现场管理的本质工作。利用智能算法模型、智能装备应用减少平检、旁站的工作量，实现24小时施工现场监督管理，提高了监理工作的整体效率，实现对现场问题隐患的精准管理。

3.4 推进现场监理业务履职智能化

改变监理表格数据录入方式，结合分项工程问题隐患数据库，利用终端设备现场“点选”操作，监理履职成果数字化交付一次完成，归档资料同步上传、履职留痕清晰完整，现场工序验收百分百覆盖。利用VR设备、移动布控球及高清摄像机，结合边缘计算和云端的智能分析能力，将一些简单、重复的业务交给机器，从而减轻人员工作量，弥补因个体差异带来的风险隐患，推进了现场监理业务履职智能化。

3.5 推动承包商QHSE管理体系的良好运行

通过以问题为导向的评价体系的建立，对承包商主要管理人员和特种作业人员建立数据库，利用大数据汇总分析，实现了对承包商重点人员的量化考核，将体系运行的责任人直接落实到操作者层级，从而发挥数据的管理价值，推动承包商的自主管理，实现从严监管到自我管理目标的转变。

3.6 纽带作用凸显、话语权及地位增强

通过数据看板实现工程现场质量安全问题等数据常态化即时推送，实现全过程监理业务和安全监督履职数据分析，为各级管理者决策提供数据支撑，发挥监理在建设现场的纽带作用，协助建设方实现工程全域管理能力，加强了数字化协同共享能力，提升了监理在工程管理过程中的纽带作用。

4 结束语

西安长庆工程建设监理有限公司通过数字化监理平台的建设实践与应用，为石油石化行业监理的数字化之路提供了较好的示范和借鉴，有力地促进了长庆油田公司地面工程监理的标准化建设，为国家第一大油气田的高质量发展贡献了监理智慧。企业的各项管理需求在实践应用中不断涌现，管理人员能力素养与数字化的阶段性发展息息相关，监理行业整体的数字化发展还停留在初级阶段，作为一名工程建设者依旧任重道远，数字化建设只有起点没有终点数字化建设永远在路上。

新形势下油田工控网络安全体系的建设与应用

郑　博　宋养齐　王　旭　张　熳　陈高辉　兰鹏博　罗　娟　宋一琦

（长庆油田数字和智能化事业部网络安全中心，陕西 西安　710018）

摘　要：随着信息技术的快速发展，油田工控网络安全问题日益凸显，成为保障油田生产安全稳定和企业经济利益的关键所在。油田工控网络体系涵盖厂级信息网、生产网、作业区以及井口、场站等多个层级，其结构和功能的复杂性使得安全威胁呈现多样化特点。面对误操作、数据篡改、恶意代码和未经授权访问等安全风险，加强油田工控网络安全体系建设显得尤为重要。网络安全体系的建设不仅是技术层面的需求，更是管理和制度层面的挑战。在技术上，我们需要加强工控网络安全防护技术的研发和应用，针对油田工控系统的特点和安全威胁，采取针对性的防护措施。在人员上，提升网络安全专业人才的培养和引进力度，提高技术人员的网络安全意识和技能水平，确保网络安全防护工作的有效实施。在管理上，完善网络安全管理制度，明确责任分工，强化应急响应和处置能力，形成网络安全管理的长效机制。为了实现油田工控网络安全体系的高效建设，本文提出了工控网络分区分域的原则和防护架构，以及生产网与信息网隔离安全防护设计的技术方案。这些措施旨在构建一个安全、稳定、高效的油田工控网络安全体系，为油田生产的持续发展和企业的长远利益提供坚实保障。油田工控网络安全体系建设是一项系统工程，需要政府、企业和社会各界的共同努力和协同配合。通过加强技术研发、人才培养和制度建设，我们能够有效应对网络安全挑战，确保油田工控系统的安全稳定运行。

关键词：油田工控安全；网络防护体系；防护架构

0　引言

油田工控系统作为油田生产的核心组成部分，其安全性和稳定性直接关系到油田的正常运营和经济效益。然而，随着信息技术的广泛应用和网络环境的日益复杂，油田工控系统面临着越来越多的网络安全威胁。这些威胁不仅可能导致油田生产设备的故障和生产中断，还可能造成生产数据的泄露和企业的经济损失。因此，加强油田工控网络安全体系建设，提高网络安全防护能力，对于保障油田工控系统的安全运行具有重要意义。

1　油田工控网络体系结构现状

油田工业控制系统网络结构如下：

采油厂信息网：该层级作为油田的信息化网络，收集掌握厂级的生产任务信息，实现油

作者简介：郑博(1989—)，男，2012 年 7 月毕业于陕西理工大学，现工作于中国石油长庆油田分公司数字和智能化事业部网络安全中心，网络安全运维岗。E-mail：zhebo_cq@petrochina.com.cn。

田生产效益的管理，是整个油田生产的指挥中心。

采油厂生产网：该层级是用于监测下属各作业区的生产任务状态，对生产任务进行调配，完成生产进行报告，传输至厂纪管理系统。

作业区：该层级主要为 SCADA 系统平台，负责下属各井口、场站的生产过程的监控与控制，对生产设备 PLC 及 RTU 参数进行收集分析，实现对下属采油现场井口、场站进行数据监测及远程指令控制的管理，同时将数据传输至厂纪生产指挥中心等。

井口、场站：该层级为现场层级，是油田采油生产任务的基础，将生产过程中的视频数据、实时生产数据及采油功图数据实时的传输至油田作业区进行统一监测管理，同时接受来自作业区的操作控制指令，实现生产的控制过程(图 1)。

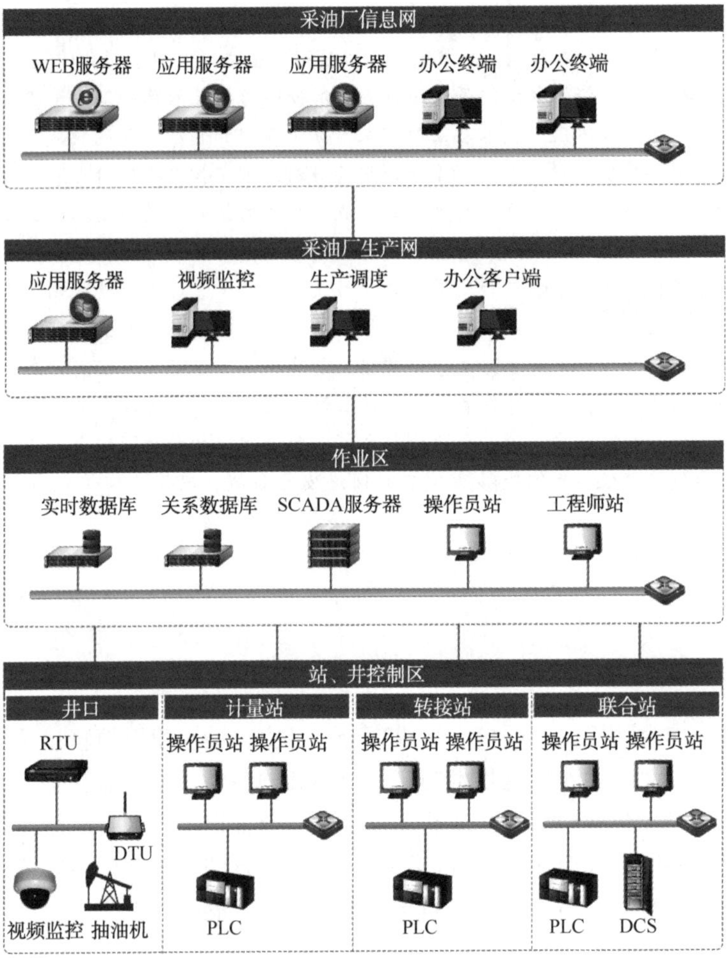

图 1 油田工业控制系统网络结构

2 油田工控网络现存安全风险分析

2.1 L0 级设备

设备类型：传感器(一次表)、智能仪表(二次表)、继电器、风机等。

传输介质：RS232、RS485、硬接线(4~20mA)等。

传输协议：Modbus RTU、Modbus ASCII、DLT/645 97、DLT/645 07、4~20mA 等。

主要风险：

误操作：由控制器下发错误指令，导致 L0 级设备超载。

数据篡改：恶意篡改 L0 级设备数据(图 2)，导致控制器对生产场景判断错误，执行错误操作。(例如：修改温度记录仪温度，导致逻辑判断燃烧不足，增大喷嘴开度，造成实际温度过高，引发事故)。

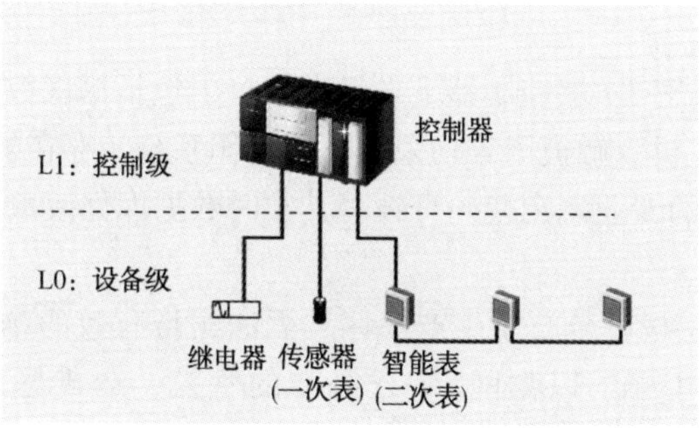

图 2　L0 设备级

2.2　L1 控制级

设备类型：PLC、DCS 等。

传输介质：以太网、DP(SIEMENS)、MPI(SIEMENS)、RS485 等。

传输协议：Modbus TCP、CIP、Profibus-DP、Profinet 等。

主要风险：

误操作：由工程师站下发错误指令，经过逻辑运算输出至 L0 及设备，导致 L0 级设备超载(图 3)。

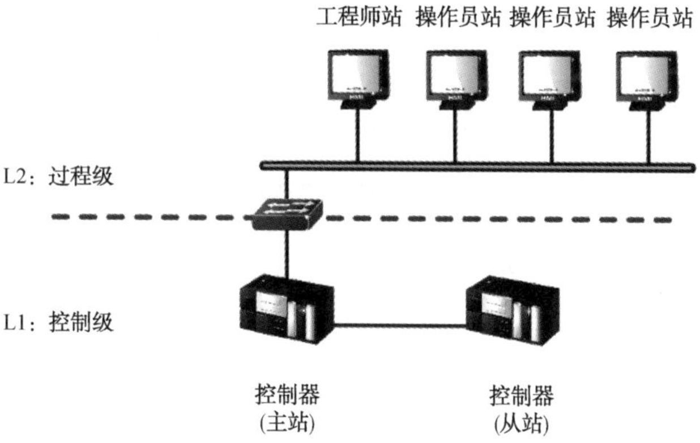

图 3　L1 控制级

未经授权访问：网络可达任意节点，均可对控制器进行访问，可能造成控制器存在误操作风险、核心数据泄露风险、访问资源不足风险等。

恶意代码风险：当前存在针对控制器的恶意代码，可在控制器间进行传播，造成恶意代码脚本的大范围执行，从而产生生产事故。

拒绝攻击风险：控制器并发访问处理能力相对较低，大量无效报文访问概率造成控制器无法识别和过滤，影响正常生产过程通讯甚至造成控制器无法热恢复。

2.3 L2 过程级

设备类型：工控机、触摸屏、超融合(国外技术趋势)等。

传输介质：以太网。

传输协议：Modbus TCP、OPC DA、API 私有协议等。

主要风险：

误操作：由工程师站对 L1 层控制器下发错误指令，包括错误数值，或错误寄存器。

恶意代码风险：工控机、触摸屏等均采用商用操作系统，存在被感染恶意代码风险，部分针对工控 SCADA 漏洞的专业恶意代码可针对其实时数据库修改数值，造成恶意操作行为，从而影响生产进程。

外联管控风险：L2 层设备分布于生产厂区，无法实行有效的物理访问管控。针对工控机、触摸屏的外联接口(USB、以太网)缺乏必要的管控，造成恶意代码的植入或数据的泄露。

进程管控风险：操作站计算环境由于其计算性能相对较低，需要对非必要进程进行管控，过多第三方进程，造成操作站计算资源不足，影响正常生产过程(图4)。

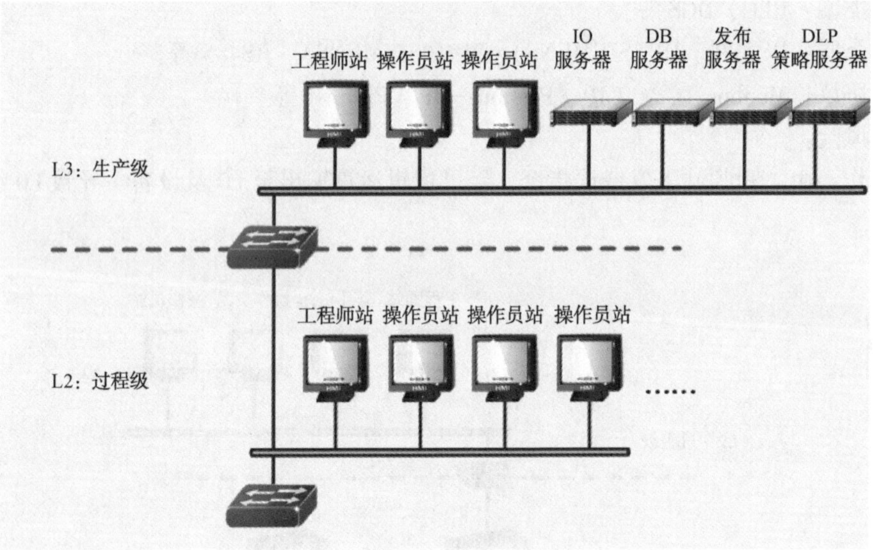

图4　L2 过程级

2.4 L3 生产级

设备类型：工控机、服务器、超融合(国外技术趋势)等

传输介质：以太网。

传输协议：Modbus TCP、OPC DA、API 私有协议等。

主要风险：

恶意代码风险：工控机、触摸屏等均采用商用操作系统，存在被感染恶意代码风险，部分针对工控 SCADA 漏洞的专业恶意代码可针对其实时数据库修改数值，造成恶意操作行为，从而影响生产进程。

外联管控风险：L2 层设备分布于生产厂区，无法实行有效的物理访问管控。针对工控机、触摸屏的外联接口（USB、以太网）缺乏必要的管控，造成恶意代码的植入或数据的泄露。

进程管控风险：操作站计算环境由于其计算性能相对较低，需要对非必要进程进行管控，过多第三方进程，造成操作站计算资源不足，影响正常生产过程（图 5）。

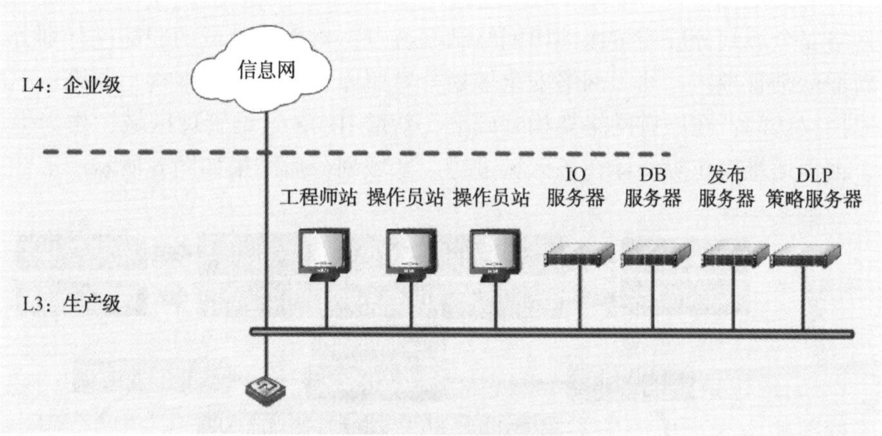

图 5　L3 生产级

3　油田工控网络安全体系建设的必要性

保障油田生产安全：油田工控系统负责监控和控制油田生产设备，一旦遭受网络攻击，可能导致设备故障、生产中断，甚至引发安全事故。因此，建设完善的网络安全体系，可以有效降低网络安全风险，保障油田生产的安全稳定。

维护企业经济利益：油田工控系统的稳定运行对于企业的经济效益至关重要。网络安全事件的发生可能导致生产数据泄露、经济损失等问题。通过加强网络安全体系建设，可以保护企业的核心资产，维护企业的经济利益。

符合国家法律法规要求：随着网络安全法律法规的不断完善，对于关键信息基础设施的网络安全防护提出了明确要求。油田工控系统作为关键信息基础设施之一，必须符合国家法律法规的要求，加强网络安全体系建设。

4　油田工控网络安全面临的挑战

技术挑战：油田工控系统涉及多种技术和设备，网络安全防护技术需要与之相适应。然而，目前油田工控网络安全技术相对滞后，缺乏针对性的安全防护措施。此外，随着物联网、云计算等新技术在油田工控系统中的应用，网络安全威胁也变得更加复杂和多样化，对技术防范提出了更高的要求。

人员挑战：油田工控网络安全需要专业的技术人员进行管理和维护。然而，目前油田企业普遍缺乏网络安全专业人才，导致网络安全防护能力不足。同时，现有技术人员的网络安全意识和技能水平也有待提高，以适应不断变化的网络安全威胁。

管理挑战：油田工控系统的网络安全管理涉及多个部门和环节，需要建立完善的网络安全管理制度和流程。然而，目前油田企业的网络安全管理存在漏洞和不足，如责任不明确、沟通不畅、应急响应机制不完善等，难以有效应对网络安全威胁。

5 油田工控网络安全体系建设的原则和防护架构

5.1 工控网络分区分域遵循原则

油田网络安全域划分应当按照油田网络结构特点，对不同区域的职能进行划分，同时在厂级网络新增运维管理区。油田网络安全域划分遵照原有生产网络架构，原则上不同生产区域间禁止非授权访问；在原有网络架构基础上，新增IDMZ运维管理区域，作为生产网的运维管理区、远程运维操作等一律在该区域进行。区域划分后结果如图6所示。

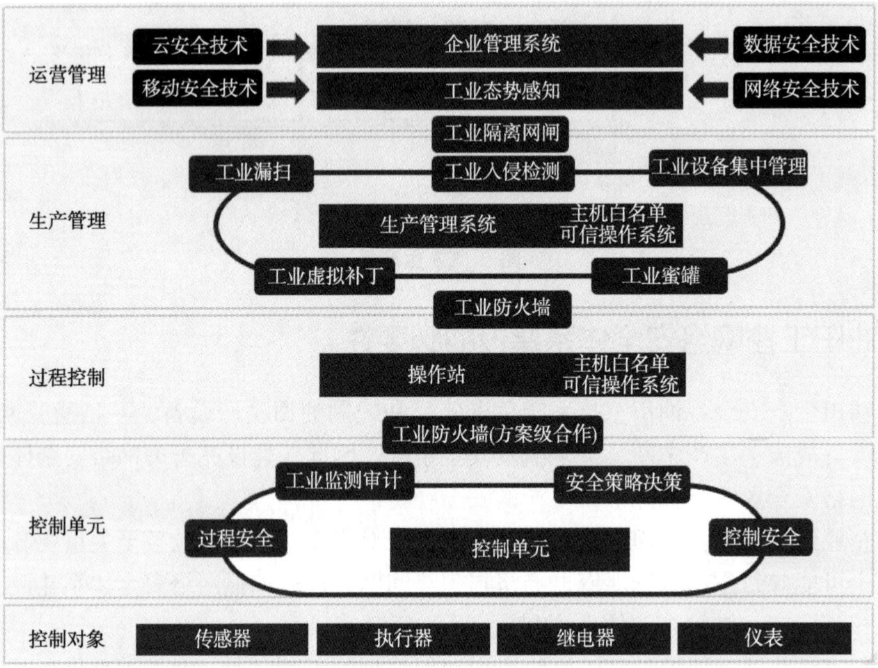

图6 层次化的工业信息安全体系建设思路

基于业务类型进行安全域划分，保证业务的可靠性、连续性；充分认知业务对象，严谨定位业务范围；结合业务自身特性，准确识别业务数据流；充分识别业务风险，明确业务防护需求。

5.2 油田网络生产网与信息网隔离安全防护设计

技术方案：在采油厂边界处部署应用工控隔离网站，实现与油田公司进行数据交互的单向安全传输隔离机制。

实施效果：对油田公司的访问行为进行定向控制；实现对油田公司的边界流量进行单向隔离，隔离为应用层单向即公司网络对访问控制策略允许的目标设备进行只读操作(图7)。

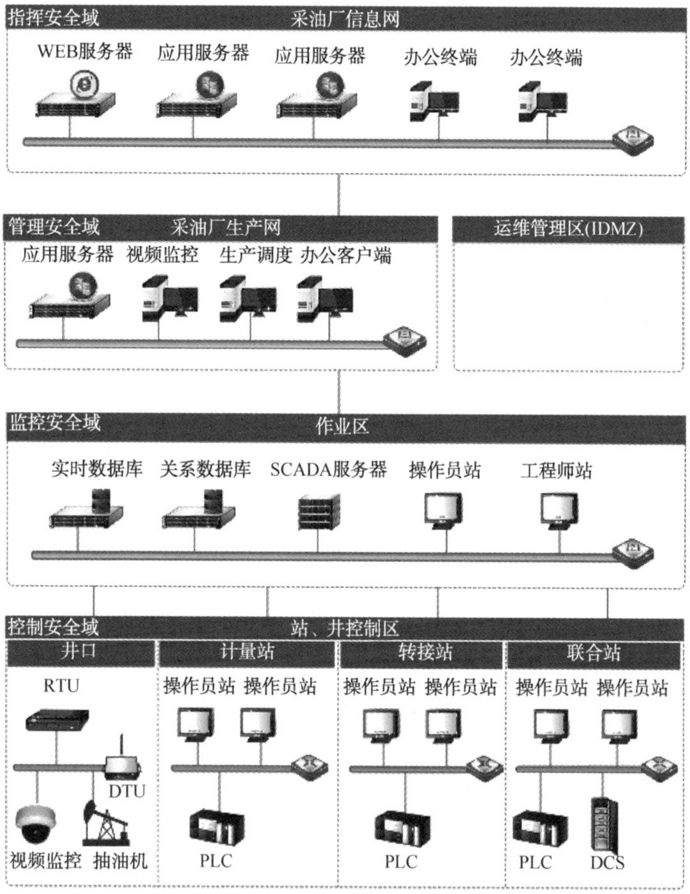

图7 油田工控网络安全区域划分

5.3 油田网络各业务区域间的安全防护设计

技术方案：在采油厂、作业区、各场站和界处部署工控防火墙，明确当前各安全域边界，对非授权或越权跨越边界的行为进行阻断并报警。

实施效果：场站之间实现隔离访问控制，同时对通信协议进行粒度解析，实现寄存器级别的管控。作业区、采油厂进行访问控制的隔离防护，针对SCADA系统进行通信内容解析，保证数据及控制过程的安全性。

5.4 油田网络生产外部攻击监测安全防护设计

技术方案：在采油厂生产、部署工控入侵检测与审计系统，记录访问流量、恶意行为、攻击检测以及构建网络白名单体系。

实施效果：针对油田网络边界采取攻击防护检测，能够有效防护内部和外部网络恶意代码、病毒木马等攻击威胁，并结合行为审计实现异常行为事件的关联分析。

5.5 油田网络生产内部控制行为安全监测防护设计

技术方案：在采油厂、作业区及下属场站部署应用工控行为监测审计，记录操作行为、访问流量以及构建网络白名单体系。

实施效果：针对工程师站对控制器的操作行为进行审计，对操作的时间、协议、寄存器地址、数值进行监测并与设定阈值及通过自学习新增的策略进行组合分析，对超出阈值范围的操作进行报警。

5.6　油田网络工业主机安全防护设计

技术方案：针对油田网络内的工业主机进行安全防护应用，在现场场站上位机、作业区SCADA工程师站及服务器中安装工业主机安全防护软件。

实施效果：构建工控主机应用进程白名单机制，阻断非现场业务程序的恶意启动运行。加强SCADA系统的病毒及恶意代码感染风险，拒绝无关服务自启运行。对操作员、工程师站及服务器使用的移动存储介质管控，禁止个人及非业务存在介质设备私接滥用。

5.7　油田网络安全预警与集中管控安全防护设计

部署方案：按照区域划分，建立运维管理区，部署工控安全态势感知系统、工控漏扫、工控主机防护软件服务端，实现正常安全集中管理。

技术效果：实现下属场站及作业区的安全设备、安全事件、安全策略进行统一集中的监控、调度、预警和管理。

5.8　油田工控网安全态势监控-安全运营分析体系

工业风险态势对全网资产面临的脆弱性、攻击事件、通报处置情况进行多维度分析综合展示。工业威胁态势可以对攻击威胁源头进行多维度分析综合展示。工业安全底图主要对要保护的资产、保护设备、保护人力进行多维度分析综合展示。工业通报态势能够对告警处置情况进行多维度分析综合展示(图8)。

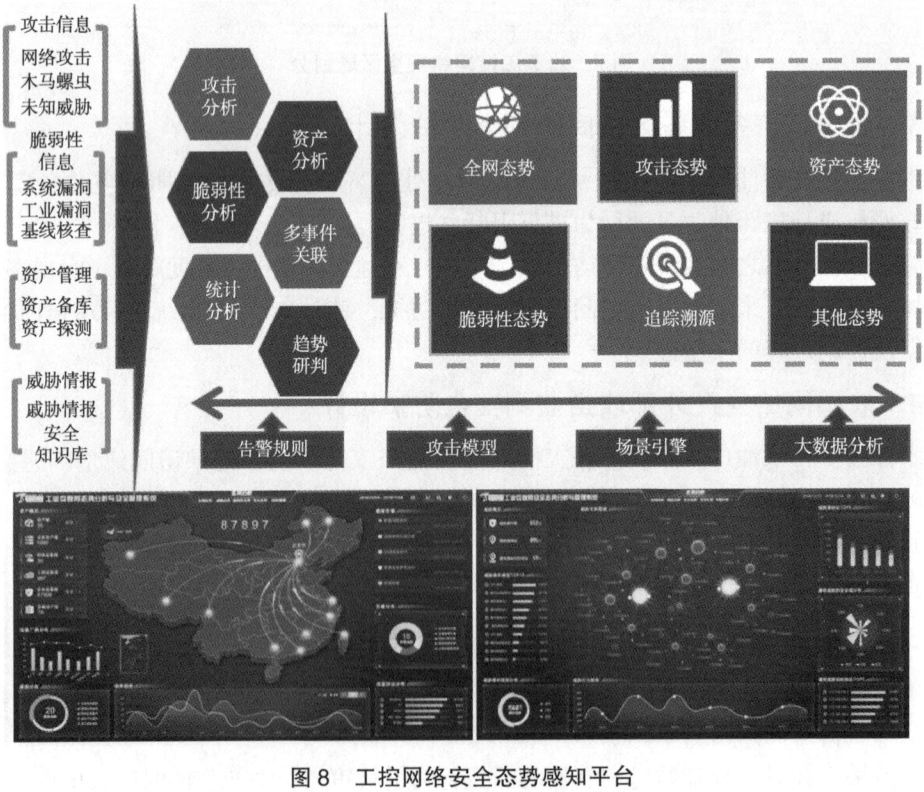

图8　工控网络安全态势感知平台

6 结论

油田工控网络安全体系建设是一项至关重要的任务，它直接关系到油田生产的安全稳定以及企业的经济利益。当前，我们面临着技术快速更新、网络安全人才匮乏以及管理制度不健全等多重挑战。为了应对这些挑战，我们必须加强技术研发和应用，不断提升网络安全防护水平。同时，培养和引进网络安全专业人才，提升整个团队的安全意识和技能水平，也是至关重要的。此外，完善网络安全管理制度，明确各部门职责，强化应急响应和处置能力，也是确保网络安全体系有效运行的关键。这是一个系统工程，需要政府、企业和社会各界的共同努力和协同配合。只有这样，我们才能构建起一个安全、稳定、高效的油田工控网络安全体系，为油田生产的持续发展和企业的长远利益提供坚实保障。

参考文献

[1] 邓学敏，尚佳，顾振涛. 浅谈油田内部网络建设的安全与维护[J]. 中国石油和化工标准与质量，2022(03).
[2] 汪群. 油田企业内部网络系统的安全与防御[J]. 中国石油和化工标准与质量，2012(14).
[3] 杨国栋. 油田网络安全管理和防护建设浅析[J]. 信息系统工程，2021(8).

油田工控网络安全体系建设与应用

宋养齐　张　熳　罗　娟　王　旭　郑　博　兰鹏博　宋一琦

（中国石油长庆油田分公司数字和智能化事业部，陕西 西安　710018）

摘　要：随着近年来油田企业建设的推广应用、数字化和智能化改造的不断发展，工业控制系统对提高企业的工作效率，实现降本增效，有效监控企业安全生产都起到了至关重要的作用。伴随着油田企业自动化、智能化程度的不断加深，工控系统网络在实际生产中的应用也越来越多，工业数据泄露、控制失效、病毒侵入等网络安全事件也频有发生。因此，工控系统网络安全隐患已成为油田企业亟待解决的问题。本文旨在探讨油田企业工控系统网络面临的风险隐患及其防护措施，特别是针对态势感知这一重要技术手段的应用进行深入研究。通过分析工控系统安全现状，传统的安全防护措施已无法满足当前对工控系统"零风险"安全性的高要求。因此，引入新型网络安全监测技术，特别是态势感知技术，成为提升工控系统网络安全性的重要手段。

关键词：油田企业；工控系统；网络安全；态势感知

1　油田企业工控系统网络的风险隐患

目前我国工控系统网络仍处于初级阶段，存在诸多风险隐患。其中，工控网络边界防护薄弱、内部网络安全监测手段缺失、服务器终端防护措施不足以及应用程序和系统安全漏洞等问题尤为突出。并且通信协议等关键技术都掌握在国外厂商手中，一旦这些系统被植入后门程序或病毒，后果将不堪设想。这些问题不仅可能导致工控系统的瘫痪，还可能造成巨大的经济损失。

1.1　工控网络边界防护薄弱

随着工业信息化的深入发展，工业互联网的应用越来越频繁，企业工控网络与内部网络、外部网络的交互性越来越强，数据交叉的频率明显增加，这使得工控网络受病毒攻击的可能性大大增加。有些油田企业为了降低成本，缩减开支，直接将工控网络与外部网络直接连接到一起，没有进行任何的物理隔离或技术隔离，这给工控系统甚至是企业安全生产带来了巨大的隐患。

1.2　工控系统内部网络安全监测手段缺失

目前大多数油田企业工控系统在运行过程中，缺乏有效的网络安全监控工具，这导致工控系统终端服务器故障或重要设备损坏后才发现工控网络受到了恶意攻击和侵害，但为时已

作者简介：宋养齐，男，中国石油长庆油田数字和智能化事业部网络安全中心网络安全运行组组长，主要负责长庆油田公司网络安全技术支撑工作。

晚，有可能已造成不可逆的工控瘫痪，甚至是经济财产损失。因此，企业必须建立一套完备而又全面的工控网络安全监控平台来对工控网络进行实时在线监测，避免出现工控系统失效后才进行网络修复补漏的被动局面。

1.3 服务器终端缺乏有效的防护措施

对工控系统服务器来说，配置终端安全防护系统是十分必要的，这可以最大限度地避免工控系统服务器受到网络攻击或病毒袭击。但目前仍有部分油田企业没有对工控系统服务器采取任何的终端防护措施，即使配备了防护系统也未进行及时更新升级，大大增加了工控系统遭受破坏的概率，可能对企业经济效益造成巨大的损失。

1.4 应用程序和系统的安全漏洞

工控系统操作间或工程师站中的应用程序或系统都有存在漏洞的可能性，在对程序进行编写或系统安装过程中可能会出现电脑"中毒"的情况，因此安装专业的杀毒软件或防病毒服务器就变得至关重要，通过采取防病毒或杀病毒的方式可最大化地提高工控系统的安全性和稳定性。但在当前阶段，很多企业未对应用程序和系统中的安全性问题提高警惕，甚至使用了带有恶意代码的程序软件，这将导致工控系统的崩溃瘫痪，这对国家能源安全产生极大的阻碍。

2 工控网络安全防护的常用措施

2.1 做好工控网络安全的边界防护

为防范工控网络遭受网络攻击，油田企业在工控网中采用隔离技术，分离工控流量和办公流量，工控网络与办公网通过边界防火墙进行单向隔离。开启防病毒和入侵检测功能，建立 DMZ 的数据服务区。在油田作业区工控网络中部署工控防火墙，解决油气生产中通信协议采用动态端口带来的安全防护问题，确保工控协议传输的可靠性，避免网络内部的病毒传播，通过配置不同的安全访问控制策略和安全防护策略，防止非法行为和网络风暴的发生；在服务器区加装工控防火墙，确保服务器数据传输的可靠性，防止非法用户入侵生产网后对生产数据实时库、关系库及应用服务器等设备的破坏行为。

2.2 工控网络进行网络流量采集与审计

油田企业在采油厂作业区前端服务器区部署采集与审计设备，实现对设备网络流量信息处理与分析，监测生产网络安全态势。对工控网络中推送的日志信息、设备告警信息和信息安全产品的操作进行审计，以保证触发审计系统的事件存储在审计系统内，能够根据存储的记录和操作者的权限进行查询、统计、管理和维护操作并能够在必要时从记录中抽取所需要的资料，提高网络的安全。

2.3 做好工控网络中无线接入认证

油田企业在网络接入层开发基于标识密码体系，采用国产密码算法开发具备独立密钥生成、加解密的安全芯片或加密模块，处理层与身份鉴别系统结合，实现设备接入认证和数据传输加密功能，在执行层进行判断是否允许接入，并加密传输。无线方式接入，通过安全网关、Portal 认证和 802.1X 协议认证、静态 IP/MAC 地址绑定等多种技术手段认证，实现无线接入安全与加密传输。

2.4 主机安全防护

油田企业在工控系统上位机安装主机防护软件，控制上位机接口，如USB接口、光驱和串口等位置避免人为操作引入病毒木马。同时，对各种操作行为进行记录和审计，为事后的追踪溯源提供依据。启用白名单功能，确保只有在白名单列表中的程序或软件才能运行。白名单主要有以下三个来源：用户工控网络工作站的自动学习生成、厂商白名单库导入和行业白名单库匹配等。

2.5 做好数据备份

数据备份是企业遭受到勒索病毒攻击后最后的补救措施，新型勒索病毒越来越智能，会主动搜寻备份设备与备份软件，一旦发现备份系统将优先进行加密，实施勒索。在工控网络中做好数据的异地备份，确保数据安全。

2.6 态势感知在工控网络安全防护中的应用

态势感知作为一种新型网络安全监测技术，能够提前对工控网络中的安全隐患和风险漏洞进行分析预警。通过在网络交换机上安装安全探针，收集并分析网络流量数据，态势感知系统能够实时监测工控网络的安全状况，发现潜在的安全威胁，并发布预警信息。这使得工控网络管理人员能够全面细致地掌握整个网络的安全状况，从而采取主动防御措施，降低安全风险。

态势感知技术的应用具有以下优势：

实时性：态势感知系统能够实时收集和分析网络流量数据，及时发现潜在的安全威胁。

主动性：与传统的被动防护和事后处理不同，态势感知能够提前进行预警，使企业能够主动应对安全风险。

全面性：通过对网络流量的全面分析，态势感知能够发现系统中存在的各种漏洞和风险源，提供全面的安全保障。

3 工控系统网络安全防护技术的发展趋势

3.1 开发具有独立自主知识产权的安全防护设备

我国各大重工企业所使用的工业控制系统基本全部来自国外，包括PLC、DCS、RTU系统等，应用软件也几乎被国外所垄断，可见我国工控系统对国外的依赖性如此之强。而这些工控系统的核心部件及通信设施机理我们无法获取，再加上可能存在设计漏洞或恶意程序等问题，都能够造成工控系统被网络远程操控或破坏，给企业甚至国家带来不可估量的损失。因此，开发具有独立自主知识产权的安全防护设备将成为一个重要的方向。过去，我们可能在很大程度上依赖国外技术来保障工控系统的安全，但这既不利于国家的长期发展战略，也存在一定的安全隐患。因此，未来我们将更加注重自主研发，通过技术创新和突破，开发出具有自主知识产权的安全防护设备，减少对国外技术的依赖，并进一步提升我国工控系统的安全性能。

3.2 构建完善的工控系统安全防护体系

随着工业互联网的快速发展，工控系统面临着越来越复杂的安全威胁。为了应对这些挑战，我们需要从多个维度出发，构建一个全方位、多层次的工控系统安全防护体系。这包括硬件层面的防护、软件层面的防护、数据层面的防护等多个方面，以确保工控系统的安全运行，并适应工业互联网的新特点。

3.3　加强工控系统安全人才培养

工控系统安全防护技术的发展离不开专业人才的支撑。因此，加强工控系统安全人才培养也是未来发展的重要支撑。随着技术的不断进步和工控系统安全性的提升，对安全人才的需求也日益增长。因此，我们需要注重培养具备专业知识和实践经验的工控系统安全人才，通过教育和培训等方式，提高他们的技能水平和应对安全威胁的能力，为安全防护技术的发展提供有力的人才保障。

3.4　深化态势感知技术的应用

随着企业对工业互联网安全性要求越来越高，传统的被动式安全防护和被入侵后的报警技术已无法满足企业对工控系统“零风险”安全性的高要求，因此，深化态势感知技术的应用也将成为未来工控系统网络安全防护技术的重要方向。态势感知技术是一种能够实时监测和分析网络安全态势的技术手段，通过收集和分析网络中的数据，能够及时发现并预警潜在的安全风险。未来，我们将不断优化算法和提升数据处理能力，使态势感知系统更加精准、高效地监测和预警工控网络中的安全风险，为工控系统的安全稳定运行提供有力的技术支撑。

4　结语

油田企业工控系统网络的安全防护工作至关重要。通过采取一系列常用防护措施并深化态势感知技术的应用，加强工控网络安全的边界防护、进行网络流量采集与审计、做好工控网络中无线接入认证、加强主机安全防护以及做好数据备份等措施，可以有效提升工控系统的安全性。并且随着技术的不断发展，我们应密切关注工控系统网络安全防护技术的最新动态，不断完善和提升安全防护水平。我们网络安全人员不断进步，逐步构建完善的工控系统安全防护体系，并加强工控系统安全人才的培养，以应对日益严峻的工控网络安全挑战。

参考文献

[1] 何光虎，许婷. 浅谈基层网络安全防护的重要性[J]. 网络安全技术与应用，2019(1)：5，17.

智能视频在油田的研究与应用

刘成龙[1] 刘大兴[1] 杨浩伟[2] 黄华艳[1]

(1. 中国石油长庆油田分公司第九采油厂，宁夏 银川 750005；
2. 中国石油长庆油田分公司第六采油厂，陕西 榆林 718699)

摘 要：随着科技进步，油田安全生产、中心站、无人值守井场需要，通过智能视频分析技术，将被动监视变为主动监视，将监视系统的事后分析变成事中分析和事前预警，将操作人员从繁重的监控工作中解脱出来，提高操作人员的辨别视频效率，将一般监控系统的事后分析变成事中分析和预警，提高视频监控系统的智能化水平。

关键词：识别；反违章；算法

1 智能视频研究背景及总体思路

1.1 视频监控现状

视频监控是油田生产现场最重要的应用系统之一，随着无人值守站、中心站建设的快速推进以及作业区“大监控”模式的探索创新，现有的视频监控存在视频采集设备种类多、码流不统一、监控数据利用率低、安全风险无法自动识别、人工监控分析费时费力、告警信息误报多等问题，按照公司326规划，构建一套实用高效的视频智能分析系统势在必行。

1.1.1 视频资源利用率低

采油九厂视频监控点达1753余个，实现99%覆盖，现有视频监控平台虽能实现现场监控，但主要依靠人工盯防，生产事件、安全风险辨识分析耗时耗力，视频数据利用率低。

1.1.2 人工监控效率低

人工监控、存在夜间困乏，监控疲劳等问题，存在监控漏看问题。

1.2 安全风险无法自动识别

厂部管理层对生产现场的重要异常事件主要依靠作业区人工汇报，时效性滞后，无法达到对生产现场的实时动态感知。安全风险无法自动识别、报警功能形同虚设、报警数据沉默无用。

1.3 总体思路

（1）通过视频智能分析实现对火焰、漏油、人员、闯入、动物、车辆、违章、网络状态

作者简介：刘成龙(1979—)，男，毕业院校，西安石油大学、计算机应用专业、本科，在中国石油长庆油田公司第九采油厂采油工艺研究所工作，信息技术工程师，2002年参加工作，在长呼天然气输气管线担当自动化管理员，从事天然气自动化系统工作，2009年至今在主要工作负责数字化平台的建设运行与维护。从事油田数字化工作20年。E-mail：liucl01_cq@ petrochina. com. cn。

等异常事件的实时监测分析识别，识别率达到 90%；其中安全违章、劳保穿戴、接打手机、吸烟等事件识别率达 85%。

（2）告警预警事件分类、告警预警优先级划分、告警预警智能联动等功能需求满足实际工作要求，建成厂级生产现场安全违章管理平台。

（3）实现对抽油机启停状态的判断与统计，不定期自动统计启停抽油机数量并生成报表。

（4）作业区日常监控岗、安全监控岗对生产现场实现异常事件、安全事件实时掌握、实时处置；厂部对生产现场的重要事件实现动态感知。

（5）依托人工智能相关技术，构建大数据智能分析中心，对视频监控体系业务中的多源数据进行识别、分析、归类、定级，最终实现人工监控向人工智能监控的模式转变，为生产运行动态监测、安全环保事件处置、应急管理指挥决策等方向提供可靠的数据支撑。

1.4　研究目的

依托现有视频监控网络体系架构，通过分布式部署边缘计算 AI 服务器进行视频智能分析，实现烟火、漏油、禁区闯入等一级安全事件的自动识别推送(准确率 85%)，人员、车辆、动物等精细目标的识别(准确率 90%)，抽烟、打电话等行为逻辑目标的甄别归类(准确度 80%)，形成对生产现场安全事件的实时监测和动态感知，打造集“实时性、感知型、管控自动化、智能化”于一体的智慧油田人工智能监控模式(图 1、图 2)。

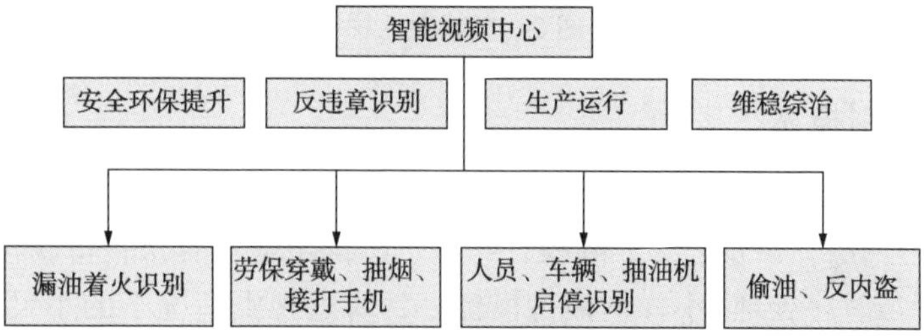

图 1　系统架构图

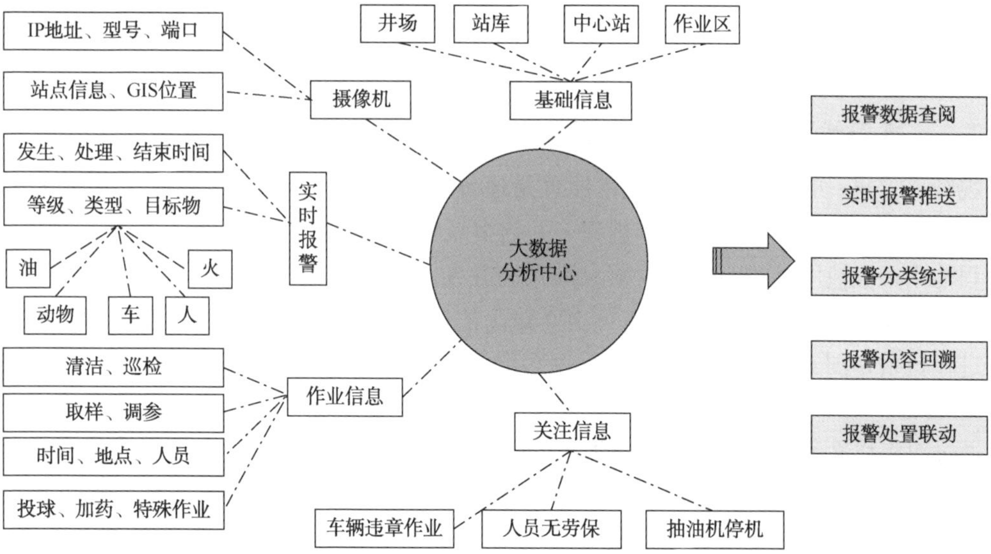

图 2　分析结构

2 主要技术内容

2.1 分布式边缘计算分析部署框架设计

安装九厂提出要求，由单机版改为厂级统一管理作业区版本，将视频流数据采集、分析、推送的网络传输压力控制在作业区内部，每2s抽取视频流1帧图像进行识别分析，作业区内部网络传输压力降低为实时视频流的1/50(图3)。

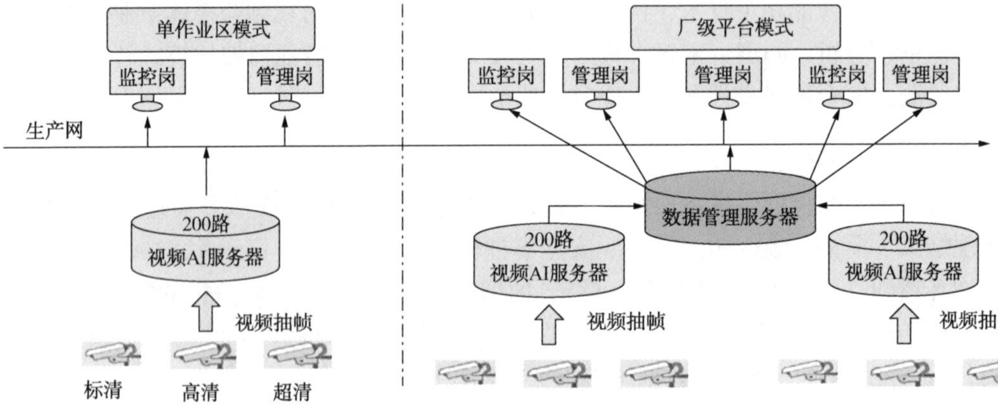

图3 架构对比图

2.2 漏油识别技术

基于深度学习时序处理技术和小样本速检反证技术的漏油识别算法。采用传统方法为主，结合深度学习网层，研发去影、降噪、纠错、图像增强等算法；待测检图片-差帧法提动态区域-深度学习时序处理-小样本模型反证。针对远视野情况下的小尺寸目标的检测问题，计划通过改进图片采样策略(如下采样或空洞卷积)以增大特征图尺寸，同时调节anchor大小或ROIAlign，完成适用于多尺度输入图像的训练模型，最终实现提高识别准确率和精度的目的。由于大部分人员均处于黑白场景下，因此，将人员识别算法实现与其他类型目标识别模型进行解耦开，以增强对该特定场景下提取的特征。

2.3 基于线程池的多进程切图技术

视频AI分析切图模块采用的技术原理是通过建立一个图形数据线程池，将读取视频流图片与图片抽帧进行剥离，利用多进程中开启多线程，实现切图模块的独立运行，同时实现对线程池中视频流图片进行实时取帧，满足高并发、高速度、低消耗、低带宽的性能要求，充分发挥3090显卡显存优势，目前每200路高清摄像头可完成1.8s连续性取帧切图任务。业务进程负责切图工作，且业务进程采用多线程模式，充分利用了CPU多线程，并发性能优异。

通过对海康、大华摄像头SDK的深入研究，充分利用了IPC厂商私有协议保密性好，压缩率高，图片清晰的特点，解决了公有协议占用带宽过大，切图花屏、不安全的缺点。经测试，带宽较公有协议下降百分之80%。

通过对海康、大华等摄像头SDK的二次包装，实现了统一调度的接口，兼容性好。进程、线程间负载性均衡，优异的内存管理技术，降低了硬件资源(CPU、内存)的使用量。32线程CPU占用不到20%，64G内存使用量不足20G。

2.4 策略分析和自动处理相结合的报警数据过滤算法

视频AI分析切图模块采用的技术原理是通过建立一个图形数据线程池，将读取视频流图片与图片抽帧进行剥离，利用多进程中开启多线程，实现切图模块的独立运行，同时实现对线程池中视频流图片进行实时取帧，满足高并发、高速度、低消耗、低带宽的性能要求，充分发挥3090显卡显存优势，目前每200路高清摄像头可完成1.8s连续性取帧切图任务。

(1) 策略过滤：过滤是将不符合条件的告警信息不进行记录的一种操作。

(2) 置信度过滤：根据算法识别出的目标置信度对识别目标进行过滤，从而过滤置信度过低的目标。

(3) 重叠目标过滤：检测识别出的目标物是否重叠，如果重叠则选择置信度最高的目标作为最终目标。

(4) 区域时区告警映射：根据用户配置的时间及区域，过滤算法识别出来却没有映射的目标。

(5) 可移动目标低速移动或不移动：对于人、车、动物等目标，计算目标上次识别与本次识别的重叠度，当重叠度高于阈值时，则认为该目标低速移动或不移动，从而过滤。

(6) 自动处理：自动处理是对告警信息进行记录，不需要人工处理的一种操作。

等级自动处理：根据配置对相应等级的告警进行自动处理操作。

静默自动处理：根据配置对特定识别服务器所检测摄像头的识别情况进行记录，当识别目标个数、种类、等级未发生改变时，对新产生告警进行自动处理操作。

2.5 行为分析技术

采用深度学习与传统学习相结合的方法，对静态目标、动态目标、行为目标进行识别论证，达到可靠的准确度度要求，并实现报警信息的远程推送和处理。

2.6 分析二次校验

采用小样本模型速检与反证相结合的技术，经过图像增强和背景过滤后，对小样本识别目标进行快速检验，实现对报警数据的二次分析和校验。国内先进。

2.7 烟火识别技术

基于“传统学习帧差法”的烟火识别算法技术使用帧差法，每两秒采集一张图片，对两张图片的像素值做插值计算，使用图像切割方法，切割出有变化部分，根据火的颜色等特点进行判断是否是火。

2.8 云端平台

B/S架构下支持云端的架构设计，多线性技术保证数据管理，图形处理和各功能模块各不干扰，并且通过对于多CPU的直接处理保证可以并行计算，大幅增加处理能力。并配有大型的数据库用以存储大量的图像文件。主要可划分为四个部分：数据导入、数据存储、数据处理、面向应用的操作(图4)。

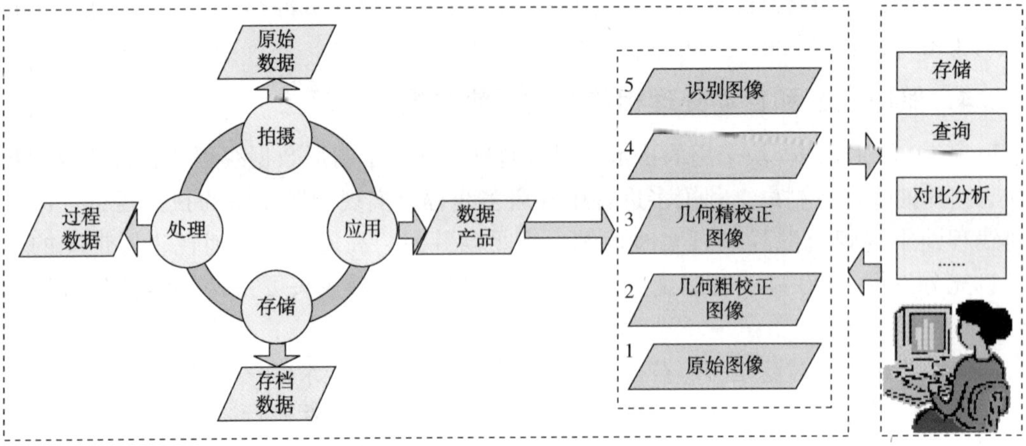

图4　流程图

2.9　宽带占用大幅降低

通过接入、研究并重写海康、大华等SDK的私有协议，带入离散余弦变换公式对图像数据进行二次处理，提高了图像数据的压缩率和清晰度；通过优化摄像头切图框架，应用分布切图模式，降低了整体算法切图的宽带占用，使得每台200路摄像头图像数据的获取占用带宽仅16Mb(图5)。

离散余弦变换公式：

$$F(u,v)=C(u,v)\sum_{x=0}^{N-1}\sum_{y=0}^{N-1}f(x,y)\cos\frac{\pi u(2x+1)}{2N}\cos\frac{\pi v(2y+1)}{2N}$$

$$C(x,y)=\begin{cases}\frac{1}{N} & (x,y)=(0,0)\\ \frac{1}{2N} & (x,y)!=(0,0)\end{cases}$$

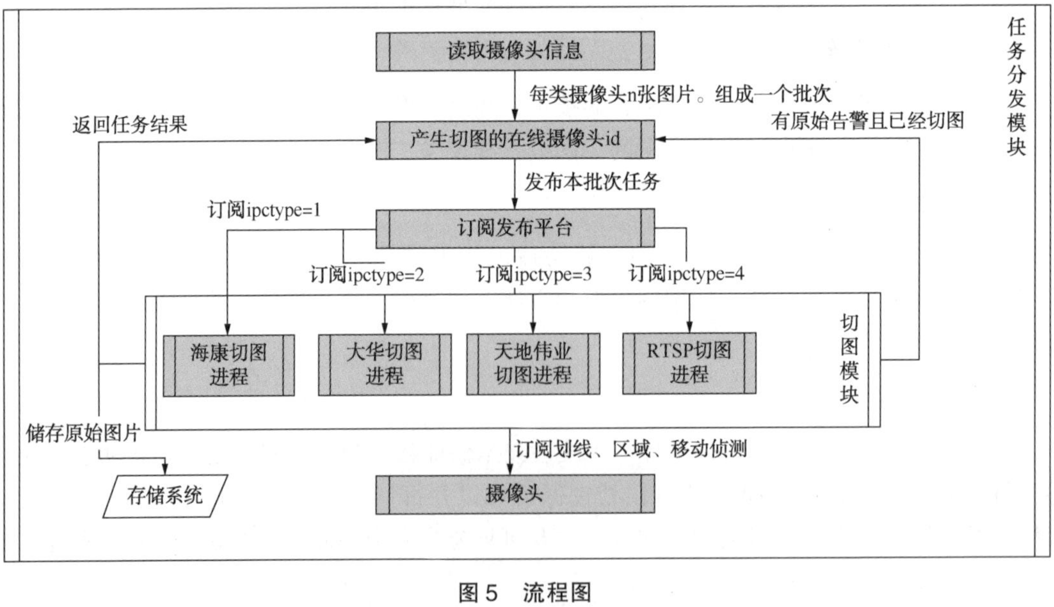

图5　流程图

3 应用效果

3.1 反违章应用

3.1.1 生产场所抽烟、不穿戴劳保

与安全科反违章工作结合，不穿戴劳保，接打手机、一经自动抓拍核实，将在前指大屏幕上曝光亮相并进行安全记分，极大降低现场人员违章。提升安全违章应用。

3.1.2 踩踏管线违章行为试点

9 月 7 日新增小样本踩踏管线行为检测识别模型，工人在管线上进行了样本采集，并构建算法进行识别，近距离检测效果达到预期，远距离应用效果等待试验期验证(图 6)。

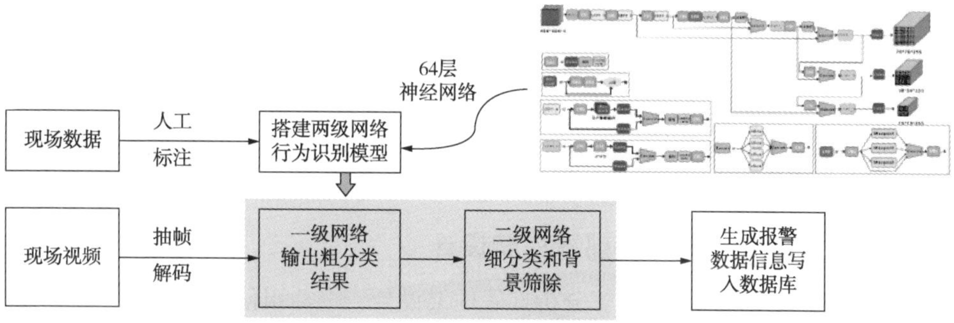

图 6 神经算法图

3.2 提升安全环保防控能力

能精准的对重点河道穿跨处进行实时监控，报警抓拍推送，提升了原油泄漏防控能力，降低安全环保风险、改进了安全环保监控方式。辅助各级决策，增强应急能力，提升管理水平。告警及时率小于 5s，视频储存不少于 36 个月。提升安全环保处理能力，提高决策效率。

3.3 提升综治维护能力

车辆、人、动物闯入抓拍推送报警，实现智能对异常目标的精准辨识、精准报警、精准抓拍、高质成像、精准取证能力显著提升。充分发挥中心站、作业区两级视频监控平台作用，重点监控大头井、进罐井、边远井，全天候实时监控、预警，并建立预警应急机制，做好监控后处理工作，共预警、防范、干预盗油风险 61 次。

3.4 降低监控强度

视频监控整体工作量降低、人员劳动强度降低，视频监控目标突出，有效解决了可视化监控“点位看不全、报警看不到”的现状，对生产现场管理效率提升明显。最终实现黑屏管理。由智能系统替代人工监控，大幅降低人员。智能系统轮循一次摄像头耗时 1.8s。举例轮询杨青作业区 272 个视频，全部完毕为 489.2 秒，合计 8 分 16 秒。为下步作业区监控提供基础。

3.5 按监控场所分别算法

根据场所不同、算法不同，为采油九厂特色：

（1）管道穿垮处主要算法为漏油分析。

（2）井场主要为闯入、漏油、着火分析。

（3）站内主要为接打电话、劳保不全、抽烟分析。

（4）电子路卡分析车牌照（图7）。

原人工监控模式	现人工智能监控模式
· 在岗监控人员需求：2~3人中心站 · 日常监控模式：人工(8h) · 报警记录模式：人工书写记录 · 发现报警实时性：约20~70min · 日常监控信息：人工分类 · 报警处置方式：电话通知	· 在岗监控人员需求：1人中心站 · 日常监控模式：人工智能(24h) · 报警记录模式：系统报表导出 · 发现报警实时性：约2~4s · 日常监控信息：系统分类9大类(含44小类) · 报警处置方式：一键推送(短信、即时通)

图7　监控模式对比

3.6　不同隐患报警分类

原可视化监控平台推送的报警种类仅有区域入侵、移动侦测两类，智能化视频预警分析平台推送的报警信息已拓展为人、车、烟火、动物、漏油、设备、网络状态等七大类20余种。极大地提升了可视化监控投资利用率。

3.7　分布式边缘计算分析部署框架设计

采油九厂独创：分布式边缘计算分析部署框架设计，全油田使用单机版，九厂提出厂级管理7台单机版，实现数据共享共通。解决以前要监控5个作业区，分别要登录各作业区系统问题。

3.8　实现电子路卡与视频智能分析相结合

对油区现有的电子路卡监控摄像机进行多机联动识别分析，车辆通过电子路卡点位时进行车辆信息分析，最终实现对车辆在油区内的活动轨迹跟踪监测和动态管控。利用高清视频抓拍，节约单套电子路卡费用30万。

4　效益分析

4.1　安全环保效益分析

（1）潜在安全事件经济后果节省：视频智能分析系统部署完善后4秒内即可完成两轮安全事件核查，极大地提升了安全事件的发现速度，减轻了安全事件造成的经济损失。

（2）环保效益分析：持续提高分析精度和可靠性，实现泄漏事件及时预警、发现和控制。

4.2　管理效益

（1）支撑16座中心站、117座无人值守站、889座井场运行，保障生产可视化运行。

（2）机器视觉代替人眼视觉，机器代替员工进行24小时监控现场盯防，员工只需查看即时报警图片信息，不用担心没看到现场危险情况，大幅降低监控员工作强度提高监控效率。

（3）油田开发与生产实现智能化分析计算、运行调控和辅助决策，生产组织更加科学、高效，促进生产经营管理提质增效。

4.3 为抓偷防盗及“反内盗”提供强大助力

随着油价提升，井场丢油风险逐步增大，通过系统对人员闯入识别，实时抓怕人员。重点监控大头井、进罐井、边远井，全天候实时监控、预警，并建立预警应急机制，做好监控后处理工作，全年共预警、防范、干预盗油风险 61 次。

4.4 经济效益

大监控模式下，运行智能视频分析系统保障 117 座无人值守站、501 座无人值守井场。中心站、调度室人员节约：原本需要 2~3 人才能勉强完成的安防监控工作量，在系统应用后 1 人即可胜任。每个中心站减 2 人，16 座中心站共计节约人员 32 人。5 个调控中心节约人员 2 人，共计 10 人，全厂合计 42 人。视频监控按人均长庆油田人均 20 万计算，节约费用 840 万元。作业区节约车次，年节约 43.8 万。

5 存在问题及下步整改

5.1 存在问题

（1）黑色物体或者光线暗全都识别成漏油。

（2）烟雾识别误差大，对云朵识别为烟雾。

5.2 整改方向

（1）优化提升分区域识别算法。

（2）提升电子路卡拍照功能。

（3）加大人脸识别功能。

（4）优化行为识别算法。

参考文献

[1] 郝俊祥. 中国石油天然气股份有限公司河南销售分公司信息化管理处，《智能分析系统在智慧油库中的应用》[J]. 期刊编号，石油天然气工业 TE972.

苏里格智能化排水采气示范区规划研究及应用评价

王亦鑫　潘占昆　刘博伦　马嘉昕　余梦琪　王　胜

（中国石油天然气股份有限公司长庆油田分公司第四采气厂，内蒙古 鄂尔多斯　017300）

摘　要：苏里格气田西区储层地层水发育，气井生产后期普遍产液。随着生产时间延长，气井积液状况加剧，目前积液井占比53%，管理难度较大。针对生产现状，建设智能化排采示范区，通过升级神经网络智能柱塞、云边计算智能间开、智能泡排精准加注和同步回转智能启停四项智能工艺，开发气井积液智能诊断、智能措施优选、措施井错峰开关和故障智能判识四项智能模块，形成一套智能化管理体系。实现该区块气井智能措施全覆盖，建成苏西智能化排水采气示范区。

关键词：苏里格气田；智能化；排水采气；工艺措施

0　引言

苏里格气田是典型的致密砂岩气田，储层非均质性强，具有低压、低渗、低丰度的特点，气田主要划分为东区、中区、西3个部分[1-5]。其中，中区、东区均已实现规模效益开发并逐步进入井网加密部署提高采收率阶段，西区是气田未来稳产的重要后备储量接替区。但苏里格西区储层气水关系复杂，随着开发时间延长，气井积液现象普遍存在，低产低效井数持续增加，管理难度逐年增大。因此开发一种可规模化应用的智能化排水采气管理体系显得尤为重要。通过升级神经网络智能柱塞、云边计算智能间开、智能泡排精准加注和同步回转智能启停四项智能工艺，开发气井积液智能诊断、智能措施优选、措施井错峰开关和故障智能判识四项智能模块，形成一套智能化排水采气管理体系，建成了苏西智能化排水采气示范区。

1　全面优化数据传输，筑牢数智转型基础

气井智能化排水采气管理体系建设以“解放人工、提高效率”为目标，通过全面开展数字气井升级、柱塞融合改造、数采程序优化、通信信道整合，形成前端远程监测、中端自动控制、后端智能分析的气井智能化、精细化管理模式，夯实智能化排水采气示范区建设基础。

作者简介：王亦鑫（1993—），大学本科，石油工程专业，主要从事采气工艺、排水采气新工艺方面的研究。通讯地址：内蒙古自治区鄂尔多斯市乌审旗苏里格气田生产指挥中心（017300）。E-mail：wangyx9_cq@ petrochina. com. cn。

1.1　数字气井升级

改善井场数据采集系统。优化系统多设备集成、不断叠加的建设模式，全面应用 4G-APN 通信技术，目前覆盖率达到 100%，数据采集、传输等各环节运行效能大幅提升。数字气井升级改善了气井数据通信时效，提高了井场设备集成程度，降低了井场设备能耗负载和井场设备故障频率。

1. 气井数据通信时效提升

气井数据通信支持 4G、LTE230 等多种传输方式，最大传输速率达到 100Mbps，较升级前数传电台传输速度提升 5000 倍以上。

2. 井场设备能耗负载降低

井场设备能耗负载降低，配套电源管理模块，蓄电池寿命提升 50%以上。充放电次数由改造前的 500 次提升至 800 次以上。

3. 井场设备集成程度

井场设备稳定性可靠性较数传电台设备提升至 90%以上。系统高度集成，做到微型化，适用于苏里格气田生产条件。

4. 井场设备故障频率降低

井场设备建设周期缩短 50%以上，可实现各类新工艺设备集中接入，故障率降低至 3%以内，维护工作量减低 60%以上(图 1、图 2)。

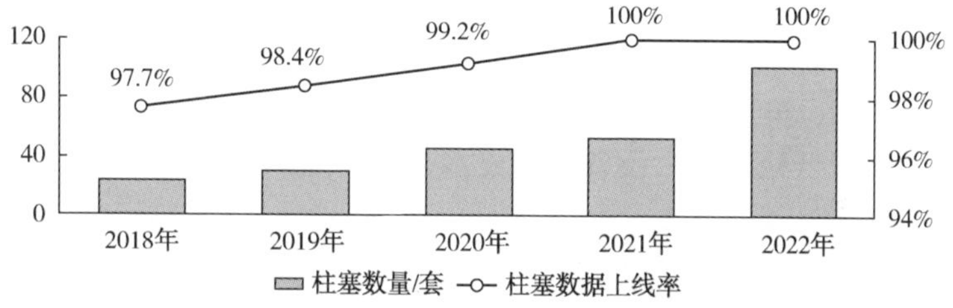

图 1　柱塞井上线率对比图

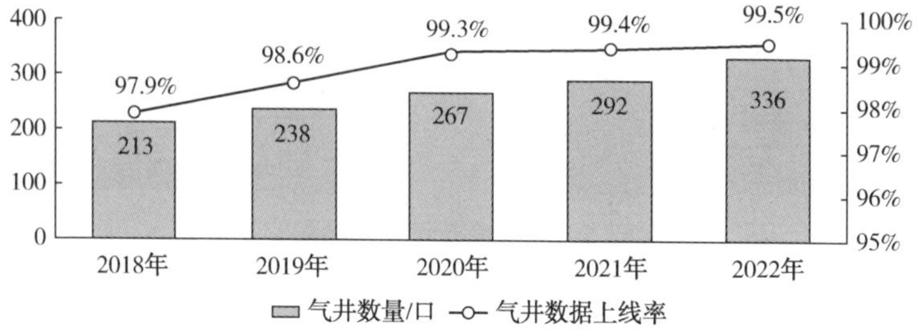

图 2　气井数据上线率对比图

1.2　柱塞融合改造

对传统柱塞[6]进行融合改造，精简井口设备[7]，统一井场数据采集协议、数据应用标准和数据传输方式，并整合控制平台，实现云平台上线率 100%。目前已完成传统柱塞融合改造 30 井次。柱塞投用成本由融合改造前的 16 万元下降至 12 万元，整体降低约 25%，后期维护工作量降低40%。柱塞与集输数据统一通过APN专线进入云服务器，再进入网络实现控制。

1. 井场数据采集协议统一化

对4种柱塞控制器不同长度、不同类型、不同地址的数据进行统一化。

2. 井场数据应用标准统一化

明确电磁阀控制、油套压监测等8项柱塞工艺监测内容，统一井场数据应用标准。

3. 井场数据传输方式统一化

将到达传感器等信号通过柱塞控制器接入井场数据采集系统，实现井场数据统一传输。

4. 柱塞后端应用平台统一化

整合三个柱塞控制操作平台，实现柱塞气举统一监控、集中管理(图3)。

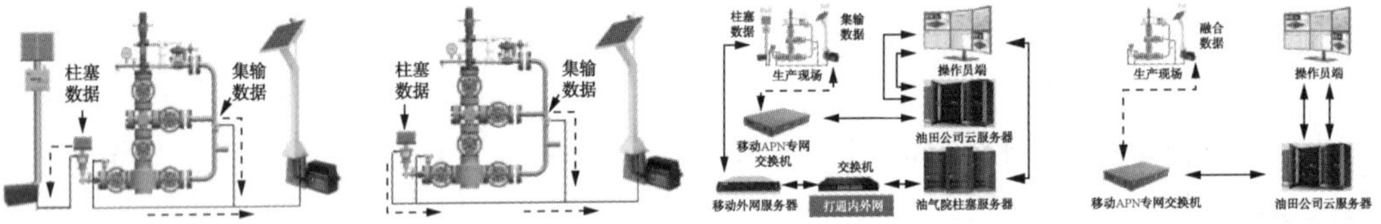

(a)改造前井口数据传输示意图　(b)改造后井口数据传输示意图　(c)改造前柱塞井数据传输示意图　(d)改造后柱塞井数据传输示意图

图3　柱塞融合改造前后数据传输对比图

1.3　数采程序优化

通过井场数据采集程序优化，将2类井场普通压力变送器通信协议与井场RTU柱塞油压传感器采集程序集成，单个设备平均维护成本由0.42万元下降至0.12万元，设备维护成本下降75%，进一步降低柱塞气举设备维护成本，提高投入产出比(图4)。

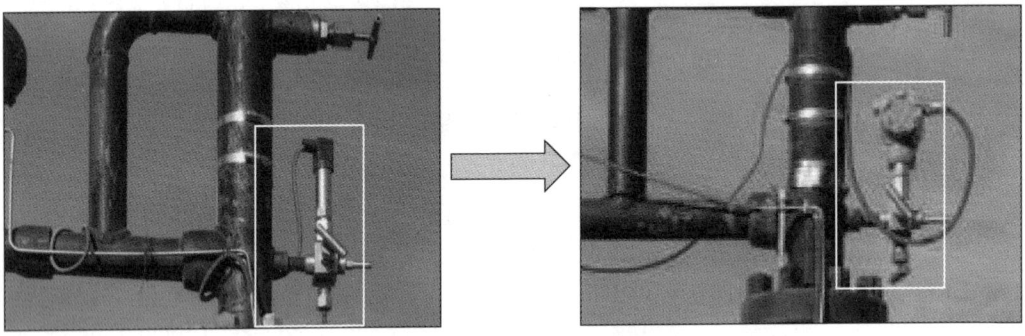

图4　数采设备优化示意图

1. 通信程序集成程度提升

将4种柱塞控制器不同长度、不同类型、不同地址的数据，编写RTU程序，实现采集协议统一。

2. 油压传感器稳定性提升

根据油田公司柱塞气举工艺监测要求，明确电磁阀控制、油套压监测等8项柱塞工艺监测内容。

3. 柱塞设备维护成本提升

将到达传感器等信号通过柱塞控制器接入井场数据采集系统，实现井场数据统一传输。

4. 实现柱塞油压现场可见提升

整合三个柱塞控制操作平台，实现柱塞气举统一监控、集中管理。

1.4 供电系统扩容

早期电台通信井仅开展了数据采集部分4G改造，太阳能供电、设备箱(支架)等配套设备老化严重，故障率高、稳定性差。井场供电设备功率不足且配套设施损坏严重。针对以上存在问题，采取措施如下：①井场供电循环优化；②电池续航能力扩充；③配套更换8路RS485隔离器，有效降低仪器设备信号干扰，减少设备通信干扰；④完善井场防雷接地。

针对苏54区块早期投产气井系统配套设施老旧、供电能力不足导致的系统及智能工艺措施运行不稳定等问题，开展68座井场供电设备及标准化升级改造工作，保障气井数字化系统运行稳定性，彻底解决系统配套设施老旧、供电能力不足导致的系统及智能控制装置运行不稳定的问题。

2 工艺措施智能升级，措施管理更趋完备

以降低人工劳动强度、提高措施效果为目标，推动智能柱塞、智能间开、智能泡排、智能同步回转4类工艺措施智能化升级。智能化升级后人工劳动强度下降65%，措施有效率提升3%，工艺措施由人工干预、现场作业向智能决策、远程控制转变。

2.1 神经网络智能柱塞

柱塞气举是目前苏里格气田应用最广泛的排水采气措施，为解决柱塞井逐年增加造成的人工分析强度大等问题，2020年依托苏西气井数字化全面升级基础，率先开展智能柱塞研究，引入神经网络[8]柱塞技术，通过建立智能运算模型实现柱塞井制度智能优化，有效降低人工分析工作量、提升措施效果。

智能柱塞投用成本约为13万元，对比进口柱塞和MI柱塞，节省成本32万元和16万元。且智能柱塞可以实现生产制度智能优化调参，大幅度降低了人工劳动成本。

2.1.1 神经网络智能柱塞实施思路

神经网络算法可模拟人脑思考，以每一个神经元作为一种参数计算法则，通过不同参数运算获得参数间隐藏规律。以气井动态数据作为学习训练集，建立气井动态生产模型，以最高产气量为目标，对应的生产制度进行预测。结合柱塞载荷系数等条件，对生产制度进行修正优化，得到柱塞科学高效的生产制度。

2.1.2 神经网络智能柱塞逻辑流程

建立神经网络模型，学习柱塞生产特征，并以载荷系数等边界条件进行修正，预测柱塞井生产动态，最终通过数值算法获取柱塞井最佳生产制度。

1. 模型学习训练

建立神经网络模型，收集气井流入、流出数据作为训练集，根据模型预测值与实际值的误差不断修正参数，直至收敛，即模型准确率达到一定阈值后，学习完成。

2. 生产动态预测

通过对模型进行迭代性学习训练，最终可得到该井的气井生产动态模型，通过这一模型，可对气井生产动态进行预测(图5~图7)。

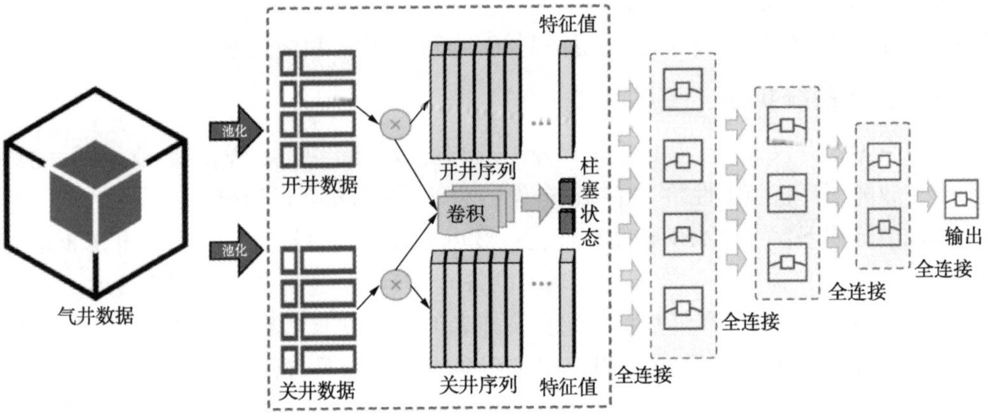

图5 神经网络算法原理图

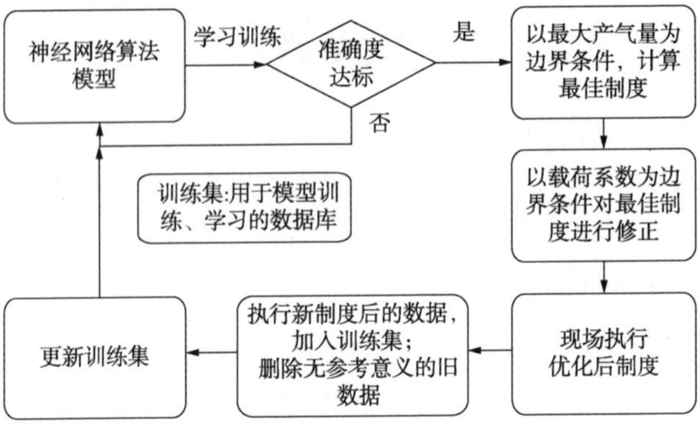

图6 神经网络计算流程图

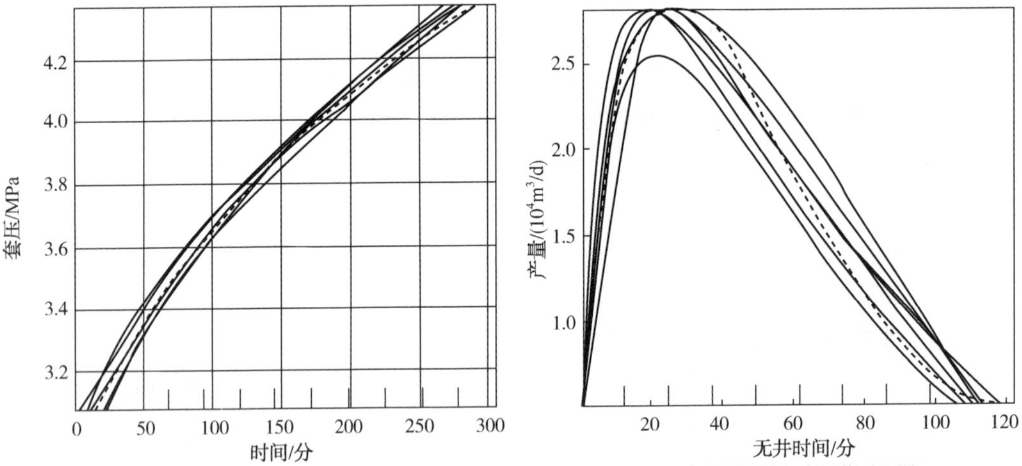

(a)压恢预测值与实际值对比图

(b)产量预测值与实际值对比图

图7 生产指标预测值与实际值对比图

3. 最高日产制度

根据模型模拟的关井压力恢复曲线与开井产量曲线预测开井时间利用数值算法，设定边界条件与步长，可以计算出最高日产下对应的柱塞运行制度(图8、图9)。

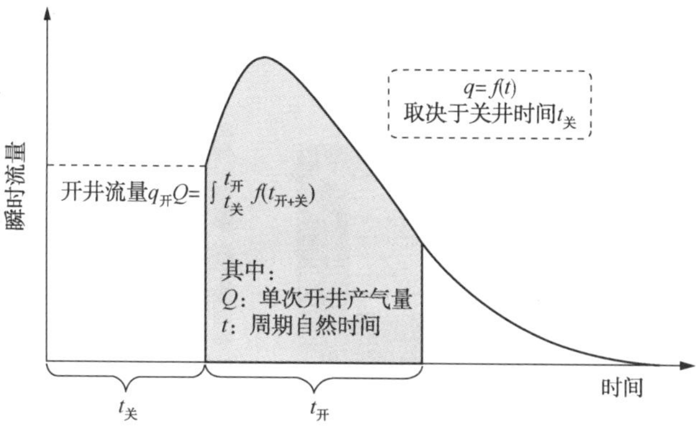

图 8　最高日产制度计算示意图

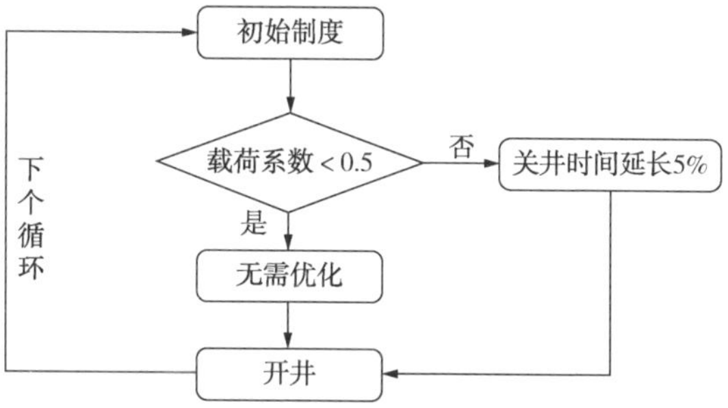

图 9　载荷系数修正生产制度流程图

4. 载荷系数修正

在神经网络制度找出的最高日产下生产制度基础上，引入柱塞载荷系数。以载荷系数 0.5 为优化标准，以延长关井时间 5%为优化梯度，对初始制度进一步修正。

2.1.3　神经网络智能柱塞设备升级

在井场 DTU 传输模块前端嵌入 AI 运算主机，搭载神经网络柱塞模型，通过采集气井生产数据进行模型数值运算，现场直接下达开关指令，同步将运算结果传输至智能分析平台，实现智能模型与前端硬件配套融合(图 10)。

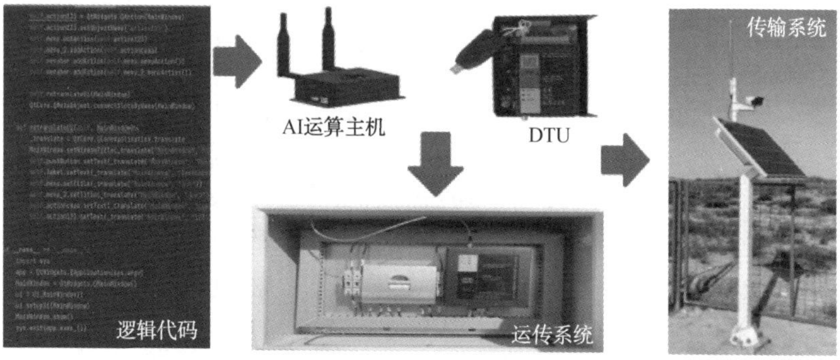

图 10　设备升级示意图

2.1.4　神经网络智能柱塞平台建设

集成前端模型运算数据、建成神经网络智能柱塞控制平台，实时掌握柱塞井生产信息、边缘计算模型信息、智能优化历史记录等关键数据，便于技术人员高效管理、统一分析、快速纠错(图11)。

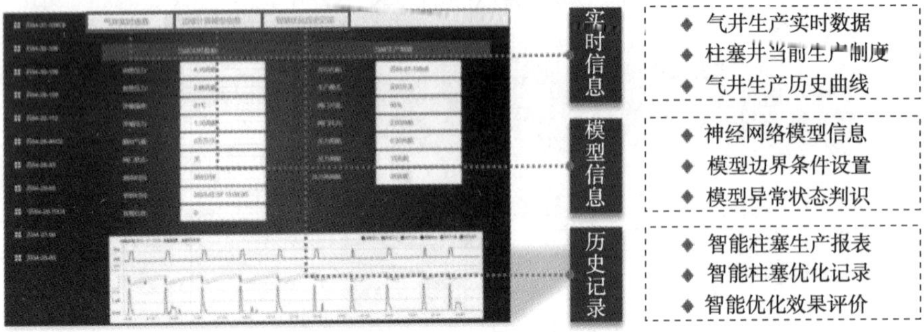

图11　平台建设示意图

2.1.5　应用效果

目前苏西智能排采示范区已投运99口神经网络柱塞，覆盖率达到100%，井均日增产300m^3，涨幅23%，人工调参工作量下降90%(图12、图13)。

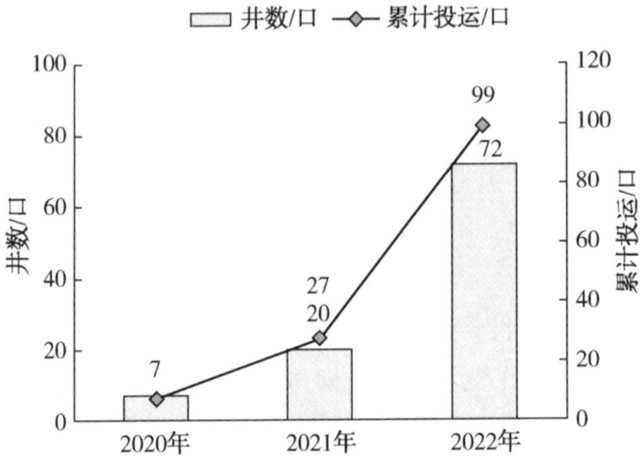

图12　神经网络智能柱塞历年投运图

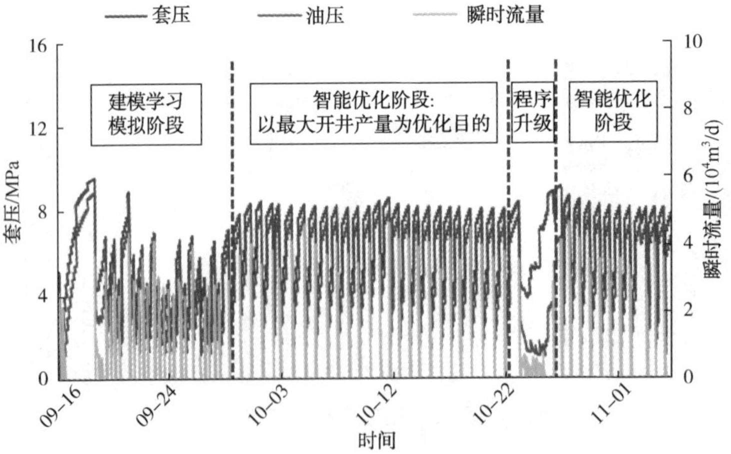

图13　典型井生产曲线

2.1.6 工艺评价

神经网络柱塞适用范围大，配套4G传输常规或特殊井柱塞均可升级改造，单口改造成本2.42万元，按每日增产$0.03\times10^4m^3$、一年生产300d测算，可获得效益8.55万元，一年内投入产出比1∶3.5。

2.2 云边计算智能间开

2.2.1 实施思路

以气井临界携液流量、压力恢复拐点等参数作为判识条件，模拟人工开关井决策，完成算法架构与云计算模型搭建，实现自动间歇井智能调参，降低人工管理强度，提升远程间开气井精细化管理水平(图14、图15)。

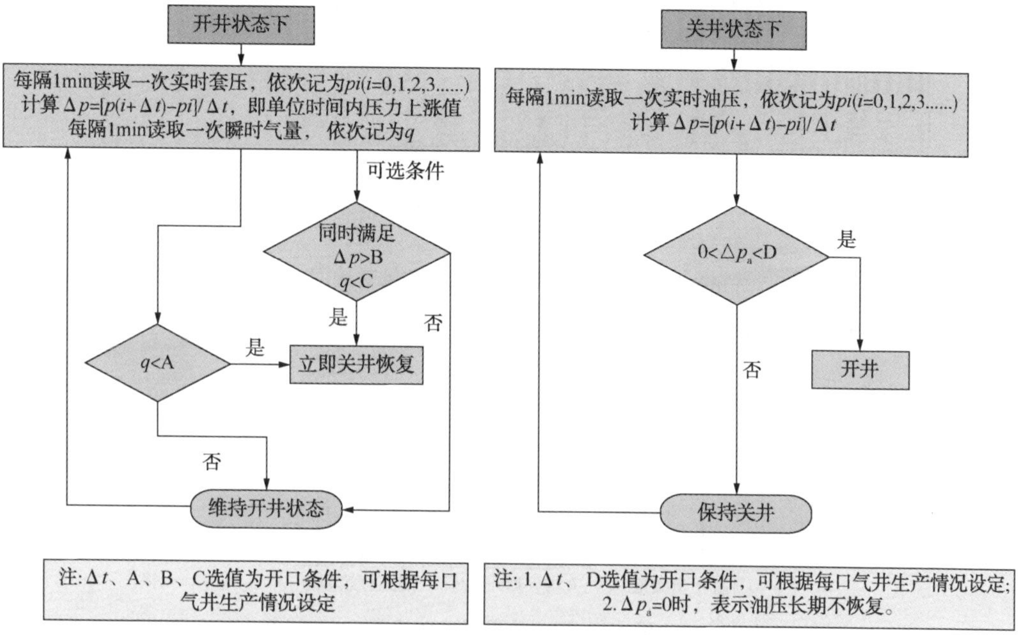

图14 智能间开运行流程图

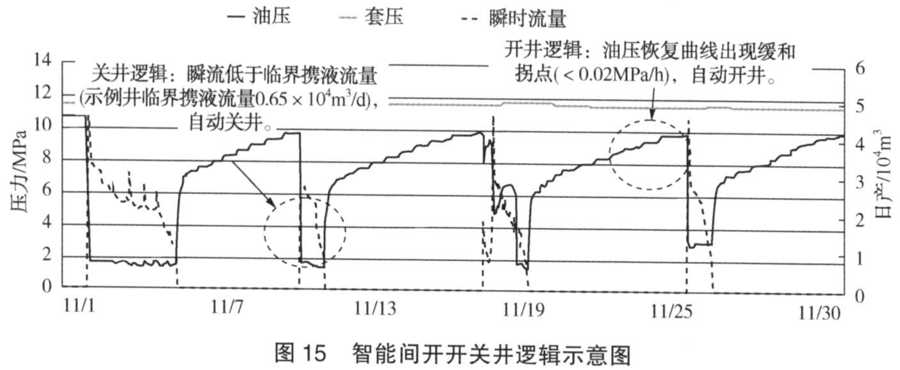

图15 智能间开开关井逻辑示意图

2.2.2 升级开发

通过将智能间开逻辑模型嵌入云平台预留开发模块，升级前端配套硬件，后台测试92天，优化升级12次，最终完成智能决策功能开发，实现气井开关智能判识、自主执行。

2.2.3 应用效果

目前已在示范区 72 口远程间开井应用，人均管理井数升高 36 口，人工调参工作量降低 90%，措施有效率提高 3%，实现远程间开井由“人工开关决策”到“气井智能间开”转变(图 16、图 17)。

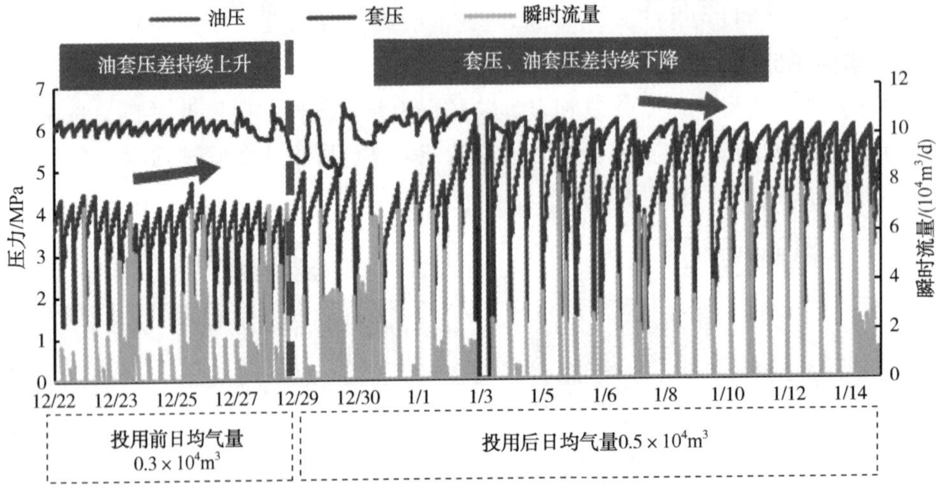

图 16 智能间开典型井生产效果对比图

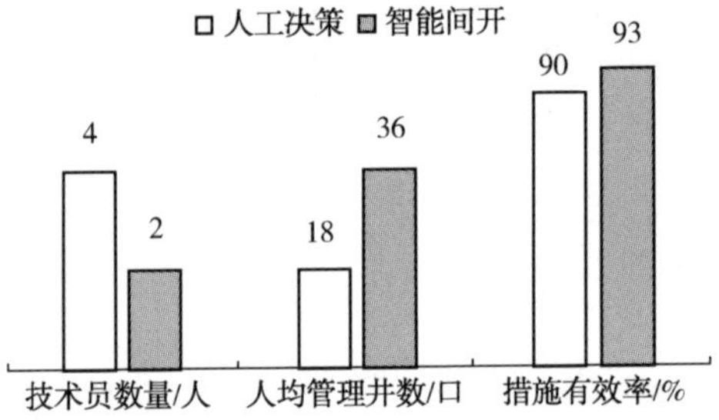

图 17 管理效果提升对比图

2.3 同步回转智能启停

2.3.1 实施思路

同步回转井位分散、启停工作量大[9]。以同步回转管理智能化为目标，实现设备只能启停，自动调频。借助井口间开设备实现联动启停，通过开发调频程序实现智能加载。结合现场试验，对异常设备进行修复，及时优化开发思路。最终实现同步回转智能启停，实现智能调频功能执行率 90%以上。

2.3.2 逻辑流程

选取气井瞬时流量、设备进气压力作为逻辑判识条件，建立同步回转智能化响应模型，对气井开关状态、生产数据进行识别及响应，正常启机后对设备参数进行自检，替代人工执行调频加载指令。

2.3.3 设备升级

设备升级后可实现数据精准采集、井场硬件完备、现场测试稳定。且改造方案简单可操作，运行过程安全稳定，具备推广价值(图 18)。

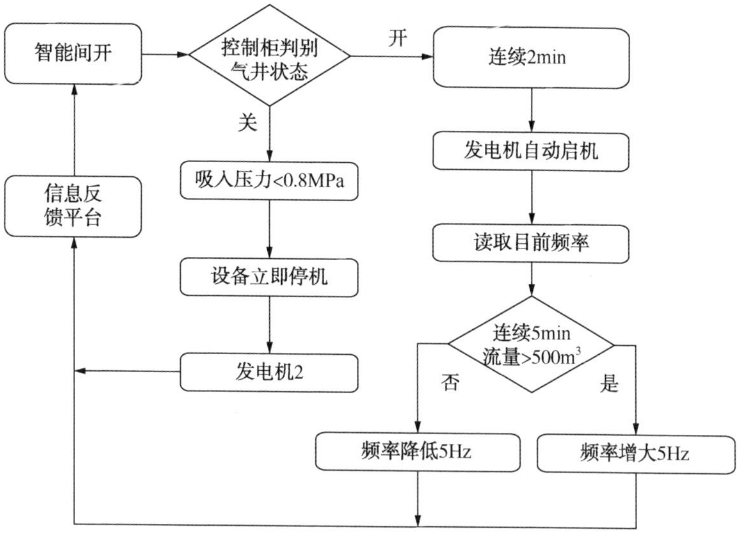

图 18　同步回转启停流程图

将智能化响应模型嵌入设备 PLC 控制系统，人员旁站确保安全情况下开展现场试验。累计测试 22 次，成功 21 次，成功率 95%，设备连续 3 天无人干预，现场运行安全平稳。同步回转智能启停安装应用 5 台设备，人工劳动强度降低 30%。

2.4　智能泡排精准加注

2.4.1　实施思路

依托自动注剂装置，搭载智能泡排加注模型，形成智能药剂加注系统，通过实时采集生产数据，判识措施效果，优化加注制度，实现泡排加注智能化升级[10-11]（图 19）。

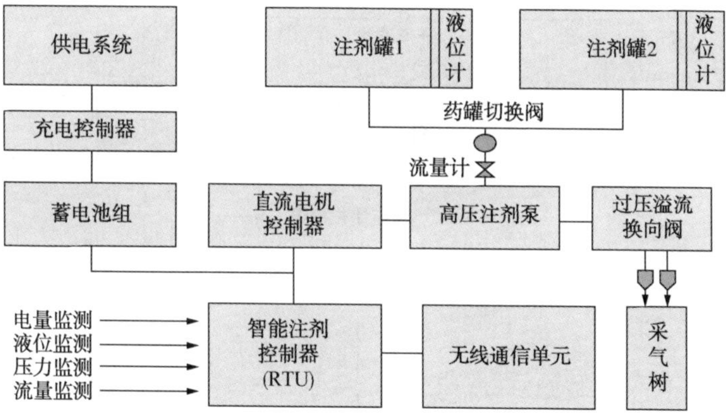

图 19　气井智能泡排加注装置系统结构图

2.4.2　实施思路

模拟人工泡排加注逻辑，建立泡排加注模型，通过数值模拟对加注制度进行修正，形成智能泡排加注系统，替代传统人工分析，提升措施效果及措施介入及时性。

2.4.3　应用效果

目前已在示范区应用 5 台智能注剂设备，井均日增产较人工加注上涨 $0.13\times10^4m^3$，措施有效率超 93%，泡沫排水采气措施实现人工分析、车载泵注向智能决策、远程控制转变（图 20~图 22、表 1）。

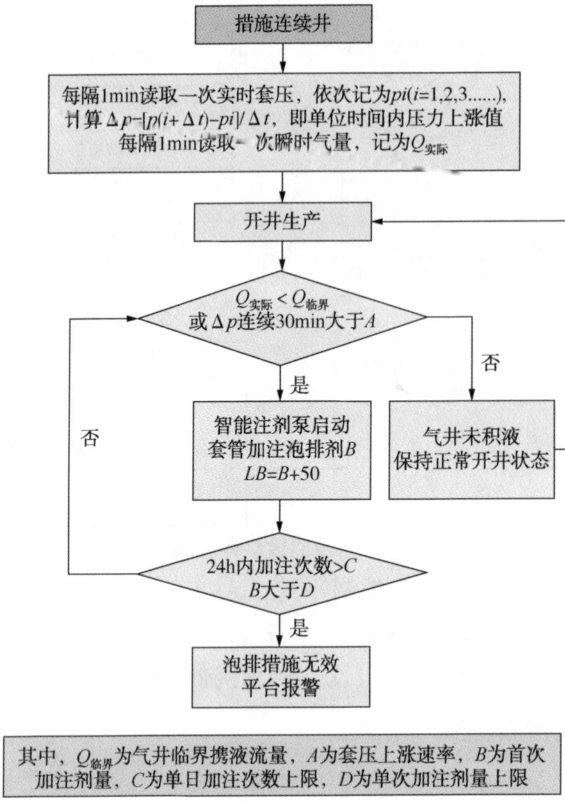

图20 措施连续井按需自主加注流程图

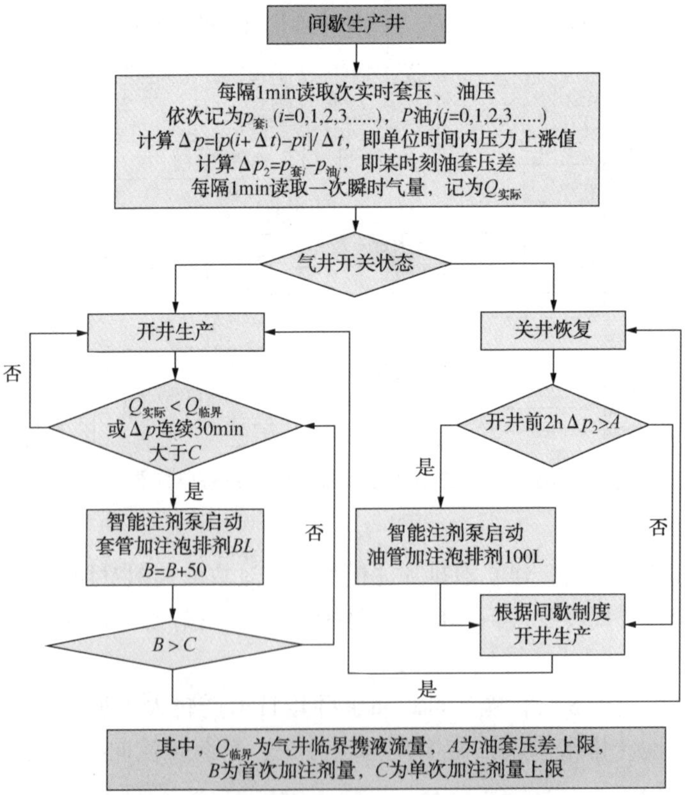

图21 间歇井联动井口阀门智能加注流程图

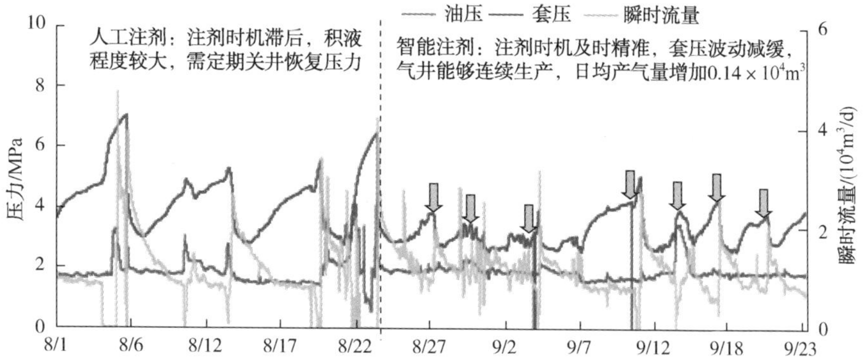

图 22　A 井生产曲线

表 1　智能泡排措施效果表

井号	人工注剂日产气量/10^4m^3	智能注剂日产气量/10^4m^3	日均增产/10^4m^3
A	0.51	0.65	0.14
B	0.37	0.46	0.09
C	0.64	0.81	0.17
D	0.44	0.59	0.15
E	0.39	0.49	0.10
平均	0.47	0.60	0.13

3　智能模块自主研发，气井分析质效双提

按照气井措施介入及运行优化需求，依托数字化生产指挥系统，自主研发积液智能诊断、措施智能优选、气井错峰开井、故障智能排查四项智能技术，构建数据智能分析管理模式，气井数据分析效率提升 60%，人工分析强度降低 70%。

3.1　气井积液智能诊断

通过积液井数据库，以气井数据为基础研发气井积液智能诊断功能，并建立积液井数据库，构建了积液智能判识、措施介入提醒、积液情况跟踪的积液井智能管理体系，积液井判识准确率、处置时率、处置效果实现三提升。

应用以来，智能诊断示范区积液井 171 口，较人工诊断准确率提高 32%，措施介入、措施优化时间缩短 60%，人工劳动强度整体降低 75%，气井精细化管理水平有效提升(图 23)。

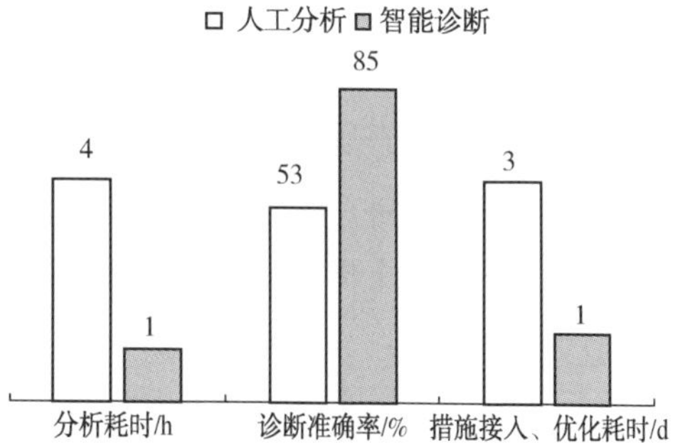

图 23　积液跟踪诊断效果对比图

3.2　措施智能优选模块

根据积液智能诊断结果，结合气井生产情况、井筒条件等因素，智能决策措施种类、初始制度，实现措施及时、精准、有效介入，为后续排水采气工作奠定坚实基础。

综合评估示范区 336 口气井生产情况，优选 42 口加注泡排，油套压差平均下降 0.48MPa，30 口开展柱塞气举，井均日增产 $0.12\times10^4m^3$，5 口开展同步回转，井均日增产 $0.36\times10^4m^3$，措施选井耗时下降 70%，措施有效率上升 0.8%(图 24、图 25)。

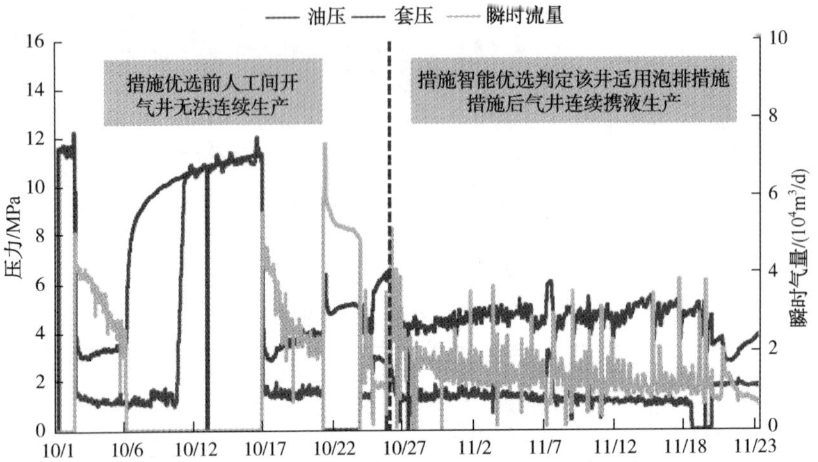

图 24　X 井生产效果对比图

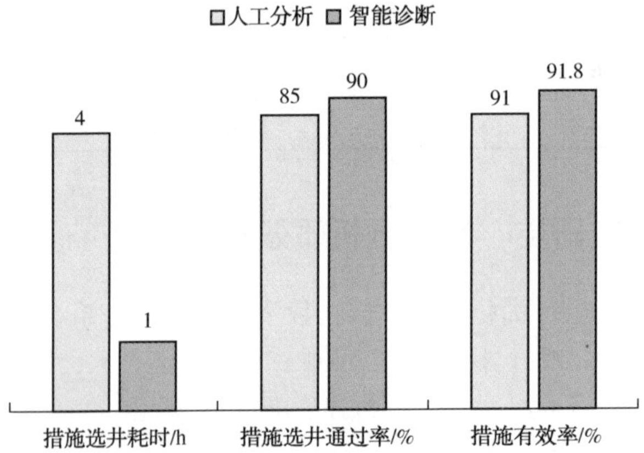

图 25　措施智能优选效果的对比图

3.3　措施井错峰开关功能

为降低气井同开同关产量波动对集输系统的影响，开发智能错峰开关井功能，对达到开关井条件的措施井开井时机进行智能微调，同时整合产量预测、产量报警等功能，实现生产管理智能化升级。

实施措施井智能错峰开关后，气井措施效果保持不变，集气站气量波动趋于稳定，因气量、出液波动导致压缩机停机频次降低 70%，生产运行安全平稳。

3.4　故障智能判识

故障智能判识系统运用大数据技术，对柱塞井运行状态进行智能诊断，迅速判别气井生产工况，识别 5 大类故障，输出 10 种处置方式，识别准确率达 90%。

故障智能判识系统应用以来，日常分析耗时减少 1.5h，故障处置时效降低 2h，设备完好率长期保持 95%，大幅降低人工分析管理工作量，减少无效上井维护次数(图 26~图 28)。

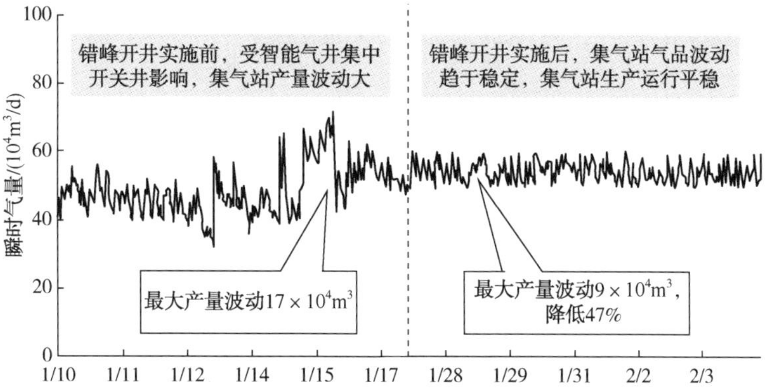

图 26　集气站运行曲线图

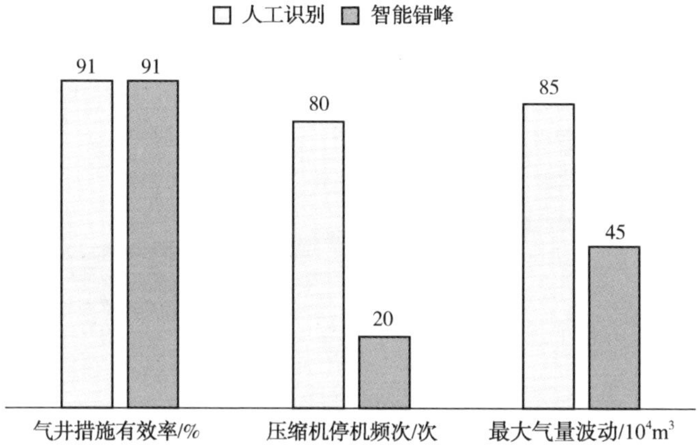

图 27　智能错峰开关模块效果对比图

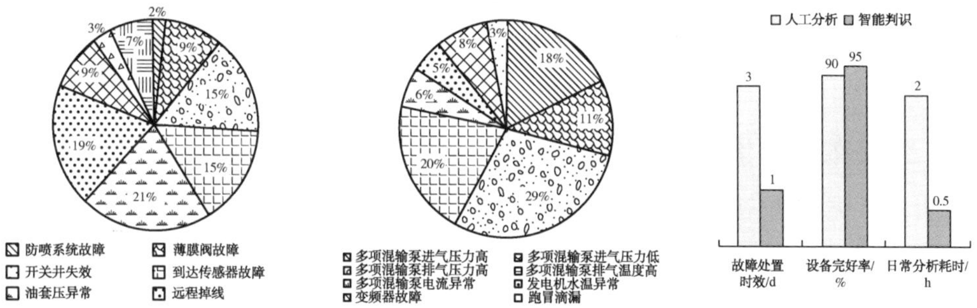

(a)柱塞井运行故障识别对比图　(b)同步回转井故障识别对比图　(c)智能故障判识应用效果

图 28　故障智能效果分析对比图

4　优化排水采气工作流程，健全完善日常管理机制

通过开展积液井判识、措施井优选、措施效果跟踪、气井错峰开关等 7 项措施智能化升级，人工劳动强度大幅下降，排水采气技术管理模式由人工向智能转变。

5 多角度跟踪评价，示范区规模效益显著

5.1 增产效果评价

通过措施效果评价分析，苏西智能化排采示范区气井井均套压下降 1.4MPa，井均日增产 0.07×10^{4}m^3，累计增产 540×10^{4}m^3，措施后井均 EUR 提高 81 万元，提升幅度 3.8%（图 29、图 30）。

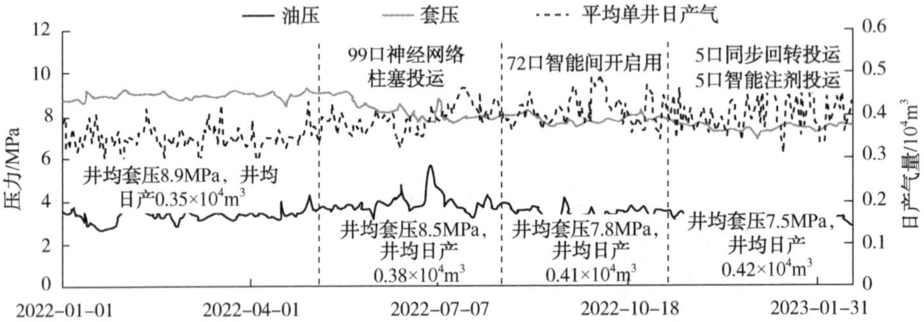

图 29 苏西智能化排采示范区气井生产曲线

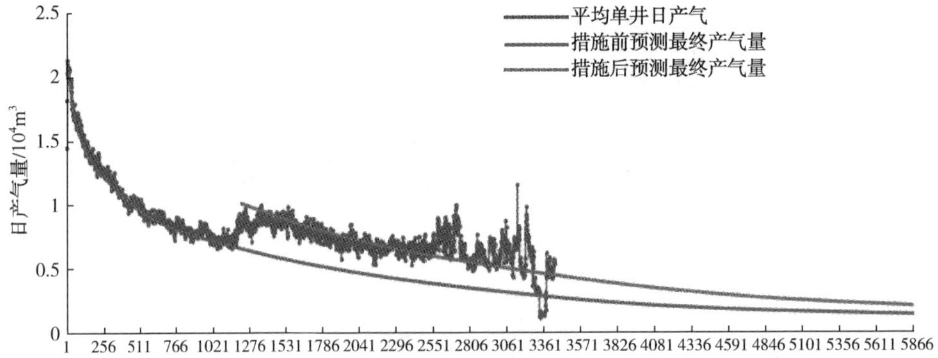

图 30 智能化措施应用前后生产情况对比

5.2 经济效益评价

通过开展 3 类 12 项智能化升级，示范区增产 540×10^{4}m^3，创效 513 万元，人均管理井数增长 59%，人工作业量降低 22%，控降人力物力成本 32 万元，平均投入产出比 1∶4（图 31）。

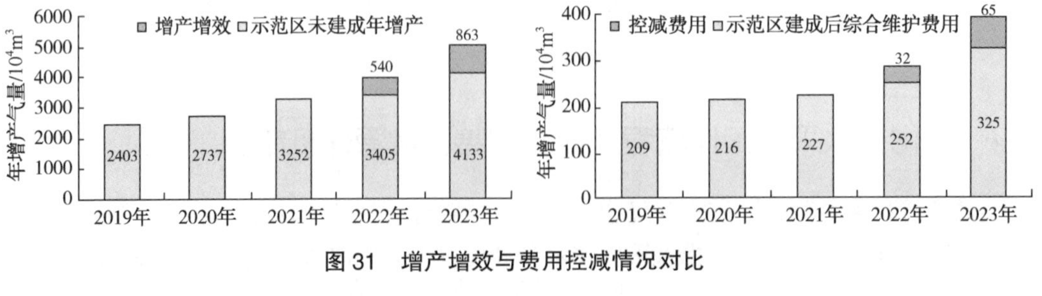

图 31 增产增效与费用控减情况对比

5.3 管理模式革新

智能化排采示范区的高效建成，推动气井管理方式变革，充分释放基层技术生产活力，用工总人数减少60%，为智能化排水采气生产建设提供先导经验。

6 结论

（1）积极推进气井数字化改造。实现4G-APN通信技术覆盖率达到100%，维护工作量减少60%。完成传统柱塞融合改造30口，安装成本降低25%。普通压力变送器替代油压传感器，单井维护成本降低75%。完成68座井场供电设备及标准化升级改造，设备稳定性提高40%。

（2）深化工艺智能技术整合。现场应用99口神经网络智能柱塞，井均日增产300m^3，涨幅23%。现场应用72口智能间开，人工调参工作量降低90%。同步回转智能启停安装应用5台设备，人工劳动强度降低30%。智能泡排现安装应用5台设备，井均日增产较人工上涨0.13×10^{4}m^3。

（3）加速智能成果转化，开发智能功能模块，构建智能化管理体系，建成苏西智能化排水采气示范区。

参考文献

[1] 何东博，贾爱林，冀光，等．苏里格大型致密砂岩气田开发井型井网技术[J]．石油勘探与开发，2013，40(001)：79-89. DOI：CNKI：SUN：SKYK. 0. 2013-01-011.

[2] 付金华，董国栋，周新平，等．鄂尔多斯盆地油气地质研究进展与勘探技术[J]．中国石油勘探，2021，26(3)：22. DOI：10. 3969/j. issn. 1672-7703. 2021. 03. 003.

[3] 李鹏，范倩倩，霍明会，等．苏里格气田气井配产与递减率关系研究及应用[J]．西南石油大学学报：自然科学版，2020，42(1)：7. DOI：10. 11885/j. issn. 1674-5086. 2018. 12. 07. 01.

[4] 程立华，郭智，孟德伟，等．鄂尔多斯盆地低渗透—致密气藏储量分类及开发对策[J]．天然气工业，2020，40(3)：9. DOI：CNKI：SUN：TRQG. 0. 2020-03-012.

[5] 王继平，张城玮，李建阳，等．苏里格气田致密砂岩气藏开发认识与稳产建议[J]．天然气工业，2021，41(2)：11. DOI：10. 3787/j. issn. 1000-0976. 2021. 02. 012.

[6] 师浩文，刘捷，罗威，等．棒状柱塞气举液体漏失模型研究[J]．西安石油大学学报：自然科学版，2022，37(1)：101-106.

[7] 卫亚明，杨旭东，姚坚，等．柱塞气举井口简易装置系统研究及试验[J]．钻采工艺，2019，42(3)：4. DOI：10. 3969/J. ISSN. 1006-768X. 2019. 03. 25.

[8] 匡立春，刘合，任义丽，等．人工智能在石油勘探开发领域的应用现状与发展趋势[J]．石油勘探与开发，2021，48(1)：11. DOI：10. 11698/PED. 2021. 01. 01.

[9] 丁景辰．致密气藏同步回转增压排水采气工艺[J]．特种油气藏，2017，24(3)：5. DOI：10. 3969/j. issn. 1006-6535. 2017. 03. 028.

[10] 翟中波，舒笑悦，陈刚，等．丛式气井智能化泡沫排水采气工艺在延北项目的应用[J]．天然气技术与经济，2021. DOI：10. 3969/j. issn. 2095-1132. 2021. 02. 004.

[11] 林生茂，陈家晓，杨智，等．长宁页岩气自动化泡排加注工艺技术研究与应用[J]．钻采工艺，2020，43(S01)：5. DOI：10. 3969/J. ISSN. 1006-768X. 2020.

天然气集气站作业风险辨识智能化应用研究

张建平　汪泳吉　高　杰　魏　萍　朱　磊　朱奕帆

（中国石油天然气股份有限公司长庆油田分公司第四采气厂，内蒙古 鄂尔多斯　017300）

摘　要： 天然气集气站是一个典型的复杂系统，对整体风险的把握取决于对其风险要素辨识的完整程度。现有的风险指标辨识多是基于模块划分进行的，其中，按工艺流程单元进行划分是目前构建站场风险指标体系模型最常用的方法。但对于天然气站场风险指标体系的构建未能形成统一的标准，对指标的划分缺乏理论指导。因此，以集气站为研究对象，研究建立风险可视化数字模型，快速识别和定位风险等级，逐步分解作业流程，自动生成风险控制措施，对降低集气站作业风险的累积和传播，保障现场操作人员及环境安全具有重要的研究意义。

关键词： 天然气集气站；风险辨识；智能化

0　引言

对于集气站而言，作业过程中会涉及高压气体、化学物质和高温设备等，如果没有进行风险辨识，可能会导致意外事故的发生，威胁人员的生命安全和财产安全。此外，集气站内的作业过程大多是一个连续的过程，站内作业操作过程中很难对照风险评估等级以及作业规程进行逐一操作，且存在作业风险辨识因个人工作经验差异导致辨识不完整、控制措施不到位等问题，尤其是当出现较为紧急的情况时，若操作人员脑海中并未形成完整的操作流程，极易出现操作不规范及问题未根本解决等问题。

1　集气站作业风险辨识研究

本文构建了以系统要素为一级要素、以要素控制功能为二级要素、以站场运行相关内容为三级要素的风险要素辨识模型。其中，一级要素包括：人员、设备、管理、信息、资源、环境。二级要素为 ACAT 模型 24 个单元对应的要素。一级、二级要素能够保证模型具有很好的泛化能力和通用性，可以用在多个工业领域中。三级要素需根据二级要素的范围及应用对象进行选择。

以“设备”元素为例说明指标模型建立过程。根据 ACAT 模型，“设备”作为一级要素，按照动态功能进一步定义执行设备、监控设备、感应设备三个二级要素，每一种二级要素包含的站场具体设备为三级要素，可见该体系既可以更加全面地辨识天然气站场的各种风险，而且能够针对每种元素按照其功能特点进行分类。类似地，可以构建剩余部分的要素辨识模

作者简介： 张建平，男，长庆油田公司第四采气厂数字化与信息二级工程师，主要从事物联网建设，信息化、智能化转型应用。

型。由此构建的天然气站场整体风险因素辨识模型如图 1 所示。

在此基础上开展作业风险的致因模型研究，传统的事故原因分析大多基于链式理论，将事故原因局限在部件失效、事件链失效或者是偏离正常运行范围。随着对大型复杂系统事故原因分析的不断深入，事故原因更加具有隐蔽性、非直接关联性、多样性的特点。系统的复杂性要求事故致因模型提供更广阔的视角。从系统工程的角度分析事故原因，通过剖系统要素构成、信息流动和功能控制，常常能够挖掘更深层次的问题。采用 HFACS 模型研究人因失误、组织和环境因素，对系统风险要素的辨识较为全面，结果如图 2 所示。

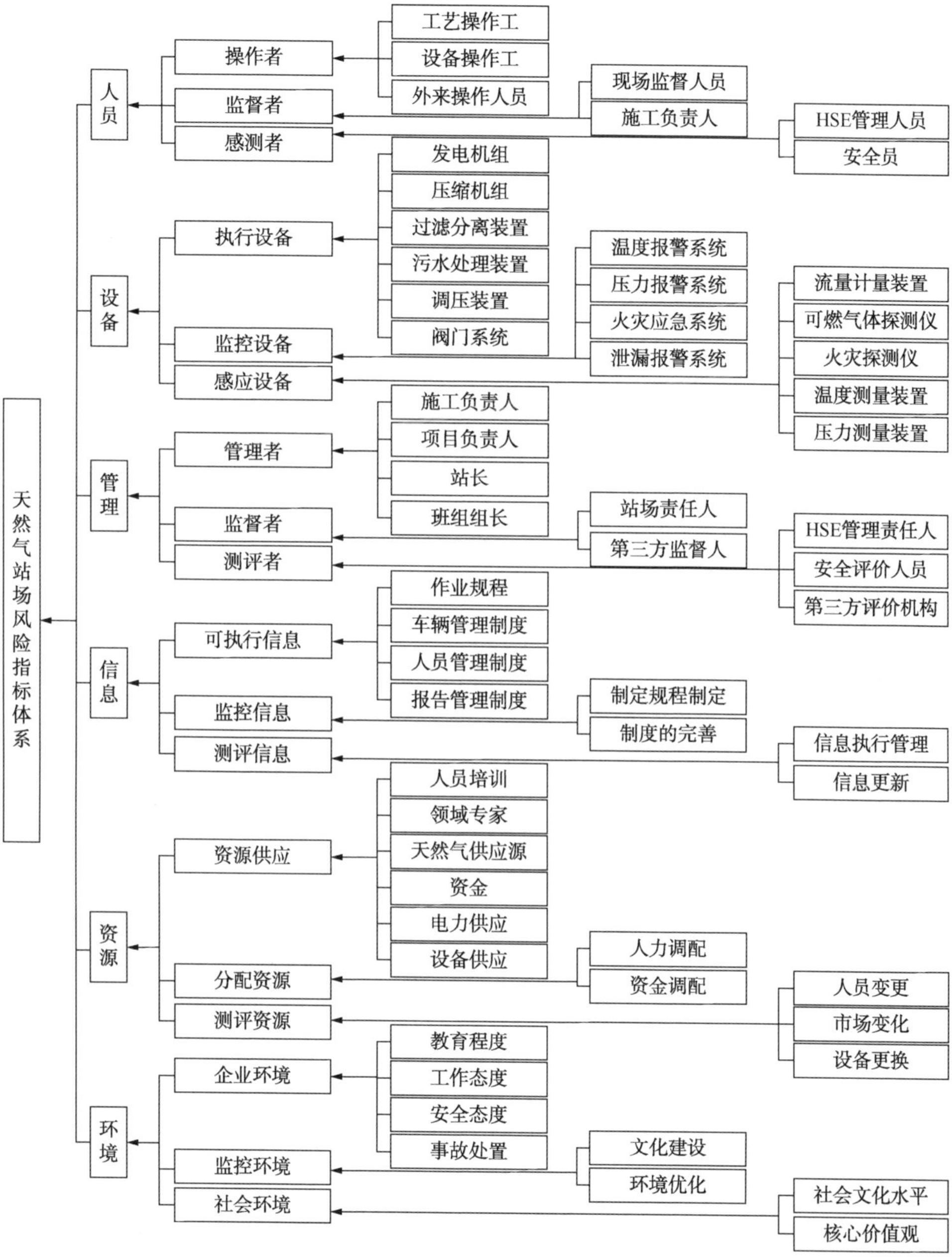

图 1　天然气站场整体风险因素辨识模型

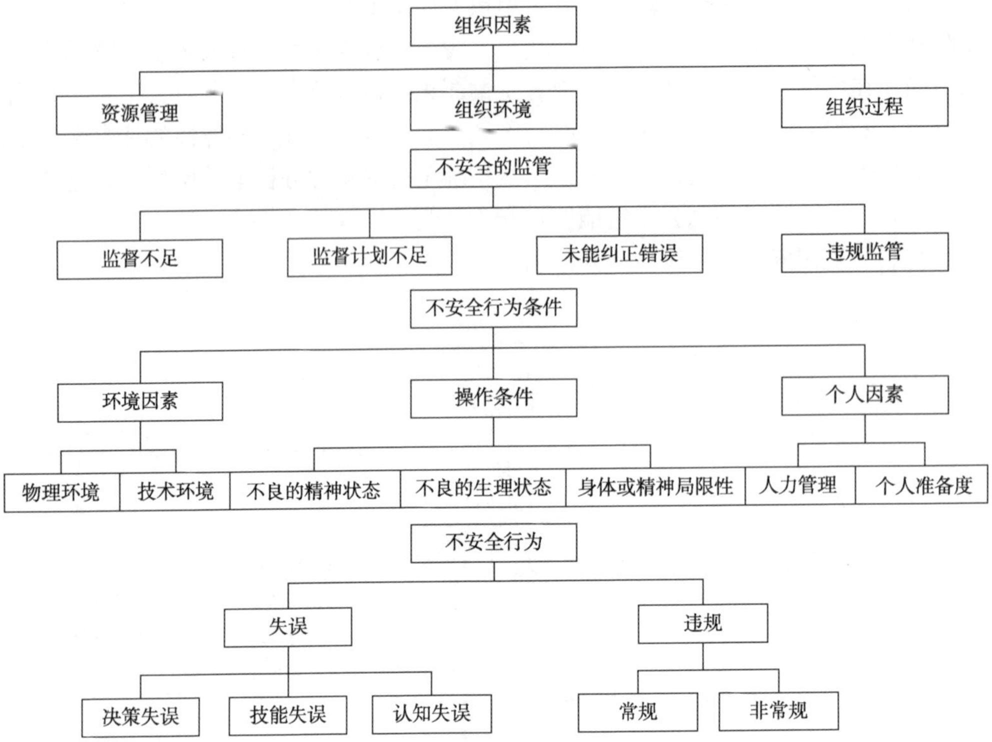

图2　集气站作业风险致因模型

2　集气站作业风险评估方法及风险分析

2.1　风险评估方法

风险的大小通常被定义为事故发生的可能性(Probability，简写为P)与严重程度(Severity，简写为S)的乘积。采用风险矩阵(RAM)的方法识别作业风险，评估风险的潜在影响，确定风险等级。按照风险的定义，衡量风险大小需要同时考虑“风险发生的可能性”和“后果的严重程度”两个指标。描述风险发生的可能性即风险概率，而现有的概率计算方法对数据的准确性要求较高且获取困难；描述后果严重程度通常用指标的形式，如个人风险指标、财产损失指标等等。风险矩阵的确定主要通过以下四步：

(1) 对可能发生的事故后果和频率分别进行等级划分；风险矩阵中采用模糊语言或模糊数的形式描述事故后果和频率，并且模糊语言与统计概率间的对应关系也不严格限定。例如，对于事故后果可以近似分为不严重、严重、非常严重等等；对于事故频率分级可表达成偶尔发生、经常发生等模糊语言。

(2) 对风险指数进行分类和等级划分由于对事故后果和频率的表示是模糊的，对风险大小也必定是模糊的。例如，按照人们对风险的可接受程度分为不可接受、可接受、可忽略等等。

(3) 建立风险等级的确立规则，通常风险是事故后果和频率的乘积。但在风险矩阵中各因素间不存在严格的数学关系，因此需要确定因素间的对应规则。总体来说，事故后果越小，风险等级越低；事故发生频率越低，风险等级越低。

（4）风险矩阵的图形化表示。将划分好的风险等级绘制成表格，形成风险矩阵表。为了直观，通常进一步对矩阵表进行着色。例如若将风险分为三级，可分别用绿色、黄色、红色表示风险由小到大的过渡。

2.2 集气站作业风险分析

通过对某天然气集气站运维班的作业活动进行统计，集气站运维班的主要作业是每日 1 次的巡检及不固定时间的其他作业。占比 14.29%每日巡检主要包括：压缩机控制柜操作、压缩机卫生清理、压缩机巡回检查、空压机卫生清理、注剂操作、气田产出水泵启停、生活污水拉运、日常值班、设备巡检、巡回检查。占比 70.24%的不固定时间主要包括：集气站流程切换、固定式消泡装置更换泡排棒、法兰池卡法兰、启停加热炉、液位计检修、分离器启停(卧式重力式)、疏水阀清洗等。结果如图 3 所示。

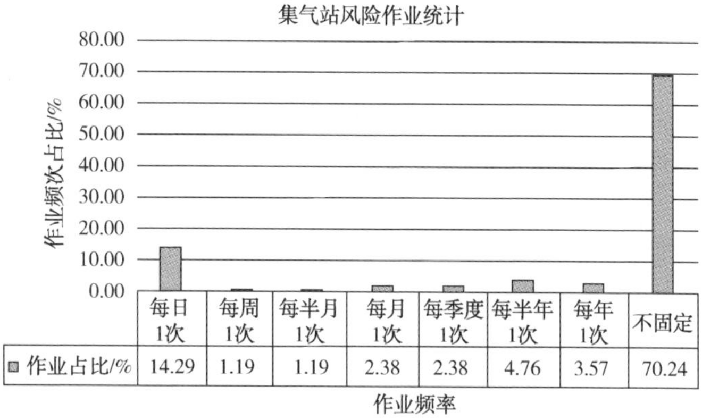

图 3 某集气站运维班的作业活动统计

3 作业风险辨识智能化模型研究

作业过程是一个动态过程，传统作业风险评估方法对风险的动态关联性考虑不足。传统的作业风险分析是将作业过程分解为几个独立的节点进行评估的，分别是作业选择、作业分解、辨识和评估每一步的风险并制定控制措施。虽然传统作业风险分析对每一步都进行了详细地分析，但缺少对过程节点间关联性的描述。本文根据风险动态累积理论，在传统作业风险评估方法的基础上，改进后的作业风险动态评估方法模型更加全面合理，同时加入数字化的方法，使得作业风险辨识更加智能化。

3.1 作业分解

作业分解过程与传统的作业风险分析方法相同，主要依据操作程序或经验。以打开总机关区进站阀门为例，操作人员必须配备个人劳保防护用品后方可进入现场。配备个人劳保防护用品与打开进站阀门没有直接联系，却是该作业操作程序的一部分，作为作业分解的节点之一。

3.2 风险预先分析

在分析每一分解节点的风险之前，需要预先辨识整个作业过程可能出现的风险类型，以便于对整个作业过程中风险的动态变化进行持续追踪。

3.3 累积风险分析

传统作业风险分析将每一子节点作为独立的分析对象，因而未考虑节点间的连续性。作业风险动态评估同时考虑两种风险来源：独立风险与累积风险。例如，若操作人员未穿戴个人防护用品进入现场进行开阀操作，即存在人身伤害的风险。而这一风险来源于上一节点，属于累积风险。

3.4 风险评估

对风险进行评估就是确定风险大小的过程。风险矩阵能够识别风险的重要性，评估风险的潜在影响，确定风险等级。

基于机器学习的智能风险管理分析通过数据收集及预处理、将收集相关的历史数据作为模型的训练集。在数据预处理过程中，需要进行数据清洗、特征选择、数据归一化等一系列操作。然后将原始数据转化为特征向量，用机器学习算法对数据进行分析和预处理，选择最具有代表性的特征，并进行特征提取和特征转换。利用高质量的特征向量可以提高模型的预测准确性和稳定性。同时选择系统中嵌入的风险矩阵(RAM)模型，并对模型进行调参、交叉验证和评估方法的选择等操作，提高模型的准确性(图 4)。

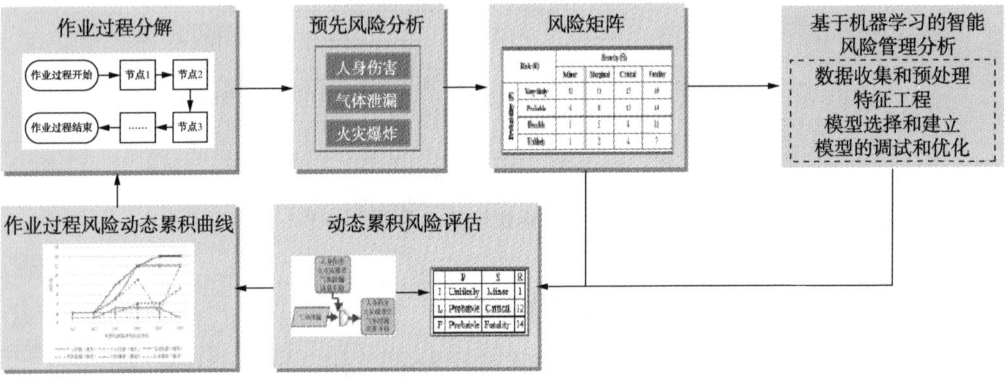

图 4　作业风险辨识智能化管理模型

以站场开气作业过程为例，天然气站场在进行关键设备的维修或更换时，需要进行有计划的停产，恢复供气时需要打开总机关区进站阀门。该是停产整顿后的场站重新投入使用的第一道工序，现场的作业是通过一定的操作规程保证其安全实施的。可以分解为以下六个节点：

(1) 穿戴个人防护用品，防止发生人身伤害事故。

(2) 检查人员有无携带火种。

(3) 检查排污阀、放空阀、自力式调压阀、紧急装置截断阀，以及预留的工艺接口阀门等是否关闭，安全阀等处于全开状态，操作完成后，更换阀门状态牌，缓慢开启进、出站阀门。

(4) 检查放空阀、排污阀有无泄漏，其他连接部位有无泄漏。

(5) 压力稳定后，打开流量计和自力式压力调节器。

(6) 检查有无设备或仪表泄漏。

以上操作程序仅仅是对操作过程的罗列，未将风险辨识纳入其中。如果对作业过程中的风险辨识不足，可能导致作业失败或者事故。尤其对于非常规作业过程，风险随着作业推进不断变化，存在未知风险。非常规作业节点衔接紧密，前期节点中未消除的风险会传播到后续的节点中。为了解决开气作业过程风险评估的问题，采用基于风险动态累积理论的作业风险动态分析方法。

为有效地说明风险的累积效应，假设一种最为保守的情况，即每一节点产生的风险，均会传播到后续节点中。例如，节点③的风险场景可能是操作人员开启阀门前未检查所有阀门的状态。该失误可能是由于操作人员安全意识低、工艺流程图上阀门绘制不完全、缺少检查或维修程序、管理人员缺少监督。在这一风险场景中，气体泄漏是最可能的风险，而且这种风险会传播到节点④至⑥，增大了后续节点的危险性。因此，在进行作业风险分析时，需要考虑累积风险，研究风险动态传播的机理。

图 5 为天然气站场开气作业过程分解及风险累积图。实线表示开启作业过程的操作顺序，虚线表示风险传播路径，半圆形蓝色符号表示累积风险和独立风险的叠加。从图中可以看出节点①中的人身伤害风险会随着作业过程的推进累积到后续的每个节点中，直到作业的结束。

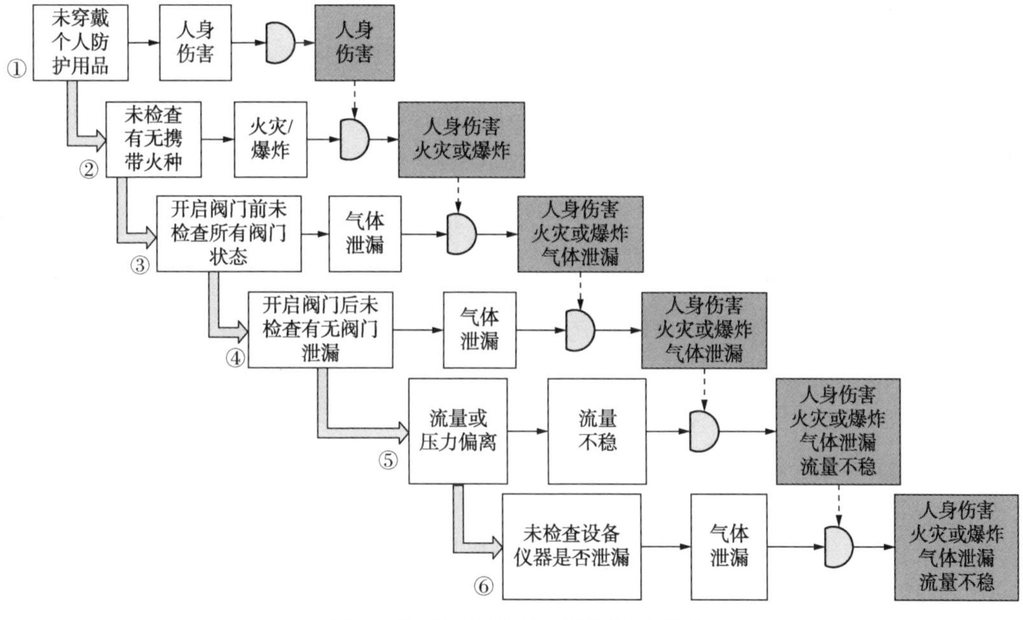

图 5　作业风险辨识智能化管理模型

由于作业过程是一个动态连续过程，为了体现风险累积的变化趋势，需进一步绘制风险动态累积曲线。曲线以分解的各个作业节点为横坐标，以评估的风险值为纵坐标。如图 6 所示：

从图 5 可以看出，节点③、④、⑤的个人伤害的累积风险相比其他节点较高，但独立风险保持不变。在实际作业过程中，由于作业人员暴露于作业环境中，若在节点①中未配备个人防护用品，其余节点的风险会增大。因而可以得出，动态累积风险值与实际操作过程更加一致。

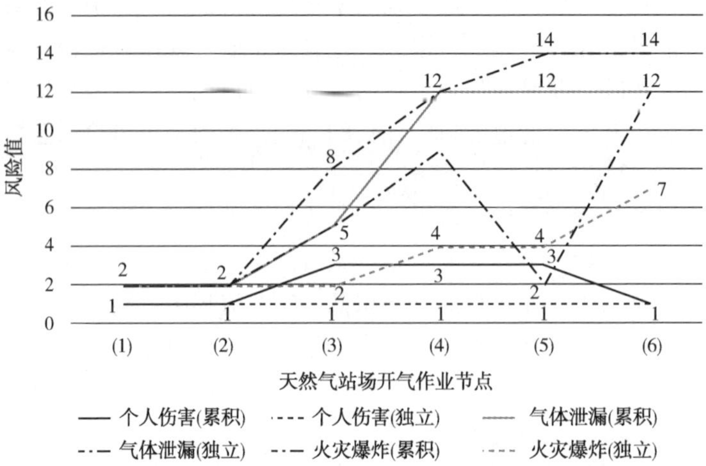

图6 风险动态累积曲线

4 集气站作业风险辨识智能技术研究

4.1 在线模拟作业流程

4.1.1 定义需求和目标

明确集气站作业风险管理平台中在线模拟作业流程的功能需求，并确定目标是什么。例如，目标可能是提供一个真实、可靠的作业模拟环境，以帮助操作人员进行培训和模拟风险管理情景。

4.1.2 文献研究

进行文献研究，了解已有的在线模拟作业流程的实现方式和技术。阅读期刊论文、专利和相关书籍，以获取关于在线模拟作业流程的最新发展和技术趋势的信息。

4.1.3 确定技术方案

根据需求和文献研究的结果，确定实现在线模拟作业流程功能的技术方案。考虑选择合适的开发平台、编程语言和工具，确保能够满足性能、安全和易用性等要求。

4.1.4 设计作业流程模型

根据集气站作业风险管理平台的实际情况，设计作业流程模型。该模型应包含集气站各个环节的任务、活动、风险点等关键信息。可以使用流程图、状态图或类似的工具来表示作业流程模型。

4.1.5 开发模拟器

基于设计的作业流程模型，开发一个在线模拟器来模拟作业流程。该模拟器应能提供与真实操作环境相似的用户界面和功能，包括任务分配、操作指导、风险提示等。开发过程中需要注意数据的安全性和保密性。

4.1.6 验证和测试

在开发完成后，进行验证和测试，确保在线模拟作业流程功能的正确性和稳定性。可以进行单元测试、功能测试和性能测试，以确保模拟器能够准确地模拟作业流程并具备良好的性能。

4.1.7 用户评估和反馈

邀请目标用户(如操作人员或培训人员)参与在线模拟作业流程功能的评估。收集用户的反馈和建议，根据需要进行修改和改进，以提升功能的用户体验和实用性。

4.1.8 上线和持续改进

完成测试和用户评估后，将在线模拟作业流程功能部署到集气站作业风险管理平台中。并持续收集用户反馈，进行改进和优化，确保功能的持续改进和适应性。

4.2 智能评估作业风险

通过此研究过程，能够充分了解智能评估作业风险功能的需求，研究相关的技术和方法，收集和处理数据，设计和训练智能算法模型，并进行评估和验证。最终，将研究成果应用于集气站作业风险管理平台中，以提供更准确、高效的风险评估功能，从而帮助操作人员更好地识别和管理作业风险。具体开发研究流程如下：

4.2.1 定义需求和目标

明确集气站作业风险管理平台中智能评估作业风险功能的需求，并确定目标是什么。例如，目标可能是开发一个能够自动识别风险并评估其潜在影响的智能算法，以帮助操作人员更好地识别和管理作业过程中的潜在风险。

4.2.2 文献研究

进行文献研究，了解已有的智能评估作业风险的方法和技术。阅读相关的期刊论文、专利、案例研究和相关书籍，以了解当前的研究进展和最新技术趋势。

4.2.3 数据收集和预处理

收集与集气站作业风险相关的数据，包括作业流程、历史事故记录、风险评估报告等。对数据进行预处理，包括数据清洗、数据转换和特征工程，以准备好用于建模和分析的数据集。

4.2.4 算法选择和模型设计

根据文献研究的结果和数据预处理后的数据集，选择适合的智能算法进行作业风险评估。可以考虑使用机器学习、深度学习或其他相关的数据挖掘技术。根据数据特点和问题需求，设计适当的模型结构和算法。

4.2.5 模型训练和优化

使用收集的数据集对所选的智能算法模型进行训练和优化。使用训练集和验证集对模型进行迭代训练，调整模型参数、选择合适的损失函数和优化算法，以提高模型的性能和准确度。

4.2.6 模型评估和验证

使用测试集对训练好的模型进行评估和验证。评估模型的性能指标，如准确度、召回率、精确度等。同时，与现有的人工评估结果进行对比，验证智能评估作业风险功能的有效性和可靠性。

4.2.7 应用评估和反馈

邀请集气站操作人员或其他相关人员参与智能评估作业风险功能的评估。收集用户反馈建议，根据需要进行模型的调整和改进，以提升功能的实用性和用户体验。

4.3 自动生成风险控制措施

自动生成风险控制措施功能的研究旨在通过技术手段，辅助集气站作业风险管理平台中的用户自动化地生成有效的风险控制措施。以下为开展功能研究的过程，用于实现自动生成风险控制措施的功能：

4.3.1 定义需求和目标

明确集气站作业风险管理平台中自动生成风险控制措施的功能需求，并明确目标是什么。例如，目标可能是开发一种能够基于风险评估结果，自动产生针对不同风险的优化措施建议的智能算法。

4.3.2 数据收集和预处理

收集集气站作业中相关的风险数据、控制措施数据、遵循的标准和规范等信息。对这些数据进行预处理，包括数据清洗、数据转换和特征工程，以便为自动生成措施的算法提供高质量的输入。

4.3.3 文献研究

进行相关领域的文献研究，了解已有的自动生成风险控制措施的方法和技术。阅读期刊论文、专利和相关书籍，以获取当前的研究进展、最新的技术趋势和最佳实践。

4.3.4 算法选择和模型设计

根据研究目标和数据特征，选择适合的算法模型来自动生成风险控制措施。可以选择机器学习算法、自然语言处理技术、知识图谱等来实现这一功能。设计并实现一个算法模型，以将风险评估数据和规范标准等输入转化为相关的措施建议。

4.3.5 开发过程

(1) 数据清洗与准备：对收集的数据进行清洗和准备工作，确保数据的质量和一致性。可能需要进行数据预处理、特征提取、建立语料库等工作。

(2) 模型训练和优化：使用清洗后的数据来训练和优化模型。根据算法选择和模型设计，选取适当的训练方法和优化技术，以提高模型的准确性和稳定性。

(3) 模型评估和验证：使用验证集或交叉验证方法对训练好的模型进行评估和验证。评估模型的性能指标，如准确度、召回率、精确度等。与领域专家合作，比较自动生成的风险控制措施与专家手动编写的措施的一致性和有效性。

(4) 模型集成：将训练好的模型集成到集气站作业风险管理平台中，通过用户界面或接口提供自动生成风险控制措施的功能。

(5) 应用评估和反馈：邀请集气站操作人员或其他相关人员参与智能评估作业风险功能的评估。收集用户反馈建议，根据需要进行模型的调整和改进，以提升功能的实用性和用户体验。

(6) 应用和持续改进：将自动生成风险控制措施功能应用到集气站作业风险管理平台。

5 结论

(1) 采用智能化的风险辨识方法可以快速、准确地处理和分析大量数据，提高风险辨识的效率。通过自动化和智能化的方式，可以缩短风险辨识的时间，减少人力成本，提高工作效率。

（2）通过智能化手段实现风险自动辨识，有助于作业管理人员制定更加科学、合理的风险控制方案，将人力、物资、设备等资源进行有效整合，有助于提高资源利用效率和管理水平。

（3）集气站作业风险辨识智能技术研究，对作业风险评价进行风险度等级的划分，并在传统作业风险评估方法的基础上，加入数字化的方法，对作业选择、作业分解、辨识和评估每一步的风险、风险控制措施智能化表达方法进行研究，使得作业风险动态评估方法模型更加全面合理。

油气勘探开发风险评估方法及应用综述

吴雨婷[1]　闫　林[2,3]　王洪亮[2,3]　刘希良[4]　杨宝玺[1]　李泊锐[5]
蒋璇恺[5]　陈　浩[1,4,5]

[1. 中国石油大学(北京)信息科学与工程学院/人工智能学院，北京　102249；
2. 中国石油勘探开发研究院人工智能研究中心，北京　100083；
3. 中国石油天然气集团有限公司勘探开发人工智能技术研发中心，北京　100083；
4. 油气资源与工程全国重点实验室，中国石油大学(北京)，北京　102249；
5. 中国石油大学(北京)安全与海洋学院，北京　102249]

摘　要：油气田勘探开发具有投资高、风险大的特点，提前进行风险评估分析，不仅可以降低勘探开发风险，减少投资损失，还能保障经济效益。本文首先阐述了油气勘探开发风险评估领域的发展历程，并总结了国内外学者在风险评估方法上的理论研究成果。其次，将风险评估方法按定性评价法、定量评价法和智能评价法进行分类，并介绍了专家打分法、层次分析法、支持向量机等风险评估方法及其在油气勘探开发风险评估中的应用。最后，研究分析了油气勘探开发风险评估方法的发展趋势，认为充分运用人工智能技术可以实现对勘探开发全过程风险的精准预测，以及根据预测结果进行风险预警并提出相应对策。考虑到风险因素贯穿整个油气勘探开发过程，本文探讨的风险评价方法对于减少开发事故、控制勘探风险并保障企业经济效益具有重要研究意义。

关键词：油气勘探开发；风险评估；综述；发展趋势；人工智能

0　引言

风险的系统理论定义和研究可以追溯到19世纪末和20世纪初，弗兰克·H·奈特(FrankH. Knight)是最早对风险进行理论性定义的学者之一。奈特认为，风险是可以被量化和概率化的不确定性，而不确定性则是那些无法准确量化或估计的因素。他的工作为风险管理和决策理论奠定了坚实的理论基础。风险评估是风险管理的一部分，它旨在识别、分析和评价风险，帮助我们了解风险的大小，以及是否需要采取措施来管理这些风险。常见的风险

基金项目：国家重点研发计划“战略性资源开发区风险评估应用示范”(2022YFF0801204)、中国石油天然气股份有限公司科技项目“油气资源开发区风险评估应用示范”(2023DQ0528)、中国石油天然气股份有限公司科技项目“油气勘探开发人工智能关键技术研究”(2023DJ84)。

作者简介：吴雨婷，女，硕士，现为中国石油大学(北京)信息科学与工程学院/人工智能学院在读研究生，主要从事油气地质勘探开发与人工智能方面的研究工作。E-mail：wyt_17775215281@163.com。

通讯作者：陈浩，男，博士，教授，中国石油大学(北京)安全与海洋学院，研究方向为CO_2提高原油采收率和地质埋存。E-mail：chenhao@cup.edu.cn。

评估方法包括定性评价法和定量评价法。油气勘探开发是一个充满挑战和不确定性的领域，涉及高风险和巨额投资。这不仅需要对复杂的地质结构和变迁有深入的理解，还必须克服工程技术上的种种难题，同时考虑经济的可行性和市场变化。在一个如此竞争激烈且对安全要求极高的行业中，风险评估不仅是一种策略，更是确保长期稳定和可持续发展的必要工具。

针对油气勘探开发风险评估领域，国内学者更注重于对风险分类的划分。王桂荣、李小飞(2006)[1]将影响海外勘探开发投资项目的风险分为政治风险、市场竞争风险、经济政策风险、石油市场风险、项目经济评价结果可靠性风险。张在旭、徐安安(2016)[2]以喀麦隆的油气勘探开发投资环境为例，将项目风险分为自然环境风险、社会环境风险两大类，其中自然风险又包括地质风险、不可抗力风险，社会环境风险包括政治风险、经济风险、文化风险、技术风险、管理风险。高建、董秀成、杨丹(2010)[3]根据风险来源，将油气勘探开发技术研发风险分为技术风险、生产风险、市场风险、管理风险、财务风险和环境风险，再将这六个一级风险评价指标细化为25个二级评价指标。张宝生、王庆、王英君(2012)[4]从风险源的角度，对海外油气勘探开发风险进行分类，将常见的风险划分为经济风险、政治风险、地质及资源风险、工程技术风险四类，并从国家、合同、时序阶段三个层面分析识别各类风险所包含的不同因素。赵东、王震等(2010)[5]给出国际油气勘探开发项目综合排序的四大原则，建立了一套综合考虑指标体系完备性、排序结果清晰性的综合排序模型，并针对CNODC海外资产的特点，确定相应的指标体系及权重，对模型进行应用。

在油气资源的勘探与开发领域，风险评估始终是一个充满挑战的议题，国外学者更注重从项目的经济性出发，从微观的角度来分析风险，在风险评价模型中应用了概率论、统计学和效用等多种方法[6]。20世纪30年代，美国开始开展风险分析和管理研究。早期，油气勘探开发领域的风险评估往往依赖于直觉和简单的地质推断，主要采用定性评价法，如专家打分法、风险调查表法、风险损失清单法等。到20世纪中叶，随着统计学和概率论在勘探领域的应用，风险评估开始步入科学化和定量化的轨道，主要采用蒙特卡罗模拟法、层次分析法、模糊评价法等。E. Stoian讨论了蒙特卡罗方法作为模拟技术的子集如何表示石油行业中常见的随机变量情况，对蒙特卡罗方法在石油和天然气行业等领域的应用进行了全面的分析[7]。Freddy Mota-Sanchez讨论了如何采用层次分析法(AHP)来评估石油和天然气行业的上游勘探与生产(E&P)项目，将复杂的问题构建为标准和替代方案的层次结构，从而可以通过比较每个元素的相对重要性来进行全面的风险评估[8]。随着风险评价方法的不断发展和勘探开发问题的复杂化，单一的定性或定量方法不足以对风险进行准确评估，风险评估方法逐渐从单一化方法演变为综合分析法，充分发挥定性和定量评估方法的优势。进入21世纪，随着计算机技术和人工智能方法的飞速进步，风险评估方法也得到了极大的发展，开始逐渐采用智能化评价方法，提高了风险评估的准确性。例如，Zhuoheng Chen等以加拿大北极群岛斯维尔德鲁普盆地西部海伯格群晚三叠世-早侏罗世构造活动为例，提出了一种支持向量机方法来评估石油矿藏中石油赋存的地质风险，生成了可以显示潜在的未发现石油资源的地理位置的风险图，并帮助可视化区域勘探风险[9]。

本文通过对国内外油气勘探开发区的风险评估方法的历史演变进行深入分析，旨在系统地概述这一领域的发展轨迹。首先将风险评估方法划分定性评价法、定量评价法和智能评价法，介绍每一种方法的基本流程。接着，重点介绍了智能评价法在油气勘探开发风险评估领域的应用。最后，综合评价了这些方法的优势和局限性，指出智能化技术在未来油气勘探风险评估方法中的潜在重要性。

1 风险评估方法

根据梳理的国内外研究现状，将风险评估方法分为定性评价法、定量评价法、智能评价法三大类，针对每一类方法，选取三个最典型的评价方法进行介绍，整体的框架结构如图1所示。其中，定性评价法主要介绍了专家打分法、风险调查表法、风险损失清单法，定量评价法主要介绍了蒙特卡洛模拟法、层次分析法、模糊综合评价法；智能评价法主要介绍了支持向量机、Logistic回归、贝叶斯分类器。

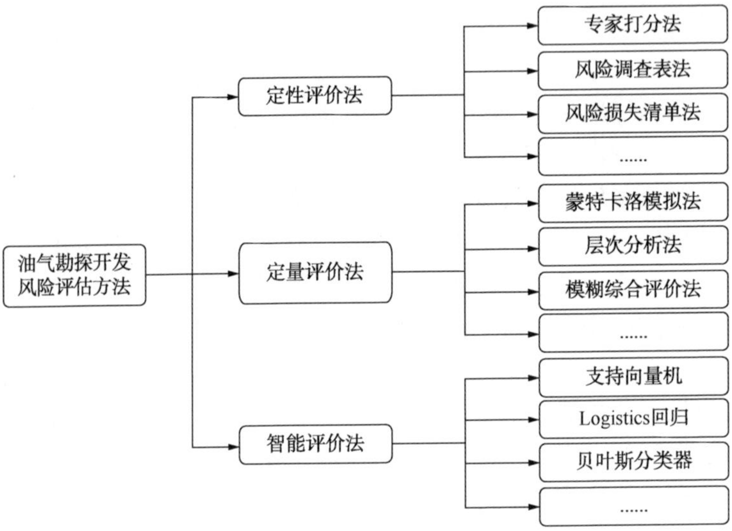

图1 油气勘探开发风险评估方法分类

1.1 定性评价法

1.1.1 专家打分法

专家打分法是一种依赖于专业知识和经验的定性风险评估技术，在多领域决策制定过程中发挥着重要作用，尤其在复杂和信息不完全的决策环境中显示出其独特的优势。该方法的核心在于利用专家对特定问题或方案进行评价和打分，将这一群体的专业见解和主观判断综合起来，以应对那些难以通过传统技术手段进行定量分析的因素[10]。在决策过程中，这些专家的意见和评估通常被认为是至关重要的信息源。通过这种方式，专家打分法不仅收集并分析了专家群体的意见，而且还整合了所有专家的经验和主观判断，从而对一系列难以量化的因素进行了合理的估算。因此，该方法为决策者提供了一种既基于经验又融合了专业知识的综合建议，有效地促进了决策的质量和准确性[11]。

1.1.2 风险损失清单法

风险损失清单法是一种风险评估工具，通过提供一个结构化的风险评估框架，协助项目团队识别、记录、分析和评估潜在风险，从而促进更明智的管理决策，降低了风险所带来的负面影响。实施风险损失清单法包括四个流程："风险识别""风险记录""风险分析""风险评估"。在风险识别阶段，重点在于辨识油气勘探开发项目的每个阶段可能面临的风险因素，包括地质风险、技术风险、市场风险等等。随后，在风险记录环节，详细记录每个风险的特性、潜在引发的损失类型、发生概率及其对项目的可能影响。在风险分析阶段，对于清单中的风险进行深入分析，以评估其对油气勘探开发活动的具体影响，考虑风险发生的可能性和潜在损失的严重性。最终，在风险评估环节，基于分析结果，对风险进行排序或评级，以识别出需优先关注的风险[12]。

在油气行业中，风险损失清单法的目标是创建一个详尽的风险目录，涵盖从初步勘探到最终开发阶段可能遇到的所有潜在风险。这种方法有助于系统化识别、记录和分析那些可能对项目成本、成本控制、环境保护和安全性造成影响的风险因素，提高项目管理的效率，有效地制定缓解措施，优化资源配置，从而减少不确定性对项目的负面影响。然而，该方法也面临着一些挑战，如难以预测的地质条件、市场波动性以及技术的不断演进。此外，风险评估的准确性在很大程度上依赖于所获取信息的质量和完整性。

1.1.3 对比分析法

对比分析法被视为一种至关重要的决策支持工具，基本实施步骤为："确定评估标准""收集数据""进行定量与定性分析""评估优劣""制定决策建议"。首先，需明确设定评估标准，如成本效益、资源潜力、技术的可行性、对环境的影响以及安全性等。接着，对每个备选方案收集必要的数据和信息，这可能涵盖地质数据、技术效率、历史性能、市场动态等多个方面。接下来，对比分析不仅包括对诸如成本、预期产量、投资回报率等定量数据的比较，同时也涉及技术成熟度、环境风险、政策法规等定性因素的考量。随后，基于所收集的数据和分析结果，对每个方案的优势和不足进行综合评估。最终，考虑各方案的相对优劣后，提出最为合适的勘探或开发策略建议[13]。

在油气勘探开发领域，对比分析法被视为一种至关重要的决策支持工具。此方法致力于对不同地质区域、勘探技术、开发策略和生产方案进行全面评估，以明确其潜在的效益和风险。通过系统性地对比分析各种选择方案的优缺点，帮助决策者做出最优的决策。

1.2 定量评价法

1.2.1 层次分析法

层次分析法，又称为AHP，由美国匹茨堡大学运筹学家托马斯·塞蒂在20世纪70年代提出的一种层次权重决策分析方法，运用网络系统理论和多目标综合评价方法，为多目标、多准则、无结构特性的复杂决策问题提供简便的决策方法。使用层次分析法进行风险评估的主要步骤包括以下四步：建立层次结构模型、构造判断矩阵、进行层次单排序及其一致性检验、进行层次总排序及其一致性检验[14]。

使用层次分析法进行油气勘探开发风险评估，具有系统性、实用性等优点，可以将复杂问题简单化，增加决策的有效性，计算简便，结果明确。但同时也有一定的缺陷，例如：不适用于精度要求较高的问题，只能从原方案中优选一个出来，并且构造的判断矩阵具有一定的主观性。

1.2.2 蒙特卡洛模拟法

蒙特卡洛模拟法，也称统计模拟法，由美国数学家约翰·冯·诺依曼和斯坦尼斯拉夫·乌拉姆等人提出，是一种基于概率和统计学的方法，使用随机数模拟来解决各类问题[15]。蒙特卡洛模拟的基本步骤包括：构建概率模型、进行概率分布抽样、建立各种估计量[16]。

蒙特卡洛模拟法在风险评估中的应用具有明确的优势和局限性。首先，其优势包括：①收敛速度与问题维度无关，误差容易估计；②通过模拟随机性事物特征和物理实验过程，从问题本身出发，实现了风险评估的高度真实性，从而提高了评估的可靠性，能有效反映了勘探开发方案的经济效益；③程序设计简洁，易于实现。然而，该方法也存在缺陷，如：收敛速度相对较慢，以及误差存在一定的概率性。这意味着在实际应用中，尽管蒙特卡洛模拟法能提供准确的风险评估，但其速度和精确度可能受到限制，因此有时需要综合其他风险评估方法来弥补缺陷[17,18]。

1.2.3 模糊综合评价法

模糊综合评价法是一种利用模糊数学进行综合评价的方法。该方法基于模糊数学的隶属度理论，实现了从定性评价到定量评价的转换，这种转换使得模糊综合评价法特别适用于需要综合多种因素影响的评价任务，尤其在处理模糊不清或难以量化的问题方面表现出色。此外，模糊综合评价法适用于各种非确定性问题的解决，得到的评价结果不仅清晰，而且具有较强的系统性。简而言之，这种方法在处理复杂、多变量的评价问题时具有显著优势[19]。模糊综合评价法可分为一级和多级模糊综合评价，以适应不同复杂度的问题，包括四个基本步骤：明确评价目标、建立指标体系、确定因素集、评语集和权重集、构建模糊评价模型[20]。

使用模糊综合评价法对油气勘探开发风险进行评估，可以有效地结合各评价指标的相对重要性，并将定性指标转化为定量化数据。这种方法特别适合处理模糊和不确定的风险信息，从而使评估结果更加科学、精确和可靠。它为风险决策者提供了重要的依据，以科学地管理风险，减少潜在损失。然而，模糊综合评价法也存在局限性。特别是在设定评价指标的权重时，其主观性较强，可能导致评估结果出现偏差。此外，当缺乏充分信息时，该方法的有效性可能会受限。

1.3 智能评价法

1.3.1 支持向量机

支持向量机(SVM)是一种强大的监督学习算法，广泛用于分类、回归或其他机器学习任务，它的核心理念是找到一个最优超平面，将不同类别的数据样本正确划分。对于非线性可分的样本数据，若原始数据的属性数量有限，即原始数据空间是有限维的，则可以通过将样本数据映射到更高维的特征空间中，使得样本在这个特征空间中线性可分。这种映射通常涉及计算成本高昂的高维点积运算，而核技巧可以提供了一种高效的解决方案，其核心在于使用核函数来隐式执行这些高维点积运算，从而避免了昂贵的计算成本。因此，支持向量机利用了几种核函数来适应不同的数据分布，常用的核函数包括线性核、多项式核、径向基函数(RBF)核和 sigmoid 核。核函数的选择是模型优化过程中的关键步骤，对模型的性能影响较大[21]。

在油气勘探开发的风险评估工作中，支持向量机(SVM)通常被用来做分类预测，它的主要任务是预测未勘探区域的勘探潜力，为后续勘探开发提供决策支持。鉴于影响勘探开发风险的因素极为多元，涵盖地质风险、储量风险、产能风险和技术风险等多个方面，在进行 SVM 分析前，需要先对原始高维数据进行主控因素筛选，降低模型复杂度。同时，需要选择合适的核函数，优化模型参数，从而提高模型预测结果的准确度[9]。

1.3.2 Logistic 回归

Logistic 回归算法是一种广泛应用于分类问题的统计学方法，特别擅长处理二分类问题，这是一种基于概率原理的方法，其目标是找到一组参数，使得观察到的数据出现的概率最大[22]。该算法以简洁、高效的特点在分类问题中表现突出，尤其适用于工业应用，其模型简单且易于理解、计算量小、训练速度快、存储效率高。然而，面对复杂特征空间，模型性能一般；容易欠拟合，准确度不高；变量之间的依赖性可能导致结果产生偏差。

Logistic 回归能够精确的计算油气存在的条件概率，有效量化地质风险，提供客观的评估结果；以直观易懂的方式展示油气分布概率的预测结果，为勘探和开发提供了有价值的指导，从而帮助企业做出更明智的投资决策。

1.3.3 贝叶斯分类器

贝叶斯分类器属于有监督学习，定义广泛，它的数学理论基础是著名的贝叶斯决策论。贝叶斯决策论是在概率框架下进行决策的基本方法之一。对于分类任务来说，在所有相关概率都已知的理想情况下，贝叶斯决策论考虑如何基于这些概率和误判损失来选择最优的类别标记。常见的贝叶斯分类器包括最小错误率贝叶斯分类器、最小风险贝叶斯分类器、朴素贝叶斯分类器，其中，朴素贝叶斯分类器是最简单的贝叶斯分类器，因其简单高效而被广泛应用[23]。

朴素贝叶斯导出的分类器只是贝叶斯分类器中的一小类，它的独立性假设在现实任务中往往难以成立，为了做出改进，在不改变模型复杂度的前提下，将独立性假设进行弱化，由此产生了一类称为“半朴素贝叶斯分类器”的学习方法。半朴素贝叶斯分类器的基本思想是：适当考虑一部分属性间的相互依赖信息，在弱化假设的同时，避免引入过多的联合概率[24]。常见的半朴素贝叶斯分类器包括独依赖估计(ODE)、超父独依赖估计(SPODE)、树状贝叶斯网络(TAN)、集成独依赖估计(AODE)、k 依赖贝叶斯网络分类器 KDB、可扩展的 k 依赖贝叶斯分类器(SKDB)等等[25]。

上述几种半朴素贝叶斯网络分类器在油气勘探风险评估和资源空间分布预测方面均有应用，与其他方法相比，不仅可以利用贝叶斯网络的拓扑结构，可视化地质因素之间的相互关系，使计算简单并增加计算的可解释性；同时预测结果最大限度地减少了不同专家主观意见的影响，使预测结果更加客观，为勘探、钻探规划决策提供工具信息和理论依据[26]。

1.4 方法优缺点对比

通过上述对定性、定量、智能三类风险评估方法的阐述，结合油气勘探开发领域，对这三类方法的优缺点进行总结，如表 1 所示。相对于定性评价法和定量评价法，将智能评价法应用在油气勘探开发风险评估领域，不仅能增强评估结果的精准度，实现风险的可视化，还能为决策过程提供关键信息。

表 1 风险评估方法对比

方法	内涵	优点	缺点
定性评价法	在勘探初期阶段广泛应用，专家的经验和直觉起着关键作用 但随着数据和技术的发展，它的角色在不断演变	易于理解和沟通 定量数据稀缺时很有用	主观性强 精确度低 难以复制和验证

续表

方法	内涵	优点	缺点
定量评价法	定量方法发展自定性分析 定量评估在数据充足、可以进行统计分析的情况下使用 随着计算技术的进步，定量方法在近年来变得更加普遍	客观且基于数值数据 能处理多变量复杂系统 结果可以分析和验证	需要数据详细、准确 难以捕捉定性的风险 实施和解释复杂
智能评价法	AI技术是信息技术和机器学习算法近年来发展的产物 AI技术应用于处理大量的地质数据，自动化识别模式和风险评估 将AI技术应用在油气勘探开发风险评估领域，不仅能增强评估结果的精准度，实现风险的可视化，还能为决策过程提供关键信息	可以处理大量数据 可以识别模式 适应性强 能整合定性和定量数据	需要大量的计算资源 可解释性较低 数据和算法要求高

2 风险评估人工智能方法的应用

在油气行业，风险评估方法的应用不仅有助于更有效地识别和管理潜在的勘探和开发风险，而且对于优化资源分配、增强决策过程的透明度和合理性至关重要。因此，本节将重点介绍智能风险评估方法在实际中的应用。通过分析这些方法在实际案例中的应用效果，深入理解它们各自的优势和局限，从而为油气行业提供更全面的风险评估工具。

2.1 支持向量机

支持向量机作为一种地质风险评估的新方法，相比于传统方法而言，一方面可以避免主观判断带来的影响，另一方面，过去的地质风险分析没有明确考虑空间相关性和成藏区的相互依赖性，忽略变量的相互依赖性可能导致勘探风险的计算偏差，而支持向量机则可以弥补这方面的不足。

2012年，Zhuoheng Chen等提出了一种使用支持向量机SVM来评估石油区块中石油存在的地质风险，将风险评估问题转换为具有不确定性的二分类问题，以，以加拿大北极群岛斯维尔德鲁普盆地西部晚三叠世-早侏罗世构造活动为例，收集整理研究区域91口井所有可用的地质数据，共计11个地质变量及相应井的类别，通过筛选得到对分类结果影响最大的5个地质变量，将训练数据的这5个属性导入SVM模型，得到油井和干井的归一化指标值，如图2所示，其中实线表示实际值，虚线表示使用SVM算法得到的预测值，红色代表油井，黑色代表干井。图中的油井和干井明显分离，重叠部分表示分类的不确定性。通过贝叶斯公式来量化该分类中的不确定性，得到图3，其中横坐标表示SVM算法的分类指标值，纵坐标表示贝叶斯公式得到的条件概率图。最后，生成风险图来突出显示潜在的未发现石油资源的地理位置，从而可视化区域勘探风险，生成的风险图如图4所示，其中颜色越红，表示该区域石油出现的概率越高，颜色越蓝表示该区域石油出现的概率越小[9]。

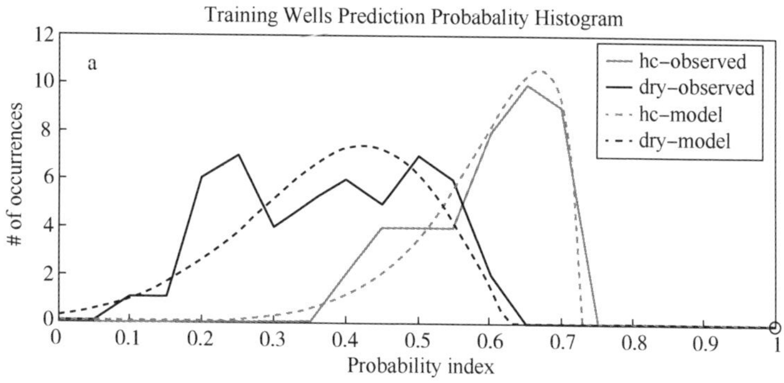

图 2 使用 SVM 算法得到油井和干井的归一化指标值[9]

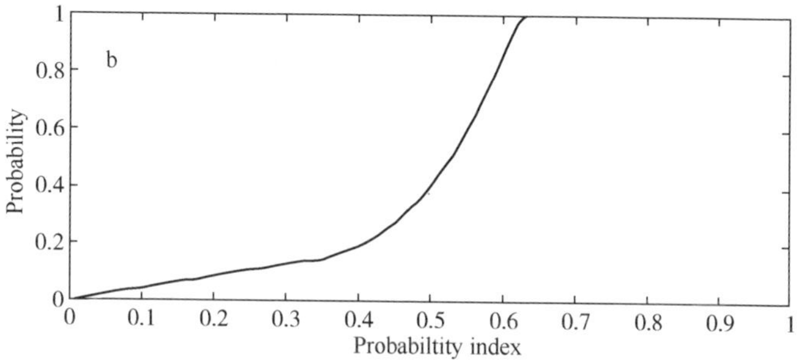

图 3 使用贝叶斯公式将 SVM 指标值转换成条件概率的曲线图[9]

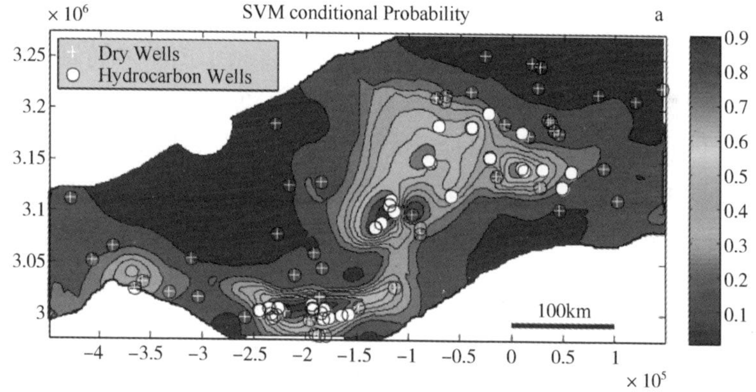

图 4 从 SVM 分类模型转换的石油出现的条件概率图[9]

2.2 Logistic 回归

Logistic 回归是一种流行的非线性统计模型，和支持向量机、模糊逻辑等类似方法相比，不仅能快速获得油气赋存的条件概率，无需贝叶斯变换；其次，模型得到的结果以生动易懂的形式展示；最后，该方法适用于评估潜在的非常规资源，能充分表征地质风险和有利的空间变化[27]。

2018 年，Zhaoqun Zhu 等提出使用 Logistic 回归方法来获得油气赋存和主要地质因素之间的回归关系，以苏北盆地高邮凹陷永安地区戴南组一段为例，将风险评价视为具有不确定性的两组分类，通过测井、地震、已发表文献等渠道收集数据，选取 6 个地质属性来表征评估样本的统计特征，利用Logistic回归模型建立油气赋存概率预测模型，灵活量化地质风险和油气有利性，揭示了其空间变化，通过生成的地图进一步突出勘探的有利区域。最终的评价结果和实际观测十分吻合，总体评价精度高达94%，由此表征该方法能够捕捉油气成藏的空间本质特征，为资源评估提供了有用的工具[27]。

Logistic模型不仅在地质风险和有利性评价方面具有优势，同时在矿产勘探的前景预测方面表现良好。2021年，Fan Xiao等对中国西北部东天山地区斑岩铜钼多金属矿床(PCMPD)进行综合数据建模和远景测绘案例研究，将Logistic回归(LR)与基因表达编程(GEP)相结合，构成混合模型(GEP-LR)，克服普通LR方法存在线性假设的固有缺陷。使用15个具有AUC适应度函数的混合GEP-LR模型导出的PCMPD前景二元图与使用普通LR方法导出的图进行了比较和对比。结果表明，所提出的混合GEP-LR方法是一种强大的数据驱动工具，在预测矿产勘查目标区方面优于普通LR方法[28]。

总的来说，Logistic回归模型和其衍生的混合模型，作为强大的数据驱动工具，在地质和矿产资源评估及勘探中具有重要的实际应用价值和广阔的发展前景。

2.3 贝叶斯分类器

贝叶斯分类器在研究油气资源空间分布规律、预测油气资源地理位置，可视化地质风险方面表现出良好的效果，对降低勘探风险、优化勘探策略，提高经济效益有着重要意义。作为最流行的概率图模型，不仅可以图形化地描述属性之间的定性关系，还可以定量地描述属性之间的依赖关系。相对于传统方法而言，一方面可以避免风险评估中主观判断带来的影响，另一方面可以整合不同远景的空间相关性，正确认识勘探对象的空间变化及其与油气的空间关联性至关重要[29]。

早在2009年，Suyun Hu等采用多元贝叶斯方法来评估中国东部渤海湾盆地南堡凹陷的石油赋存概率，使用2004年获得的343个探井的地质数据。在2005年使用该方法来评估钻探后的17口井，其中16口井达到了目标层次要求，钻后结果和钻前预测的比较表明，多元贝叶斯方法可以帮助可视化地质风险，优化钻探策略，从而提高勘探成功率[30]。

2020年，Hongjia Ren等提出了一种使用树状贝叶斯网络(TAN)预测油气资源空间分布的新方法，以渤海湾盆地南堡凹陷东营组一段(Ed_1)为例，利用222口探井、盆地模拟、地震解释等数据来训练TAN模型，基于训练后的模型来计算目标层含油气后验概率，得到Ed_1的油气空间分布概率图，为后续勘探开发提供指导意见[26]。

2022年，Qinlin Guo等提出了一种基于平均单相关估计量(AODE)的油气空间分布预测的方法，并以中国准噶尔盆地腹地三工河组为例，利用203口探井的数据集来训练AODE模型，模型的准确率高达85.2%，高于TAN模型和MD模型的预测准确率，证明了AODE模型的有效性。同时指出了三工河组剩余油气分布概率较大的区域，为后续勘探提供决策依据[31]。

2023年，Hongjia Ren等基于贝叶斯网络分类器(BNC)，提出一种可扩展的k依赖贝叶斯网络分类器(SKDB)方法来解决油气勘探风险预测问题，以准噶尔盆地侏罗系三工河组油气勘探风险预测为例，并与五种最先进的油气勘探风险预测方法(LR、AODB、MD、TAN、SVM)进行比较，选取了203口探井的数据集，得到SKDB方法的准确率高达87.5%，其次是AODB和TAN，准确度分别是84.5%和83.6%，最后是MD、SVM、LR方法，准确率分别是 81.3%、83.5%和 82.8%。上述结果表明，SKDB 方法不仅可以有效解决油气勘探风险预测问题，而且与目前流行的方法相比具有优势[29]。

2023 年，Hongjia Ren 等在树状贝叶斯网络分类器(TAN)的基础上，提出了一种灵活树增强朴素贝叶斯分类器(FTAN)来提高 TAN 的灵活性和分类性能，并将 FTAN 方法应用在石油地质领域，来解决准噶尔盆地腹地侏罗系三工河组油气空间分布预测问题。通过收集的三工河组 203 口钻探井的数据，同时利用二维网格技术在研究区构建 15951 个评价单元，选取四个成藏因素，将目标分为油井和非油井，并与 TAN、AODE、MD、SVM、LR 等模型进行对比，最终得到 FTAN 的准确率高达 87%，与 SVM、LR、AODE、MD 和 TAN 方法相比，FTAN 方法的准确率分别提高了 5.2%、6.6%、2.4%、5.1%、3.6%，表明 FTAN 方法不仅可以有效解决油气分布预测问题，而且比当前主流方法更有优势[32]。

贝叶斯分类器在油气资源勘探领域的显著影响。自 2009 年以来，多元贝叶斯方法在渤海湾盆地的应用证明了其在优化钻探策略和提高勘探成功率方面的有效性。随后，更先进的方法被引入，如：树状贝叶斯网络(TAN)、平均单相关估计量(AODE)、可扩展 k 依赖贝叶斯网络分类器(SKDB)和灵活树增强朴素贝叶斯分类器(FTAN)，这些方法的应用不仅证明了贝叶斯方法在油气勘探中的应用价值，也为未来的地质风险评估和资源预测提供了新的视角和工具。通过不断的创新和改进，贝叶斯分类器及其衍生模型在油气资源勘探领域的应用前景广阔。

3 展望

随着科技的迅猛发展和全球化进程的加速，油气行业正面临前所未有的挑战与机遇。尤其在风险评估领域，人工智能技术的融合为识别和管理勘探开发过程中的各种风险提供了新的可能性。以下五点将展望这一领域未来的发展趋势，探索如何通过技术创新、环境保护意识提升、智能决策支持系统的应用，以及跨学科方法的整合等方面，推动油气勘探开发的风险评估向更高效、更安全、更可持续的方向发展。

(1) 融合人工智能与大数据。随着油气勘探开发数据的持续积累，为大数据分析在此领域的应用提供了坚实的数据基础。展望未来，将大数据与人工智能技术的结合，可以从海量的地质、地震等数据中提炼出关键信息。这不仅加快了数据处理的速度，而且提高了风险预测的准确性，为油气行业的安全性和可靠性带来了显著提升。

(2) 重视环境影响评估。随着全球对可持续发展和环境保护的关注增加，环境风险评估已成为必不可少的部分。因此，未来的风险评估模型将更加强调环境因素的考量，确保油气勘探活动与环境保护和可持续发展的目标相一致，这不仅符合全球可持续发展的要求，也体现了企业的社会责任。

(3) 发展智能决策支持系统。未来的油气勘探开发风险评估将极大受益于智能决策支持系统，这些系统整合大量数据、历史记录与实时信息，提供深入分析和预测，帮助决策者做出明智选择。随着人工智能技术的发展，这些系统将更精确地识别风险和预测挑战，提出应对策略，并通过实时监控勘探过程，快速响应突发事件，显著提高勘探开发的安全性和效率。

(4) 整合跨学科方法。未来将更多地依赖地质学、工程技术、环境科学和经济学等领域的知识整合，以形成更全面、多维度的风险评估体系，帮助决策者做出更全面、更具前瞻性的决策。

（5）完善实时监测与预警系统。未来将发展高级的实时监测技术和预警系统，这些系统能够提供连续的数据流，实时监控油气勘探活动的安全性和效率。通过实时数据分析，可以及时发现异常情况，从而快速采取预防措施，降低事故发生的风险。

4 结论

（1）风险评估方法经历了定性评价法、定量评价法、智能评价法三个阶段，智能评价法作为一种新兴方法，在油气勘探开发领域日益受到重视。

（2）目前，油气勘探开发风险评估中普遍采用的智能化方法包括支持向量机、逻辑回归和贝叶斯网络分类器等模型。这些方法与传统风险评估方法相比，展现出显著的优势。实践证明，运用这些智能化方法研究油气勘探开发项目不仅提高了模型的准确性，也促进了地质风险的可视化分析，为后续勘探开发工作提供了宝贵的指导，进而有效降低风险并提升勘探开发成功率。

（3）随着信息技术的发展和油气勘探开发进程的加快，风险分析必然会渗透进油气勘探开发的各个环节，未来人工智能技术必然会成为最主要的风险评估手段。

参考文献

[1] 王桂荣，李小飞．境外勘探开发投资项目的风险分析[J]．中国石油大学学报(社会科学版)，2006(03)：12-16.

[2] 张在旭，徐安安．喀麦隆油气勘探风险指标体系及模糊综合评价[J]．商，2016(04)：186-187.

[3] 高建，董秀成，杨丹．油气勘探开发技术研发风险评价与规避[J]．技术经济与管理研究，2010(03)：12-15.

[4] 张宝生，王庆，王英君．海外油气项目风险-效益联动分析模型与应用[J]．系统工程理论与实践，2012，32(02)：246-256.

[5] 赵东，王震，赵林，等．国际油气勘探开发项目风险分级与排序模型的构建及应用[J]．中国石油大学学报(自然科学版)，2010，34(01)：164-169.

[6] 耿丽娟．海外油气勘探开发项目全面风险管理研究[D]．东北石油大学，2013.

[7] Stoian E. Fundamentals and applications of the Monte Carlomethod[J]. Jour-nal of Canadian Petroleum Tech-nology，1965，4(03)：120-129.

[8] Mota-Sanchez F. Application of analytic hierarchy process in upstream risk assessment and project evaluations [D]. Texas A & M University，2010.

[9] Chen Z，Liu Y，Osadetz K. Geological risk evaluation using the Support Vec-tor Machine with examples from the late Triassic - early Jurassic structural play in western Sverdrup Basin，Canadian Arctic Archipelago [J]. Bulletin of Canadian Petroleum Geology，2012，60(3)：142-157.

[10] 王君．风险管理理论与实务[M]．北京：电子工业出版社．2019.

[11] 赵东锋，陈民锋，廖新维，等．BD油田裂缝性油藏注采窜流程度判别研究[J]．特种油气藏，2012，19(05)：107-110+156.

[12] 聂美贞．基于技术路线图的企业研发风险控制研究[D]．武汉理工大学，2011.

[13] 张曾莲. 风险评估方法[M]. 北京：机械工业出版社，2017.
[14] 张炳江. 层次分析法及其应用案例[M]. 北京：电子工业出版社，2014.
[15] 司守奎，孙玺菁. 数学建模算法与应用[M]. 北京：国防工业出版社，2014.
[16] 江海峰. 蒙特卡罗模拟与概率统计：基于SAS研究[M]. 安徽：中国科学技术大学出版社，2015.
[17] 张昊民，付桂红. 油气勘探开发中的风险评价与控制[J]. 江汉石油学院学报，1992，(03)：76-82.
[18] 康崇禄. 蒙特卡罗方法理论和应用[M]. 北京：科学出版社，2015.
[19] 张崇辉，苏为华. 模糊综合评价方法拓展及应用研究[M]. 北京：科学出版社，2023.
[20] 韩中庚. 数学建模方法及其应用[M]. 北京：高等教育出版社，2017.
[21] 周志华. 机器学习[M]. 北京：清华大学出版社，2016.
[22] 戴璞微，潘斌. 机器学习入门：基于数学原理的Python实战[M]. 北京：北京大学出版社，2019.
[23] 张剑飞，刘克会，杜晓昕. 基于k阶依赖扩展的贝叶斯网络分类器集成学习算法[J]. 东北师大学报(自然科学版)，2016，48(01)：65-71. DOI：10.16163/j.cnki.22-1123/n.2016.01.015.
[24] 何宇健. Python与机器学习实战：决策树、集成学习、支持向量机与神经网络算法详解及编程实现[M]. 北京：电子工业出版社，2017.
[25] Ren H，Wang X. Scalable Structure Learning of K-Dependence Bayesian NetworkClassifier[J]. IEEE Access，2020，8：200005-200020.
[26] Ren H J，Wang X C，Guo Q L，et al. Spatial prediction of oil and gasdist-ribution using tree augmented Bayesian network[J]. Computers & geosciences，2020，142：104518.
[27] Zhu Z，Lin C，Zhang X，et al. Evaluation of geological risk and hydrocarbon favorability using logistic regression model with casestudy[J]. Marine and Petroleum Geology，2018，92：65-77.
[28] Xiao F，Chen W，Wang J，et al. A hybrid logistic regression：gene express-ion programming model and its application to mineral prospectivity mapping[J]. Natural Resources Research，2021：1-24.
[29] Ren H，Guo Q，Cao Z，et al. Risk prediction for petroleum exploration based on Bayesian network classifier[J]. Geoenergy Science and Engineering，2023：211924.
[30] Suyun H，Qiulin G，Zhuoheng C，et al. Probability mapping of petroleum oc-currence with a multivariate-Bayesian approach for risk reduction in explo-ration，Nanpu Sag of Bohay Bay Basin，China[J]. 2009.
[31] Guo Q，Ren H，Yu J，et al. A method of predicting oil and gas resourcesp-atial distribution based on Bayesian network and its application[J]. Journal of Petroleum Science and Engineering，2022，208：109267.
[32] Ren H，Guo Q. Flexible learning tree augmented naïve classifier and its application[J]. Knowledge-Based Systems，2023，260：110140.

基于数字孪生技术的智能气田建设实践及展望

王舟洋　赖文华　李　超　蒋大伟　李洪浪　何俊霖

（昆仑数智科技有限责任公司西南大区，四川 成都　610051）

摘　要：数字孪生技术是现阶段智能气田建设中的重要基础，如何实现国产化的替代，提高可推广、可复用性是我们急需解决的问题。本文通过实践，针对国外“卡脖子”问题，提出了系列的解决方案：构建国产化的智能气田基础平台，实现了国产化替代，降低了建设成本；提出了气藏-井筒-地面一体化的数字孪生模型构建的方法，具有较高的借鉴意义；从数据源头触发、分析数据流向，搭建了国内首套智能气田数据标准；深度应用孪生模型的能力，构建适合于生产现场的智能工作流，问题诊断和处置效率明显提升。同时，结合 AI 大模型技术的兴起，展望了未来的智能气田发展方向。

关键词：数字孪生技术；智能气田；一体化模型；智能工作流；AI 大模型

1　背景介绍

在基于数字孪生技术将新质生产力赋予传统气田的智能化气田建设与运营过程中，还面临许多现实挑战。传统气田的分析方法主要是逐点分析，通过操作人员进行人工统计和分析。在此过程中，对于资料的收集难免会出现错漏、人工分析存在误差且耗费时间，从而影响整个系统的准确性、高效性。因此，数字孪生技术对智能化气田建设与运行具有重要意义。

气田开发生产过程是集气藏动态、井筒举升和地面集输等多项系统工程于一体的复杂工程。如何应用数字孪生技术对气田的不同业务场景进行建设，并解决气田开发生产过程中的一系列问题已经成为气田数字孪生技术应用过程中的重要探索。通过数字孪生技术，可以解决因人工方式出现的资料错漏、耗时多、误差大等问题，从而提高气田开发生产系统的准确性与稳定性。基于数字孪生技术，不仅可以在气田投产前进行不同开发方案的定量与定性对比，投产后持续跟踪生产状况与运行参数，实时仿真优化整个气田开发生产的工艺流程，还为提高各业务场景的工作效率，加快突破技术领域瓶颈提供了数字基础设施，为智能气田的建设与运营奠定坚实基础。

2　国内外研究现状

随着数字孪生技术和智能气田的发展，国内外智能气田的研究和应用也取得了一定的进展。在国外，壳牌公司首先提出智能化气田的理念，并且使得数字孪生技术广泛应用于勘

作者简介：王舟洋(1987—)，男，汉族，四川，高级工程师，昆仑数智科技有限责任公司高级咨询顾问，主要从事石油石化领域的信息化、智能化规划及建设。

探、开发等环节，实现了智能化、信息化管理，具有强大的数据交互技术。挪威的FutureOn公司通过FieldTwin[1]孪生软件构建海上气田的数字副本，使得生产开发方案的设计时间和实施成本显著降低，海上气田具备了更高效地实时检测和管理能力。斯伦贝谢、哈里伯顿也使用数字孪生技术对储气库和页岩气开发工程进行了建设，显著提高了工作效率与风险管控能力。相比于国外，国内气田的数字化孪生技术起步较晚，与国外还存在一定的差距，国内的龙王庙数字化气田为后来的智能化气田建设打下了基础。龙王庙进行了智能气田试验环境的尝试，建立了气藏-井筒-地面一体化模型，并构建了不同业务场景的智能工作流，并通过专业软件搭建的一体化模型与数据进行实时交互，实现了气田在生产过程中的实时监控和生产预测，通过优化整个气田开发工艺流程，显著地提升了气田的生产效率。马井蓬莱镇组气藏通过应用IPM软件使用一体化模型进行生产管理，提升了整体生产效率。IPM软件目前在国外多数国家进行了应用，广泛应用于气藏、井筒和地面管网的优化设计。

数字孪生技术可以通过建立一体化模型实现气田开发主要环节的耦合，实现整个气田在生产全过程中的实时监控、仿真模拟、生产预测与工艺优化等功能。但是，在智能气田建设与运营过程中，基础平台建设、数据标准整合、智能工作流搭建等关键技术还存在“卡脖子”现象。

3 基于数字孪生技术的智能气田建设实践

铁山坡气田是中国石油首个自主开发的特高含硫气田，其硫化氢最高含量达16.59%，是目前国内外建设难度最大、开发风险最高、安全条件要求极高的气田之一。本文试图搭建一个气藏-井筒-地面一体化的数字孪生智能平台，基于集团公司统一梦想云、区域湖基础平台及技术架构，应用自主研究的数据流编排软件(DIM)，通过专业软件工作流，实时感知气藏生产动态、全方位辅助开发决策，指导生产管理，实现气田的安全高效生产。

3.1 智能气田国产化基础平台

面对智能化基础平台主要依托国外专业平台的问题，气田生产智能管控平台基于梦想云和区域湖搭建智能工作流运行环境，应用国产化DIM平台替代传统的单一接口解析编排的模式，首次完成了国产化的智能气田基础平台搭建。

首先，在智能基础平台国产化方面，本研究基于梦想云和区域湖成功搭建了智能气田分析平台，实现了平台的全面国产化替代与自主可控，显著提升了国家信息安全水平。值得一提的是，通过此举措，平台建设成本从原先高昂的500万元(包含5年许可费用)大幅缩减至约180万元，实现了经济效益的显著提升。

其次，在数据流编排效率提升方面，本研究借助DIM平台，实现了数据流的灵活编排与高效运行管理。相较于传统开发模式，本方案不仅显著提高了数据流编排效率，降低了开发成本，而且实现了数据流编排效率提升50%的显著成果。此外，DIM平台还具备数据流自动运行的功能，进一步提升了系统的智能化水平。

最后，在系统运行效果改善方面，本研究迅速完成了8个智能工作流的建设，实现了前后端的快速响应。具体而言，页面加载时间缩短至小于1s，运行效率提升50%，显著优化了用户体验。同时，本研究还解决了生产异常工况的预测诊断问题，为气田的安全、高效生产提供了有力保障(图1)。

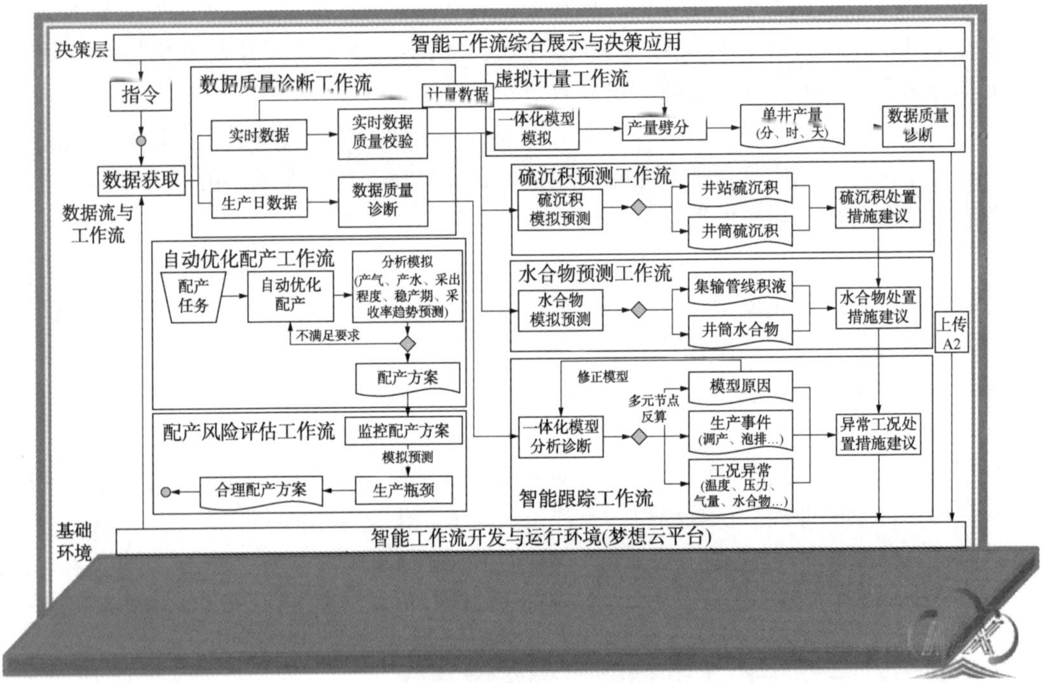

图 1　智能气田分析平台运行逻辑

3.2　气藏-井筒-地面一体化数字孪生模型搭建的方法

目前气藏-井筒-地面一体化数字孪生搭建的方法主要有三种，第一种方法是基于斯伦贝谢 IAM 耦合器进行一体化模型的耦合与搭建；第二种是基于兰德马克 AC 数据交互软件实现三种模型的数据交互和模型搭建；第三种基于 Petex 公司的 IPM 软件，实现地面模型(gap)、井筒多项管流模型(prosper)和气藏物质平衡模型(mbal)的耦合，并通过 gap 将其他两种模型进行耦合。再对三种方法的模拟速度、模拟效果和软件开放程度等指标进行对比后，采用第三种方法即运用 IPM 软件进行一体化模型的搭建。

IPM 软件在气藏模型的构建过程中，主要借助 MBAL 软件，建立了各井区的物质平衡模型。这一模型融合了丰富的 PVT 数据，包括气体相对密度、凝析气油比、凝析油重度以及地层水矿化度等关键参数，同时整合了生产数据，如生产时间、油藏平均压力、累积产油/气/水量、累积注气/水量等。为了确保模型的准确性，工程师在后期对模型模拟数据与气田实际生产数据进行了精细的拟合，从而使整个气藏模型更加贴近真实情况，为决策提供了有力支持。

在井筒模型的构建方面，我们采用了 PROSPER 软件，该软件主要用于井筒的模拟、设计以及优化。我们利用高压物性分析报告建立了 PVT 模型，并结合钻完井和试油测试资料，成功构建了各井区模型。该模型不仅能够对井筒工况进行模拟和诊断分析，还具备多变量敏感性功能，能够预测设计方案的稳定性，为井筒的优化管理提供了科学依据。

对于管网模型的构建，我们采用了 GAP 软件。通过收集集输站场、线路的基础资料以及设备的性能参数，我们完成了各井站、集气支干线的工艺流程图建模。这一模型能够全面反映管网系统的运行情况，为管网的优化设计、运行管理以及故障诊断提供了重要支持(图 2)。

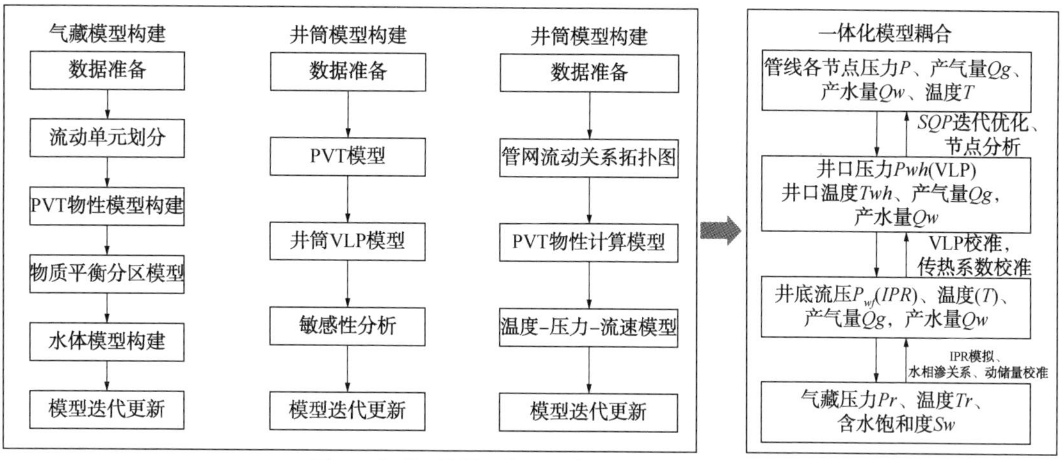

图2 气藏-井筒-地面一体化数字孪生模型

3.3 智能气田数据标准体系设计

目前国内外暂无智能气田的数据标准体系，构建一套适合于气田的数据标准规范已经迫在眉睫。围绕智能应用建设目标，开展完整性数据汇聚建设，形成基于数据湖架构体系的数据汇聚建设，在数据一致性基础上，提升大数据分析及智能化支撑能力，推动应用快速建设。根据业务数据分类进行数据源头分析，确保数据在统建系统及西南油气田自建系统中实现数据录入，保证质量且避免重复录入。打通业务系统到数据湖的数据集成与治理的数据流通道，完成智能应用与区域湖之间数据“主共隐私”分析，主数据及共享数据从数据湖获取，对于智能应用产生的特有业务数据单独考虑数据采集功能；最终实现所有业务数据的互联互通，统一录入、统一管理、统一存储(图3)。

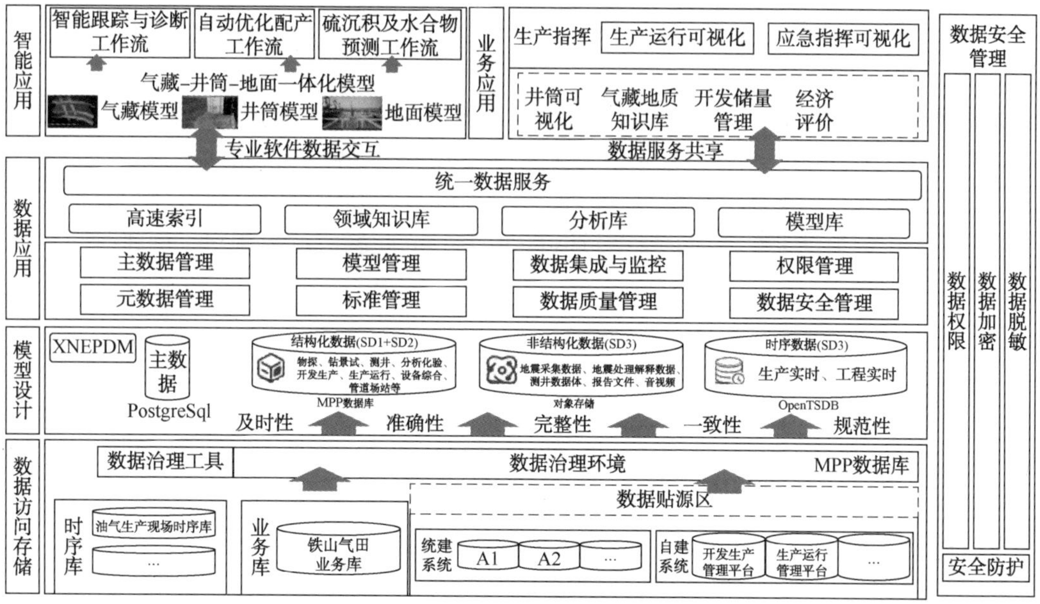

图3 数据总体架构图

1\. 数据溯源

智能应用数据涵盖专业范围包括：井、管线、场站、构造或油气田、设备、项目、组织机构等基本实体数据；钻井、录井、测井、试油试采、分析化验、油气开发、工程建设、油气销售、生产运行、空间地理、生产实时、设备综合、管道场站等业务数据。

通过数据来源调研进行身份监别，由相关油田业务数据管理专家对权威数据源进行核实评估，最终确定权威数据源系统为A2(油气水井生产数据管理平台)、A5(采油和地面工程运行管理系统)、开发生产管理平台、工程监督系统、地面工程数字化移交平台、生产数据管理平台、生产运行管理平台、设备综合管理系统等。

2. 数据模型设计

以标准勘探开发数据模型(EPDM2.0+)为基础，根据智能气田的业务特点和实际数据需求，扩展出具备智能气田业务特色的标准数据模型，确定了一套智能气田建设的数据标准(图4)。

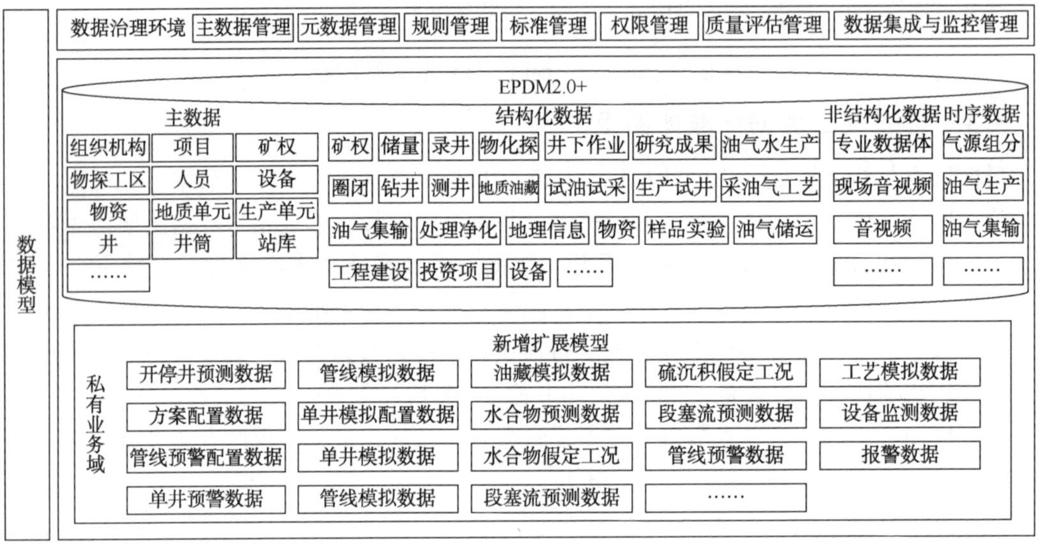

图4 数据模型扩展

数据模型设计采用概念模型设计模式，实体属性(Attribute)的类型尽量采用在域(Domain)中定义的类型；实体对象采用无意义数字ID为主键，ID的取值采用随机字符串；非结构化数据存储采用文件服务管理(FSS)方式，避免在数据库中应用LOB字段存储大数据文件；每个表中增加记录数据创新及更新信息的列属性(包括：创建用户，创建时间，更新用户，更新时间)。

3. 数据汇聚

面向智能应用各类业务的需要，基于权威数据源系统为A2、A5、开发生产管理平台、工程监督系统、地面工程数字化移交平台、生产数据管理平台、生产运行管理平台、设备综合管理系统等及智能工作流产生数据，提供数据集成功能，实现覆盖智能跟踪诊断、自动优化配产、管线流动保障、开停井工况模拟、三维井筒可视化等业务的全域数据汇聚，为业务用户及应用开发提供统一、可信、高效的数据基础环境。

4. 数据治理

依托于区域湖现有数据治理架构和体系建设成果，以智能应用模块数据需求为基础，制定各专业数据入湖和治理计划及方案，落实责任人和进度计划，按照数据治理的规范流程开展数据治理工作，确保数据规范“五性”(图5~图7)。

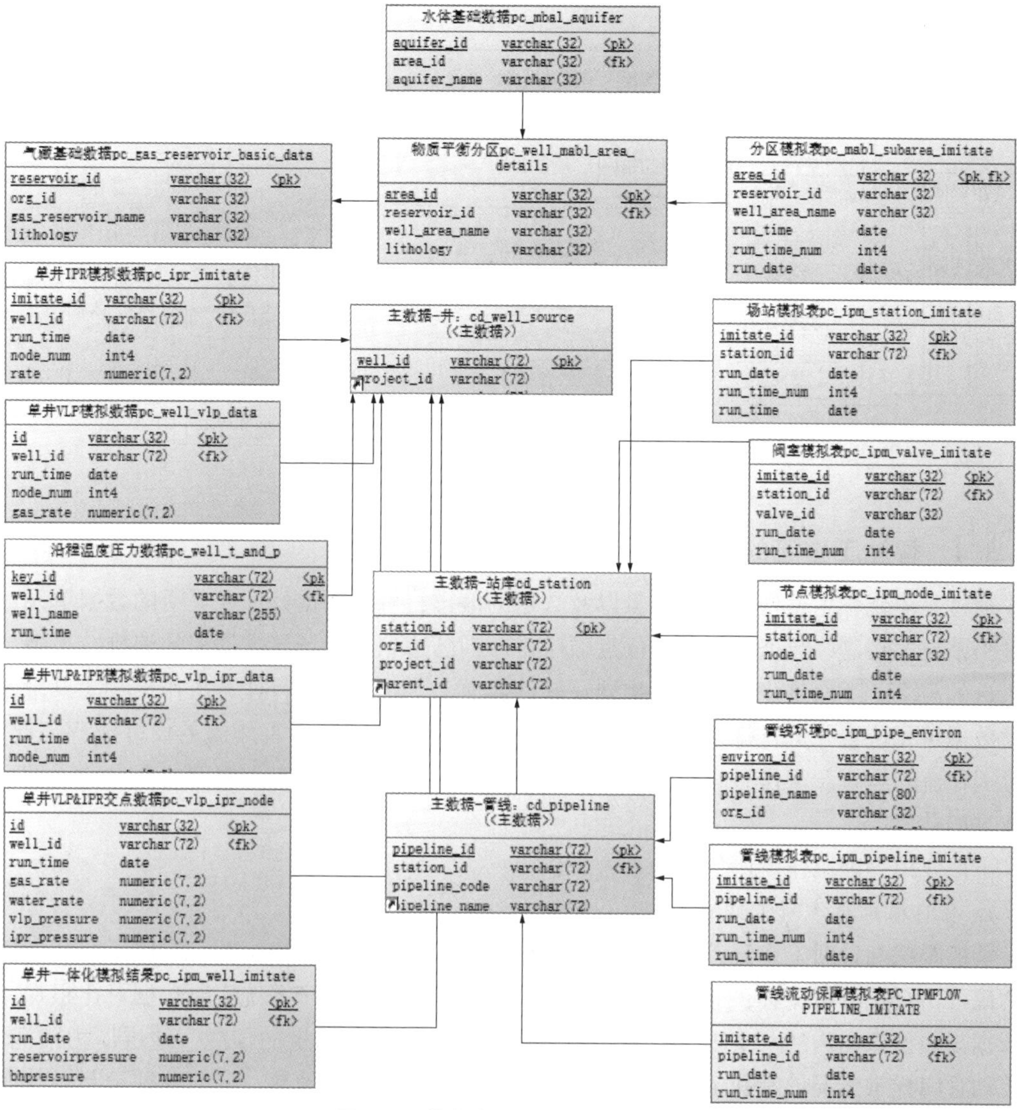

图5 一体化孪生模型实体关系图

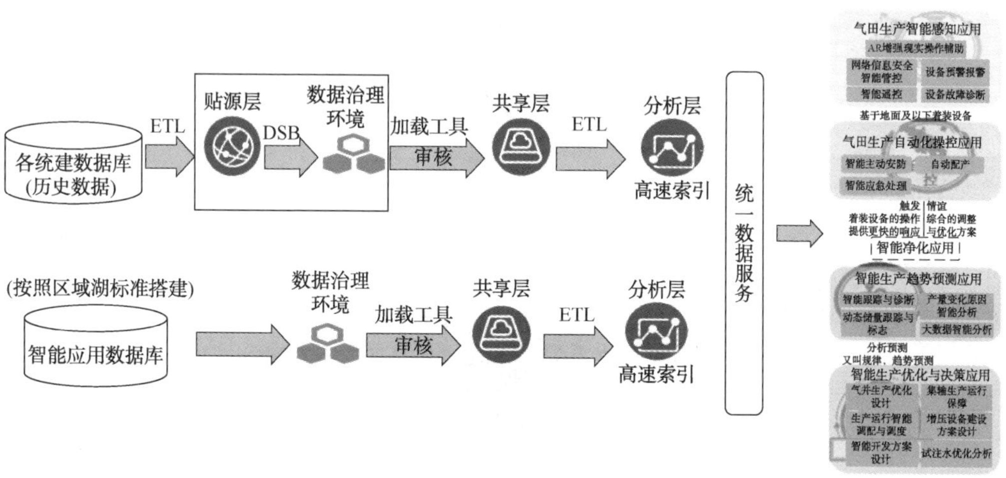

图6 数据汇聚入湖

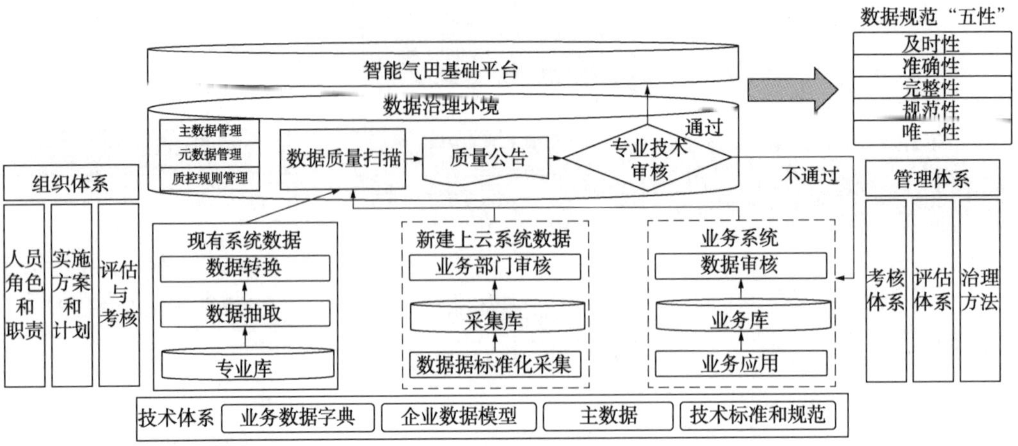

图7　数据治理实施

3.4　智能工作流的设计

通过一体化孪生模型的业务场景以及数据的编排，可将数据处理成灵活的数据单元，并通过引擎技术将这些数据单元进行任意顺序排序，已达到不同场景数据流的编排，来满足业务人员的需求。下面是将数据单元排列在软件界面上，当需要进行任一工作流时，只用通过拖动数据单元位置并进行排列组合，组装起来，就能够完成智能工作流的设计流程，此外，通过工作流的运行，工作时间缩短，效率得到提升。实现一体化孪生模型的全自动化运行以及数据的共享。

下面介绍智能工作流所包含的几大工作流：

1. 智能跟踪与诊断工作流

智能跟踪与诊断工作流，通过区域湖数据与专业软件间的自由交互，形成了一套高效的高含硫气田跟踪分析流程；通过一体化孪生模型模拟参数与生产系统实时数据对比跟踪，实现数据与模型双向沟通。实现气藏生产趋势预测，包括剩余储量的预测、地层压力预测等；井筒和管网异常工况诊断和定位，包括温压参数异常诊断、持液率、井筒冲蚀诊断、井底积液诊断等；并根据分析结果确立阈值及启动诊断机制(图8)。

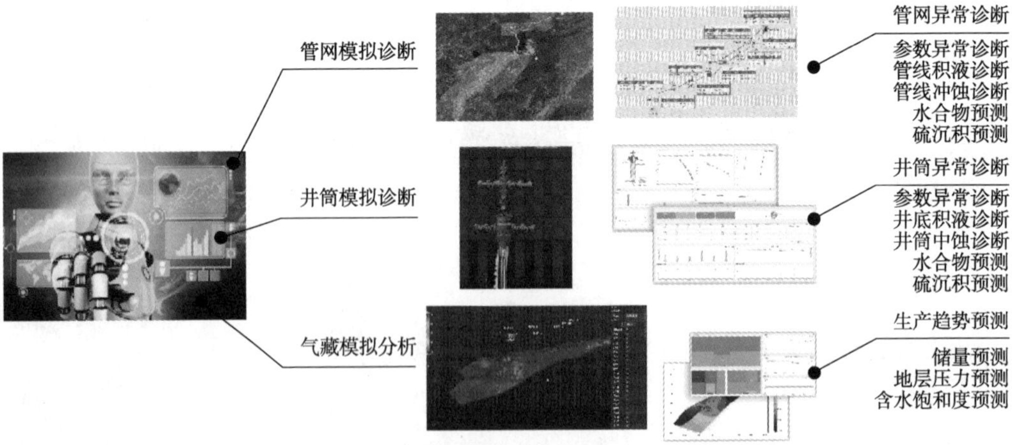

图8　智能跟踪诊断工作流运行逻辑图

2. 自动优化配产工作流

配产是保障气藏稳定生产，延长稳产期的重要技术支撑，自动化配产工作流建设旨在综合考虑地层能量均衡动用、气藏边底水体能量、水侵风险、气井临界条件和地面生产设备系统效率，进行全局优化配产，全面、充分考虑地层能量均衡动用。并结合配产风险评估，提前预测不同配产方案可能出现的井筒和地面管网可能存在的风险，并进行多方案多指标对比后，实现配产方案的优选(图 9)。

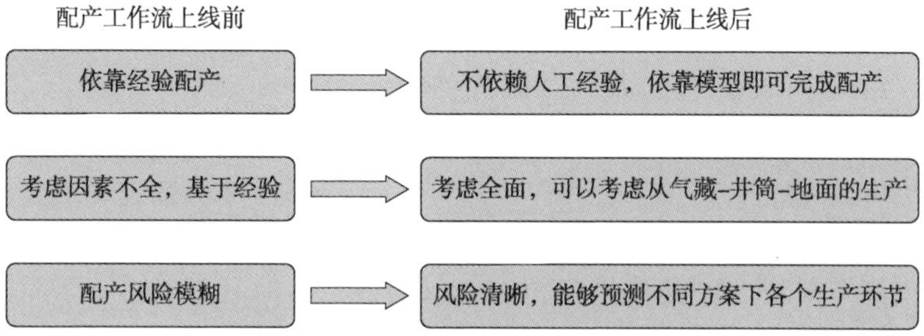

图 9　自动优化配产工作流运行逻辑图

3. 流动安全保障类工作流(硫沉积、水合物、段塞流)

硫沉积预测工作流：基于多相流模型计算管线沿程的温度、压力变化，基于自研的元素硫溶解度变化模型及单质硫析出、吸附和沉降模型计算管线沿程的元素硫溶解度、硫析出量、硫沉积量变化情况，以井筒和集输节点为单位，构建具备现场特点的硫沉积预测模型，计算整个集输系统硫沉积宏观分布情况。利用现场实时采集的生产数据，每天驱动该模型计算自上次除硫作业以来，各管线、节点的累计硫沉积情况，当累计硫环厚度超过阈值厚度时，自动预警(图 10)。

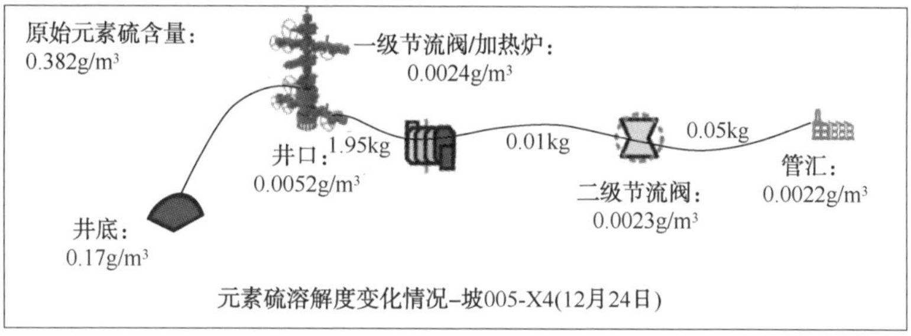

图 10　硫沉积预测工作流

水合物预测工作流：基于多相流机理模型计算管线沿程的温度、压力和持液率变化，以及基于热力学模型确定水合物临界生成条件，并结合现场的加热炉、注醇点运行参数和分布特征，构建出具备现场特点的水合物预测模型。利用现场实时采集的生产数据，每隔 4 小时驱动该模型进行运算(可根据冬、夏季工况变化，灵活配置数据流运行频率)，实现井筒、集气支干线、站内管段的水合物预警、定位和加醇提醒功能。

段塞流预测工作流：基于多相流机理模型计算管线沿程的温度、压力和持液率变化，基于多相流体捕集算法结合捕集器安全运行限制条件，建立具备现场特点的段塞流预测模型。利用现场实时采集的生产数据，每隔 4 小时驱动该模型进行运算，实现集气支线的段塞长度、体积、频次、位置的确定，当超过捕集器最大处理量时，自动预警(图 11、图 12)。

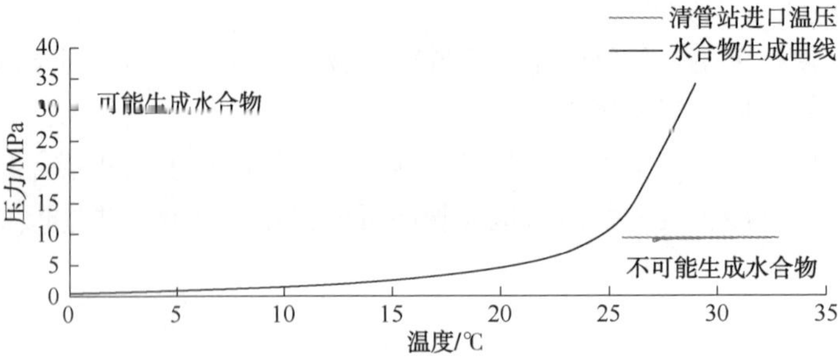

图 11　水合物预测工作流

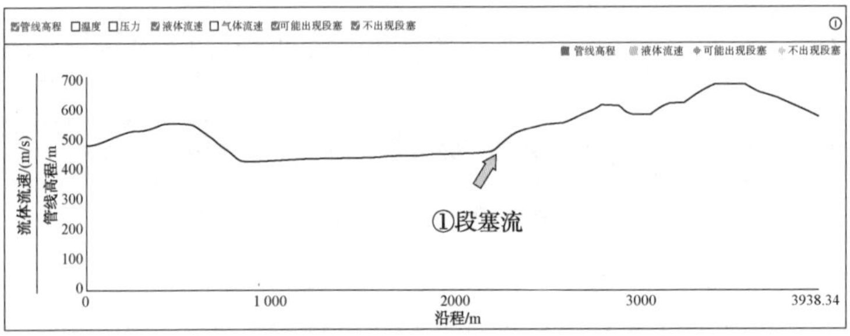

图 12　段塞流预测工作流

4. 开停井工况模拟工作流

成功构建了开停井工况模拟模型，该模型基于气藏-井筒-地面管网一体化框架，定制化开发了开停井工况模拟工作流。通过该模型，我们实现了在酸敏、投产、停输再启等多种不同开停井工况下的多相管流仿真模拟，有效提升了工况模拟的准确性和全面性。

在模拟精度方面，我们按照开井方案进行了详尽的模拟预测，所得沿程压力、温度、积液等重要生产参数与实际生产数据进行了细致对比。结果显示，模拟预测的准确率达到了85%以上，充分验证了模型的有效性和可靠性。

此外，本研究还利用该模型顺利完成了投产支撑工作。通过模拟开井各阶段的阀门开度，我们验证了开工方案的合理性，为实际投产操作提供了科学依据。同时，在投产前的风险识别阶段，模型及时发现了酸敏过程中的水合物风险，我们据此进行了清管操作，有效避免了潜在的安全隐患。这一系列工作不仅支撑了开停井方案的编制，还确保了投产过程的安全与顺利进行。

5. 三维井筒可视化建模

构建透明井筒模型，通过精细化建模技术，成功构建了井筒及井下管串模型。该模型能够直观展示井筒完井、修井、封堵等施工阶段的模型及参数变化，形成四维(4D)模拟，从而实现对井筒施工过程的全面可视化。

在模拟精度方面，我们实现了井工程图文资料的全部线上管理，确保资料的完整性和可追溯性。同时，完井工具实现了100%的入库管理，为模拟的精确性提供了有力保障。通过这一系列的努力，我们达到了预期的模拟精度，为井筒施工和管理的决策提供了有力支撑。

此外，我们成功地将透明井筒模型应用于投产支撑中，打造了井下复杂追踪、气井增产改造设计、新井井下工具优选等井工程专业场景应用。这些应用实现了井工程资料的快速查询和联动查看，为设计人员提供了便捷的设计依据，有效缩短了数据查询准备时间，节省了至少30%的工作时间，显著提高了工作效率(图13、图14)。

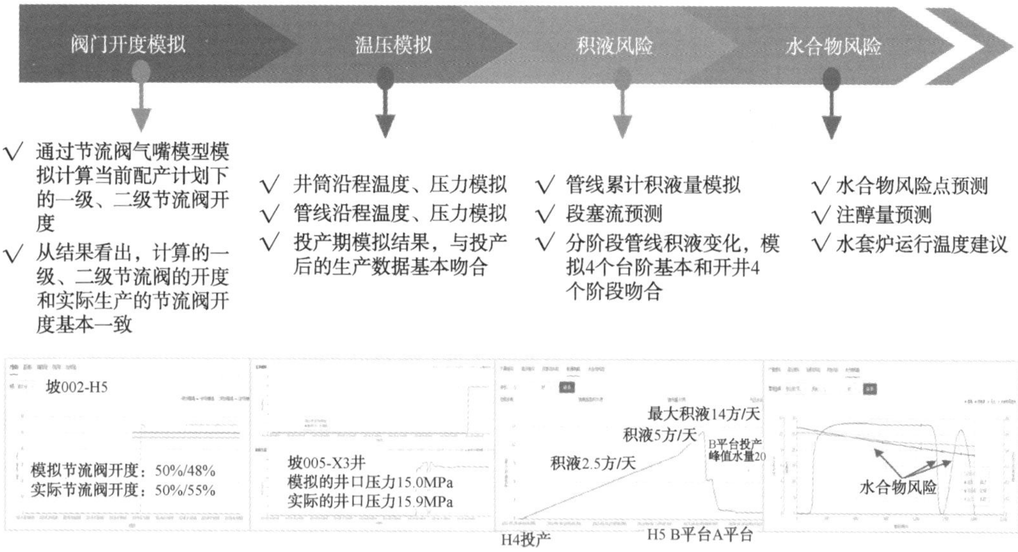

图13　开停井工况模拟

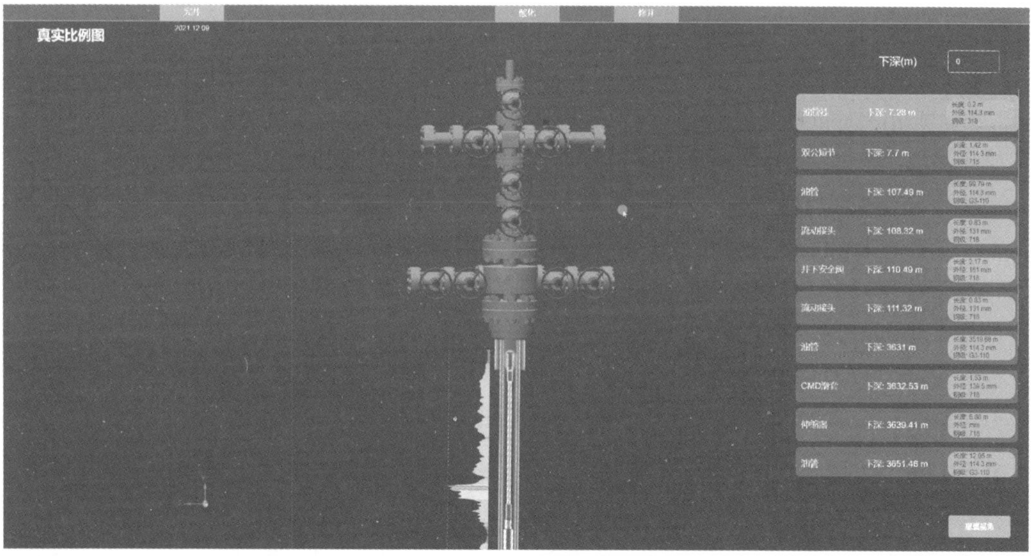

图14　三维井筒可视化

6. 动态等值线图生成

基于气藏模拟结果，运用自主研发的插值成图算法，可以对模拟和预测数据进行高效插值，生成相应的气藏压力、含气饱和度和含水饱和度等动态参数的图件，辅助业务人员进行气藏开发动态分析。通过优化算法和数据处理流程，成功将等值线图的跟踪频次从原来的每周缩短至每天，显著提高了数据更新速度和决策响应能力(图15)。

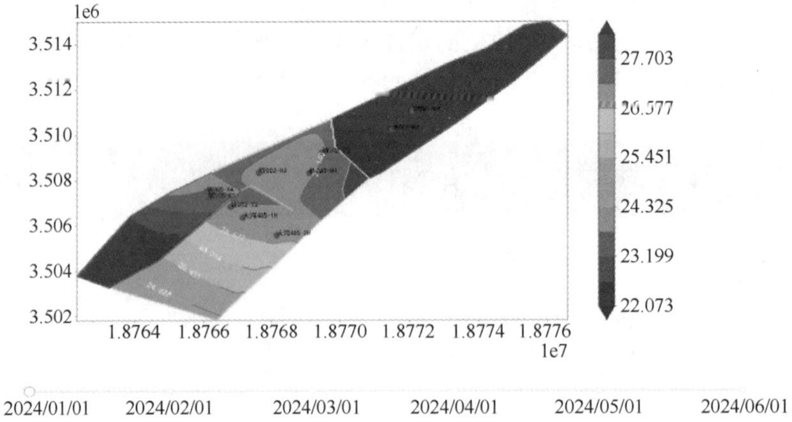

图 15 动态等值线图

4 未来发展趋势和展望

数字孪生技术通过构建一体化模型，灵活编排数据流来支持气田的运行。其优点在于可以精准地收集地质、设备等数据，构建精度较高的一体化模型。基于该模型可以持续跟踪预测气田的生产状态与运行数据，仿真模拟气田在不同工况下的生产运行状况，为气田的风险管控和工艺流程优化提供帮助。当气田可能出现风险时，数字孪生体将及时显示预警信息，可以通知现场人员进行提前干预。随着 AI 大模型技术的高速发展与快速迭代，AI Agent（基于大模型的智能业务助理）已成为未来在 toB 端最具有发展潜力的 AI 大模型应用架构。AI Agent 的四种主要能力为：反思（Reflection）、使用工具（Tool use）、规划（Panning）以及多智能体协同（Multi-agent collaboration），其创造了一个重新整合各业务场景的可能性。相较于消费端用户，气田企业用户通常面临更加复杂的业务需求，同时也具有更明确的业务场景、业务逻辑以及更多行业数据和专业知识。将基于数字孪生技术搭建的数字基础设施与 AI 大模型技术结合，既可以充分利用 AI 大模型本身以及相关深度学习算法的优势，又可以进一步增强数字孪生体的功能和拓宽业务应用场景的空间。AI 大模型可以为智能气田的数据平台，数据采集和处理等建设和运营流程中提供全方位的技术支持，实现更高效的建设和运营，提升智能气田整体安全性和数字资产保护能力，持续打造国内首创的智能气田综合解决方案。

4.1 技术创新的方向与可能性

在数字孪生体构建方面，融入 AI 大模型技术后，可以更加便利地建立一体化模型和三维几何模型，并可以在虚拟环境中有效地实现模型仿真以及测试，提前发现智能气田平台的问题，大幅节约调试时间。

数字孪生技术与 AI 大模型技术结合还可以增强智能气田实时监测和实现预测性维护功能。数字孪生体对气田的生产运行进行实时监测，包括气田的产气量、产水量、油压等数据和设备运行参数等数据，将大量具有一定特征的数据存储于数据湖中，再通过 AI 大模型采用无监督学习方法进行快速处理和分析，通过调用维护业务智能工具或其他智能体进行协同，实现气田设备的预测性维护功能。确定需要提前维护的设备，或者是进行进一步潜在风险的预测，可以更有效地提高智能气田开发生产稳定性和降低维修成本。

此外，数字孪生技术与 AI 大模型技术结合可以减少人员进行数据处理和系统操作的工作量，提高智能气田平台辅助操作与辅助决策的水平。AI 大模型通过调用业务智能工具或其他智能体进行协同处理数字孪生体的大量实时数据，深入学习智能气田的运行模式以及规律，为气田的生产调度、生产运行决策提供更多参考与指引(图 16)。

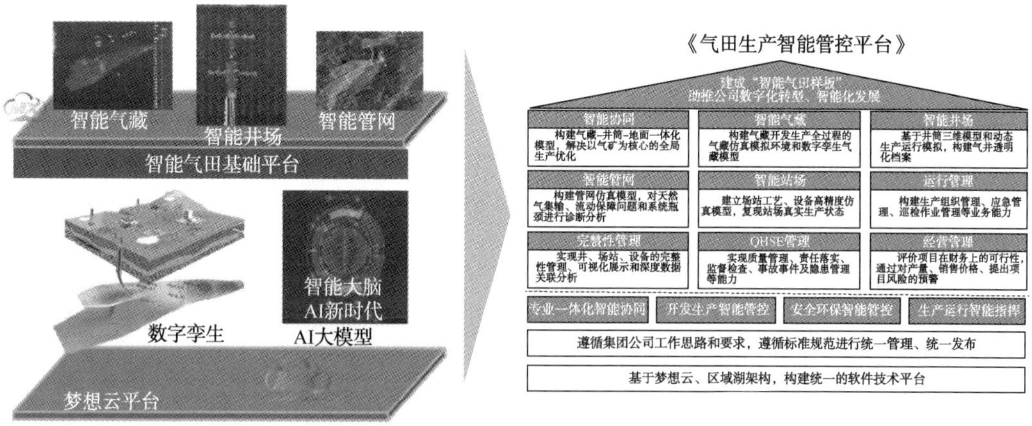

图 16　数字孪生技术结合 AI 大模型

4.2　行业应用的深化与拓展

智能化气田通过结合数字孪生技术与 AI 大模型技术，可以推向不同气田，使得不同气田进行数据以及经验成果共享，实现功能的复用以及不同应用场景的共享，可以更好地推动整个油气行业的发展。其次，未来可以应用智能化的气田孪生技术对现场操作人员进行虚拟培训，大大减低人工成本，使得员工的安全意识和实际技能有效提升，并通过网络进行智能气田的智能巡检以及工程师的远程操作。

4.3　跨行业融合与新型业态的形成

通过智能气田的构建，可以进一步地推动到城市建设方面，构建出城市能源系统的数智孪生模型，实现城市能源的实时监测预测，对城市能源进行统一高效管理及利用。再者是对智能气田的孪生技术进行模拟，与工艺制造业、工艺优化相结合，可以更高效的实现资源的配置以及生产监控。

5　结论

(1) 数字孪生技术是智能气田建设中的重要技术，通过孪生模型的搭建，反映气田的全生命周期过程，实现各类设备、工艺和流程的模拟和优化，预测可能出现的问题，大幅提高生产效率。

(2) 基于国产化的智能气田基础平台、数据标准体系、智能工作流的设计，实现了主体功能自主可控的建设，成本下降明显，可推广性、可复制性较强。

(3) 未来的智能气田建设不仅基于数字孪生技术的建设，还会有新兴的 AI 大模型技术参与，实现由多技术支撑的智能气田新模式。

（4）随着智能应用场景的深化，对数据的依赖程度会加深，未来的智能气田更应该保障数据标准体系的构建和数据质量的把控。

参考文献

[1] 李玥洋、孙一丹、任静思．气藏—井筒—地面一体化模型数据驱动机制研究与应用[J]．天然气勘探与开发，2021，12.

[2] Hafez H，AlMansoori Y，Bahamaish J，et al. Large scale subsurface and surface integrated asset modeling-an effective outcome driven approach[C]//Abu Dhabi International Petroleum Exhibition & Conference，12-15 November 2018，Abu Dhabi，UAE. DOI：https：//doi. org/10. 2118/193049-MS.

[3] Reddicharla N，Bangari P & Konkati S. Increase efficiency of smart field integrated operations through service level management[C]//SPE Annual Technical Conference and Exhibition，26-28 September 2016，Dubai，UAE. DOI：https：// doi. org/10. 2118/181590-MS.

[4] Sierra F，Monge A，Leon S，et al. A real case study：Field development plan evaluations for Oso field[C]//SPE Latin American and Caribbean Petroleum Engineering Conference，18-20 November 2015，Quito，Ecuador. DOI：https：//doi. org/10. 2118/177071-MS.

[5] Al-Enezi BA，Al-Mufarej M，Anthony ER，et al. Value generated through automated workflows using digital oilfield concepts：Case study[C]//SPE Kuwait Oil and Gas Show and Conference，8-10 October 2013，Kuwait City，Kuwait. DOI：https：//doi. org/10. 2118/167327-MS.

[6] 黄万书，倪杰．IPM 气藏生产一体化软件数值模拟研究[J]．石油工业计算机应用，2013，4(2)：13-16.

[7] 黄万书，倪杰，刘维东．马井气藏 IPM 生产一体化数值模拟 研究与应用[J]．天然气技术与经济，2014，8(2)：34-36.

[8] 刘爱华．气藏生产一体化模拟技术在气田开发中的应用[J]．中国石油石化，2017(8)：78-79.

[9] 李桂兰．基于 PI System 的生产实时大数据中心的建设研究[J]．山东化工，2019，48(4)：98-100.

[10] Sierra F，Monge A，Leon S，et al. A real case study：Field development plan evaluations for Oso field[C]//SPE Latin American and Caribbean Petroleum Engineering Conference，18-20 November 2015，Quito，Ecuador. DOI：https：//doi. org/10. 2118/177071-MS.

[11] 朱彦杰，戴宗，匡宗攀，等．油藏管网一体化在气田群联合 开发中的应用[J]．石化技术，2016，23(7)：59-60.

[12] 杜威，邹先霞．数据流窗口语义及查询引擎的实现[J]．北京 工业大学学报，2014，40(7)：1114-1120.

[13] 汤晓勇，王鸿捷，胡耀义．油气企业智能化转型的规划与建设方法研究[J]．天然气与石油，2018，36(1)：96-100

[14] 贾爱林，郭建林．智能化油气田建设关键技术与认识[J]．石 油勘探与开发，2012，39(1)：118-122.

[15] Leo de Best &Frans van den Berg. Smart fields-making the most of our assets[C]//SPE Russian Oil and Gas Technical Conference and Exhibition，3-6 October 2006，Moscow，Russia. DOI：https：//doi. org/10. 2118/103575-MS.

[16] Sierra F，Monge A，Leon S，et al. A real case study：Field development plan evaluations for Oso field[C]//SPE Latin American and Caribbean Petroleum Engineering Conference，18-20 November 2015，Quito，Ecuador. DOI：https：//doi. org/10. 2118/177071-MS.

[17] Rebeschini J, García A, Lima A, et al. Integrated optimization system for short-term production operations analysis[C]// SPE Latin American and Caribbean Petroleum Engineering Conference, 1-3 December 2010, Lima, Peru. DOI: https: //doi. org/10. 2118/138436-MS.

[18] Leo de Best &Frans van den Berg. Smart fields-making the most of our assets[C]//SPE Russian Oil and Gas Technical Conference and Exhibition, 3 - 6 October 2006, Moscow, Russia. DOI: https: //doi. org/10. 2118/103575-MS.

[19] Dursun S, Duman K, Tuna T, et al. A workflow for intelligent data-driven analytics software development in oil and gas industry[C]//SPE Annual Technical Conference and Exhibition, 27-29 October 2014, Amsterdam, The Netherland, DOI: https: // doi. org/10. 2118/170859-MS.

非常规油气资源
智能勘探开发

一种基于密度聚类算法的压裂效果快速评价技术

李思亦　陈文辉　孙学凯　姜黎明　孙　昊

（中国石油集团测井有限公司测井技术研究院，陕西 西安　710076）

摘　要：非常规油气藏的压裂改造是致密储层增产的有效手段，是后续油气田勘探开发的重要环节，目前已逐渐发展至与地质勘探、油藏开发、采油工程等专业相结合的综合技术体系。但由于压裂作业本身的复杂性、动态性及多变性，地层压裂效果的精细评价一直是一项业界的技术难题。本文提出的利用阵列声波测井数据实现压裂效果快速评价的方法，将以线性预测理论为背景的频散分析方法与层级聚类相结合，在密度聚类的过程中同时考虑反演的声波振幅及慢度，人为干预少且自动化程度高，计算时效高，能快速得到对储层压裂改造效果的可视化与量化评价。将其应用于水力压裂作业后的储层评价中，新技术能满足复杂储层压裂评价的需求，快速准确地获取水力压裂的施工位置及压裂改造的规模，拓展了声波测井在地层压裂效果评价中的应用范围。

关键词：非常规储层；阵列声波；频散分析；水力压裂；压裂效果评价

0　引言

近年来，水力压裂技术走过了探索、研究、开发阶段，已经逐步成为一项成熟的技术，压裂效果评价的准确性对于后续各项工作的开展具有重要意义[1-3]。在储层压裂效果评价中，常见的监测技术包括井下微地震、测斜仪、井温测井、井下电视、放射性同位素示踪测井、电测井及化学示踪测井等。1962 年，微地震监测技术的概念被提出[4]，1976 年美国著名的国家实验室桑地亚国家实验室(Sandia National Laboratory)在 Wattenberg 油田做了大量工作，试验用地面地震观测的方式记录水力压裂诱发微震[5]。1966 年，Agnew 等提出可以利用关井测井曲线的温度异常来确定水力压裂裂缝高度，通过测量井筒温度剖面，实现生产井的动态评价[6]。Rahim 等(2001)及 Orozco 等(2012)分别在砂岩和碳酸盐岩地层通过不同水力压裂阶段带有示踪剂的支撑物放射性测量来判断压裂后裂缝的几何形状[7-8]。Saldungaray 等(2012)研究了非常规储层压裂后复杂的裂缝形态，发现其最佳的裂缝形态取决于裂缝长度、宽度和渗透率[9]。Gu 等(2014)对页岩水力压裂后的有效性进行研究，分析验证了裂缝导流性的影响因素[10]。然而，现有的裂缝监测方法在裂缝评价方面各有优势，同时也各自有局限性。基于地震资料开展的压裂效果评价分辨率较低，利用井温、产液剖面、生产动态资料等压裂监测技术可以定性评价压裂裂缝，但不适用非均质性强的非常规储层；传统的放

作者简介：李思亦，女，硕士研究生，中级工程师，主要从事声波测井理论方法、数据处理等，中国石油集团测井有限公司，陕西省西安市高新区锦业二路丈八五路 50 号。E-mail：lisiyi_0312@163.com。

射性测量法存在压裂层段定位不准、环境污染等局限性；利用正交偶极各向异性反演评价压裂缝高度的方法直观准确[11-12]，但其不仅会受压裂缝网形态、地层相对于井眼的角度等影响，且对输入参数敏感，通常只适用于造缝具有明显主缝特征的模式，无法精细准确地刻画体积压裂网状缝的压裂改造效果。地层波速的频散及衰减分析是阵列声波测井领域的关键技术之一，可用于地层岩性评价、各向异性分析、岩石力学、裂缝有效性分析等诸多领域[13]。时差-频率投影曲线法(SFA)在频散分析的方法原理上，将频率投影到时差轴，计算结果能够有效反映整个阵列接收器的传播特征，准确提供关于岩性、裂缝等地层特征信息。

本文将以线性预测理论为背景的频散分析方法与层级聚类相结合，利用阵列声波测井数据有效实现了地层压裂效果的快速评价，针对压裂井中软地层过渡及复杂噪声引起的干扰问题，在三次迭代内实现高分辨率频散曲线的有效提取。在实例处理中，将该方法应用于中国西部某砂岩储层，通过交叉偶极的测井数据推断地层声速，实际处理结果可以分辨出水力压裂造成的地层横波速度变化，且与生产结论吻合较好，证实了该方法在地层压裂效果评价中的有效性和准确性。

1 阵列声波测井的频域方法

假设时间域的声波测井波形进行傅里叶变换后的频谱是由一系列传播的声波振型所组成[14]：

$$\widetilde{X}_n(\omega) = \sum_{k=1}^{p} h_k z_k^{n-1} = \sum_{k=1}^{p} h_k \exp(-i\omega s_k d)^{n-1} \quad n = 1, 2, \cdots, N \tag{1}$$

式中，ω 为角频率；$s_k(\omega)$为慢度谱；$h_k(\omega)$为第 k 个振型的振幅；p 为振型的个数；N 为接收器个数；d 为接收器的间隔。

对于给定的频率，计算所有振型的慢度$s_k(\omega)$($k=1, 2, \cdots, p$)，设最小二乘误差函数为：

$$\rho = \sum_{n=1}^{N} [X_n(\omega) - \widetilde{X}_n(\omega; s_1, s_2, \cdots s_p)]^2 \tag{2}$$

对于该非线性最优化问题的求解，引入以下的多项式特征方程：

$$\prod_{k=1}^{p}(z - z_k) = \sum_{m=1}^{p} a_m z^{p-m} = a_0 z^p + a_1 z^{p-1} +, \cdots, + a_p z^0 = 0 \tag{3}$$

联立式(1)和式(3)，可以得到：

$$\sum_{m=0}^{p} a_m X_{n-m}(\omega) = 0 \tag{4}$$

或，

$$\widetilde{X}_n(\omega) = -\sum_{m=1}^{p} a_m X_{n-m}(\omega) (p+1 \leqslant n \leqslant N) \tag{5}$$

公式(5)是阵列声波测井信号进行线性预测的基础，任何一个接收器记录的波形信号都可以从其他接收器波谱的线性组合来预测，其计算过程分为以下几步：

① 假定实测信号的频谱密度为 $X(\omega)$，该信号有 p 个振型，对于给定的频率，通过 $X(\omega)$ 及式(5)可求出系数 $a_m(m=1, 2, \cdots, p)$；

② 将 a_m 代入方程(3)，求解多项式特征方程的根；

③ 根据 $z_k=\exp(-i\omega s_k d)$ 进一步求取各振型的慢度值；

④ 对于已知的慢度值，对方程(1)进行最小二乘求解，计算各振型的振幅 h_k。

2 阵列波形频散曲线的高精度提取

2.1 基于密度的空间聚类算法

现有应用较为广泛的频散分析方法[15]可以有效计算井中不同声波振相的传播速度及衰减，但由于受到噪声干扰及参数估计算法本身的稳定性差等影响，结果的分辨率和稳定性无法保证，不能解决准确性问题。

聚类算法目前已被广泛应用于数据分析和挖掘中，基于密度的空间聚类算法将集群定义为由低密度区域分隔的高密度区域，可通过建模将给定测井数据自动聚成不同的簇或类，实现数据的简化和规整[16-17]。本文将以线性预测理论为背景的频散分析方法与层级聚类相结合，在密度聚类的过程中同时考虑反演的声波振幅及慢度，给定迭代运算的初始(邻域半径)和(邻域半径内最少数值点)，重复进行频散数据集的层级聚类，实现有效慢度点及噪声点的自动分类：

$$\begin{cases} D_z(c) \geqslant \text{MinPts} \\ e \notin D_k(c) \end{cases} \tag{6}$$

式中，c 为频散数据集聚类后任意的有效慢度散点；e 为噪声点；$MinPts$ 为邻域半径内最少数值点(图 1)。

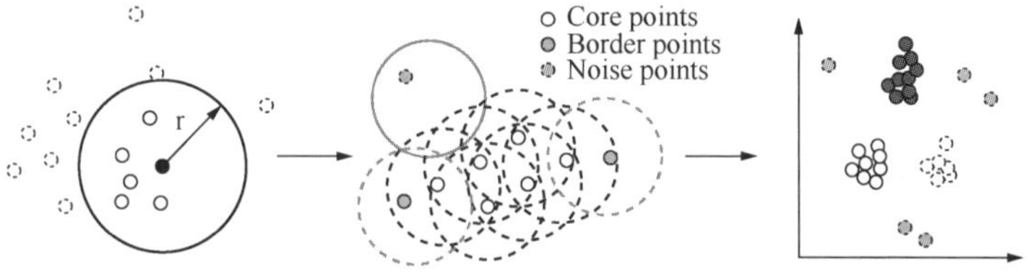

图 1　DBSCAN 算法中核心点、边界点及噪声点的识别

2.2 实测频散曲线的高精度提取

对于实测数据中二维频散曲线分辨率不高的问题，可以通过改变邻域半径参数的方式去除频散曲线中的无效慢度值。图 2 为单深度点频散曲线的高精度提取结果图，图 2(a)和图 2(b)分别为原始的频散曲线提取结果和一次分割及簇提取后的处理结果，图 2(c)和图 2(d)分别为层级聚类及簇提取后的处理结果和单深度点频散曲线高精度处理结果。从处理结果来看，层级聚类后的频散曲线可以完成有效慢度点及噪声点的自动分类，进一步提升了频散处理结果的分辨率。

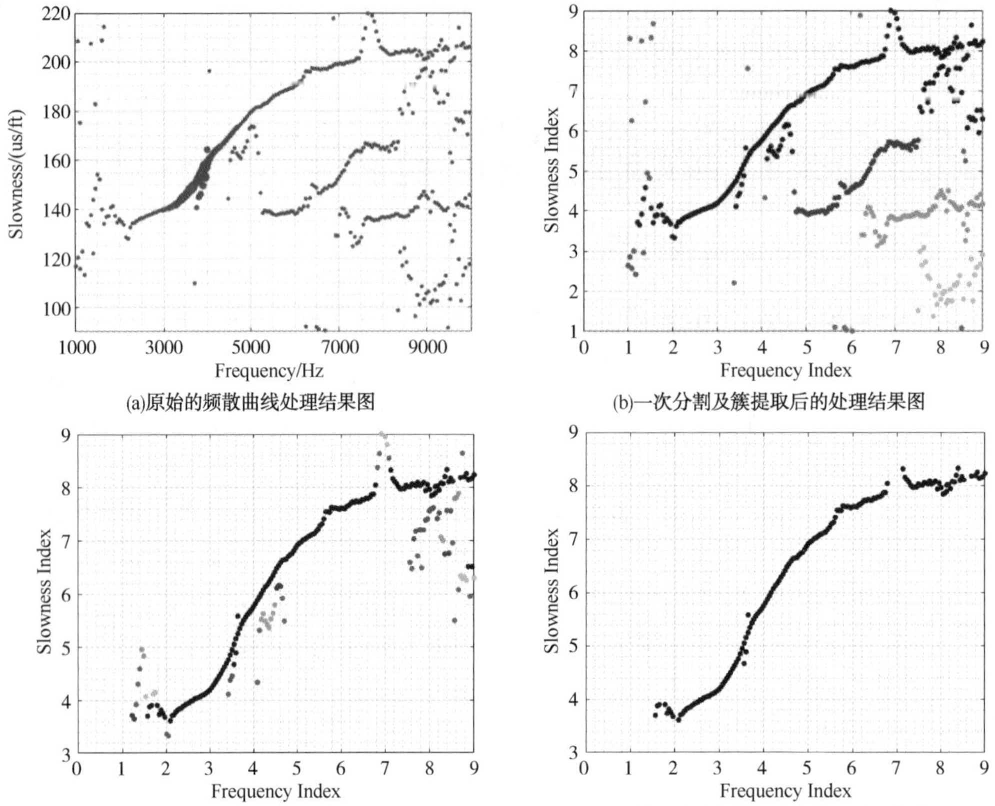

(a)原始的频散曲线处理结果图　(b)一次分割及簇提取后的处理结果图

(c)层级聚类及簇提取后的处理结果图　(d)单深度点频散曲线高精度处理结果图

图 2　单深度点的频散曲线处理结果图

3　中国西部某盆地现场应用实例

3.1　页岩油储层地层压裂效果评价

油井 A 所处地区储层岩性以碳酸盐岩及细粒碎屑岩等过渡性岩类为主，岩性复杂多变甜点厚度薄、埋深相对较大，流动性差，天然裂缝欠发育。压裂时会在井壁周围及井壁外地层形成网状缝，常规横波各向异性评价法受井壁条件干扰较大[18-20]。图 3 为该地层压裂效果评价方法在二次水力压裂井中的应用实例，将目标深度段的声波波形曲线进行频散分析，在层级聚类的过程中同时考虑反演的声波振幅及慢度，逐步区分和提取地层横波的频散特征。

图 3 所示为 A 井 X550m-X575m 水力压裂前、后的阵列声波 SFA 成果对比图，其中水力压裂作业井段 X552-X563m 的处理结果中，裸眼井和第一次压裂作业后的 SFA 结果中横波慢度散点出现了大幅分离，而第一次压裂和第二次压裂作业后的 SFA 形态特征基本吻合；表明第一次压裂作业后地层已被压开且形成了复杂的裂缝结构，其时差分布范围的变化程度与压裂程度呈正比关系，与生产结论相吻合。新技术有效克服了软地层过渡及复杂噪声引起的干扰问题，进一步扩大了声波测井在复杂储层压裂效果评价中的应用范围。

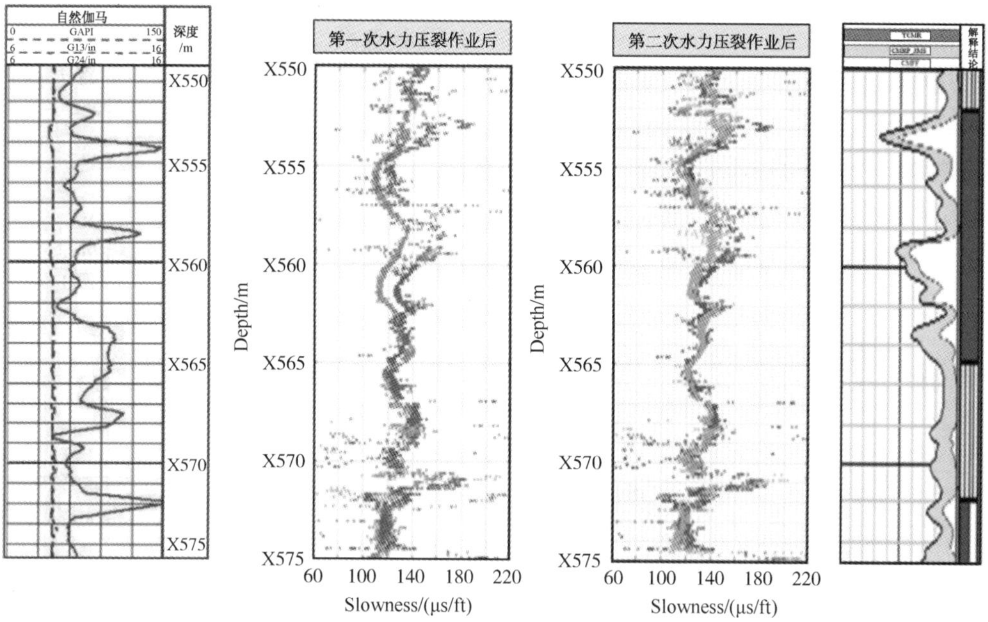

图 3 A 井 X550m—X575m 水力压裂前、后的阵列声波 SFA 成果对比图

3.2 砂岩储层地层压裂效果评价

油井 B 位于中国西部某盆地，目的层段井旁构造较为稳定，裂缝多为闭合缝，张开缝多表现为局部缝面张开特征[21-23]，所处地区最大水平主应力方向为北东-南西向。水平井钻井方向垂直于最大水平主应力方向，与开启缝或高导缝的主要走向近平行，沿钻井方向钻遇的开启缝数量较少，通过后期压裂施工，压裂缝如果垂直钻井方向延伸，会沟通较多的天然开启缝[24-27]。

传统的时间慢度相干法是有效且可靠的，但在压后非均质储层评价中不能准确获取储层特征，无法满足复杂储层压裂评价的需求。而通过时差频率投影可以有效确定压后储层的横波时差，图 4 所示为 B 井 X586m-X660m 水力压裂前、后的阵列声波 SFA 成果对比图，图中第 1 道为自然伽马和井径的曲线图，第 2 道为裸眼井的 SFA 结果对比图，第 3 道为水力压裂作业后的 SFA 结果对比图，第 4 道为压裂前后 SFA 投影图低频边界的时差值对比图。对比 B 井目标深度段 X586-X617m、X635-X660m 压裂作业前、后的处理结果可以看出，将频散曲线投影到时差轴，上部井段压裂后偶极子弯曲波的低频边界值要明显低于裸眼井，对比下部井段其时差对比曲线图出现较大的包络面积，表明上部井段的压裂效果要优于下部井段，与实际生产结论相吻合，证实了该技术在近井地质评价中的有效性和准确性。

4 结论

目前针对频域的阵列声波测井处理方法已经广泛地应用在了现场实测数据的研究工作中，但对于经压裂改造后的复杂非均质储层，各种方法的性能和在现场的应用效果尚有不足，在阵列声波测井领域依然缺乏实用性强、可靠性高的地层压裂效果评价方法。本文针对目前非常规油气领域的阵列声波分析方法在地层压裂效果评价中面临的分辨率不足与稳定性不高等问题，将声波频散分析方法与层级聚类相结合，在聚类分析的过程中同时考虑反演的声波振幅及慢度，人为干预少且自动化程度高，计算时效高，能快速得到对储层压裂改造效果的可视化与量化评价。将其应用在我国西部盆地页岩油、砂岩等地层的压裂效果评价中，对声学特征中蕴含的地层信息进行深入分析，进一步拓展了阵列声波、数字声波等测井仪器在非常规油气开发中的可适用范围。得到以下结论：

（1）将以线性预测理论为背景的频散分析方法与层级聚类算法相结合，在三次迭代内实现高分辨率频散曲线的有效提取，能够准确分辨出压裂造成的地层变化，具有较高的分辨率和运算效率。

（2）对于中国西部某盆地的油井改造实例表明，该技术可以实现地层压裂效果的快速评价，精细描述压裂作业后地层的改造效果，为储层改造新思路指明方向，显著提升油气田的开发效益。

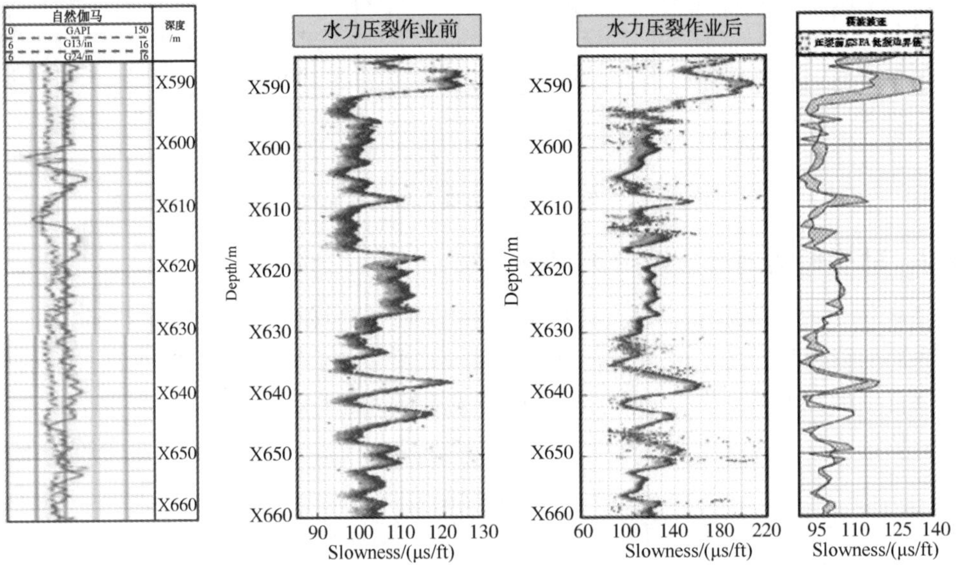

图4 B井X586m—X660m水力压裂前、后的阵列声波SFA成果对比图

参考文献

[1] 赵振峰，王文雄，徐晓晨，等．鄂尔多斯盆地海相深层页岩气压裂技术[J]．石油钻探技术：1-18.

[2] 庞正炼，邹才能，陶士振，等．中国致密油形成分布与资源潜力评价[J]．中国工程科学，2012，14(07)：60-67.

[3] 童晓光，郭建宇，王兆明．非常规油气地质理论与技术进展[J]．地学前缘，2014，21(01)：9-20.

[4] Milkereit B，Adam E，Banerjee D et al. Continuous 3D Seismic Reservoir Monitoring－A Modeling Study [J]．CESG Geophysics. 2002.

[5] H R Hardy Frederick，W Leighton. Acoustic emission-microseismic activity in geologic structures and materials [J]．Proceedings of the Fourth Conference Held at The Pennsylvania State University，University Park，Pennsylvania，1985.

[6] B. GAgnew. Evaluation of Fracture Treatments With Temperature Surveys[J]．SPE1287，1966：892-898.

[7] Zillur Rahim, and Mohammed Y. Al-Qahtani. Using Radioactive Tracer Log, Production Tests, Fracture Pressure Match, and Pressure Transient Analysis to Accurately Predict Fracture Geometry in Jauf Reservoir, Saudi Arabia. SPE71650, 2001

[8] R. Camilo Orozco, O. Melo Narcizo, J. V. Ulloa, et al. Mechanical diverter in stimulation treatments with coiled tubing evaluated with radioactive tracers in carbonate reservoirs[J]. SPE152943, 2012

[9] Pedro Saldungaray, Terry T. Palisch. Hydraulic fracture optimization in unconventional reservoirs [J]. SPE151128, 2012

[10] M. Gu, K. K. Mohanty. Effect of foam quality on effectiveness of hydraulic fracturing in shales [J]. International Journal of Rock Mechanics & Mining Sciences 70(2014)273-285

[11] 张卫刚，王秋霞，赵振兴，等．过套管偶极横波技术在压裂效果评价中的应用[J]．物探与化探，2014，38(4)：764-768

[12] 窦伟坦，侯雨庭．利用偶极声波测井进行储层压裂效果评价[J]．中国石油勘探，2007(3)：58-63.

[13] 唐晓明，郑传汉．定量测井声学[M]．北京：石油工业出版社，2004.

[14] Prony R D. Essai experimental et analytique[J]. Journal of Ecole Polytech, 1795, 1(3)：

[15] Ekstrom M P. [1995] Dispersion estimation from borehole acoustic arrays using a modified matrix pencil algorithm. Signals[M]. Systems and Computers, 1995. 1995 Conference Record of the Twenty-Ninth Asilomar Conference on.

[16] Ester M, Kriegel H P and Sander J. [1996] A density-based algorithm for discovering clusters in large spatial databases with noise[M]. AAAI Press.

[17] Mac Queen J. [1967] Classification and analysis of multivariate observations. 5th Berkeley Symp [M]. Math. Statist. Probability.

[18] 张衍君，邹易，董正亮，等．页岩油储层压裂井间干扰条件下受干扰井排采特征——以吉木萨尔页岩油储层为例[J]．石油钻采工艺，2023，45(01)：108-115.

[19] 夏娜．页岩油储层压裂改造[J]．化学工程与装备，2022(03)：47-48.

[20] 黄嘉林，刘德华，商玉锋等．页岩储层压裂体积规模监测方法研究进展[J]．辽宁化工，2022，51(05)：662-666.

[21] 庞雄奇．中国西部叠合盆地深部油气勘探面临的重大挑战及其研究方法与意义[J]．石油与天然气地质，2010，31(05)：517-534+541.

[22] 陈永武，何文渊．中国西部含油气盆地石油地质条件的主要认识和勘探方向[J]．石油学报，2004(06)：1-7.

[23] 张莉．中国北方典型(特)低渗透砂岩油藏储层裂缝研究[D]．西北大学，2001.

[24] 蔡文斌，李兆敏，张霞林等．低渗透油藏水平井压裂理论及现场工艺探讨[J]．石油勘探与开发，2009，36(01)：80-85.

[25] 曾凡辉，郭建春，苟波，等．水平井压裂工艺现状及发展趋势[J]．石油天然气学报，2010，32(06)：294-298.

[26] 曲占庆，赵英杰，温庆志，等．水平井整体压裂裂缝参数优化设计[J]．油气地质与采收率，2012，19(04)：106-110+118.

[27] 姜晶，李春兰，杨敏，等．低渗透油藏压裂水平井裂缝优化研究[J]．石油钻采工艺，2008(04)：50-52.

基于机器学习的深层页岩气压裂参数优化

杨　苏　慈建发　穆轲帆　王峻峰

（中国石化西南油气分公司石油工程技术研究院，四川 德阳　618000）

摘　要：我国现有压裂理论与技术体系难以支撑深层页岩气效益开发，存在压后产能偏低、复杂情况频发等问题。以机器学习为手段的大数据分析方法，相比传统数据分析方法，强调全数据一体化的理念，能够更好地关联纷繁复杂的不同类型的现场数据，洞察潜藏在其中的规律。本文以威荣气田深层页岩气数据为研究基础，全面搜集了地质、工程、生产等多个方面的信息，开展了基于5种算法的产能与复杂情况主控因素识别及分析，确立了数据指标体系，建立了基于10种机器学习算法的产能与复杂情况预测模型，对比了模型的准确度，并用3种求解算法进行了以追求产能最优和减少复杂情况发生概率的双目标下的压裂参数优化。研究结果表明：(1)影响产能的压裂主控因素为段簇参数和规模参数，复杂情况受段簇参数影响，此外套变还受到储层岩石力学特征的影响。(2)预测模型建议选择集成投票法、GradientBoost法等集成学习算法，可以在样本量较少的情况下达成较好的准确度。(3)追求产能最优和减少复杂情况发生概率双目标下的压裂参数优化求解算法推荐DE算法。

关键词：深层页岩气；压裂参数优化；大数据分析；机器学习；预测模型

0　引言

经过十余年页岩气压裂理论与工程实践创新，我国现有页岩气压裂理论与技术体系，能够有效支撑3500m以浅页岩气规模效益开发，但深层页岩气(3500m以深)的开发上仍面临诸多问题和挑战[1,2]。深层页岩气储层普遍具有温压高、地应力高、天然裂缝发育复杂等特征，压裂施工难度大[3]，气井EUR难以达到效益开发的要求。产能偏低一方面受限于压裂改造体积偏小，另一方面在很大程度上受到了套变、压窜等复杂情况的影响[4]。为提升气井产能，需要在提升改造效果的同时，尽可能减少复杂情况带来的消极影响。复杂情况的发生会影响改造效果，提升改造强度可能加剧复杂情况严重程度。追求改造效果与预防复杂情况相互影响，在解决措施上又存在矛盾，如何明确各自的主控因素以及两者之间真正的关系是找到全局最优压裂参数的关键。影响气井压后产能的影响因素众多，传统的数据分析方法难以有效识别主控因素并提取数据间的相关关系。引入大数据方法来实现主控因素的量化排序，并通过机器学习的手段获取指标与因素间的非线性拟合关系，从而为达成提升产能与预防复杂情况双目标下的全局最优压裂参数提供了解决方法。

作者简介：杨苏，男，博士研究生，中石化西南油气分公司石油工程技术研究院主任师，工程师，主要从事油气藏增产改造理论与技术研究，主要方向是压裂数值模拟研究。通信地址：四川省德阳市旌阳区龙泉山北路298号。E-mail：yangsusinopec1987@hotmail.com。

目前国内外油田大数据分析研究主要为围绕机器学习的各类数据挖掘和模式识别方法。与传统数据统计方法相比，基于机器学习等人工智能算法的大数据分析方法，可以有效地关联各种无法使用物理或数学等机器模型制定的现场数据，并提取有洞察力的信息。在压裂领域，前人围绕以机器学习为主要手段的大数据分析方法研究集中在产能预测与压裂参数优化等方面。

产能主控因素识别及分析是建立产能预测模型的前提。柴艳军[5]运用灰色关联分析方法，研究产量与地质、工程相关的12个影响因素的关联性，确定影响页岩气水平井产量的主要地质因素。商永涛[6]基于随机森林算法分析了影响水平井压裂效果的主控因素，分析了各项特征参数与最终可采储量之间的关系。曾凌翔[7]采用灰色关联分析法通过计算压裂参数与产能关联度来提取主控因素，为生产动态数据拟合及预测明确了压裂优化设计方向。纪磊[8]搭建了以主控因子为主体的决策树模型，采用偏依赖图分析了压后高产的主控因素，为建立基于随机森林算法的产能回归模型优选了压裂主体参数。

前人开展了基于多种机器学习算法的产能预测模型研究。蒋文超[9]针对大庆油田油井压裂效果预测方法不确定性大、精度低的问题，对压裂效果与地质、工程、生产参数的相关性进行了分析，采用支持向量机、LightGBM等4种算法对油井压裂效果进行了预测。马先林[10]通过人工神经网络、支撑向量机和梯度提升树等机器学习产能预测模型直接挖掘数据内部规律，并利用SHAP方法对机器学习模型进行了全局和局部解释。马天赐[11]提出了基于大数据和机器学习算法的多因素时间序列产能预测模型，同时实现了实时预测和反馈预测。Xiao[12]等人采用径向基函数、K近邻模型和多层感知器3种监督ML模型，模拟了多级压裂水平井裂缝参数与页岩气产能的关系。何雅雯[13]采用灰色关联分析、正交实验设计、递减曲线分析等方法分析了产能与影响因素的相关性，以现场数据为样本建立了基于随机森林、神经网络回归、线性回归、岭回归、梯度提升决策树、支持向量机回归等六种算法的机器学习模型。吴华[14]采用Pearson相关系数法分析了产量与影响因素之间的关系，并用主成分分析法计算了各因素的权重，建立了基于BP神经网络、XGBoost等6种机器学习算法的产量预测模型。王忠东[15]定义了用于评价页岩气水平井产能的表征参数，建立了W地区页岩气水平井产能预测的神经网络模型。Sungil Kim[16]提出应用统计学生成测井数据，采用集成机器学习算法预测了马塞勒斯页岩油藏的油井产能；Chen[17]基于长短期记忆(LSTM)神经网络，建立了页岩气水平井体积压裂产能预测模型。

部分学者在产能预测模型的基础上进一步开展了压裂参数优化研究。马俊修[18]选取地质工程中16个影响因素，采用随机森林算法确定了压后产能主控因素，建立了遗传算法优化的逆传播算法神经网络产能预测模型，对水平井压裂参数进行了优化设计。王少英[19]基于智能计算的压裂施工参数优化方法，在搜集分析了大量地质、压裂、产能数据的基础上，优选出了储层参数、岩石力学参数、压裂施工参数及产能参数，建立了用于裂缝模拟的神经网络专家组与用于产能模拟的神经网络专家组，并采用了遗传算法来优化压裂施工参数。

结合前人研究，本文借助大数据分析全数据一体化的理念，在全面搜集地质、工程、生产数据的基础上，开展了产能与复杂情况的主控因素识别，建立了多种算法下的产能及复杂情况预测机器学习模型，进行了以产能值最大和减少复杂情况发生概率双目标下的全局最优压裂参数优化研究，力求在预防复杂情况的同时尽可能提升产能。

1　产能及复杂情况主控因素识别

1.1　数据采集

以我国首个探明并规模开发的深层页岩气田威荣气田[20]数据为研究基础，结合压裂工程理论与实践，对研究所需的气井地质、工程、生产数据做全面搜集，通过数据清洗和手工整理的手段筛选出数据齐全、特征性强的 88 口井优质数据作为研究样本，如表 1 所示。每口井有 68 个指标数据，包含 EUR、TOC、含气量、孔隙度、脆性矿物含量、裂缝发育程度、弹性模量、水平应力差值、平均簇间距、用液强度、加砂强度、最大排量、平均段长、全烃显示、破裂压力等参数。

表 1　研究样本中部分数据

井号	EUR/10^8m^3	TOC/%	含气量/(m^3/t)	孔隙度/%	裂缝发育程度	弹性模量/GPa	水平应力差值/MPa	平均簇间距/m	用液强度/(m^3/m)
A1	0.77	3.10	5.20	3.41	5.33	26.06	12.51	26.89	24.42
A2	0.73	4.60	4.32	6.11	5.33	48.86	15.23	12.49	26.65
A3	1.08	3.46	3.47	5.60	3.00	28.01	14.89	10.31	27.29
A4	1.22	3.90	5.13	5.09	5.33	42.40	13.49	10.40	26.30
A5	0.66	4.08	4.28	6.09	9.50	26.17	13.50	12.94	24.19
A6	0.87	4.29	6.49	5.89	5.80	26.87	13.77	12.70	22.26
A7	0.77	6.01	7.51	5.99	3.80	25.13	13.19	12.52	30.22
A8	0.77	5.07	6.52	6.56	3.10	25.49	13.40	12.91	28.79
A9	0.88	4.38	5.07	5.53	6.10	27.22	13.88	13.17	23.45
A10	0.70	4.39	5.18	5.05	6.10	25.76	13.33	13.20	23.06
A11	0.92	8.77	7.99	7.26	4.10	21.21	11.87	12.20	35.74
A12	0.90	7.04	8.22	6.18	3.40	23.95	14.52	12.10	32.83

1.2　产能及复杂情况主控因素识别

针对深层页岩气开发特点，优选 Pearson 相关性分析、灰色关联分析、基于互信息的关联分析、Apriori 关联分析及基于嵌入式的关联分析等 5 种主控因素分析方法，进行了产能及复杂情况主控因素识别，其中产能指标选择评估值(无阻流量、EUR)和实测值(180 天累产气)。

以 3 种产能指标为目标，基于 5 种算法开展了主控因素排序，3 种及以上算法识别出的主控因素进行了加粗处理，结果如表 2 所示。以无阻流量为产能指标的主控因素为实际簇数、总砂量、分簇密度、全平均簇间距及垂深中值。以 EUR 为产能指标的主控因素为分簇密度、总砂量、全平均簇间距、综合砂比、优质储层钻遇率及实际簇数。以 180 天累产气为产能指标的主控因素为全平均簇间距、总砂量、综合砂比、垂深中值及优质储层钻遇率。对比各指标主控因素的差异和共性，可以看出，产能主要受到地应力、钻完井、压裂、排采的综合影响，其中压裂主控因素为段簇参数和规模参数。

表 2　产能主控因素分析结果

<table>
<tr><th>产能指标</th><th>排序靠前主控因素
（加粗部分代表 3 种及以上算法识别出）</th><th>共性</th><th>差异</th></tr>
<tr><td>无阻流量</td><td>实际簇数，总砂量，分簇密度，全平均簇间距，垂深中值，加砂强度，高粘用量，A 靶垂深，杨氏模量，综合砂比，段间距平均，孔隙度，排液油嘴平均</td><td rowspan="3">地应力条件：最大主应力
钻完井参数：优质储层钻遇率、垂深中值、A 靶垂深
压裂段簇参数：实际改造段总长、实际簇数、分簇密度、全平均簇间距
压裂规模参数：总砂量、加砂强度、综合砂比、胶液用量
排采参数：排液油嘴平均、返排率</td><td rowspan="3">高粘用量，杨氏模量，缝口暂堵涨压，孔隙度，施工排量，40～70 目，段间距平均、实际改造段总长</td></tr>
<tr><td>EUR</td><td>分簇密度，总砂量，全平均簇间距，综合砂比，优质储层钻遇率，实际簇数，加砂强度，优质储层钻遇率，胶液用量，返排率，垂深中值，最大主应力，A 靶垂深</td></tr>
<tr><td>180 天累产气</td><td>全平均簇间距，总砂量，综合砂比，垂深中值，优质储层钻遇率，加砂强度，施工排量，实际改造段总长，全平均簇间距，40～70 目，排液油嘴平均，胶液用量，最大主应力，返排率</td></tr>
</table>

开展基于 5 种算法的复杂情况主控因素识别，结果如表 3 所示。以压窜为目标，3 种及以上算法识别出来的因素为实际暂堵段、正常暂堵段比例。以套变为目标，3 种方法及以上识别出来的因素为正常暂堵比例。由于复杂情况与压裂参数相互影响，互为因果，套变压窜必然会影响暂堵参数，因此暂堵参数不适合被认定为主控因素。此外，压窜受到实际分段数，全平均簇间距的单向影响，套变受到 Ca、杨氏模量、力学脆性指数、全平均簇间距及 Si 的单向影响。综合评价，压窜套变均受到段簇参数影响，此外套变还受到储层岩石力学特征参数的影响。

表 3　复杂情况主控因素分析结果

产能指标	排序靠前主控因素（加粗部分代表 3 种及以上算法识别出）
压窜	**实际暂堵段，正常暂堵段比例**，实际改造段，实际分段数，全平均簇间距，入地总液量，孔隙度，综合砂比，最高砂比，施工排量，100～200 目，Ca，胶液用量，实际分段数，正常暂堵投球比例范围
套变	**正常暂堵比例**，压裂液总量，施工排量，实际分段数，实际改造段，100～200 目，Ca，杨氏模量，力学脆性指数，最高砂比，用液强度，全平均簇间距，Si

由于产能与复杂情况受到钻完井、压裂、排采全生命周期各因素的综合影响，为了挖掘数据中潜藏的信息，其中的非线性关系需要尽可能完整保存。因此，将无阻流量、EUR、180 天累产气作为产能指标，根据数据的一致性、相关性、可调性、差异性进一步优选 56 项产能影响因素，建立压裂工程大数据分析指标体系（如图 1 所示），开展接下来的模型研究。

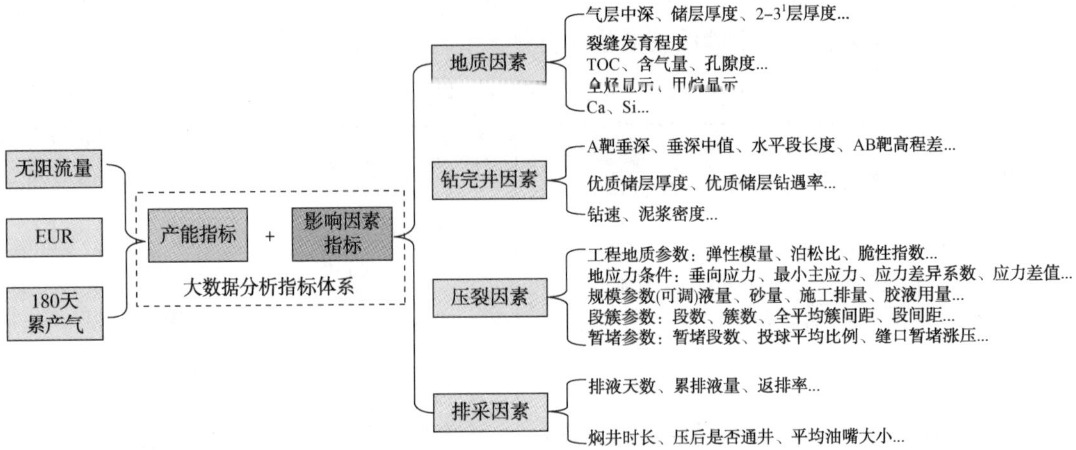

图1　数据指标体系示意图

2　产能与复杂情况预测模型

建立基于多项式回归算法、支持向量机算法、随机森林算法、决策树算法等10种算法的机器学习模型，并通过现场数据进行模型验证。采用80%的样本数据进行模型训练，采用20%的数据进行模型验证。

2.1　产能预测

以产能指标为输出变量、影响因素为输入变量，建立机器学习回归模型，进行产能预测，建模公式如下：

$$Y=f(X_1, X_2\cdots, X_n) \tag{1}$$

式中，Y表示产能，包括无阻流量、EUR及180天累产气量；X_i表示影响因素；f表示回归模型。

综合对比表4中各模型训练及测试准确率，基于集成投票法的机器学习模型拟合效果最好。集成投票法在预测EUR和无阻流量时训练准确率和测试准确率均最高，预测累产气时略逊于极限随机树法。GradientBoost法与极限随机树法训练准确率最好，但是测试准确率综合表现不及集成投票法。

表4　产能预测机器学习模型拟合结果

	EUR		无阻流量		180d累产气	
	训练R^2	测试R^2	训练R^2	测试R^2	训练R^2	测试R^2
多元线性回归	−5.341	−57.832	0.804	−23.418	1.0	0.170
支持向量机	0.571	0.134	0.925	−1.00	−3.519	−3.018
决策树	1.0	0.436	1.0	−0.553	1.0	0.723
额外树	1.0	−0.085	1.0	0.089	1.0	0.722
AdaBoost	0.931	0.408	0.924	0.589	0.994	0.721
GradientBoost	0.999	0.577	0.999	0.266	0.999	0.784
Bagging	0.889	0.405	0.773	−0.271	0.917	0.722

续表

	EUR		无阻流量		180d 累产气	
	训练R^2	测试R^2	训练R^2	测试R^2	训练R^2	测试R^2
随机森林	0.908	0.407	0.858	0.382	0.894	0.726
极限随机树	1.0	0.537	1.0	0.327	1.0	0.825
集成投票法	0.960	0.698	0.966	0.730	0.999	0.814

2.2　复杂情况预测

以复杂情况是否发生为因变量、影响复杂情况的因素为自变量，基于负对数似然损失函数建立以预防复杂情况为目标的机器学习分类模型如下：

$$Y=f(X_1,\ X_2,\ \cdots,\ X_n) \tag{2}$$

式中，Y 表示压窜、套变是否发生；X_i 表示影响因素；f 表示回归模型。

以识别压窜与套变为目标，建立多个算法下的压窜与套变识别机器学习模型，对比表 5 中各模型准确率，GradientBoost 法、集成投票法识别压窜效果最好。集成投票算法在识别套变上显著优于其他算法。这是因为集成投票法、GradientBoost 算法属于集成学习算法，在样本量较少的情况下，可以实现弱学习器的集成，进而综合利用样本属性的多样性，提高拟合和预测的精度。此外，套变比压窜测试准确率低，这是因为套变影响因素更加复杂，受到天然裂缝，地应力分布，套管材料等因素的综合影响。

表 5　复杂情况预测机器学习模型拟合结果

	压窜		套变	
	训练R^2	测试R^2	训练R^2	测试R^2
支持向量机	0.92	0.88	0.71	0.83
决策树	1.0	0.88	1.0	0.5
额外树	1.0	0.83	1.0	0.77
AdaBoost	1.0	0.94	1.0	0.77
GradientBoost	1.0	0.98	1.0	0.66
Bagging	0.98	0.83	0.94	0.61
随机森林	1.0	0.88	1.0	0.72
极限随机树	1.0	0.94	1.0	0.77
集成投票法	1.0	0.97	1.0	0.90

3　压裂参数优化

结合体积压裂现场实际作业需求，需要在兼顾预防复杂情况的同时尽可能追求产能。因此，本文开展追求产能最优和减少复杂情况发生概率双目标下的压裂全局最优参数优化。

3.1　模型设计

结合压裂原则与机理，根据因素对产能及复杂情况的影响，将因素影响分为三类：积极影响、消极影响及混合影响。建立以产能值最大和复杂情况发生概率最低为双目标的最优化模型。

$$\min\alpha\frac{1}{n}\sum_{i=1}^{n}f_i(X,\ \theta^i)p_i(X,\ \theta^i)-\beta g(X,\ \theta) \tag{3}$$

$$s.t.\begin{cases}\underline{x}_1\leqslant x_2\leqslant\overline{x}_1\\ \underline{x}_2\leqslant x_2\leqslant\overline{x}_2\\ \vdots\\ \underline{x}_n\leqslant x_n\leqslant\overline{x}_n\end{cases} \tag{4}$$

式中，$\alpha=0.6$；$\beta=0.4$；$f_i(X,\ \theta^i)$为复杂情况是否发生；$p_i(X,\ \theta^i)$为复杂情况发生概率；$g(X,\ \theta)$为预测产能；X为压裂可优化参数，包括簇间距、用液强度、加砂强度、施工排量、平均段长等；θ表示静态参数，包括优质储层厚度、优质储层钻遇率、最大主应力、最小主应力、TOC、含气量、孔隙度、全烃等。

此外，需要对模型进行机理约束，从而更好地符合压裂原则，实现数据与机理双驱动下的参数优化。正则化方法与机理约束相结合的方法是在保证优化模型实现优化目标的前提下，提升模型优化合理性与可靠性的有效方法。在数据驱动的优化模型的基础上，基于最优化理论，建立引入机理约束的优化模型。

$$\max f(X,\ \theta)+\sum_{i=1}^{n}g_i(x_i) \tag{5}$$

$$s.t.\begin{cases}\underline{x}_1\leqslant x_2\leqslant\overline{x}_1\\ \underline{x}_2\leqslant x_2\leqslant\overline{x}_2\\ \vdots\\ \underline{x}_n\leqslant x_n\leqslant\overline{x}_n\end{cases} \tag{6}$$

式中，$g_i(x_i)$表示因素x_i对应的机理约束且$g_i(x_i)=\|x_i-x_i^*\|_2^2$，$x_i^*$表示因素$x_i$对应的约束条件值。$X$为压裂可优化参数，$\theta$表示静态参数。

基于机器学习理论，结合油气田人工智能算法调研，本文采用遗传优化算法（GA）、粒子群优化算法（PSO）及差分进化算法（DE）三种算法对模型进行求解。

3.2 实例计算

选取发生压窜的S1井作为算例，进行预防压窜追求产能双目标下的压裂参数优化。参数区间设置为用液强度22~25m^3/m，加砂强度1.5~2.0m^3/m，施工排量14~16m^3/min，簇间距7.5~8.5m，导入机理规则，约束参数间的相互影响关系。

如表6所示，经过优化后，压裂参数调整到了预设区间内的更加合理的值，三种算法里，DE算法提升产能幅度最大。以无阻流量为产能指标时，在降低压窜概率同时大幅提升产能。以EUR为产能指标时，需要牺牲产能来降低压窜概率。以累产气为产能指标时，产能几乎可以保持不变，但压窜概率下降较少。三种求解算法里，采用DE算法对追求产能最有利。

选取发生套变的S2井作为算例，进行在预防套变追求产能双目标下的压裂参数优化。参数区间设置为用液强度22~25m^3/m，加砂强度1.5~2.0m^3/m，施工排量14~16m^3/min，簇间距7.5~8.5m。

如表7所示，以无阻流量为产能指标时，需要牺牲较多产能来降低套变概率，以EUR

表 6 S1 井压裂参数优化结果

指标	原始值	无阻流量			EUR			180d 累产气		
		PSO	GA	DE	PSO	GA	DE	PSO	GA	DE
簇间距平均	9	8.12	8.17	8.09	8.09	7.87	8.03	8.14	8.21	8.15
用液强度	28.78	23.65	23.12	24.01	24.06	23.98	23.41	23.76	24.32	23.75
加砂强度	1.13	1.67	1.66	1.78	1.77	1.74	1.62	1.76	1.92	1.79
施工排量	12.05	14.2	14.1	15.1	15.7	15.1	15.3	15.2	14.3	14.7
平均段长	76.19	72.56	72.56	72.56	72.56	72.56	72.56	72.56	72.56	72.56
无阻流量/10^4m^3	36.33	41.62 (+14.56%)	41.13 (+13.21%)	42.96 (+18.25%)	—	—	—	—	—	—
EUR/10^8m^3	1.04	—	—	—	0.963 (−7.38%)	0.941 (−9.52%)	0.964 (−7.26%)	—	—	—
180 天累产气/10^4m^3	1456.04	—	—	—	—	—	—	1456.56 (+0.04%)	1499.3 (+2.97%)	1434.3 (−1.49%)
压窜发生概率	0.97	0.3 (−69.07%)	0.28 (−71.13%)	0.29 (−70.1%)	0.29 (−70.1%)	0.26 (−73.2%)	0.27 (−72.16%)	0.41 (−57.73%)	0.37 (−61.86%)	0.38 (−60.82%)

表 7　S2 井压裂参数优化结果

指标	原始值	无阻流量			EUR			180d 累产气		
		PSO	GA	DE	PSO	GA	DE	PSO	GA	DE
簇间距平均	8. 9	7. 86	8. 09	8. 31	8. 12	8. 11	7. 79	7. 99	8. 11	8. 03
用液强度	27. 28	23. 32	23. 89	23. 11	24. 01	24. 07	22. 99	23. 97	24. 81	22. 76
加砂强度	1. 95	1. 62	1. 61	1. 53	1. 62	1. 69	1. 52	1. 66	1. 82	1. 57
施工排量	13. 5	14. 5	14. 2	14. 3	14. 6	14. 9	14. 1	14. 2	15. 3	14. 9
平均段长	74. 35	70. 61	70. 61	70. 61	70. 61	70. 61	70. 61	70. 61	70. 61	70. 61
无阻流量/$10^4 m^3$	42. 9	36. 94 (−13. 89%)	36. 91 (−13. 96%)	36. 2 (−15. 61%)	—	—	—	—	—	—
EUR/$10^8 m^3$	1. 08	—	—	—	1. 102 (+2. 05%)	1. 028 (−4. 77%)	0. 937 (−8. 18%)	—	—	—
180 天累产气/$10^4 m^3$	1735. 89	—	—	—	—	—	—	1752. 48 (+0. 96%)	1772. 1 (+2. 09%)	1814. 6 (+4. 53%)
套变发生概率	0. 98	0. 35 (−64. 29%)	0. 35 (−64. 29%)	0. 31 (−68. 37%)	0. 29 (−70. 41%)	0. 30 (−69. 39%)	0. 21 (−78. 57%)	0. 37 (−62. 24%)	0. 36 (−63. 27%)	0. 31 (−68. 37%)

为产能指标时，需要牺牲一定程度的产能来降低套变概率，以累产气为产能指标时，在套变概率降低的同时产能可略微提升。三种求解算法里，DE 算法对降低套变概率最有利，以 180 天累产气为产能指标时，DE 算法在产能提升最大的同时，实现了最低的套变发生概率。

4 结论

（1）产能主要受到地应力、钻完井、压裂、排采的综合影响，其中压裂主控因素为段簇参数和规模参数。压窜套变均受到段簇参数影响，套变还受到储层岩石力学特征的影响。

（2）预测模型建议选择集成投票法、GradientBoost 法等集成学习算法，可以在样本量较少的情况下，提高拟合和预测的精度，适合用于复杂情况的预测。

（3）追求产能最优和减少复杂情况发生概率双目标下的压裂参数优化求解算法推荐 DE 算法。

参考文献

[1] 赵金洲．页岩气水平井缝网压裂理论与技术研究进展[R]．北京：全国石油和科技创新大会，2019.

[2] 赵金洲，任岚，蒋廷学，等．中国页岩气压裂十年：回顾与展望[J]．天然气工业，2021. DOI：10. 3787/j. issn. 1000-0976. 2021. 08. 012

[3] 郭彤楼．深层页岩气勘探开发进展与攻关方向[J]．油气藏评价与开发，2021，11(1)：6.

[4] 何骁，李武广，党录瑞，等．深层页岩气开发关键技术难点与攻关方向[J]．天然气工业，2021，41(1).

[5] 柴艳军．基于灰色关联法的页岩气水平井产量主控因素分析[J]．重庆科技学院学报(自然科学版)，2018，20(02)：32-34.

[6] 商永涛，林新宇，李相亮，等．基于机器学习的压裂参数优化方法研究及应用[J]．石油化工应用，2022，41(08)：33-38.

[7] 曾凌翔，陈锐，李彬，等．页岩气水平井压裂改造主控因素分析[C]//上海联合非常规能源研究中心，上海市经济学会能源经济研究专业委员会．科创中国・ECF 国际页岩气论坛 2022 第十二届亚太页岩油气暨非常规能源峰会论文集．[出版者不详]，2022：9.

[8] 纪磊，李菊花，肖佳林．随机森林算法在页岩气田多段压裂改造中的应用[J]．大庆石油地质与开发，2020，39(06)：168-174.

[9] 蒋文超．基于机器学习与模型融合的大庆油田 SN 区块油井压裂效果预测技术[J]．大庆石油地质与开发，2023，42(01)：64-72.

[10] 马先林，周德胜，蔡文斌，等．基于可解释机器学习的水平井产能预测方法[J]．西南石油大学学报(自然科学版)，2022，44(04)：81-90.

[11] 马天赐．基于大数据机器学习产能预测研究[D]．中国石油大学(华东)，2021.

[12] Cong Xiao，Shicheng Zhang，Xinfang Ma，Tong Zhou，Xuechen Li. Surrogate-assisted hydraulic fracture optimization workflow with applications for shale gas reservoir development：a comparative study of machine learning models[J]．Natural Gas Industry B，2022，9(3)：219-231，ISSN 2352-8540.

[13] 何雅雯．基于机器学习的压裂水平井产能优化[D]．西安石油大学，2022.

[14] 吴华．基于机器学习的页岩气井压裂优化模型研究[D]．中国石油大学(北京)，2022.

[15] 王忠东，王业博，董红，等．页岩气水平井产量主控因素分析及产能预测[J]．测井技术，2017，41(05)：577-582.

[16] Sungil Kim, Yongjun Hong, Jung-Tek Lim, Kwang Hyun Kim. Improved prediction of shale gas productivity in the Marcellus shale using geostatistically generated well-log data and ensemble machine learning[J]. Computers & Geosciences, Volume 181, 2023, 105452, ISSN 0098-3004.

[17] Chen XC, Li Jiang, Gao Ping, Zhou Jingchao. Prediction of shale gas horizontal wells productivity after volume fracturing using machine learning-an LSTM approach[J]. Petrolrum Science and Technology, 2022, 15(40): 1861-1877.

[18] 马俊修，石胜男，陈进，等．基于机器学习的玛湖地区水平井压裂设计优化[J]. 深圳大学学报(理工版), 2021, 38(06): 621-627.

[19] 王少英．基于智能计算的水力压裂施工参数优化[J]. 山东工业技术，2017(24): 79+82.

[20] 郭旭升，蔡勋育，刘金连，等．中国石化“十三五”天然气勘探进展与前景展望[J]. 天然气工业，2021.

智能油气管网

基于数字孪生技术的天然气管道腐蚀风险预警研究

张建平　牛朝阳　朱奕帆　魏　萍　朱　磊　贾展鹏

（中国石油长庆油田分公司第四采气厂，宁夏 银川　750002）

摘　要：油气管线经常会受到各种内在和外在因素的影响，这些因素都将威胁管线的安全运行并降低管道使用年限。管道安全运行检查非常重要，但由于受各类因素限制，对管道的停运检查比较困难。本文通过对苏里格气田天然气管道腐蚀机理研究，分析管道失效影响因素，开展管道腐蚀在线监测技术及管道腐蚀失效算法研究，并通过数字孪生技术，对管道腐蚀失效算法进行验证。建立可视化、数字化的天然气站场管道腐蚀预警技术模式，对保障天然气场站可靠、安全、高效运行等方面具有重要的现实意义。

关键词：天然气管道；腐蚀监测；数字孪生；管理系统。

0　引言

油气管线经常会受到各种内在和外在因素的影响，这些因素都将威胁管线的安全运行并降低管道使用年限。尤其是油气管道发生内腐蚀时将导致管道管壁减薄，当壁厚不能承受内部的运行压力时，就会出现穿孔、破裂、泄漏等问题，造成火灾、环境污染等事故频发，不仅造成了能源的浪费，还威胁到了人员生命安全；但提早更换缺陷可接受的管道又会造成很大的资源浪费。若能对管道腐蚀厚度/速率进行监控和预测，进而对管道剩余寿命进行预测，就能合理安排管道检测和更换的周期，既确保了管道的安全，又将减少相当程度的检测工作量，具有很大的经济意义。

1　管道在线监测及可视化管理技术

我国油气管道安全管理主要包括安全风险辨识和安全风险预警两个阶段，由于缺乏有效的系统管理与风险控制，这两阶段常处于灰色状态。在安全风险辨识阶段，我国还尚未形成完整、有效的油气管道安全风险数据库，传统的安全风险辨识需要大量的人力、物力及时间；其次传统的安全风险辨识工作主要依据国家标准、行业规范或企业程序文件，该方式主观判断过多、易形成遗漏或错误的结论。国内外对油气管道安全管理研究多集中于定量风险评价技术，而较少地研究风险管理模型，对天然气管道腐蚀风险辨识及风险预警模式的研究还有待进一步完善。

1.1　在线监测技术

管道在线泄漏诊断技术是利用系统运行状态信息对泄漏故障求解的技术，常规的一般求

作者简介：张建平，男，长庆油田公司第四采气厂数字化与信息二级工程师，主要从事物联网建设，信息化、智能化转型应用。

解包括传感器信号检测，特征提取，泄漏诊断及后置处理等。在基于计算机软件集成在线监测系统中，泄漏诊断过程以集成软件的方式再现，实现则以功能模块表示。信号检测层用于提取系统的状态信息，选择便于诊断的物理量；信号处理层用于提取反应系统状态的特征信息；诊断层则完成系统的核心功能，将待检模式与标准模式进行对比，根据适当的方法进行泄漏判断，最后诊断决策层根据诊断信息找出泄漏位置，采取相应对策。随着人工智能技术的迅速发展，特别是神经网络、专家系统、知识工程等在诊断领域的应用，管道在线泄漏监测技术的发展趋势将会采用多传感器数据融合技术提高信息的全面性；融合多种智能诊断方法提高诊断准确性；建立基于因特网的远程协作诊断系统，可以充分利用技术力量较强的科研院所的力量，从而最大限度地保证管道检测的正确性与可靠性。

1.2 可视化管理技术

随着云计算、物联网、大数据、移动互联、人工智能等与制造的融合应用，数字孪生作为解决智能制造信息物理融合难题的关键技术，得到了学术界的广泛关注和研究。数字孪生技术，其本质涉及数据采集、人机互联、知识发现与生成、智能控制等。同时，随着各种嵌入式传感器、低功耗无线通信和高效信号处理技术的蓬勃发展，物联网近年来取得了爆炸式的发展和扩散。物联网提供了连接物理世界和网络空间的机会，实现了对物体和环境的细粒度感知、持续的数据收集、全面的信息融合、深度分析以及对连接目标的实时反馈或控制。

2 管道腐蚀风险预测研究

2.1 管道腐蚀机理研究

管道腐蚀机理主要有化学腐蚀和电化学腐蚀两种内在机理，油气管道运输的天然气或者是石油内含有的少量水或其他气体，和管道金属构成原电池出现电化学腐蚀；金属和特定物质直接反应发生腐蚀，就是化学腐蚀。

从苏里格气田水质分析结果可以看出，集气站储液罐水质整体呈现弱酸性，属于高矿化度，水中钙离子和氯离子含量较高(表1)。

表1 苏里格气田现场水质分析表

水型	硬度	比重/(g/cm^3)	pH值	阳离子/(mg/L)			阴离子/(mg/L)		总矿化度/(mg/L)
	总硬/(mg/L)			K^+、Na^+	Ca^{2+}	Mg^{2+}	Cl^-	HCO_3^-	
$CaCl_2$	13442.56	1.05	5.6	9090.42	13199.95	242.61	37908.74	278.23	60720.96
$CaCl_2$	12664.84	1.042	5.81	6136.08	12601.15	63.69	31807.48	218.21	50826.61

通过切割集气站排污管道腐蚀穿孔管件，腐蚀产物沿管径的分布较均匀，表层腐蚀产物为棕黄色，内层腐蚀产物为深棕色。穿孔部位孔径沿管壁变化，管段内壁的孔径较大，管道内壁附着均匀的白色结垢状物。在深坑周围分布着浅的腐蚀坑。金属表面存在较多的腐蚀产物结瘤，与金属表面结合力强，不容易去除。结合水质数据可推测出，水质存在明显的碳酸钙结垢趋势，水样中很可能同时存在大量的SRB，铁细菌和腐生菌，由于SRB是厌氧菌，易在腐蚀产物下滋生，向管道深处腐蚀，导致管道腐蚀穿孔。水中大量的Cl^-加速了排污管

道的腐蚀。，SRB 在弱酸性 pH 值条件下适宜生长，腐蚀产物主要为铁的硫化物，铁的硫化物在空气中容易被氧化，因此管段内腐蚀产物可能为 S_8 和 Fe_2O_3 水合物。

2.2 管道失效影响因素分析

通过分析、筛选出对管道失效概率影响最大的因素，为管道腐蚀预测及寿命评估提供判定支撑。通过参数混合不确定性(随机性和模糊性)和缺陷时变特征的腐蚀缺陷安全评定方法，获得了安全评定参数(缺陷尺寸、材料特性、操作条件)的不确定度对设备安全评定结果的影响规律，分析含轴向内表面缺陷的管道变量及其不确定性对裂纹管道失效概率的影响，确定影响管道安全性的主要参数。本文利用含有内部腐蚀缺陷的管道段来说明该方法的应用，管道采用 X80 级管道钢制成。将该缺陷简化为二维椭圆形缺陷，平均长度为 100mm，平均深度为 9.2mm，如图 1 所示。在这种情况下，管道的外径和壁厚、缺陷深度和长度、材料的极限抗拉强度和屈服应力均被视为随机变量，而工作压力爆裂被视为模糊变量。

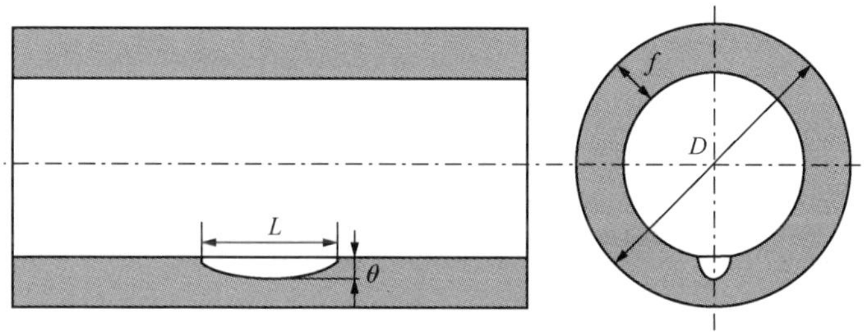

图 1 具有内部腐蚀缺陷的管道的几何模型

首先，引入一个模糊变量的变异系数(*fcov*)作为模糊不确定度的度量。在本例中，fcov 被定义为：

$$fcov(p_{op})=\frac{\Delta p}{p}$$

Δp 为设计工作压力(p)与实际工作压力(p_{op})之间的最大偏差。通过改变 Δp，同时保持 p 恒定，计算不同工作压力 *fcovs* 下的失效概率。此外，计算 $p_{op}=p$、$p+\Delta p$ 和 $p-\Delta p$ 的失效概率，并与该方法的结果进行了比较。

计算结果见图 2，随着 $fcov(P_{op})$ 从 0 增加到 0.2，上限 PF 从 0.0023 增加到 0.0094，而下限 PF 从 0.0023 下降到 0.0008，说明随着模糊不确定性程度的增加，失效概率区间和管道失效可能性均增加。此外，$p_{op}=p+\Delta p$ 时的上下概率界总是小于概率，而大于 $p_{op}=p-\Delta p$ 时的概率。一般来说，基于 $p_{op}=p+\Delta p$ 计算的 PF 被高估，而基于 $p_{op}=p-\Delta p$ 计算的 PF 被低估。这意味着在 $p_{op}=p+\Delta p$ 或 $p_{op}=p+\Delta p$ 时，基于该方法计算出的 PF 更合理。

其次，与 *fcov* 类似，引入随机变量(*rcov*)的变异系数，用来衡量随机不确定性程度的。*fcov* 被定义为：

$$rcov=\frac{\sigma}{\mu}$$

式中，σ 和 μ 分别为一个随机变量的标准差和平均值。通过改变随机变量的标准差，同时保持平均值不变，$fcov(p_{op})=0.1$，计算了各变量在不同 *rcov* 下的失效概率。计算 $p_{op}=p$、$p+\Delta p$ 和 $p-\Delta p$ 时的失效概率，并与所提方法的结果进行比较。在本研究中，除 $rcov(D)$ 值为 0~

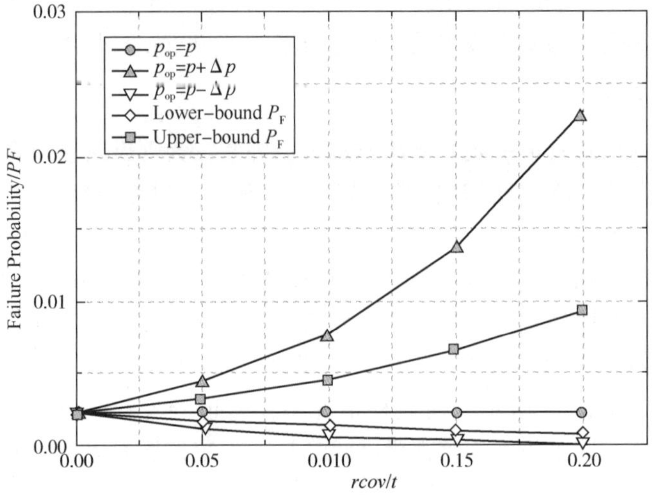

图 2　*fcov*(p_{op}) 对失效概率界限的影响

0. 003 外，*rcov* 值均为 0~0. 2。

分别对管径 *D*/mm、壁厚 *t*/mm、缺陷深度 *a*/mm、缺陷长度 *L*/mm、管道屈服强度/MPa、极限抗拉应力/MPa 等几种因素开展影响研究，其中图 3 显示了 *rcov*(*a*) 因素对管道的概率的影响。腐蚀概率随着 *rcov*(*a*) 的增加而增大这两个界限之间的时间间隔也是如此。由于腐蚀深度标准差的增加，随机变量增加了允许 *LSF* 为<0 的可能性，因此，失效概率增加。图 4 中显示了 *rcov*(*L*) 对管道的概率界的影响，从图中可以看出，与 *rcov*(*a*) 相比，上下的失效概率并没有随着 *rcov*(*L*) 的增加而明显增加这表明 *rcov*(*a*) 对管道故障概率边界的影响比 *rcov*(*L*) 更显著。图 5、图 6 分别显示了管道概率界与 *rcov*(*t*) 、*rcov*(*D*) 之间的关系。随着 *rcov*(*t*) 的增加，上限的失效概率从 0 增加到 0. 0765，而随着 *rcov*(*D*) 的增加，上限失效概率从 0. 0045 上升到 0. 0046 可以看出与 *rcov* (*D*) 相比 *rcov* (*t*) 在管道故障中起着更重要的作用。

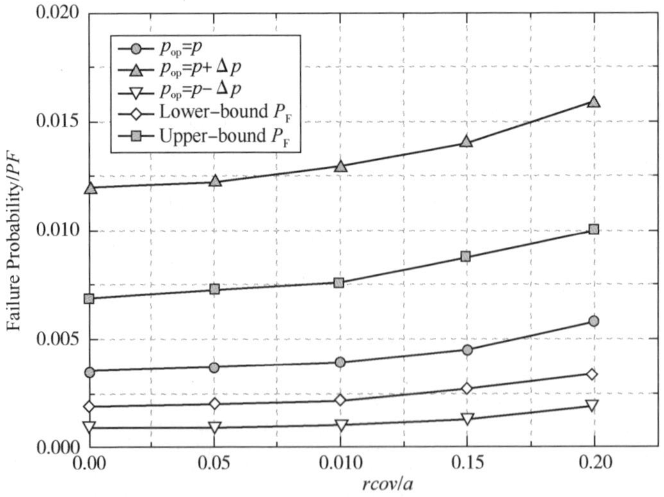

图 3　*rcov*(*a*) 对管道失效概率的影响

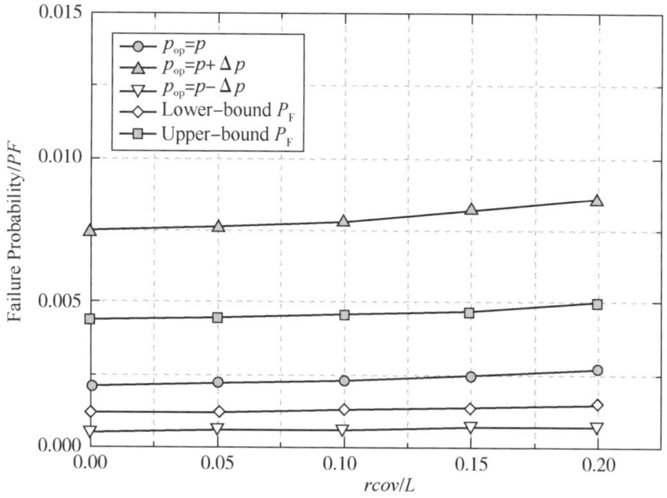

图 4　*rcov*(*L*) 对管道失效概率的影响

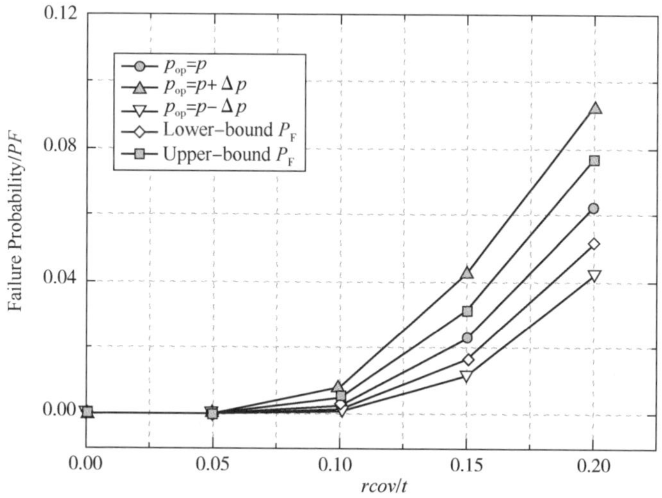

图 5　*rcov*(*t*) 对管道失效概率的影响

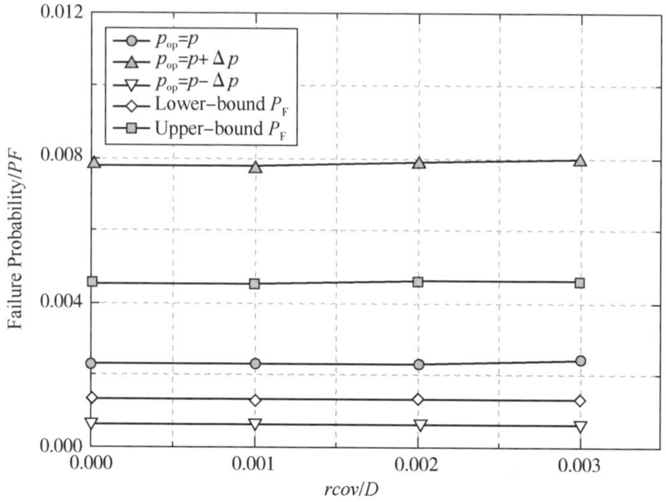

图 6　*rcov*(*D*) 对管道失效概率的影响

结果表明，管材壁厚对管材失效的概率影响最大，其次是直径和断裂韧性、屈服强度、操作压力、裂纹深度和长度。

3 管道腐蚀失效算法研究

3.1 管道腐蚀速率预测研究

针对天然气输送管道内部腐蚀问题，目前采用的方法主要是内腐蚀直接评价法和智能内检测方法。直接评价法方法通过对管输天然气流动特性和管道几何形态分析，预测以水为主的腐蚀介质在管道中最有可能积聚的位置，该方法无法获知腐蚀的变化情况；智能内检测方法可以获得腐蚀的位置和尺寸，进而评定当前管道安全状态，为掌握安全状态变化情况，则需要定期检测，而检测周期往往依据工程经验制定，缺乏理论依据。此外，在腐蚀检测过程中，由于仪器精度及人员操作技能影响，测量的腐蚀缺陷尺寸往往与实际缺陷存在误差，测量结果具有一定的随机性，影响安全评定的准确性。

腐蚀扩展速率与管道所处腐蚀环境及载荷因素密切相关，如果能建立影响因素与腐蚀扩展速率的关联关系，通过检测管道实际的环境参量和缺陷状态，能够得到腐蚀缺陷的扩展情况，并考虑缺陷数据不确定性的影响，则可以有效地促进缺陷安全评定方法的实际工程应用。管道腐蚀速率预测具体包含以下几个步骤：

3.1.1 获取现场腐蚀数据/实验室模拟实验测试数据

首先对影响腐蚀的主要环境因素进行识别，如温度、二氧化碳分压、硫化氢含量、氯化物含量、应力水平，通过现场无损检测获得内腐蚀发生部位的腐蚀缺陷尺寸参数，计算腐蚀速率。或在实验室开展基于管道材料的腐蚀缺陷动态评价实验，获取不同影响因素下的腐蚀电流密度 icorr，通过下式计算转换为腐蚀速率 V_{corr}。

$$V_{corr}(mm/a)=\frac{8.76Ai_{corr}}{26.8n\rho}$$

式中：A 为金属原子量；n 为电化学反应中金属的失电子数；i_{corr} 为腐蚀电流，A/m^2；ρ 为金属密度，g/cm^3。

3.1.2 数据预处理和样本集划分

将每一组测试数据作为一个样本，把腐蚀影响因素作为样本的输入数据，对应的腐蚀速率作为输出数据。对于给定的全部样本集，采用下面公式对样本的输入和输出数据进行归一化处理，处理之后的数值按比例缩放到[0，1]范围内。

$$x_i'=\frac{x_i-\min\limits_i(x_i)}{\max\limits_i(x_i)-\min\limits_i(x_i)}$$

$$y_i'=\frac{y_i-\min\limits_i(y_i)}{\max\limits_i(y_i)-\min\limits_i(y_i)}$$

将预处理之后的样本集划分为训练样本和测试样本。其中，训练样本用于模型训练，测试样本用来评价训练好之后的模型预测性能。

3.1.3 建立数学模型

可采用图7所示的五层自适应神经模糊推理结构。输入参数有4个 x_i，$i=1，2，3，4$，分别为管道腐蚀的关键影响因素，输出参数为腐蚀速率 yi。

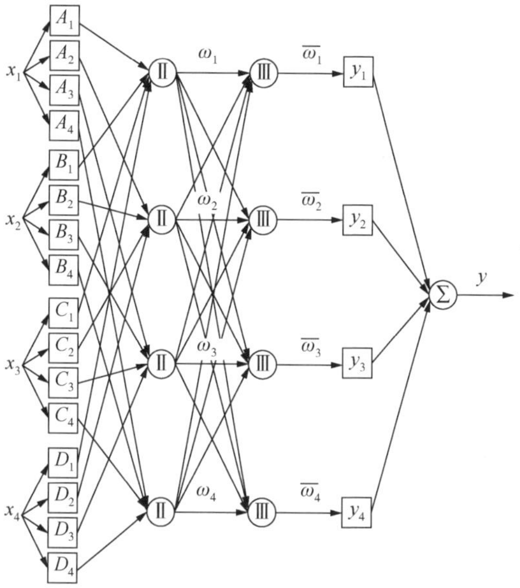

图 7　五层自适应神经模糊推理结构

各层功能如下：

第一层：将输入变量 $x=[x_i，i=1，2，3，4]$ 模糊化，输出对应模糊集合的隶属度值，这一层的每个节点 i 为自适应节点，有其节点函数。节点的传递函数可表示为：

$$Q_j^1=u_{Aj}(x_1)$$

$$Q_j^1=u_{Bj}(x_2)$$

$$Q_j^1=u_{Cj}(x_3)$$

$$Q_j^1=u_{Dj}(x_4)$$

式中，$Q_j^1(j=1，2，3，4)$ 为模糊集 $A(A1，A2，A3，A4，B1，B2，B3，B4，C1，C2，C3，C4，D1，D2，D3，D4)$ 的隶属度，它确定了给定输入满足 A 的程度。这里 A 的隶属度可以是任意合适的参数化隶属函数。根据所选择的隶属函数的形式，可以得到相应的参数集，称为条件参数。如高斯隶属函数：

$$u_{Aj}(x_1)=exp\left(-\frac{\| x-c_j \|^2}{\sigma_j^2}\right)$$

式中，$\{\sigma_j，c_j\}$ 是参数集，称为前提参数。

第二层：实现条件部分的模糊集合运算，每个节点输出对应每条规则的适用度，它是所有输入参数的乘积：

$$Q_j^2=\omega_j=u_{Aj}(x_1)u_{Bj}(x_2)u_{cj}(x_3)u_{Dj}(x_4)$$

每个结点的输出表示一条规则的激励强度，本层的结点函数还可以采用取小、有界积或强积的形式。

第三层：对各条规则的适用度进行归一化处理，该层中的结点也是固定结点。

$$Q_j^3=\overline{w_j}=\frac{w_j}{w_1+w_2+w_3+w_4}$$

第四层：每个节点的传递函数为线性函数，表示局部的线性模型，计算出每条规则的输出值：

$$f_j = a_{j0} + a_{j1}x_1 + a_{j2}x_2 + a_{j3}x_3 + a_{j4}x_4$$

$$Q_j^4 = \overline{w_j} f_j = \overline{w}(a_{j0} + a_{j1}x_1 + a_{j2}x_2 + a_{j3}x_3 + a_{j4}x_4)$$

式中，$\overline{w_j}$是从第 3 层传来的归一化激励强度，$\{a_{j0}, a_{j1}, a_{j2}, a_{j3}, a_{j4}\}$是该结点的参数集。本层的参数称为结论参数。

第五层：计算所有规则的输出之和：

$$Q_j^5 = \sum_j \overline{w_j} f_j = \frac{\sum_j w_j f_j}{\sum_j w_j}$$

对于前提参数和结论参数，通常采用一种混合学习算法进行训练。对于前提参数，采用反向传播算法，而对于结论参数则采用线性最小二乘估计算法调整参数。在每一次迭代中，首先输入信号沿着网络正向传递到第 4 层，此时固定前提参数，采用最小二乘算法调节结论参数；然后，信号继续沿着网络正向传递指导输出层，此后，将获得的误差信号沿着网络反向传播，从而可调节前提参数。以此方式对给定的条件参数，可以得到结论参数的全局最优点，这样不仅可以降低梯度法中搜索空间的维数，通常还可以大大提高参数的收敛速度。

3.1.4 腐蚀缺陷扩展速率预测

通过测量和运行数据得到管道腐蚀部位所在管段的影响因素值，依据建立的数学模型，进行腐蚀扩展速率的预测，计算得到腐蚀缺陷扩展速率 V。

3.2 管道剩余寿命预测流程

本文将管道失效评价原则引入管道剩余寿命预测方法，保证在寿命预测开始前对管道状态有初步判断，以明确有无继续预测的必要。管道失效评价原则与管道剩余寿命预测方法进行有机的结合后，管道剩余寿命预测整体流程如图 7 所示。管道剩余寿命预测思路如下：

3.2.1 均匀腐蚀方法寿命预测

(1) 结合新 ASME B31G—2009 准则，对管道的腐蚀问题进行初步判断，如果管道没有失效则进行下一步。

(2) 基于数值分析方法建立腐蚀速率预测模型。

(3) 结合均匀或局部腐蚀寿命预测方法计算管道剩余使用寿命。

3.2.2 基于现场检测数据的寿命预测方法

(1) 测试管道剩余壁厚，与管道最小允许壁厚进行比较，如果管道没有失效则进行下一步。

(2) 基于现场检测的剩余寿命预测方法对管道剩余寿命进行预测。

3.3 管道剩余强度算法研究

管道剩余寿命预测主要是包括腐蚀寿命预测、裂纹扩展、损伤寿命等，需要注意的是，当评判腐蚀寿命时，应当根据威胁管道安全的主要潜在因素选择管道剩余寿命预测方法。根据上述 54-2 集气站储液罐连接管道的腐蚀分析得出，其主要是以腐蚀为主要失效模式时，其剩余寿命预测方法包括：均匀腐蚀剩余寿命预测方法和局部腐蚀剩余寿命预测方法(图 8)。

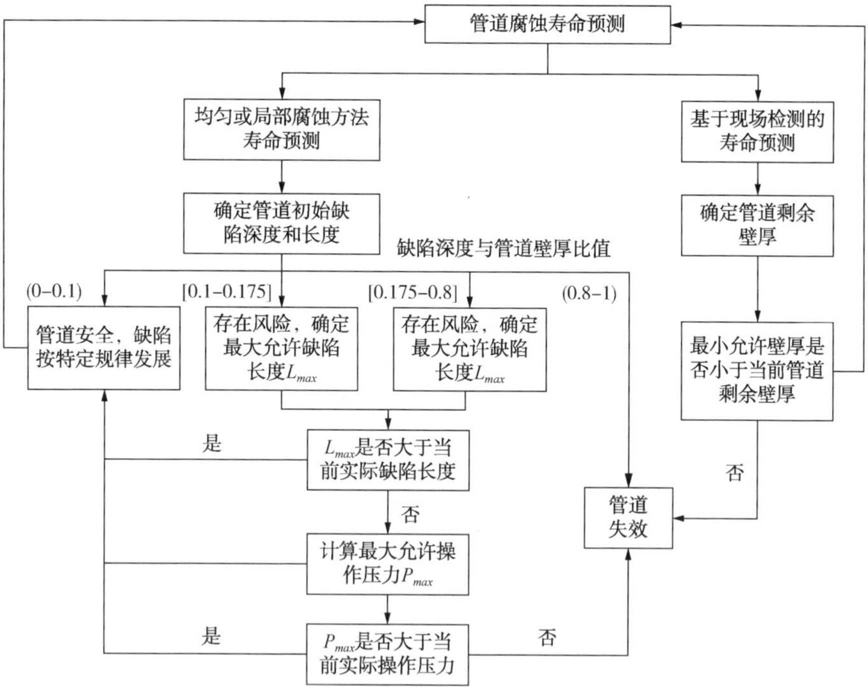

图 8 管道剩余寿命预测流程

B31G 准则认为评价范围为五分之四壁厚以内的腐蚀缺陷，当腐蚀缺陷超过五分之四壁厚时，则认为会直接导致管道穿孔、破裂、泄露的发生，此时必须更换或维修管道。其中对于管道剩余强度评估规定，需按照标准对管道进行状态判定，确定管道状态范围后，通过计算确定最大允许缺陷长度 L_{max}及最大允许操作压力 P_{max}来确定管道是否失效。其中管道最大允许缺陷长度及最大允许工作压力计算公式如下所示：

管道最大允许缺陷长度 L_{max}的计算公式：

当 $0.1 \leqslant d/t \leqslant 0.175$ 时，

$$L_{max} = 4.48\ (Dt)^{\frac{1}{2}}$$

当 $0.175 < d/t \leqslant 0.8$ 时，

$$L_{max} = 1.12B\ (Dt)^{\frac{1}{2}}$$

$$B = \sqrt{\left(\frac{d/t}{1.1d/t - 0.15}\right)^2 - 1}$$

式中，d 为管道缺陷深度(mm)；t 为一管道壁厚(mm)；D 为管道外径(mm)。

管道最大允许工作压力 P_{max}的计算公式：

$$P_{max} = 0.5\left[\left(\frac{D_i + 2t}{D_i}\right)^2 - 1\right] \times \left[(\sigma_s + 68.95)\frac{1 - 0.85dt}{1 - 0.85(dt) \cdot M^{-1}} - \sigma_h\right]$$

式中，

$$\sigma_h = \frac{E\alpha\Delta T}{2(1 - v)}\left[\frac{1}{\ln\frac{D_i + 2t}{D_i}} - \frac{2}{\left(\frac{D_i + 2t}{D_i}\right)^2 - 1}\right]$$

当 $Z=\left(\frac{L_{max}}{\sqrt{Dt}}\right)^2\leqslant 50.0$ 时，

$$M=\sqrt{1+0.6275Z-0.003375Z^2}$$

当 $Z=\left(\frac{L_{max}}{\sqrt{Dt}}\right)^2>50.0$ 时，

$$M=0.032Z+3.3$$

式中，Di 为管道内径(mm)；σ_s 为管材的屈服极限，MPa；α 为管材热膨胀系数；E 为管材弹性模量；v 为管材泊松比。

3.4 管道剩余寿命预测算法研究

3.4.1 均匀或局部腐蚀方法进行管道寿命预测

在使用均匀腐蚀预测方法或局部腐蚀预测方法进行管道寿命预测之前，利用管道失效的评价准则“新 ASME B31G—2009 准则”对管道使用状态进行初步判定。该准则要求首先测得管道的初始腐蚀深度和初始腐蚀长度，然后用初始缺陷深度 d 与管道原始壁厚 t 的比值将管道划分为 4 类状态：

当 $0<d/t<0.1$ 时，管道处于安全状态；

当 $0.1\leqslant d/t\leqslant 0.175$ 时，管道运行有风险；

当 $0.175<d/t\leqslant 0.8$ 时，管道运行有风险；

当 $0.8<d/t<1$ 时，管道直接失效。

由此可知，只有当管道处于前三种状态时才需要进行相关的寿命预测。一般当管道状态处在第一种时，失效的可能性非常小，不需要进行寿命预测；当管道按照当前趋势发展到第二、第三种状态时，管道存在失效的可能性，需要进行寿命预测，此时，根据相关参数计算出管道在两种状态下的最大允许缺陷长度和最大允许工作压力；当管道处于第四种状态时，管道已失效无须继续进行剩余寿命预测的相关计算。

“新 ASME B31G—2009 准则”中的各式提供了管道寿命预测前期对管道腐蚀状态的基本判定。利用该准则判断管道所处状态，当管道有失效危险时，再根据均匀或局部腐蚀寿命预测方法计算管道剩余使用寿命。

(1) 均匀腐蚀寿命预测方法。

均匀腐蚀寿命预测方法公式如下：

$$R_L=\frac{t_{mm}-RS\,F_a t_{min}}{C_{rate}}$$

式中，R_L 为管道腐蚀剩余寿命，a；C_{rate} 为预期腐蚀速率，mm/a；t_{mm} 为管道实测平均壁厚，mm；t_{min} 为管道最小要求壁厚，mm。

在管道实际检测时，均匀腐蚀寿命预测方法还有另外一个公式，其公式如下：

$$R_L=\frac{t_{mm}-t_{min}}{C_{rate}}$$

该公式应用比较普遍，但使用了“许用剩余强度因子”进行修正的公式预测的效果更接近实际数据。

当三通、弯头等管道原件存在腐蚀时，腐蚀寿命预测方法略有调整。

① 确定管道壁厚径向的损失量t_{loss}，即管道的公称壁厚t_{nom}减去最近一次实测壁厚t_{am}得到的数值。

② 根据管道的腐蚀裕量 CA_e和公称壁厚t_{nom}，来确定未来服役时间与 MAWP 的关系曲线。腐蚀裕量 CA_e按照公式计算如下：

$$CA_e=t_{loss}+C_{rate}t_{time}$$

式中，CA_e为管道的腐蚀裕量，mm；t_{loss}为管道壁厚径向的损失量，mm；C_{rate}为预期腐蚀速率，mm/a；t_{time}为管道未来服役时间，a。

③ 均匀腐蚀剩余寿命预测，即根据未来服役时间与 MAWP 的关系曲线，与设计的 MAWP 曲线的交点所对应的时间。

④ 对实测的不同管段分别计算，所有计算结果中最小值作为管道的剩余寿命。

（2）局部腐蚀寿命预测。

局部腐蚀寿命预测主要应用在管道因腐蚀、冲蚀、机械损伤引起的局部金属损失或开裂型裂纹的缓慢的磨损。这种方法是基于未来服役条件、实测壁厚、金属局部损失区域尺寸、预期腐蚀速率以及裂纹扩展速度估计计算需要的最小壁厚。直管段局部腐蚀剩余寿命预测方法见公式。

$$R_t=\frac{t_{mm}-C_{rate}t_{time}}{t_{min}}$$

对于沟槽形裂纹可按当量局部减薄进行评价，其代替参见下式。

$$S\rightarrow S+C_{rate}^{s}t_{time}$$

$$C\rightarrow C+C_{rate}^{c}t_{time}$$

式中，R_t为剩余壁厚比，由剩余强度评估计算可得；t_{mm}为管道实测平均壁厚，mm；t_{min}为管道最小要求壁厚，mm；C_{rate}为预期腐蚀速率，mm/a；t_{time}为管道未来服役时间，a；C_{rate}^{s}为预期轴向腐蚀速率，mm/a；C_{rate}^{c}为预期径向腐蚀速率，mm/a；S 为实测局部金属损失轴向长度，mm；C 为实测局部金属损失径向长度，mm。

局部腐蚀寿命预测的公式主要适用于通过局部金属损失、单个壁厚就能表示其特点的场合。如果是用预测弯头、三通等的剩余寿命，则预测公式略有调整，用到的公式可参照腐蚀裕量计算公式。

埋地钢制管道以腐蚀为主要失效模式时，当管体腐蚀检测抽检数量小于 16 处时，一般选用均匀腐蚀剩余寿命预测方法或局部腐蚀剩余寿命预测方法计算每处抽检管段的剩余寿命，最小值确定为管道的腐蚀剩余寿命。均匀腐蚀寿命预测方法通常在管道各段状态差别不大或者管道状态不是十分复杂的情况下选用；在测试次数比较少、测试数据不全的情况下选用此方法得到的数据是相对较可靠的。局部腐蚀剩余寿命预测方法则在管道不同管段使用状态差别较大，或者管道各段的状态比较复杂时选用，可有效避免管道情况复杂时预测偏保守的缺点，更利于找到管道最小的剩余寿命所在管段，提高寿命预测准确度。

均匀或局部腐蚀剩余寿命预测的原理和公式并不复杂，整个寿命预测的关键其实就是对腐蚀速率的计算，主要方法是挂片试验法和 BP 神经网络预测方法。

3.4.2 基于现场检测的寿命预测方法

管线投入运行后，每隔一定时间都需要进行相应的腐蚀检测，检测时测得的数据对于分析管道腐蚀发展的趋势以及预测相应管道的剩余寿命具有重要作用。检测得到的数据越多越详尽越准确，对腐蚀趋势和剩余寿命的预测也将越准确。

假设目前对某一管道段进行了两次检测并得到了两个阶段的检测数据，第一次检测时间记为 T_1，第一次测量的最大腐蚀深度为 x_1，第二次检测时间记为 T_2，第二次测量的最大腐蚀深度为 x_2，考虑到长输管线腐蚀主要属于电化学腐蚀，而电化学腐蚀的特点是腐蚀速率在开始阶段很大，然后逐渐减小，因此，可假设管道剩余壁厚可按下式进行计算：

$$t_s = ae^{bT}$$

$$T = \frac{\ln \frac{t_s}{a}}{b}$$

式中，a、b 设为常数；t_s 为管道的剩余壁厚；T 为时间间隔(检测时间与投产时间之差)。

根据两次测得的数据可得(T_1，t_{s1})、(T_2，t_{s2})两组数据，其中：

$$t_{s1} = d - x_1$$

式中，d 为管道壁厚。

将(T_1，t_{s1})、(T_2，t_{s2})两组数据以及上式代入可得：

$$d - x_2 = a\ e^{bT_2} d - x_1 = a\ e^{bT_1}$$

解得：

$$t_{s2} = d - x_2 a = \frac{d - x_1}{e^{\frac{T_1}{T_1 - T_2} \ln \frac{d - x_1}{d - x_2}}}$$

$$b = \frac{\ln \frac{d - x_1}{d - x_2}}{T_1 - T_2}$$

随着时间推移，腐蚀速率会降低，但是腐蚀趋势将一直存在，这将导致管道壁厚会随着时间的推移一点点发生腐蚀，当管道剩余壁厚小于管道设计要求的最小剩余壁厚 tsx 时，管道失效，设此时管道投产年限为T_s，则管道剩余使用寿命为：

$$T_{sy} = T_s - T_2$$

将d_{sx}、T_s代入可得：

$$t_{s2} = d - x_2 T_s = \frac{\ln \frac{d_{sx}}{a}}{b}$$

即可得到管道的剩余寿命为：

$$T_{sy} = \frac{\ln \frac{d_{sx}}{a}}{b} - T_2$$

对于某段管线来说，测量次数越多，进行腐蚀速率预测可供参考的数据就越多，对腐蚀速率的预测也就可能越准确。实际管道运行时需要定期进行检测，相应的检测数据也比较多，上式显然不能满足多组数据的计算要求，现在将其进行处理。将式两边同时取对数，可得：

$$\ln t_s = \ln a + \ln bT$$

假设分别在T_1，T_2，…，T_n时间间隔内对管道进行了 n 次检测，并得到管道的腐蚀量为x_1，x_2，…，x_n，可得到 n 组测试数据分别为$(T_1,\ t_{s1})$、$(T_2,\ t_{s2})$，…，$(T_n,\ t_{sn})$。

其中，

$$t_{sn} = d - x_n t_{s1} = d - x_1 \cdots\cdots$$

将上式进行线性化处理，即设：

$$A = \ln a y = \ln t_s$$

可得：

$$y = A + bT$$

采用线性回归方法进行处理后，可得：

$$b = \frac{\sum_{i=1}^{n}(T_i - \overline{T})(y_i - \overline{y})}{\sum_{i=1}^{n}(T_i - \overline{T})^2} = \frac{\sum_{i=1}^{n}(T_i - \overline{T})(\ln t_i - \overline{\ln t_s})}{\sum_{i=1}^{n}(T_i - \overline{T})^2}$$

$$A = \overline{y} - b\overline{T} = \overline{\ln t_s} - b\overline{T}$$

其中，

$$\overline{T} = \frac{1}{n}\sum_{i=1}^{n} T_i \ \overline{\ln t_s} = \frac{1}{n}\ln \sum_{i=1}^{n} \ln t_i$$

$$a = e^A t_s = a e^{bT}$$

又由 $A = \ln a$ 可得：

因此，可得壁厚腐蚀趋势为：

$$T_{sy} = T_s - T_n T_s = \frac{\ln \frac{d_{sx}}{a}}{b}$$

再将d_{sx}，T_s代入公式可得：

因此，管道剩余寿命为：

由上式即可求得T_{sy}，其中 n 为检测次数。

基于现场实用性的剩余寿命预测方法只需要知道管道的外直径，管道原始壁厚，每次检测时间时管道的使用年限以及最大腐蚀深度，管道设计时要求的最小剩余壁厚值之后，即可对管道剩余寿命进行预测。

此方法需要的数据少，计算检定，预测使用的数据主要基于管道实际使用趋势，具有很好的实用性，可为管道寿命预测提供重要的参考。

3.5 管道腐蚀算法验证

下面以 X70 管线钢的缺陷安全评定为例子进行详细说明。以 X70 钢为试验材料，通过腐蚀-应力耦合电化学测试获得 X70 钢在不同的 CO_2 分压、H_2S 含量、氯化物含量、应力水平下的腐蚀速率，试验数据见表 2。

表2　X70钢腐蚀速率统计表

序号	氯化物/wt%	CO_2分压/MPa	H_2S/ppm	应力/MPa	腐蚀速率/(mm/a)
1	1.5	1	0	0	0.739
2	1.5	1	0	100	0.713
3	1.5	1	0	200	0.777
4	1.5	1	0	300	0.671
5	1.5	1	50	0	0.221
6	1.5	1	50	100	0.166
7	1.5	1	50	200	0.120
8	1.5	1	50	300	0.234
9	1.5	1	100	0	0.111
10	1.5	1	100	100	0.082
11	1.5	1	100	200	0.149
12	1.5	1	100	300	0.198
13	1.5	1	150	0	0.120
14	1.5	1	150	100	0.145
15	1.5	1	150	200	0.177
16	1.5	1	150	300	0.241
17	3.5	1	0	0	0.516
18	3.5	1	0	100	0.513
19	3.5	1	0	200	0.482
20	3.5	1	0	300	0.439
21	3.5	1	50	0	0.215
22	3.5	1	50	100	0.111
23	3.5	1	50	200	0.109
24	3.5	1	50	300	0.214
25	3.5	1	100	0	0.134
26	3.5	1	100	100	0.112
27	3.5	1	100	300	0.102
28	3.5	1	150	0	0.114
29	3.5	1	150	100	0.136
30	3.5	1	150	300	0.114
31	1.5	1	0	400	0.768
32	1.5	1	50	400	0.275
33	3.5	1	100	400	0.095
34	3.5	1	150	400	0.119

以上共34个数据样本，前30个数据为训练样本，后4个为测试样本。每组样本包括输入数据(氯化物含量 x_1、CO_2 分压 x_2、H_2S 浓度 x_3、应力水平 x_4)和输出数据(腐蚀速率 y)。利用自适应神经模糊推理方法建立氯化物含量、CO_2 分压、H_2S 浓度、应力水平等影响因素与腐蚀速率之间相互关系的数学模型。

根据以上模型，输入测试样本的所有测试样本的输入数据(氯化物含量、CO_2 分压、H_2S 浓度、应力水平)，数据如表3所示，将模型的预测值和实验数据比较，发现二者吻合得较好，其绝对百分误差的值都比较小，四组数据比较，平均相对误差在14%左右，能够满足实际预测需求，即本文研究的管道腐蚀适应神经模糊推理算法能够较好地预测出管道内腐蚀随时间变化的安全状态，为管道检验维修提供决策依据。

表3　模型预测值和实验数据对比表

序号	氯化物(wt%)	CO_2 分压/MPa	H_2S/ppm	应力/MPa	腐蚀速率实验值/(mm/a)	腐蚀速率预测值/(mm/a)	相对误差/%
1	1.5	1	0	400	0.768	0.82	6.75
2	1.5	1	50	400	0.275	0.32	16.29
3	3.5	1	100	400	0.095	0.11	15.63
4	3.5	1	150	400	0.119	0.14	17.42

4　数字孪生平台构建研究

基于管道状态的数字孪生平台开发过程遵循基础数据采集→孪生数模构建→核心算法注入这种数字孪生管理系统开发的核心思路，将综合运用感知、计算、建模等信息技术，通过软件定义，对物理空间进行描述、诊断、预测、决策，进而实现物理空间与数字孪生空间的交互映射。主要分为五个阶段进行：①基础数据采集阶段；②数字空间构建阶段；③数据信息处理阶段；④孪生交互调试阶段；⑤数据分析决策阶段，具体技术路线框架如图9所示。

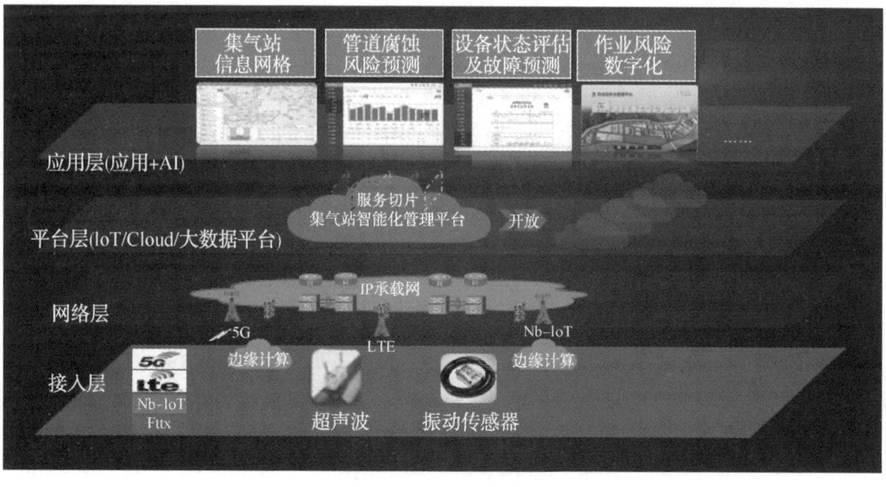

图9　集气站智能化管理平台开发框架

1. 基础数据采集阶段

在基础数据采集阶段，主要是对集气站的管道、设备、工艺流程、场地环境的图纸、照片及相关基础资料数据的采集整理，并根据管道状态在腐蚀管道上安装非介入式壁厚监测传感器的监测设备，对传感设备进行编号编组，配对数据链路，还包括对采集到的基础数据进行分类规划，结合项目数智融合管理系统的功能进行初级定义和指令、标准分配。

2. 数字空间构建阶段

孪生数模构建、空间场景还原、数模接口匹配(数字端)、数据接口对接(物理端)、驱动引擎载入、处理引擎封装。

3. 数据信息处理阶段

主要包括：实时数据采集、数据传输调试、数据分类存储、冗余数据清洗、数据整合应用、指令驱动调试。本阶段主要是对集气站内需要孪生的管道进行数字建模，对空间场景进行整体还原搭建并且优化处理。对数据驱动模型进行数据匹配对接，并对综合数据处理引擎进行封装测试。

4. 孪生交互调试阶段

主要包括：孪生场景反馈、设备状态查看、设备映射驱动、动态交互展示、实时数据可视。完成孪生场景反馈、管道运行状态查看等工作。

5. 数据分析决策阶段

随着管道运行数据的长期沉淀，通过数字孪生将数据孤岛整合起来，提供一个全局的可管、可控、可视化的集气站智能化管理系统。对重点数据进行监控，对管道厚度、腐蚀速率等敏感数据进行AI分析，并经过平台搭载的自我学习优化功能，对管理层进行决策数据指引。

4.1 数据采集管理

主要负责对设备域进行数据采集并将数据传输到后台，包括通过网口、串口(RS232/485)等工业接口，将数据采集到本地(图10)。

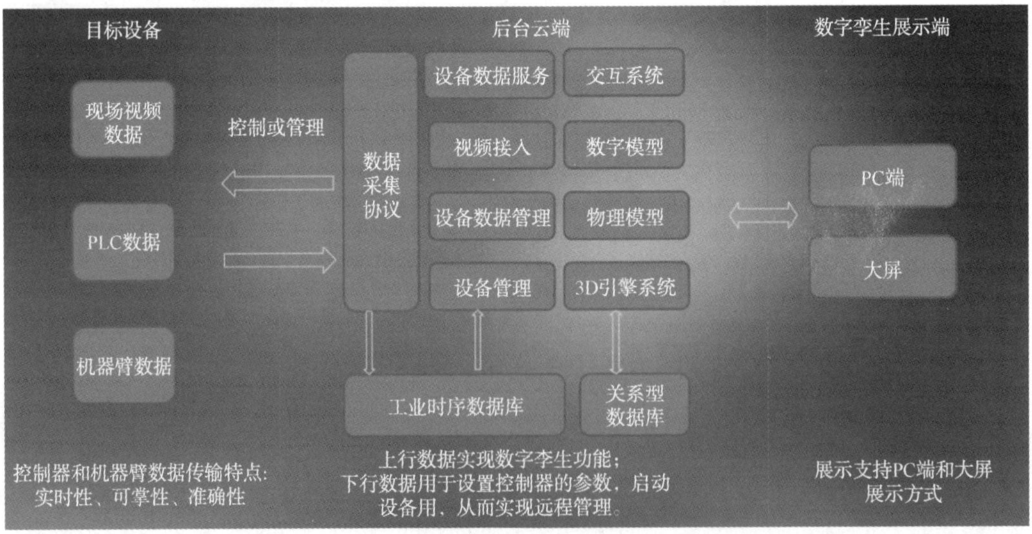

图10 数据流图

作为大数据平台的基础性系统，通过前期的数据采集工作，为数据平台其他系统，如数据存储系统、数据计算系统、数据可视化中心，数据预警系统，数据访问系统等提供数据基础和数据保障，其中：实线为工业以太网，虚线为 IO 类型的连接。

边缘采集网关通过 DeviceNet 向管道采集其驱动器数据，即监控数据；同时通过 FUNC 私有协议对管道应力、位移等数据进行实时的高频采集；再通过 profinet 协议簇，采集总控装置的 PLC。这些所有的南向协议通过采集网关的数据转换和传输，将其转换成支持 TLS 加密的协议发送到基于管道状态的数字孪生平台系统。

4.2 数据源适配器

（1）当管道的基础库及业务库均保存在各关系型数据库中时，数据采集模块提供对各种关系型数据库的适配器，可方便地接入及访问各关系型数据库，屏蔽各关系型数据库差别，为采集模块的采集工作提供统一的关系型数据操作方式。

（2）文件内容适配器主要是针对大量存于的文件数据进行适配。如 EXCEL 数据，平面文件数据，对这些文件内容进行的抽取，通过数据采集模块提供的相应文件适配器完成。

（3）网络数据连接适配器主要是针对通过请求远程网络服务器对外接口，返回请求信息。

（4）大数据连接适配器主要是针对已有的大数据平台数据的获取，对这些大数据存储的数据进行的抽取，通过数据采集模块提供的适配器完成。

4.3 数据源采集任务

（1）采集任务流程：通过对数据采集任务的配置，完成关系型数据库数据，文档类数据，网络类数据和大数据的采集。

（2）配置采集任务：主要包括采集任务的新增，删除，修改，查询和保存功能。

（3）配置源和目标：主要包括数据源连接，连接测试，数据源数据预览，目标连接，同步创建目标，配置保存功能。

（4）配置采集映射：主要完成源和目标的匹配映射关系配置功能。

（5）配置任务计划：主要完成周期数据批量加载计划时间设置。

（6）查看执行信息：主要显示采集任务执行完毕后的日志信息和加载结果功能。

4.4 数据质量分析

数据质量分析通过对记录数量、空数据和重复/非重复数据的分布统计、最小值、最大值、中间值、极值、数据长度/数据方差分析等进行基本分析；对数据结构进行正则表达分析；同时对字段数值的出现频率和分布进行分析，使用户能在列数据的维度上得到全面的分析评估报告。

4.5 数据清洗管理

数据清洗是建立在数据质量检测服务之上的，基于数据探查和评估数据质量，理解数据当前的质量情况，辅助制定规则及改进计划。从而定义数据清洗规则和目标，定义并共享可重复利用的数据清洗规则，最终设计并实施清洗改进方案。包括：数据自动增强、冗余数据修复与融合、自动修复提升、业务规则的管理、人工定义修复提升规则、关联时间修复提升等。

4.6 算法应用接口

基础算法应用：提供分类、聚类、回归、推荐等基础算法调用，给专业的用户提供使用算法的平台。可以直接调用算法平台的基础算法，完成专业的业务分析。

4.7 集气站管道运行状态数据高效安全存储和可视化

采用 Hdfs 和 Spark 技术构建管道运行状态数据的安全存储和高效处理平台，其中基于 Hdfs 技术研发数据安全存储系统，基于 Spark 技术研发 TensorFlow 的并行化处理系统；构建基于 Web 的管道/设备运行可视化管理平台，实现集气站管道/设备的 3D 可视化，管道腐蚀、设备运行状态都与其孪生状态实时连接。

5 结论与认识

(1) 通过对现场管道腐蚀状况的调研，结合现场水样水质分析结果可以得出，管段内腐蚀产物可能为 S8 和 Fe_2O_3 的水合物。细菌腐蚀和垢下腐蚀是导致管段腐蚀穿孔的主要原因，另外，水中大量的 Cl^- 加速了排污管道的腐蚀。

(2) 由于导致管道失效概率的因素较多，本文首先开展管道失效概率影响因素分析研究，通过分析、筛选出对管道失效概率影响最大的因素是管道壁厚，并在此基础上进行后续的管道腐蚀预测及寿命评估算法研究，通过算法验证，可以得出，计算预测的数据与管道实模拟工况运行趋势较为吻合，具有很好的实用性，可为管道寿命预测提供重要的参考。

(3) 通过现场管道腐蚀检测与设备振动状态检测试验，对管道及设备运行状态在线监测方式进行了研究，并在此基础上建立了管道腐蚀预测数字模型和设备状态评估数字模型。

(4) 本文基于数字孪生技术，充分探索利用管道运行状态物理模型，集成多学科、多物理量、多尺度、多概率的仿真展示过程，为在虚拟空间中完成映射集气站安全管道提供技术指导。

参考文献

[1] 胡涛，王敏，王晓冬，等．油气管道安全管理及相关技术现状[J]．中国石油和化工标准与质量，2019，39(13)：102-103.

[2] 王彪．油气长输管道安全管理方法和技术研究进展[J]．中国石油和化工，2016(S1)：67.

[3] 梁颖锋．数据挖掘技术在压力管道安全管理工作中的应用研究[D]．中北大学，2011.

[4] 应未，常通，李贵荣，等．国外长输管道安全管理技术现状综述[J]．石油工业技术监督，2022，38(06)：44-48.

[5] 张鲁冰，寿志坚．风险评估决策支持模型在实践中的应用[J]．上海煤气，2008(01)：22-25.

[6] 姚安林，周立国，汪龙，等．天然气长输管道地区等级升级管理与风险评价[J]．天然气工业，2017，37(01)：124-130.

[7] 帅健，王晓霖，牛双会．基于 C/S 网络模式的管道完整性管理系统[J]．石油学报，2010，31(02)：327-332.

[8] 陈宝智，李刚，法兰科・赫尔特．粉尘爆炸特殊风险的辨识、评价和控制[J]．中国安全科学学报，2007(05)：96-100+3.

[9] 田水承，王亚妮，霍登财．基于博弈论的石油天然气长输管道安全监管研究[J]．安全与环境学报，2018，18(05)：1891-1895.
[10] 岳军红，王涛，任英桥，等．基于神经网络算法的油田油气管道泄漏检测[J]．电子设计工程，2017，25(10)：10-13.
[11] 李文波，苏国胜．国外长输管道安全管理与技术综述[J]．安全、健康和环境，2005(01)：1-3.
[12] 曾颖，石峰，刘英．数字孪生技术在油气田业务中的应用现状及未来需求[J]．信息系统工程，2021(09)：90-92.
[13] 刘晴，赵得强，李京，等．油气储运管道的腐蚀机理与防腐技术研究[J]．全面腐蚀控制，2023，37(08)：123-124+128.
[14] 朱富有．油气集输管道的腐蚀机理分析与防腐措施探究[J]．全面腐蚀控制，2022，36(09)：116-117.

天然气智能调度计算机平台系统的设计与实现

邓盛男[1]　罗太宇[1]　黄静才[1]　任玉清[1]　宋　伟[1]　苏　畅[1]　雷立黎[2]
胡光辉[2]　徐　红[3]

（1. 中国石油西南油气田分公司重庆气矿，重庆　400021；
2. 重庆锦禹云能源科技有限公司，重庆　400060；
3. 中山大学中法核工程与技术学院，广东 珠海　519082）

摘　要：天然气是一种高效的绿色能源，在未来相当长一段时间内，天然气将是我国能源消费结构中的重要组成部分。重庆在天然气的开采和利用方面一直走在全国前列，但目前面临管网运行监控及优化调度难度日益增大的困难。为此结合大数据和模拟仿真等技术迅猛发展的时代背景，本文介绍了一些正在开发研制的天然气智能调度计算机平台系统。该系统采用browser/server(B/S)模式的体系结构，主要包含管网运行信息监控模块、计划检修调度方案模块和方案库管理模块。对其核心功能(即智能调度优化方案研究)，本文利用了一个典型的实例加以说明和验证。该系统有利于天然气管网智能调度和控制的实现，不仅可发挥天然气管网的最大产能，还可节约相关人力和能耗。接下来的研究工作将专门针对管线出现异常和故障的工况下的问题展开研究。

关键词：天然气；管网；智能调度；计算机平台系统；整数线性规划

0　引言

天然气是一种相对高效的绿色能源，其主要成分中甲烷占95%以上，因此使用中仅产生少量的CO_2和污染物，但同时也属于不可再生能源。从目前的地质勘测来看，俄罗斯拥有世界上最大的天然气可采储量，约$38.9\times10^{12}m^3$，其次分别是伊朗、卡塔尔、土库曼斯坦和美国等，上述国家占据了全球天然气可采量的约65%。我国天然气储量也相对丰富，探明的剩余可采储量$6.1\times10^{12}m^3$，位列全球第七[1]。

由于煤炭和石油的长期过度开发，使得我国能源结构逐步从煤炭石油向天然气转变[2]。长远来看，在相当长一段时间内，天然气将是我国能源消费结构中的重要组成部分，且消耗量逐年增加，尤其是2017年之后，国家推动的“清洁供暖”和“煤改气”等政策，使得天然气消耗量大幅增加(部分地区还出现了供应不足的情况)，2020年天然气占比已提升至约10%[3]。

作者简介：邓盛男，女，1988年出生于重庆，毕业于重庆科技大学，获工学学士学位，工作于西南油气田重庆气矿，工程师，主要研究方向为石油工程、油气田地面工程智能系统等。E-mail：dengshengnan@petrochina. com. cn。

通讯作者：徐红，男，1982年出生，博士，副教授，主要从事智慧能源相关研究。E-mail：xuhong7@mail. sysu. edu. cn。

川渝地区在天然气的开采和利用方面一直走在全国前列[4]。川渝地区天然气资源量居全国第一，是我国天然气勘探开发最具潜力的地区，2020 年约占全国开采量的 30%。2020 年川渝地区能源消费中天然气消费占比均超 15%，高出全国平均水平 7-8 个百分点。目前，重庆气矿所辖各种天然气场站近 600 座，天然气管道近 5000 公里，形成了“一张网”式的天然气集输系统，其中包括“三纵一横”的主要原料气干线网络，年集输能力达 100 亿方[5]。

天然气开采主要包括以下流程，如图 1 所示。一般来讲，从井口采气开始，需要经过矿场集输、增压站、脱水站、集气站等一系列场站，最后进入净化厂进行脱硫后进入长距离输气干线，通过各级城市配气管网运送到各家各户，或进入大型工业用户，构成了一个统一密闭的供气系统。

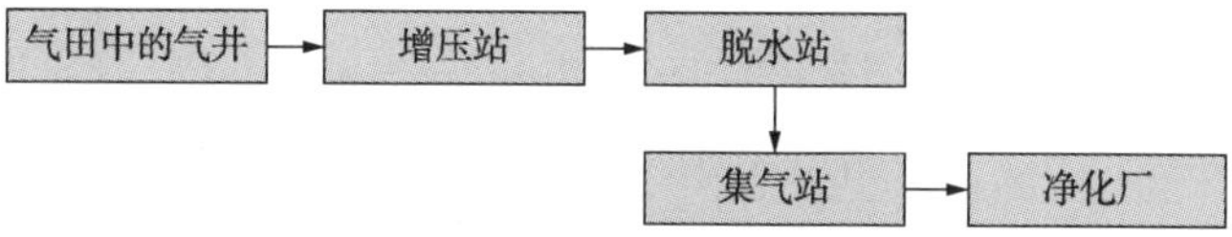

图 1　天然气生产流程涉及的主要场站

尽管重庆气矿近些年取得了很大成就，但也面临如下重大挑战急需解决：

（1）气矿原料气管网覆盖地理空间跨度大，管网运行具有生产时效性强、工况复杂多变（不但管网系统拓扑几何复杂，而且有的管道在很多情况下还会双向流动，且部分气井的气会直接进入到集气站等）、集输系统不均衡系数逐渐增高等特点，导致管网运行监控及优化调度的难度日益增大[6,7]。

（2）重庆气矿面临新增储量缓慢、成本不断上升、天然气产销矛盾突出、效益下降等严峻形势[8]。

为了解决上述问题，使气矿整体产量提高，提高现有管网系统的利用率，发挥其最大产能并提高经济效益，同时保证气田生产组织处于安全平稳运行的良好状况，必须做到以下几点：开展地面井站和集输系统优化简化调整；开展重点设备技术应用科研攻关；打造气矿在线监测系统；建立气田开发技术中心。实际上，自“十二五”以来，重庆气矿就着手大量开展井站优化简化、增压、脱水运行优化等方面的工作。特别是近几年来，重庆气矿大力开展增压站、脱水站优化运行，通过分析各个气田的系统节能潜力，优化运行增压脱水设备，提高机组负荷率，减少机组的燃料气消耗[9]。同时，重庆逐步对气矿进行了常态化生产动态分析，持续采用“精细化”控制手段，积极调整优化气田开发思路，切实有效地提升了气田生产开发系统的保障能力。

在当前互联网、大数据、人工智能、模拟仿真等信息技术迅猛发展的背景下，如何将其有效地与天然气生产调度相结合，构建满足安全生产、平稳输供气的天然气管网系统自适应高效运行模式，是迫切需要研究的问题。近年来，重庆天然气开发逐步引入生产信息化平台系统、物联网等先进技术[10]，基本实现了一线场站开发生产数据的实时采集和远传，为气矿生产实现天然气智能调度奠定了基础。系统实现原料气集输干线和净化气集输干线的数字孪生虚拟 3D 展示，集成原料气和净化气智能调度算法，为天然气运行生产提供智能辅助决策，全面提高不同业务应用需求的气矿管网数据质量监测和治理能力。通过建立重庆气矿原料气管网运行调配数字化模型、净化气管网运行调配数字化模型、融合三维数字孪生技术手段，实现原料气和净化气产运联动监测及分析预测系统化、管网运行调配管理智能化，强化生产现场全面感知，为气矿调度中心统筹生产提供决策依据，为重庆气矿管网数字化转型提供样板示范。

本文拟介绍重庆气矿目前正在开发的天然气智能调度计算机平台系统。第2节为总体介绍，将重点介绍结构设计、运行环境和性能设计以及功能设计(主要包括4个功能模块)。该平台的核心任务是天然气站场及管线的智能控制及调度，在第3节介绍完该平台系统所采用的整数线性规划方法后，将专门引入了一个实际案例来介绍本平台系统的智能调度结果。

1 总体设计

1.1 结构设计

本智能优化调度计算机平台系统采用B/S(Browser/Server，浏览器/服务器)模式的体系结构[11]，它是Web兴起后的一种网络结构模式，主要是利用了不断成熟的Web浏览器技术，Web浏览器是客户端最主要的应用软件[12]。这种模式统一了客户端，将系统功能实现的核心部分集中到服务器上，简化了系统的开发、维护和使用[13]。系统示意图如图2所示。

图2 天然气智能调度计算机平台系统B/S结构示意图

客户机上只要安装一个浏览器，服务器安装SQL Server、Oracle、MYSQL等数据库。浏览器通过Web Server同数据库进行数据交互。如图3所示，显示了气矿客户端浏览器的登录界面。在客户端浏览器输入系统访问地址，打开系统界面，输入用户名和密码点击“登录”即可实现系统访问。而生产调度中心的实物场景如图4所示。

图3 天然气智能调度计算机平台系统登录界面

图4 生产调度中心

B/S模式最大的优点就是可以在任何地方进行操作而不用安装任何专门的软件，只要有一台能上网的电脑就能使用，客户端零安装、零维护。同时，B/S模式要实现系统扩展非常容易。

1.2 运行环境与性能设计

图5给出了B/S模式的天然气智能调度计算机平台系统分别在服务器端和客户端的硬软件配置要求。服务器安装在内网工作环境，客户端安装在气井、增压站等场站。通常服务器端和客户端之间的网络通信速度(带宽)达到100Mbps以上即可满足网络数据传输要求。

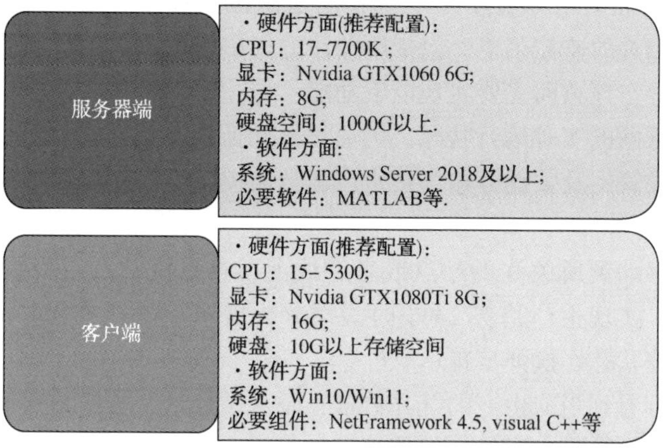

图5　天然气智能调度计算机平台系统运行环境与性能设计

1.3　功能设计

目前气矿调度存在的两个具体问题有：一是未实现一张图看全局，管网运行情况不直观；二是正常/异常工况生成气量调配方案主要依靠人工计算，决策时效低。重庆气矿天然气运行智能调度计算机平台系统的开发就是针对以上两个问题而开发的。该系统可以通过一张图监控重庆气矿各个单位，各个不同生产环节的当前生产状况，可针对不同的工况和运行情况生产调度方案，减少人工计算和决策易出错，计算复杂的情况，其核心功能包括原料气和净化智能调度算法、原料气和净化气智能联动、生产数据动态监控、天然气管网三维可视化、智能报表分析和各类工况监控和预警。为此，在开发天然气管网运行智能调度系统时，主要考虑了以下几个模块(如图6所示)：

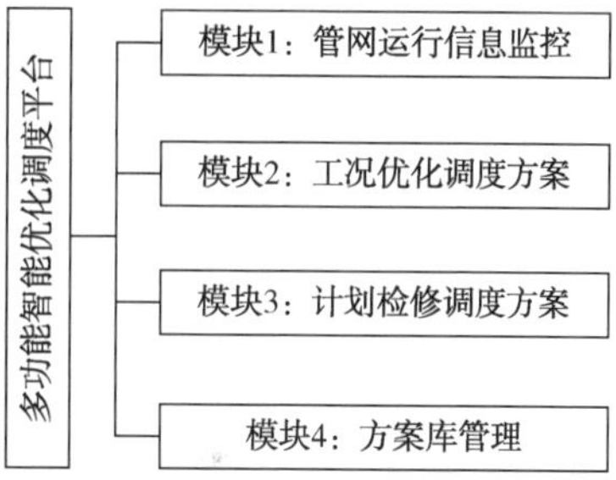

图6　天然气智能调度计算机平台系统功能模块

模块1(管网运行信息监控)：通过地图管网分层级、分单位显示管网运行状况，展示气井生产数据，显示气井、增压站、脱水站、集气站、净化厂、输配气站等场站信息。

模块2(工况优化调度方案)：根据当前生产数据调用智能调度算法，计算出当前工况的优化调度方案，覆盖所有生产气井和原料气管线，覆盖所有原料气场站。

模块3(计划检修调度方案)：通过计划库上传的检维修计划，对应不同的检维修工况生产智能调度方案，可手动配置关井范围和相关约束参数。

模块4(方案库管理)：将典型的生产方案保存至方案库，可进行方案库方案信息和工况对比。

此外，为了更好地支持平台系统工作，还设计了用户权限、地图编辑、系统日志、组织结构、自动配置、数据治理等辅助功能。

1.3.1　管网运行信息监控模块

管网运行信息监控模块接入实时生产数据，将实时管线、站点的运行状态通过可视化数字管网进行三维再现，该模块主要包括“地图监测”和“生产监控”两个页面。

在“地图监测”页面的中部显示了气矿管网地图范围和相关的监控信息。如图 7 所示，在页面左侧设计了相关的监控菜单，包括所关注的气矿区域范围、数据显示的参数、异常告警的站点或者管线等。该页面主要实现以下功能：

（1）查看当前管网的实时运行状况，可通过鼠标拖动地图，放大缩小，选择不同的地图层级。实现气矿干线管网及关键分输场站生产运行监控、生产计划管理执行情况监控分析等功能。

（2）通过鼠标移动到所关注的站点或者管线上，查看该站点或管线的实时生产数据信息。实现产运联动，实现生产趋势 24 小时滚动分析展示。可查看气井开、关状态及管线、关键生产装置启、停状态切换弹幕提示。

（3）在界面下方看到当前生产的气井数量、脱水站数量、增压站数量、集气站数量、高含硫气井数量、输气站数量、配气站数量等信息。

在“生产监控”页面，可以选择“概览统计”和“详情统计”，如图 8 所示。在“概览统计”中，可以看到气矿当前的生产数据，包含今日开井数量，今日产气量，今日产水量，今日页岩气量以及气矿销量等数据。可以查看今日风险作业信息概览，及风险提示。查看今日产销趋势和本月产销趋势，查看储气罐本月注气量趋势和采气量趋势。可以查看日产销计划的完成情况、月产销计划的完成情况、年度产销计划的完成情况等数据图表。在“详情统计”中，可选择查看每一日的生产详情，内容包含每个气田的产量统计情况，可勾选作业区查看。可查看每个作业区当日的产量统计和对外供气量统计。可查看重要客户的供气量统计表。

图 7　天然气智能调度计算机平台系统管网运行信息监控模块

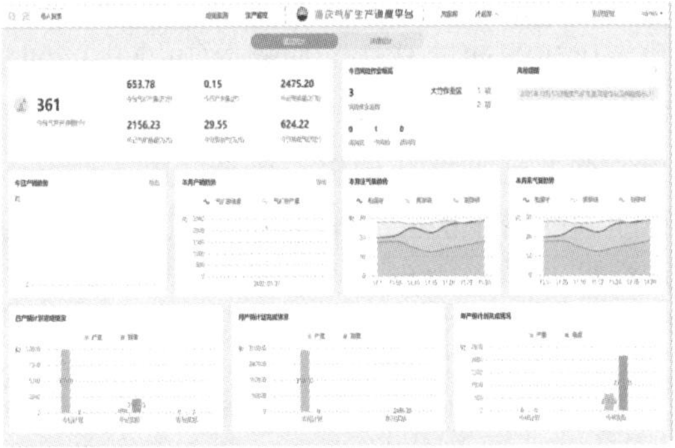

图 8　天然气智能调度计算机平台系统管网运行信息监控模块

1.3.2　工况优化调度方案模块

在管网运行信息监控页面点击“工况优化调度”可针对当前生产情况进行工况优化调度，可调整净化厂、气田、脱水站、增压站相关参数。比如，对于净化厂，可调整各个净化厂的最小和最大日处理量以及硫化氢浓度；对于气田，可查看其下不同气井的名称、硫化氢浓度、日产量和开关状态(常开或者常关，默认情况是所有气井均可参与调度)；对于脱水站，可调整日处理量和硫化氢浓度；对于增压站，可调整其最小和最大日处理量、在运机组台数和备用机组台数等。对于具体调度优化方案的求解，只需要通过设置这些约束，在平台系统后台即可实现优化调度的运算，生成算法结果。最终形成气量调配预案推荐并弹幕提示。此外，该模块还可实现管网管存空间动态预测、分析。该优化调度模块是本平台系统的核心，将在第 3 节中通过实例详细介绍。

1.3.3 计划检修调度方案模块

模块能够实现生产动态监测预警分析和计划性检修工况气量调配方案推荐等。系统主界面上展示当前管网运行监控情况，并显示异常告警信息，点击“更多”查看异常告警列表。在列表中主要显示异常告警发生的时间、异常类型、发生的站场点位和相关参数值等。如图 9所示，该例显示了 2022 年 1 月 5 日在金山站发生了进站压力超压的异常情况。

1.3.4 方案库管理模块

方案库管理保存了所有的历史调度方案，包括每个方案的详细数据，显示根据具体工况生产的方案详细净化厂、脱水站、增压站和气井开关数据。如图 10 所示，显示了某优化调度方案所涉及的净化厂参数情况，包括净化厂的处理量和硫化氢浓度。

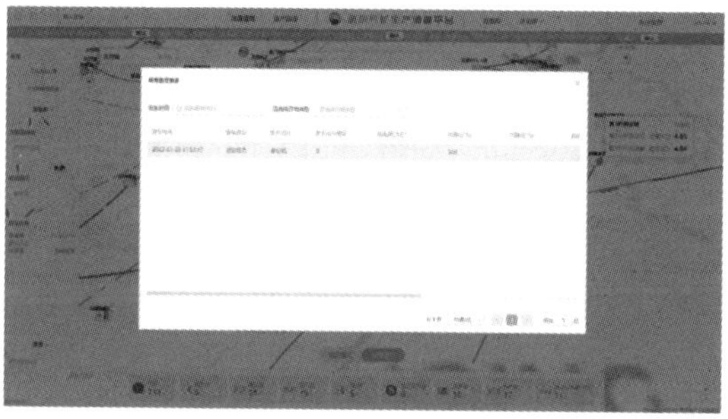

图 9 天然气智能调度计算机平台系统计划检修调度方案模块

图 10 天然气智能调度计算机平台系统方案库管理模块

2 调度算法

智能调度计算机平台系统通过可视化界面，展示原料气管网运行调度模型，根据不同业务场景(正常工况、净化厂检修、管网故障等)下对气矿天然气管网数据质量的差异化需求，生成智能调度方案，覆盖所有气井生产、管线及天然气脱水装置、增压装置的生产工况。并可通过配置，手动调整相关管线输送量和场站的处理量约束，满足所有站点的关键参数约束条件。这些关键参数包括气井产量、气井硫化氢浓度、脱水站最大处理气量、脱水站最大处理硫化氢浓度、增压站最大处理气量、净化厂最大处理气量、净化厂最大处理硫化氢浓度。所以智能调度计算机平台系统的调度优化问题可以化为如下数学问题：以上述关键参数和对应的约束条件，建立天然气原料气管网调度的整数线性规划[14,15]数学模型。

2.1 调度模型

1. 目标函数

实际生产运行的时候，由于很多环节都存在约束条件，所以并不是所有气井都能被打开。在考虑关键约束条件的情况下，我们的目标是保证天然气产量最大化，式(1)为目标函数：

$$\max x_1 h_1 + x_2 h_2 + \cdots + x_m h_m \tag{1}$$

按照顺序设置优化变量：x_1，x_2，…，x_m，m 表示共有 m 个气井需要调度，每个优化变量的取值为0或1。h_1，h_2，…，h_m 表示不同气井的产量。

2. 约束条件

根据脱水站约束，一个脱水站连接若干个气井，这些气井需要符合最大处理量、硫浓度两个关键约束；设第 k 个脱水站从第 n 个气井开始，包含 t 个气井，则最大处理量约束为：

$$0 \leqslant x_n h_n + x_{n+1} h_{n+1} + \cdots + x_{n+t-1} h_{n+t-1} \leqslant T_k \tag{2}$$

式中，T_k 为该脱水站的最大处理量。

硫浓度约束为：

$$\frac{x_n h_n p_n + x_{n+1} h_{n+1} p_{n+1} + \cdots + x_{n+t-1} h_{n+t-1} p_{n+t-1}}{x_n h_n + x_{n+1} h_{n+1} + \cdots + x_{n+t-1} h_{n+t-1}} \leqslant P_k \tag{3}$$

式中，p_n 为第 n 个气井的硫浓度，P_k 为第 k 个脱水站最大硫浓度限值；实际上，上式不是一个线性约束，因此需要转换为：

$$x_n h_n (p_n - P_k) + x_{n+1} h_{n+1} (p_{n+1} - P_{n+1}) + \cdots + x_{n+t-1} h_{n+t-1} (p_{n+t-1} - P_{n+t-1}) \leqslant 0 \tag{4}$$

对于增压站约束，设第 k 个增压站从第 l 个气井开始，包含 z 个气井，增压站要求 z 个气井的处理量必须有最大值和最小值，如果低于最小值，所有气井需要关闭，则约束为：

$$\begin{gathered} y_k \cdot Z_k^l \leqslant x_l h_l + x_{l+1} h_{l+1} + \cdots + x_{l+z-1} h_{l+z-1} \leqslant y_k \cdot Z_k^h \\ y_k = 0 \text{ or } 1 \end{gathered} \tag{5}$$

式中，Z_k^l 表示第 k 个增压站的最小处理量，Z_k^h 表示第 k 个增压站的最大处理量。

对于净化厂约束，设第 k 净化厂从第 d 个增压站开始，包含 j 个增压站，净化厂要求 j 个净化厂的处理量必须有最大值和最小值，则约束为：

$$J_k^l \leqslant x_d h_d + x_{d+1} h_{d+1} + \cdots + x_{d+j-1} h_{d+j-1} \leqslant J_k^h \tag{6}$$

式中，J_k^l 表示第 k 个净化厂的最小处理量，J_k^h 表示第 k 个净化厂的最大处理量。

同时考虑脱水站、增压站、净化厂的约束，以最大化单井总产量为目标，所以目标问题及约束为：

$$\max x_1 h_1 + x_2 h_2 + \cdots + x_m h_m$$

$$\begin{cases} 0 \leqslant x_n h_n + x_{n+1} h_{n+1} + \cdots + x_{n+t-1} h_{n+t-1} \leqslant T_k \\ \dfrac{x_n h_n p_n + x_{n+1} h_{n+1} p_{n+1} + \cdots + x_{n+t-1} h_{n+t-1} p_{n+t-1}}{x_n h_n + x_{n+1} h_{n+1} + \cdots + x_{n+t-1} h_{n+t-1}} \leqslant P_k \\ y_k \cdot Z_k^l \leqslant x_l h_l + x_{l+1} h_{l+1} + \cdots + x_{l+z-1} h_{l+z-1} \leqslant y_k \cdot Z_k^h \\ y_k = 0 \text{ or } 1 \\ J_k^l \leqslant x_d h_d + x_{d+1} h_{d+1} + \cdots + x_{d+j-1} h_{d+j-1} \leqslant J_k^h \\ x_1, x_2, \cdots, x_m = 0 \text{ or } 1 \end{cases} \tag{7}$$

为了方便求解，原始目标问题可以进一步简化为矩阵形式：

$$y=\begin{bmatrix} h_{11}, & h_{12}, & \cdots, & h_{1i}, & 0_{N-i} \\ h_{21}, & h_{22}, & \cdots, & h_{2m}, & 0_{N-m} \\ & & \vdots & & \\ h_{r1}, & h_{r2}, & \cdots, & h_{rl}, & 0_{N-l} \end{bmatrix}^T \begin{bmatrix} x_{11} & x_{12} & & x_{1r} \\ x_{21} & x_{22} & & x_{2r} \\ \vdots & \vdots & \cdots & \vdots \\ x_{i1} & x_{m2} & & x_{lr} \\ 0_{N-i} & 0_{N-m} & & 0_{N-l} \end{bmatrix}^T \tag{8}$$

$$=\begin{bmatrix} h_1 \\ h_2 \\ \vdots \\ h_r \end{bmatrix}^T \begin{bmatrix} x_1 & x_2 & \cdots & x_r \end{bmatrix}^T$$

$$=\boldsymbol{Hx}$$

式中，h_r 表示第 r 个净化厂对应气井的生产量，x_r 表示第 r 个净化厂对应气井的开关状态。0_{N-l}表示 $N-l$ 维 0 向量，N 表示大于 m 的正数。

2.2 实例计算

2.2.1 实例及相关约束

本文使用的天然气原料气管网系统的参数情况如表 1 所示，所辖范围一共 41 个气田，分布着 307 口气井，增压站数为 22，脱水站数为 13，净化厂数为 5。

表 1 实例输入数据

气田数	气井数	增压站数	脱水站数	净化厂数
41	307	22	13	5

其中每个气田的气井数如图 11 所示，而各气井的日产量和硫化氢浓度分别如图 12 和图 13所示(参考数据为当地某区域日报表数据)。如上一节所述，一般情形下增压站、脱水站和净化厂还需要满足一定的约束条件，即脱水站最大处理气量、脱水站最大处理硫化氢浓度、增压站最大处理气量、净化厂最大处理气量、净化厂最大处理硫化氢浓度。

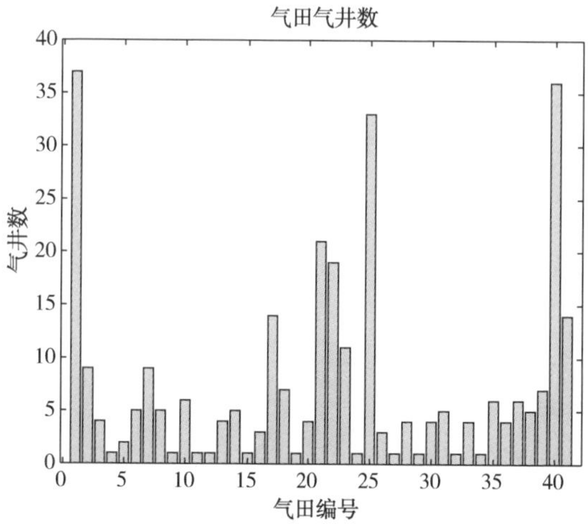

图 11 实例中各气田的气井数

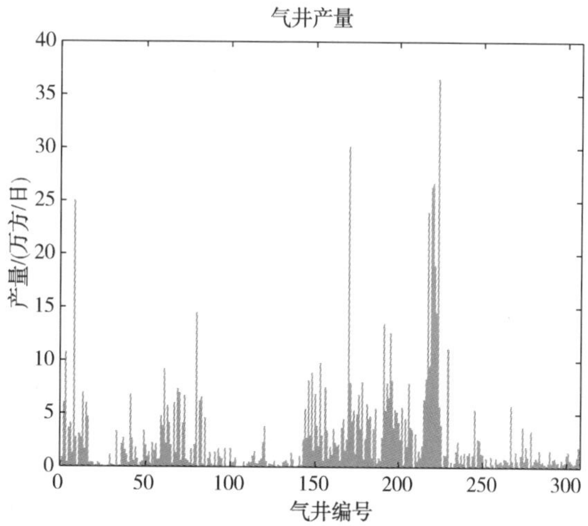

图 12 实例中各气井的产量

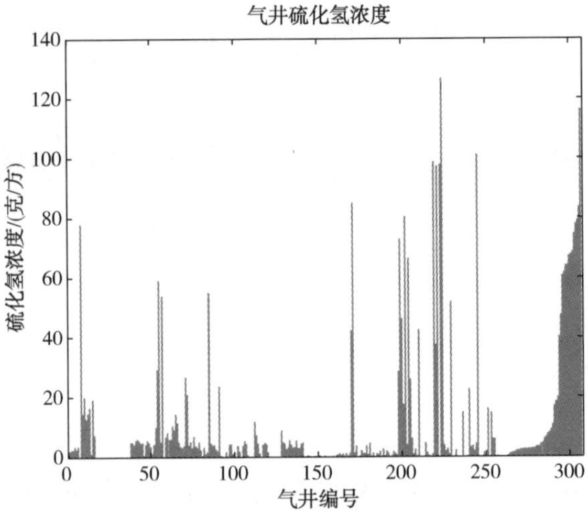

图 13　实例中各气井的硫化氢浓度

2.2.2　实例结果

在满足气井、增压站、脱水站和净化厂约束的前提下，开展整数线性规划，最终得出如下结果：

（1）307 个气井中有 11 个气井不满足约束条件而必须关闭。

（2）由于最优化调度中约束的要求，22 个增压站中只有 19 个运行，其日处理量和硫化氢浓度如图 14 所示。

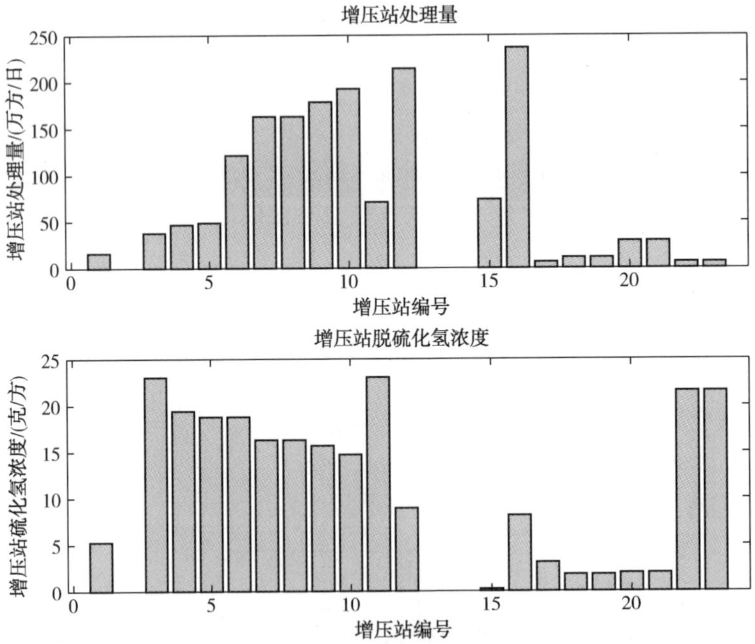

图 14　增压站处理量和硫化氢浓度

（3）13 个脱水站全部使用，根据线性规划结果，每个脱水站的日处理量和硫化氢浓度如图 15 所示。

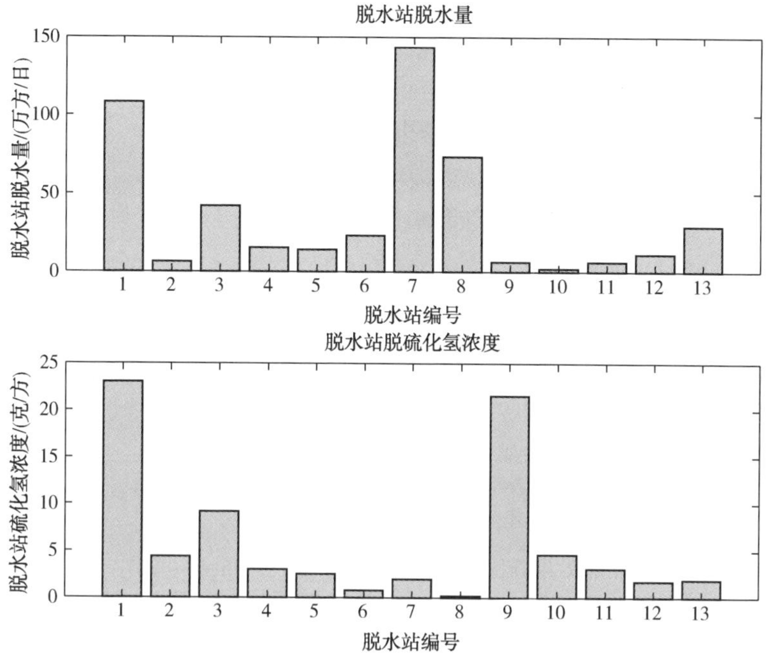

图 15 脱水站处理量和硫化氢浓

（4）为了满足约束，只有 4 个净化厂投入运营，如表 2 所示，每日气矿总产量达 760.18×$10^4 m^3$，而硫化氢含量高达 156129kg。

表 2 实例净化厂气量调配结果

净化厂编号	处理量/($10^4 m^3$/d)	硫化氢/(g/m^3)	总硫/kg
1	0.00	0.00	0.00
2	230.00	10.72	24656
3	243.15	8.49	20643
4	177.03	55.00	97366
5	110.00	12.24	13464
总产量	760.18		156129

3 结束语

结合当前重庆气矿所遇到的技术困难以及互联网、大数据、人工智能、模拟仿真等信息技术迅猛发展的时代背景和需求，本文介绍了一个正在开发研制的天然气智能调度计算机平台系统。该平台系统采用 B/S 模式的体系结构，主要包含管网运行信息监控模块、工况优化调度方案模块、计划检修调度方案模块和方案库管理模块，并详细介绍了各模块的主要功能。对于其核心功能，即智能调度优化方案研究，本文利用了一个典型的实例加以说明。在实例中，气矿由多个气田(和相关气井)、增压站、脱水站和净化厂等站场和管线构成。根据各站场的约束条件，建立了天然气原料气管网调度的整数线性规划数学模型，并利用平台系统完成了求解。本文所介绍的平台系统有利于天然气管网智能调度和控制的实现，不仅可发挥天然气管网的最大产能，还可节约相关人力和能耗。接下来的研究工作将专门针对管线出现异常和故障的工况下的调问题展开研究。

参考文献

[1] 陈骥，吴登定，雷涯邻，等．全球天然气资源现状与利用趋势[J]．矿产保护与利用，2019，39(5)：118-125.

[2] 刘梅，戴涛涛．我国天然气资源现状与发展前景初探[J]．石化技术，2020，27(9)：52-53.

[3] 郑明贵，王萍，钟聪红．2020—2030年中国天然气需求预测[J]．中国矿业，2021，30(2)：7-13.

[4] 何润民，周娟．川渝地区天然气行业发展报告(2020年)[M]．北京：石油工业出版社，2020.

[5] 吴建祥．重庆气矿节能技术应用现状及管理思路[C]．第31届全国天然气学术年会(2019)论文集(06储运安全环保及综合)，中国安徽合肥，2019.

[6] 尤永建，王少杰，彭喜亮，等．天然气管网经济效益研究与系统设计[J]．北京石油化工学院学报，2021，29(1)：45-50.

[7] 张静．重庆气矿提质增效措施效果分析[J]．石化技术，2018，25(6)：267.

[8] 陈子玮．重庆气矿年产天然气突破40亿立方米[J]．中国石油石化，2011(17)：72.

[9] 邓启志，王伟琦，王博．基于实时数据库数据的一线场站报表应用系统设计与实现[J]．中国信息化，2021，(01)：60-62.

[10] 徐鹤，吴昊，李鹏．面向物联网的时空数据处理算法设计[J]．计算机科学，2020，47(11)：310-315.

[11] 徐鹏，王克宏．基于Browser/WebServer模式的电子表单系统[J]．计算机科学，2001(1)：106-110.

[12] 李文印，周治国，周斌，等．专用浏览器/服务器系统模型的设计与实现[J]．计算机应用，2004，(02)：76-77+81.

[13] 嵇桃瑛．基于浏览器/服务器架构的医用计量设备信息系统[J]．自动化与仪器仪表，2018，(5)：198-201.

[14] 陈宝林．最优化理论与算法(第2版)[M]．北京：清华大学出版社，2005.

[15] 李珊珊，陈黎，唐裕婷，等．利用整数线性规划自动抽取多样性关键短语[J]．计算机科学．2019，46(S1)：56-59+70.

基于 GRU 和 Lasso 的天然气客户消费量结构化预测研究

刘　星[1]　李柏慧[2]　李宏晨[1]　李　蓉[1]　杜彬琳[3]

［1. 昆仑数智科技有限公司，北京　102206；
2. 天津市宝坻区中油昆仑燃气有限公司，天津　301800；
3. 中国石油大学(北京)，北京　102249］

摘　要：为了满足天然气销售企业在日益激烈的市场竞争中的精准预测天然气消费量这一需求，本文聚焦天然气客户日完成量即日消费量的预测，采用 GRU 神经网络和 Lasso 回归模型的组合模型，以城市燃气客户为例，利用历史消费数据和影响因素进行预测。通过 BP 神经网络预测影响因素，再结合 GRU 和 Lasso 进行消费量预测，并组合预测结果，经计算按照 7∶3 组合基于 GRU 模型的预测结果和基于 Lasso 模型的预测结果来预测一周天然气日完成量的准确率最高，通过预测结果分析发现超过一半的天然气客户的日完成量预测准确率在 90%以上。

关键词：天然气消费；预测模型；机器学习；数字化转型

0　引言

随着碳达峰和碳中和目标的提出，能源结构正在从高碳向低碳方向逐步转型[1]。这一转型推动了低碳、清洁的天然气消费比率的不断攀升，预示着天然气需求将持续稳定增长，市场发展潜力巨大。与此同时，天然气市场化改革不断深入[2]，各天然气销售公司面临的竞争愈发激烈。在这样一个快速变革的市场环境下，数字经济和大数据技术的迅猛发展，为天然气行业的数字化转型[3]提供了强大动力。通过数字技术，天然气销售公司可以全面提高天然气销售、运行、客户服务等智能化水平，从而提升效益，增加市场份额，提升综合竞争力。特别是在销售管理方面，天然气消费量预测成为企业数字化转型的重中之重。传统的消费量预测方法往往基于历史数据和经验判断，难以应对复杂多变的市场环境。而数字化转型则可以利用大数据和机器学习技术，对历史数据进行深度挖掘和分析，构建精准的预测模型，实现对天然气消费量的实时、动态预测。这不仅有助于企业提前做好市场布局和资源调配，更能为企业的战略决策提供有力支撑。

在此之前，有大量研究人员利用历史数据做了无影响因素的非结构化研究，这些研究通过时间序列模型等方法拟合历史消费量与时间之间的关系来预测。当基础数据呈现高度平稳

作者简介：刘星，男，本科，硕士，中级职称，昆仑数智科技有限责任公司天然气与管道产品与解决方案部，主要从事智能物联网软硬件产品方向研究，擅长智能物联网软硬件研发。E-mail：liuxing02@cnpc.com.cn。

性且外部市场没有明显变化时，时间序列模型的拟合效果较好；当原数据非平稳或外部市场出现变化时，预测结果与实际情况产生较大偏差[4]。目前的天然气市场充满波动性和复杂性，单一的非结构化预测不能满足实际情况[5]。为了精准地捕捉用能需求、敏捷地适应市场供需变化，研究人员对利用各种方法对天然气预测模型进行了深入探讨。例如，潘娇在2022年利用灰色季节模型构建了天然气消费预测模型[6]，李亚伟基于系统动力学对咸阳市的天然气消费量进行了预测[7]。然而，目前的研究鲜少聚焦以天为尺度的模型，所以本文能够很好地填补这一研究空白。本文在预测天然气客户的消费量时采用GRU神经网络模型和Lasso回归模型的组合模型来进行天然气客户消费量的预测。

由于天然气客户群体的多样性，不同类别的客户在基本特征以及所受到的影响因素上均存在显著差异。这种差异使得在构建预测模型时，各类客户所需的最优参数可能各不相同。为了精简工作量，本文特别选取典型的天然气客户，城市燃气客户。本文数据来源于X天然气销售公司的核心客户群体——城市燃气客户，深入剖析了城市燃气客户的历史消费数据，及其影响因素。在数据处理后利用BP神经网络预测影响因素，然后使用GRU和Lasso对消费量进行组合预测，选择最优组合权重，并对预测结果进行分析。

1　相关理论基础

1.1　BP神经网络

BP神经网络是由Rumelhart和McClelland于1986年提出的概念，是一种按照误差逆向传播算法训练的多层前馈神经网络，是应用最广泛的神经网络模型之一。本文利用BP神经网络对影响因素进行了深入预测。BP神经网络以其强大的自学习和自适应能力，能够有效地捕捉数据中的复杂关系，从而为本文提供关于影响因素的精确预测。

BP神经网络的算法步骤[8]如下：

（1）确定网络结构：

本文设置了一个三层BP神经网络，分别是输入层、隐藏层和输出层。其中，隐藏层设有q个节点，输入层有m个节点，而输出层则包含n个节点，a为1~10之间的调节常数。

有一个经验公式可以确定隐含层节点数目，公式(1)如下：

$$q=\sqrt{m+n}+a \tag{1}$$

（2）初始化网络参数：

对于网络的权重，本文设定W为隐藏层与输出层之间的权重，而V则代表输入层与隐藏层之间的权重。

设定学习率、迭代次数、误差阈值等训练参数。

（3）前向传播：

将预处理后的数据输入到神经网络的输入层。设X为输入变量，则隐藏层的输出见式(2)：

$$Z_k=f\left(\sum_{i=1}^{n} V_{ki}X_i\right),\ k=1,\ 2,\ 3,\ \cdots q \tag{2}$$

通过计算每一层的输出值，直至得到输出层的预测值。输出层的输出见式(3)：

$$Y_j = f(\sum_{k=1}^{k} W_{jw} Z_k),\ j = 1,\ 2,\ 3\cdots n \tag{3}$$

式中，i、k 为隐藏层 Z_k 和输出层 Y_j 的节点序号。

(4) 计算损失：

根据预测值和实际值计算损失函数，例如均方误差(MSE)。

假设模型中一共有 p 个输入样本，则输入样本的误差函数见公式(4)：

$$E_p = \frac{1}{2} \sum_{j=1}^{m} (y_{jp} - y'_{jp} y_{jp})^2 \tag{4}$$

(5) 反向传播：

根据损失函数计算每一层的误差项。

利用链式法则计算梯度，更新网络权重和偏置。

(6) 迭代训练：

重复步骤(3)至(5)，直到达到设定的迭代次数或损失值小于预设的阈值。

(7) 模型评估：

使用验证集或测试集评估模型的性能，例如计算准确率、召回率、F1 值等指标。

(8) 预测：

使用训练好的 BP 神经网络对新的影响因素数据进行预测，得到预测结果。

1.2 GRU

GRU(Gated Recurrent Unit)是 LSTM 网络的一种效果很好的变体，比 LSTM 网络的结构更简单，而且效果也很好，是当前非常流形的一种网络，可用于解决非线性的可变时间序列预测问题[9]。GRU 模型的神经元主要由更新门和重置门两个部分组成，GRU 将 LSTM 的输入门和遗忘门整合为一个更新门，没有输出门，但增加了一个重置门，更新门控制前一时刻状态信息的保留程度，更新门的值越大说明前一时刻状态信息对当前状态的影响就越大[10]。GRU 神经网络结构图见图 1。

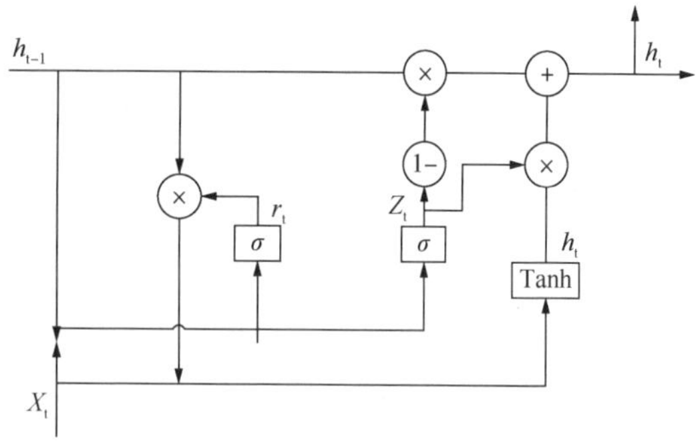

图 1　GRU 神经网络拓扑结构图

r_t 和 z_t 表示 GRU 网络模型的重置门和更新门，与 LSTM 网络模型相比，GRU 只需要通过一个更新门即可实现对数据的遗忘和记忆，训练速度有所提高。GRU 模型的计算公式如下：

$$Z_t = \sigma(W_z[h_{t-1},\ X_t] + b_z) \tag{5}$$

$$r_t = \sigma(W_r[h_{t-1},\ X_t] + b_r) \tag{6}$$

$$M_t = \tanh(W[r_t h_{t-1},\ X_t] + b_M) \tag{7}$$

$$h_t = (1 - Z_t) h_{t-1} + Z_t M_t \tag{8}$$

W_Z，W_r，W 分别为更新门、重置门和当前状态的权重，h_{t-1}，h_t 分别为上一时刻的输出和当前时刻的输出，X_t 为当前时刻的输入[11]。

1.3 Lasso

Lasso方法是以缩小变量集(降阶)为思想的压缩估计方法。它通过构造一个惩罚函数得到一个较为精炼的模型，使得它压缩一些回归系数，同时设定一些回归系数为零。因此保留了子集收缩的优点，是一种处理具有复共线性数据的有偏估计。Lasso能够对变量进行筛选和对模型的复杂程度进行降低，不把所有的变量都放入模型中进行拟合，而是有选择的把变量放入模型从而得到更好的性能参数，从而可以避免多重共线性的问题。Lasso模型如公式(9)、公式(10)所示：

$$y=\alpha+\beta_1x_1+\beta_2x_2+\cdots\beta_px_p+\varepsilon \tag{9}$$

$$(\hat{\alpha},\ \hat{\beta})=\operatorname{argmin}\left\{\sum_{i=1}^{n}\left(y_i-\alpha-\sum_{j=1}^{p}\beta_j x_{ij}\right)^2\right\},\ bjectto\sum_{j=1}^{p}|\beta_j|\leqslant s \tag{10}$$

式中，y为因变量，x为自变量，α为常数项，β_1，$\beta_2\cdots\beta_n$为回归系数，ε是随机扰动项。$s\geqslant0$是惩罚参数。令$\hat{\beta}_j^0$表示最小二乘估计的解，$s_0=\sum_{j=1}^{p}|\hat{\beta}|$。当$s\geqslant s_0$，公式中最优解即为最小二乘解，而当$s\leqslant s_0$时，就会使一些回归系数缩小或者趋向于0，甚至等于0，这些等于0的变量将会被删除，从而达到变量选择的目的。

2 实证分析

2.1 研究对象

天然气客户因其多样性和复杂性，需要针对不同类别进行单独的预测分析。本文以X天然气销售公司的主要客户类型——城市燃气客户为代表进行研究。

城市燃气是指供城市生产和生活作燃料使用的人工煤气、天然气和液化石油气，其消费主体主要包括城市居民生活、公共服务、天然气汽车、采暖、制冷等客户。由于天然气资源的不断充足，全国干线管道、支线管网、省内管网的日益完善，下游消费市场的不断成熟，以及天然气本身的清洁性和便利性，天然气在城市燃气市场中的应用得到了快速发展，2012年天然气从气化人口、热值当量和管道长度三方面全方位超过液化石油气，正式成为城市燃气行业的主导气源。

城市燃气客户下可细分为3小类：居民客户、公服客户、采暖客户。①居民客户指生活中用于炊事、热水的天然气居民客户；②公服客户是指医院、学校、机关单位、宾馆、餐饮等使用天然气的公服客户；③采暖客户是指使用天然气供暖的客户。

2.2 城市燃气客户天然气消费量影响因素指标体系构建

本文主要采集了X天然气销售公司的城市燃气客户40个影响因素指标数据，如表1城市燃气客户天然气消费量的影响因素指标体系表1所示。

表1 城市燃气客户天然气消费量的影响因素指标体系

指标名称	含义
城市级别	城市燃气企业所在的城市级别
管网密度	天然气管道在城市分布的稀疏程度。供气管道是最基本的城市燃用天然气设施

续表

指标名称	含义
用气定额	又称“用气量指标”。不同性质燃气客户单位时间内所消耗的燃气量定额
客户数量	指企业客户群体中属于该类别的客户数量
居民增量	为居民使用的超出存量气部分的气量
非居民增量	为非居民使用的超出存量气部分的气量
采暖面积	采暖面积是指使用天然气采暖的建筑面积
经营现状	反映客户目前的经营状态
注册资本	指合营企业在登记管理机构登记的资本总额，是合营各方已经缴纳的或合营者承诺一定要缴纳的出资额的总和
销售利润率	企业利润与销售额之间的比率。可以反映企业的收益水平、营利能力
总资产数额	表明资产的存量规模
营业收入	在一定时期内，商业企业销售商品或提供劳务所获得的货币收入
营业收入增长率	是衡量企业经营状况和市场占有能力、预测企业经营业务拓展趋势的重要标志
气费回收率	已缴纳气费/应缴纳气费，反映实收气费情况
气费到账及时率	反映气费回收是否准时
银行信用评价	银行出具的客户信用评价报告
预付款到位率	即按合同约定及时足额支付预付款的情况
合同总量	签订合同中用气量的总值，反映合同规模的大小
日完成	客户实际消费的气量
日指定	客户计划用气
月建议计划	每月根据客户合同量的估算，省公司提报的计划，到区域公司审批的计划
月正式计划	每月根据客户合同量的估算，省公司提报的计划，区域公司审批通过，总公司审批的计划
年建议计划	每年根据客户合同量的估算，省公司提报的计划，到区域公司审批的计划
年正式计划	每年根据客户合同量的估算，省公司提报的计划，区域公司审批通过，总公司审批的计划
用气价格	产品单价
调峰贡献度	是天然气用气不均匀时调节用气高峰对整体贡献大小的量化度量
用气计划符合度	指实际使用天然气的量与计划量的比较程度
可中断率	通过签订经济合同(协议)，在用气高峰时段或紧急状况下，用气客户可以中断的负荷部分的比率
月度(日度)用气不均匀系数	衡量天然气客户用气的波动情况
客户可承受气价	衡量客户对价格接受能力的指标
气源依赖性	衡量对天然气供应源头的依赖程度的指标
是否内部直属炼厂	衡量炼厂是否属于内部直属的指标

续表

指标名称	含义
是否为内部单位	衡量大然气客户是否属于内部单位的指标
客户状态	衡量现有客户和潜在客户的指标
稳定合作时间	即客户连续不间断从一个供应商购买天然气的时间。
天然气行业景气指数	天然气行业运行状态与繁荣程度的度量
气温	日均气温
GDP	以季度为单位年内累计的国内生产总值
自报计划完成率	检验客户计划用气量和实际用气量的差距
下达计划完成率	检验客户计划用气量和实际用气量的差距

2.3 数据收集与处理

本文收集了X天然气销售公司的城市燃气客户在2022年10月1日至2022年12月31日的天然气日完成量数据和相关影响因素数据，2022年10月1日至2022年12月25日的数据作为训练集进行模型拟合，2022年12月26日至2022年12月31日的数据作为测试集用来检验预测模型的准确性，然后预测城市燃气客户在2023年1月1日到2023年1月7日时间段内一周的日消费量，并与实际值对比，分析GRU模型预测的误差和准确率。

其中，本文数据中的日完成量便是客户每天实际消费的天然气量。

数据缺失值处理：城市燃气客户日完成量数据及其影响因素数据缺失情况分为两种，一是有些数据未获取到，导致部分因素值空缺；二是由于历史数据缺乏记录导致数据缺失。大量的缺失值会造成指标特征不足和不全面，并直接影响模型模拟的效果。缺失值的处理主要有以下两种方式：当该条数据有大量缺失值时，而有效信息较少时，可以直接删除该条数据；再一个当缺失值较少时，采取补全缺失的方法，本文采用向下填充的缺失值处理方法来处理缺失值。

数据标准化处理：为了消除各数据指标间的量纲影响以及提高算法精度，本文选择极差化法来进行数据的标准化处理，min(x)和max(x)分别为指标x的最小值和最大值，将输入的值通过min-max标准化映射在[0，1]，如式(11)所示：

$$a' = \frac{a - \min(x)}{\max(x) - \min(x)} \tag{11}$$

2.4 影响因素的预测

日指定、月正式、年正式等属于业务相关的影响因素的预测采用组合BP神经网络模型预测结果和平均加权前两年数据来获取最终影响因素数据，以此来提高影响因素预测的准确率；GDP、天然气景气指数等其他影响因素数据则采用BP神经网络模型预测获得。

2.5 预测模型构建

将数据分为训练集和测试集，定义好预测模型，然后使用fit()和predict()函数进行预测，输出预测结果。

采用平均绝对百分误差(MAPE)来评估城市燃气客户日完成量的预测效果。MAPE表示误差百分率的平均值，MAPE 值越接近 0，模型预测效果越好。MAPE 计算公式为(12)：

$$MAPE = \frac{1}{n}\sum_{i=1}^{n}\left|\frac{P_i - \hat{P}_i}{P}\right| \tag{12}$$

组合权重的确定：

为了确定城市燃气每小类客户在基于影响因素预测中的最优组合权重，本文将尝试不同的权重组合方式将 GRU 模型和 LASSO 回归模型各自的预测结果组合，即 GRU 模型与 LASSO 模型的预测结果权重比例分别设为 3∶7、4∶6、5∶5、6∶4 和 7∶3，公式如(13)。通过对比这些组合方式在预测一周时的准确率，本文将选择预测准确率最高的组合结果作为每小类客户的最优权重。随后，本文将使用这些确定的组合权重来预测接下来一周的城市燃气客户日完成量。

$$r=(r_1a+r_2b)/(a+b) \tag{13}$$

式中，r 是组合结果，r_1是 GRU 模型的预测结果，r_2是 Lasso 模型的预测结果，a 和 b 分别是组合权重，a 与 b 之和为 10。

2.6 各类城市燃气客户日完成量预测一周的结果分析

经计算按照 7∶3 组合基于 GRU 模型的预测结果和基于影响因素预测结果的组合来预测一周天然气日完成量的准确率最高，所以在后续预测一周日完成量时采用 7∶3 的组合。将得到的预测一周结果与真实值进行对比分析，如果小类中所有客户历史日完成量均为 0，则未对该类客户进行预测分析，则其他每类的预测结果分析如下所示：

1. 居民客户类

该类客户预测七天的准确率较低如表 2 所示，只有 40.74%的客户预测准确率在 80%以上，预测准确率在 90%以上的只有 25.93%，预测准确率在 90%以上的客户有居民客户 12、居民客户 6、居民客户 2 等。居民客户 17、居民客户 18、居民客户 7 等天然气客户预测误差较大的原因主要是由于前期历史数据变化大对预测造成影响。

表 2 部分居民类客户预测 7 天的误差

居民客户类客户	预测 7 天的 MAPE	居民客户类客户	预测 7 天的 MAPE
居民客户 1	0.078968271	居民客户 15	1
居民客户 2	0.073781888	居民客户 16	0.340088572
居民客户 3	0.196918686	居民客户 17	0.652634802
居民客户 4	0.162092701	居民客户 18	0.650079882
居民客户 5	0.479240675	居民客户 19	0.917262042
居民客户 6	0.03066707	居民客户 20	0.160366843
居民客户 7	0.571428571	居民客户 21	0.456970364
居民客户 8	0.171253769	居民客户 22	0.943835169
居民客户 9	Inf	居民客户 23	0.725234033
居民客户 10	0	居民客户 24	0.948985962
居民客户 11	0.278714436	居民客户 25	-1.178422297

续表

居民客户类客户	预测7天的MAPE	居民客户类客户	预测7天的MAPE
居民客户12	0.035105966	居民客户26	-0.780813547
居民客户13	0.11232101	居民客户27	0.743660166
居民客户14	1		

注：Inf指实际值为0，预测值不为0

2. 公服客户类

该类客户预测七天的准确率较高如表3所示，将近一半的客户预测准确率在90%以上，有三成客户的准确率高达95%。例如公服客户1和公服客户3客户，准确率都在95%以上。但是公服客户12的预测结果较差，平均预测准确率仅为-619.8646232%，这可能的原因是公服客户12的历史日完成量数据在一些时间段变化且变化差值大，导致了预测误差大。

表3　部分公服类客户预测7天的误差

公服客户类客户	预测7天的MAPE	公服客户类客户	预测7天的MAPE
公服客户1	0.010298879	公服客户10	0.413929164
公服客户2	0.170943651	公服客户11	0.145103103
公服客户3	0.026935381	公服客户12	7.198646232
公服客户4	0	公服客户13	0.225485256
公服客户5	0.089998315	公服客户14	0.051103339
公服客户6	0.121543652	公服客户15	0.081454455
公服客户7	0.068483142	公服客户16	0.4063694
公服客户8	0.246806268	公服客户17	0.305831103
公服客户9	0.095613412	公服客户18	0.171935112

3. 采暖客户类

该类客户预测七天的准确率较高如表4所示，一半以上的客户预测准确率在90%以上，例如采暖客户3、采暖客户4、采暖客户6等客户，准确率都在95%以上。但是采暖客户3、采暖客户9、采暖客户1等预测结果不准，其中采暖客户9的预测准确率仅为7.04%。这是由于采暖客户9的数据在短期内的波动幅度较大而预测值则变化平稳。

表4　部分采暖类客户预测7天的误差

采暖客户类客户	预测7天的MAPE	采暖客户客户	预测7天的MAPE
采暖客户1	0.210562502	采暖客户6	0.028846
采暖客户2	0.099884338	采暖客户7	0.172998696
采暖客户3	0.025293862	采暖客户8	0.160366843
采暖客户3	0.325324367	采暖客户9	0.929602678
采暖客户4	0.039765279	采暖客户10	0.026870738
采暖客户5	0.125411923	采暖客户11	0.059785639

3 结论

本文立足于天然气销售企业优化资源配置的角度，考虑到X天然气销售公司的实际运营情况，建立了“以天为尺度+以细分客户为研究对象”的预测思路，构建了天然气消费量影响因素指标体系，并使用X天然气销售公司的实际运行数据进行实例研究，搭建预测模型并对预测结果提出了分析。具体结论如下：

（1）本文构建的天然气消费量影响因素指标体系包含40个指标，考虑到了数据的可获得性、全面性、从多个维度分析消费量的影响因素。这些指标涵盖了城市级别、管网密度、用气定额等基础信息，以及客户数量、居民和非居民增量等客户特征。同时，还涉及采暖面积、经营现状、注册资本等反映客户经营状况的指标。在财务和销售方面，指标包括销售利润率、总资产数额、营业收入及其增长率、气费回收率和到账及时率等。合同和计划相关指标则包括合同总量、日完成、日指定、月度和年正式计划等。此外，还有价格、调峰贡献度、用气计划符合度等反映市场供需和客户行为的指标。最后，还考虑了行业景气指数、气温、GDP等外部影响因素。这些指标为天然气销售公司提供了全面、多维度的数据支持，有助于其进行精准的预测和决策分析。

（2）本文采用BP神经网络预测天然气消费量影响因素，随后结合GRU和Lasso模型进行消费量预测，并优化组合权重。经计算，7：3的组合比例使得基于GRU和影响因素的预测结果组合达到最高准确率，有效提升了天然气日完成量的预测精度。通过预测结果分析发现超过一半的天然气客户的日完成量预测准确率在90%以上，如：居民客户12、居民客户6、公服客户1、公服客户3、采暖客户3和采暖客户4等等。本文通过细分小类客户预测提高预测准确率，不断优化模型来降低预测误差，通过对客户日完成量的预测为客户的用气量分配提供数据支持，将预测的天然气日完成量作为客户天然气日分配量的重要依据，减少天然气量分配不足或分配过多的情况，优化天然气资源配置。

参考文献

[1] 侯正猛，罗佳顺，曹成，et al. 中国碳中和目标下的天然气产业发展与贡献[J]. 工程科学与技术，2023，55(1)：243-252.

[2] 武艺，李然. 中国东南沿海地区天然气市场竞争态势分析及发展策略建议[J]. 国际石油经济，2023(11)：47-54.

[3] 杨阳. 天然气行业数字化转型[J]. 科学与信息化，2023(19)：64-66.

[4] 张晶，李熠辰，张曦，等. 不同时间尺度下的天然气需求预测模型研究进展[J]. 油气与新能源，2023，35(02)：95-111.

[5] 高芸，王蓓，胡迤丹，等. 2023年中国天然气发展述评及2024年展望[J]. 天然气工业，2024，44(02)：166-177.

[6] 潘娇. 灰色季节模型的构建及在天然气消费中的应用[D]. 常州大学，2022. DOI：10.27739/d.cnki.gjsgy.2021.000110.

[7] 李亚伟. 基于系统动力学的咸阳市天然气消费量预测研究[D]. 武汉科技大学，2021. DOI：10.27380/d.cnki.gwkju.2020.000467.

[8] 李渊，景涛，申铁军．基于灰色关联度-BP 神经网络的混凝土抗腐蚀性能研究[J]．建材技术与应用，2024，(02)：18-21. DOI：10. 13923/j. cnki. cn14-1291/tu. 2024. 02. 005.

[9] Hu Y. C., Chiu Y. J., Hsu C. S., Chang Y. Y.. Identifying Key Factors for Introducing GPS-Based Fleet Management Systems to the Logistics Industry[Z]. 2015.

[10] Yang J. L. and Tzeng G. -H.. An integrated MCDM technique combined with DEMATEL for a novel cluster-weighted with ANP method[J]. Expert Systems with Applications, 2011(3): 1417-1424.

[11] 许明鹤．X+1+X 模式下城市燃气企业调峰新形式[J]．能源与节能，2020(11)：27-28+138. DOI：10. 16643/j. cnki. 14-1360/td. 2020. 11. 012.

基于单目标遗传算法优化的天然气营销效果后评价模型

裴雅茹[1]　蒋爱莲[1]　李　倩[2]　万　璐[1]　王　彬[1]　高照敏[1]

[1. 昆仑数智科技有限公司，北京　102206；2. 中国石油大学(北京)，北京　102200]

摘　要：天然气销售企业在履行供气义务时需要合理处理天然气供应量和用户需求量不一致的矛盾，若供应过多，会浪费宝贵的天然气资源；若供应过少，会降低供气可靠性和客户满意度。因此建立一个优质的天然气分配模型至关重要。本文以某天然气销售企业构建的天然气营销策略匹配模型以及该模型的实施效果误差指标为基础，以误差指标最小化为目标函数，建立基于客户特征与用气情景的营销效果后评价模型，采用遗传算法单目标优化法求解，以此实现天然气营销策略匹配模型自主优化提升。营销效果后评价模型的建立有助于实现智能化的资源分配，从而提升天然气利用率，在天然气销售企业数字化转型方面具有重要意义。

关键词：单目标遗传算法；参数优化；天然气营销效果

0　引言

近年来，经济下行压力加大，给各行各业带来很大的挑战。天然气销售企业更是面临政府价格管制、成本规制日趋收紧、利润率下降、市场面临可替代能源竞争的种种严峻形势，急需寻找更多降低成本、提高效率、提升企业形象并保持竞争力的方法，寻找更大的发展空间。

在天然气营销方面，天然气销售企业不仅需要统筹天然气资源，还需要协调客户的需求，如果处理不当，不仅会损失企业的效益，而且会降低客户满意度，使企业竞争力下降。这些问题可以通过构建科学合理的天然气营销策略匹配模型来解决，但是营销策略不是一成不变的，面临复杂激烈的市场环境变化，营销策略需要不断进行优化调整。因此只有天然气营销策略匹配模型还不够，构建一个行之有效的营销效果后评价模型至关重要，从而实现匹配模型的自动优化提升、优化配置用气量、提高天然气的有效利用率、适应市场变化，最大化天然气销售企业的效益。

本文的营销效果后评价模型建立在营销策略匹配模型基础之上，营销策略匹配模型是某天然气销售企业根据其业务逻辑及营销策略制定的数字化天然气分配方案，考虑了客户分类、客户需求各方面因素，为每位客户分配最合适的天然气，并且为生产运行调度提供了重要依据。

作者简介：裴雅茹，女，硕士研究生，工程师，昆仑数智天然气业务部，数字化转型。E-mail：peiyaru@ cnpc. com. cn。

营销效果后评价模型以营销策略匹配模型的评价指标—MAPE 最小化为目标函数，通过优化营销策略匹配模型的可变参数，采用遗传算法单目标优化法求解，以此完成营销策略匹配模型的优化提升。

1 国内外研究现状

在天然气长输管网中，何能家[1]研究不同输气路径对管网公司的利润的影响，构建管输容量分配优化模型，通过遗传算法求解最优决策变量，得到最优输气路径。陈志华[4]为了实现天然气管网系统流量配置优化，以社会总福利为优化目标，构建相关约束条件，将不易求解的非线性规划问题转化为较简单的二次规划问题，从而建立优化配置模型，最后通过实证分析验证了该模型的有效性。范松梅[5]为了对天然气供应安全、大气环境质量、经济增长三重目标进行优化，构建中国天然气资源多目标优化配置模型，以供应安全和大气污染为约束条件实现经济增长的最大化，利用 Lingo 软件得到最优政策组合，实验结果可以实现三种目标的均衡发展，最终根据研究结论提出了相应政策建议。

张博和梁永图[3]通过用户用气价格、调峰贡献量以及调峰贡献率 3 个评价指标对天然气客户进行多维价值评价，设置约束条件，采用数据包络分析法建立天然气资源配置优化模型。结果表明建立的优化模型可以找到高价值用户并且优化天然气供给，实现了天然气资源的配置优化。杨毅[8]为了制定经济效益最大的天然气营销方案，以最大化利润为目标函数，构建了天然气客户用气量分配优化模型，并采用单纯形法求解优化模型得到最优营销方案和供气计划。

2 理论介绍

2.1 遗传算法基本原理

遗传算法是一种全局优化搜索算法，借鉴了自然界生物进化和遗传的思想。个体是问题的一个解，许多个个体组成了种群，种群也即解的集合。对于单目标优化问题，一定数量的候选个体通过选择、交叉、变异等遗传操作，使得种群向更好的方向进化。通过一代代不断繁殖，只有最适应环境的个体得以存留下来。最终若达到终止条件，就获得了种群中的最优个体，即问题的最优解。若没有达到终止条件，再次重复选择、交叉、变异等遗传操作，继续求解。

2.2 初始化种群

设置遗传算法的各项参数——种群的大小、最大进化代数、交叉概率、变异概率和终止条件。随机生成一定数量的个体组成初始种群。

2.3 适应度函数

适应度函数用于计算个体的适应度，可以体现个体的优劣性。适应度越小越容易被淘汰，越大则越有可能保留到最后。

2.4 选择、交叉、变异

选择、交叉、变异 3 个遗传操作是为了通过繁殖后代找到更优质的个体(图 1)。

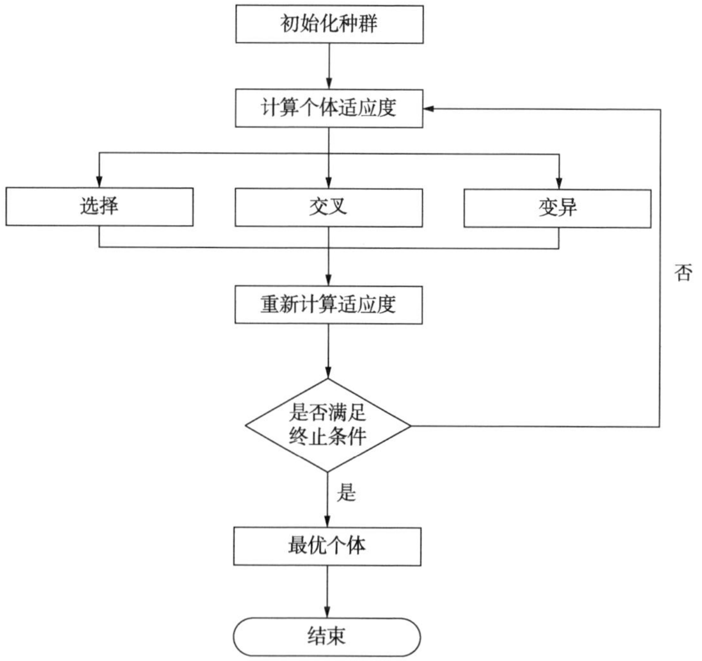

图 1　遗传算法流程图

选择操作从旧的种群中以一定的概率挑选优质个体组成新的种群，通过繁殖得到下一代种群。这里的优质指的是适应度值的高低，个体适应度值越大，被选中的概率越高。个体被选择的概率高意味着有机会被多次选中，可以使其优良基因在种群中扩散，便于找到最优解。

交叉操作从种群中随机选择两个个体进行染色体的交换组合，使父串的优秀特征遗传下去，从而产生新的优质个体。

变异操作是为了防止遗传算法在繁殖后代的过程中陷入局部最优解的困局中，设置一定的变异概率，可以使算法用不同的个体寻找最优解。

2.5　终止条件设定

终止条件是遗传算法是否终止的判断依据。若满足了终止条件，则以进化过程中生产的适应度值最大的个体作为最优解。若不满足终止条件，则重新初始化种群，重复遗传操作。

3　营销后评价模型构建

3.1　问题描述

本文所建立的营销效果后评价模型是为了优化供气企业的天然气分配方案，使其更趋近于天然气客户的实际消费量。天然气供气企业的营销策略匹配模型用于生成天然气的分配方案，通过评价指标可以校验分配方案的准确性，即计算营销策略匹配模型所生成的所有客户的天然气分配量与实际的消费量的偏离程度。本文用 MAPE 指标来衡量，评价指标 MAPE (Mean Absolute Percentage Error) 是平均绝对百分比误差，是一种相对度量，使用绝对值来避免正误差和负误差相互抵消，可以衡量真实值与预测值的偏离的相对大小情况。营销策略匹配模型的评价指标 MAPE 由客户当日实际消费量和营销策略匹配模型输出的当日天然气分配量计算得出，其计算公式7-10如下：

$$MAPE=\frac{100\%}{n}\sum\left|\frac{\text{当日实际消费量-模型输出的当日天然气分配量}}{\text{当日实际消费量}}\right|$$

3.2 优化目标

营销效果后评价模型的建立是为了优化天然气分配方案，降低天然气分配量与客户实际的消费量之间的误差。因此，营销后评价模型的优化目标是降低营销策略匹配模型的误差指标MAPE，找到使MAPE最小的参数组合。

3.3 优化参数选择

营销策略匹配模型中的可变参数有两个——响应优先度中客户评分的权重和优质客户与普通客户的分界线。营销策略匹配模型实现了天然气客户的分类，以满足不同类型客户的个性化需求和实现差异化营销。区分优质客户和普通客户的因素由客户关系评分和月度完成率两部分构成。

其中，客户评分指的是供气企业对其天然气客户从用气水平、用气特性、财务能力、信用状况、发展潜力、协作水平等方面展开的综合评价结果，大小范围在0-1之间。月度完成率代表客户对天然气供气企业分配的天然气量使用率情况，其计算公式如公式所示：

$$\text{日计划完成率}=\frac{\text{日消费量}}{\text{日指定量}}$$

$$\text{月度完成率}=\frac{\text{日计划完成率}\geqslant 1\text{ 的天数}}{\text{日计划完成率}\neq -1\text{ 的天数}}$$

为了同时考虑客户关系评分和月度完成率两个因素，用响应优先度来代表两者的综合考量结果，用如下公式计算得出：

响应优先度=客户评分×客户评分的权重+月度完成率×(1-客户评分的权重)

优质客户和普通客户分类的依据是每位天然气客户的响应优先度的大小。接下来设置级别分界线，等于或者高于分界线的为优质客户，低于分界线的为普通客户。

综上，营销效果后评价模型需要优化的两个参数是响应优先度中客户评分所占的权重和优质客户与普通客户的分界线，两者的取值范围都是[0，1]。

3.4 营销效果后评价模型

营销效果后评价模型可以用数据模型进行表达，如公式所示：

$$\begin{cases}\min \quad f(x)=MAPE\\ s.t.\ x\in(0,\ 1)\end{cases}$$

式中，x为2维向量空间组成的决策向量，$x=[x1,\ x2]T$，$x1$为响应优先度中客户评分的权重，$x2$为优质客户与普通客户的分界线；$f(x)$为待求解的目标函数。

3.5 初始化种群

营销效果后评价模型的优化目标是最小化MAPE指标，因此目标维数为1。可变参数有2个，即决策变量的维数是2维。种群规模设置为50。编码方式采用RI，即二进制编码方式，能够直接映射问题的解空间，使算法进行高效的遗传操作，提高了算法的计算效率和搜索能力。设置最大进化代数为1，差分进化中的参数F为0.5，交叉概率为0.7。

3.6 适应度函数设计

适应度函数一般为非负。对于求最小值问题，目标函数值越小的个体对应的适应度越大。营销效果后评价模型的目标函数和适应度函数的数学映射关系如公式所示：

$$g(x)=\begin{cases}C_{max}-f(x)f(x)<C_{max}\\ 0 \text{其他}\end{cases}$$

式中，$g(x)$为适应度函数；C_{max}为目前为止遗传迭代求解的目标函数极大值。

4 实验过程及结果分析

两个可变参数的取值组成了50种可能的参数组合，通过单目标遗传算法计算得出50种参数组合对应的营销策略匹配模型的MAPE指标如表1所示。

表1 50种参数组合对应营销策略匹配模型的MAPE指标得分

序号	MAPE	序号	MAPE
1	0.50267024	26	0.49817128
2	0.47892	27	0.47196275
3	0.50137218	28	0.22090452
4	0.32088135	29	0.10920508
5	0.50273758	30	0.57010859
6	0.37512773	31	0.09845032
7	0.08437372	32	0.57187871
8	0.53338408	33	0.0678437
9	0.5070192	34	0.47913776
10	0.49407641	35	0.56344225
11	0.49383823	36	0.49817128
12	0.16264742	37	0.15714345
13	0.13359172	38	0.49931458
14	0.5008328	39	0.33294977
15	0.57206658	40	0.16048692
16	0.14354729	41	0.53787334
17	0.16937046	42	0.29914003
18	0.1028144	43	0.57010859
19	0.08367387	44	0.51442508
20	0.5237422	45	0.07847214
21	0.34722442	46	0.46385599
22	0.49311165	47	0.33871633
23	0.57010859	48	0.32708175
24	0.5070192	49	0.09016825
25	0.10671664	50	0.52886942

其中，50种不同的营销策略匹配模型中MAPE最低为0.0678437。50种参数组合的MAPE分布如图2所示。

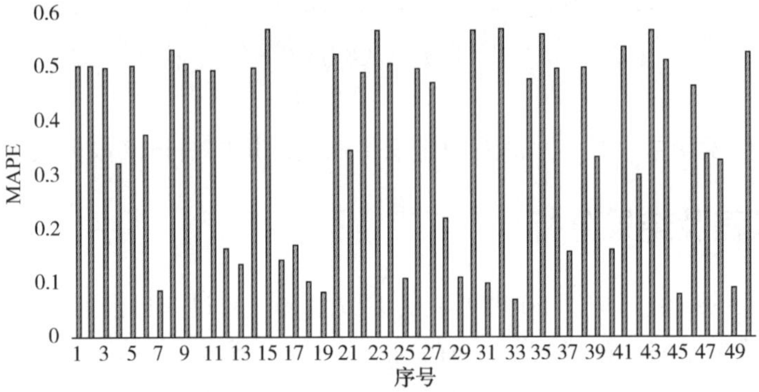

图2　50种参数组合的MAPE分布

所以，最终得到的最优参数组合是响应优先度中客户评分的比重=0.5249，优质客户与普通客户的分界线=0.5697(表2)。

表2　最优参数组合

参数名称	最优参数值
响应优先度中客户评分的比重	0.5249
优质客户与普通客户的分界线	0.5697

5　结论

针对不断变化的天然气市场环境和越来越大的竞争压力，天然气销售分公司亟待建立一套合适的天然气分配营销策略，从而满足不同客户的不同用气需求，实现智能化营销，拓展公司的盈利空间。因此，本文通过构建营销后评价模型来实现天然气分配营销策略的自动优化提升。营销后评价模型以最小化营销策略匹配模型的MAPE指标为优化目标，以营销策略匹配模型的两个可变参数——响应优先度中客户评分所占的权重和优质客户与普通客户的分界线组成优化参数组合，采用单目标遗传算法求解最佳参数组合，将最佳参数组合传递到营销策略匹配模型中，从而优化天然气分配方案。最终，营销后评价模型使营销策略匹配模型的MAPE指标从0.11245降低到0.0678437，误差显著降低。因此，本文构建的营销后评价模型在天然气销售分公司的天然气分配方案优化方面具有实际的应用意义。

参考文献

[1] 何能家，周军，张戴新，等．天然气管输容量分配优化决策研究[J]．西安石油大学学报(自然科学版)，2023，38(04)：71-80+87.

[2] 刘明科，蒋晓玲，张登高，等．天然气管输供用气负荷优化研究[J]．天然气工业，2005(01)：158-160+223-224.

[3] 张博，梁永图，李伟，等．基于用户多维价值的天然气资源配置优化[J]．油气储运，2023，42(01)：

96-104.
[4] 陈志华. 中国天然气管网流量配置与优化研究[D]. 中国地质大学(北京), 2020. DOI: 10.27493/d.cnki.gzdzy.2019.000045.
[5] 范松梅. 中国天然气资源多目标优化配置的动态模拟研究[D]. 中国地质大学(北京), 2018.
[6] 李斌, 林克臻, 郭新杰. 天然气资源的优化配置分析[J]. 城市燃气, 2019(07): 43-47.
[7] 柳玉宾, 阙亚卫, 吴政华, 等. 基于遗传算法的燃气分布式能源系统负荷优化分配[J]. 华电技术, 2018, 40(03): 1-4+20+77.
[8] 杨毅, 周志斌, 李长俊. 天然气用户用气量分配优化模型[J]. 天然气工业, 2009, 29(04): 115-116+146.

UPS 蓄电池容量的探讨

王永明　黄　丽　曾　超　潘淮滨　冯　锐

（中国石油西南油气田分公司川东北气矿，四川 达州　635002）

摘　要：随着我国天然气领域自动化、数字化的蓬勃发展，UPS 供电系统在天然气管道工程中得到了广泛的应用。本文从 UPS 蓄电池的特点、配置、容量等几个方面分析了如何确定蓄电池容量。针对 UPS 备用时间的理论计算，对查表法、标准法计算方式进行了介绍和分析比较，并创新性提出一种简易计算方法，结合计算实例进行了详细说明，有利于现场人员快速计算确定 UPS 备用时间，对实际生产有一定的运用价值。文章最后分析了影响蓄电池容量的因素，并根据实际运行经验提出建议措施，对今后天然气管道中 UPS 供电系统的设计、建设及运行具有一定的借鉴意义。

关键词：UPS；蓄电池；容量；计算方法

1　概述

天然气自控系统、通信系统等设备对供配电的要求极为严格，对交流电压、率、电源波形、正弦性和稳定性等各种主要参数都严格控制在允许的误差范围之内。但实际情况却是市电供电稳定性往往达不到要求，供电系统出现的断电、电涌、谐波、持久的欠电压和过电压等多种干扰因素给自控通信类设备带来的危害是显而易见的。因此为了保证管道系统中自控、计量、通信系统的正常稳定工作，必须建立起一个具有高质量、高可靠性和高安全性的供电保障系统，由此在线式 UPS 供电系统在管道站场中大量应用。UPS 即不间断电源，是一种含有储能装置的电源，主要用于给部分对电源稳定性要求较高的设备，如天然气站场中的 RTU，通信设备，仪器仪表等，提供恒压恒频的不间断的电源。在市电正常时 UPS 可以改善市电质量，滤除市电的各种干扰；市电停电时，UPS 通过蓄电池、逆变器产生高质量的交流电源，可以不间断地为关键负载供电[1]。

蓄电池是 UPS 的储能元件，用于存储电能，是确保 UPS 不间断供电的关键。不管 UPS 电源系统多么复杂，其性能最终取决于它的蓄电池功效，如果蓄电池故障，再好的 UPS 也无法提供后备电源（图 1）。

作者简介：王永明（1989—），男，四川简阳人，2012 年毕业于西南石油大学电气工程及其自动化专业，获工学学士，现就职于西南油气田川东北气矿自控计量站，从事自动化管理工作，任生产信息化工程师。E-mail：648008763@ qq. com。

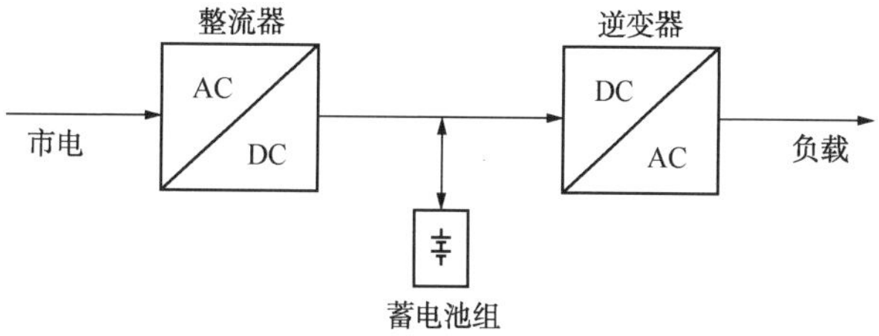

图 1　UPS 示意图

2　UPS 蓄电池介绍

2.1　蓄电池的特点

蓄电池一般具有便携式、长寿命、高性能、安全性好的特点，不同的电源设备需要配置与其使用特点相适应的蓄电池。针对 UPS 蓄电池，它与其他如通信用 48V 电池有所不同，其特点如下：

（1）多为阀控式铅酸蓄电池。

（2）后备时间一般在几小时，注重大电流放电性能。

（3）通过逆变器向负载供电。

（4）单体蓄电池大多数为 12V。

2.2　蓄电池的配置

蓄电池组中的单体电池电压有 2V、4V、6V、12V 等不同等级。在相同容量配置下，单体电池电压越高整组电池价格越便宜。但是单体电池电压越高，发生不均衡的可能性越大，劣化越快，因此 12V 单体电池的安全性相对较差。如果 12V 电池坏了一个，整组系统就少了 12V，所以有时会采用两组或以上电池并联，这样任同一组损坏还有其他组的电池可便用，提高了供电安全性。但是电池组并联会造成容量损耗及单体电压均衡性下降，形成环流，从而导致容量减少和寿命缩短，而且增加了投资成本，并联电池组最好不要超过四组。综合以上各方面，天然气管道系统中一般以单组电池，单体电池 I2V 的方式配置蓄电池，供电连续性要求较高的 UPS 系统采用两组电池并联的方式。

3　蓄电池容量

UPS 容量是指 UPS 主机所能提供的总功率大小，通常以 VA(伏安)表示，目前市面上可选择的 UPS 主机容量从几百伏安到几千千伏安。蓄电池容量是指蓄电池在规定的放电条件下所能放出的电量，通常用 Ah(安时)来表示，目前市面上可选择的有几安时到几千安时。UPS 容量与蓄电池容量是没有直接关系的，但是在负载一定的情况下，UPS 的备用时间主要取决于蓄电池容量的大小，不考虑温湿度及蓄电池老化的影响，蓄电池的容量越大，UPS 电源系统的备用时间就越长。

3.1　常用计算法

正确计算和选择蓄电池容量至关重要，如果蓄电池选择不当，供电时间将不能满足要求，甚至会造成停电。在 UPS 设计选用阶段，需综合考虑各种要求计算选用蓄电池容量。关于蓄电池容量理论计算方法，有查表法及标准法两种，通过其确定容量较为准确，使用广泛。

1. 查表法

查表法包括恒功率法和恒电流法两种，这两种方法在国际上比较流行。恒功率法是根据 UPS 蓄电池的负载基本都是恒功率负载原理，蓄电池放电时，蓄电池的输出电压逐渐下降，而蓄电池的输出电流逐渐增大。直到电压下降到终止电压时，电流达到最大值，但在整个放电过程中蓄电池的输出功率是恒定的。考虑到恒功率负载的这种情况，蓄电池厂家经过试验，提供了蓄电池恒功率放电数据表，给出每个单体电池放电到规定的终止电压，在规定的放电时间内所能放出的恒定功率。除了利用恒功率放电特性确定蓄电池容量外，还可以利用恒电流放电数据确定蓄电池容量。如果蓄电池的负载中包括恒功率负载和恒电流负载，将恒功率将恒功率转换为恒电流，进行蓄电池容量的计算也很方便，即恒电流法。采用恒电流法计算蓄电池容量与恒功率法基本相同[2]（表 1）。

表 1　某品牌阀控式密封铅酸蓄电池额定放电功率表

放电终止电压 = 1.8V/个，放电功率，W/个											
电池容量	35min	1h	2h	3h	4h	5h	6h	7h	8h	9h	10h
12V 50A·h	96.3	65.6	38.1	27.1	21.2	17.4	14.8	12.9	11.4	10.2	9.7
12V 60A·h	116	78.8	45.7	32.6	25.4	20.9	17.7	15.4	13.7	12.3	11.6
12V 80A·h	147	100	58.2	41.4	32.3	26.6	22.6	19.6	17.4	15.6	14.8
12V 100A·h	173	118	68.6	48.9	38.1	31.3	26.6	23.2	20.5	18.4	17.4
12V 110A·h	203	138	80.4	57.3	44.7	36.7	31.2	27.1	24.0	21.6	20.4
12V 130A·h	236	161	93.3	66.5	51.8	42.6	36.2	31.5	27.9	25.0	23.7
12V 140A·h	260	177	103	73.3	57.2	47.0	39.9	34.7	30.8	27.6	26.1

查表法虽然较为方便，容量确定也较为准确，但是需要蓄电池厂家提供恒功率（恒电流）放电数据，但目前国内许多蓄电池厂家尚不能提供此类放电数据。蓄电池放电数据的确定是根据对应型号蓄电池实际试验数据得来的，电池放电功率数据有限，不能满足所有放电时间下的电池容量计算。不同电压等级电池和同电压等级不同容量电池因提供的恒功率与电池容量值没有线性关系，故不同电压等级和容量不可简单的数字换算来配置，需要严格按照提供的恒功率来配置。不同品牌蓄电池的产品性能存在差异，放电参数相差较大，故同容量不同品牌电池也不可以互换。且蓄电池放电数据均来自新电池试验数据，查表法并没有考虑蓄电池的折旧以及温度的变化，故该方法适用于 UPS 蓄电池运行环境稳定，且 UPS 负荷长时间在额定容量 80%以下运行时选用。

2. 标准法

我国传统的计算方法是按照《通信电源设备安装工程设计规范》（GB51194—2016）进行计算，也称安时法，当前如选用国产蓄电池，标准法计算更为方便（表 2）。

$$Q \geqslant \frac{KIT}{\eta[1+\alpha(t-25)]} \tag{1}$$

式中，Q 为蓄电池额定容量(A·h)；K 为老化系数，取 1.25；I 为负荷电流(A)；T 为 UPS 备用时间(h)；α 为电池温度系数，当放电小时率在 1-10 时，当放电小时≥10 时，取 $\alpha=0.006$；当 10>放电小时≥1 时，取 $\alpha=0.008$；当放电小时<1 时，取 $\alpha=0.01$；t 为实际电池所在地的环境温度的数值，所在地有采暖设备时，按 15℃考虑，无采暖设备时，按 5 摄氏度考虑；η 为放电容量系数。

表 2　阀控式铅酸蓄电池放电容量系数

电池小时数/h	0.5	1	2	3	4	6	8	10	≥20
放电终止电压/V	1.75	1.8	1.8	1.8	1.8	1.8	1.8	1.8	≥1.85
放电容量系数	0.4	0.45	0.61	0.75	0.79	0.88	0.94	1	1

标准法全面考虑了 UPS 蓄电池在整个服役周期间的电池状态，在电池运行环境温度变化比较大时，更能准确计算出所需蓄电池的容量。但是标准法计算较为复杂，一般为设计人员进行 UPS 及蓄电池设计选型时采用。

3.2　简易计算法

结合日常使用经验，可以采用以下简易计算方法。

$$Q \geq \frac{PT}{UK} \tag{2}$$

式中，Q 为蓄电池额定容量(A·h)；P 为负载实际功率(W)；T 为 UPS 备用时间(h)；U 为蓄电池额定电压(V)；K 为矫正系数，一般取值 0.7。

简易计算法没有查表法和标准化精确，但是由于更简单，只需确定负荷大小一项参数，更适合运行及维护人员使用。

3.3　计算实例

实际生产过程中，蓄电池容量均已确定，现场工作人员遇到更多的问题是确定 UPS 能坚持多久时间，即 UPS 蓄电池的备用时间。备用时间的确定可以通过切断市电的方式来测试确定，即现场实测，但是一些重要井站断电存在较大的风险，无法满足测试要求，这时候就需要通过理论计算来确定备用时间的大小。

例如南方某天然气场站 UPS 容量为 6kVA，设备逆变器效率 0.85，蓄电池采用 12V，100Ah 铅酸蓄电池 16 块，输出电压为 220V，输出电流 10A，UPS 理论备用时间为多少小时？

1. 查表法

由供电电压及输出电流求得负载 P＝UI＝220x10＝2200(W)

12V 电池放电终止电压 10.8/1.8＝6。

则每个电池换算成 2V 后单体的额定放电功率为 2200/(0.85x16x6)＝26.96(W)

查询表 1，对应 12V，100A·h 蓄电池的备用时间约 6h。

2. 标准法

由式(1)得到 UPS 备用时间的计算公式为

$$T=\eta[1+\alpha(t-25)]Q/KI \tag{3}$$

假设备用时间在 0~10 小时之间，η 取值 0.88，α 取值 0.008，环境温度按 5℃考虑(无采暖设备)。根据式(3)计算得出 UPS 备用时间 $T=0.88\times[1+0.008(5-25)]\times100/1.25\times10=6.05(h)$。

3. 简易计算法

由式(2)得到 UPS 备用时间的计算公式为

$$T=QUK/P \tag{4}$$

蓄电池共有16块，蓄电池额定电压 $U=12\times16=192V$。

根据式(4)计算 UPS 备用时间 $T=100\times192\times0.7/2200=6.11(h)$。

4. 计算方法对比

从以上三种蓄电池备用时间计算方法看，若考虑温度调整系数及安全系数时，三种结果基本相当，其中简易计算法相对更简单，更适合现场人员使用。但在实际运行过程中，蓄电池容量受电池老化、温度等影响较大，备用时间往往比理论计算值小，若将理论与实测结合运用，更能获得贴近真实值的备用时间。

4 运行建议措施

4.1 影响蓄电池容量及寿命的因素

电池寿命是指恒温环境内在一定的放电深度下电池充放电循环次数，并不是真正的使用寿命。电池的环境温度、放电频度、放电度、充电电压、纹波电流等因素都会影响电池寿命。蓄电池选用时应该考虑如下几个方面。

(1) 蓄电池的容量选择：如果蓄电池的容量相对实际负荷过大，造成 UPS 过度轻载，当市电停电时，蓄电池放电电流小，放电时间偏长，蓄电池深度放电，造成电池组永久损坏。容量过小则会造成 UPS 重载，容易造成逆变器的损坏。

(2) 环境温度对电池的影响：UPS 电源蓄电池组对环境要求较高，一般推荐(25±5)℃的最佳运行范围。环境温度一旦超过25℃，每升高1℃，蓄电池寿命减少0.2-0.4年，且非线性变化，过高的环境温度是导致免维护密封电池寿命缩短的主要原因。当电池进入放电阶段，温度影响内部化学能的转换，在25℃时放电容量100%，温度每下降1℃，放电容量减少0.4-0.7%，且非线性变化。

4.2 建议措施

根据蓄电池容量影响因素及实际运行经验，针对天然气站场的 UPS，提出如下运行建议措施。

改善 UPS 及蓄电池工作环境。蓄电池一般推荐(25±5)℃的最佳运行范围，以25℃为基准，温度越高，老化越快，温度越低，容量越小。故应尽量保证 UPS 工作在25℃的环境下，如不符合可加装空调进行改善。同时 UPS 的使用环境应注意通风良好，利于散热，并保持环境的清洁。

合理减轻 UPS 的负荷。UPS 负载率通常要求在40%~80%之间，一般在70%左右为最佳工作状态，如 UPS 负载过重要考虑减少不必要的负荷。同时要避免带感性负载，如电机、空调等，因为感性负载里面有小电机、电动阀门等。这种负载起动时瞬间功率会上升导致 UPS 过载，一定要用的话要按照负载功率的3-7倍配置 UPS 主机。

对不合理项进行优化改造。使用三相输出的 UPS，合理优化三相负荷，使其达到基本平衡；偏远和重要的井站可增加电池组数，以延长后备时间；UPS 容量需求大的井站可考虑采用 2V 的蓄电池，其比 12V 蓄电池使用寿命更长，容量更大[3]。

强化新旧蓄电池管理。UPS 的蓄电池要定期进行充放电操作，定期进行内阻测试，判断内阻变化，分析劣化趋势，优化电池性能[4]。备用的新蓄电池要强化保管，通常要求备用电池需在满充状态下保管，且定期对其进行充电及电池活化。针对备用蓄电池充电不变的情况，建议可配备电池智能充放电活化仪，该设备对备用及在用蓄电池均可进行活化，提高蓄电池的放电容量、改善蓄电池的寿命和性能。

5 结论

随着我国天然气事业的迅猛发展，UPS 电源已在管道系统中得到了广泛应用。由于输气管道系统遍布我国，地域辽阔，蓄电池组在南方和北方、东部和西部的使用环境差别很大。UPS 蓄电池的选择上应充分考虑各方面的因素，同时确保后续检修维护工作的质量，充分发挥出 UPS 电源系统的工作价值，确保天然气自动化、通信系统的安全平稳运行。

参考文献

[1] 杨凯 . UPS 电池组选型配置与维护措施[J]. 电子技术与软件工程，2019(17)：224-225.
[2] 刘希禹 . UPS 铅酸蓄电池容量的确定[J]. 邮电设计技术，2015，(12)：79-86.
[3] 曹连兵 . 数据中心 UPS 电源系统蓄电池组的选型研究[J]. 电气应用，2017，36(22)：50-54.
[4] 李禹抒 . UPS 电源工况检测方法的研究与探讨[J]. 石油化工自动化，2023，59(S1)：106-108.

基于机器学习算法的脱水装置发泡预警应用探索与研究

朱昊磊　赖文华　蒋大伟　李　超　吕　波　朱　君

（昆仑数智科技有限责任公司西南大区，四川 成都　610051）

摘　要： 三甘醇脱水系统对水露点控制效果最佳，操作简单、工艺技术可靠、成本低，是页岩气脱水的重要方式，但是三甘醇大量发泡会使脱水效果变差并增加生产操作费用，影响生产稳定和经济效益。目前常见的做法是技术人员通过以往经验，对三甘醇发泡进行人为判别。这样做可以对发泡事件进行预警，但是却缺少时效性和精确性同时增加了现场人员的工作强度。所以急需一种成本可控，安全可靠、连续监控、异常识别效率高的解决方案进行替代。本次研究通结合专家经验过脱水装置发泡特征分析确认了三甘醇发泡预警关联的关键特征维度，基于一系列数据预处理方法和特征工程技术获得适合模型训练的数据集。然后使用 XGBoost、Lasso、SVM、KNN 和线性回归等机器学习算法，搭建出吸收塔液位突增、缓冲罐液位下降和闪蒸气回归预测三个预警模型。通过现场部署应用证实了基于机器学习的脱水装置发泡预警系统的可用性，对同类应用场景具有推广价值和借鉴意义。

关键词： 机器学习；三甘醇脱水；发泡预警；大数据

0　前言

机器学习作为人工智能的核心研究领域，以其强大的自学能力，为无法解决或难以解决的问题提供了一系列智能分析决策方案。随着机器学习算法的持续发展与应用，实现了数据库数据的提取、挖掘、分析、预警与决策指导，成功应用于金融、财务、医学、食品、电力、煤矿等领域，引发了油气行业的创新思考与探索。大量的机器学习算法被应用于油气地质、地球物理、油藏工程、石油工程等相关油气领域。在风险预警方面，国内研究者在油气领域开展了研究。周斯雅(2021)以天然气净化装置脱硫溶液系统发泡为例，开展了基于人工智能建立的脱硫溶液发泡预警模型的研究、设计与应用。盛茂(2022)针对油气压裂增产技术发展需求，提出压裂人工智能研究的主攻方向包括基于强化学习的压裂参数动态优化与风险预警调控方法。过前宇(2024)运用机器学习训练预测模型，构建天然气管道第三方破坏和自然灾害监测预警系统。过去几年里，机器学习在油气行业的应用得到了越来越多的关注和探索。其强大的自学能力以及对海量数据的高效处理，为油气行业带来了全新的解决方案和优化机会。通过机器学习算法的不断发展和应用，油气行业的相关领域如地质勘探、地球物理测井、油藏开发以及石油工程等都得以受益。

作者简介： 朱昊磊(1997—)，男，硕士研究生；研究方向为数学地质，石油化工过程机器学习算法应用研究工作，E-mail：zhuhaolei@cnpc.com.cn。

天然气开采出来后会有水汽的存在，在一定的条件下生成水化合物。这在一定程度上影响了天然气运输管道的流通面积，从而导致管道堵塞，影响平稳供气。如果天然气中的水与二氧化碳结合会形成具有腐蚀性的酸性液体，造成天然气管线的腐蚀。工艺上利用在三甘醇中天然气和水具有不同的溶解度，使用三甘醇吸收天然气中的水分，达到干燥天然气的目的。三甘醇溶液具有热稳定性好、再生性强、高吸湿性、低蒸汽压、损失量小、可靠性强、露点降大、浓溶液不固化等优点，是极佳的天然气脱水介质。然而三甘醇在脱水过程中存在发泡现象，发泡会使三甘醇和天然气接触不充分，使得脱水效果降低。如果吸收塔内形成稳定的泡沫，干燥后的天然气就会从吸收塔内带走一定的三甘醇。闪蒸罐内形成大量的泡沫后，三甘醇会通过闪蒸气管线进入到灼烧炉被烧掉，造成三甘醇的损失和浪费。

当前国内对脱水装置“发泡”异常工况事件的常见处理手段是通过传感器实时采集和记录吸收塔、闪蒸罐、缓冲罐等节点的温度、压力、流量等数据。安排相关人员进行轮班值守，专业技术人员通过历史经验判断是否发生“发泡”现象。但是三甘醇发泡变化缓慢，曲线特征不明显，通常人为发觉时问题已存在很久，消耗了大量三甘醇，造成设备损伤，具有严重的滞后性。同时，由于数据繁多、时间线长，仅依靠单一的人为经验判断，增加了人员工作强度，降低了判断的准确性。部分研究人员采用 K-Spice、HYSYS 等专业仿真软件来进行三甘醇工艺控制的研究，但是专业软件存在价格昂贵、需要定制化开发和运维成本高等问题，不适用于现场经济生产要求。因此，脱水装置发泡预警成为目前亟待解决的问题之一，需要一种新的手段和分析方法，突破人工观察、人工判断的壁垒，达到精准、精确、经济预测目的。

机器学习算法可以通过大量数据训练，挖掘出数据特征和目标结果的相关性，并利用其泛化能力实现对未知数据进行预测，可用于三甘醇异常发泡的研究。本文基于工控系统中的历史数据和实时数据，运用机器学习算法和特征工程技术训练出三甘醇异常发泡的预测模型，实现对脱水装置中的异常发泡事件进行诊断和预警，从而对发泡异常工况进行实时监控和高效识别，保证天然气工业生产的安全运行。

1 发泡预警的特征选取

机器学习训练需要将问题模型化，需要利用行业背景知识将异常发泡诊断和预警转化为一个数据科学问题。三甘醇发泡与否会体现在现场多个测点数据上，例如脱水系统的吸收塔液位波动、压差、产品气水露点、再生系统的闪蒸罐压力、气量、液量等。源于不同的发生机理的发泡现象会显现出不同的特征标志，技术人员通常基于这些特征标志来判断异常发泡事件的发生。当前技术人员判定典型发泡区段的特征标志大致如下：

1. 吸收塔液位波动增大

湿气分离器分离不彻底，原料气携带液态水及液态烃等进入吸收塔，溶解在三甘醇中而导致吸收塔底液量增加。受污染的三甘醇会大大降低脱水率，且更易发泡。

2. 吸收塔压差增大

吸收塔湿气进气压力和产品气出气的压力差增大，说明三甘醇黏度增大，变得更容易发泡和产生雾沫夹带。

3. 产品气水露点不达标

天然气通过吸收塔时，无机盐、轻烃和固体颗粒等液固体杂质进入三甘醇，引起 TEG 污染变质产生发泡，发泡后三甘醇浓度过低，导致与原料气接触不充分脱水不彻底，产品气水露点温度上升。

4. 闪蒸罐压力呈上升不规则波动

高压气未经增压冷却，携带大量烃类物质进入吸收塔；湿气分离器排液不及时，滤芯损坏，导致气携液进入吸收塔。烃类物质和气携液进入吸收塔都会致使系统污染发泡，闪蒸罐压力高频抖动。

5. 闪蒸气量增加

闪蒸罐内形成大量的泡沫后，三甘醇会通过闪蒸气管线排放导致闪蒸气量增大。

6. 缓冲罐液位下降

三甘醇发泡会使三甘醇和天然气接触不充分，降低脱水效果，当吸收塔塔盘上形成稳定的泡沫后，干气就会从接触塔顶带走一定的三甘醇；闪蒸罐内形成大量的泡沫后，三甘醇会通过闪蒸气管线排放到低压火炬罐内。三甘醇量连续损失导致缓冲罐液位下降。

优选适合的典型特征，有利于发泡预警模型的训练。结合专家经验和事件样本数据的特点，本文优选出吸收塔液位突增、缓冲罐液位下降和闪蒸罐压力抖动三个典型标志作为脱水装置发泡预警模型的建模维度。基于天然气净化现场关于脱水装置异常发泡事件的台账记录，从历史数据库中提取吸收塔来液冲击事件发生时间段内分钟级样本数据进行绘图并观察（图1）。对比发现在吸收塔来液冲击发泡事件中，吸收塔液位有突然上升趋势，缓冲罐液位同步上升。缓冲罐液位下降发泡事件中，缓冲罐液位整体呈现整体下降趋势。证明了这些典型特征维度能够有效刻画异常事件的发生，易于模型学习训练。

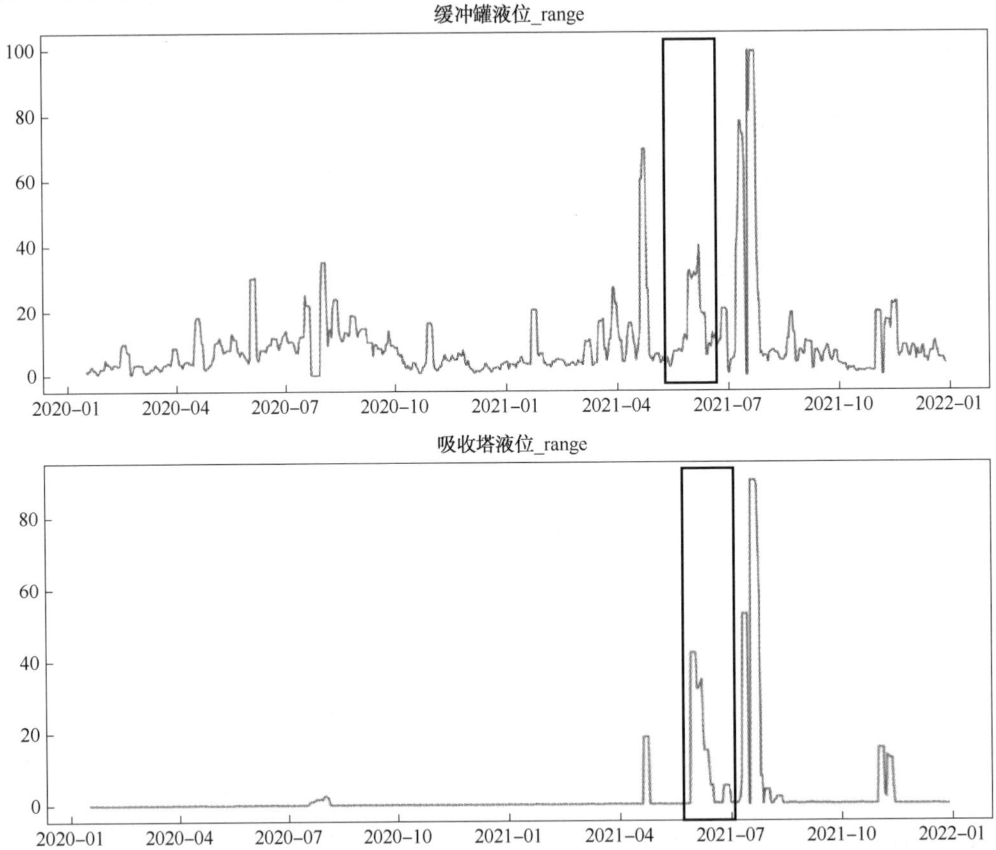

图1 特征表征明显的数据维度

（上、中：吸收塔来液冲击发泡事件；下：缓冲罐液位下降发泡事件）

图 1　特征表征明显的数据维度

(上、中：吸收塔来液冲击发泡事件；下：缓冲罐液位下降发泡事件)(续)

2　发泡预警数据集

在梳理清楚能够刻画脱水装置发泡的特征标志后，基于此构建模型训练的数据库。本文基于天然气净化现场关于脱水装置异常发泡事件的台账记录，从历史数据库中进行数据提取，然后将各信息点位全量数据进行拼接，储存为异常样本，再提取发泡前同时间长度的正常数据储存为正常样本，从而保证样本均衡。数据包含时间、再生塔液位、吸收塔液位、缓冲罐液位、闪蒸罐压力等共 46 个维度总共 62530 行(表 1)。

表 1　原始数据维度表

时间	湿气进塔压力	水露点温度
1211 吸收塔液位	湿气进塔温度	灼烧炉温度
1211 吸收塔差压	干气出塔压力	预过滤器差压
1211-LV-105 输出开度	干气出塔温度	活性炭过滤器差压
1211TEG 闪蒸罐液位	处理气量	后过滤器差压
1211-LV-108 输出开度	甘醇入泵温度	甘醇入塔温度
1211TEG 缓冲罐液位	缓冲罐液位	130_FT_103 开方计算
1211 重沸器 TEG 富液温度	吸收塔甘醇液位	富液出吸收塔调节开度
1211 原料气过滤分离器液位 1	闪蒸罐液位	130_LT_102 吸收塔液位
1211 原料气过滤分离器液位 2	精馏柱顶温度	130PDT101 吸收塔差压
109FIQ102 计量瞬产	重沸器温度	130-FT-102 循环泵流量
气液分离器 A 液位	甘醇循环量	130_PT_105 闪蒸罐压力
气液分离器 B 液位	仪表风压力	闪蒸气调节阀开度
消防泵压力(MPa)	仪表风温度	130_LT_104 闪蒸罐液位
精馏柱出口 TEG 富液温度	燃料气压力	闪蒸罐出口富液调节阀开度
130-FI-101 产品计量瞬产		

这些数据并不能直接用于模型训练，需要对数据进行预处理。吸收塔液位突增、缓冲罐液位下降和闪蒸罐压力抖动这些特征标志并不能直接通过固定的量化区间规则来判断是否发泡，他们反映的是不同生产状况下的数据趋势。实际情况下，这些特征标志的参数会随着生产因素的变化而变化，所以在数据处理时，需要刻画突变性、趋势性、值的合理区间等特征。首先对实时数据中的文本型储存数据进行转换，识别数据中存在的缺失值和异常值进行上一个值数据填充和删除处理(图 2)。针对数据存在不定时大幅抬升、某些维度存在若干异常的较大或较小数据，使用特定的规则进行数据跳变消除，使数据的趋势性变得更为清晰，便于机器学习算法学习样本数据中的变化规律(图 3)。然后以五天、十五天为时间窗口，捕获数据的短期波动性和长期趋势性。按照固定的采样步长计算窗口期内的平均值、极差值、最大值与最小值与均值的差、末尾值和两维数据的比值进行数据升维。升维后的数据包含 56 个维度特征，根据统计结果和业务需求，相关特征不会被全部用于建模，根据需求进行特征选择，保留相关性最高的数据维度用于后续模型训练。

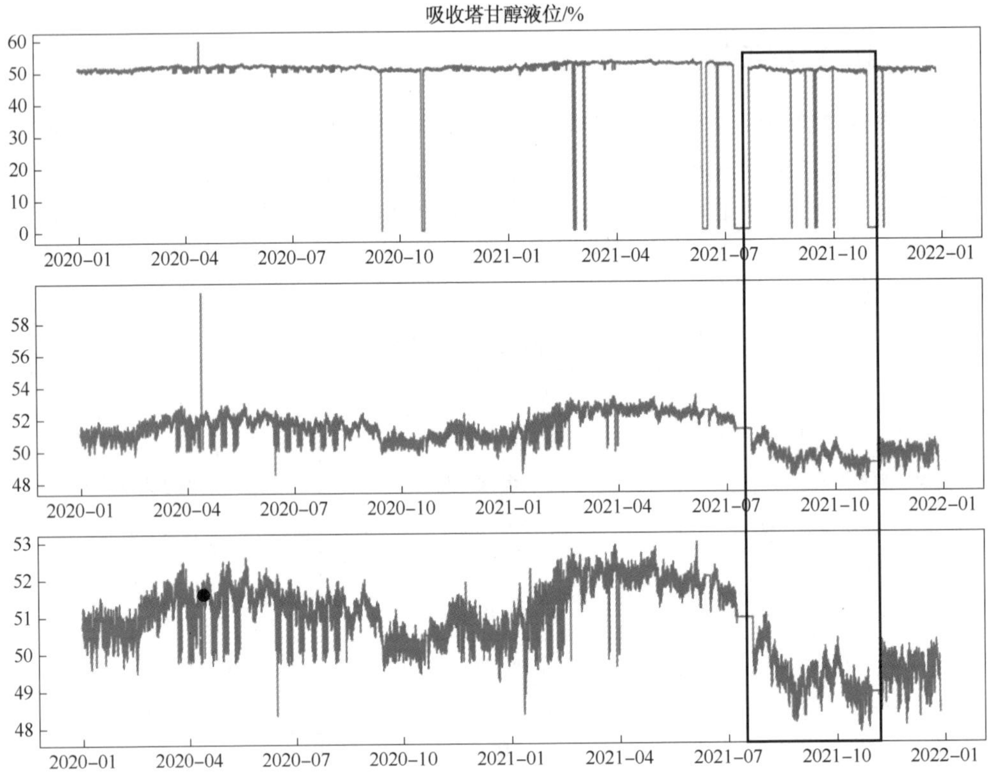

图 2　数据处理效果：原数据(上)-清除异常值的数据(中)-排除异常值(下)

3　模型构建

本文构建脱水装置发泡预警模型使用了几种常用的机器学习算法，包括 XGBoost、Lasso、SVM、KNN 和线性回归模型。这些算法各具特色，在模型构建和预测方面有着广泛的应用。XGBoost 算法作为一种优化的分布式梯度提升库，具有高效、灵活和可移植的优点。它通过使用梯度提升决策树，在保持高准确率的同时，也具备很好的处理大规模数据的

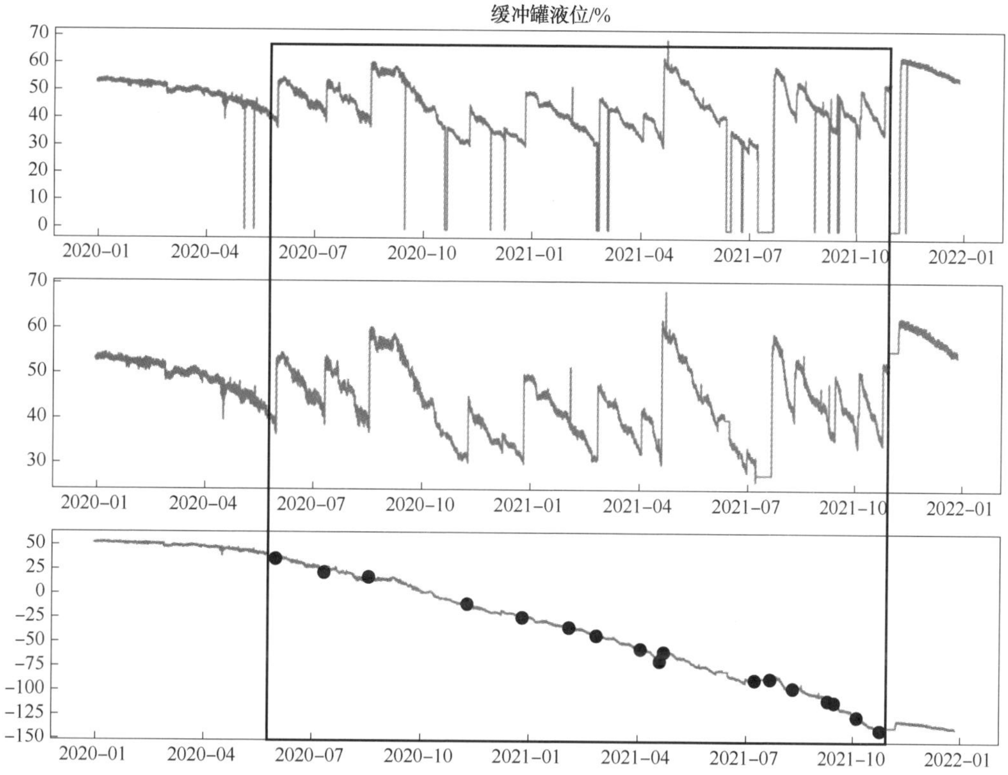

图 3 数据处理效果：原数据(上)-清除异常值后的数据(中)-排除跳变(下)

能力。在模型的构建中通过不断地优化和提升，使得模型能够更好地拟合实际数据，从而提高预警的准确性和可靠性。Lasso 算法是一种回归分析方法，它通过构造一个惩罚函数来得到一个较为精炼的模型，同时保留子集收缩的优点。该算法能够有效地处理变量之间的多重共线性问题，降低模型的复杂度，提高模型的泛化能力。SVM 算法是一种基于统计学习理论的分类和回归分析方法。它通过寻找一个超平面，使得不同类别的样本点距离该平面的距离最大化，从而实现分类或回归。在模型训练中 SVM 算法能够处理非线性问题，对于复杂的数据集具有较好的分类和预测能力。KNN 算法是一种基于实例的学习算法，它通过测量不同数据点之间的距离来进行分类或回归。KNN 算法能够利用已知的发泡数据点来预测新的数据点的类别，对于局部区域的预测具有较好的效果。线性回归模型则是一种简单而常用的预测模型，它通过建立自变量和因变量之间的线性关系来进行预测，能够揭示输出结果与相关因素之间的线性关系，为预警提供直观的依据。

3.1 吸收塔液位冲击预警模型

本文将吸收塔液位冲击看成一个二分类模型，基于前文中获取的 56 维数据进行模型训练，对当前一个时间片段是否发生液位冲击进行分类判断。取百分之七十的正常数据和异常数据作为训练集，剩下的数据作为验证集，分别通过 XGBoost、Lasso、SVM、KNN 四个算法进行发泡预警建模训练。使用网格搜索自动寻参方法寻找合适的模型参数，使模型达到最佳效果。作为发泡预警模型，我们更看重模型对异常类别的预测效果。综合准确率是对于给定的所有测试数据集，分类器正确分类的样本数与总样本数之比，即所有样本预测正确的概率。异常类准确率表示预测正确的异常类与预测所有异常类的比值，表示的是异常发泡数据中有多少被正确预测，即模型找到的异常样本是否全面。异常类召回率是预测正确的异常类别与真实的异常类别总数的比值，它反映的是所有预测为异常发泡的数据有多少是正确的，即模型判断的所有异常数据是否准确。最终训练结果如表2所示，其中XGBoost的综合准确率和异常数据准确率较高，分别达到了87.5%和87.6%。SVM的异常数据召回率较高，达到了86.4%。我们认为XGBoost模型对发泡异常数据的判断效果最优，适合用来进行搭建吸收塔液位冲击预警模型。

表2 吸收塔液位冲击预警建模效果

模型名称	模型参数	综合准确率	准确率(异常类)	召回率(异常类)
XGBoost	max_depth=4 alpha=0.1 subsample=0.6	87.5%	87.6%	83.9%
Lasso	alpha=0.3	84.0%	82.7%	81.4%
SVM	C=1.0 kernal='poly' degree=3	85.2%	81.6%	86.4%
KNN	n_neighbors=2 weights='distance'	81.7%	78.2%	82.2%

3.2 缓冲罐液位下降预警模型

依照吸收塔液位冲击预警模型的建模思路，同样的将缓冲罐液位下降预警看成二分类模型，对当前一个时间片段是否发生液位下降进行分类判断。但是直接使用56维数据进行建模效果并不是很好，使用F检验方法对56个特征维度进行相关性分析，并选用相关性较强的前十维数据进行模型训练。将历史发泡数据和正常数据分别拆分为两段，分别从其中取出一段合并成为训练集，并将各自剩余的一段合并成为测试集，以这种方式进行训练和测试，能有效避免向训练数据引入测试数据，使测试结果更具参考性。尝试分别使用XGBoost、Lasso、SVM、KNN进行建模，并使用网格搜索自动寻参方法寻找合适的模型参数，使模型达到最佳效果。最终训练结果如表3所示，XGBoost的综合准确率、异常发泡数据准确率和异常发泡数据召回率均最高，达到了98.2%、98.4%和96.9%，显示了极佳的预测性能，证明该算法可以用于缓冲罐液位下降预警建模。

表3 缓冲罐液位下降预警建模效果

模型名称	模型参数	综合准确率	准确率(异常类)	召回率(异常类)
XGBoost	max_depth=3 alpha=0.2 subsample=0.5	98.2%	98.4%	96.9%
Lasso	alpha=0.4	92.1%	95.0%	84.6%

续表

模型名称	模型参数	综合准确率	准确率(异常类)	召回率(异常类)
SVM	C=1.0 kernal='poly' degree=3	90.7%	94.1%	90.8%
KNN	n_neighbors=2 weights='distance'	95.4%	90.8%	98.5%

3.3 闪蒸气液比回归预测模型

由于无法收集到足够的闪蒸罐压力波动异常数据样本，所以无法像前两种建模思路进行模型搭建。但是未发泡的数据是大量的，可以选用正常未发泡时的生产数据建立闪蒸气回归预测模型，随后利用该模型对近一段时间内平均闪蒸气量与三甘醇循环量的比值进行回归预测，如果模型预测结果和实际结果偏差较大，则认为当前数据运行情况相比正常时发生改变，即发生了异常工况。由于闪蒸罐压力到达一定程度后阀门才打开，因此闪蒸气量数值并不稳定抖动较为严重，无法选用某个时点的闪蒸气量与 TEG 循环量的比值进行回归预测。将历史正常未发泡数据拆分为两段，分别从取出一段作为训练集，将剩下一段正常数据和异常数据作为测试集，实验预期模型在正常数据上对闪蒸气量的预测结果要显著好于在异常数据上对闪蒸气量的预测结果。如果模型对闪蒸气量预测结果相比真实值偏离过大，则认为当前发生异常发泡。

围绕窗口内变动量等数据建立 56 维特征数据，尝试使用 XGBoost、Lasso、SVM、KNN 和线性回归模型进行建模，并使用均方误差和均方根误差进行模型评价。均方误差是一种常用的衡量模型预测值与实际观测值之间差异的指标，用于评估模型在给定数据上的拟合程度，是通过计算预测值与实际观测值之间差异的平方的平均值得到。均方误差表示模型预测值与实际观测值之间的差异的平均大小，均方误差越小的表示模型的预测值与实际观测值之间的差异越小，即模型的拟合程度较好。均方根误差是一种常用的衡量模型预测值与实际观测值之间差异的指标，它用于评估模型在给定数据上的拟合程度。其通过计算预测值与实际观测值之间差异的平方的均值，并取其平方根得到。均方根误差可以衡量模型的预测误差的平均大小，均方根误差越小表示模型的预测值与实际观测值之间的差异越小，即模型的拟合程度较好。

其结果如表 4 所示，对本数据集而言线性回归效果较好。其他实验组相对表现较差，主要问题在于模型准确度较低，部分情况模型对发泡和未发泡数据的分析准确度均较高，没有区分度。本模型可作为发泡检测的一项评估依据，当预测结果与真实结果偏差达到 0.1 及以上，可进行发泡预警。

表 4 缓冲罐液位下降预警建模效果

模型名称	测试数据	均方误差	均方根误差	R 方
XGBoost	异常	0.255	0.485	-10.981
	正常	0.0188	0.126	-5.444

续表

模型名称	测试数据	均方误差	均方根误差	R方
Lasso	异常	0.243	0.475	-10.445
	正常	0.0230	0.143	-6.925
SVM	异常	0.181	0.399	-7.509
	正常	0.0037	0.0502	-0.271
KNN	异常	0.291	0.518	-12.703
	正常	0.0283	0.150	-8.724
线性回归	异常	0.0284	0.158	-0.340
	正常	0.000625	0.00207	0.785

4 模型应用

相比模型训练阶段，模型的应用运行需要采集实时数据，进行模型后台分析并反馈模型处理结果，提交给前端可视化展示。首先从实时数据库中取出最近的生产数据片段，采集数据片段长度为15天，数据采样间隔为1小时，数据维度和模型训练数据保持一致。然后对所采集的实时数据进行如下校验和基本处理，

需要判断是否缺少某些列数据并进行提示，判断数值类型是否正确并转换，对比数据采样步长是否和训练样本一致。然后基于前文的特征构建过程，对原有数据片段建立特征，包括基于窗口内平均值、最大最小值、极差、窗口内变化量等，相比模型训练阶段，预测阶段的数据集不带标签。

将预测数据输入吸收塔液位突增预警模型、缓冲罐液位下降预警模型和闪蒸气回归预测模型中，预警模型对当前是否发生告警进行判断，并产出三个模型分析的发泡概率。综合三个模型分析结果概率，取其中最高值作为模型综合告警概率，并更新当前设备告警状态。设置0.5为告警概率阈值，当综合告警概率超过阈值时，提出报警并给出当前告警类别(冲击、液位下降、基于闪蒸气量回归的分析)，将分析结果记录到告警信息库并将预警信息发送给技术人员，最后技术人员对预警信息进行分析处理并反馈模型预测效果。

当前该脱水装置发泡预警系统已经在生产现场进行部署，并成功识别出一次由于异常停泵导致外来溶液冲击事件、一次由于三甘醇异常发泡导致的缓冲罐液位下降事件和一次三甘醇消耗量异常事件。实践证明该模型能够有效识别出不同的发泡事件并及时进行预警，显示出该模型具备一定的推广价值。

5 结果及讨论

本文通过对脱水站异常发泡预警的研究，主要取得了以下研究成果：

5.1 形成了三甘醇异常发泡关键特征提取技术

通过对脱水站现场的调研，确定了影响三甘醇发泡的关键参数，同时，利用专家经验，进行了吸收塔液位突增、缓冲罐液位下降等特征的提取。基于时间窗口方式构建出刻画三甘

醇异常发泡预警数据突变性、趋势性、值的合理区间的46维特征数据集，为后续模型训练提供坚实基础。

5.2 完成脱水装置发泡预警模型的搭建

依托于影响三甘醇发泡的关键参数，对比XGBoost、Lasso、SVM、KNN和线性回归等机器学习算法，优选出XGBoost算法进行脱水装置发泡预警模型训练，完成吸收塔液位突增、缓冲罐液位下降和闪蒸气回归预测三个预警模型的搭建，最终形成了一套不基于固定规则的专家系统的解决方案。

5.3 完成脱水装置发泡预警模型的应用

将基于机器学习算法的脱水装置发泡预警模型应用于生产现场，并成功实现了对发泡事件的预警，证明了预警模型的应用价值，对相似生产业务场景下的预警判断提供了一定的参考价值，可为类似研究或项目的开展提供借鉴。

参考文献

[1] 周斯雅，代娟，曾思逊，等．基于人工智能预警天然气净化装置非正常工况[J]．智能计算机与应用，2021，11(08)：61-66+70.
[2] 盛茂，李根生，田守嶒，等．人工智能在油气压裂增产中的研究现状与展望[J]．钻采工艺，2022，45(04)：1-8.
[3] 过前宇．天然气管道第三方破坏和自然灾害监测预警系统构建研究[D]．浙江海洋大学，2024.

无人机、机器人与智能工业控制系统

苏里格气田无人机智能巡检技术可行性研究

朱奕帆[1]　张建平[1]　贾展鹏[1]　胡亚光[1]

（中国石油长庆油田分公司第四采气厂，宁夏 银川 710021）

摘　要：输气管线和采出水管道是天然气生产输送的重要环节，为保障其正常运行，须进行定时巡检。飞手操作无人机的巡检模式虽然解决了人工巡护效率低、工作量大等问题，但在实际应用中仍受制于空域、飞手操作水平等诸多限制，巡护覆盖面较窄、巡护智能化水平低。本文在对苏里格气田巡检现状充分分析的基础上，结合运行环境要求，对智能化无人机库进行应用试验，评价智能化无人机库技术在气田管道巡护上的应用效果，研究其应用可行性。

关键词：智能化无人机库；管道巡护；人工巡检；苏里格气田；天然气集输

0　引言

油气长输管道运输的主要介质为石油和天然气，在环境中与空气混合后易爆炸，存在较大安全风险。此外，管道内部的腐蚀、设计制造缺陷等隐患，以及自然灾害、第三方破坏等外部因素，都可能导致安全生产事故，不仅会造成经济损失，还可能危及人员安全和环境安全。管道运行情况的检查使得天然气集输正常工作得到了良好保障。苏里格气田于 2020 年正式引入队伍采用无人机巡护集气支干线和采出液管线，解决了人工巡护作业成本高、周期长、安全性低等问题。然而，近年来随着巡线任务压力的不断增加，飞手操作无人机巡检的作业模式已经不能满足管道巡护的管理要求了。因此运用智能化无人机库技术在一定程度上对管线实行自动巡检成为管道巡护的发展趋势。智能化无人机库系统是通过综合管控巡检平台对智能化无人机库管理、设定巡护任务，无人机搭载广角相机、变焦相机、热红外相机自动将巡检信息采集回传到无人机库，通过内网将图像传输至服务器，AI 智能化识别平台自动读取巡护照片进行风险识别并输出图文并茂的巡检报告，为管道巡护和场站安全提供有效数据。智能化无人机库技术应用可行性研究按照“无人机巡护不足、智能化无人机库技术优势、智能化无人机库技术应用、应用效果评价”四个方面进行分析研究。

1　无人机巡线存在的不足

苏里格气田采用市场化方式，通过租赁无人机和专业飞手的方式进行无人机巡线作业，在应用无人机进行巡护作业过程中，主要存在以下四方面问题（图 1）：

作者简介：朱奕帆（1991—），男，长庆油田分公司第四采气厂地质工艺研究所助理工程师，专业方向为自动化控制，陕西省西安市未央区草滩镇长庆未央大厦 1110 室。E-mail：zhuyifan_cq@ petrochina. com. cn。

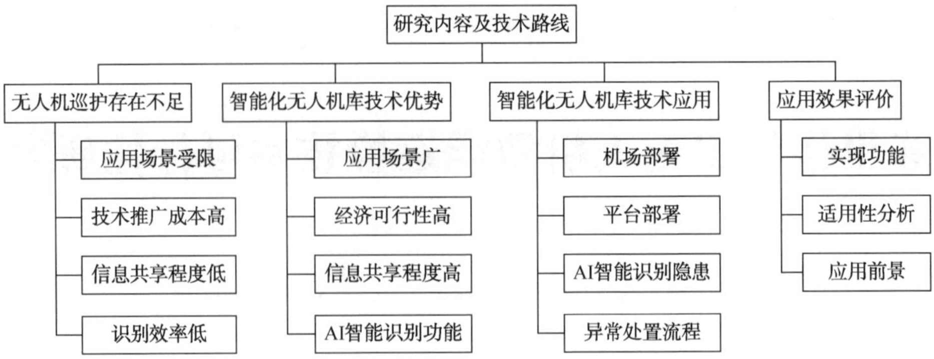

图1　智能化无人机库应用可行性研究路线

1. 应用场景受限

飞手操作无人机的巡检模式在临时性任务应用方面存在一些限制，导致其应用率不高。每次进行临时巡检任务时，需要进行一系列准备工作，如提前打点记录巡护位置和观测巡护区域是否存在遮挡物等。这些准备工作需要时间和人力资源的投入，使得每次巡检任务的准备阶段较为耗时。此外，完成一次巡检作业通常需要2~3天的时间，这也降低了巡检的时效性。由于飞手操作无人机的巡检模式需要人工飞行，巡检任务的完成时间受到飞手的操作水平、天气条件和飞行限制等因素的影响。这可能导致巡检作业的耗时较长，从而延迟了巡检结果的反馈和后续工作的进行。

2. 技术推广成本高

目前无人机巡护的区域只有集气支干线和采出水管线，巡护区域有限，管道巡护覆盖率不足，集气站等重点区域及周边未巡护。市场化无人机在进行巡检作业时约15元/公里，B类采气厂无人机巡护区域覆盖率约为25%，每年委外费用为50-60万元，如果将无人机推广应用到单井管线巡护上，每年委外费用约为200万元。

3. 信息共享程度低

飞手操作无人机的巡检模式在实时巡护视频、工作量签认和管理流程方面存在一些限制，导致相关工作的效率和可追溯性不高。

实时巡护视频只能通过操作终端查看，无法方便地进行实时共享和远程监控。巡护视频的查看和保存需要人工进行拷贝和存储，增加了工作的烦琐性和时间成本。工作量签认的完成通常需要依赖纸质材料，存在纸质材料管理的问题，如易丢失、难以保存和整理等，同时也增加了工作的不便利性。飞手操作无人机的巡检模式中的管理流程相对不完善，后续问题难以追溯。由于缺乏全面的数据记录和可追溯性，一旦出现问题或异常情况，很难准确追溯问题的起因和责任，给问题的解决和事后分析带来一定的困难，并可能影响到巡检的改进和质量管理。

4. 识别效率低

缺乏自动识别功能。在巡检过程中，无人机无法自动识别异常部位或目标物体，异常部位只能通过人工辨识，飞手必须凭借经验和专业知识来判断巡检区域是否存在问题，增加了巡检任务的复杂性。同时也可能导致漏检或误判的情况发生，导致重要问题的遗漏或不必要的干预，从而降低巡检的准确性和可靠性。

因此，寻找一种安全、可靠、高效的无人机智能化巡检技术迫在眉睫。

2 智能化无人机库技术优势

相较于飞手操作无人机的作业模式，智慧机库+无人机智能管控平台的组合为无人机操作带来了全新的作业模式，无人机的操作不再受限于飞手的技能水平，极大地降低了设备使用门槛，提高了设备利用率(图 2)。

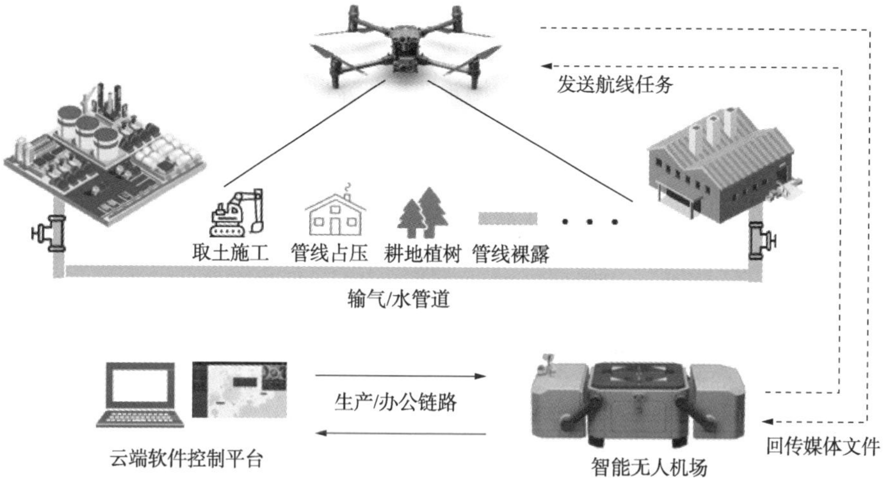

图 2 智能化无人机库巡检作业流程图

1. 应用场景广

无人机库配备了智能的任务规划算法，可以根据用户设定的航线和巡检周期，自动执行巡检任务。同时，管理员可在平台手动添加巡检点、规划航线完成临时性巡检任务，无须飞手参与。无人值守系统基于 4G/5G 公网或行业专网、微波数据链等通信方式，建立前端设备和后端控制软件的通信桥梁，实现了无人机的远程操控能力。这种灵活的操作方式使得无人机在不同场景和任务需求下都能得到有效的应用。

2. 经济可行性高

智能化无人机库系统的建成带来了显著的巡护效益，无人机巡护区域覆盖率可达到 70%~80%，是人工巡护作业量的 2~3 倍。这意味着无人机可以覆盖更广阔的区域，更全面地监测和巡视目标地区。智能化无人机库系统的建设一次性投入约 15 至 20 万元，成本低且可迅速收回。而且，一旦系统安装建成，后期只需定期进行例行维护即可。智能化无人机库系统的运行几乎无须额外的市场化飞手参与，大幅降低了人力成本，提高了作业效率。

3. 信息共享程度高

无人机智能管控平台可与气田现有的监测设备、传感器和数据存储系统的无缝连接。通过与这些设备和系统的集成，无人机智能管控平台可以实时获取巡检数据，并与其他相关数据进行整合和分析。同时，平台与手机 APP 的协同应用也为巡检工作带来了许多便利。维护人员可以通过手机 APP 就地上传整改信息和验证资料，形成了一个高效闭环的工作模式，大大提高了无人机管理的效率和响应速度。通过手机 APP，维护人员可以实时查看巡检数据、记录问题和执行相应的修复措施，从而实现快速的问题解决和反馈。

4. 具备 AI 智能识别功能

智能化无人机库具有 AI 自动识别分析、隐患信息预警功能。通过搭载先进的计算机视觉和图像处理算法，实时分析巡检数据，并自动识别出可能存在的隐患或异常情况。大大提高了巡检的效率和准确性，减少了人工辨识的工作量和误判的风险。隐患信息预警功能能够及时发现并报告潜在的风险和问题。一旦无人机识别出可能存在的隐患或异常情况，系统会立即发出预警信号，通知相关人员进行及时处理和修复。帮助维护人员快速响应和解决问题，避免潜在的安全隐患和生产风险。

3 智能化无人机库的技术应用

智能化无人机库的系统设计包括智慧机库和无人机智能管控平台，旨在为巡检目标区域(如集气站、气井、管道、道路及周边设施)提供全面的智能化无人机巡检服务。系统采用分层的体系架构，确保智能化无人机库技术的高效运行和良好的可扩展性。体系架构包含四个关键阶段：机库部署、平台部署、AI智能识别隐患、异常处置流程，每个阶段都具有明确的技术要求和实施目标(图3)。

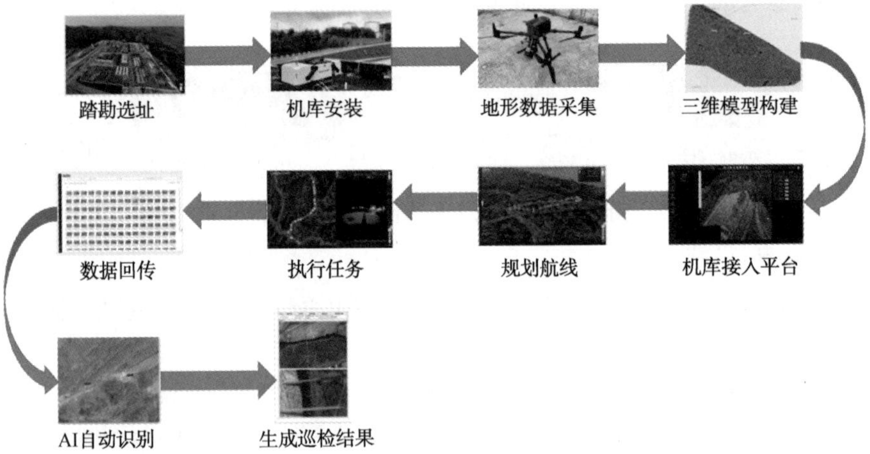

图3 无人机库应用流程图

3.1 机库部署

首先，机库部署阶段涉及智慧机库的建设和配置。智慧机库作为核心组件，具备集中管理和控制无人机的功能。在这个阶段，机库的物理设施和基础设施将得到规划和布置，包括无人机的存储和维护设施、充电设备等。机库部署的具体内容主要分为踏勘选址和机场设备安装。

3.1.1 踏勘选址

① 无人机库的运行要依托井站的电源和网络，井站内部通常具备稳定的电源供应和网络基础设施，无人机库可以直接接入井站的电力系统与网络，确保无人机的可靠供电，实现无人机数据的实时传输和远程监控。因此，机库的部署地点应该选在井站内或距离井站较近的位置。

② 结合整体生产区域范围和无人机库最大覆盖半径确定无人机库部署数量。根据生产区域的大小和复杂程度，确定需要进行巡检和监测的区域。无人机库的最大覆盖半径确定了无人机能够有效执行巡检任务的最远距离，依据最大覆盖半径，可以确定每个无人机库的服

务范围。

③ 明确巡检区域周边是否为禁飞区或军事区，巡检区域上方是否有遮挡物，如果存在较高的遮挡物，可能需要调整无人机的飞行高度或选择合适的飞行路径，以确保覆盖整个巡检区域。

3.1.2　机库安装

① 安装要求：机库周围要有 3~5m 的开阔地带，并且上方不能有遮挡物，机场开盖方向两侧至少预留 1m 作为开盖及空调散热空间，机场前后两侧每边至少预留 0.5m 宽度作为维护空间。

② 智能化无人机库属于非防爆装置，需通过井站设计图纸查找非防爆区域进行安装。

③ 考虑到机库安装的便捷性，尽量选择空旷地面或无明显信号遮挡的场地，保障机场 RTK 基站的信号质量和设备运行稳定性，避免登高作业、受限空间作业等危险作业(图 4)。

图 4　机库安装完成示意图

3.2　平台部署

平台部署包括地三维模型构建、机库接入平台、航线规划。在机场部署安装完成后，将开始进行地形数据采集工作。通过收集大量地形数据，能够进行精确的三维模型构建，为航线规划提供详细的地貌信息，利用平台设计出最优化的巡检航线。

3.2.1　构建三维模型

三维模型的构建采用的是点云技术，点云地图对比卫星地图的准确性更高且信息量大，重视三维空间中的细节，可以直接标注可视化大规模空间数据。模型构建具体步骤如下：

① 地图数据采集：复杂区域如涉及城区、村庄、高速、变电站场站等，使用无人机挂载激光雷达采集高精度点云数据，低风险区域使用无人机挂载智能摆拍相机采集数字高程模型数据。

② 点云地图制作：通过激光雷达来扫描整个巡检区域，以建立整个巡检区域的三维模型。由于激光雷达的扫描范围有限，因此需要逐帧把激光雷达的数据拼接起来，来获取整个巡检区域的模型。

③ 地图标注：在点云地图的基础上，运用 2D3D 融合标注技术标注出气井井号、井站位置、管线走向等信息。

3.2.2 数据传输

无人机的数据回传路径可分为三个步骤：

(1) 无人机将收集到的数据通过电台传送至无人机库，这些数据包括图像、视频、传感器数据等。

(2) 无人机库所处的场站服务器再将数据传输到软件控制平台，确保数据的安全性和完整性。

(3) 为了实现对无人机的远程控制和管理，监管部门、安全人员、平台操作人员等不同应用群体可以通过专用网络连接到软件控制平台，通过平台的用户界面，他们可以实时监控无人机的状态、位置以及相关数据，进行远程指令和控制。

为了增强用户的便利性和灵活性，平台与手机 APP 协同应用。用户可以通过手机 APP 随时随地访问平台的功能和信息，查看无人机的实时数据、执行指令、查看报告等操作，实现无人机管理的移动化和便捷化。此外，平台还提供了维护人员就地上传整改信息和验证资料的功能。维护人员可以在现场通过平台或手机 APP 上传整改信息、验证资料等数据，使问题的解决和工作流程的闭环化更加高效。加速问题的响应和解决，提高无人机管理的效率和质量。

3.2.3 航线规划

使用高精度倾斜三维数据辅助航线规划，主要根据管线走向、整体地形地貌进行规划，根据实际需求沿着管线规划，所有航线使用仿地飞行，保证飞行安全。通过精确的路径规划，提高巡检效率，确保机场设施的安全运行和高效管理。

(1) 固定航线规划。

① 根据机场覆盖半径确定巡检区域。首先，根据机场的覆盖半径，确定机场的边界范围。其次，考虑巡检任务的目的和要求，确定需要巡检的关键区域和重点检查项目。

② 结合机场覆盖最大半径及井站位置规划航线，避开禁飞区、军事区和遮挡物。制定巡检航线时，还需要考虑飞行安全和效率。例如，避免与其他飞行器的冲突，遵守飞行管制规定，确保飞行高度和飞行速度的合理选择，以及规划合理的转弯点和航点间距。

③ 针对不同巡检目标及管理要求，采取不同的巡检方式。管线、道路及周边设施巡护采用90°俯拍的拍摄方式，无人机到达气井及集气站重点区域上空时悬停3s垂直下降到距拍摄对象的3m处采取兴趣点环绕的拍摄方式。

④ 依据管理要求和无人机寿命制定了巡检频次。由于无人机主要依靠电池作为动力，大疆无人机的电池寿命可达到600次充电循环，结合管理要求最终制定出的巡检方案为集气支干线每周巡护1次，采出液管线每周巡护2次，单井管线每月巡护1次。

(2) 临时航线规划。

① 在具备正确的地图的基础上，通过无人机激光打点技术，获取一些关键区域(重要设施、安全隐患点、禁飞区)的坐标，并将其纳入坐标库进行管理和记录。

② 平台在建立坐标库的基础上，管理人员可以根据实际需求添加巡检点。为了确保高效的巡检工作，平台需要制定巡检航线和巡检方式。针对不同情况，可以采用直线飞行、点线组合飞行或区域扫描飞行等不同的巡检方式。

③ 制定巡检航时，即确定巡检任务的时间安排。巡检航时可能受到天气条件、飞行管制、任务紧急性等因素的影响。通过合理安排巡检航时，以确保巡检任务在最佳时机进行，提高巡检效果和结果的准确性。。

3.3 AI 智能识别隐患

无人机综合巡检平台集成了高性能的 AI 视觉自动识别模块，通过大量数据的模型训练和优化，能对巡检过程中采集到的管道线路及周边发生的水毁塌陷、违规施工、山体滑坡、管线裸漏等危害油气管线正常工作的安全隐患进行自动识别，并自动生成隐患报告。

智能化无人机库技术的 AI 智能识别涉及多个步骤，具体步骤如下：

（1）数据的采集和预处理：收集包含管线隐患的图像和视频数据，并进行准确的标注。随后，对采集到的数据进行预处理，包括图像的缩放、裁剪、去噪、颜色标准化等操作。同时，检查数据集中是否存在偏差和噪声，以保证数据的质量和可靠性。

（2）数据的划分：将数据集划分为训练集、验证集和测试集。训练集用于模型训练，验证集用于模型参数调优和选择最佳模型，测试集用于评估模型的性能和泛化能力。

（3）模型的选择和设计：选择适合无人机识别的模型架构，设计合适的模型结构，选择合适的网络层数、节点数、卷积核大小等参数。

（4）模型的训练和优化：使用训练集对模型进行训练，并通过优化算法调整模型的权重和参数。选择适当的损失函数来衡量模型的性能，并进行迭代训练以提高模型的准确性和鲁棒性。

（5）模型的评估和对比：使用验证集对训练的模型进行评估，计算识别准确率、召回率、精确率等指标。同时，对比不同模型的性能，选择最佳模型作为最终的识别模型。

（6）对抗攻击防御：在模型训练过程中，引入对抗样本来提高模型的鲁棒性。通过对抗训练和防御机制，使模型能够识别和抵御对抗攻击，如对抗样本的干扰和欺骗。

（7）持续更新和改进：定期监测和更新模型，以适应新出现的隐患问题、攻击手段等变化。同时，收集用户反馈和实时数据，进行模型改进和优化，提高系统的准确性和可靠性。

3.4 异常处置流程

一旦发现隐患，系统将立即把信息发送到综合巡检平台和移动终端并发出提醒，工作人员看到隐患信息后快速核实处置，并在线记录处置情况，系统自动生成巡检报告，多渠道发送隐患信息及处置情况。如若隐患问题不能立即处置，工作人员可以在移动终端或巡检平台上记录为“待处置”，系统收到记录情况将不再发送隐患提醒。通过软件平台，实现管道隐患信息 40 分钟内全发现、全处置，解决管道巡护工作中隐患发现处置不及时的难题，从而保障天然气生产储运安全。

4 应用效果评价

采用智能化无人机库开展管道巡护作业，工作效率显著提高，无须人员值守，节约的人员可调整开展其他技术工作，节约了操作成本，提高了巡检质量。

4.1 实现功能

截止到目前，智能化无人机库可以实现无人机智能巡检、飞行数据分析、红外摄像检测、多功能负载融合、应急消防响应五项功能，具体内容如下：

1. 智能巡检

智能无人机机场整套系统安装部署后，现场无须人员值守，通过云端平台首次配置后，无人值守智慧机场可定时定点，远程自动完成巡视工作，不再受人员飞行执照及操作技能水平影响。

2. 飞行数据分析

通过航线规划飞行数据信息，可对需求的数据进行分析，通过 AI 功能，将需要的地面异常信息转化为数据信息进行数据整理，并同步传输至后端管理系统，为管理人员决策提供依据。

3. 红外摄像检测

配套第三方设备，对场站、集气支干线等重要场所和节点进行红外成像远程遥测，通过监测异常温度区域，对场站重点设备、阀门、管线情况进行甄别，发现异常快速反应处置。

4. 多功能负载融合

配合搭载激光雷达模块、高精度测绘相机、吸入式危害气体监测模块，搭配智图模块，实现全天候、高效率实时三维数据获取及风险点监测，对管道埋深监测提供数据支撑。

5. 应急消防响应

无人机智能机库+缺陷分析算法，实现无人机自主场站环绕拍摄，重点部位阀/表定点高频常态化自动巡检，辅助人工快速采集隐患故障、消防应急现场图像数据。

4.2 适用性分析

智能化无人机库具有远程监控、自动充电、防雨防尘等特点，适合部署在气田环境，完成集气站、气井、管道、道路及周边设施的无人值守巡检任务。

1. 环境适应性强

我厂地形地貌特征为沙漠平原区及沙丘波状区，气井分布区域地形起伏较大，智能化无人机库适用于峡谷、地势落差大等环境。

2. 适应极端天气

我厂所处地区属于温带极端大陆性季风气候和温带季风型大陆性气候，干旱风多，寒暑温差大。智能化无人机库整体系统及核心部件防护等级高，抗风能力强，可适应极端气候。

3. 可远程控制

智能化无人机库可根据云端软件控制平台远程下发的指令管理无人机，定期执行航线巡检任务，对比传统人工巡检采集数据效率高、时效性强、范围广、自动化程度高。

4. 管理方便

智能化无人机库适用于气田巡检的线路规划，可与气田现有业务平台统、气田的监测设备、传感器和数据存储系统实现无缝连接，将巡检数据实时上传到平台，并与其他相关数据进行集成和分析。气田管理人员可以更快速地获取巡检结果和监测数据，并进行及时决策和优化。

4.3 应用前景

智能化无人机库具有降低管理难度、提高工作效率、减少巡护成本、智能识别管道风险等优势。通过减少人力成本、节约时间和资源，以及提高巡检和维修的准确性和效率，智能化无人机库为能源企业创造了可观的经济收益。随着无人机技术的不断发展和成熟，智能化无人机库在气田领域的应用前景将更加广阔。

5 结论

智能化无人机库技术在输气管线和采出水管道上的应用具有重要的意义，摆脱了飞手操作水平的束缚，提升了无人机的灵活适用性，丰富了应用场景。利用智能化无人机库的先进技术，实现了无人机的远程操控，有效助力现代化采气厂转型，减轻人员投入压力，实现降本增效的目的。无人机智能管控平台与手机 APP 的协同应用提高了信息共享程度，应用可行性强。同时，通过数据分析和 AI 智能识别功能，可以实现对管道运行状态的实时监测和故障预警，推广应用性强。

参考文献

[1] 王留芳. 无人机在智能机库上的回收过程仿真[D]. 沈阳航空航天大学，2021：17-19.
[2] 徐家新. 无人机系统在石油石化企业中的巡检应用研究[J]. 中国新通信，2023，25(08)：65.

基于蜀南气矿工业控制系统安全智能运维终端的应用探索

傅茂林[2]　胡佑东[1]　张殿昌[1]　郭　超[1]

（1. 中国石油西南油气田公司蜀南气矿，四川 泸州　646099；
2. 中国石油西南油气田公司宝石花鑫盛油气运营服务有限公司，四川 成都　610056）

摘　要：蜀南气矿自2014年开始推进气矿“云网端”基础设施系统的建设，实现了气矿场站数字化广泛覆盖，工业控制设备数量多、品牌多、种类多，运维任务繁重，但是运维过程中缺乏监管、缺乏身份认证、缺乏安全防护。本文论述了一种基于工业控制系统安全的运维智能运维终端，能够从行为管控、身份认证、安全防护、安全审计四个方面监控工业控制系统运维工作，有效降低运维风险。

关键词：工业控制设备；运维监管；安全防护；身份认证；安全审计

1　蜀南气矿工业控制系统现状

蜀南气矿点多、面广井站分散、生产场站多、天然气集输管网复杂、随着企业快速发展，信息化设备日渐增多，原来的信息化管理模式已不能适应企业发展。自2014年开始推进气矿“云网端”基础设施系统的建设，实现了气矿场站数字化广泛覆盖。气矿已建成信息化站点581座、RTU/PLC终端560个、视频监控终端1590余个，执行机构1937台，UPS 299台、EPS 142台、UPD 114台，数据采集11405项，实现实时数据自动采集、传输与监控；以755公里高速光缆智能承载网为骨干、以租用链路111条通信网络为骨架、以516个移动互联接入点为重要组成部分的立体泛在网络，实现数据自SCS-RCC-DCC-GMC的高速互通，实现实时数据自动采集与监控，促进了由人工巡检、经验管理向电子巡检、数字管理的生产方式变革。

2　蜀南气矿工业控制系统运维面临的挑战

同时随着工控设备数量增多，点多面广，运维工作量增大，运维人员素质参差不齐，在运维工作中面临以下三个挑战：①缺少工控安全防护措施，现场运维人员的终端处于无身份认证、无防护策略、无审计记录的三无状态，运维终端接入互联网时，等于私建了一个互联网出口，为非法攻击提供了一个潜在的入侵点，造成工控系统被攻击的可能性；②关键运维

作者简介：傅茂林(1987—)，男，2011年毕业于重庆科技学院石油工程专业。大学学历(工学学士)，现工作于中国石油天然气集团公司西南油气田分公司宝石花鑫盛油气运营服务有限公司，工程师，研究方向自动化控制。E-mail：pacho_518@ live. com。

过程记录方式待改进，关键运维过程需安全人员手持记录仪终端对运维人员的现场运维进行录像留存，导致安全人员、运维人员无法将精力专注在运维本质工作上；③缺少运维过程的监督审计记录，无法形成运维业务闭环，异常事件发生时，溯源取证较困难(图 1)。

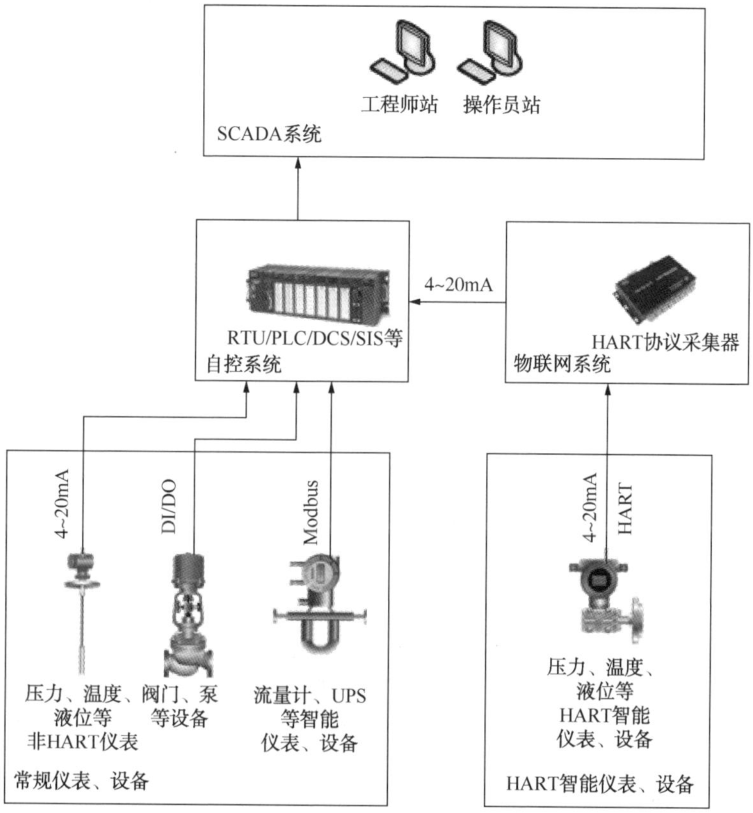

图 1 工业控制系统架构图

3 智能运维终端试点应用探索

3.1 智能运维终端硬件架构及功能模块

(1) 智能运维终端采用便携式专用硬件，集成显示单元、存储单元、电源单元、输入单元等组件，满足现场绝缘性、电磁兼容等性能要求，作为运维电脑进入工控系统[1]进行检修运维工作的“门闸”，对整个检修运维过程进行安全管控。

(2) 智能运维终端包括智能运维终端主体和检测终端，检测终端与运维终端主体连接，运维终端主体与运维资产连接，运维终端主体完成对运维资产的运维操作，检测终端用于检测运维环境，保证运维环境的安全及正常通信；智能运维终端主体包括数据处理系统，数据处理系统为目标运维资产创建运维任务，并实现运维操作，数据处理系统包括井站模块、任务模块、规则模块、资产模块、运维模块；所述井站模块用于录入或导入井站运维资产的物理信息；任务模块用于创建或导入运维任务信息；规则模块包括每个资产对应的运维规则，用于确定运维资产对应的运维规则；资产模块实现对运维资产的运维管理；运维模块对目标运维资产进行远程运维操作。

（1）井站模块的物理信息包括场站名称、场站区域位置、物理地址。

（2）任务模块包括：任务名称、任务负责人、参与人、运维资产、任务描述、任务开始时间和结束时间。

（3）运维模块设有多种连接协议代理，并根据运维任务、运维资产及对应的运维规则对目标运维资产进行运维；所述运维模块支持 tcp、udp、ssh、telnet、vnc、rdp、rs232 协议连接运维。

（4）数据处理系统包括高危指令模块、审计模块和系统管理模块，高危指令模块设有命令行的危险指令，以及危险指令对应的执行策略，当目标的运维资产出现高位指令模块内的危险指令，运维模块调取所述高位指令模块内与该危险指令对应的执行策略，执行该危险指令对应的执行策略；危险指令，以及危险指令对应的执行策略可以通过所述输入单元进行编辑，危险指令对应的执行策略包括行为阻断、会话阻断、二次授权。

（5）审计模块用于记录运维过程中对目标运维资产的所有指令，生成审计日志；审计日志包括运维过程中生产的审计视频。

（6）系统管理模块用于管理用户以及系统设置，用户管理包括对创建用户、创建角色、创建组织机构，并对用户进行角色分配和组织机构分配；系统设置包括系统升级、全局配置（图2、图3）。

图2　安全运维智能运维终端运维步骤示意图

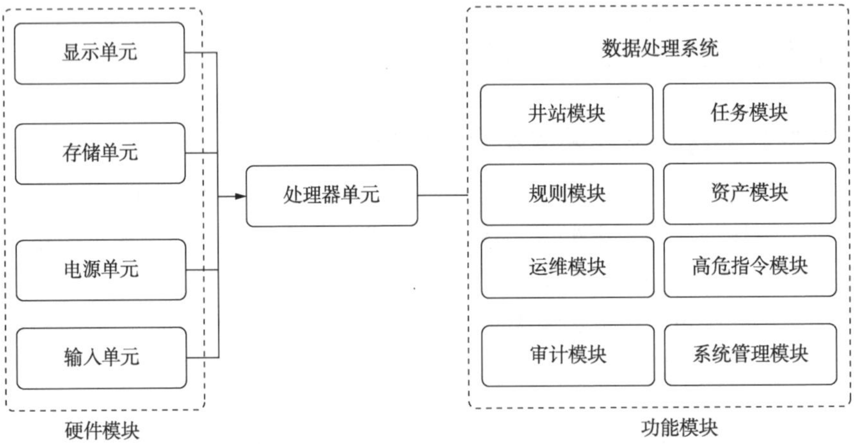

图3　安全运维智能运维硬件及功能模块示意图

3.2　智能运维终端软件架构

智能运维终端由运维终端主体和检测终端组成，分别采用了不同的架构设计。

3.2.1 运维智能运维终端为 B/S 架构

运维智能运维与运维主体连接，用以记录日志、高危指令二次授权等，其软件架构分为界面层、核心功能层、数据层和系统层。

（1）系统层：系统层由专有的可靠硬件系统和操作系统组成，是整个系统运行的基础。

（2）数据层：数据层可分别提供界面层、核心功能层与系统层之间的数据接口和数据管理功能。

（3）核心功能层：集中了智能运维终端的全部业务功能，包括系统管理、检修任务管理、运维过程管控、操作审计等核心功能集。

（4）界面层：系统采用了 B/S 架构，完美支持跨系统操作，同时交互界面具有良好的用户体验，便于用户快速掌握使用技巧。

运维智能运维终端系统架构如图 4 所示。

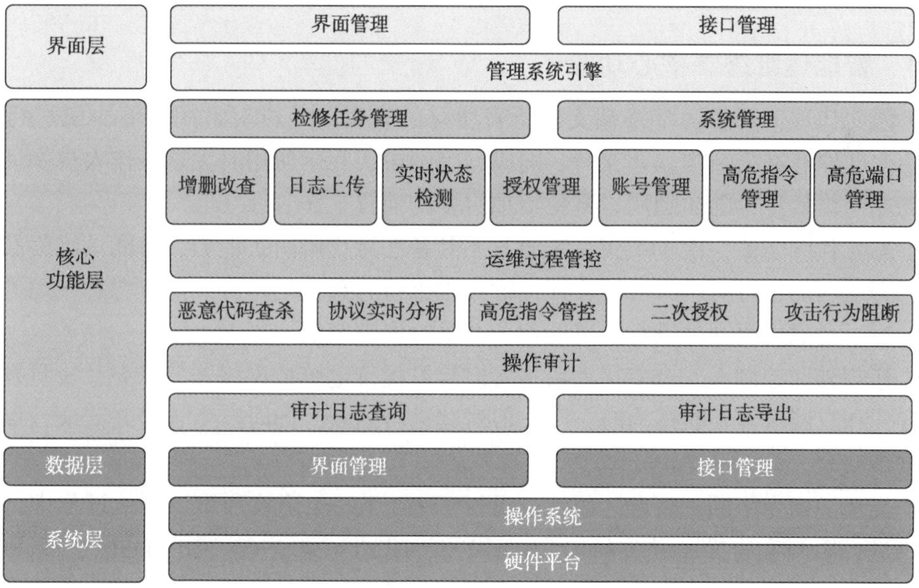

图 4 安全运维智能运维终端系统架构图

3.2.2 检测终端采用 C/S 架构

检测终端与智能运维终端将进行认证传输，以保障运维安全性，其软件架构分为界面层、核心功能层、数据层和系统层。

（1）系统层：系统层实时检测系统接口，捕获异常数据。且系统文件和可执行文件实行存储分区，保障系统安全性。

（2）数据层：数据层可分别提供界面层、核心功能层与系统层之间的数据接口和数据管理功能。

（3）核心功能层：集中了密盾端的全部业务功能，包括检修过程记录、违规外联检测、外设设备监控、数字证书认证等核心功能集。

（4）界面层：系统采用了 C/S 架构，完美兼容 Windows 和 Linux 等主流操作系统，同时交互界面具有良好的用户体验，便于用户快速掌握使用技巧。

检测终端系统架构如图 5 所示。

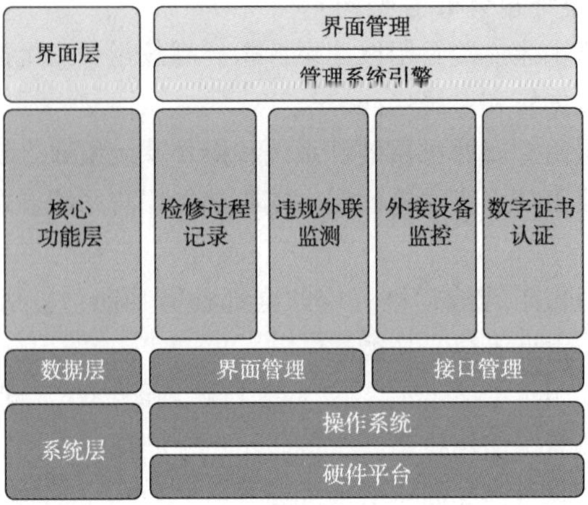

图 5　检测终端系统架构图

3.3　智能运维终端核心功能

（1）透明代理：智能运维终端支持所有协议的转发，并可对常用传输协议进行透明代理，且不改变原有网络结构，并支持多网段，跨网段访问。使用时无须操作人员手动配置智能运维终端网络信息，随插随用，避免增加过多的前置工作。

（2）恶意代码防范：由于工控系统通常不具备恶意代码防护能力，智能运维终端集成了恶意代码查杀功能，可对运维时的文件传输过程进行恶意代码检查，防范恶意代码进入目标系统，同时对恶意代码文件进行隔离处理，并进行取证归档。

（3）违规外联控制：安全专用密盾将实时检测运维电脑的网络连接状态，一旦发现存在 WiFi、蓝牙和双网卡等外联行为时，则立即对其进行阻断，同时产生告警并记录，保障运维过程的网络安全。

（4）高风险指令阻断：智能运维终端可对 SSH、Telnet 协议和串口通信过程中传输的高风险指令进行阻断和告警，并支持 Q/GDW 273、DL/T 634.5104、DL/T 860、Modbus 等协议的实时解析，对通信报文中的控制类指令进行阻断和告警，防止运维人员误操作和恶意操作导致安全事件的发生。

（5）攻击行为阻断：作为运维电脑进入工控系统进行检修运维工作的“门闸”，安全运维智能运维终端将实时检测运维电脑的运行状态，有效地阻止运维电脑发起的恶意端口扫描、高危端口攻击、DOS 攻击等行为。

（6）视频取证：在正常开启检修链路后，检修作业全过程的行为操作将被实时记录，可在智能运维终端对检修视频进行回放，并对存在违规行为记录的视频片段关联异常行为标签，形成告警事件，方便问题追溯及定位。

（7）检修日志：系统对检修运维作业全过程传输文件、通信流量、事件信息、告警信息等内容进行完整记录，并将记录文件分类进行归档保存，方便事后进行问题追溯。同时还支持按照事件开始和结束的时间范围以及事件名称进行相关查询，并可将查询结果导出。

（8）多种运维模式：工控现场设备种类繁多，每种设备所需要的运维接口也各不相同。安全运维智能运维终端针对不同运维场景需求，可满足网络接口、串行接口、USB 接口和

KVM 等运维模式。

(9) 检修任务管理：系统的业务流程基于检修任务进行设计和管理，用户可依据实际需求，灵活地配置每次任务的执行时间、人员和访问规则等，基于任务生成的审计信息记录了当前任务执行过程中所有操作行为，便于审计员在事后进行溯源、取证和定责。

(10) 授权管理：系统具备安全策略部署功能，用户可为每次任务配置不同的安全运维策略，可基于检修设备 IP 地址、端口、传输协议等访问控制规则，授予检修人员相应操作权限，规范其操作行为，从而有效地提高现场检修作业的安全性。

本系统从工控系统运维人员身份认证、运维作业行为审计、运维接入设备安全防护和事后取证多个角度解决了现场运维的各项痛点。通过系统提供的多重安全防护手段，从而提升了检修运维作业的安全级别，降低安全事件发生的风险。

3.4 智能运维终端部署方案

安全运维智能运维终端支持网络接口、串行接口、USB 接口和 KVM 等多种运维模式。运维人员在现场作业时可根据运维需求选择不同的接入模式，将安全运维智能运维终端部署在运维工具和被运维对象之间，按照操作步骤打通检修链路即可开始运维作业。

3.4.1 现场运维检修安全解决方案

(1) 移动部署现场运维设备：单井站、增压站、页岩气平台站等需要临时检维修或者需要现场点检维修服务的时候采用移动部署方式，将现场运维设备串接在运维电脑与 PLC、RTU 之间，通过设备的灵活策略，实现病毒检测、非法入侵、违规外联、误操作、高危指令阻断及二次授权等检测。

(2) 通过录屏、日志等方式完成运维过程的文件传输、接口使用、非法入侵设备、违规外联、误操作、高危指令等记录，现场智能运维终端把记录的非法操作日志、视频文件通过在线或离线的方式推送到自控仪电智能运维平台，完善平台缺少现场运维过程监督与安全审计的功能(图 6)。

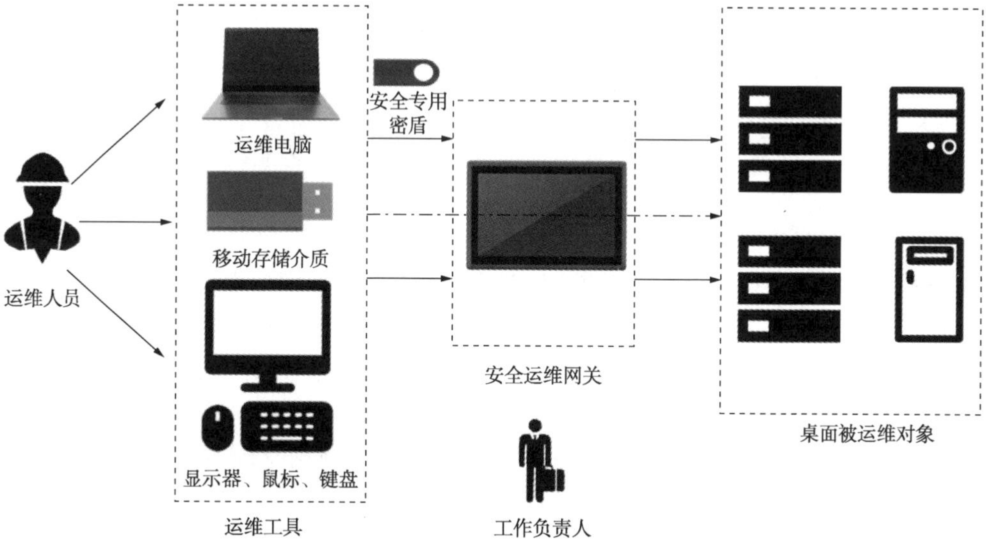

图 6　现场部署示意图

3.4.2 桌面式检修运维安全解决方案

(1) RCC、DCC、SCS中心站[2]采用桌面部署的方式，将智能运维终端串接在操作站与服务器、PLC之间，通过设备的灵活策略，通过设备的灵活策略，实现病毒检测、非法入侵、违规外联、误操作、高危指令阻断及二次授权等检测。

(2) 通过录屏、日志等方式完成运维过程的文件传输、接口使用、非法入侵设备、违规外联、误操作、高危指令等记录，现场智能运维终端把记录的非法操作日志、视频文件通过在线或离线的方式推送到自控仪电智能运维平台，完善平台缺少现场运维过程监督与安全审计的功能(图7)。

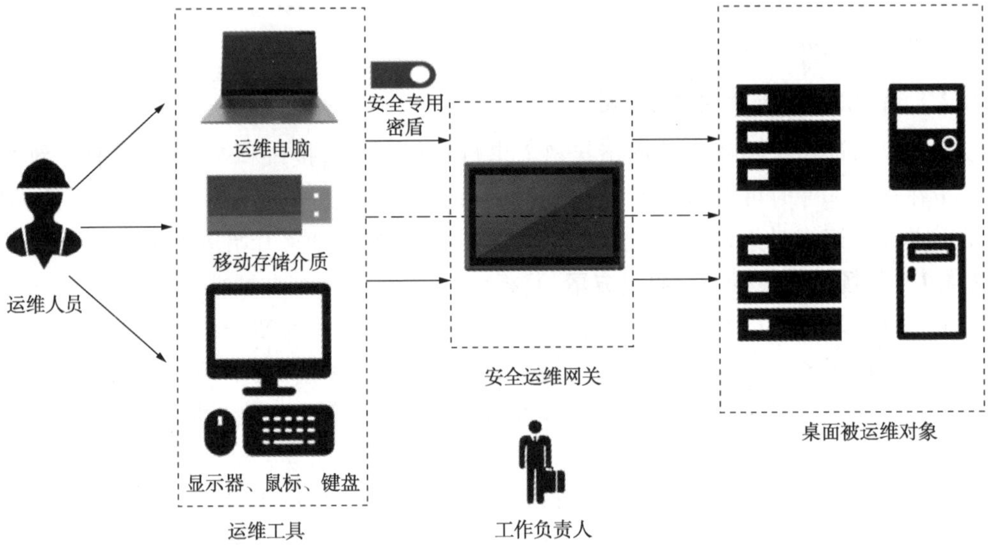

图7 桌面部署示意图

3.5 智能运维终端应用案例

气矿在所辖井站选取自2井中心站作为试点井站，主要从运维模式、检测终端模块功能及操作、运维设备连通验证等方面开展智能运维终端试点应用工作。

3.5.1 运维模式应用

运维工作开始之前使用网络电缆或串行接口对运维电脑、智能运维终端主体和内部网络进行连接。检测终端对运维电脑进行违规外设检查、非法外联检测和本地病毒查杀检测，确保所述运维电脑安全无毒。

智能运维终端主体提供两种运维模式：普通运维和紧急运维模式。

普通运维模式中井站模块、任务模块、规则模块、资产模块是可以进行运维任务的充分必要条件，首先建立相应运维井站的信息；然后导入目标运维井站的运维资产信息；创建或导入运维任务信息，包括：任务名称、任务负责人、参与人、运维资产、任务描述、任务开始时间和结束时间等，以及资产对应的运维规则，其中规则支持tcp、udp、ssh、telnet、vnc、rdp、rs232协议的运维。

紧急运维模式是在目标运维资产出现某种紧急事务需要进行的某种紧急运维，在紧急运维模式下智能运维终端主体与运维电脑、目标运维资产直接通过处于同一网段来实现。

此时运维操作不依赖于井站模块、任务模块、规则模块、资产模块，具体说，规则设置模块设有紧急运维账户，运维人员通过紧急运维码进入紧急运维账户，紧急运维账户可以永久生效，为了防止账户丢失，可以进行不定时更新。

紧急运维账户默认创建目标运维资产同网络的所有资产的运维权限，仅支持 tcp、upd 协议的运维行为；最后开启该任务即可进行对检修目标进行相应的运维处理。

运维结束后，审计员对运维全过程进行行为审计，包括违规外设日志、恶意代码病毒、违规外联、全运维过程视频取证、下装文件、指令审计和检修日志，分别在日志层面和视频记录层面对整个运维过程进行了全方位的记录。

3.5.2 功能验证案例

运维人员通过运维管理模块对智能运维终端主体的数据处理系统进行设置，控制运维任务的启动与停止；运维人员不再通过智能运维终端主体对运维任务进行设置和操作。

此时检测终端需在运维电脑安装运行，并将所有安全检测结果，以及运维过程在所述运维电脑上进行显示，对整个运维过程进行实时视频记录，方便审计人员对运维任务进行全方位的监控，此时管理员可以通过运维电脑对运维操作进行控制，智能运维终端主体将管理员通过运维电脑输入的运维操作命令传输给目标运维资产，实现目标运维资产的运维操作。

在该案例中，数据处理系统中各个模块的具体操作，依靠检测终端实现，具体包括启动/停止服务、参数设置、数据通信、数据保存入库、兼容多种设备、工作日志。启动/停止服务用于启动运维资产整个系统的设备；参数设置用于对计算机服务器模块及报警模块进行参数设置，使整个装置能够按照需求平稳运行；数据通信用于接收数据；故障诊断算法分析，用于将设置好的系统故障转换成可读信息，当远程设备出现故障时及时将故障信息整理出来，并传输到系统日志；数据保存入库用于将接收到的数据进行分类、整理后存储到计算机中；兼容多种设备，用于将智能运维终端主体与其他设备进行兼容连接；工作日志用于记录系统运行过程中的运行过程，以便客户在有问题时可以回头查看系统运行历史情况，同时使远程数据采集更加方便快捷、解决人力成本，制造成本低，且操作方便。

3.5.3 运维设备连通验

创建模块创建或导入的运维任务信息包括连通验证信息，连通验证信息为运维电脑、智能运维终端主体、运维资产，连通时验证相互连通的设备是否与验证信息一致。

运维任务信息包括有三份：运维电脑的运维任务信息、智能运维终端主体的运维任务信息、运维资产的运维任务信息。

连通验证信息可以是一张图像，称为第一图像。运维电脑的运维任务信息、智能运维终端主体的运维任务信息、和运维资产的运维任务信息中的连通验证信息是任务模块将第一张图像在随机位置分离成的三张图像，分离的三张图像随机分在运维电脑的运维任务信息、智能运维终端主体的运维任务信息、和运维资产的运维任务信息中，即分离的三张图像被随机分配到运维电脑的运维任务信息、智能运维终端主体的运维任务信息、和运维资产的运维任务信息中。

当运维电脑的运维任务信息、智能运维终端主体的运维任务信息、和运维资产的运维任务信息中连通验证信息组合时，三张分离的图像组成连通验证信息的原图：第一图像，则验证通过，运维电脑、智能运维终端主体、目标运维资产连通。

当运维电脑的运维任务信息、智能运维终端主体的运维任务信息、和运维资产的运维任务信息中连通验证信息组合时，智能运维终端主体的数据处理系统的任务模块对三张分离的图像进行组合后，与第一图像进行对比验证，当三张分离的图像不能组成连通验证信息的原图：第一图像，则验证失败，智能运维终端主体拒绝运维电脑、目标运维资产的连接，从而达到任务连接的目的，拒接非法连接，防止非管理员、非运维人员非法连接。

4 智能运维终端应用成效

通过在自2井试验发现通过智能运维终端可达到有效管控，主要体现在以下5个方面：

(1) 对运维电脑的网络连接和外设接口状态进行实时监测，避免运维电脑违规外联或泄露内部数据。

(2) 对运维过程传输的文件进行恶意代码查杀，避免未安装防病毒软件或未及时更新病毒库的电力监控系统被病毒入侵。

(3) 实时监测运维过程的网络通信，避免运维电脑向站控层网络和设备发起多种类型的扫描和网络攻击，禁止高危端口通信。

(4) 对运维过程的高风险指令和控制类指令进行精准识别，避免误操作。

(5) 对运维操作过程进行授权管理和二次确认，并通过视频、文件、通信数据包、日志等多种方式对运维过程进行记录，解决因缺少访问控制措施(如防火墙)及运维审计所带来的问题。

5 结束语

工业控制系统安全是气矿地面集输系统平稳运行的基础，但由于工控设备数量增多，暴露出众多安全问题。本文根据蜀南气矿工业控制建设现状及存在问题，结合智能运维终端功能及应用，对目前气矿运维过程中存在的问题进行试点分析，解决了运维过程中存在的问题，后期气矿不断总结应用成效，提高运维监管控，保障工控系统平稳安全地运行。

参考文献

[1] 锁延锋，王少杰，秦宇，等．工业控制系统的安全技术与应用研究综述[J]．计算机科学，2018，45(4)：23-33.

[2] 周秦，郭冰逸，贺惠民，等．工业网络安全：智能电网，SCADA和其他工业控制系统等关键基础设施的安全[M]．北京：国防工业出版社，2014.

蜀南气矿工业视频智能分析技术典型应用探索

董　斌[2]　胡佑东[1]　张殿昌[1]　傅茂林[2]

（1. 中国石油天然气股份有限公司西南油气田公司蜀南气矿，四川 泸州　646099；
2. 西南油气田公司宝石花油服公司，四川 成都　610056）

摘　要：蜀南气矿自2010年安岳须家河数字化气田建设以来，先后经历了信息化建设、物联网建设两个阶段，目前已初步建成数字化气田，实现生产数据自动采集、关键阀门远程控制、一线场站视频监控等功能，有力推动了一线生产模式和组织机构的变革，形成了“中心站+无人值守站+远程协助”的新型管理模式，大大缩减了一线员工数量，提高了工作效率和安全管控能力。但随着信息技术的不断革新、生产管理要求不断提高，快速增长的产能与减员增效的矛盾日益突出，尤其是一线场站传统的视频安防系统，已无法适应目前安全生产新需求，无法配置专人对视频进行不间断监控，以致视频监控无法起到及时发现异常情况并进行预警的作用，只能事后进行事件追溯。为了解决一线场站视频监控的人员不足，起到视频监控及时预警、报警的功能，我们开展了工业视频智能分析技术应用实践。

关键词：工业视频；智能分析；液位监测；气体泄漏；视频巡检

1　气矿实时视频监控系统现状

目前气矿已建实时视频场站250余座，共计视频通道985路，均采用有线链路作为信号传输通道，利用实时高清摄像机将视频信号采集并上传至中心站，通过在中心站配置硬盘录像机和服务器，实现中心站视频监控平台进行实时视频监视和录像存储，并可通过视频监控平台查看录像回放，其组网方式如图1所示。经历过几次设备升级改造后，有2座中心站视频监控平台实现了后端算法配合摄像机前端智能动态捕捉功能，对视频进行智能分析，判断是否为异常入侵后在中心站平台及客户端进行联动报警；其余20座中心站尚未进行视频分析智能应用。

2　面临需解决的问题

2.1　气田水池液位监测难点

目前气矿的气田水池液位采用的是超声波液位计进行监测，数据远传至中心站站控系统

作者简介：董斌(1981—)，男，2006年7月毕业于西南石油大学自动化专业，工学学士，现就职于中国石油天然气集团公司西南油气田分公司宝石花鑫盛油气运营服务有限公司派驻蜀南气矿自控计量站，二级工程师/高级工程师，从事视频安防设备技术管理及研究，通信地址：四川省泸州市江阳区蓝田街道蜀南气矿自控计量站。E-mail：hxs_800031@petrochina.com.cn。

进行显示，并设置报警门限，液位高于门限值时会产生报警提示，根据报警提示中心站电子监控岗会通知相关单位用水罐车进行气田水拉运。气田水通常含有大量的石油类物质、可溶性盐、不溶悬浮物等物质，若不及时处理则会造成气田水溢出，污染周边农田、林地等环境，因此页岩气采气场站均会在气田水池部署一台实时高清摄像机，以人工的方式对气田水池液位情况进行辅助监视，避免出现超声波液位计故障或不准确时造成气田水溢出污染环境。鉴于人工巡查的频次不确定和电子监控岗主要职责是监控生产数据，仍然会有不能通过视频监控及时发现超声波液位计故障，未及时发现气田水位异常等情况发生。

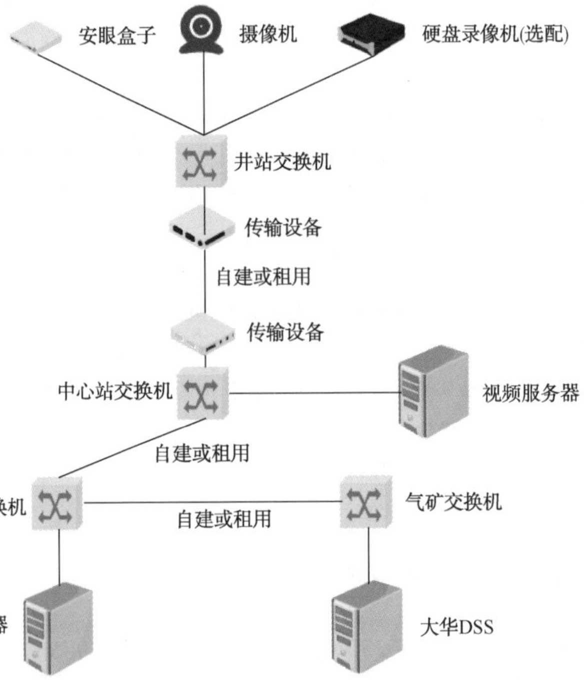

图1　实时视频网络架构图

2.2　可燃气体泄漏监测不准确

常规可燃气体泄漏检测多采用化学型固定式可燃气体检测仪，该类可燃气体检测仪受制于安装位置及探头化学性是否失效。在井站空旷的环境下，是否能检测到气体泄漏取决于是否有风，而且风向正好由泄漏点吹向可燃气体检测仪才能被检测到，一旦泄漏点距离可燃气体检测仪超过3m则很可能无法检出。因此中心站电子监控岗需要采用实时视频辅助监测，不定时对各个场站的工艺区、井口摄像机视频进行调用和查看，以此来判断是否有泄漏点，此方法仅能看到泄漏量较大且已形成喷雾的泄漏点，较小泄漏点无法通过视频监控发现，可燃气体泄漏检测存在盲区。

2.3　控制系统人员巡检可靠性低

一般来讲，自控、通信系统传统立式机柜均为封闭式机柜，顶部预留有通风口或配置排风扇、空调进行散热，但仅是对机柜整体进行通风和散热，柜内具体设备的温度无法监控，仅依靠人工在巡检时用红外测温设备测量各关键设备温度，避免出现超温或运行异常现象，该方式缺点为不能连续监测，若出现偶发性短路或故障，无法及时进行预警；对于控制系统而言，对自身的控制器、卡件状态均有自诊断功能，可以在系统发现其故障报警信息，但对于附加的其他关键设备，缺乏监管手段，如开关电源、继电器、安全栅、浪涌保护器等的状态无法纳入控制系统的诊断系统进行监控，仅能依靠人工巡检发现异常状态，但人员巡检受制于人员本身的技术水平、责任心等因素，且原始巡检数据、图片无法保存，信息及时性不高。

2.4 视频设备种类繁多兼容性较差

目前气矿所使用的视频设备种类繁多，设备品牌也五花八门，主要设备品牌仍是海康威视和大华，占比98%以上。尤其是中心站服务器与视频监控平台也未进行全部统一，由于厂家之间存在技术壁垒，造成部分设备因厂家不同而不能完全兼容使用，如智能摄像机的分析报警功能不能被不同平台所识别，若要想兼容识别使用，只能针对该品牌设备的 SDK 进行定制开发，面临厂家的配合度以及开发周期等因素，实际使用效果不理想。

鉴于以上面临的问题，我们对目前的视频设备进行了升级改造，增加了超脑服务器、第三方软件服务器、算法类软件及先进的前端摄像等设备，开展了工业视频的液位监测、气体泄漏监测、机柜间设备巡检监测及视频平台智能整合四个方面的智能应用试点。

3 典型应用场景

3.1 气田水池液位智能监测

液位识别在工业生产和环境监测中具有重要意义。传统的液位检测方法存在着一些局限性，例如需要人工干预、准确度不高、成本较高等问题。具体一点讲，常用的浮子感应法测量安装维护复杂；而静压液位计、气管压强液位计均受限于受环境影响大且精度低；雷达液位计、声波液位计、电子水尺精度略高，但部署方式、应用场景限制极大。

而基于雷达视频融合的视频智能分析液位识别技术，可以通过高频段雷达+摄像头的手段进行数据采集，测量精度可达±1mm；并结合设备内置的图像处理单元和 AI 算法模型，实现在无物理标识水尺的情况下进行自动化和精准的实时液位检测；由于设备自带大靶面大光圈(1/1.8″、F1.0)400 万像素可见光镜头，可实时回传高清全彩视频画面；且设备本身可达到场景使用的低功耗、内置 RTU 的要求，单设备即可灵活部署、广泛应用。该项技术具有广阔的应用前景。

本次试点是采用的海康威视前端雷视一体液位监测摄像机，该产品具有高频段雷达技术，分辨率更高，检测性能更稳定，不受光照、雨雪、灰尘、水雾等恶劣环境的影响，支持水位监测，支持 AI 算法应用，内置漂浮物等智能算法检测；支持报警联动功能；支持水位报警联动视频抓拍上报；抗干扰能力强，适用于严酷的电磁环境。配合海康威视后端管理平台，支持对水位数据进行监测；支持设置水位的阈值，超过阈值后，进行报警；支持通过 SL651 协议，直接接入三方设备的水位数据。

进行液位识别主要有以下 5 个步骤：

（1）数据采集：使用雷视一体液位监测摄像机采集设备获取液位数据、图像数据。

（2）图像预处理：对采集到的图像进行去噪、增强等预处理操作，以提高后续分析的准确性。

图 2　气田水池液位识别效果

(3) 特征提取：通过图像处理算法提取液位图像中的特征信息，例如颜色、纹理、形状、标尺刻度等。

(4) 液位分类：使用机器学习算法对提取到的特征进行训练和分类，以实现液位的自动识别和分类(图 2)。

(5) 结果应用：对识别结果进行评估和验证，包括准确率、识别率等指标，并与接入系统的超声波液位计数据进行比对，通过设置报警阈值对高于阈值的液位在视频监控系统进行报警提示。

3.2　可燃气体泄漏视频智能检测

随着多光谱、激光、视频等智能分析技术的不断进步，采用可调谐半导体激光吸收光谱监测特定气体泄漏的技术具有远距离，高灵敏度，响应快，覆盖广，抗干扰能力强，不受其他气体交叉干扰等特点。将该技术融合视频智能分析技术而产生的激光光谱吸收摄像机，对各气体泄漏场景监测的方法已经逐渐发展成熟。激光融合可见光技术监测可做出实时有效的智能分析，能让我们一旦发生气体泄漏，就能够迅速锁定泄漏点，快速有效的做出报警响应，应对突发状况，尽可能避免引发严重后果。

本次试点选用海康威视可调谐半导体激光吸收光谱技术摄像机，该设备环境适应性强，具备 Ex d IIC T6 Gb/Ex tD A21 IP68 T80℃防爆认证；设备支持预置位巡航甲烷检测，并报警上传功能；支持远程手动开启甲烷检测功能；支持甲烷浓度实时显示功能；支持甲烷浓度超限，声光报警功能；支持透雾、强光抑制、电子防抖、防红外过曝技术；支持红外灯，照射距离最远 200m；支持雨刮除尘；配合海康威视后端管理平台关于气体泄漏的定制开发，实现了可燃气体浓度及泄漏的实时监测。

该检测方法的检测原理为：激光吸收光谱，是基于甲烷分子的红外吸收原理发展而来，采用 1650nm 的激光作为检测激光，当激光通过甲烷气团，部分激光被甲烷吸收，从而精确测量出甲烷浓度，将该功能融入实时摄像机中，在采集视频的同时也对井站场站内各处工艺管道、设备进行巡视，一旦发现泄漏点则立即在视频监控平台中进行报警提示(图 3)。

图 3　场站可燃气体泄漏识别效果

3.3　设备机柜间智能巡检

鉴于控制系统附属设备的同等重要性，我们利用可见光与热成像双光融合智能技术对设备间及控制系统机柜进行 24 小时实时智能监测试点，在控制系统(箱体变压器、汇控柜、电气柜、环网柜、低压柜等)各机柜内部署一台微型双视红外摄像机(设备大小约为 0.15m^3)，用于对柜内交流电源总空开、24VDC 开关电源模块、关键继电器运行情况监测，监测其温度状态，设置超温报警。

在微型双视红外摄像机的基础上，我们进一步试点了利用视频智能分析技术对设备、元器件的状态灯进行分析识别，判断其状态是否正常，采用多维物联感知融合视频 AI 分析技术辅助视频设备代替人工巡检，进行不间断、高频率巡检，极大提升巡检效率、降低巡检难度，搭载仪器仪表智能识别算法，可以实时查看、读取仪表数据，可根据实际需求进行阈值判断，异常数据及时报警。该方法主要是依靠视频的智能分析报警功能，尤其是超脑设备的算法能力，对指定的固定场景进行学习后自行进行学习和判断。实现了可视化、非接触的智能分析报警；提升了可靠性、安全性；解决了传统巡检人力资源需求大，工作量大、效率低、缺乏实时性、巡检数据统计困难等问题。利用单台硬件设备覆盖整个面所有目标的温度监测，更符合未来可视化运维需求(图 4、图 5)。

图 4　机柜内继电器及红外效果

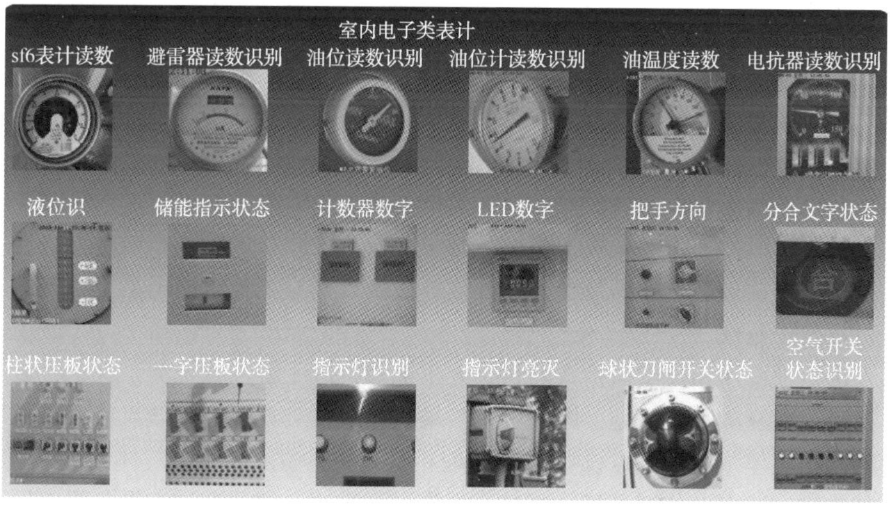

图 5　机柜间室内设备状态读数识别

3.4　视频平台智能整合

出于对视频监控无法快捷兼容的优化考虑，我们引入第三方平台，对其进行标准化要求，一次开发，终身适用，部署其配套软件平台及服务器，取代目前所用的海康威视或大华平台，兼容在用不同厂商的摄像机、硬盘录像机、门禁等设备，并将设备直接接入该平台，实现所有视频监控功能的智能整合，集成视频安防智能识别报警、语音对讲、一键撤布防、门禁远程开锁等功能，并利用其平台管理功能，进一步规范视频安防管理流程，完善管理制度，包括不限于自动生成视频巡检记录、视频巡检提醒、视频台账自动获取、故障点位/设备统计等(图 6)。

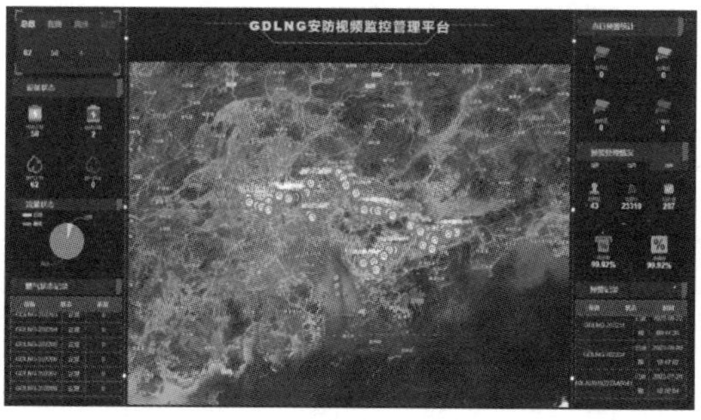

图 6　第三方视频安防平台主界面

4 应用成效

4.1 气田水池液位智能监测

本次试点基于雷达视频融合的智能分析液位监测技术，应用了一种新的液位检测设备。该技术具有自动化、精准性高等优点，可以在工业生产、环境监测等领域发挥重要作用。该设备单台含有视频+雷达+RTU功能，易于安装和部署。通过雷达和视频采集，融合算法测出识别出液位示值与中心站站控系统气田水池液位的比对，并进行异常情况报警，给中心站气田水池液位监控提供了双重保障，大大减轻了中心站员工通过视频人工查看气田水池情况的频次及工作量。

而应用过程中，我们发现由于设备内置智能算法，实际测试中，针对行人、非机动车、机动车等干扰因素都可以进行屏蔽。特别是针对夜间场景，过去的可视化手段完全无法起到效用，而应用雷视一体的设备后，实现了全天候、全天时、高精度的水位监测，针对报警可基于全彩视频复核。

4.2 可燃气体泄漏视频智能检测

该试点解决了易燃易爆场景下，天然气泄漏后如何能被安全及时有效检测的问题。基于可调谐半导体激光吸收光谱监测特定气体泄漏的技术，依托融合该项技术而定制产生的激光光谱吸收摄像机，我们在天然气泄漏检测场景试点应用，最终发现该技术优势明显，该设备灵敏度高、抗干扰能力强、响应快、非接触测量，符合遥测技术特征。能远程快速定位泄漏点，通过结合视频领域巡航扫描技术，较好弥补传统点式检测技术的不足，为天然气场站安全平稳运行奠定了基础。

我们发现该项应用相较于点检式测量、人工巡检，有主要三点优势。其一，设备安装部署便捷，避免了繁复的线路规划、图纸设计、动火作业；其二，由于试点应用具备遥测技术特征，实时扫描气体浓度，试点设备监测原理相比于点检式(取范围气体浓度平均值)的报警原理更加先进，试点设备测量精度更高、报警更加敏捷，往往在试点设备报警后，点检式传统设备还未报警；其三，由于试点应用依托硬件结合软件的架构，当报警后可以通过可见光摄像机立即观察到现场的实时情况，并叠加现场的实时气体浓度，可一定程度防止泄漏后人工现场排查泄漏点的安全风险，进一步减少隐患的发生概率。

4.3 设备机柜间智能巡检

通过本次实施试点，实现了机柜及控制系统关键设备的24小时监控，实现了机柜内部非接触、实时、可视化温度监测；对其内部设备的温度、指示灯状态等进行视频比对分析，发现异常后能及时报警，温度异常报警准确，减少人员巡检压力，提升运维效率；特别是在机柜内复杂环境下，设备可磁吸式安装、稳定运行。该项应用很好地解决了机柜的设备监测需求。实现了对每块关键设备全天候实时温度监测，替代人工巡逻，做到温度异常预警，避免重大火灾事故发生。

4.4 视频平台智能整合

本次整合应用试点解决了我们单纯依靠某一单一品牌厂家的尴尬境地，采购视频安防设备仪需提出国标编码要求或通用开发 SDK 文件，由第三方平台进行集成，整合后平台功能集合视频监控、录像回放、安防入侵报警、异常情况识别、语音对讲喊话、门禁远程开锁、生产数据比对等，实现了视频安防一体化管控，对于后续各项智能新功能、新要求不再需要与设备厂家进行配合，可根据我方需求定制开发各项功能。

5　结语

通过一系列针对现场井站的视频智能分析技术应用，我们探索出了一条解决现场面临亟待解决的一些问题的新途径，对于减小人工劳动强度，增加巡检数据的可靠性以及对生产现场关键数据报警、预警起到了积极作用，我们将进一步发掘视频分析技术的深层次应用，扩展应用范围，为天然气场站的安全生产奠定良好的基础。

参考文献

[1] 周衡，仲思东. 基于视频图像的水位监测方法研究[C]. 武汉大学电子信息学院，武汉大学测绘遥感信息工程国家重点实验室.
[2] 袁敏，母焱，邓勇，等. 激光吸收光谱技术在燃气泄漏检测中的应用[C]. 北京埃德尔公司.

人工智能新技术新应用

基于 YOLOv5 的视频智能分析技术应用

唐明双[1]　代朋志[1]　罗　胜[1]　黎　倩[2]

[1. 中石化西南油气分公司采气三厂，四川 德阳　618100;
2 嘉洋智慧安全科技(北京)股份有限公司，北京　100000]

摘　要：视频智能分析技术在以 YOLOv5 为基础的目标检测模型上，通过从视频监控平台上获取作业现场的视频流，将视频流转换成满足模型检测的输入格式，实现对油气田作业现场的人、物与场景等检测，在对输出的检测结果进一步进行逻辑判断，实现现场违章行为的判别，同时根据应用效果对模型迭代优化。该技术在中石化西南油气分公司某二级单位应用以来，违章识别效率提升 10 倍，通过强化监管，大幅降低了现场违章行为，保障了现场安全生产。

关键词：YOLOv5、目标检测、视频分析、安全监管

1　技术背景

近年来，各类油气生产安全事故频发，严重冲击人民群众安全感，引发社会高度关注。油气生产单位现场施工作业点多面广，承包商类型众多，监管力量不足等问题导致现场施工作业安全风险增大[1]。

目前，油气生产单位普遍利用井站视频监控摄像头通过人工形式来监管现场施工作业安全，这种方式存在覆盖不全、时效性低及人员负担重等劣势。针对上述问题，通过 YOLOv5 目标检测算法来实现对现场违章行为的精准实时抓拍，立查立改，防止事故事件发生。

2　YOLOv5 特点与优势

YOLOv5[2]是一种基于深度学习的目标检测算法，它是 YOLO(You Only Look Once)系列算法之一。YOLOv5 相比于 YOLOv1-YOLOv4 的版本，在准确性和速度方面都有了显著的提升。YOLOv5 采用了一种单阶段的检测方法，将目标检测任务转化为一个回归问题，它通过将输入图像划分为不同的网格单元，并在每个单元中预测目标的边界框和类别信息，与传统的两阶段方法相比，YOLOv5 具有更快的检测速度。YOLOv5 的网络结构采用了一种轻量级的模型设计，包括主干网络和检测头部，主干网络使用了一种称为 CSPDarknet 的特殊结构，它在保持较高准确性的同时，大大减少了模型的参数量和计算量。检测头部则负责预测目标的边界框和类别信息，还引入了一些新的技术来提升检测性能。例如，它使用了自适应训练策略，可以根据目标大小和难易程度自动调整训练过程中的数据增强方式。此外，YOLOv5

作者简介：唐明双，男，大学本科，工学学士，副主任师，助理工程师，中国石化西南油气分公司采气三厂安全环保室，从事安全管理、HSE 体系管理工作。

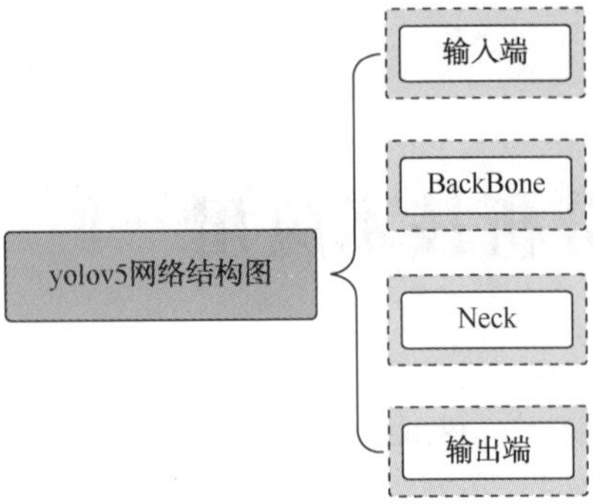

图1　YOLOv5 网络结构

还支持多尺度推理和增强的数据增强方法，进一步提升了检测的准确性(图1)。

因此，YOLOv5 是一种高效准确的目标检测算法，具有快速的检测速度和较高的准确性。它在许多计算机视觉任务中都有广泛的应用，如物体检测、行人检测、车辆检测等。

3　技术应用

3.1　算法介绍

常用的算法类别包括通用类、动火作业、起重作业、高处作业、临时用电、烟雾火焰等(表1)。通过在某油气生产单位视频服务器上部署算法，对天然气采集输、地面建设及设备检维修等环节高风险作业常见违章进行检测抓拍，违章报警信息通过系统推送给管理人员，经核实后处置，实现立查立改，有效提高违章发现及时性。

表1　算法类型

算法类别	算法名称
通用类	1. 视频无法拍摄作业现场或遮挡视频 2. 未穿戴劳保服 3. 未佩戴安全帽 4. 未佩戴可燃气体检测仪 5. 监护人在施工作业期间离开作业区域
动火作业	6. 砂轮机、磨光机、手电钻切割未佩戴护目镜 7. 气瓶没有减震圈、护帽、规范设置、无固定防倾倒措施
起重作业	8. 作业人员手扶吊物，未拉牵引绳或支撑杆 9. 起重指挥人员未穿信号服 10. 人员在吊物下走动或站在吊物下
高处作业	11. 高处作业期间未按要求使用安全带
临时用电	12. 人员未佩戴绝缘手套
烟雾火焰	13. 烟雾、火焰

3.2　数据标注

传统的数据标注只能针对单一目标(图2)，例如对人员未佩戴安全帽算法，只会针对人、安全帽等单一目标物做标注，这种标注的方式在违章分析的时候，还需要对人的头进一步进行位置确认，这种方式无法准确找到头部位置，同时还需要确认头和安全帽的位置，人和安全帽的位置情况等。

与普通标注训练不同，此次现场应用针对违章图片中的目标物做分类标注[3]。例如图 3 所示：在做标注时，单独将作业人员头部进行标注，区分戴安全帽与未戴安全帽两种情形，采取这种训练方式可以减少对输出目标物的逻辑处理，直接对输出目标物进行判断，对比所需目标物的位置情况，即可判断是否存在违章情况，提高应用实际效果。

图 2　安全帽算法单一目标标注

图 3　安全帽算法分类标注

3.3　模型训练

使用标注后的素材进行模型训练，包括但不限于通用、动火、起重、高处和临时用电等作业场景的图片，基于 YOLOv5 的模型训练，获得不同类型作业场景的智能分析模型。通过分析模型训练结果图来判断模型的训练效果，其中混淆矩阵(confusion)[4]是评价模型效果的重要指标之一(图 4)。烟雾火焰和高处作业某一批素材模型训练结果混淆矩阵图如图 5、图 6所示，根据训练结果来判断是否需要对单个目标、多个目标或者整个模型做进一步的优化。

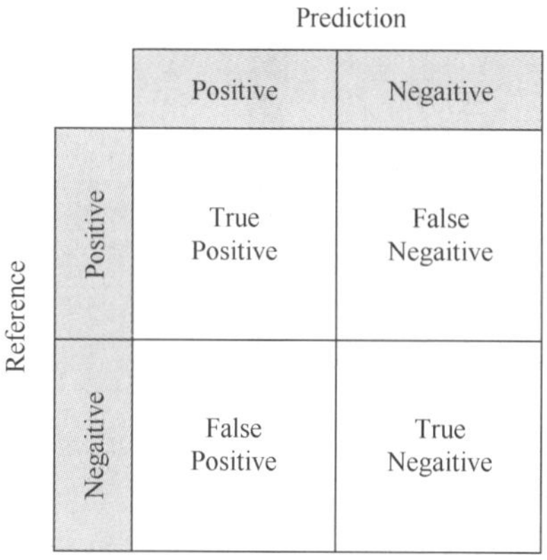

True Positive(TP)：真正类。样本的真实类别是正类，并且模型识别的结果也是正类。

False Negative(FN)：假负类。样本的真实类别是正类，但是模型将其识别为负类。

False Positive(FP)：假正类。样本的真实类别是负类，但是模型将其识别为正类。

True Negative(TN)：真负类。样本的真实类别是负类，并且模型将其识别为负类。

图 4　混淆矩阵

3.4　图片检测

通过架设在采气井站的摄像头来获取现场的施工、生产巡检视频，上传到视频监控平台，通过视频监控平台的 OpenAPI、直接接入 NVR 或 RTSP 协议获取监控点位的视频流，使用 ffmpeg[5]对获取到的视频流进行切帧，生成图片。获取到的图片被输入到训练好的模型中，对模型的结果进行逻辑判断(表2)，最后根据判断结果，将违章或者问题图片可视化地展示在前端页面(图7~图9)。

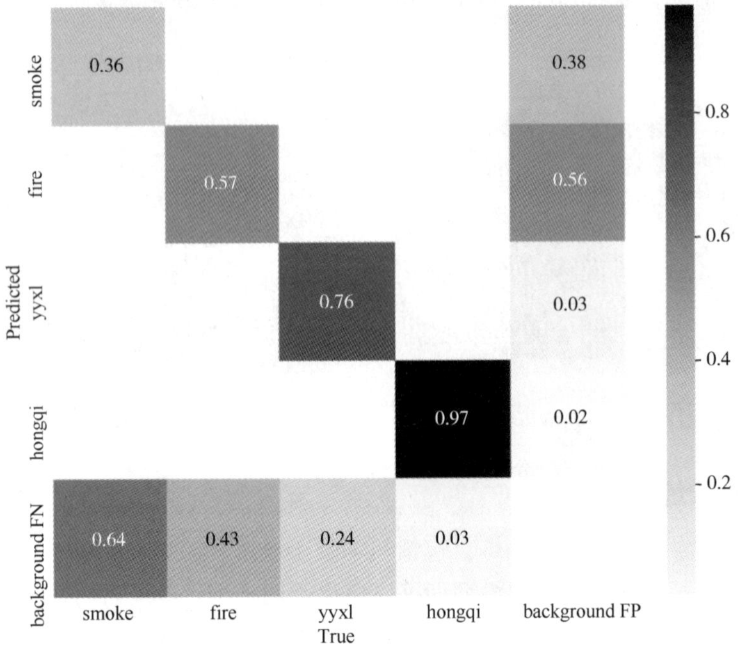

图5　烟雾火焰模型训练结果矩阵(示例)

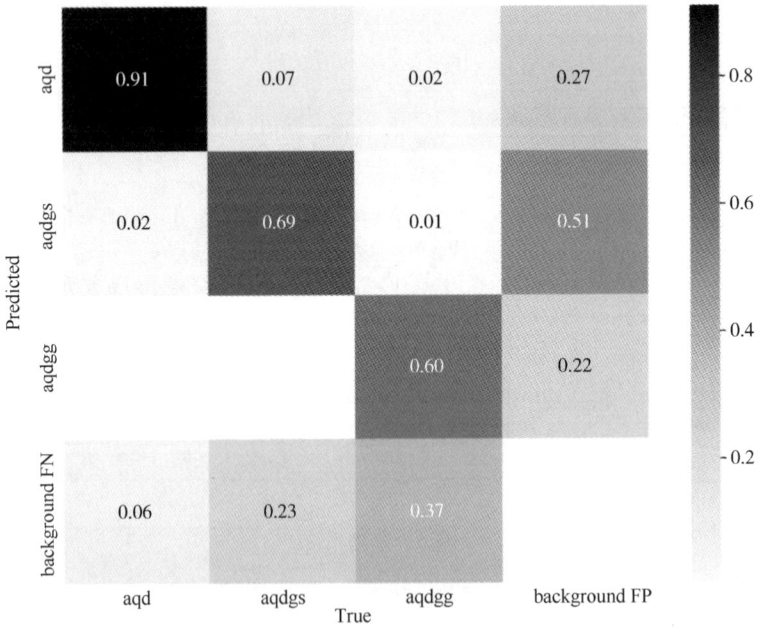

图6　高处作业场景模型训练结果矩阵(示例)

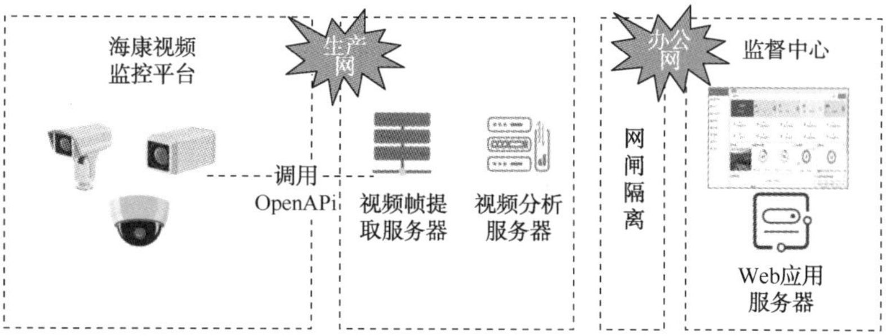

图 7　视频分析流程

表 2　算法逻辑

算法名称	算法逻辑
视频无法拍摄作业现场或遮挡视频	检测前后两帧图片差异，像素平均值
未穿戴劳保服	在流程区内，检测到人，并且没有穿劳保服
未佩戴安全帽	在流程区，检测到人，未检测到安全帽
未佩戴可燃气体检测仪	在流程区内，检测到人，连续三帧未检测到气体报警仪
监护人在施工作业期间离开作业区域	检测到人，监护人马甲、袖标，连续帧检测，未检测到监护人马甲、袖标
砂轮机、磨光机、手电钻切割未佩戴护目镜	检测到动火，检测到人，未在人脸上检测到护目镜
气瓶没有减震圈、护帽、规范设置、无固定防倾倒措施	检测到气瓶，未检测到减震圈、护帽、防倾倒设施
作业人员手扶吊物，未拉牵引绳或支撑杆	检测到吊臂、人员、吊物，人员和吊物有交集同时人员和牵引绳或者支撑杆没有交集
起重指挥人员未穿信号服	检测到吊车、人员、吊物、吊臂升起，未检测到信号服
人员在吊物下走动或站在吊物下	检测到吊臂，人员，吊物，同时人员在吊臂下方并且在吊物下方
高处作业期间未按要求使用安全带	检测人、高处作业、未检测到安全带
人员未佩戴绝缘手套	检测配电箱、柴油发电机、人，人和配电箱或和发电机有交集，并且未佩戴绝缘手套
烟雾、火焰	检测到烟雾、火焰

3.5　优化升级

当训练火焰、烟雾这类不规则目标物时，存在模型不易识别、识别率低或者识别错误等问题，达不到现场实际需要的应用效果。因此，此次应用修改了训练方式，在画面马赛克增强时混入一张负样本或者背景训练图片，如此可以降低误检测与误识别率，提高网络模型的泛化能力[6]。增加前效果如图 8、图 10 所示，增加后效果如图 9、图 11 所示。

YOLO 系列对小目标检测结果都不是很好，很大原因在于卷积网络结构的最后一层特征图(feature map)太小，例如 32×32 的目标经过 vgg 后变成 2×2，导致之后的检测和回归无法满足实际要求。

图8　修改前火焰烟雾识别效果

图9　修改后火焰烟雾识别效果

图10　修改前烟雾识别效果

图11　修改后烟雾识别效果

因此，我们通过：增加一组锚框(anchor)，将传统的三组锚框增加到四组，第四组的值小于前三组；修改head部分，在第17层后，继续对特征图进行上采样(upsample)等处理，使得特征图继续扩大，同时在第20层时，将获取到的大小为160×160的特征图与骨干网络中第2层特征图进行融合(concat)，以此获取更大的特征图进行小目标检测。在第31层，即检测层，增加小目标检测层，一共使用四层，对[21，24，27，30]进行检测。

通过上述调整，提升了对小目标的检测效果。

4　应用效果

4.1　提升了监管效率

视频智能分析技术在某油气生产单位应用半年以来，累计发现各类违章360余项(图12)。

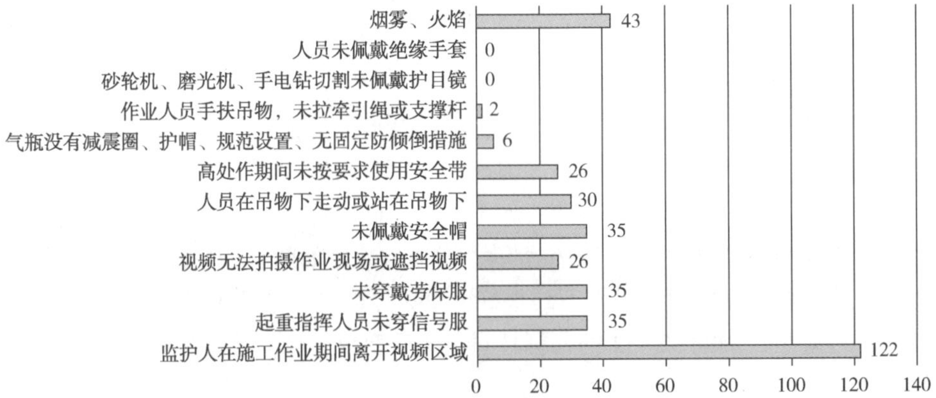

图12　违章事件统计

对比近半年来人工和智能分析模型发现的违章数量发现，人工监管方式平均每月发现 5 次违章，而视频分析模型平均每月发现 51 次违章，相当于视频分析模型比人工监管效率提高 10 倍(图 13)。

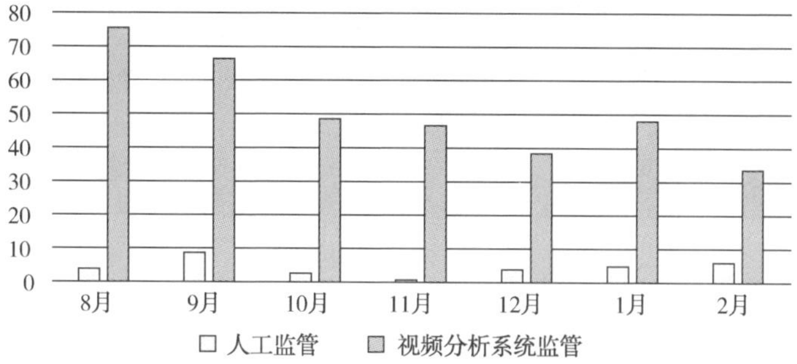

图 13　人工和智能分析模型对比

4.2　强化了现场监管

使用智能分析模型，能快速、准确发现作业违章，管理人员通过对生产运行与现场施工作业的及时干预(图 14、图 15)，规范作业人员行为、设施与环境状态，防止违章演变为安全事故事件。过程中不断发现、干预与制止违章，逐渐培养与提升安全意识，降低违章数量，趋势如图 16 所示。

图 14　气瓶无防倾倒措施

图 15　违章干预

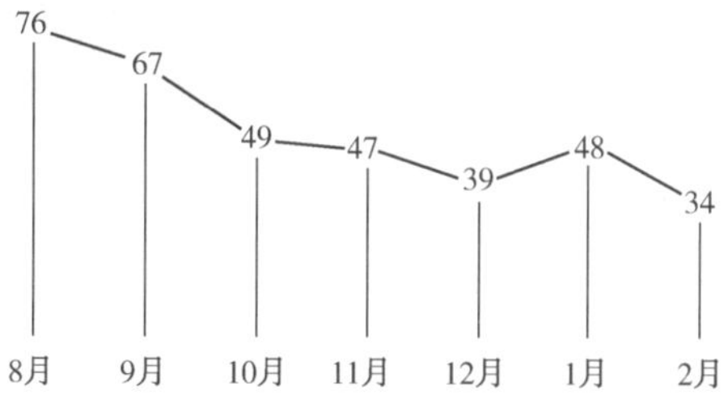

图 16　违章趋势

4.3　部分算法效果展示

(1) 生产巡检过程中值班人员忘记佩戴安全帽进入流程区，作业过程中施工人员脱掉安全帽。

(2) 全身便装、一半工服或者解开上衣等不规范穿戴行为。

(3) 操作人员上罐车顶部未拉起护栏、作业人员爬采气树与水套炉等高处不系安全带(图 17~图 19)。

图 17　未佩戴安全帽

图 18　劳保穿戴不全

图 19　高处作业未按要求使用安全带

4.4　平台扩展

本技术对站场视频监控与网络搭建要求较高，由于站场监控摄像头位置固定，视频角度转动、拍摄清晰度有限，遮挡、距离与空间等因素易导致漏报、误报等情况发生，此外，由于野外施工作业不具备实时监控回传硬件和网络条件，无法进行实时监管。因此，我们在前期应用的基础上，增加了移动视频违章分析回传(图 20)，根据现场作业地点和作业类型，安放一个或多个移动视频探头，对应布置所需违章识别算法，采取边缘计算的方式，现场分析抓拍违章，回传违章图片，有效降低视频监控搭建、网络质量与硬件计算需求。经过现场实际测试应用，具备良好效果(图 21)。

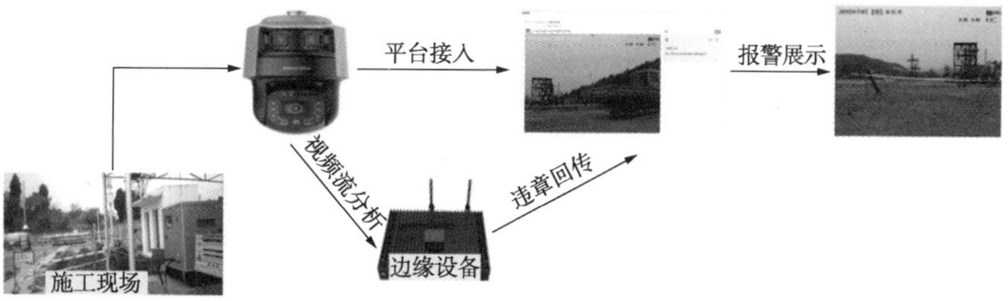

图 20　移动计算回传

图 21　违章回传测试效果

4.5　管理效益

对管理部门而言，油气生产、施工作业过程中有效的违章监测手段，能及时发现管理缺陷，找准问题症结并采取管控措施，准确全面的现场违章数据可以形成有价值的安全管理分析报告，提供绩效评估和关键决策支持，提高企业的安全管理水平和决策效率。对基层单位而言，违章报警能及时避免人的不安全行为、设备设施的不安全状态以及环境因素带来的伤害，提升基层单位安全自主管控能力。

5　结论及展望

2024 年政府工作报告明确提出要加快发展“新质生产力”，对安全监管而言，“新质生产力”就是通过技术创新提高安全监管效率及力度，提升企业本质安全水平与安全监管能力。目前人工智能、大数据等前沿技术日益成熟，加快传统安全监管模式向新技术监管模式转变，符合现阶段安全生产发展需求。视频智能分析技术在违章识别、判定上的成熟应用，对石油天然气行业而言，通过技术手段，控制人的高风险行为及物的高风险状态，优势与效果明显。

深化视频智能分析技术应用，提高违章识别准确率及报警实时性，使安全监管信息化、智能化是未来发展趋势。下步将结合更多生产运行、施工作业场景下的常见、典型违章，丰富、优化算法模型，通过硬件、软件配合，对人员进入生产场所后的动态行为、生产场所内的静态设备实时现场监管抓拍，发现违章现场立即报警，提醒值班员工，制止违章人员。实现即拍即报警、报警即处置整改，有效防止事故事件发生，降低安全生产风险。

参考文献

[1] 单明敬，张永红，魏英杰，等. 油田作业安全管理常见问题及对策[J]. 安全与环境工程，2009，16(01)：85-87.

[2] 邱天衡，王玲，王鹏，等. 基于改进 YOLOv5 的目标检测算法研究[J]. 计算机工程与应用，2022，58(13)：63-73.

[3] 蔡莉，王淑婷，刘俊晖，等. 数据标注研究综述[J]. 软件学报，2020，31(02)：302-320. DOI：10.13328/j.cnki.jos.005977.

[4] 孔英会，景美丽. 基于混淆矩阵和集成学习的分类方法研究[J]. 计算机工程与科学，2012，34(06)：111-117.

[5] 丁峰. 嵌入式 Linux 平台下基于 FFmpeg 库视频格式转换设计[D]. 哈尔滨工程大学，2014. 魏海坤，徐嗣鑫，宋文忠. 神经网络的泛化理论和泛化方法[J]. 自动化学报，2001(06)：806-815. DOI：10.16383/j.aas.2001.06.010.

[6] 韩强. 面向小目标检测的改进 YOLOv8 算法研究[D]. 吉林大学，2023. DOI：10.27162/d.cnki.gjlin.2023.001647.

石油物资仓储物流行业基于人工智能的安监技术应用研究

姚　望　朱义锋　唐　乐

（西南油气田物资分公司物流中心，四川 成都　610017）

摘　要：石油物资仓储物流行业相比普通物流行业更具有高风险与作业环境复杂的特性，安全管理一直是重中之重。随着人工智能技术的迅速发展，基于人工智能的安全监控技术在石油物资仓储流行业中也有了发挥的空间。本文以视频监控技术为主线，探讨了基于人工智能的安全监控技术在石油物资仓储物流行业中的应用研究。重点介绍了基于深度学习神经网络的火灾、烟雾等危险的识别以及识别操作人员的安全行为规范。通过深入研究与实践，人工智能安全监控技术已经可以为石油物资仓储物流行业提供一种高效、准确和可靠的安全管理解决方案。

关键词：火灾、烟雾等危险的识别、视频监控技术、人工智能、安全监控技术、深度学习神经网络

0　引言

现当今世界工业已经进入以智能制造为核心的第四次工业革命，以智能互联为标志的新一代数字技术催生的企业数字化转型，正在成为全球竞争焦点[1]。以习近平新时代中国特色社会主义思想为指导，以建设“数字中国石油”为目标，遵循“价值导向、战略引领、创新驱动、平台支撑”总体原则。中国石油在新一轮科技革命和产业变革浪潮中应当发挥引领作用，推动数字经济和实体经济融合发展。西南油气田公司物资分公司物流中心，以建成“西南数字供应链”为方向，为油气田跨越400亿迈上新台阶为目标而前进。

石油物资仓储物流行业是一个涉及大量危险品和高风险作业环境的行业，安全管理对于保障人员生命、财产、环境安全至关重要[2]。传统的安全监控方式在实时性和准确性以及对应用环境方面存在一定的限制。随着人工智能技术的发展，视频安全监控具有成本低、部署易、效率高等优势，成为改进石油物资仓储物流行业安全管理的有效手段[3]。本文将探讨基于人工智能的安全监控技术在石油物资仓储物流行业中的应用研究，重点介绍视频监控中的火灾、烟雾等危险的识别，以及识别操作人员的安全规范行为，如是否穿戴安全帽、工作服等。

1　石油仓储物流安全监控难点

石油物资仓储物流行业涉及大量的货物和仓储运输设施，其中包括易燃和易爆物品[4]，

作者简介：姚望，男，电子科技大学，软件工程领域工程硕士，物流工程师，初级，西南油气田物资公司物流中心。E-mail：yaowang01@ petrochina. com. cn。

因此火灾和烟雾识别成为该行业的难点[5]。具体原因主要有：①复杂的存储环境。石油物资仓储物流行业中的存储环境通常较为复杂，包括大型仓库、开放式堆放区、甚至野外临时堆场等。这些区域通常有大量的货物堆积，布局复杂品质繁多，同时可能存在阻挡视线的物体。传统的火灾和烟雾检测设备很难全面覆盖整个区域，因此可能无法及时发现火灾和烟雾的存在，甚至无法布置全面的监控报警设备。②烟雾的多样性。不同类型的石油物资在燃烧时产生的烟雾特性各异，例如颗粒物的大小、浓度和颜色等。传统的烟雾探测器通常只能检测到特定类型的烟雾，对于其他类型的烟雾可能无法准确识别。这可能导致误报或漏报的情况发生，影响火灾和烟雾识别的准确性和可靠性。③实时监测的挑战。石油物资仓储物流行业需要实时监测大面积的存储区域。传统的人工监测和巡检方式存在人力资源的限制和监测盲区的问题。此外，人工监测容易受到主观因素的影响，无法实现全天候、全面性的监测。

同时，在石油物资仓储物流行业中，操作人员的安全也是至关重要的。为了确保操作人员的安全，公司有一套明确切完善的规范要求，同时设置有安全监督岗位，但是由于人力、物力有限，往往无法达到随时随地都在现场，且行业特性决定了协作单位众多，并分属不同管辖等情况，造成了管理困难。实时监控识别操作人员是否佩戴安全帽、着装是否符合规定以及是否按照操作规范进行工作就显得更加困难与重要[6]。

针对上述难点，使用基于人工智能的安全监控技术可以提供一种有效的解决方案，该技术能够通过对实时视频流或图像进行智能分析和处理，实现对火灾、烟雾、操作人员规范的准确识别，具有成本低、部署容易、监控范围广、效率高等优点。

2　人工智能基本原理

基于人工智能的安全监控技术利用计算机视觉算法对视频监控数据进行分析和处理，实现对安全隐患的快速识别和预警[7]。计算机视觉是研究如何使计算机系统能够通过摄像机或其他感知设备获取、处理和解释图像或视频数据的，它旨在模拟和复制人类视觉系统的功能和能力，使计算机能够理解和解释图像、提取有用的信息，并做出相应的决策或执行特定的任务。

当前最主流的计算机视觉算法是基于深度学习技术的，深度学习是使用计算机模拟大脑神经元结构，通过大量学习已有的经验数据，模拟人脑从输入到决策输出全过程的一种技术[8]。深度学习的名称源自神经网络模型中的多个“深度”层次[9]。每个层次都包含多个节点(也称为神经元)，这些节点通过连接权重进行连接，并通过非线性激活函数进行计算和传递。通过这种层次化的结构，深度学习模型能够学习和提取高级抽象特征，并在处理各种类型的数据时展现出强大的能力。图 1 是一个典型的全连接神经网络结构，图中不同颜色的圆表示神经元，$\{x_1, x_2, \cdots, x_i, \cdots, x_m\}$表示网络的输入，在图像中一般代表为图像的像素值，$\{h_1^{(L-1)}, h_2^{(L-1)}, \cdots, h_j^{(L-1)}, \cdots, h_s^{(L-1)}\}$表示第 $L-1$ 层的神经元的权重，$\{y_1, y_2, \cdots, y_k, \cdots, y_n\}$表示网络的输出，根据任务的不同含义不同，在目标识别任务中一般表示概率或者坐标位置。

常见的深度学习神经网络结构，还有卷积神经网络(Convolutional NeuralNetworks, CNN)[10]、循环神经网络(Recurrent Neural Network, RNN)[11]等。CNN 网络的核心思想是通过卷积运算来提取输入数据的特征，并通过多层网络逐渐实现对特征的理解和表达，主要适用于处理视频中的单帧图像。RNN 的核心思想是在网络的节点之间建立时间步的循环连接，能够通过时间的传递在不同时间步之间保持信息的连续性，并利用先前的信息来影响当前的计算，主要适用于处理具有时序关系的多帧图像，提取上下文信息(图 1)。

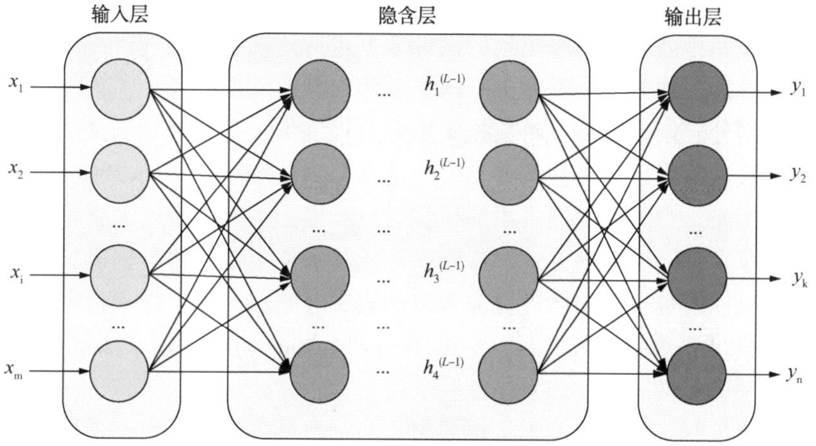

图 1 深度学习神经网络结构示意图

3 安全监控识别方法

图 2 是基于深度学习的识别方法原理图(以火焰检测为例)，要实现视频监控中的火灾、烟雾、操作规范识别等特定任务，需要数据集建立、神经网络结构设计、网络性能测试等多个步骤。接下来本文对各步骤进行具体分析。

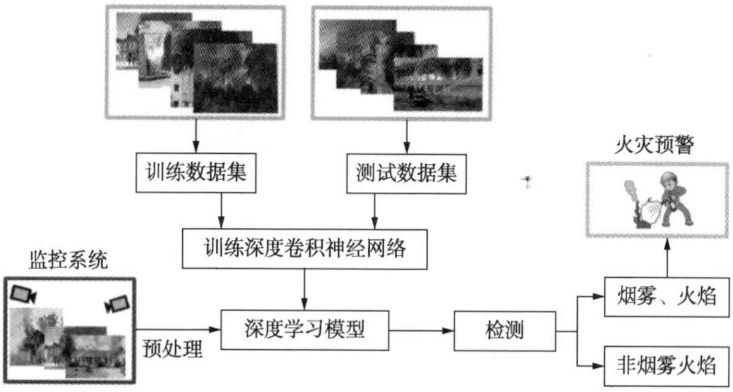

图 2 基于深度学习的火灾、烟雾识别方法原理图

3.1 数据集建立

现有的火灾识别数据集，主要是针对近场景或者超远场景的，专门针对石油物资仓储物流场景搜集的数据较少，同时对于操作人员规范的识别也需要根据企业的需求进行定制。因此，我们首先需要通过各种方式建立一个场景数据集并对这些图像数据进行精细标注[12]。具体流程如下：

(1) 数据采集。收集包含火灾和烟雾的图像数据，可以通过现场采集和数据库搜索两种方式获取。现场采集是指在实际或者模拟的石油仓储物流环境中，拍摄包含火灾和烟雾的照片或视频。由于真实场景的安全限制，可以模拟石油仓储物流环境进行数据采集，另外，初期的火灾和烟雾识别较为困难，因此应重点搜集此种场景下的数据。也可以采取视频合成的方式生成。数据库搜索是指查找公开可用的图像数据库或在线资源，如图像库、视频共享网站等，以获取相关图像数据。部分典型的数据如图3、图4所示。

（2）数据清洗和预处理。对采集到的图像数据进行清洗和预处理，确保图像质量和一致性。可以使用图像处理软件或编程库进行操作，例如裁剪、调整大小、去噪等。

（3）数据集划分。根据需要，将数据集划分为训练集、验证集和测试集。通常，训练集用于模型训练，验证集用于超参数调整和模型选择，测试集用于评估模型性能。

（4）数据集标注。为图像数据集添加标注信息，以指示图像中的火灾和烟雾区域。可采用边界框标注或像素级标注两种方式。边界框标注是指使用矩形边界框框出图像中的火灾和烟雾区域。像素级标注是指对图像进行像素级的语义分割，为每个像素指定火灾、烟雾或背景类别。标注工具可以选择 LabelImg、VGG Image Annotator（VIA）、Labelbox 等，这些工具可以在图像上绘制边界框或创建像素级掩膜。

（5）标注质量控制。在进行数据集标注时，应进行质量控制，以确保标注的准确性和一致性。这可以通过多个标注人员之间的交叉验证、定期讨论和标注准则的编制来实现。建立高质量的数据集需要耗费大量时间和精力。在进行数据集标注时，也应确保标注过程中的专业知识和准确性，以提高后续训练和模型的性能。

图3　典型的火灾、烟雾场景

图4　典型的操作人员规范检测场景

3.2 神经网络结构设计

本节设计一个将卷积神经网络(CNN)和循环神经网络(RNN)结合的神经网络用于检测图像中的火灾烟雾(或人员操作规范)，可以使用 CNN 提取图像特征，然后使用 RNN 来处理时序信息。如图 5 所示，下面是具体结构：

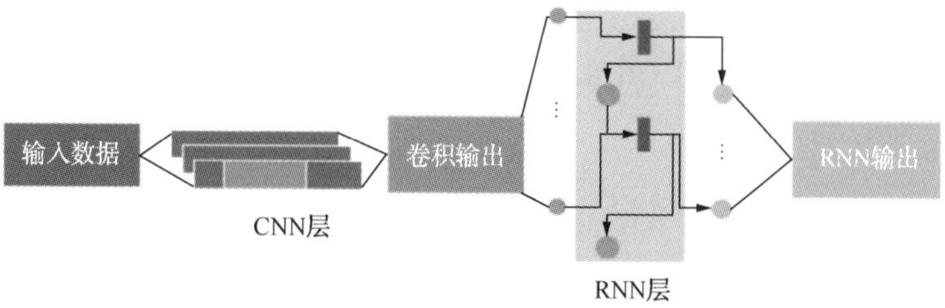

图 5 神经网络结构

(1) CNN 部分：

输入层：接受图像作为输入。

卷积层 1：使用多个卷积核进行特征提取，可以选择不同的卷积核大小和数量。

批量归一化层 1：对卷积层的输出进行归一化处理。

激活函数层 1：使用线性整流函数(Rectified Linear Unit，ReLU)或其他非线性激活函数。

最大池化层 1：减小特征图的空间维度，提取主要特征。

卷积层 2：继续进行特征提取。

批量归一化层 2。

激活函数层 2。

最大池化层 2。

将池化层的输出展平，作为 RNN 的输入。

(2) RNN 部分：

LSTM 层(Long Short-Term Memory，LSTM)：LSTM 是一种改进的 RNN 结构，可以更好地捕捉和处理时序序列中的信息。可以设置多个 LSTM 单元。

全连接层 1：将 LSTM 层的输出连接到全连接层，用于学习更高级别的特征表示。

全连接层 2：进一步学习抽象特征。

输出层：使用 Sigmoid 激活函数输出一个值，表示是否存在火灾烟雾(或操作是否规范)。

CNN 部分的参数设置可以根据数据集和任务进行调整，包括卷积核大小和数量、池化层的大小等。常用的设置包括使用 3×3 或 5×5 的卷积核，使用步长(stride)为 1，池化层的大小一般为 2×2。RNN 部分可以选择使用单层或多层 LSTM，具体层数可以根据实际情况进行设置。每个 LSTM 单元的大小(隐藏单元数)也可以进行调整，常见的设置包括 128 或 256 个隐藏单元。全连接层的大小可以根据需要进行设置，常见的设置包括 256 或 512 个神经元。输出层使用 Sigmoid 激活函数，输出一个值在 0 到 1 之间，表示存在火灾烟雾的概率。

4 安全监控系统设计

在完成了核心的人工智能方法设计后，我们需要进一步设计完整的安全监控系统，该系统包含本地端和远端两大部分。其中本地端主要是安全监控软件，提供视频存储、算法分析、监控报警等功能，远端主要是各类型的监控摄像设备，如图6所示。

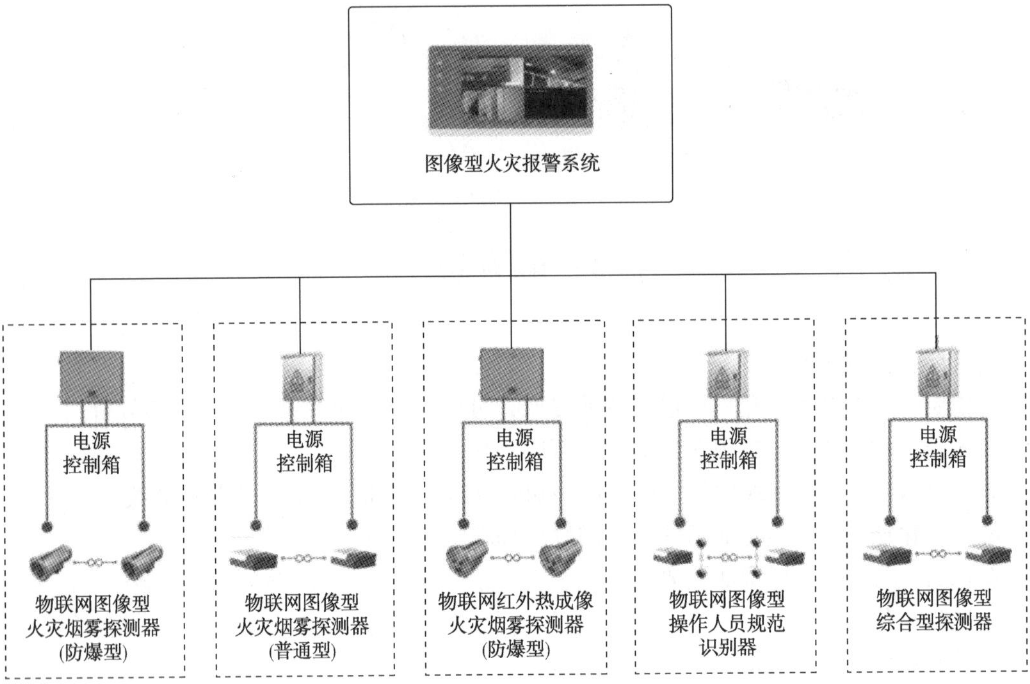

图6 安全监控系统框图

(1) 安全监控软件功能。

安全监控软件接收来自远端监控摄像设备的视频流，并将其存储在本地端的服务器或存储设备中。软件提供实时监控界面，显示来自远端摄像设备的视频画面。然后应用上述人工智能算法进行视频分析和事件检测，可实现火灾、烟雾、异常行为等内容的智能分析和处理。根据算法分析的结果，软件可对异常事件进行报警处理，发送警报通知给相关人员，可以通过声音、弹窗、短信等方式进行通知。软件也支持视频回放和检索，通过用户界面，方便用户回放存储的视频内容，并支持视频检索功能，如按时间、事件类型等进行搜索和筛选。

(2) 各类型的监控摄像设备。

根据实际需要，部署防爆型或普通型的各类监控摄像设备，如固定摄像头、云台摄像头、红外摄像头等，以实现对不同区域和场景的监控。

5 结论与展望

本文分析了当前石油仓储行业中安全监控面临的难点，进一步设计了一种基于深度学习神经网络的安全监控识别方法，可以实现火灾、烟雾以及操作人员规范的识别，最后介绍了完整系统架构。通过对现有难点的分析和解决方案的设计，我们发现基于人工智能的安全监控技术能够有效解决石油仓储物流行业中的安全问题，提高安全管理水平和应急响应能力。

展望未来，可以进一步研究和探索以下方向：①优化火灾、烟雾等危险的识别技术，提高准确性和实时性，以应对复杂的石油仓储物流环境。②深化操作人员安全规范行为的识别技术研究，增加更多安全规范行为的识别和预警功能。③加强技术与业务的结合，深入了解石油仓储物流行业的具体需求，定制化开发解决方案，提供更加精准的安全管理服务。在未来的研究和实践中，基于人工智能的安全监控技术将继续在石油仓储物流行业中发挥重要作用，为提升安全管理水平和减少事故风险提供有效的解决方案。

参考文献

[1] 黄丽华，朱海林，刘伟华，等. 企业数字化转型和管理：研究框架与展望[J]. 管理科学学报，2021，24(08)：26-35.

[2] 杨彤. 石油化工安全生产风险控制的关键技术[J]. 当代化工研究，2023，137(12)：11-13.

[3] 王远春. 人工智能技术对安防行业发展的影响与重要性[J]. 中国安防，2019，164(08)：24-28.

[4] 牛雪胶，张强. 危险品的运输及仓储现状分析[J]. 中国储运，2021，253(10)：175-176.

[5] 沈翔. 智慧消防在石油化工企业防火监督中的应用[J]. 当代化工研究，2023，135(10)：133-135.

[6] 刘喜文，何岗，杨贤文，等. 基于智能视频图像分析的安全帽识别[J]. 计算机工程与设计，2020，41(05)：1464-1471.

[7] 邱茂林，马颂德，李毅. 计算机视觉中摄像机定标综述[J]. 自动化学报，2000(01)：47-59.

[8] 郑远攀，李广阳，李晔. 深度学习在图像识别中的应用研究综述[J]. 计算机工程与应用，2019，55(12)：20-36.

[9] H. -C. Shin et al. Deep Convolutional Neural Networks for Computer-Aided Detection：CNN Architectures，Dataset Characteristics and Transfer Learning[J]. in IEEE Transactions on Medical Imaging，vol. 35，no. 5，pp. 1285-1298，May 2016.

[10] 张顺，龚怡宏，王进军. 深度卷积神经网络的发展及其在计算机视觉领域的应用[J]. 计算机学报，2019，42(03)：453-482.

[11] 杨丽，吴雨茜，王俊丽，等. 循环神经网络研究综述[J]. 计算机应用，2018，38(S2)：1-6+26.

[12] 吴雪，宋晓茹，高嵩，等. 基于数据增强的卷积神经网络火灾识别[J]. 科学技术与工程，2020，20(03)：1113-1117.

基于信息模型的石油行业智慧供应链平台创新与实践

周凝倩

（中国石油西南油气田公司物资分公司，四川 成都 610017）

摘 要：石油企业具有经济总量大、产业链条长、技术专业性强、复杂程度高等特征，在国民经济和能源战略中占据举足轻重的地位。随着“油公司”模式改革的纵深推进，物资需求量与日俱增，保供难度逐年增加，企业对物资供应工作的安全、效益和效率等管理要求也不断提升。本文创新性地提出了面向石油企业的供应链信息模型，并基于工业互联网技术打造智慧供应链平台，实现跨企业、跨层级的数据共享和业务协同，全面提升效率和效益。

关键词：工业互联网；石油企业；物资供应；供应链信息模型；降本增效

0 引言

党的二十大报告指出，要加快国有经济布局优化、结构调整，促进国有资产保值增值，推动国有资本做强、做优、做大，培育具有全球竞争力的世界一流企业。随着中国社会经济转型，石油企业体制改革不断深化，中石油提出了建成世界一流的综合性能源公司的阶段性战略目标，石油企业物资供应也必须加快转型升级。当前，基于工业互联网平台架构，大数据、云计算、区块链等信息化技术与石油工业不断深化融合，显著提升了工业互联网的综合业务能力，应对油气行业的挑战，不断创造出新的应用模式。面对供应链管理内外部的复杂性和多样性，工业互联网背景下的智慧供应链系统可以提高石油企业物资供应的整体效率，形成良性的供应链生态圈，从而缩短供应链的长度和流程，实现降本增效，对建设“安全、效率、效益”供应链具有重要的战略意义。

1 供应链管理理论

1982 年，Oliver 和 Webber 在“供应链管理”一文中首次提出了供应链管理的概念，认为供应链管理主要包括供需管理、采购原料管理、生产加工管理、库存管理、订单及销售管理[1]。随着研究的不断深入，其内涵延伸为：企业通过与供应链上下游的密切合作，整合和优化供应链中的商流、物流、资金流及信息流，及时供应适量商品的同时保证商品质量，以低供应成本提供满足客户消费需求的产品，提升供应链整体的运营效率及各节点企业的经

作者简介：周凝倩，女，大学本科，主管，中级会计师，西南油气田物资分公司信息科技部，从事信息化项目管理。E-mail：zhouningqian01@ petrochina. com. cn。

营效益。供应链管理促使供应链各个节点企业结成伙伴关系或战略联盟，谋求整体利益的最大化，提高物流供应链效益[2]。

2 石油企业供应链的发展现状

2.1 供应链管理业务现状

（1）平库利库不便：需求计划在提报时，难以获取匹配已有的库存资源，不便于平库利库，业务执行跟踪困难，需要进行大量的手工统计分析，也不准确。

（2）协同效率较差：传统电话、邮件工作模式，供应商发货物流过程跟踪，收货确认困难，各环节的台账信息收集整理困难，且人工登记容易出现错漏。

（3）质量控制滞后：线下质控主要依靠人工对质控任务进行计划安排，过程处理效率低下，质量问题处理跟踪难，也无法实现物资质量的及时有效的监管。

（4）供应信息不畅：从需求计划提报，厂家物资生产到运输、质控最后入库发到生产现场，供应链全链条的信息流传递不畅，导致效率效益难以提升，对有效管理也造成了巨大困难。

2.2 数字化系统建设现状

（1）信息不能互联互通：物资板块涉及的统建信息系统有 ERP、电子采购 2.0 系统、合同系统、MIS 系统以及招标系统等统建系统、自建系统。然而，这些系统未能实现互联互通，存在数据重复录入等问题。

（2）业务流程不匹配：随着两化融合在石油企业的深化推进，物资供应的组织机构和业务流程不断变革，现有系统中的业务流程设计，与转型升级后的现实业务流程存在较大差异，难以满足现实业务需求。

（3）信息流实物流不一致：由于各物资采购单位需要匹配资金计划和 ERP 系统本身存在一定的滞后性等原因，系统上所反映的信息流与实物流并不一致，导致管理层无法掌握到最真实的物资信息。

（4）缺少质控板块：现有的中石油统建系统均缺失专业的质控业务模块，所有的检测报告和监造资料都在线下进行传递，人工匹配报告不仅工作量大，也容易出现错漏。同时，用户单位和管理层也无法及时掌握质控情况，缺乏对物资质量进行精细管控。

3 智慧供应链平台创新思路及实践路径

3.1 以供应链信息模型为指导思想

石油行业的供应链平台的建设应以信息资源规划法建立供应链信息模型。包括“三大模型、五大标准”，即业务模型、功能模型、数据模型等模型和用户视图、信息分类编码、数据元素、概念数据库和逻辑数据库等标准，打通供应链各要素、各业务环节之间的数据流，促成信息流、实物流、资金流基于数据交换共享实现“三流合一”（图 1）。

3.2 以“三廊桥”为核心设计平台功能

通过数据安全集成、区块链、AI 等技术，建设互联网端供应链服务 SaaS 平台，实现供应链全要素之间数据交互，打造行业级智慧供应链业务平台，如图2所示，核心功能以“三廊桥”为基础构建，包括需求廊桥、供应廊桥和处理廊桥三大板块，分别覆盖工业电商门户、业务执行系统、管理驾驶舱和接口系统等4个功能子系统，其他均为辅助功能系统。

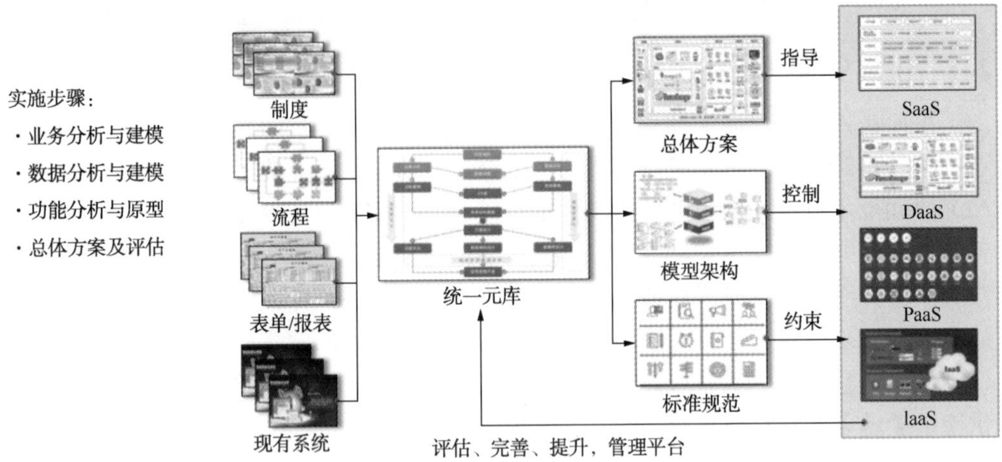

图1　供应链信息模型构建框架

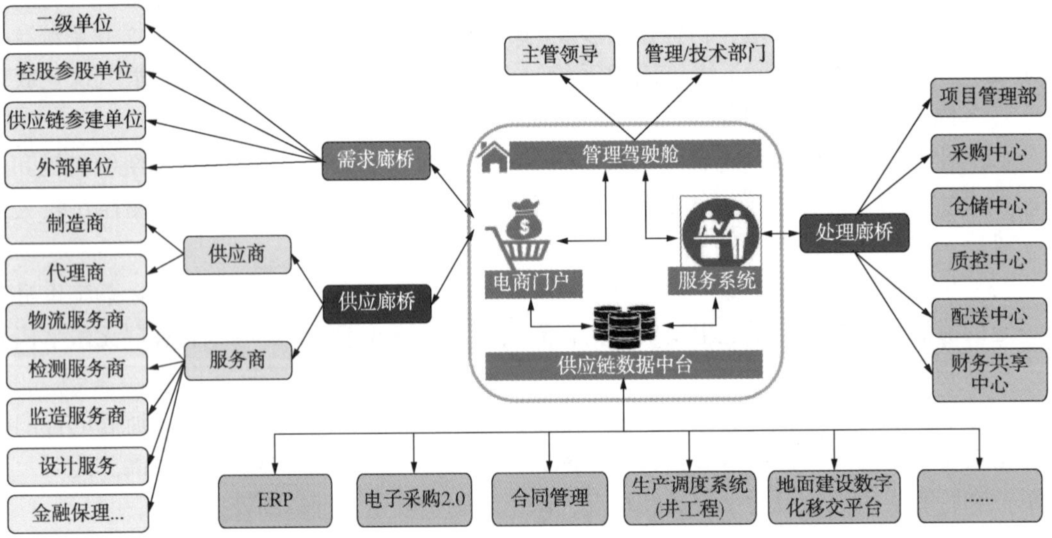

图2　基于“三廊桥”的供应链平台核心功能设计

3.2.1　石油工业品电商门户

为了适应供应链管理电商化转型发展的趋势，供应链平台应为参与各方实现招投标、货物上架、服务上架、需求管理、采购下单、订单执行跟踪等功能的业务协同门户。产品订单推送给供应商ERP或MES平台，服务订单推送给服务商服务执行系统，需要履行的选商、仓储、配送、结算的服务订单，推送给供应链业务执行系统。各相关系统在执行订单过程中，按照平台制定的业务节点，向工业电商门户反馈执行进度信息。

3.2.2　业务执行系统

遵循“让采购和供应更便捷、让业务办理更智慧”的原则，需求管理、采购管理、仓储管理、质量管理、物流配送和结算等，均按业务内聚性封装成多层级服务产品，并发布到工业电商门户的服务产品市场，供用户选购。传统业务模式下逐级推进的瀑布式业务待办，将调整为服务订单+前趋业务生成订单执行待办，业务执行系统的本质就是各类服务订单的分发和执行功能子系统。

3.2.3　管理驾驶舱

智慧供应链业务数据可视化的特征功能，通过供应链数据集成、大数据处理、指标预处理、数据中台服务等功能环节来组合实现。包括关键指标图标显示、报表穿透查询、业务单据跟踪查询、进度监控、业务预警和调度等管理辅助功能。

3.3　以数字化转型为驱动实现“六化”目标

智慧供应链平台应用以管理和业务为引领、以数字化转型为目标，通过集中共享化、标准化、商品化，打造透明的业务协同关系，实现全要素参与、全业务上线、全产品上架、全流程可视，为勘探开发、油气生产提供专业供应链业务运行支撑。最终实现“六化”目标(图3)。

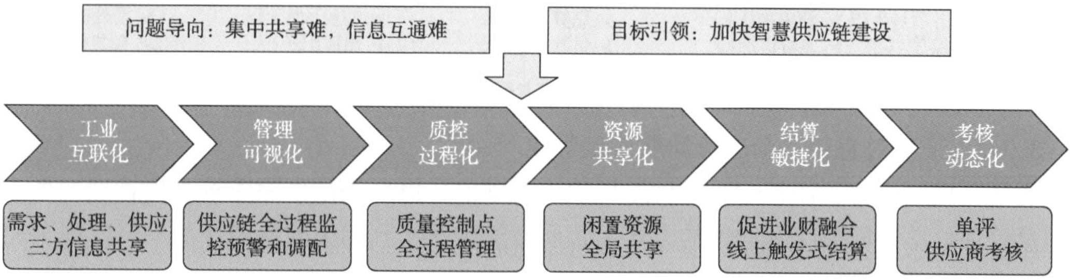

图3　供应链平台建设“六化”目标

3.3.1　工业互联化，全维度信息共享

（1）计划投资：根据年度计划投资信息与历史消耗模型联合分析，形成年度需求预测预测，为年度框架采购方案、月度采购调度提供大数据支撑。

（2）工程设计：通过查库存、查目录物资，实现标准化设计、去库存设计；设计物料清单推送给需求单位，用于需求计划提报。

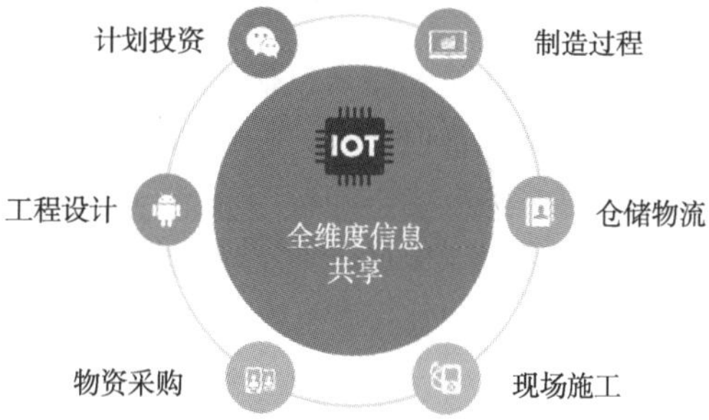

图4　智慧供应链全维度信息共享

（3）物资采购：包括需求计划提报、采购计划、采购方案、寻源定商、框架合同、采购下单等，集成ERP、电采2.0、仓辅等相关系统实现。

（4）制造过程：供应商ERP/MES系统接入供应链平台，实现订单确认、排产计划及进度、监造、发运、售后服务及结算等全业务协同。

（5）仓储物流：向供应链参与各方提供库存信息、物流动态信息，实现收、发、存及调度、调剂、转储等功能。

（6）现场施工：项目施工计划、施工进度、进度异常等现场施工信息，实现精准保供(图4)。

3.3.2　管理可视化，全过程监控预警

根据流程运行历史记录，形成精准采购时效节点，全程监控各节点运行情况并以“红黄

绿灯”方式进行预警，提醒生产管理人员进行调度处置。利用管理可视化，实现项目生产进度、业务处理进度和供应商生产进度之间的关联、比对和调度，最终达到供应链管理效益最优化(图5)。

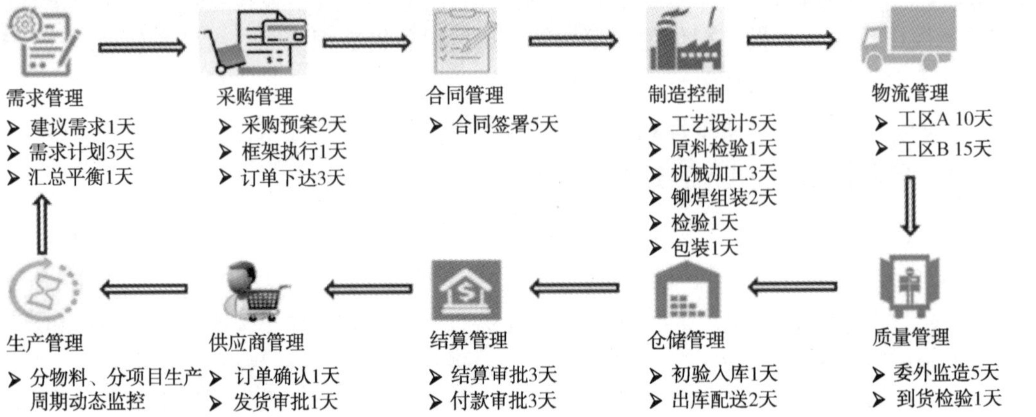

图5　时效节点预警示意图

3.3.3　质控过程化，全生命周期质量管控

质量管理过程化，在事前、事后质量管理基础上，更加关注事中质量过程管理，系统通过质量管理订单和质量问题清单的方式，将质量管理落实到相关的业务环节上，实现全业务过程的质量管理。

3.3.4　资源共享化，闲置物资库容共享

树立“库存物资皆可用”的理念，引入各单位的生产设备、库容、原材料等信息，实现资源共享。其关键要素包括：①层次分明，建立油气田公司、分公司、生产单位、供应商四个层次的资源管理模式。②权属明晰，明确库存物资产权确定条件，按分公司、生产单位、供应商三个维度确定产权。③地点明确，明确库存物资存放地点的确定条件，按自有库、厂家库、途中库、现场库四个维度和仓库地理位置确定库存地点。④可平库待用动态，可平库物资动态及时的显示，物资是否有待用指向状态明确，可平库物资数量及位置准确(图6)。

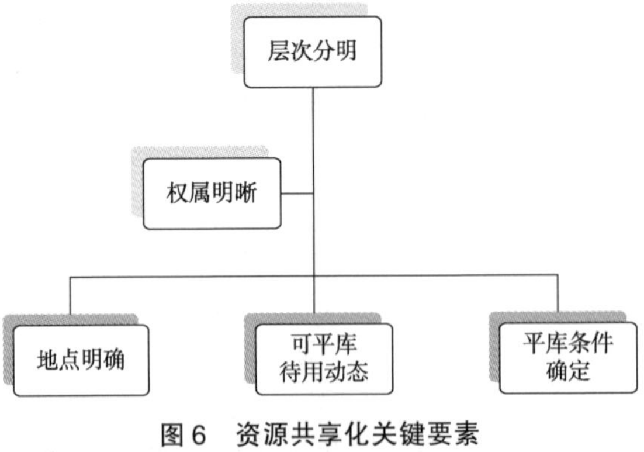

图6　资源共享化关键要素

3.3.5　结算敏捷化，推进业财融合

实现线上业务信息触发结算条件，提供互动性和持续性服务。按照约定的购销一致结算发起点，线上汇集各项费用单据，以用户确认的结算账单向厂家推送对账清单，办理双向一

票制结算，大幅减少结算时间，提高资金周转率。

3.3.6 考核动态化，供应商一单一评

(1) 数字协同，考核供应商和服务商的制造数字化成熟度和在线互联对订单的时效、质量、原材料采购来源、订单库存的满足程度。

(2) 订单时效，在线归集供应商订单实际交货时间、物资延迟时间和延迟比重，动态考评供应商准时交货比率。

(3) 业绩评价，由大数据计算分数，市场业绩表现包括销售金额、销售订单数、销售客户数三项指标。

(4) 订单质量，在线归集供应商订单实际交付质量、不合格物资比重，动态考评供应商不合格物资比率。

(5) 服务质量，按照专业细分，以订单为单元，业务岗位人员对供应商的业务服务质量进行一单一评，并在线归集形成服务质量指标(图7)。

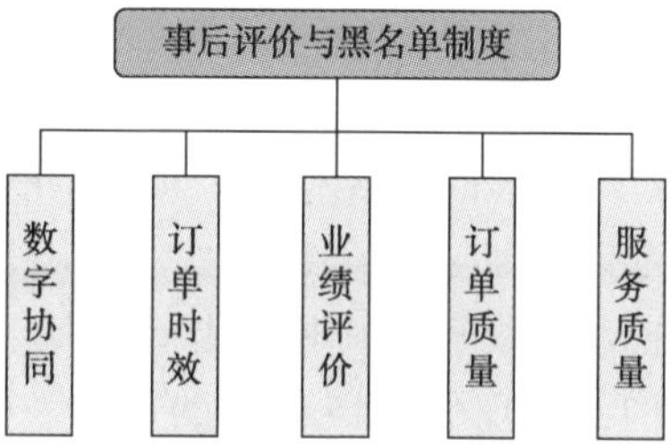

图7 考核动态化指标体系

4 智慧供应链系统的实用价值及展望

4.1 供应链内部管理协同

供应链管理平台的建设，将信息化技术与供应链业务创新紧密结合，通过人、机、料、法、环、规范、质量、进度、成本等9大供应链要素相关的供应链参与者、业务实体、业务规则、业务进度等进行全方面数字化映射，可直接提升供应链整体的效益和效率。

(1) 采购更阳光：将各项制度的要求形成标准化流程，并固化到业务操作平台，实现业务操作和制度要求的高度融合。

(2) 需求更精准：通过数据分析，提供项目需求建议、设计需求参考料表，提升需求准确率，降低库存积压、推进设计标准化。

(3) 保供更及时：年度采购策略、框架采购、关键物资供应商生产系统接入等手段，提升采购及时率，保障项目施工，促进生产效益。

(4) 质量更可控：关键物资供应商接入供应链管理平台，控制原材料质量、过程质量和出厂质量，提升采购合格率。

4.2 供应链外部生态圈协同

未来通过场景开发、平台对接、数据共享、信用合作等模式，结合“智慧化”供应链平台进一步打造交易、仓储、运输、在线金融等多维一体的生态体系，通过二维码、GPS、GIS、视频监控等物联网技术和集控调度技术实现有效监管，实现信息高度透明，阳光绿色的供应链管理服务。供应链绿色“生态圈”将会实现产业发展的智能化、自动化相结合。通过上述措施，将精细化管理融入物资阳光生态圈建设中，搭建集物资采购、供应链管理、物流配送、精细化管理为一体的“供、销、运、仓、配”全流程供应链生态圈(图8)。

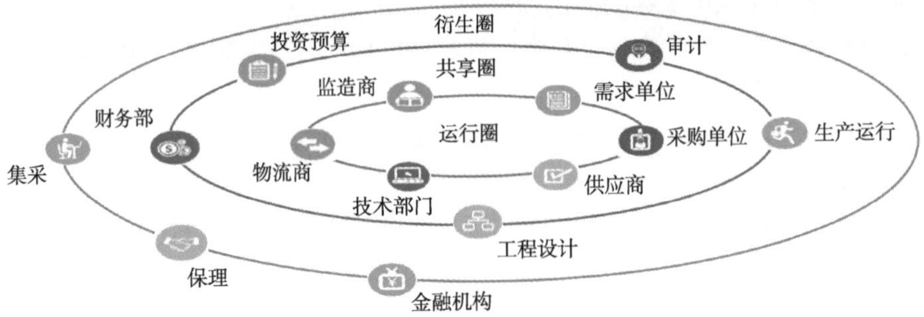

图8 智慧供应链生态圈体系

5 结束语

数字化转型背景驱动下供应链管理的定义和框架正在不断转化，为整个行业、区域供应链创造更大的价值，不是仅仅为某个供应链节点企业的采购和供应提供信息化管理手段，还可显著提升石油化工行业创新能力和效率，赋能行业新发展。智慧供应链平台通过技术手段驱动业务流程创新、集成和重构，实现供应链参与的需求、供应、处理三方高效互动，信息、实物和资金三流合一，相向而行，最终提高供应链全链条、全生命周期的运行效率和效益。

参考文献

[1] 刘倩．基于全过程的胜利油田物资采购供应管理研究[D]．中国石油大学(华东)，2016.

[2] 汪传雷，王艳，胡梦文．“平台+基地+金融”供应链管理模式创新及其应用——以A物流公司为例[J]．安徽科技学院学报，2014，28(04)：78-84.

[3] ABRAMOVICI M，GOBEL J C，NEGES M. Smart engineering as enabler for the 4th industrialrevolution[M]. Integrated Systems：Innovations and Applications. Cham：Springer International Publishing.

[4] Ijiga O E，Malekian R，Chude-Okonkwo U. Enabling Emergent Configurations in the Industrial Internet of Things for Oil and Gas Explorations：A Survey[J]. Electronics，2020，9(8)：1306.

[5] 吴冬梅．浅谈石油石化企业物资供应链管理平台建设[J]．中国石油和化工标准与质量，2022，42(01)：62-64.

[6] 石油行业的供应链管理工作[J]．张波．环渤海经济瞭望．2020(04).

供应链数字化转型实施路径探究

罗 艺

（西南油气田物资分公司，四川 成都 610017）

摘 要： 在数字经济高速发展的当下，企业面临前所未有的市场变革和竞争压力，数字化转型不再是一个可选项，而是企业持续发展和增强盈利能力的必由之路。对于油气行业而言，为顺应数字化、智能化发展趋势，运用大数据、工业互联网、区块链等现代化技术，充分发挥生产能力，减少风险、提高效率、创造更高的价值，实现供应链效率提升、生产运营优化。本文着重分析了数字化转型的背景，指出了数字化转型的意义及面临的挑战，对构建能判断、可预警、会建议的智慧企业以及数字化转型实施路径进行了深入探讨。

关键词： 供应链；数字化转型；实施路径

1 数字化转型的背景

数字化转型已成为企业适应新时代发展的必然选择，把握数字机遇，已经成为时代的使命。“十四五”以来，油气田行业围绕“数字化转型、智能化发展”总体思路，深入贯彻习近平总书记关于网络强国、数字中国、新型基础设施建设等讲话精神，全面落实集团公司、分公司数字化转型决策部署，以实现低成本高质量发展为目标，以转变工作模式、优化工作流程、提升工作效率、降低工作强度为核心，利用数字化驱动管理转型升级，扎实推进“质量第一、效益优先、智能决策、行业引领”的供应链建设，加快推动实现供应链企业向专业化、协同化、数字化转型发展。

2023 年国资委印发《关于中央企业在建设世界一流企业中加强供应链管理的指导意见》明确指出供应链管理的重要性，供应链升级的目标不能仅仅停留在“降本增效”，更需要进行“价值创造”。央国企在对标世界一流过程中，除了借鉴先进的管理经验和技术，还需要从合规、采购供应链战略管理、业务管理、运营管理、组织和人才管理、技术与安全管理等方面综合审视，有助于降低采购供应链环节的成本、有效满足客户需求，提升品牌的竞争力。

西南油气田物资分公司围绕油气勘探开发生产物资保障战略规划和数字化转型总体方案，牢固树立供应链整体最优理念，聚焦“大采购、大物流、小库存”油公司模式改革目标，以“安全、效率、效益”为准绳，以“规范、专业、一流”为指导，持续做优供应链信息系统建设、做精供应链相关硬件设施改造、做实物资管理全生命周期信息化，为保障公司战略目标的实现，促进公司业务流程创新、数字化转型。

作者简介： 罗艺，女，大学本科，主管，经济师，西南油气田物资分公司信息科技部，从事科研项目管理岗。E-mail：luoyi4@ petrochina. com. cn。

2 数字化转型的意义

数字化转型是企业运用数字化技术全面优化和重塑业务流程、组织架构、企业文化以及商业模式的过程。它不仅仅是技术的简单应用，更是一场涉及企业战略、运营、管理各个层面的深刻变革。

2.1 适应市场变化

随着消费者需求的多样化和个性化，市场变化速度加快，传统企业模式难以快速响应，数字化转型可以帮助企业实施洞察市场动态，快速调整策略，满足客户需求。

2.2 降低成本

数字化技术的应用可以显著降低企业的生产成本、运营成本和管理成本，从而提升利润空间。

2.3 提升效率

数字化流程自动化和智能化决策可以大幅提升工作效率，缩短产品上市周期，快速响应市场变化。数字化技术可以大幅优化生产流程，降低运营成本，提升工作效率。例如，通过物联网技术实现设备的智能监控和维护，减少故障率；通过大数据分析优化库存管理，降低库存成本。

2.4 增加收入

通过开发新的产品和服务、拓展新的市场渠道以及优化客户体验，数字化转型可以帮助企业实现收入的增长。数字化转型为企业带来了新的商业模式和服务形态，如平台经济、共享经济等，这些模式为企业开辟了新的盈利渠道。

2.5 提升品牌价值

数字化转型有助于企业塑造创新、高效的品牌形象，提升品牌价值和市场竞争力。

3 数字化转型面临的主要挑战

3.1 数据层：数据采集和调用受限

3.1.1 数据丰富性不足，数据样本量缺乏

数字化转型离不开数据信息库作支撑。不仅需要同时完成各种结构化与非结构化数据的信息采集，还需要对采集转化的数据进行信息抽取，将数据信息提炼并存储在数据库中，为构建供应链数据信息库提供支持。目前，供应链管理平台的线上数据采集和积累有所欠缺，手工数据多，数据类型单一、准确性低，导致收集的数据量不足。

3.1.2 数据孤岛严重，业务系统间关联度低

现有的信息化系统主要针对物资资源、财务资源、信息资源管理等线性功能，存在架构单一、兼容性弱、扩展性差等问题。尽管已构建起集成多个系统的供应链管理平台，但只实现了表面打通。由于缺乏统一的数据标准体系，深层次系统无法进一步打通，进而无法实现

全局数字化共享和分析。数据调用依然耗时费力，难以为日渐丰富的新模式、新业态提供支撑。

3.1.3 数据质量不高，治理体系尚待完善

随着数据互联互通，对数据的要求越来越高，数据质量的好坏对企业决策的影响也越来越大。数据存在重复采集、应用集成难、共享难、质量急需提升的问题，各个环节的数据未进行归类与整理，数据的真实性和完整性难以保证，非结构化数据(图片、视频等)采集与处理能力匮乏，数字化转型机制以及数据架构、数据质量、数据湖聚合等数据治理技术尚未形成体系。

3.2 环境层：尚未形成成熟的数字化转型生态土壤

3.2.1 数字化转型的资金投入不够

由于数字化转型带来的资金投入压力大，获利点不明确，效果也未必能够快速直接地体现，因此企业难以对投入产出进行准确衡量和评估。即便认为数字化转型有利可图，对价值回报周期的容忍度也普遍不高。

3.2.2 数字化转型变革不彻底

由于路线图不清晰，方法论不落地，虽做出了一些较为积极的数字化实践探索，但只是迎合数字化转型概念，理念上尚未完成从产品思维到服务思维的切换，未深刻地进行数字化转型变革。

3.2.3 数字化转型人才缺乏

油气田企业大多通过自行探索的方式推进数字化转型，缺乏独立的技术部门或团队支撑，如人工智能、大数据、云计算、区块链等专业技术人才储备不足。

3.3 应用层：以数字化手段链接新需求的能力不足

数据价值未充分挖掘，数据应用能力欠缺，对产品的创新，供应链运营决策支撑不足。由于数据治理能力欠缺，无法有效实现数据价值变现。数字化转型的目的是通过打通线上线下，形成合力。不仅需要线上线下全业务流程的数字化软硬件设施贯通作为支撑，还需要具备强大的数字管理能力和资源整合能力。对于内部系统的数字化升级、后端管理和运转流程的数字化改造、员工的数字化培训等探索与尝试明显滞后。

4 数字化转型实施路径

企业数字化转型是一项系统工程，需要明确目标、规划路径、稳步推进。数字化转型前期要做好充分的准备工作，展充分调研准备，成立数字化转型领导小组，聘任专业的数字化转型规划咨询团队、制定翔实的实施计划等是必不可少的内容。以下是企业实施数字化转型的关键步骤：

4.1 明确转型目标和战略定位

如果企业内部对数字化转型不形成统一的认知，对数字化转型的定位不达成统一的思想，下一步的工作开展将较为困难，也不利于形成后续的统一架构和方案，因此统一认知和思想是迈向成功的关键一步。统一企业各层面对数字化转型的认识和方向，激发供应链上下游市场各主体对于数字化布局的主动性和积极性，加强宣贯与精神传达，让全员充分认知数

字化转型的积极意义。结合企业实际情况制定可行的战略规划，明确数字化转型的目标和愿景。

4.1.1 层设计、统筹技术

在供应链企业进行数字化转型之前，需要明确转型的目标和战略定位。这包括确定转型的优先级、关键业务环节、技术选型、投资运算、实施周期以及期望达到的效果。企业从战略高度出发，对整个业务体系进行全面的数字化改造，这个过程需要打破传统的思维模式和组织壁垒，积极拥抱技术和创新，只有这样，企业才能在激烈的市场竞争中保持领先地位，实现可持续发展。同时，企业还需要对自身的供应链现状进行深入分析，识别存在的问题和改进空间，以便有针对性地利用信息技术进行改进。

4.1.2 统一规划、迭代实施

由于数字化转型并非一蹴而成，需要的不是分期实施，而是迭代发展。迭代就意味着要不断更新版本，数字化转型正是需要这种迭代思维。数字化转型的关注目标是降本增效，要采取集约建设的模式，集中整个企业的人力、财力、物力，运用大数据、工业互联网、区块链等信息技术，持续开发，分步实施。以顶层设计为起点，把数字化的能力建设作为一个主线，以价值作为数字化转型的导向，以数据要求为转型的驱动。将数字技术与行业经验进行融合创新，形成一套数字化解决方案，夯实数字化转型的专业服务基础，为供应链提质增效找到全新的发展路径。

4.2 构建数字化转型基础设施

数字化转型需要依托强大的数字化基础设施。投资建设和升级信息技术系统必不可少。包括升级供应链管理系统、打造数据分析平台、引进物联网设备等。这些系统及设备能够实现对供应链全过程的实时监控和数据分析，为关键决策提供有力支持。信息系统作为智慧供应链的中央处理器，承载着整个供应链的数字化运行，最终达到需求有序、处理智能、供应准确的供应链信息系统建设目标。比如，加入区块链技术，完成桌面端和移动端功能统一，增加金融衍生等；充分应用大数据、云计算、区块链、工业互联网和物联网技术，建设供应链数字大脑，全面支持移动应用，完成需求有序、处理智能、供应准确的供应链管理平台建设，为企业数字化转型提供坚实的技术支撑。

4.3 优化引导全流程数字化转型

4.3.1 建立数据驱动的决策机制

数字化转型的核心是数据驱动决策。企业需要建立完善的数据收集、分析和应用机制，将数据分析结果转化为实际的业务决策和行动。企业通过建设线上线下的数字化触点，从而实现多样化、全渠道的数据采集。通过搭建数据中台，将销售、结算等数据进行整合、清洗、转换、进而沉淀为数据资产。这有助于企业更加精准地把握市场需求、优化资源配置、降低运营成本。

4.3.2 优化供应链业务流程

业务流程是企业运营的基础，通过引入自动化和智能化技术，如人工智能、机器学习等，企业可以大幅提高业务流程的效率和精确度。以客户需求为导向，重新设计业务流程，利用数字化技术简化流程、提升效率。在数字化基础设施的支持下，企业可对供应链流程进行优化，实现订单、库存、物流等信息的实时共享和协同，提高供应链的响应速度和灵活

性。同时，企业还可以利用数据分析技术，对供应链数据进行深入挖掘和分析，发现潜在的改进和提升的业务环节。将业务流程标准化，节约重复建设成本，打通不同业务系统，以满足各项业务调用。根据数字化转型需求及业务优化方案，再造业务流程，推动系统建设，实现业务模式变革，高效运行。例如，在物流领域，物联网技术和大数据的应用使得实时监控和自动调整成为可能，从而提高生产效率并降低成本，提升客户的满意度。

4.3.3 调整组织结构

业务转型需要组织转型为支撑。随着业务流程的数字化，传统的层级制组织结构已无法满足企业的需求，数字化转型要求企业建立更为灵活、扁平化的组织结构，以适应快速变化的市场环境。组织协同所涉各单位和各部门，做好顶层设计、统一规划、数据共享和应用集成。这种结构鼓励员工间的交流合作，促进创新思维的发展，通过引入敏捷开发等新型项目管理方法，企业能够更快地应对市场变化。

4.4 强化数字化转型专业指导

数字化转型涉及千行百业，大部分行业企业不具备自我规划的编制能力，为保证规划的专业性、可靠性、可落地性，企业在数字化转型规划的过程中，建议聘任专业的数字化转型规划咨询团队配合甲方完成规划编制工作，积极探索新的商业模式和服务形态，利用数字化技术打造差异化竞争优势。但限于数字化转型规划咨询团队的业务局限性，同时也需要行业企业的专业团队深度参与，共同完成数字化转型规划的编制工作。企业需要转变“甩手掌柜式”思维，由数字化和行业专业完美配合，铸就契合行业特点的数字化转型规划，保障规划的行业专业性和可实施性。

4.5 加强复合型数字化人才培育

供应链企业的数字化转型涉及供应链管理、设备智能化等诸多领域，因而迫切需要复合型人才队伍作支撑。

4.5.1 团队能力提升

简化工作流程，提升项目团队组织效能。加强内部员工的数字化技能培训，提升数据分析和处理能力，实现跨部门管理和运营，为数字化创新提供支持。做好技术团队与业务团队的磨合，促进数字技术团队和业务部门间的广泛沟通协作，加强数字化转型培训，引导全员建立数字化工作意识，提升员工数字化思维，培养运用数字思维解决实际问题的能力。

4.5.2 知识管理

加强员工培训，提升员工的数字化素养和技能水平，建立一支既懂业务又懂技术的复合型人才队伍。加强自主理论学习，深入理解数字化转型的意义与价值。提升对专业领域发展趋势的了解，积极参加专业的峰会论坛和与数字化最佳实践企业进行对标交流，实施项目推进案例及经验分享。通过持续的学习和创新，企业将能够建起适应未来发展的业务体系与业务领域数字化专业人才库，实现可持续发展。

4.5.3 绩效管理及激励

鼓励企业建设数字化人才梯队，培养具备数字思维的人才队伍，是企业在数字化转型过程中取得成功的关键。一是绩效评估运用于项目管理，有效激励团队工作，营造良好的项目团队合作氛围；二是针对数字化转型变革创新，设置激励奖项，培养更多具有数字化技能和经验的人才。

4.6 构建供应链数字化生态

做好数字生态的构建，积极探索由采购商、供应商、用户等多元主体共同搭建的行业赋能平台，形成数字化标准体系，转型过程中将供应链上下游产业链进行更好衔接，提供数字化转型资源对接、经验分享、研究咨询等服务，鼓励数字化转型专业指导，建立生态合作伙伴关系，为数字化转型提供重要支撑。

5 结语

数字化转型作为各行各业的一把开疆利斧，是现代企业发展走向智能化的必经之路。随着数字经济和智能经济不断攀升、不断进阶发展，产业数字化和新基建已经成为引领下一轮经济增长的核心驱动力。供应链数字化转型是一个系统性的工程，需要企业在明确目标、构建基础设施、优化业务流程、加强专业指导、培养数字化人才、构建供应链数字化生态等方面进行全面推进。相信通过不断的努力和创新，供应链企业可以在新时代背景下把握机遇、应对挑战，逐步实现数字化转型，从而提升企业的竞争力和可持续发展能力。

此外，需要注重行业特点和个性化需求，忽略了行业特点而妄谈数字化转型，将会是空中楼阁式的纸上谈兵，行业的特定性要求是行业类企业数字化转型的重中之重。相信通过智慧供应链的建设，促进企业物资供应专业保供能力、管控水平和运行效率提升，达到行业领先水平。展望未来，数字化转型将在更多领域发挥更大作用，引领企业走向更加广阔的发展空间。

参考文献

[1] 王兵，马刚．政企数字化顶层设计方法研究[J]．智能城市，2023，9(7)：10-12.
[2] 毋凡．国有企业数字化转型规划研究[J]．网络安全和信息化，2023，(2)：1-5.
[3] 张志亮，龚加剑，许锴．企业数字化转型顶层规划方法研究[J]．互联网周刊，2023，9：35-37.

基于大数据应用的石油行业统计数字化转型探索与研究

安 然 吴 瑶 段金奎

（中国石油长庆油田分公司数字和智能化事业部，陕西 西安 710018）

摘 要：本文通过探索基于大数据应用的石油行业统计数字化转型，并对其进行深入思考和探讨。首先介绍了数字化转型和大数据应用在石油行业中的背景和意义，重点聚焦于石油行业的特点和需求。接着讨论了大数据技术在石油行业的发展和应用趋势，包括数据采集、管理、分析和挖掘等方面。随后，提出了数字化转型在石油行业统计方面的优点、不足和研究空白。此外，分析了数字化转型可能面临的挑战和问题，如数据隐私保护和数据质量管理，并提出了解决方案和策略。还探讨了数字化转型对石油行业统计工作人员的需求和能力要求。最后，引入了石油行业相关的技术工具和方法，如数据挖掘、机器学习、人工智能等，探讨了其在统计工作中的应用，以期为基于大数据应用的石油行业统计数字化转型提供了一些借鉴和支撑，并展望了未来的发展方向和研究方向。

关键词：基于大数据应用；数字化转型；数据分析

0 引言

随着信息技术的迅猛发展，包括云计算、大数据、人工智能、物联网等在企业环境中的广泛应用，为企业提供了更多数字化工具和技术手段，推动了企业数字化转型的必要性和可能性。石油行业作为全球能源行业的重要组成部分，一直面临着诸多挑战和变革。随着信息技术的快速发展和大数据时代的到来，数字化转型已经成为石油行业的必然趋势。传统的石油行业在数据采集、处理和分析方面存在着诸多限制，无法满足日益增长的需求和挑战。因此，石油行业迫切需要通过数字化转型，充分利用大数据技术和工具，实现数据的全面管理和优化利用，基于数据驱动进行决策，提高决策的准确性和效率，从而推动企业的创新和发展，提高企业的运营效率和竞争力，实现持续创新和可持续发展。因此，越来越多的企业将数字化转型作为战略重点，并投入大量资源进行推进。

1 准确把握石油行业的数字化转型具有重要的意义和价值

数字化转型对石油行业的统计工作带来了巨大的影响和潜在优势，石油行业的数字化转

作者简介：安然（1990—），男，西安邮电大学，学士学位，数字和智能化事业部，主管，工程师，《长庆油田油气生产物联网场站自动化升级改造工程》获得中国石油油气和新能源分公司优秀数字数字化建设工程（物联网）。E-mail：aran_cq@petrochina.com.cn。

型不仅可以提升企业的竞争力和经营效益，还可以推动行业的创新和可持续发展。通过更全面、准确的数据收集和整合，强大的数据分析和挖掘能力，精确的预测和优化工作，可靠的决策支持，以及有效的风险管理，石油企业能够提升生产效率、降低成本、优化资源配置，并更好地应对市场变化和风险挑战。实现可持续发展。

石油行业通过数字化转型能够实现对海量数据的高效管理和分析，统计人员可以将复杂的数据呈现出易于理解的形式，从而支持决策者在制定战略和进行运营决策时更准确、更及时地获取必要的数据信息。基于数据驱动的决策能够提高决策效率和准确性，降低风险，使石油行业能够更好地管理和利用企业内部和外部的资源。通过大数据分析技术、机器学习算法和人工智能技术，石油企业可以对海量的数据进行深入分析，发现数据之间的关联性、趋势和规律。这种数据分析和挖掘能力能够帮助统计人员更好地理解数据，从中提取有价值的信息和见解。帮助石油企业可以实时了解各类资源的供应情况、市场需求以及竞争对手的动态，从而优化资源配置，提高生产效率和经济效益，为石油行业的智能化运营提供了基础和支持。可以及时识别和预测潜在的风险，包括设备故障、安全事故等。这种风险管理能力使得石油企业能够采取及时的措施，减少潜在风险的发生，保障生产的稳定性和安全性，提高生产效率和质量控制水平。

数字化转型为石油行业带来了创新的业务模式和机会。通过充分利用大数据分析和挖掘技术，石油企业可以发掘新的市场需求和商机，开展数据驱动的增值服务，推动业务的多元化发展。可以提升石油行业的安全管理水平。通过数据监控和分析，可以实时检测和预测潜在的安全风险，并采取相应的措施进行预防和应对，保护企业财产和声誉，维护业务的稳定运行，保障人员和设备的安全。

2 中国石油在数字化转型方面取得显著成果

2.1 智能油田应用、云计算和大数据中心建设

中国石油在多个油田推广智能化应用，通过数据采集、传输和分析，实现了油田生产过程的数字化管理。例如，在长庆油田，中国石油应用物联网技术、大数据分析和人工智能算法，实现了油井生产自动化、设备状态监测和故障预测。这使得生产运行更加智能化和高效化，提高了油井生产效率和资源利用率。中国石油积极推进云计算和大数据中心的建设，实现了数据的集中存储和高效处理。通过搭建大规模的数据中心，中国石油能够更好地管理和分析海量的数据，提高数据处理和决策的速度和效率。这为石油企业提供了强大的计算和存储能力，支持了数字化转型的各个环节。

2.2 数字油田平台建设和大数据应用于勘探开发

中国石油积极推进数字化油田平台的建设，将生产、管理和决策过程数字化集成，提供全面、实时的数据支持。例如，中国石油在塔里木油田建设了数字油田平台，实现了多源数据的集中管理、数据共享和快速查询。这样的平台为决策者提供了全面的数据分析和可视化工具，优化了决策过程，提高了生产管理效能。

中国石油在勘探开发过程中广泛应用大数据技术。通过对海量的地质勘探数据进行分析和挖掘，中国石油能够更好地理解油藏特征和储量分布，优化勘探策略和开发方案。例如，

在渤海湾盆地的深水油气勘探中，中国石油利用大数据技术预测油气藏分布、沉积体系和岩性特征，取得了重要的勘探成果。

这些成功案例表明，中国石油在数字化转型过程中注重应用先进的技术手段，通过智能油田应用、数字化油田平台建设、大数据应用于勘探开发以及云计算和大数据中心建设等措施，实现了生产管理的智能化和高效化。这些举措不仅提升了企业的生产效率和资源利用效率，也为中国石油在国内外石油市场的竞争中赢得了优势。

3 大数据技术在石油行业的发展和应用趋势

大数据技术在企业中的应用趋势是多样化、普及化和深化化。随着技术的进步和数据的不断增长，大数据技术将在企业中发挥越来越重要的作用，对企业的发展和竞争力产生持续影响。大数据技术在石油行业的发展和应用趋势是向着更智能化、数据驱动的方向发展。通过充分利用大数据技术和工具，石油行业可以实现更高效、安全和可持续的运营，并推动行业的创新和发展。

石油行业涉及大量的传感器、设备和监测系统，产生海量的数据。大数据技术可以帮助石油公司有效采集、存储和管理这些数据，包括传感器数据、地质勘探数据、生产数据等。同时，数据的质量和一致性也是关键因素，因此数据质量管理和数据集成成为重要的应用领域。大数据技术为石油行业提供了更好的数据分析和挖掘能力。通过应用机器学习、数据挖掘和统计分析等方法，可以从海量数据中发现隐藏的关联性和趋势，帮助石油公司做出更准确的预测和决策。数据分析可以应用于多个领域，如地质勘探、油藏管理、生产优化和设备维护等。基于大数据分析，石油行业可以进行更准确地预测和优化。通过建立数据驱动的模型和算法，可以预测油藏产量、设备故障、市场需求等，并进行相应的优化决策，以提高生产效率和降低成本。

大数据技术为石油行业的智能化运营和自动化提供了基础。通过应用人工智能、物联网和自动化技术，可以实现设备的智能监控和自动化控制，提高生产效率和安全性。智能化运营还可以应用于供应链管理、交付链管理等领域，优化物流和供应链过程。同时大数据应用在石油行业也带来了数据安全和隐私保护的挑战。石油企业需要采取有效的措施来保护数据的安全性和隐私性，防止数据泄露和滥用。它还促进了石油行业的合作与创新。石油企业可以与数据科学家、技术供应商和其他行业合作伙伴共同开展大数据应用项目，共享数据资源和技术知识，推动行业的创新和发展。

4 当前石油行业的大数据应用统计数字化转型研究中存在的优势和问题

目前在石油行业的大数据应用统计数字化转型方面已取得一些成果，但仍存在一些挑战和研究空白需要进一步深入研究和探索。这些研究领域的进一步发展将有助于推动石油行业的数字化转型和大数据应用的可持续发展。

4.1 大数据应用在石油行业的优势

通过大数据应用和统计数字化转型，石油行业能够实现对油井生产、油田运营等方面的实时监测和分析，从而优化生产过程、提高生产效率，降低成本。可以提供全面的数据分析和洞察，为石油企业的决策制定提供支持。通过数据驱动的决策，企业能够更准确地评估风险、制定战略，提高决策的准确性和效果。可以实现对设备状态、工作环境等方面的实时监测和预警，帮助石油企业加强安全风险管理和事故预防，保障员工安全和设备可靠运行。通过大数据分析，石油企业可以挖掘市场需求、发现新商机，为业务拓展和创新提供支持。大数据应用可以帮助企业发现潜在的增长点和差距，并进行市场预测和市场营销优化。

4.2 大数据应用在石油行业的问题

石油行业涉及大量敏感数据，包括勘探数据、生产数据、设备运行数据等。在数字化转型过程中，确保数据的隐私和安全是一个重要的挑战。石油企业需要采取有效的数据保护措施，包括加密传输、访问控制、数据脱敏等，以确保敏感数据不被未经授权的人员获取和滥用。石油企业需要面对数据安全和隐私保护的挑战。保护数据的安全性和隐私性是石油行业面临的重要问题，需要制定相应的数据安全策略和隐私保护措施。数据的质量对于决策和分析的准确性至关重要。然而，石油行业涉及的数据多样性和复杂性，可能导致数据质量的问题，如数据缺失、数据不一致、数据错误等。石油企业需要建立严格的数据质量管理机制，包括数据清洗、数据验证、数据标准化等，以确保数字化转型过程中使用的数据具有高质量和可信度。大数据应用和统计数字化转型需要相应的技术和人才支持。石油企业可能面临技术更新和人才培养的挑战，需要投入大量资源和时间来培养和吸引相关领域的专业人才，引入和培养具备数据分析、人工智能、大数据等领域专业知识的人才，以及合作和合作技术供应商。

石油行业涉及多个领域和部门，拥有大量的数据来源和系统。在数字化转型中，需要解决数据整合和系统集成的问题，确保不同系统之间的数据流畅和无缝对接。这可能涉及技术架构的设计、数据接口的开发和系统间的协同工作。数字化转型是一项复杂的变革过程，可能会面临组织文化、工作流程和员工抵触的挑战。石油企业需要制定有效的变革管理策略，包括沟通、培训和参与员工的参与，以促进数字化转型的成功实施。

4.3 大数据应用在石油行业的研究空白

在石油行业的大数据应用中，涉及多个数据源和数据类型，如何有效地进行数据集成和标准化仍然是一个研究空白。开发更有效的数据集成和标准化方法可以提高数据的一致性和可用性。如何将人工智能和机器学习等技术应用于石油行业的决策支持系统，提高决策的智能化和自动化程度，也是一个有待深入研究的领域。虽然大数据应用在能源消耗和环境影响方面有潜力，但在石油行业的环境可持续性分析方面仍存在研究空白。如何量化和评估石油行业的环境影响，并提出相应的改进措施，是一个值得研究的领域。

5 数字化转型对石油行业统计工作人员提出了新的需求和能力要求的探讨

数字化转型对石油行业统计工作人员提出了更高的要求。他们需要不断学习和更新自己的知识和技能，适应数字化转型带来的变化，以能够更好地应对和利用数字化转型的机遇和挑战。

数字化转型带来了大量的数据，石油行业统计工作人员需要具备强大的数据分析和统计能力，能够从海量数据中提取有价值的信息和见解。他们需要掌握数据分析工具和技术，如数据挖掘、机器学习和人工智能算法等，以有效地分析和解释数据，支持决策和业务优化。要求石油行业统计工作人员熟悉和应用各种数字化工具和技术。他们需要掌握数据采集、处理和存储的技术，熟悉数据库管理系统、大数据平台和云计算等技术，能够灵活运用这些工具和技术进行数据管理和分析。石油行业统计工作人员需要具备综合的业务理解和领域知识。他们需要了解石油勘探、开发和生产的相关知识，熟悉石油行业的统计指标和方法，以能够正确理解和解释数据，为业务决策提供准确的统计分析支持。

数字化转型涉及不同部门和团队之间的协作和沟通。石油行业统计工作人员需要具备良好的沟通和协作能力，能够与技术人员、业务人员和决策者进行有效的沟通，理解他们的需求和问题，并能够提供准确的统计分析结果和建议。数字化转型为石油行业带来了新的挑战和问题，石油行业统计工作人员需要具备创新思维和问题解决能力。他们需要能够独立思考和提出创新的统计方法和解决方案，针对复杂的数据和业务情况，找到有效的解决途径。

6 基于大数据应用的石油行业统计数字化转型的解决方案和策略

6.1 引入如数据挖掘、机器学习、人工智能等相关的技术工具和方法

建立统一的数据整合平台，将来自不同部门和系统的数据进行整合和标准化，确保数据的一致性和可比性。采用统一的数据标准和格式，简化数据处理和分析的流程，提高数据质量和效率。建立严格的数据质量管理机制，包括数据清洗、验证和纠错等措施。通过数据清洗和验证，排除数据中的错误和异常，提高数据的准确性和可信度。建立数据质量评估指标和监控体系，定期对数据进行评估和监测，及时发现和纠正数据质量问题。

采用先进的数据分析和挖掘技术，发掘数据中潜在的信息和价值。利用机器学习、人工智能和数据挖掘算法等方法，对海量的石油行业数据进行分析和建模，发现数据背后的规律和趋势，可以发现潜在的油田储量、优化生产过程、识别风险和异常情况等，为决策提供科学依据。

建立直观、易于理解的数据可视化和报告工具，将统计分析结果以图表、仪表盘等形式展示出来。通过可视化工具，让决策者和业务人员能够直观地理解和分析数据，及时发现问题和趋势，做出准确的决策。以及应用机器学习算法，构建模型来预测和优化石油行业的相关指标和过程。例如，可以利用机器学习模型对油田储量进行预测，对油井生产进行优化，对设备故障进行预警等。机器学习方法包括决策树、支持向量机、神经网络等。

加强对统计数字化转型相关人才的培养和引进。培养员工的数据分析和技术应用能力，提高组织整体的数据素养。同时，推动组织变革，建立数字化转型的文化和机制，鼓励员工积极参与和支持数字化转型的实施。加强与技术供应商、高校和研究机构的合作，共同研发和应用大数据技术在石油行业统计中的解决方案。积极探索新的数据源和技术手段，开展创新实践，不断推动石油行业的统计数字化转型。

引入人工智能技术，实现自动化和智能化的石油行业统计工作。例如，可以利用自然语言处理技术进行文本数据的分析和处理，实现对石油行业相关文献和报告的自动化解读和摘要提取。应用数字孪生技术，建立石油行业的虚拟模型。通过将实际油田和设备的数据与数字模型进行对应，可以实现对实际石油生产过程的模拟和优化。数字孪生技术可以帮助石油

行业统计工作人员进行场景分析、决策支持和风险评估等工作。

这些解决方案和策略将有助于石油行业实现统计数字化转型，提高数据的利用价值和决策效能，可以提高石油行业统计工作的效率和准确性，促进数据的价值挖掘和决策的科学化。同时，也需要注意数据的质量管理、数据隐私保护和技术应用的合规性等问题，以确保数字化转型的在石油行业的可持续发展。

6.2 探讨如何整合组织资源、制定实施计划和评估效果

确保数字化转型的成功，需要整合石油行业的各种资源，包括人力资源、技术资源和财务资源等。建立跨部门的合作机制，将相关部门和团队的资源进行整合和协调，确保数字化转型项目的顺利推进。同时，为数字化转型项目提供足够的资源支持，包括资金、设备和技术支持等。

在数字化转型过程中，制定详细的实施计划是关键。首先，明确数字化转型的目标和范围，确定优先级和时间表。其次，制定具体的工作计划，明确各项任务和责任人，确保项目的执行和推进。同时，考虑到石油行业的特点和需求，制定针对性的实施策略和方法，以确保数字化转型与业务运营的有效衔接。

定期评估数字化转型的效果是至关重要的。通过指标和评估体系，对数字化转型项目的进展和成果进行监测和评估。可以制定关键绩效指标，衡量数字化转型对业务运营、决策效能和成本效益等方面的影响。根据评估结果，及时调整和优化数字化转型的实施策略，确保项目的持续改进和成功实施。

数字化转型需要全员参与和支持，因此培养良好的组织文化是至关重要的。建立开放、创新和学习的文化氛围，鼓励员工积极参与数字化转型的实施和应用。提供培训和技能提升机会，提高员工对数字化技术和工具的理解和应用能力。同时，建立沟通渠道和反馈机制，让员工能够分享经验和意见，促进数字化转型的顺利推进。

数字化转型是一个复杂的过程，石油行业可以寻求与外部合作伙伴的合作，共同推进数字化转型。与技术供应商、高校和研究机构合作，可以分享最新的技术和经验，获取专业的支持和指导。此外，与其他行业的数字化转型案例进行交流和学习，可以借鉴其成功经验，加速石油行业的数字化转型进程。

7 数字化转型在石油行业统计领域的未来发展的探索

石油行业需要进一步加强数据治理和质量管理，确保数据的准确性、一致性和完整性。发展思考可以集中在数据采集、清洗、整合和验证等方面，开发更加精确和可靠的数据质量管理方法和工具。随着数据规模的增大，石油行业需要进一步发展数据分析和挖掘技术，以从海量数据中发现隐藏的规律和趋势。研究可以探索更高级的机器学习、深度学习和自然语言处理等技术，在数据分析和挖掘领域取得更深入的突破。

人工智能和自动化技术在石油行业的统计工作中有着广阔的应用前景。研究可以聚焦于自动化数据收集和处理流程、智能决策支持系统的构建和优化等方面，提升统计工作的效率和精确性。随着数字化转型的推进，石油行业需要加强数据安全和隐私保护，防止数据泄露和滥用。研究可以探索数据安全和隐私保护的技术手段，建立安全的数据存储和传输机制，保护敏感数据的安全性。

石油行业的统计工作涉及多个数据源和多个领域的数据。研究可以关注多源数据的融合和分析方法，实现全面的数据视角和深入的洞察。此外，跨领域的合作和知识共享也是未来的研究方向，通过与其他领域的数据科学家和专家合作，促进石油行业统计领域的创新和发展。

随着技术的不断发展，新兴技术如区块链、物联网、边缘计算等在石油行业的统计领域也具有广阔的应用前景。研究可以探索这些新兴技术在统计工作中的应用，探索其在数据管理、安全性和实时性方面的优势。

总体而言，未来石油行业数字化转型在统计领域的发展需要关注数据质量管理、数据分析和挖掘技术、人工智能和自动化、数据安全和隐私保护、跨领域合作以及新兴技术的应用等方面。这些研究方向将推动石油行业统计工作的创新和进步，为企业的决策和发展提供更强有力的支持。

参考文献

[1] 王金红．大数据在石油行业的应用研究[J]．河北工程大学学报，2017，34(4)，47-50.

[2] 张振伟，王国光，王婷婷．(2018)．石油行业大数据驱动数字化转型战略研究[J]．管理评论，30(11)，34-42.

[3] 李军，郝海涛，赵建宁．(2020)．石油行业数字化转型与大数据应用发展现状分析[J]．中国新能源，(19)，10-12.

[4] 王凯．(2021)．石油行业数字化转型背景下大数据技术应用研究[J]．科技资讯，(1)，80-81.

[5] 周嘉琦．(2020)．石油行业大数据应用与数字化转型研究[J]．科技风，(4)，120-121.

基于光伏时间序列数据的预测模型分析

拓明朗[1]　李化龙[1]　段新海[2]　蔡培生[1]　孙　赟[1]　游富鸽[1]

（1. 长庆工程设计有限公司，陕西 西安　710000；
2. 长庆油田分公司第四采油厂，陕西 西安　710000）

摘　要：光伏能源作为新能源一种形式，将在未来能源领域占据一定地位，随着光伏系统的研发，光伏智能系统备受关注，尤其在对于能源产生效率和逆变器效率分析。在这篇文章中，我们提出使用不同的预测模型来对光伏能源产生的效率进行分析，包含传统单变量回归模型、随机森林模型、决策树模型和邻近节点模型。同时我们对不同模型进行验证，即估算的太阳能功率与从逆变器获得的实际太阳能功率进行交叉验证，比较发现对于特定的井场，使用决策树模型更能有效预测光伏运维的数据。该实验以固定的光伏井场系统作为原型来进行研究，尽管所收集数据的性质和错误率可能因逆变器制作商而异，但本研究所验证的系数也可以应用于其他光伏系统。

关键词：光伏系统预测模型，机器学习算法预测，逆变器转换效率、拟合优化

0　引言

随着全球"低碳"，"绿色"的转型，传统化石能源地位受到冲击。光伏能源作为新型能源的一种形式，已然在新能源领域占据一定地位。随着光伏装机的部署，光伏智能系统备受大家关注。而对于能源产生效率和逆变器效率分析成为研究的热点。

逆变器效率取决于当前逆变器的参数，因此逆变器类型会影响参数水平。因此，准确识别从太阳能输入能量到系统输出性能的诊断技术变得迫切重要。这种技术可以确保逆变器的最大性能[1]，同时最大限度地减少生命周期结束前的能量损失。

本篇文章背景是基于大型石化企业的变革，随着能源变革，油气领域存在着大量废弃的井场，企业打算利用废弃井场帮助产生额外的收益。投资者以长期利润为目标投资安装光伏系统，为了确保该类投资的可行性，光伏设施需要保障20年的运维效率，光伏系统在使用过程中，功率会不可避免地不断衰减，这除了逆变器、线路老化，还有由于紫外线的暴漏下，太阳能模块不断退化。在本次研究中，逆变器的效率是与成本直接相关的重要因素。若现场可以获得可靠的电力输出估计，则可以通过电力输出的减少与光伏设施的实际输出就行比较。

测量逆变器效率要估计功率输出。对输出功率就行估算通常有许多种不同的方法，包含

作者简介：拓明朗，男，西交利物浦大学，硕士，中级工程师，研究方向为智能电网，供配电和新能源设计。E-mail：tml@petrochina. com. cn。

应用数据分析等，其中影响最大的识别逆变器问题方法之一就是根据气象数据估计功率输出，太阳能输出受气象条件影响极大，类似有环境温度、太阳辐射、紫外线指数等等，太阳能辐射和功率输出有极强的相关性。在本篇文章中，我们建立一个假设，即逆变器的问题可以通过提取其实际输出功率与基于太阳能辐射传感器估计的输出间差异模式来诊断[2]。

本研究选择光伏系统是由一个10kW单向逆变器组成并网系统。它收集并向云系统传输来自RTU传输的数据[3]。

在这篇文章中，我们提出使用不同的预测模型对光伏能源进行预测，包含传统的单变量回归模型、随机森林模型、决策树模型和邻近节点模型[4]。在实验中，我们对不同的模型进行验证，即估算的太阳能功率与从逆变器获得的实际太阳能功率进行交叉验证。该实验以单一的光伏系统作为原型，尽管所收集数据性质和错误率可能因逆变器制作商而异，但本研究所验证的系数也可以应用于其他光伏系统。同样，为了适应所建立的模型适用于不同发电容量的光伏系统，我们需要对不同的发电容量模型进行重构。

本文的内容组织如下，第1节中，描述了光伏系统概述、太阳能功率预测及相关的算法。第2节中描述了光伏系统的架构。第3节解释了算法、数据清理、模型的建设和验证等，使用客观指标对分析方法的性能就行评估，最后一节对论文就行总结。

1 光伏系统介绍

1.1 光伏发电原理

光伏系统直接将太阳能转换为电力。当阳光照射到半导体(硅N型和P型)时，电子在连接的电极之间移动，产生电流。目前，大多数发电系统使用化石燃料发电，化石燃料会排放大量的二氧化碳。而光伏系统更为环保，该半导体将太阳能转换为电能。

光伏系统分为独立光伏系统、并网光伏系统、楼宇集成光伏系统和混合光伏系统[5]。独立光伏系统独立于商业公用电网运行。其中并网光伏系统在将产生的电力转换为交流电后向商业电网供电，并在必要时使用公共电网的电力。建筑物集成光伏系统(BIPV)通过在建筑物外部(例如屋顶)安装光伏模块来产生电力，并直接为建筑供电。而混合光伏系统配备了柴油发电机等辅助装置，以确保在由于缺乏阳光而无法进行太阳能发电时提供稳定的电力供应。

图1显示了光伏系统的配置。该系统分为“收集”、“存储”和“分发和使用”部分。“收集”部分是一种直接发电的太阳能电池，由一个模块和一个阵列组成。“存储”部分存储使用或销售使用额外电力以及白天产生的电力，用于夜间供电。

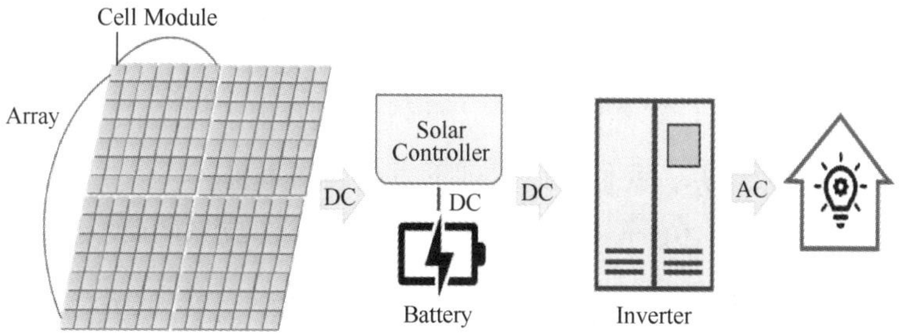

图1 光伏系统配置

1.2 光伏功率模型预测

光伏产生的电是直流电，产生的电力并不是随时间而恒定的，因为阳光的强度取决于天气条件。通过光伏系统产生的能量大小经常变化，很难直接得到光伏组件的功率。通常，光伏电量输出特性取决于太阳辐射、光伏面板表面清洁度以及光伏面板环境属性，比如光伏面板表面工作温度。同时，光伏系统中能量损失也是影响能量输出的主要因素，能量损失就是直流电转换为交流电所造成的损失，通常使用 MPPT 算法来稳定逆变器的功率，确保平稳将电量转换。

本篇文章主要关注功率输出随环境因素变化而变化。有些文章基于太阳辐射，以预测未来的电力输出。也有基于环境温度、风速和入射光的历史数据输出来预测电力。对于已有的预测方法，已经使用的有人工神经网络、支持向量机、长短期记忆技术和模糊决策树技术等等[6]。

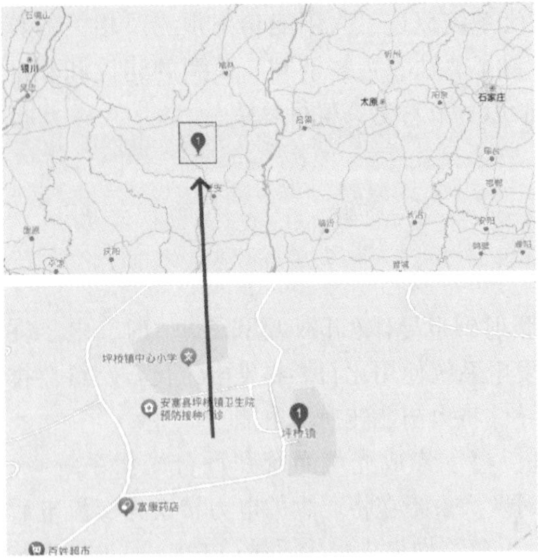

图 2　光伏系统装机位置

2 光伏系统架构

2.1 光伏监测地点

用于太阳能估算和分析的光伏系统是一个并网系统，由固定阵列型的 10kW 单相逆变器和环境传感器组成。它安装在陕西省延安市。该地区太阳能日照时数为 2486.2h，平均风速为 1.9m/s，子午线高度为 109：26E(图 2)。

2.2 光伏模型搭建

本篇文章将建立一个数学模型来分析具体内容，该数学模型可以用下面数学公式表示，即光伏功率输出根据开路电压与短路电流的乘积建模：

$$P_{ac}=V_{th}I_{no} \tag{1}$$

光伏功率输出受到环境温度 T_a 环境温度和 G_{ir} 地面太阳辐照度的影响，我们依据下面变量的公式代入到初始公式中：

$$T_m=30-0.0175(G_{ir}-300)+1.14(T_a-25) \tag{2}$$

$$V_{th}=V_0[1+\beta(T_m-T_0)] \tag{3}$$

$$I_{no}=I_0[1+\alpha(T_m-T_0)]\left(\frac{G_{ir}}{G_0}\right) \tag{4}$$

通过以上固定的参数计算，我们可以得到下方的回归方程。

$$P_{ac}=K_1G_{ir}^3+K_2G_{ir}^2+K_3G_{ir}^2T_a+K_4G_{ir}T_a^2+K_5G_{ir}T_a+K_6G_{ir}$$

2.3 光伏系统架构

在本研究中，利用垂直太阳辐射、模块温度、水平太阳辐射和外部温度对 10kw 逆变器的太阳能功率进行分析。图 3 显示了光伏系统和监控系统的配置。

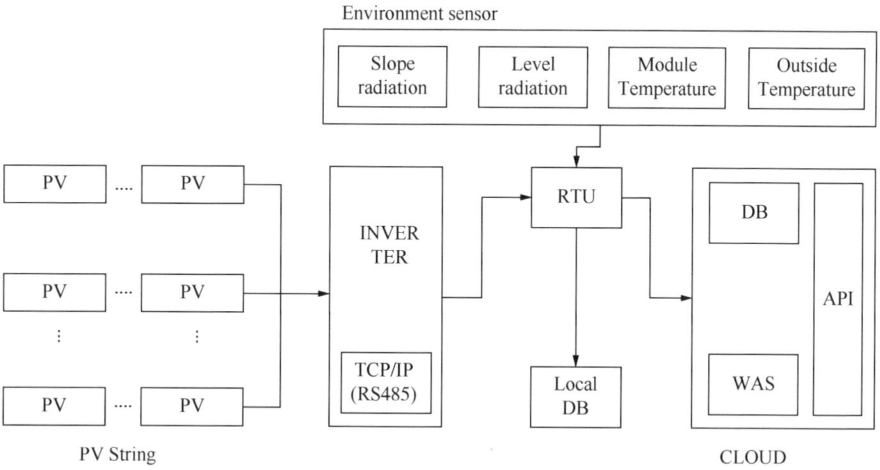

图 3　光伏系统和监控系统配置

光伏系统的数据采集目标是逆变器和环境传感器：在实时单元(RTU)中进行数据预处理后，将数据传输到服务器[7]。从逆变器收集的数据包括实时状态信息、累计太阳能功率和逆变器错误信息。用于天气观测的环境传感器记录了垂直太阳辐射、模块温度、水平太阳辐射和外部温度。云通过外部访问接口提供光伏系统、逆变器和天气观测信息，用于数据提取和链接(REST API)。表 1 显示了光伏监测系统的详细规格。

表 1　光伏监测系统规格

种类	描述	种类	描述
操作系统	Ubuntu 18.04 LTS	RTU	WIN7/Intel J5005/4GB RAM
硬件	Intel Xeon E5530 2.4 GHZ	传输协议	TCP/IP/RS485，MODBUS

2.4　光伏系统原理

对于逆变器效率的诊断，我们通过预估的逆变器和实际逆变器效率做对比，来评估逆变器是否有损坏。本研究提出了一种基于太阳能估计的逆变器效率分析方法，该方法使用从环境传感器收集的水平太阳辐射数据，为了提高逆变器效率的精度，在光伏系统中必须执行基于环境传感器的太阳能功率估计[8]。该逆变器效率分析模型用于实时评估光伏系统逆变器效率，并确定维护时间。该模型基于自图 1 所示数据采集设备(实时单元：RTU)的环境传感器数据实时运行，并执行能量预估。在后台数据库中累计的太阳能数据预估与从逆变器收集的实际太阳能信息进行比较，并将逆变器的发电效率值提供给操作员。

下列表格(表 2)表示出我们监测系统数据库的数据。

表 2　监测系统收集的数据

字段	字段种类	默认值	备注
Site_Nm	Varchar(11)	NULL	井场名字
Inverter_Id	Int(11)	1.7288	逆变器编号
Inv_date	DATE	NULL	日期

续表

字段	字段种类	默认值	备注
Inv_time	Time	NULL	时间
Inv_dcv	Int(11)	NULL	交流电压
Inv_dca	Double(22)	NULL	交流电流
Inv_dcp	Double(22)	NULL	交流功率
Inv_acvr	Int(11)	NULL	直流电电压 R
Inv_acvs	Int(11)	NULL	直流电电压 S
Inv_acvt	Int(11)	NULL	直流电电压 T
Inv_acar	Float(12)	NULL	直流电电流 R
Inv_acas	Float(12)	NULL	直流电电流 S
Env_solar	Float(12)	NULL	太阳辐射值
Env_temp	Float(12)	NULL	外在温度

3　光伏系统模型

3.1　光伏实验数据和结果

对于以下光伏实验，我们采取定量实验来完成相关内容，我们从现场的光伏井场采集了相关数据集，并利用四种不同的算法对光伏逆变器的诊断效率进行对比，本实验收集了对王窑、坪桥、杏河三个特定作业区采集的数据集(6 月、7 月、8 月)，并应用算法于数据集中(表 3)。

表 3　算法实验

算法	诊断	R^2	*Neg_MSE*	*RMSE*
线性回归	50%杏河	6. 1159	4. 9294	3740
	51%坪桥	6. 4969	1. 7288	4780
	38%王窑	6. 2636	2. 5901	4750
决策树	42%杏河	6. 2205	3. 1823	3780
	56%坪桥	6. 3612	2. 3611	4850
	32%王窑	6. 2802	2. 6101	4800
随机森林	43% 杏河	5. 4671	1. 7288	3100
	46% 坪桥	6. 2636	3. 1823	3780
	36% 王窑	6. 3612	2. 3611	4300
K-邻近	47% 杏河	6. 1159	1. 9288	4214
	49% 坪桥	6. 3612	1. 5688	2678
	53%王窑	6. 2802	1. 8388	2543

在本研究中，对 10kW 逆变器的太阳能功率进行分析：通过计算四分位间距(IQR)对从 RTU 获得的数据进行数据清理。此外，我们利用四种算法模型对应用进行了相关分析，初

步验证了相关系数的有效性。式中R^2表示回归拟合优度[9]，R^2的值越接近1，说明回归直线对观测值的拟合程度越好；反之，R^2的值越小，说明回归直线对观测值的拟合程度越差。

3.2 光伏实验分析和比较

该实验通过对三个特定井场的诊断率进行分析。我们通过几组实验综合证明决策树算法对于诊断的准确率效果更好。在实践效果中，我们提取了三个光伏井场3个月的数据集，通过对三个参数的比较，我们发现在王窑井场的情况使用中，使用KNN算法能够做到逆变器诊断率诊断效果最佳，这可能是因为王窑井场在半山腰所引起的，但是对于杏河等其他更普遍井场来说，决策树算法反而对诊断效果是最佳的。综合所述，根据不同模型结果对比，决策树模型以82%的拟合优度进行太阳能发电量估计，模型的平均绝对百分比误差(MAPE)为12%。残差的分布遵循正态分布的形式，标准偏差为453.71，平均值为211.8903，从而建立了预测模型的有效性。

4 总结

本研究从光伏智能系统作为研究节点，提出了一种基于太阳能估计的逆变器效率分析方法，该方法使用从环境传感器收集的水平太阳辐射数据，对能源产生效率和逆变器产生的效率进行分析。我们基于四种不同的预测模型对光伏能源产生的效率进行实时分析，包含了传统单变量回归模型、随机森林模型、决策树模型和邻近节点模型。该方法将累积在数据库中的太阳能估计信息与从逆变器收集的太阳能信息连续地进行比较，并且将逆变器的发电效率值提供给操作者，同时进行交叉验证，最终明确决策树模型应对通用井场的拟合数据有更好的优化效果。但是，本实验还存在设备方面不足，本次实验针对单个光伏系统构建了模型，收集数据的性质和误差率可能因逆变器制造商而异。下一步工作，我们对于预测方法搭建因变量可以采取更多的变量来增加预测方法的准确性[10]，同时参考其他算法，对决策树模型进行优化和改正，达到更好的预测效率。

参考文献

[1] 周越坤，杨立德.《集成建筑交通能源的数字化和机器学习进展》[M]. 爱思唯尔出版社，2024，223-237.

[2] T. Jamal, T. Urmee, M. Calais, G. Shafiullah, and C. Carter, "Technical challenges of pv deployment into remote australian electricity networks: A review" [J]. Renewable and Sustainable Energy Reviews, vol. 77, pp. 1309-1325, 2017.

[3] Y. Elthokaby, I. Abdelsalam, N. Abdel-Rahim, and I. Mohamed, "Standalone pv-based single-phase split-source inverter using model-predictive control" [J]. Alexandria Engineering Journal, vol. 62, pp. 357-367, 2023.

[4] 王雨彤，杨波，李军鹏，光伏热电混合发电系统的动态重构设计[M].《应用热工程》，第244卷，第24页。

[5] C. Pan, C. Wang, Z. Zhao, J. Wang, and Z. Bie, "A copula function based monte carlo simulation method of multivariate wind speed and pv power spatio-temporal series," Energy Procedia[J]. vol. 159, pp. 213-218, 2019, renewable Energy Integration with Mini/Microgrid.

[6] M. K. Behera and N. Nayak, "A comparative study on short-term pv power fore-casting using decomposition based optimized extreme learning machine algorithm" [J]. Engineering Science and Technology, an International Journal, vol. 23, no. 1, pp. 156-167, 2020.

[7] M. Jobayer, M. A. H. Shaikat, M. Naimur Rashid, and M. R. Hasan, "A systematic review on predicting pv system parameters using machine learning"[J]. Heliyon, vol. 9, no. 6, p. e16815, 2023.

[8] E. Afzali and S. Muthukumarana, "Gradient-free kernel conditional stein discrepancy goodness of fit testing" [J]. Machine Learning with Applications, vol. 12, p. 100463, 2023.

[9] M. Gifford and T. Bayrak, "A predictive analytics model for forecasting outcomes in the national football league games using decision tree and logistic regression"[J]. Decision Analytics Journal, vol. 8, p. 100296, 2023.

[10] L. Ashok Kumar, S. Albert Alexander, and M. Rajendran, "Chapter 1-inverter topologies for solar pv," in Power Electronic Converters for Solar Photovoltaic Sys-tems[J]. Eds. Academic Press, 2021, pp. 1-39.

气藏型储气库智能云平台建设实践与展望

邓智浩　吴　龙　胡　霞　赵明亮　台文明　杨　梅

（昆仑数智科技有限责任公司西南大区，四川 成都　610051）

摘　要：国内地下储气库业务处于大发展阶段，但配套的智能化建设处在探索阶段，行业内对储气库智能化建设的顶层设计思路、技术体系、标准未达成统一的认识。基于储气库领域对数字化、智能化的迫切需求，针对国内数字化基础较好的相国寺储气库，中国石油开展了储气库智能化试点建设，研发并正式投运了智能储气库云平台，包含6大功能模块：注采运行、地质气藏、井工程、地面工程、安全管控、经营协同。应用实践表明，通过构建地质、井筒及地面一体化模型核心能力，打通模型与平台端的技术壁垒，将专业模型与实际生产需求相结合能够实现储气库生产优化、过程可视化、合理化预测预警等，大幅提升生产效率，助力储气库开启数智化运营管理与转型。

关键词：储气库；智能化；智能储气库；储气库智能云平台

0　引言

地下储气库是将从天然气田采出的天然气重新注入地下可以保存气体的空间而形成的一种人工气田或气藏，用于天然气季节调峰、应急供气、战略储备，是保障国家能源安全的重要措施。国外几十年来的天然气利用经验和京津地区近十年平稳供气均充分证明了地下储气库是最有效、最可靠的调峰和储备手段[1]。

近年来，我国天然气产业发展迅速，预计2030年我国天然气消费量预计达到6000亿 m^3 左右，对外依存度将超过55%[2]。2023年国内全年天然气消费总量3945亿 m^3，储气库工作气量总和230亿 m^3，国内储气库工作气量仅为我国天然气消费量的6%左右，远低于国际12%～15%平均水平[3]，加快储气设施能力建设已迫在眉睫。目前国内储气库建设已进入爆发阶段，但储气库数字化、智能化建设尚处于起步阶段[4,5]，生产系统数字化模拟、安全预警、联动优化等方面仍处于空白[6]。

国外储气库通常会在建设期开展智能化建设干预，利用油气藏数值模拟等专业软件、数字监测、以神经网络算法等建立的控制系统开展智能配产、生产能力预测、生产报警、生产优化等主动式数字化、智能化管理，在保障地下储气库安全平稳运行的同时，降低年作业费用[7]。国外储气库自动化程度高，多采用少人值守方式[8]。

作者简介：邓智浩（1988—），男，硕士，中级工程师，昆仑数智科技有限责任公司西南大区智能储气库业务部。主要从事地下储气库数字化、智能化建设与研究。工作地点：四川省成都市成华区世茂大厦10层。邮政编码：610051。E-mail：dengzhihao@ cnpc. com. cn。

国内储气库建设由于起步晚，通常采用高标准、高要求建设，在数据采集和自动化系统（如 SCADA 注入系统和生产资源、DCS/FSD 注入系统、PLC/ESD 组装系统和 RTU 注入/生产系统、消防和煤气系统、压缩机 PLC、周边保护系统等）方面较为成熟[9]。国内已有部分企业开展了智能化储气库相关研究，但国内技术基础总体相对薄弱，储气库智能化建设存在诸多痛点与需求。昆仑数智基于“建设数智中国石油”发展目标，在数字化基础较好的相国寺储气库开展了气藏型储气库智能化建设与探索以及智能云平台的攻关与研发工作。

1 储气库智能化建设痛点与需求

1.1 储气库安全管控需求

储气库具有“大吞大吐、注采交替、高压运行”的特点，其注采能力通常是同规模常规气田的 5~10 倍，运行过程易造成储气库地质构造失稳、井完整性失效和地面设备故障等事故[10-12]。储气库的安全生产运行管理涵盖储层、井筒和地面集输等环节，设计寿命长，气藏型储气库主要存在储层出砂及井壁垮塌、断层激活等地质风险，腐蚀、泄漏等导致的井筒风险以及管道系统冲蚀等地面设施运行风险，目前缺少地质体-井-地面“三位一体”风险管控系统，保障储气库风险受控。

储气库生产相比常规气田开发风险更大、持续时间长。目前的常规监测手段已不能满足质量安全环保实时性、智能化管控需求，需结合专业软件及工作流完善整个生产系统的监测与分析，实现生产状态自动评估、提前预警，由被动应急变为主动防护，保证储气库平稳安全运行。

1.2 储气库生产运营需求

国内主要储气库缺乏及时精准的油气生产监测和智能化调控手段，无法实时准确预测注采生产趋势；生产运行管理目前仍缺乏有效的大数据分析模型，无法提供相应的预警、预测决策支持，无法适应智能化调度灵活多变的需求和对时效性的要求；未实现天然气生产全过程畅通的智能协同能力，部门间、业务间和系统间存在隔阂，从气藏工程到管网全局业务管控与协同有待加强。需基于气藏、井筒、地面模型开展一体化耦合，评估注采气能力，快速形成优化生产方案能力，有效促进长期稳注稳产，延长气藏生命周期，实现“全时域监控、数字化指挥、智能化调度、一体化展示”。

1.3 多专业一体化协同需求

储气库尚未建立基于气藏-井筒-地面一体化模型应用的协同工作模式。其各专业模型分别独立建立，未集成更新数据进行滚动迭代优化。生产系统未连接生产数据进行自动化实时模拟，不能进行水合物预警以及积液等分析，无法实现提前预警、及时管控，有效避免安全生产隐患。同时缺乏高效地质力学分析手段，地质力学分析需结合气藏模型进行流固耦合模拟，实现盖层封闭性、断层封堵性与井筒完整性的动态分析研究，在保障储气库安全运营前提下实现增压扩容调整。

在管理上，研究和操作人员还不能全面实时掌握储气库地下地上各个关键环节的生产性能状态，急需通过打造全局共享协同工作模式，促进多层级，多部门围绕统一的模型开展全业务的协同工作，提升扩压增量后全局共享协调能力。

2 总体架构

储气库的生产运行不同于常规气藏开发，必须具备“注得进、存得住、采得出”以及短期高产、高低压往复注采、长期使用的功能。储气库数字化升级改造建设需要综合利用储气库现有资源，构建“气藏-井筒-地面”一体化模型，实现储气库资产的数字表征，从全局的角度描述生产系统，实时优化开发生产，打造透明气藏，进一步提升资产价值。围绕储气库“气藏完整性、井筒完整性、管道完整性、站场完整性”四大主要业务范围，依托基础运行环境，通过集成整合先进的信息技术资源，贯穿储气库生产过程，深入每个业务应用环节，打造各项生产优化智能应用，在此基础上，推进“井筒动态智能诊断、生产管网智能分析、智能配产、智能配注、安全管控”五大工作流建设，能够快速形成优化生产能力，促进生产运行效益和生产效率提升以及运行成本下降，构建具备“全面感知、自动操控、趋势预测、智能优化、协同运营”特征的数字化储气库。

总体架构分为四个层次，分别是基础设施层、数据源、基础运行环境、智能应用(图 1)。

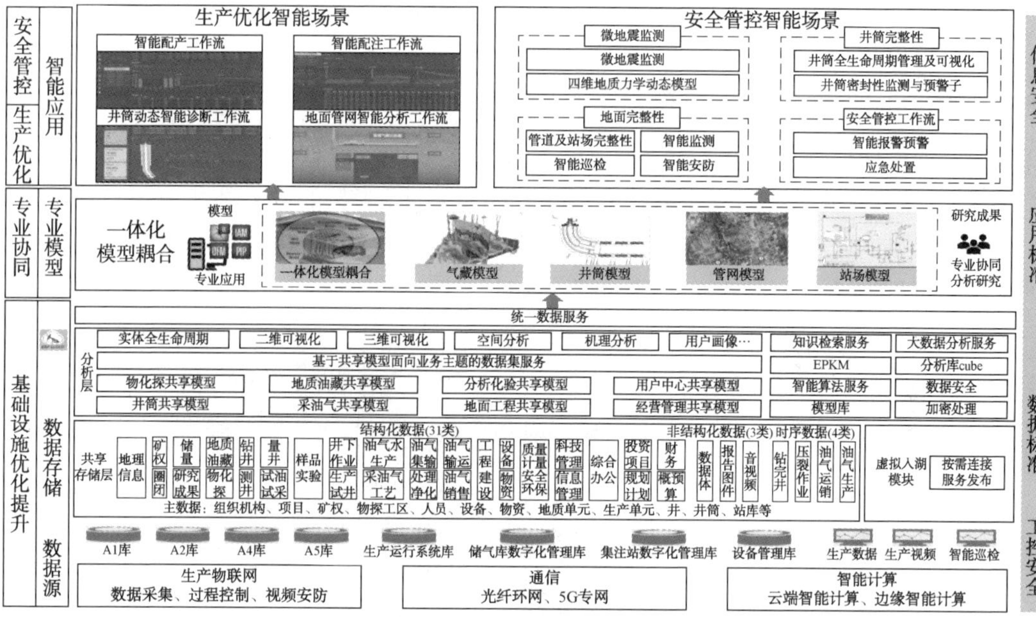

图 1　相国寺储气库总体架构图

2.1 基础设施层

基础设施层通过数据采集与站控系统、视频监控与安防系统、网络通信等基础设施，实现数据自动化采集、数据传输和数据云存储。集成整合各类统建、自建系统标准数据源，实现储气库生产管理、科研协同、协同办公、安全管控、经营管理等数据“一次采集，集中管理，分类授权，全面共享”。

2.2 基础运行环境

依托梦想云技术架构，针对储库现场 VSP 实时数据、各类相关业务数据，利用 ETL、DataPipeLine、DSB 等工具开展数据集成与治理，形成按统一数据标准整合的结构化、非结构化、实时数据等全类型数据，为储气库智能应用场景提供安全、高效、高质量的业务数据支撑及数据共享环境，并为大数据分析、认知计算等智能化应用提供基础。

2.3 一体化耦合模型

建立“地质气藏-井-地面”一体化资产模型，实时科学地评估注采能力，充分考虑地层渗流、井筒管流、地面管网外输过程中诸多约束因素，为制定科学的注采方案，自动跟踪注采情况，实时掌握储气状态与采气能力，同时对盖层、断层、储层、井、储气和供气系统以及安全运行进行实时监测、及时诊断等提供核心处理能力。

2.4 智能应用

围绕生产、安全、科研管理的主要业务，建设“井筒动态智能诊断、地面管网智能分析、智能配产、智能配注、安全管控”5个特色智能工作流，形成以“全面感知、自动操控、趋势预测、智能优化、协同运营”为特征的业务应用。

3 储气库智能云平台研发与应用

3.1 研发思路

储气库智能云平台以《关于数字化转型、智能化发展的指导意见》为指引，依托基础运行环境及专业软硬件强大的核心运算能力，以问题为导向、以业务为驱动，开展设计与研发，形成以“生产优化管理、安全管理管控、一体化协同”为核心的智能化应用，数据是核心关键生产要素，通过敏捷实施、快速迭代、快速见效的模式确保智能储气库各项功能模块快速上线运行(图2)。

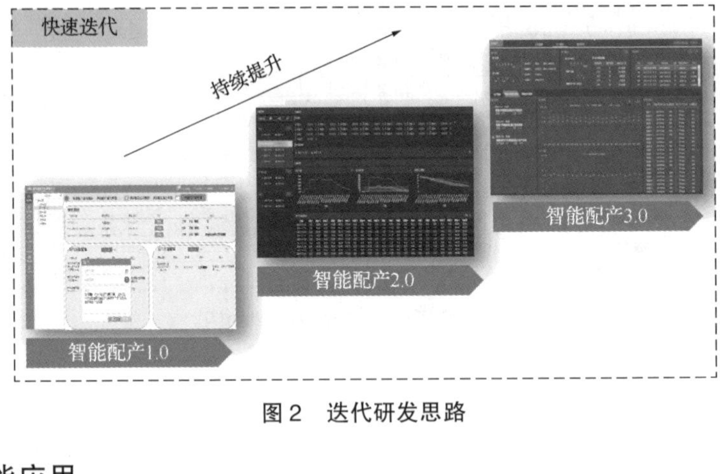

图2 迭代研发思路

3.2 功能应用

3.2.1 注采运行

打造了一套“一体化耦合模型-注采方案-注采计划-运行跟踪-动态分析”注采运行的全过程跟踪工作流程，基于“地质气藏-井-地面”一体化耦合模型，制定科学的注采方案，自动跟踪注采情况，实时评估储气状态与采气能力。工作内容与模式如下：

专业模型建设：搭建地质力学、地质、数模、稳态井筒、稳态管网5项模型建设，并通过“气藏-井-地面”专业模型一体化耦合，实现全局最优。

注采方案：运用“地质气藏-井-地面”一体化耦合模型，充分考虑地层渗流、井筒管流、地面管网外输过程中诸多约束因素，制定科学的注采方案。

注采计划：实现储气库自建库以来的配采、配注年度计划、月度计划、日计划下达、统计与管理。并能在生产运行计划管理的基础上响应指令管理，及时评估调度指令与生产能力的协同性。

运行跟踪：基于一体化耦合模型，对储气库注采运行采气能力预测、生产概况、预测、计划、气藏与井运行、管网运行进行跟踪。

动态分析：动态分析包括10个子功能，主要实现储气库注采情况分析、关键设备运行和能耗分析、安全监测动态分析，分析数据和结果支持下载和导出，清晰掌握储气库生产运行全过程(图3)。

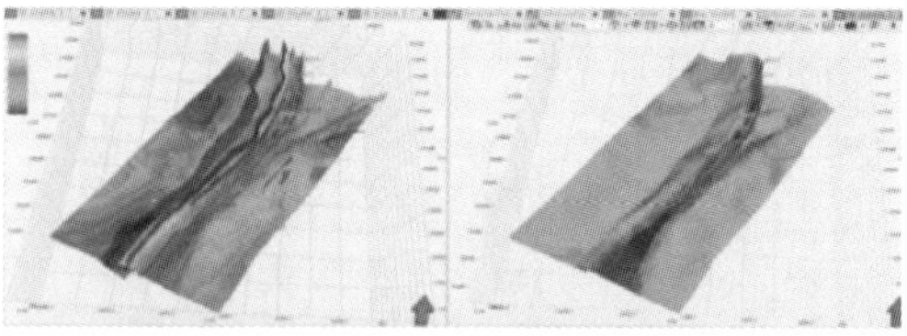

地质模型(构造精度与储量拟合精度> 95%)

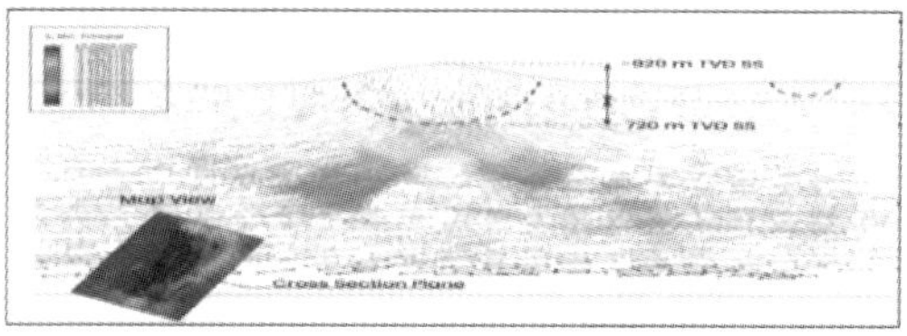

地质力学模型(构造吻合率100%，储量拟合精度> 98%)

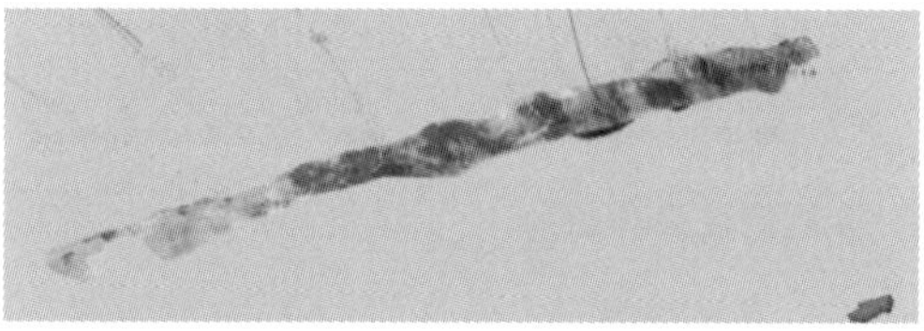

数值模拟模型(完成22口井动态分析及历史拟合)

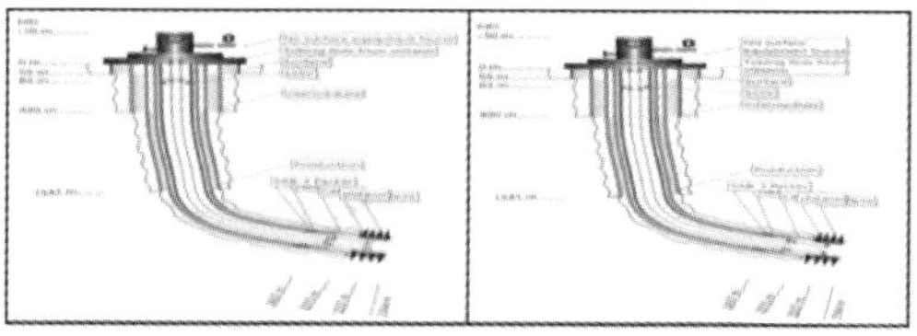

稳态井筒模型(压力误差<1%，温度误差<5%)

稳态管网模(模型压力计算精度> 95%)

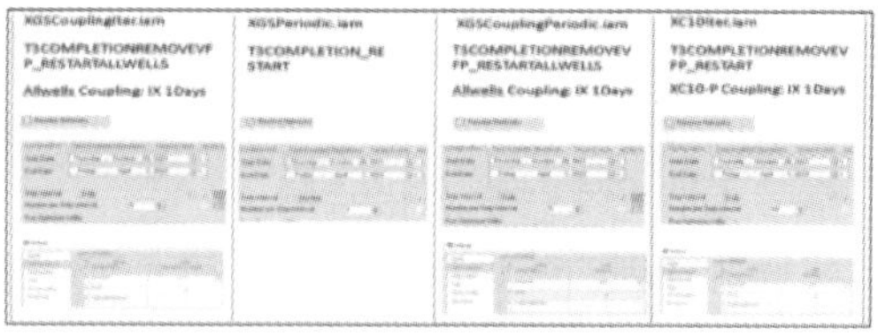

一体化耦合模型(对17口注气井、12口采气井进行压力及温度的拟合)

图3　注采运行-专业模型及一体化耦合示意图

3.2.2　气藏工程

针对地质与气藏建库前评价期、建设期、建库后运营期的全生命周期管理及储气库选址评价、方案设计、工程建设、生产运行及优化等气藏工程关注重点实现全流程高效联动，通过阶段管理方式呈现不同期次动静态详细资料。

评价期管理：主要在功能页面中将气田开发动态、静态密封性评价、老井利用及评价为气库注采能力、库容量设计提供依据、评价具备建库条件、等建库可行性资料可视化。

建设期管理：呈现储层、盖层/底托层、断层密封性等地质体风险评价资料，结合监测井监测体系，实现圈闭密封性预警，确保地质体完整性。

运营期管理：主要通过监测分析掌握气井生产能力、流体状态，确保储气库科学合理注采。基于常态化分析制度，跟踪井日/周生产情况、注采完成情况，确保地质体安全运行，其中涉及周期动态分析、应急条件下日注采能力评价、库容特征及调峰能力、气库动态密封性实时监测等子功能模块。功能模块中接入了地质力学模型实测压力、实验数据拟合以及模型验证等库体力学数据，确保储气库应力分析常态化(图4)。

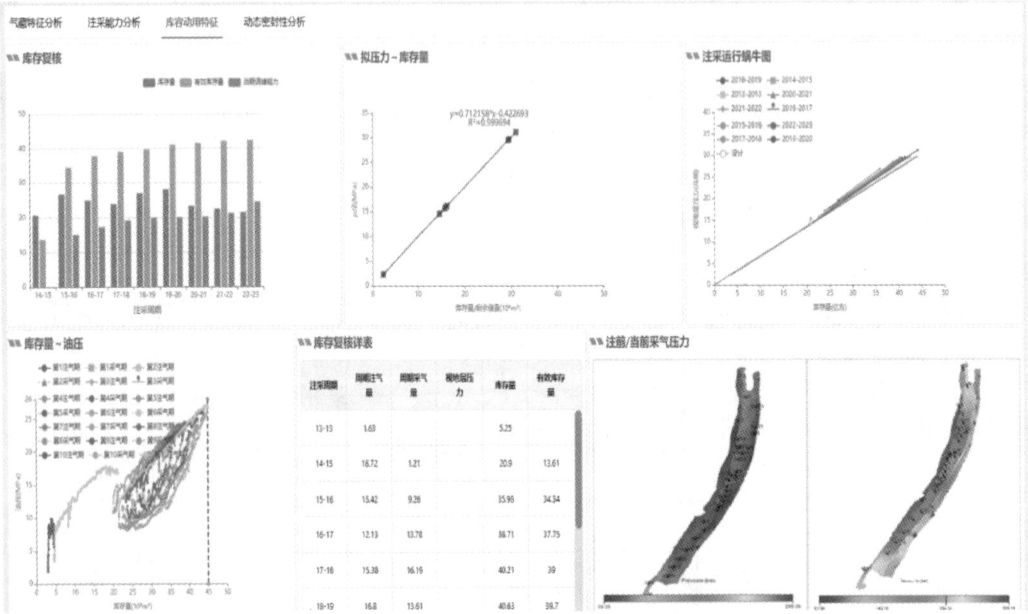

图4　气藏工程-运营期-多周期注采分析

3.2.3　井工程

覆盖相国寺储气库“注采井、监测井、微地震监测井、封堵井”4类井业务管理以及井工程“建设期、投产运行期、报废期”的全生命周期的管理。以注采井为例：

注采运行总览：实现相国寺全域22口注采井开/关井，日、月、年、累积注采情况跟踪及环空带压情况实时常态化监测。

建设期管理：建设期是通过可接入实时钻井管理系统实现钻井过程资产可视化，其中包括钻、录、测、试等相关资料。

运行期管理：对生产运行管理中注采气量、压力、温度等关键数据进行实时监测，同时，可基于模型和当前运行数据预测井底流压、地层压力等动态数据。基于生产监测数据开展井筒模型拟合以及验证，对井筒模型开展(假设工况)智能诊断，分析井筒超压、出砂、积液、冲蚀、水合物等风险。井工程模块中的完整性检测管理子功能则对井口检测、井筒检测情况进行了数据可视化处理。

3.2.4　地面工程

地面管网包含“日常管理、智能分析、完整性评价”等业务，已实现场景数智化管理全覆盖，并能够基于管网瞬态、稳态模型与DCS实时生产数据，实现管道内生产参数、积液状态及水合物风险的实时感知，基于孪生模型对清管周期、清管作业、水合物抑制剂浓度优化及泄漏位置进行智能分析，辅助决策，助力储气库安全高效运营。

1. 管道管理

对相国寺3类管线、11类管道、3250个附属设施的基本属性和附属设施开展统计与跟踪。通过井、管线的瞬态模型的搭建，配合状态监测数据实时揭示各管线的流速、压差、管输效率和积液量的变化情况，动态表征管网流动性保障的趋势变化，实现了更高效、更准确的地面生产运行监测与分析。瞬态模型中包括积液分析、清管跟踪管道积液、清管情况的实时监测与跟踪3个专家功能模块，可运用假设工况模式开展不同工况的生产预测。管道管理中集成了管道完整性系统相关功能，能够实现对高后果区、地灾敏感点监测等任务信息的接收、智能识别和识别成果的统一管理(图5)。

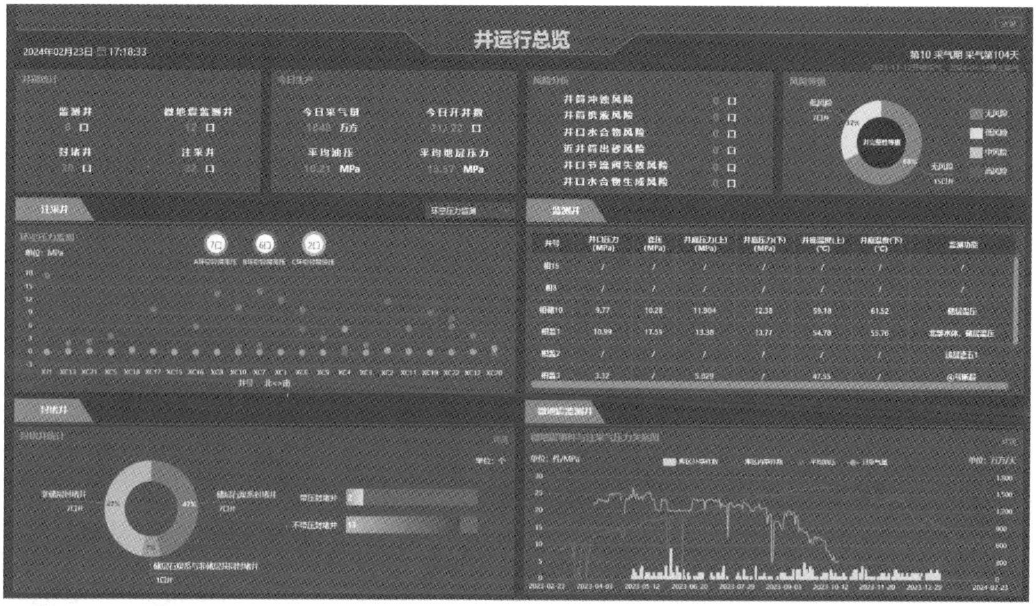

图5　井工程-运行总览

2. 站场及设备管理

设备全生命周期：将站场设备从状态监测、完整性评价、台账、备品备件、维修维护、故障管理到报废的资料，纳入全生命周期管理范围，有助于设备第一时间可查、可控、可补充(图6)。

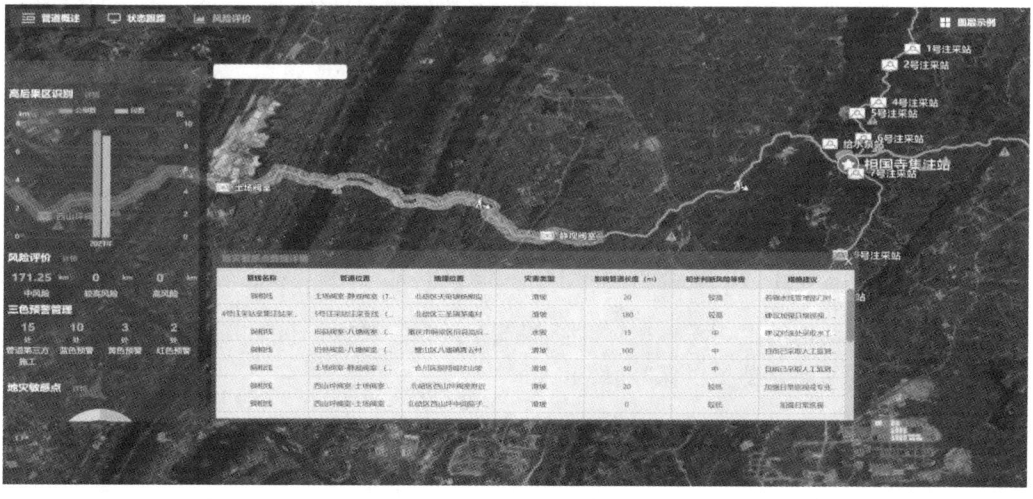

图6　站场管理-完整性评价

3.2.5 安全管控

针对地面工程、井工程、气藏工程等重点生产对象关联，基于油气生产物联网数据和数据体系建设成果，结合储气库注采工艺管理需要，开展数据与业务关联分析，搭建地质气藏工程、注采和井工程、地面工程等三类预警报警业务模型，利用流程管理自定义工具，实现系统失衡、关键参数预报警以及应急处置的联动管理和辅助决策。包括风险作业、环境监测、问题(隐患)管理以及安全管控工作流等功能模块。

风险作业：针对常规作业及非常规作业的当日作业信息、计划作业信息及责任人员进行管理记录，实现风险作业记录由线下到线上的规范化统一管理。

环境监测：按照年度，对包括监测报告台账、监测指标(废气、噪声、水质)、环境指标监测及非结构化报告的管理。

问题隐患：建立问题检查发现、下发、分析、整改、延期、问题台账管理等问题隐患流程化管理制度，实现相国寺储气库问题隐患的闭环管理。

安全管控工作流：针对储气库各类风险，搭建地质气藏工程、注采和井工程、地面工程等三类预警报警业务模型，利用流程管理自定义工具，实现系统失衡、关键参数预报警以及应急处置的联动管理和辅助决策，实现储气库三位一体实时监测(图7)。

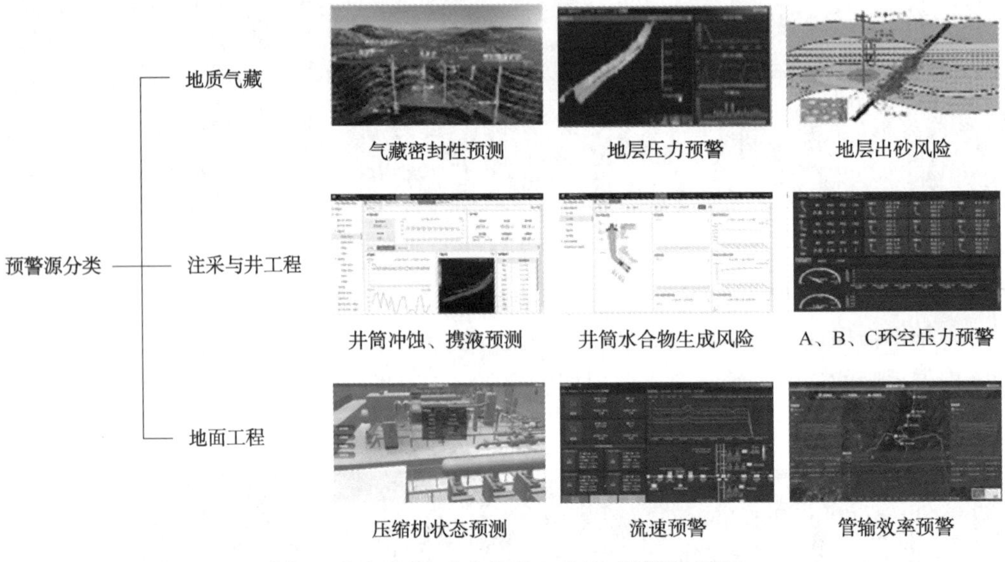

图7 安全管控-安全管控工作流-预警源分类

3.2.6 经营协同

集成生产过程、安全环保、经营管理系统，便捷展示生产经营信息及趋势变化，以驾驶舱与可视化的手段支持对运行状态和经营状况优化决策。通过对标分析、成本分析及储气库经济效益评价实现储气库经营管理数字化。包含投资管理、项目管理、运营优化及对标管理等功能模块，结合动态的经营考核指标，使储气库计划、目标、行动方案以绩效标准来维持一致性，为有效的策略调整提供保障(图8)。

4 结论与展望

(1) 目前中国储气库处于蓬勃发展阶段，但在配套的智能化建设方面，缺乏足够参照的案例。相国寺储气库先行开启了智能化建设与探索，研发并正式投运了一套智能储气库云平台，通过构建地质、井筒及地面三维一体化模型与实际生产过程相结合，对储气库生产过程进行可视化、合理化预测预警，基本实现了生产管理的数字化、智能化，大幅提升了生产效率。

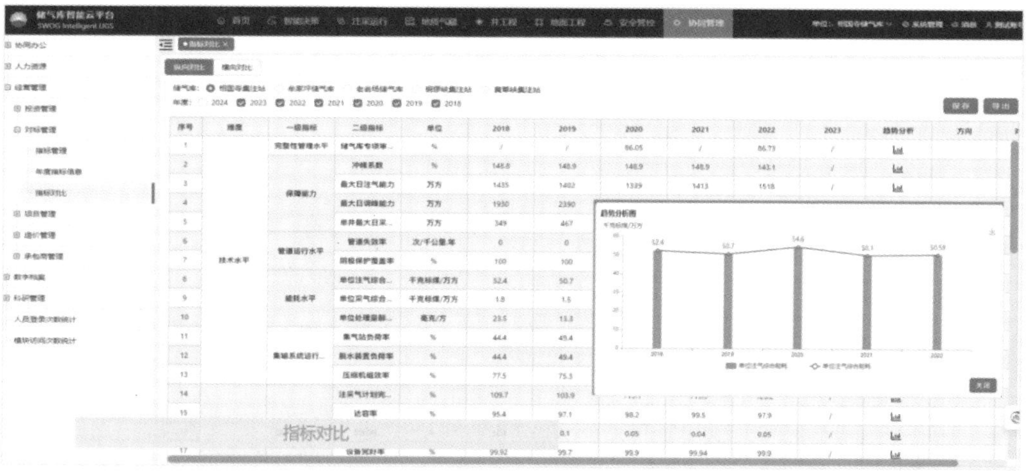

图 8　对标管理

（2）相国寺智能储气库技术应用实践表明，储气库智能化建设是一项系统性工程，其智能化主要体现在，依托一体化耦合模型将抽象的数据、经验、认识具象化；依托一体化耦合模型及时准确感知、监测、诊断、控制储气库现在的生产过程、安全状态，模拟生产流程并准确预测未来生产动态。储气库智能化赋能有助于发挥储气库的调峰能力，使经济效益最大化、安全环保科学化。

（3）现阶段储气库智能化建设能够基于现有技术依托智能储气库云平台解决数据互联共享、可视化、实时感知监测诊断、模拟预测等瓶颈。未来智慧储气库将依托先进的人工智能技术进行自主学习以达到更加准确的分析、评估、预测，实现在统一平台中自主操控为主、人工为辅的生产模式。

参考文献

[1] 蒋华全，杨颖，雷思罗，等. 相国寺储气库数字化转型实践[M]. 石油工业出版社，2023.

[2] 天工. 2030 年中国天然气需求量将达 6000 亿立方米[J]. 天然气工业，2018，38(9)：87.

[3] 何刚. 中国储气库建设新理念和新模式的思考[R]. 北京：中国储气库高效建设及运行管理技术创新发展论坛，2020.

[4] 张磊. 基于自动化系统的智能储气库建设探索[J]. 电子测试，2022，40(16)：82-84.

[5] 刘烨，何刚，杨莉娜，等. “十四五”期间我国储气库建设面临的挑战及对策建议[J]. 石油规划设计，2020，31(6)：9-13.

[6] 赵平起，李才雄，王权国，等. 大港油田储气库发展历程及相关思考[J]. 国际石油经济，2021，29(6)：63-70.

[7] Brown K，Chandler K W，Hopper，J M，et al. IntelligentWell Technology in Underground Gas Storage[J]. Oilfield Review，2008(20)：4-17.

[8] 张哲. 国外地下储气库地面工程建设启示[J]. 石油规划设计，2017，28(2)：1-3，7.
[9] 万旸. 地下天然气储气库数字化建设现状[J]. 化学工程与装备，2021，10，216-220.
[10] 文韵豪，地下天然气储气库数字化建设现状[J]. 油气与新能源，2022，34(6)，60-64.
[11] 汤林，何刚，李彬，等. 凝心聚力　持续创新　打造储气库高效运行模式[J]. 石油人力资源，2019(2)：43-50.
[12] 刘烨，巴玺立，王念榕，等. 中国储气库地面工程技术现状及优化建议[J]. 油气与新能源，2021，33(5)：19-26.